Ulm und Oberschwaben

Ulm und Oberschwaben

Zeitschrift für Geschichte, Kunst und Kultur

Im Auftrag des Vereins für Kunst und Altertum in Ulm und Oberschwaben e.V.

und der

Gesellschaft Oberschwaben für Geschichte und Kultur e.V.

herausgegeben von

Andreas Schmauder und Michael Wettengel

in Zusammenarbeit mit

Gudrun Litz

Bd. 55 2007

Süddeutsche Verlagsgesellschaft Ulm im Jan Thorbecke Verlag
Die Veröffentlichung dieses Bandes wurde ermöglicht
durch die großzügige Unterstützung der

Stiftung Ravensburger Verlag
Ulmer Bürger Stiftung
OEW Energie- Beteiligungs GmbH

Abbildung auf dem Umschlag:
Karte des Schwäbischen Reichskreises von David Seltzlin, 1572
(Stadtarchiv Ulm, F 2, 4.2.1. Schwäbischer Kreis, Nr. 10)

ISBN 978-3-7995-8042-7

Verlag: Süddeutsche Verlagsgesellschaft Ulm im Jan Thorbecke Verlag
Umschlagsgestaltung: Braun Engels Gestaltung, Ulm
Gedruckt auf alterungsbeständigem, säurefreiem Papier

Inhalt

Vorwort

Aufsätze

Rezensionen

Vorwort

Die Zeitschrift "Ulm und Oberschwaben" ist eine der ältesten und bedeutendsten historischen Zeitschriften im deutschen Südwesten. Seit 1843 wurde sie von dem 1841 gegründeten Verein für Kunst und Altertum in Ulm und Oberschwaben als Vereinszeitschrift herausgegeben, um "Kunst und Altertum in Ulm und Oberschwaben in allen Richtungen zu erforschen" und in angemessener Form zu vermitteln. Sie erschien seither unter wechselnden Namen, zuletzt bis 2007 als "Ulm und Oberschwaben. Zeitschrift für Geschichte und Kunst".

Mit dem vorliegenden Band wird die Zeitschrift gemeinsam von dem Verein für Kunst und Altertum in Ulm und Oberschwaben e.V. und der Gesellschaft Oberschwaben für Geschichte und Kultur e.V. publiziert. "Ulm und Oberschwaben" erscheint mit neuem Untertitel "Zeitschrift für Geschichte, Kunst und Kultur" und mit einem neuen grafischen Design. Bereits am 6. April 2006 haben die Vorsitzenden der beiden Vereine, Herr Dr. Gebhard Weig und Herr Professor Dr. Franz Quarthal, eine entsprechende Vereinbarung unterzeichnet. Schriftleiter und Herausgeber sind im Auftrag der beiden Vereine für den Raum Oberschwaben Dr. Andreas Schmauder, Leiter des Stadtarchivs Ravensburg, und für den Raum Ulm Dr. Michael Wettengel, Leiter des Stadtarchivs Ulm.

Die vereinbarte Zusammenarbeit erlaubt den Vereinen, ihre organisatorischen und finanziellen Kräfte zum Wohle von Geschichte, Kunst und Kultur der Region zu bündeln und sichert den Fortbestand und ein regelmäßiges, mindestens zweijähriges Erscheinen der traditionsreichen Zeitschrift. Darüber hinaus kann der Anspruch eingelöst werden, ein Publikationsorgan für das gesamte gemeinsame Einzugsgebiet von der Schwäbischen Alb bis zum Bodensee zu schaffen. Ziel der Zeitschrift ist es, die wissenschaftliche Erforschung und Vermittlung der Geschichte, Kunst und Kultur in Ulm und Oberschwaben zu gewährleisten und ein regelmäßig erscheinendes Forum für die kulturelle und wissenschaftliche Arbeit in der gesamten Region zu bieten. In die Zeitschrift aufgenommen werden Beiträge zur Orts- und Regionalgeschichte, aber auch zu Themen der regionalen Archäologie, Kunstgeschichte und Kultur. Wir freuen uns auch künftig über gute und qualifizierte Beiträge aus den Reihen der Mitglieder an die Schriftleitung. Neu in die Zeitschrift aufgenommen wurde ein kleiner Rezensionsteil. Danken möchten wir Frau Dr. Gudrun Litz und Sarah-Maria Schober für ihre redaktionelle Mitarbeit an dem neuen Band. Unser Dank gilt sodann Herrn Vogt und der Süddeutschen Verlagsgesellschaft für die verlegerische Betreuung der Zeitschrift und dem Büro Braun/Engels für die ansprechende Gestaltung des Umschlags.

Ohne finanzielle Zuschüsse wäre ein regelmäßiges Erscheinen der Zeitschrift aus der Kraft der Vereine alleine nicht realisierbar. Die kulturelle Arbeit der Region benötigt die Unterstützung von Politik, Wirtschaft und Öffentlichkeit. Wir danken daher dem Oberbürgermeister der Stadt Ulm, Herrn Ivo Gönner, dem Herrn Landrat a.D. Dr. Wolfgang Schürle sowie der Ulmer Bürger Stiftung, der Stiftung Ravensburger Verlag und der OEW Energie-Beteiligungs GmbH für die ideelle und finanzielle Unterstützung dieses Kooperationsprojektes.

Ulm und Oberschwaben gehören zusammen, nicht zuletzt auch aufgrund der alten historischen und kulturellen Verbindungen. "Ulm und Oberschwaben", wie der Titel der Zeitschrift programmatisch lautet, lässt somit zusammenwachsen, was zusammen gehört. Die Kooperation auf kulturellem und geschichtswissenschaftlichem Gebiet mag daher als Vorbild für andere Bereiche dienen, zum Nutzen der gesamten Region.

Dr. Michael Wettengel **Dr. Andreas Schmauder**

Das Land der Schwaben auf der Karte suchend

Historische Zugänge zu einer Region

Dietmar Schiersner

Ein Straßenatlas hat schon so manchen in die Irre geführt: Bei der Suche nach "Schwaben" landet, wer ein aktuelles und gängiges Kartenwerk zurate zieht, z. B. nahe dem niederbayerischen Kloster Weltenburg – dort kurioserweise in friedlicher Nachbarschaft mit der Gemeinde "Baiern" – oder gar zwischen der sächsischen Stadt Chemnitz und dem thüringischen Altenburg, Letzteres auch für Kartenwerke, allerdings eher der unterhaltsamen Art bekannt. Selbst ein satellitengestütztes Navigationssystem ließe den technisch hochgerüsteten Autofahrer am Ende doch nur in "Schwabstedt" an der Deutschen Bucht landen. Die Erfolglosigkeit seiner kartografischen Schwabenodyssee sollte ihm allerdings spätestens hier, in Rufweite eines Dorfes mit dem schönen Namen "Witzwort", klar geworden sein.

Auf der Suche nach dem "Land der Schwaben" sind Straßenatlanten und Satelliten des 21. Jahrhunderts also wohl ungeeignete Hilfsmittel, obwohl Ortsnamen mit entsprechenden Bestandteilen freilich wichtige Anhaltspunkte darstellen können. Auch physikalische Karten müssen enttäuschen, selbst wenn wir uns auf der "Schwäbischen Alb" ohne Zweifel bereits im Land der Schwaben befinden. Erst detailliertere politische Karten weisen schließlich – aber innerhalb des Bundeslandes Bayern – eine eigene Gebietskörperschaft, einen Regierungsbezirk, ein echtes "Land" Schwaben aus. Gibt es aber ein "bayerisches" Schwaben, dann muß das Attribut "bayerisch" doch zur Unterscheidung anderer Teile eines schwäbischen Ganzen gesetzt sein.

Diese Teile und vor allem ihr Ganzes findet indes nur, wer den Blick zurücklenkt in die Geschichte des "deutsche[n] Südwesten[s] in seiner territorialstaatlichen Entwicklung", um einen wichtigen landeskundlichen Beitrag Karl Siegfried Baders aus dem Jahr 1950 zu zitieren[1]. Das Land der Schwaben auf der Karte

[1] Karl Siegfried *Bader*: Der deutsche Südwesten in seiner territorialstaatlichen Entwicklung. Stuttgart 1950. – Vgl. zur Thematik die neuere Handbuchliteratur: Meinrad Schaab u. a. (Hg.): Handbuch der baden-württembergischen Geschichte, Bd. 1: Allgemeine Geschichte, Teil 1: Von der Urzeit bis zum Ende der Staufer. Stuttgart 2001; Teil 2: Vom Spätmittelalter bis zum Ende des Alten Reiches. Stuttgart 2000; zu Ostschwaben Andreas *Kraus* (Hg.): Geschichte Schwabens bis zum Ausgang des 18. Jahrhunderts (Handbuch der bayerischen Geschichte Bd. III/2). 3., neu bearbeitete Aufl. München 2001.

zu suchen heißt zunächst, dem Gebrauch des Begriffes "Schwaben" als Bezeichnung für eine geografische Einheit nachzuspüren, also nach der Verwendung des Begriffes im politisch-herrschaftlichen und administrativ-jurisdiktionellen Kontext zu fragen. Im ersten Teil des Vortrages soll daher versucht werden, in ihren Grundlinien die historische Entwicklung eines kartografisch jeweils sehr unterschiedlich bestimmten Schwaben vom frühen Mittelalter bis zur Gegenwart zu skizzieren, um daran anknüpfend die Faktoren freizulegen, die jenseits territorialer Geschlossenheit eine historische Einheit Schwabens verbürgten, vielleicht bis in die Gegenwart hinein verbürgen (I.). In einem zweiten Abschnitt möchte ich den Wechselwirkungen zwischen der politischen Raumordnung mit ihrer Begrifflichkeit auf der einen und deren identifikatorischen Implikationen auf der anderen Seite nachspüren und schlaglichtartig beleuchten, wie "die Schwaben" sich selbst sahen und wie sie von ihren Nachbarn gesehen wurden (II.). Dieser Zusammenhang von "Grenzen und Abgrenzen" soll in die abschließenden Überlegungen einfließen, wenn nochmals die Frage gestellt wird: Wo liegt Schwaben?

1 Grundlinien der historischen Entwicklung Schwabens

Die historische Entwicklung Schwabens von der Völkerwanderungszeit bis zur Gegenwart lässt sich durch zwei historische Daten grob vorstrukturieren: Zweifellos stärkste Einschnitte stellen der Untergang des staufischen Herzogtums 1268 und die territorialstaatlichen Veränderungen ab 1803 bzw. die Eingliederung schwäbischer Gebiete nach Württemberg, Baden und Bayern ab 1805 dar.

Von der Völkerwanderungszeit bis 1268

Die mangelnde territoriale Geschlossenheit, in der sich der schwäbische Siedlungsraum in Geschichte und Gegenwart zeigt, findet ihre Entsprechung bereits in der Ethnogenese der Alamannen. Die archäologische Forschung insbesondere der vergangenen zwei Jahrzehnte konnte dabei das Urteil der römischen Historiografie bestätigen, die in den alamanni abschätzig "zusammengespülte und vermengte Menschen" sieht, aber damit eigentlich nur die Bedeutung des Wortes "Alamannen" – "Menschen oder Männer insgesamt, im gesamten genommen" – wertend zum Ausdruck bringt[2]. Tatsächlich sind an der Aufsiedlung des südwestdeutschen Raumes eine ganze Reihe überwiegend, aber nicht ausschließlich elbgermanisch-sprachiger Bevölkerungsgruppen beteiligt; unter ihnen offenbar eine große Zahl suebischer Stämme aus dem Elbe-Havel-Gebiet. Sueben/Suavi wird vom 6. Jahrhundert an nur noch als Synonym des Namens Alamannen gebraucht, so bei Gregor von Tours (gest. 594), der klarstellt: *Suebi id est Alamanni*[3]. Diese Völkerschaften konstituieren in römischer Zeit weder einen einheitlichen Stamm noch ein geeintes Volk. Auch für die Jahre und Jahrzehnte der Konfrontation mit den Franken um das Jahr 500 ist nach heutiger Auffassung die Vorstellung eines alamannischen Großkönigtums, das an die Stelle der bisherigen Kleinkönige ge-

[2] Vgl. auch zum Folgenden Dieter *Geuenich*: Geschichte der Alemannen. Stuttgart u.a. 1997. S. 9-27.- *Ders.*: Ein junges Volk macht Geschichte. Herkunft und „Landnahme“ der Alamannen. In: *Archäologisches Landesmuseum Baden-Württemberg* (Hg.): Die Alamannen. Begleitband zur Ausstellung "Die Alamannen". Stuttgart 1997. S. 73-78.- Alfons *Zettler*: Geschichte des Herzogtums Schwaben. Stuttgart 2003. S. 15-33.
[3] *Zettler* (wie Anm. 2) S. 40.

treten und in jener einzigen epochalen Entscheidungsschlacht des Jahres 496/497 bei Zülpich gegen den Frankenkönig Chlodwig untergegangen wäre, nicht mehr zu halten[4].

Spätestens seit dem Jahr 537 ist alamannisches Siedlungsgebiet dann als *provincia Alamannorum* oder *provincia Sueviae* Teil des fränkischen Großreiches unter der Führung von Herzögen, die als Amtsträger der Merowinger fungieren. Mit der Zurückdrängung der Alamannen nach Süden dürfte ebenfalls um diese Zeit bereits die Dialektgrenze zwischen dem Fränkischen und Alemannischen dort festgelegt sein, wo sie im Prinzip bis heute verläuft: vom Rhein bei Baden-Baden entlang dem Fluß Oos über die Hornisgrinde, über den Asperg, den Lemberg (bei Ludwigsburg) und den Hohenberg (bei Ellwangen) bis zum Hesselberg[5]. Generell, so die These Dieter Geuenichs, hätten die Alamannen zeitgleich mit dem Verlust von Selbstständigkeit und Freiheit zu Beginn des 6. Jahrhunderts innerhalb der merowingischen Reichsorganisation zu Einheit und Identität gefunden, seien die von den Franken gezogenen Grenzen allmählich zu Stammes-, Kultur- und Sprachgrenzen geworden: "Von nun an ist klar, wer die Alemannen sind: die in der fränkischen Provinz Alemannia siedelnden Menschen"[6]. Umgekehrt werden die Grenzen dieses "Älteren Stammesherzogtums" von der Forschung im Wesentlichen aufgrund sprachhistorischer Kriterien gezogen und schließen den Raum zwischen Elsass und Lech, Cleven/Chiavenna nördlich des Comer Sees und Feuchtwangen ein. Einwandfrei bezeugt ist dabei jedoch der Lech als sowohl sprachliche wie herrschaftlich-politische Ostgrenze des Herzogtums (vgl. Abb. 1)[7].

An dieser Grenzziehung, die den Einflussbereich schwäbischer Herzöge markierte, änderte sich auch durch die Siege der karolingischen Hausmeier 730 und 746 bzw. das Erlöschen des alamannischen Herzogtums nichts. Allerdings werden die Beziehungen zwischen fränkischem und alamannischem Adel nun wesentlich enger geknüpft und wird das Gebiet durch die Einführung und Durchsetzung der Grafschaftsverfassung auch administrativ-organisatorisch in das Frankenreich integriert[8]. Spätestens seit dieser Zeit, werden auch die Landesbezeichnungen *Alamannia und Suevia* synonym gebraucht, etwa vom Reichenauer Abt Walahfried Strabo (gest. 849). Ebenso setzt sich Schwaben als Stammes- und Gebietsname allmählich durch, während Alamannia später – vermutlich unter dem Einfluss staufischer Kanzleibräuche – an die Stelle von Germania treten kann: So formuliert um 1500 der Konstanzer Kleriker Gallus Öhem (1445-1522) bündig *Alaman[n]ia [...] daz ist Schwaben;* der Straßburger Humanist Jakob Wimpfeling (1450-1528) hält *Alemannia vel Germania* für austauschbare Bezeichnungen[9].

---

[4] *Geuenich* (wie Anm. 2) S. 78-86.- *Zettler* (wie Anm. 2) S. 36-39

[5] Werner *König*: dtv-Atlas zur deutschen Sprache. Tafeln und Texte. Mit Mundart-Karten. 10., überarbeitete Auflage München 1994. S. 76 und 230f.- Harald *Bassler* / Hugo *Steger*: Auf den Spuren der Sprache. "Alemannisch" als Teil des Althochdeutschen. In: *Archäologisches Landesmuseum Baden-Württemberg* (Hg.): (wie Anm. 2) S. 503-510.- *Geuenich* (wie Anm. 2) S. 88.

[6] *Geuenich* (wie Anm. 2) S. 92.

[7] Nach wie vor bildet der Lech "eine der stärksten Mundartgrenzen im deutschen Sprachraum" (Pankraz *Fried*: Schwaben in Altbayern. Ein Beitrag zur historischen Regionalismusforschung. In: Jahrbuch für bayerisch-schwäbische Geschichte 1995. Sigmaringen 1996. S. 145-155, hier S. 145).

[8] *Zettler* (wie Anm. 2) S. 50-59.

[9] Klaus *Schreiner*: Alamannen und Schwaben – erinnerte Stammesgeschichte. Zur historisch-politischen Bewußtseinsbildung im Mittelalter und in der Neuzeit. In: Beiträge zur Landeskunde von Baden-Württemberg 1998/3. S. 1-9, hier S. 2.- Vgl. Klaus *Graf*: Reich und Land in der südwestdeutschen Historiographie

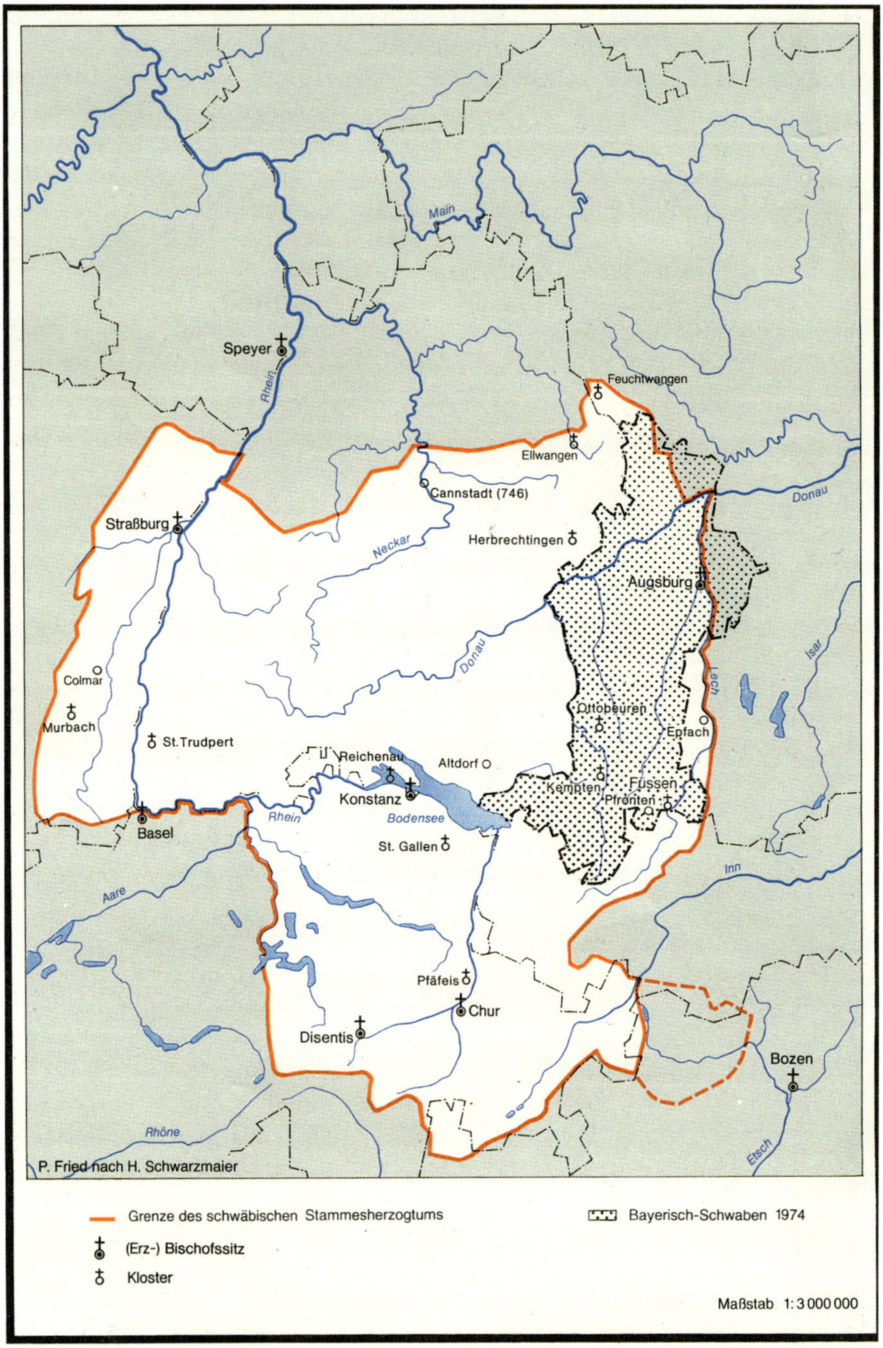

Abb. 1 - Grenzen des älteren schwäbischen Stammesherzogtums (bis 746).

um 1500. In: Franz *Brendle* u. a. (Hg.): Deutsche Landesgeschichtsschreibung im Zeichen des Humanismus (Contubernium 56). Stuttgart 2001. S. 201-211.

Nachdem sich zu Beginn des 10. Jahrhunderts ein zweites, sogenanntes „Jüngeres Stammesherzogtum" mit Erchanger bzw. Burchard I. (915-926) in Schwaben etablieren konnte[10], erwies sich der Erwerb des Herzogtums im Jahr 1079 durch Friedrich I. von Staufen (1079-1105) als folgenschwer, weil durch die Reichslandpolitik seiner Nachfolger Philipp von Schwaben und Friedrich II. eine gezielte Vermischung von Rechten und Besitzungen des Herzogtums mit denen des Reiches und des staufischen Hauses stattfand[11]. Unter anderem daran sollte nach dem Tod Konradins 1268 die Wiedererrichtung des Herzogtums Schwaben trotz aller entsprechenden Versuche scheitern.

Von 1268 bis zum Ende des Alten Reiches

Damit kommen wir zur Zäsur des Jahres 1268 und zum zweiten Abschnitt des historischen Überblicks bis zum Jahr 1803 bzw. 1805/1806. Der Einschnitt, den der Tod Konradins, des "Kinds von Schwaben", und der Untergang des staufischen bzw. schwäbischen Herzogtums bedeuteten, ist in seiner Tragweite kaum zu überschätzen: Schwaben als einheitliche politische Größe gab es fortan – und gibt es bis heute – nicht mehr. Entsprechende Versuche der nachfolgenden Herrscher, König Rudolfs von Habsburg (1273-1291) ebenso wie Ludwigs des Bayern (1314-1347), zur Wiedererrichtung des Herzogtums scheiterten vor allem an Herrschaftsträgern, die sich aus mittlerweile gewonnenen Positionen der Unabhängigkeit heraus der Mediatisierung durch eine herzogliche Zwischengewalt widersetzten. Neben ihnen aber erlangte und behauptete das Reich im Südwesten neuen Einfluss durch die Einrichtung der Landvogteien. Ursprünglich zum Zweck der Reichsgutorganisation geschaffen, wurde schließlich die Reichslandvogtei in Oberschwaben seit der Mitte des 15. Jahrhunderts mit den territorialen Interessen Habsburgs aufs Engste verknüpft[12]. Die 1274 erstmals geprägte Bezeichnung *Suevia superior* ("Oberes Schwaben") für das Gebiet zwischen Bodensee, Schwarzwald, Alb und Lech ist dabei ein wichtiger historischer Beleg für die Binnendifferenzierung Schwabens[13]. Auf der anderen Seite trafen die Ambitionen mächtiger Landesherren, der Grafen von Württemberg und selbst des Habsburger Herzogs bzw. Erzherzogs Sigmund von Tirol (1446/1475-1490), zumindest den Titel eines Herzogs von Schwaben zu erwerben, aber auch auf den entschiedenen Widerstand des Reichsoberhauptes. Lediglich "Herzog von Württemberg" durfte sich Graf Eberhard seit 1495 nennen, als "Fürsten zu Schwaben" dagegen ließen sich

[10] *Zettler* (wie Anm. 2) S. 82-117.

[11] Helmut *Maurer*: Der Herzog von Schwaben. Grundlagen, Wirkungen und Wesen seiner Herrschaft in ottonischer, salischer und staufischer Zeit. Sigmaringen 1978. S. 268-300.

[12] Eberhard *Gönner* / Max *Miller*: Die Landvogtei Schwaben. In: Friedrich *Metz* (Hg.): Vorderösterreich. Eine geschichtliche Landeskunde. Mit einem einleitenden Beitrag von Franz Quarthal. Freiburg i. Br. 42000 (1967). S. 407-420.- Hans-Georg *Hofacker*: Die schwäbische Herzogswürde. Untersuchungen zur landesfürstlichen und kaiserlichen Politik im deutschen Südwesten im Spätmittelalter und in der frühen Neuzeit. In: ZWLG 47 (1988) S. 77-148.- *Ders.*: Die schwäbischen Reichslandvogteien im späten Mittelalter (Spätmittelalter und Frühe Neuzeit 8). Stuttgart 1988 .- *Ders.*: Die Landvogtei Schwaben. In: Hans *Maier* / Volker *Press* (Hg.): Vorderösterreich in der frühen Neuzeit. Sigmaringen 1989. S. 57-74.

[13] Vgl. Eberhard *Gönner*: Oberschwaben. Eine historische Untersuchung über Namen und Begriff. In: UO 36 (1962) S. 7-18.- Sowie die Beiträge von Volker *Press*: Oberschwaben in der frühen Neuzeit.- Franz *Quarthal*: Historisches Bewußtsein und politische Identität. Mittelalterliche Komponenten im Selbstverständnis Oberschwabens. In: Peter *Eitel* / Elmar L. *Kuhn* (Hg.): Oberschwaben. Beiträge zu Geschichte und Kultur. Konstanz 1995. S. 101-131 und S. 15-99, bes. S. 21.

seine Nachkommen nach dem Ende des Alten Reiches 1806 titulieren und wenige Monate später als "Souveräne Herzöge in Schwaben und von Teck"[14].

Welche unmittelbaren und längerfristigen Folgen zeitigte nun also der Wegfall der herzoglichen Mediatgewalt in Südwestdeutschland[15]?

1. Herrschaftsrechtlich-politisches Ergebnis war die Ausbildung einer großen Zahl schließlich reichsunmittelbarer Kleinterritorien des Adels, der Klöster und Stifte sowie der Städte: ein Befund, der sich kartografisch in einer signifikanten Farbigkeit Schwabens niederschlägt. Insbesondere das 19. Jahrhundert tadelte diesen Zustand mit der Etikettierung "Schwäbischer Flickenteppich", während man heute neutral von territorialer "Kleinkammerung" spricht (vgl. Abb. 2)[16].

2. Mittelbare Folge dieser Entwicklung war die Entstehung eines, wie es Karl Siegfried Bader formulierte, "negativen Reichsbewußtseins": Die zahlreichen Herrschaftsträger im ehemals staufischen Herzogtum, geistliche und weltliche Herren und insbesondere Städte, betonten, nach dem Wegfall der herzoglichen Gewalt allein dem Reich untertan zu sein. Ein Status, den man verfassungsrechtlich später als "Reichsunmittelbarkeit" umschrieb. Der Hinweis fungierte dabei zwar zunächst als Waffe gegen die Begehrlichkeiten mächtiger Adelsgeschlechter, konnte sich aber durchaus – so bei den Reichsstädten Schaffhausen und Zürich – gegen das Reich selbst wenden. *Des rîches* sein wurde, so Bader, gleichbedeutend mit "Herrenlosigkeit" und "Freiheit" von staatlicher, insbesondere territorialer Zwischengewalt[17].

In diesem Kontext entwickelte sich "schwäbisch" zu einem Synonym für "frei". So setzte die fränkische Reichsstadt Hall im 15. Jahrhundert ihrem Namen ein "schwäbisch" voran, um sich gegen die Ansprüche der fränkischen Landgerichte abzuschirmen. Umgekehrt verlor die Reichsstadt Schwäbischwörth nach der endgültigen Einnahme durch Bayern 1607 ihr Freiheit signalisierendes Attribut "schwäbisch" und wurde zur bayerischen Landstadt "Donauwörth"[18].

3. Insbesondere an der Peripherie des vormaligen Herzogtums Schwaben kam es zu Schwerpunktbildungen, ohne dass daraus eine adäquate Nachfolge für die staufischen Herzöge erwachsen wäre. Das gilt sowohl für die Markgrafen von Baden im Westen und am Oberrhein, für die Grafen von Württemberg im Nor-

[14] Auch Maximilian I. (1486-1519) nahm, ab 1500, nur "Fürst in Schwaben" in seine Titulatur auf (*Schreiner* (wie Anm. 9) S. 6). – Zur württembergischen Standeserhöhung: Klaus *Graf*: Eberhard im Bart und die Herzogserhebung 1495. In: Stephan *Molitor* (Bearb.): 1495: Württemberg wird Herzogtum. Dokumente aus dem Hauptstaatsarchiv Stuttgart zu einem epochalen Ereignis. Stuttgart 1995. S. 9-43.

[15] Vgl. allgemein zum Folgenden *Bader* (wie Anm. 1) S. 47-61.- *Quarthal* (wie Anm. 13) S. 50-79.- Volker *Press*: Schwaben zwischen Bayern, Österreich und dem Reich 1486-1805. In: Pankraz *Fried* (Hg.): Probleme der Integration Ostschwabens in den bayerischen Staat. Bayern und Wittelsbach in Ostschwaben. Referate und Beiträge der Tagung auf der Reisensburg am 21./22. März 1980. Sigmaringen 1982. S. 17-78.

[16] *Quarthal* (wie Anm. 13) S. 51. – Neuerdings öffnet sich der Blick für eine positive Bewertung der Kleinräumigkeit Schwabens, vgl. z. B. Dietmar *Schiersner*: Überblick von unten – oder: ein kleines Reich. Was hat die Regionalgeschichte der Reichsgeschichte zu sagen? In: Johannes *Burkhardt* / Thomas Max *Safley* / Sabine *Ullmann* (Hg.): Geschichte in Räumen (Festschrift Rolf Kießling). Konstanz 2006. S. 295-322.

[17] *Bader* (wie Anm. 1) S. 58.

[18] Vgl. Peter *Blickle* / Renate *Blickle*: Schwaben von 1268 bis 1803. Dokumente zur Geschichte von Staat und Gesellschaft in Bayern, hg. von Karl *Bosl*. Abteilung II: Franken und Schwaben vom Frühmittelalter bis 1800; Bd.4. München 1979. S. 29.- *Schreiner* (wie Anm. 9) S. 5.- Rolf *Kießling*: Landesgeschichte in Schwaben – oder: vom Umgang mit einer 'offenen Region'. In: Enno *Bünz* / Werner *Freitag* (Hg.): Räume und Grenzen. Traditionen und Konzepte der Landesgeschichte. Epochenübergreifende Sektion auf dem 45. Deutschen Historikertag ("Kommunikation und Raum"), Kiel 14. – 17. September 2004. Blätter für deutsche Landesgeschichte 139/140 (2003/2004) S. 199-221, hier S. 200.

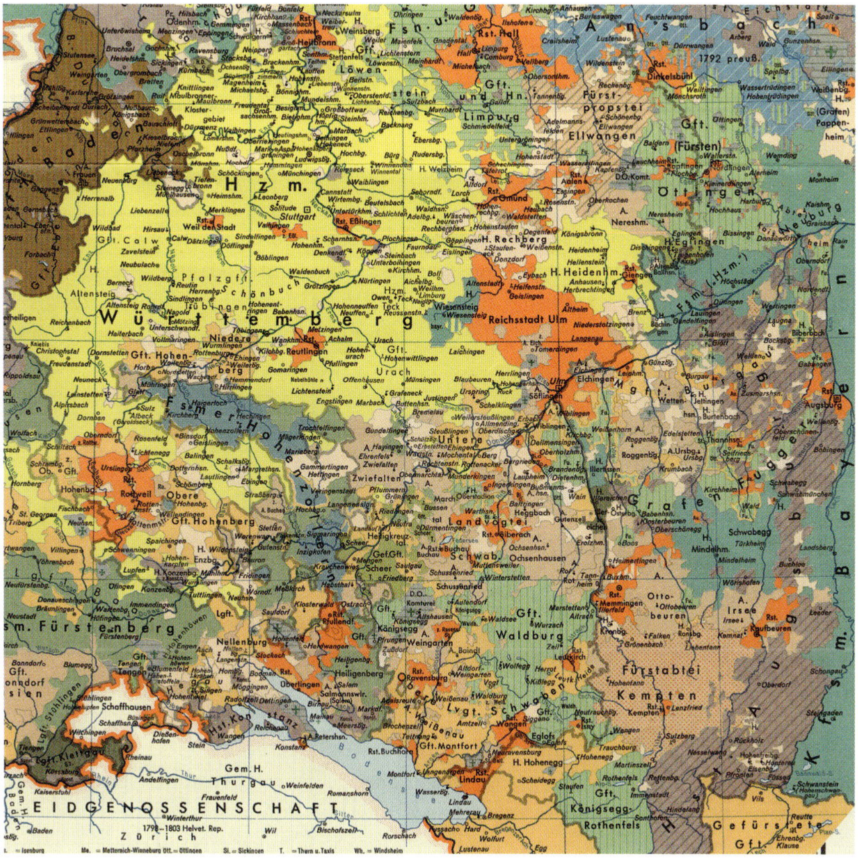

Abb. 2 - Südwestdeutschland um 1789

den, für die Schweizer Bünde im Süden des Landes und in gewissem Sinne auch für das Haus Wittelsbach. Als staufisches Erbe brachten die Wittelsbacher auch – wenngleich in sehr beschränktem Umfang – Gebiete zwischen Lech und Iller in ihren Besitz, etwa die Herrschaft Schwabegg (mit Türkheim), und legten damit den Grundstock für zukünftige Ambitionen und spätere Erwerbungen[19].

4. Als mittelbare Folge der zentrifugalen Tendenzen im Süden und der offensiven bayerischen Position im Osten entwickelte sich nach und nach – beeinflusst von wichtigen weiteren Faktoren – ein Bewusstsein der Abgrenzung zwischen Schweizern und Schwaben an Hochrhein und Bodensee sowie zwischen Bayern

[19] Allgemein zu wittelsbachischen Positionen in Schwaben vor 1805 *Blickle / Blickle* (wie Anm. 18) S. 27-31.- Pankraz *Fried*: Bayern und Wittelsbach in Ostschwaben. Eine Einführung. In: *Fried* (Hg.): Integration Ostschwabens (wie Anm. 15) S. 9-16.- Pankraz *Fried*: Die Landeshoheits- und Grenzverhältnisse zwischen dem alten Bayern und den schwäbischen Territorien: Landeshoheitsrechte in Gemengelage. In: Erwin *Riedenauer* (Hg.): Landeshoheit. Beiträge zur Entstehung, Ausformung und Typologie eines Verfassungselements des römisch-deutschen Reiches (Studien zur bayerischen Verfassungs- und Sozialgeschichte 16). München 1994. S. 61-68.- zu Schwabegg Hans *Bauer*: Schwabmünchen (Historischer Atlas von Bayern, Teil Schwaben, Reihe 1, Heft 15) München 1994. S. 227-254, 335-344.- zu Mindelheim Rudolf *Vogel*: Mindelheim (Historischer Atlas von Bayern, Teil Schwaben, Heft 7) München 1970. S. 68-129.

und Schwaben am Lech. Darauf wird im dritten Abschnitt des Beitrags näher einzugehen sein.

5. Ohne allerdings zu einer geschlossenen territorialen Gestalt oder zu einer intensiven Staatlichkeit zu finden, entwickelte sich aus unterschiedlichen und verstreuten Besitz- und Rechtstiteln eine habsburgische Einflusssphäre im deutschen Südwesten. Zu ihr gehörten die Landvogtei Schwaben ebenso wie die 1301 erworbene Markgrafschaft Burgau und eine Reihe weiterer Gebiete[20]. Habsburgs formale, herrschaftsrechtliche Machtposition sollte nicht überbewertet werden, seine informellen Möglichkeiten aber können kaum unterschätzt werden. Dass der deutsche Südwesten, von den meisten Reichsstädten abgesehen, katholisch blieb, ist nicht die unbedeutendste Folge der habsburgischen Stellung im ehemaligen Herzogtum Schwaben[21].

6. Durch das Fehlen der herzoglichen Ordnungsgewalt waren die Herrschaftsträger in Schwaben zur Wahrung des Landfriedens auf bündische Formen der Rechts- und Friedewahrung verwiesen. Städtebünde, wie der Bund der Städte um den Bodensee oder der Schwäbische Städtebund (seit 1376), ebenso wie die Rittergesellschaft mit St. Jörgenschild (seit 1406), aus der nachmals der Schwäbische Bund hervorging (1488), zeugen von vielfältigen Versuchen genossenschaftlicher Konfliktregulierung[22]. Insbesondere der Schwäbische Bund schuf ein "System kollektiver Sicherheit" mit einem Bundesgericht, das Konflikte zu lösen verstand. Im Gegensatz etwa zu Franken, das unter ständigen Fehden litt, wurde Oberschwaben – die Region zwischen Elsass, Lech, Donau und Bodensee – zu einer, ich zitiere Volker Press, "Oase der Ruhe, das Beispiel einer durch geschickte Regelungen befriedeten Region, deren Friedfertigkeit die anderer übertraf"[23]. Auch der Schwäbische Reichskreis als Zusammenschluss reichsunmittelbarer Herrschaftsträger in Schwaben (1500/1512 bis zum Ende des Alten Reiches) kann als eine Form genossenschaftlicher Politikgestaltung interpretiert werden. Ebenso wie die meisten anderen korporativen Zusammenschlüsse nimmt er im Epitheton "schwäbisch" Bezug auf den untergegangenen politisch-herrschaftlichen Bezugsrahmen[24].

---

[20] Vgl. Eugen *Stemmler*: Vorderösterreich in Oberschwaben. In: Alice *Rößler* (Hg.): Aus Archiv und Bibliothek. Studien aus UO. Festschrift Max *Huber*. Weißenhorn 1969. S. 130-146.- *Metz* (Hg.) (wie Anm. 12).- *Maier / Press* (wie Anm. 12).- *Württembergisches Landesmuseum Stuttgart* (Hg.): Vorderösterreich – nur die Schwanzfeder des Kaiseradlers? Die Habsburger im deutschen Südwesten. Stuttgart 1999.- Franz *Quarthal* / Gerhard *Faix* (Hg.): Die Habsburger im deutschen Südwesten. Neue Forschungen zur Geschichte Vorderösterreichs. Stuttgart 2000. – Speziell zu Ostschwaben und der Markgrafschaft Burgau Alfred Schröder: Die staatsrechtlichen Verhältnisse im bayerischen Schwaben um 1801. In: Jahrbuch des historischen Vereins Dillingen 19 (1906) S. 134-220; Dietmar *Schiersner*: Politik, Konfession und Kommunikation. Studien zur katholischen Konfessionalisierung der Markgrafschaft Burgau (Colloquia Augustana 19). Berlin 2005. Diss. Augsburg 2002.

[21] Vgl. demnächst *ders.*: Antaustriaca tandem catholica. Konfession, Kirchlichkeit und Herrschaft unter den Bedingungen der Semiterritorialität. In: Historicum 2006.

[22] Horst *Carl*: Der Schwäbische Bund 1488-1534. Landfrieden und Genossenschaft im Übergang zum Spätmittelalter zur Reformation. Leinfelden-Echterdingen 2000.

[23] Zitate bei: *Press*, Oberschwaben (wie Anm. 13) S. 104; Horst *Carl*: Fränkische Unruhestifter und schwäbische Ordnungshüter? Schwäbisches und fränkisches Regionalbewußtsein im Kontext frühneuzeitlicher Politik. In: Thomas *Kühne* (Hg.): Raum und Geschichte. Leinfelden-Echterdingen 2001.
S. 24-37.

[24] Kreisausschreibende Fürsten waren der Bischof von Konstanz und der Herzog von Württemberg; Tagungsort war zumeist die Reichsstadt Ulm. In diesem geografisch-politischen Spannungsfeld deutet sich das untergegangene Herzogtum als Bezugsgröße an. – Zum Schwäbischen Reichskreis Adolf *Laufs*: Der Schwäbische Kreis. Studien über Einungswesen und Reichsverfassung im deutschen Südwesten zu Beginn

An der hier skizzierten Situation änderte sich bis zum Ende des Alten Reiches im Grunde nichts Wesentliches. Nicht zuletzt der Westfälische Friede bedeutete für das komplexe herrschaftsrechtliche Gefüge im Südwesten eine Absicherung des verfassungsrechtlichen Status quo.

Vom Ende des Alten Reiches bis heute

Eine tiefgreifende Umwälzung – und damit komme ich zum letzten Abschnitt des historischen Abrisses –, eine Revolution nicht allein der territorialen Verhältnisse brachten dagegen die Napoleonischen Kriege mit sich. Viel zitiert ist Thomas Nipperdeys Diktum "Am Anfang war Napoleon", und für kaum ein Gebiet des Alten Reiches kann es größere Geltung beanspruchen als für den deutschen Südwesten. Denn nun verschwanden durch Säkularisation und Mediatisierung mit einem Mal Klöster und Stifte, Reichsstädte und schließlich auch Adelsherrschaften als eigenständige politisch-herrschaftliche Größen von der Landkarte. Der habsburgische Besitz- und Rechtskomplex fiel mit dem Friedensschluss von Pressburg (26. Dezember 1805) ebenfalls den napoleonischen Verbündeten Württemberg, Baden und Bayern zu. Bayern brachte sich auf diese Weise in den Besitz des schon seit Jahrhunderten mit aggressivem Interesse betrachteten Gebietes zwischen Lech und Iller (endgültig seit dem Grenzvertrag mit Württemberg 1810). Der Lech verlor seine Bedeutung als Grenze[25].

Das heute so bezeichnete "Bayerisch-Schwaben" stellte bis dato keineswegs eine eigene territoriale Größe dar. Kirchlich allerdings bildete die Iller seit fränkischer Zeit die Grenze zwischen den Bistümern Augsburg und Konstanz, und auch die Prälatenorden differenzierten aufgrund der unterschiedlichen kirchenrechtlichen Position des jeweiligen Bischofs gegenüber den Klöstern zwischen "Transilleriani" und "Cisilleriani". Zudem gab es im Schwäbischen Reichskreis ein eigenes Augsburger Viertel zwischen Iller und Lech, dem allerdings weder die reichsritterschaftlichen noch die österreichischen Herrschaften angehörten – Altdorf etwa oder das burgauische Günzburg schickten ihre Vertreter auf die österreichischen Landtage[26].

Die neuen Herren zeigten überall, am wenigsten wohl in Württemberg, die Bereitschaft, auf gewachsene historische Strukturen Rücksicht zu nehmen[27]. In-

der Neuzeit (Untersuchungen zur deutschen Staats- und Rechtsgeschichte N.F. 16). Aalen 1971.- Winfried *Dotzauer*: Die deutschen Reichskreise (1383-1806). Geschichte und Aktenedition. Stuttgart 1998, 142-147.- sowie zur Verfassung (besonders zur Kreisverfassung von 1563) und Funktion des Kreises Karl Siegfried *Bader*: Der Schwäbische Kreis in der Verfassung des Alten Reiches. In: UO 37 (1964) S. 9-24.- Hans-Eugen *Specker*: Die Reichsstadt Ulm als Tagungsort des Schwäbischen Reichskreises. In: Wolfgang *Wüst* (Hg.): Reichskreis und Territorium: Die Herrschaft über der Herrschaft? Suprateritoriale Tendenzen in Politik, Kultur, Wirtschaft und Gesellschaft. Ein Vergleich süddeutscher Reichskreise (Augsburger Beiträge zur Landesgeschichte Bayerisch-Schwabens 7). Stuttgart 2000. S. 179-196. – Die österreichischen Vorlande gehörten dem Österreichischen Reichskreis an (vgl. *Dotzauer* (wie Anm. 24) S. 381-389).

[25] *Fried* (wie Anm. 7).- Dietmar *Schiersner*: Zwischen Habsburg und Wittelsbach. Der Adel in der Markgrafschaft Burgau und der Friede von Preßburg 1805. In: Mitteilungen der Gesellschaft Oberschwaben 7 (2005). S.1-17. – Allgemein zu den territorialen Bestimmungen des Friedensvertrages: Rudolfine von *Oer*: Der Friede von Preßburg. Ein Beitrag zur Diplomatiegeschichte des napoleonischen Zeitalters (Neue Münsterische Beiträge zur Geschichtsforschung 8) Münster 1965. Diss. Münster 1962/63. S. 184-221.

[26] *Quarthal* (wie Anm. 13) bes. S. 22.

[27] *Fried* (Hg.) (wie Anm. 15).- und Rolf *Kießling*: Schwaben – Porträt einer Geschichtslandschaft. In: Hans *Frei* / Barbara *Beck* (Hg.): Lebensbilder. Geschichte und Kunst in Bildnissen aus Schwaben. Katalog zur Ausstellung des Forums für Schwäbische Geschichte im Schloß Höchstädt vom 30. April bis 13. Oktober

frage gestellt wurden die Veränderungen der napoleonischen Zeit jeweils in den Nachkriegszeiten des vergangenen Jahrhunderts: Ein in Ulm zusammengetretenes "Schwabenkapitel" forderte nach dem Ersten Weltkrieg, durch die Bildung eines überregionalen "Groß-Schwaben" eine an Stammesvorstellungen orientierte politische Einheit wiederherzustellen. Ein eigenes Presseorgan, das "Zeitblatt Schwaben", sollte die Überlegungen publizistisch verbreiten. Man postulierte die Bildung "eines besonderen schwäbischen Bundesstaates", da durch die napoleonische Flurbereinigung auf dem "Gebiet des alten Herzogtums Schwaben, dem späteren 'schwäbischen' Kreis willkürliche Staatsgebilde" geschaffen worden seien, die "die Zusammengehörigkeit des Stammes, der Landschaft, der wirtschaftlichen Beziehungen sinn- und rücksichtslos durchschnitten" hätten[28]. Ähnliche Forderungen erhob nach dem Zweiten Weltkrieg der Konstanzer Jurist und Historiker Otto Feger in seiner in 50000 Exemplaren gedruckten Schrift "Schwäbisch-Alemannische Demokratie". Diese wurde besonders innerhalb des oberschwäbischen Adels intensiv rezipiert und mündete in eigene Staatsvorstellungen besser gesagt Planspiele vom gesamtschwäbischen Staat bis hin zu einer Alpenländer-Föderation oder einer Donaukonföderation mit monarchischer Spitze mündeten[29].

2 Grenzen und Abgrenzen

Blicken wir zurück: Die staatliche oder besser: vorstaatlich-politische Einheit Schwabens, die in einem Herzogtum zumindest das Gros der wie auch immer definierten Stammesangehörigen zusammengefasst hätte, ist spätestens mit dem Jahr 1268 untergegangen. Schwaben auf der Karte zu suchen wurde zu einem schwierigen und unbefriedigenden Unterfangen. Umso mehr jedoch, so scheint es, wurde das Gemeinsame, oder was immer man dafür hielt, "auf eine andere

2002 (Schriftenreihe der Museen des Bezirks Schwaben 30) Oberschönenfeld 2002. S. 11-30.- Montgelas ließ 1808 Kreise als Mittelinstanzen nach französischem Vorbild bilden, die jeden Bezug zum Stammesnamen vermieden und absichtsvoll historische oder ethnische Bindungen missachteten. Eingerichtet wurde ein Oberdonaukreis mit Ulm, ein Lechkreis mit Augsburg und ein Illerkreis mit Kempten als Verwaltungs- und Regierungszentrum. Durch den Grenzvertrag des Jahres 1810 mit dem Königreich Württemberg wurde die Iller als Grenze festgelegt und das Ries zerschnitten, Ulm wurde württembergisch. Der 1818 neu strukturierte Oberdonaukreis erhielt Augsburg als Mittelpunkt. Er umfasste auch die altbayerischen Landgerichte Friedberg, Aichach, Rain, Schrobenhausen und Neuburg. Erst mit der Gebietsreform des Jahres 1837 verfügte König Ludwig I. die Wiederaufnahme des Stammesnamens als bewussten Akt politischer Integration der Schwaben in den neuen bayerischen Staat: Die "alten, geschichtlich geheiligten Marken" (zit. n. *Fried* (wie Anm. 7) S. 146) sollten möglichst wiederhergestellt werden. Nunmehr gab es einen Regierungsbezirk "Schwaben und Neuburg". Gut 100 Jahre später, 1934, wurde "Neuburg" aus dieser Doppelbezeichnung gestrichen. Verglichen mit der Intention Ludwigs I. bedeutete die Gebietsreform 1972 insofern einen Rückschritt, als seither eine Reihe schwäbischer Orte dem Regierungsbezirk Oberbayern zugeschlagen wurden. So kamen die Orte und Gemeinden Dienhausen, Denklingen, Asch, Leeder, Oberdießen, Seestall und Ellighofen zum oberbayerischen Landkreis Landsberg. Umgekehrt wurde das bayerische Aichach bzw. Friedberg (dieses bereits seit 1944) dem Regierungsbezirk Schwaben zugeschlagen.

28 *Schreiner* (wie Anm. 9) S. 8f. .- vgl. Jürgen *Klöckler*: Reichsreformdiskussion, Großschwabenpläne und Alemannentum im Spiegel der südwestdeutschen Publizistik der frühen Weimarer Republik: "Der Schwäbische Bund" 1919-1922. In: ZWLG 60 (2001) S. 271-315.

29 *Ders.*: Vom Lech bis an der Rhein. Träume von einem schwäbisch-alemannischen Staat nach 1945. In: Paul *Hoser* / Reinhard *Baumann* (Hg.): Kriegsende und Neubeginn. Die Besatzungszeit im schwäbisch-alemannischen Raum (Forum Suevicum 5). Konstanz 2003. S. 81-95, bes. S. 89-91.- vgl. Elmar L. *Kuhn* / Brigitta *Ritter* / Dieter R. *Bauer* (Hg.): Das große weite Tal der Möglichkeiten: Geist, Politik, Kultur 1945-1949. Das Projekt Gesellschaft Oberschwaben. Lindenberg 2002.

Ebene transponiert"[30], wurde, um es poetisch auszudrücken, das Land der Schwaben mit der Seele gesucht. Es überrascht nicht, wenn diese Suche intensiv gerade dort blühte, wo sich neue – politische, kulturelle, später auch religiöse – Grenzen entwickelten. Und es überrascht auch nicht, wenn der Vorgang des mentalen Abgrenzens im Wesentlichen von beiden Seiten aus betrieben wurde und dabei Elemente negativer Fremd- und positiver Selbstzuschreibung enthielt. Wer die Feierlichkeiten und historischen Rückblicke anlässlich des baden-württembergischen Landesjubiläums vor wenigen Jahren etwas verfolgt hat, weiß auch, dass Abgrenzung ein dynamischer Vorgang ist, der in historischem Wandel begriffen ist und der gerade dort besonders harsch ausfallen kann, wo es keine politische Grenze mehr gibt[31].

Das Problem von "Grenzen und Abgrenzen" soll hier schlaglichtartig für das Verhältnis zwischen Schwaben und Schweizern, Schwaben und Bayern und – als Form der Binnendifferenzierung – zwischen Oberschwaben und Niederschwaben beleuchtet werden. Vorausgeschickt sei aber das gewissermaßen globale und global abgrenzende Schwabenlob des Ulmer Dominikaners Felix Fabri (ca. 1441-1502), der in seiner "Beschreibung Schwabens" aus dem späten 15. Jahrhundert hervorhebt, Schwaben seien "frömmer als alle übrigen Deutschen, vernünftiger als die Elsässer, vornehmer als die groben Bayern und vermögender als die Franken". Der Name Alemannia leite sich vom lateinischen alimenta immania habens ab, das Land zeichne sich also durch besonderen Reichtum an Nahrung aus, weshalb auch die Bevölkerung ständig wachse und zu ihrem eigenen Ruhm Schwaben in die ganze Welt entlasse. "Kein Volk", so Fabri, "liefert [andern Ländern] so viel Priester, Schriftsteller, Musiker und Schulmeister wie Schwaben"[32]. – Etwas Schöneres kann man an diesem Ort doch kaum von den Schwaben sagen!

Nun aber zu den eher konfliktreichen Formen der Grenzziehung und Abgrenzung:

- Dass die Schwaben nördlich und südlich des Bodensees im Laufe des 14. und 15. Jahrhunderts zunehmend ihre Andersartigkeit, ihre Alterität, erfuhren, schreibt Helmut Maurer nicht zuletzt gerade ihren ständigen und ununterbrochenen Kontakten in der Reichsstadt Konstanz, einem der alten Vororte Schwabens, zu[33]. Fremdheit war hier konkret und über Jahrhunderte hinweg erlebbar, wenn Bauern und Händler aus dem Süden in der Stadt hauptsächlich mit "Schmalz", also Butter aus der Milchwirtschaft, Handel trieben, kamen, um Rechtsstreitigkeiten vor dem Landgericht beizulegen, oder von ihrem Bischof zu Synoden oder kirchlichen Zensuren vorgeladen wurden.

---

[30] *Kießling* (wie Anm. 27) S. 12. – Die historische Kartografie war deswegen freilich nicht um Lösungen verlegen, in denen "Schwaben", "Alemannien" oder das "Allgäu" aber keineswegs eindeutig und zeitlich konstant lokalisiert wird: Vgl. die Karten von Sebastian Münster (1550), David Selzlin (1572), Christoph Hurter (1619 und 1625), Michael Praun (1690), Johann Baptist Homann (1700 und 1707, nachgestochen 1710 von Matthäus Seutter) oder Johann Walch (1806).- Nachweise bei Ulrich *Crämer*: Das Allgäu. Werden und Wesen eines Landschaftsbegriffs (Forschungen zur deutschen Landeskunde 84). Remagen 1954. S. 72-88.- *Kießling*, Geschichtslandschaft (wie Anm. 27) S. 13.

[31] Vgl. zu Identitäten und Abgrenzungen innerhalb Baden-Württembergs Hans-Georg *Wehling*: Historische Wurzeln von Identität in Baden-Württemberg. In: ZWLG 60 (2001) S. 353-361.

[32] *Schreiner* (wie Anm. 9) S. 4.

[33] Helmut *Maurer*: Schweizer und Schwaben. Ihre Begegnung und ihr Auseinandersleben am Bodensee im Spätmittelalter (Konstanzer Universitätsreden 136) Konstanz 1983.- vgl. Horst *Carl*: Eidgenossen und Schwäbischer Bund – feindliche Nachbarn? In: Die Eidgenossen und ihre Nachbarn im Deutschen Reich des Mittelalters. Marburg 1991. S. 215-265.

Anderssein in aggressiv-militärischer Konfrontation wurde den Menschen schließlich vor allem durch das Vordringen der Eidgenossen an Bodensee und Rhein 1460 oder den Ausbruch der hüben als Schweizer-, drüben als Schwabenkrieg bezeichneten Auseinandersetzung des Jahres 1499 vor Augen geführt. Im Verlauf des 15. Jahrhunderts entwickelte sich schließlich auch die Bezeichnung, die von beiden Seiten künftig zur Abgrenzung der Eidgenossen von den Schwaben nördlich des Sees verwendet werden sollte. Von der damals wirtschaftlich und politisch besonders dynamischen Stadt Schwyz weitete sich der Name "Schweizer" als Pars pro toto auf alle Eidgenossen aus.

Grundlegend für das Bewusstsein der Verschiedenheit war die Herausbildung ganz unterschiedlicher sozialer Systeme, wie Helmut Maurer gezeigt hat[34]: Das bäuerliche Selbstverständnis der Schweizer Viehbauern erhob die "Kuh" geradezu zum Symbol ihrer Identität und ihres Stolzes. Ein Umstand, der zum Beispiel die Konstanzer zum Spott über den angeblich unerträglichen Gestank aller Schweizer veranlasste und überhaupt von schwäbischer Seite aus zur kaum schmeichelhaft gemeinten Prägung der Bezeichnung "Kuhschweizer" führte. Die Schweizer dagegen konterten mit dem Schimpfwort "Sauschwabe"; ein Ausdruck, der sich nach selbstkritischer Aussage des Schaffhauser Gastronomievorsitzenden übrigens bis in unsere Tage intern zur Kennzeichnung der nördlichen Kundschaft erhalten hat[35].

- Blieben sich Schwaben und Schweizer in der Auseinandersetzung gegenseitig kaum etwas schuldig, war und ist das Verhältnis zwischen Schwaben und Bayern von Asymmetrie gekennzeichnet. Im Alten Reich, zumal nach der Eindämmung der territorialen Gelüste Bayerns durch die Gründung des Schwäbischen Bundes (1488) und der Beruhigung der bayerischen Erwerbspolitik im Zuge des Landshuter Erbfolgekrieges (1503), dominierte ein schwäbisches Selbstbewusstsein, das auf wirtschaftlicher und kultureller Prosperität beruhte. Politisch betonte man stets die für Schwaben kennzeichnende Reichsunmittelbarkeit bzw. "Freiheit" der Herrschaftsträger. Zweifellos vermittelte auch die Position Habsburgs im Südwesten dafür einen wichtigen politischen und mentalen Rückhalt.

So nimmt es nicht wunder, wenn sich bayerisches Minderwertigkeitsgefühl gegenüber den westlichen Nachbarn in Spott abarbeitete. Die Geschichte von den "Sieben Schwaben" etwa ist dafür ein Beleg. In ihrer ältesten Fassung im Kloster Tegernsee 1498 entstanden, zeugt sie keineswegs von schwäbischer Selbstironie, sondern zielt darauf ab, die Schwaben als feige und dumm zu kennzeichnen[36]. Eine Umkehr des Verhältnisses setzte für Ostschwaben mit der Übernahme durch Bayern und der Eingliederung in den neuen Staat ein. Erinnert sei nur an das bekannte Stoßgebet des Pfarrers von Talhofen im Allgäu, der die apokalyptische Zeitenwende im Kirchenbuch mit den Worten markierte: "Wir sind also bayerisch.

[34] *Maurer* (wie Anm. 33) S. 41.

[35] Ebda., S. 27-29. Der im Juli 1981 in der Schaffhauser Presse erschienene Beitrag ist ebda., S. 7, zitiert.

[36] *Schreiner* (wie Anm. 9) S. 5. – Ironisch sollte man vermutlich den Titel "Die 7 Schwaben" einer zwischen 1951 und 1979 (mit Lücken) in Kempten erschienenen "Zeitschrift der schwäbischen Heimatpflege" verstehen.- vgl. Albrecht *Keller*: Die Schwaben in der Geschichte des Volkshumors. Freiburg 1907.- Günther *Kapfhammer*: Die Sieben Schwaben: ein altes Thema mit neuen Fragestellungen. In: Beiträge zur Volkskunde in Baden-Württemberg 4 (1991) S. 241 – 262.- Claudia *Pecher*: Die Sieben Schwaben: vom Schwank zum werbewirksamen Klischee? In: Kurt *Franz* (Hg.): Volksliteratur im neuen Kontext. Märchen, Sage, Legende, Schwank (Schriftenreihe der Deutschen Akademie für Kinder- und Jugendliteratur 30) Baltmannsweiler 2004. S. 143 – 163.

Gott gnade uns allen!"[37] Miesbacher oder Tegernseer Tracht, bayerischer Volkstanz, bayerische Mundartstücke auf Dorftheatern, die Rautenfahne im Schrebergarten, das "Haferl" Kaffee – die Beispiele ließen sich beliebig vermehren – zeugen heute von der tiefen Verunsicherung gerade der in Bayern lebenden Schwaben[38]. Aber auch ein überzogenes, selbstzufriedenes und mit Klischees operierendes Bekenntnis zu Schwaben kann als Indiz für mangelnde Selbstverständlichkeit der eigenen Identität aufgefasst werden. Nicht selten verkommt so der Dialekt und überhaupt die Heimatpflege zur Inszenierung.

Einem ähnlich gelagerten Problem sahen sich nach 1803 auch die von Württemberg okkupierten Schwaben südlich der Alb bis zum Bodensee ausgesetzt. Hier allerdings waren es kaum Unterschiede des Dialektes als vielmehr religiös-konfessionelle und kulturelle Unterschiede, die zur Entwicklung von Feindbildern zwischen Württemberg und Oberschwaben führten und schon länger vorbereitet waren. Erst in der kompromisslosen Politik Altwürttembergs gegenüber den annektierten Gebieten im Süden bzw. in der Auseinandersetzung von alten Eliten und Bevölkerung mit den neuen Verhältnissen sieht Hans-Georg Wehling den entscheidenden Faktor für das Entstehen einer – neuen – oberschwäbischen Identität im 19. Jahrhundert – mit Wirkungen bis heute[39].

Die Gegner blieben sich dabei deutliche Worte nicht schuldig: Während altwürttembergische Historiker und Publizisten ihr Land als eigentliches und wahres Schwaben lobten und eine sittlich ernste, stille und in sich gekehrte Bevölkerung mit erkennbar pietistischen Zügen zeichneten, attestierten sie den Oberschwaben "vorherrschende Sinnlichkeit" mit einem "Hang zum Vergnügen", der "sich vorzüglich in der Liebe zum Scheibenschießen äußere, beim Kegelspiel und bei Hochzeiten in Erscheinung trete" und sich "in der Belustigung des Faschings nur zu häufig auf die bekannte unsittliche Weise bemerkbar mache"[40]. In dieselbe aufklärerische Kerbe hatte schon 1788 Anselmus Rabiosus alias Wilhelm Ludwig Wekhrlin in seiner "Reise durch Oberdeutschland" gehauen, als er feststellte: *In diesem Teile von Schwaben sind die Menschen von einer häßlichen Gestalt. Ihre Sitten sind arm und einfältig, und ihr Geist ist grob, sklavisch und träge. [...] Es gibt kein Volk auf dem Erdboden, so von seiner Gesetzeinrichtung, und von der politischen und physikalischen Eigenschaft seines Vaterlandes weniger unterrichtet ist [...]* [41].

Umgekehrt hielt Fürst Constantin von Waldburg-Zeil "das katholische oberschwäbische Volk" für "den letzten Kern eines noch ziemlich guten Volks-

[37] Zit. n. Volker *Dotterweich*: Herrschafts- und Vermögenssäkularisation in Bayerisch-Schwaben. Politische, soziale und wirtschaftliche Aspekte. In: *Fried*, (Hg.): (wie Anm. 15) S. 114-153, hier S. 128.- vgl. Rolf *Kießling*: Zwischen Integrationsbereitschaft und Traditionsbewußtsein – Schwabens Weg in das Königreich Bayern. In: Alois *Schmid* (Hg.): 1806. Bayern wird Königreich, Regensburg 2006. S. 146-169.

[38] Vgl. Stefan *Heinze*: Die Region Bayerisch-Schwaben. Studien zum schwäbischen Regionalismus im 19. und 20. Jahrhundert. Augsburg 1995.- *Fried* (wie Anm. 7) S. 151f..- zum schwäbischen Dialekt: Edith *Funk*: Wie ich spreche, bin ich. Zur Bedeutung des Dialekts für die eigene Identität. In: Archiv für Literatur aus Schwaben (Hg.): Der Schwabenspiegel. Jahrbuch für Literatur, Sprache und Spiel, Heft 2/2002. S. 197-208.

[39] Hans-Georg *Wehling*: Oberschwaben im 19. und 20. Jahrhundert. In: *Eitel / Kuhn* (Hg.) (wie Anm. 13) S. 133-155.- Hans-Georg *Wehling*: Historische Wurzeln von Identität in Baden-Württemberg. In: ZWLG 60 (2001) S. 353-361, bes. S. 356f.

[40] Zit. n. *Schreiner* (wie Anm. 9) S. 7.

[41] Wilhelm Ludwig *Wekhrlin*: Anselmus Rabiosus. Reise durch Oberdeutschland. Salzburg und Leipzig 1788 (Neuauflage München 1988). S. 55.

stammes" und wünschte es "den Händen des bureaukratischen und advokatischen protestantischen Terrorismus" zu entreißen[42]. Heute, 200 Jahre nach den aufwühlenden Ereignissen am Anfang des 19. Jahrhunderts, sind auch im Oberland die Töne zurückhaltender und lyrischer geworden, wenn etwa Martin Walser oder Peter Renz in das Lob der "Seelenlandschaft" Oberschwaben einstimmen[43].

Versuchen wir nun, die Ergebnisse zusammenzufassen. Wo ist nach dem bisher Gesagten Schwaben zu lokalisieren?

Bereits der Blick auf die alamannische Frühzeit zeigte die Unbrauchbarkeit des ethnischen Kriteriums: Alamanne war eben, wer sich als solcher verstehen wollte oder dafür gehalten wurde, von einer Volksgemeinschaft oder gar einer Gemeinschaft des "Blutes", wie es in der Zeit des Nationalsozialismus hieß, konnte niemals die Rede sein. Der Dialekt als Unterscheidungsmerkmal gegenüber anderen "Stämmen" wurde hier nicht weiter thematisiert. Die Brauchbarkeit des Dialekt-Kriteriums wird jedoch zum einen durch jene Grenzsäume infrage gestellt, die Probleme der Zuordnung eines Dialektes verursachen können; zum anderen umfasst der "gesamtalamannische Sprachraum" auch Orte wie Zermatt und Straßburg, deren Bewohner sich kaum als Schwaben bezeichnen würden, und zählen umgekehrt Orte wie Ravensburg oder Lindau nicht zum schwäbischen, sondern bodenseealamannischen Dialektgebiet[44]. – Auch die Untersuchung der politisch gewachsenen Strukturen führte letztlich zu einer Dekonstruktion des schwäbischen Einheitsgedankens: Bis zum Ende des Alten Reiches hatten sich innerhalb des ehemaligen Stammesherzogtums Schwaben wenigstens drei klar voneinander unterschiedene territoriale bzw. politische Strukturen herausgebildet, die auch ein differenziertes Selbstverständnis entwickelten:

- Im Süden war mit der Eidgenossenschaft nicht zuletzt aus der erfolgreichen Abwehr der habsburgischen Ansprüche und Machtpositionen heraus ein bündisch organisiertes Staatswesen eigener Art entstanden, ein soziales System, das ein der aristokratischen Denk- und Lebensweise entgegengesetztes bäuerliches Selbstverständnis entwickelt hatte[45]. Aus Schwaben waren hier längst Schweizer geworden.
- Dem stand im Norden des vormaligen Herzogtums Schwaben mit Württemberg ein territorial geschlossener, relativ straff regierbarer und regierter Staat gegenüber, dessen politische Struktur mit der des Herzogtums bzw. Kurfürstentums Bayern verglichen werden kann. Seine Bewohner verstanden und verstehen sich zweifellos als Schwaben, wenn auch als "andere" oder vielleicht "eigentliche" Schwaben.
- Dazwischen erstreckte sich vom Schwarzwald bis zum Lech, vom Bodensee bis zur Alb Oberschwaben, das sich durch Besonderheiten der politischen, wirtschaftlichen und geistig-kulturellen Struktur auszeichnete: Hingewiesen wurde auf die territoriale Kleinkammerung mit ihrer Vielfalt an ritterschaftlichen und vor allem auch geistlichen Territorien, auf den Einfluss Habsburgs und das spezifische Reichsbewusstsein, auf die ausgeprägten bündischen Binnenstrukturen und

[42] Zit. n. Franz *Quarthal*: 700 Jahre vorderösterreichischer Burgau. Zur Bedeutung der Herrschaft des Hauses Habsburg für das östliche Schwaben. In: Mitteilungen der Gesellschaft Oberschwaben 3 (2001) S. 7-29, hier S. 27f.

[43] Peter *Renz*: Das Literarische Forum Oberschwaben. In: *Eitel / Kuhn* (Hg.) (wie Anm. 13) S. 183-213.

[44] *Bassler / Steger* (wie Anm. 5) S. 505.

[45] *Maurer* (wie Anm. 33) S. 41.

die hohe Städtedichte[46]; Peter Blickle hat immer wieder – zuletzt an diesem Ort in einem Vortrag im Rahmen des "Forums Regionalität"[47] – auf die charakteristisch republikanischen Traditionen der Region aufmerksam gemacht, die auch nach dem Bauernkrieg fortlebten[48]. Zu ergänzen wäre die Liste um die manifesten Folgen der Glaubensspaltung, die zu Bikonfessionalität in Reichsstädten wie Augsburg, Biberach und Ravensburg führte, bzw. zu einem konfessionellen Auseinandertreten von Stadt und Land. Kulturelle und mentale Unterschiede sind im Gefolge der konfessionellen Spaltung bis heute erkennbar[49]. Insgesamt ist dieser Raum strukturell ein Gegenpol zum geschlossenen Flächenstaat mit seiner einfachen kartografischen Darstellbarkeit, im Gegensatz zu ihm ist Oberschwaben durch die Unschärfe des räumlichen Bezuges gekennzeichnet[50]. Auch hier fühlte und fühlt man sich als Schwabe, auch hier als "anderer" oder "eigentlicher" Schwabe, wobei die Betonung der eigenen Identität sich nicht zuletzt aus der Abgrenzung gegenüber dem nördlichen und protestantischen Altwürttemberg speist.

- Nach dem Ende des Alten Reiches wurde der östliche Teil von Oberschwaben dem neuen bayerischen Königreich einverleibt. Es ist wichtig hervorzuheben, dass abgesehen von der Übereinstimmung zwischen frühmittelalterlicher Bistumsgrenze und neuer Staatsgrenze (Lauf der Iller) nichts für eine territoriale Identität des ostschwäbischen Raumes sprach. Auch die Diözesanstruktur bedeutete im Grunde nur eine Verstärkung der Metropolenfunktion Augsburgs, wie sie sich auch aus wirtschaftlichen Gründen ergab. Alle Kriterien, die das westliche Oberschwaben zur definierbaren Geschichtslandschaft machen, gelten ohne Abstriche auch für Ostschwaben, das heutige Bayerisch-Schwaben. Trotz dieser Gemeinsamkeiten, zu denen auch noch dieselbe konfessionelle Orientierung hinzukommt, entwickelte sich hier seit 1806, teilweise durch eine bewusste bayerische Integrationspolitik eine Identität, die sich gegenüber dem württembergischen Schwaben abgrenzt[51].

---

[46] *Quarthal* (wie Anm. 13). – In dem von Hans-Georg *Wehling* herausgegebenen Sammelband "Oberschwaben" (Schriften zur politischen Landeskunde Baden-Württembergs 24, Stuttgart 1995) wird versucht, die Eigenart Oberschwabens in den Themenkreisen "Wirtschaftsraum", "Bauernlandschaft", "kirchliche Landschaft", "Adelslandschaft", "Städtelandschaft", "Barocklandschaft" und "Literaturlandschaft" zu fassen.

[47] "Vom Eigensinn der Oberschwaben – Die Prägung einer Region durch ihre politische Kultur". Vortrag von Peter *Blickle* am 2. Mai 2007 im "Forum Regionalität" des "Zentrums für Regionalität und Schulgeschichte" der Pädagogischen Hochschule Weingarten.

[48] Z. B. Peter *Blickle*: Oberschwaben. Politik als Kultur einer deutschen Geschichtslandschaft. Tübingen 1996.

[49] *Kießling* (wie Anm. 27) S. 21-26.

[50] Vgl. *ebda*., S. 26.

[51] *Heinze* (wie Anm. 38) S. 41-64. – Ein Kommentar, der am 19. Mai 2006 in den "Mittelschwäbischen Nachrichten", einer in Krumbach erscheinenden regionalen Ausgabe der "Augsburger Allgemeinen", veröffentlicht wurde, bringt diesen Zusammenhang unbelastet von geschichtlichem Bewusstsein auf den Punkt. Die Glosse nimmt Wortmeldungen bei einer Bürgerversammlung zum Anlass. Dabei ging es darum, ob der Ort – ehemals vorderösterreichischer und seit 1805 bayerischer Markt, später Stadt – den offiziellen, in Klammern gesetzten Zusatz "Schwaben" durch "Bayerisch-Schwaben" ersetzen sollte. Unter der Überschrift "Der Schwabe" heißt es: *Der Schwabe an sich und der Krumbacher Schwabe im Besonderen – das ist so eine ganz eigene Sache [...]. Denn der Schwabe als solcher ist ja eigentlich der Württemberger Schwabe, der Spätzles-Schwob, der Ur-Schwabe. Und der Krumbacher als Schwabe, das ist – ja was ist das eigentlich? Genau genommen müsste man, so die Anregung [aus der Bürgerversammlung], der Stadt Krumbach nicht den Zusatz Schwaben sondern Bayerisch-Schwaben geben. Sonst könnte das nämlich zu Irritationen führen, wenn einer von Außerhalb des Weißwurstäquators liest: Krumbach/Schwaben, dann könnte er ans Württembergische denken. Das wäre natürlich fatal, denn alles will der Krumbacher an sich sein, sogar Schwabe; nur eines will er nicht: Mit einem Württemberger verwechselt werden – verschtoscht!* ("Mittelschwäbische Nachrichten" vom 19.05.2006, Nr. 115).

Von einem Bewusstsein, das den gesamten ostschwäbischen Raum umfassen würde, kann dennoch nicht die Rede sein. Vorrangig haben sich in Bayerisch-Schwaben landschaftliche Identitäten herausgebildet: Im Allgäu und Ries sieht man sich als Allgäuer oder Rieser, kaum als Schwabe[52]. Diese Fragmentierung der Identität ist ebenso als Zeichen der Verunsicherung zu deuten wie die Übernahme oberbayerischen Volkstums – Pankraz Fried sprach besonders im Bezug auf das Ostallgäu von der "Bajuwarisierung" von Tracht und Brauchtum[53].

"Schwaben" entpuppt sich damit am Ende unserer Suche als Begriff ohne prägnante Inhalte und präzise Grenzen. Die regionale Reichweite "Schwabens" war und ist abhängig vom Standpunkt und der Blickrichtung des Beobachters, auch des Beobachters aus dem Abstand von Jahrhunderten[54]. Nicht weniger gilt diese Perspektivität für die Identität der Menschen, die sich Schwaben nennen oder von anderen zu den Schwaben gerechnet werden. Das Bedürfnis der Menschen nach Identität und Beheimatung sucht dabei immer auch Anhaltspunkte in der Geschichte. Wenn aber die Beschäftigung mit der Geschichte, der Politik und Kultur des eigenen Heimatraumes Vorurteile und Klischees durch Wissen ersetzen kann, dann führt dies zu klarerer Bewusstheit und besserem Verständnis der Gegenwart, mithin zu Bildung und Selbst-Bewusstsein. Dazu wissenschaftlich und in der Ausbildung von Lehrerinnen und Lehrern beitragen zu können, ist eine schöne Aufgabe an einer Pädagogischen Hochschule.

---

[52] Vgl. zum Ries: Ruth *Kilian*: Blicke auf das Ries. Land und Leute in der verwalteten Region. Nördlingen 2000.- zum Allgäu als historischer Landschaft und zum Wandel der mit dem Begriff verknüpften geografischen Vorstellungen *Crämer* (wie Anm. 30).- Günther *Bradler*: Die Landschaftsnamen Allgäu und Oberschwaben in geographischer und historischer Sicht (Göppinger akademische Beiträge 77) Göppingen 1973.

[53] *Fried* (wie Anm. 7) S. 152.

[54] *Schreiner* (wie Anm. 9) S. 1.

Eine Rabenstadt?
Zur Deutung des Ortsnamens *Ravensburg*

Norbert Kruse

Die Herleitung des Namens Ravensburg aber dürfte nach dem ersten Anschein nicht sehr leicht seyn, und mancher, dem zwar "burg" sehr einleuchtend ist, mag lange darauf sinnen, was er aus "Ravens" machen soll. Lassen wir jedoch eine kurze Untersuchung hierüber – und wenn sie uns auch nur der Wahrscheinlichkeit nahe brächte – uns nicht verdriessen[1]. (Johann Georg Eben)

1 Einleitung

Wohl über keinen Namen des Landkreises Ravensburg ist mehr nachgedacht und geschrieben worden als über den der Kreismetropole. Überlegungen zu Herkunft und Erklärung des Ortsnamens lassen sich seit dem Ende des 15. Jahrhunderts nachweisen. Bislang gibt es zwar keine eingehendere Untersuchung; doch ältere wie jüngere Stadtgeschichten oder Stadtführer bieten meist kurze Ausführungen oder wenigstens einige Anmerkungen[2]. Dabei kann man zahlreiche konkurrierende Versuche konstatieren, spekulative wie sprachwissenschaftlich und historisch begründete. Keiner aber hat bislang ein überzeugendes, allseits anerkanntes Ergebnis erbracht: Es gibt unterschiedliche Theorien, doch keinen Konsens[3]. Bereits 1830 hat J. G. Eben in dem oben angeführten Zitat das Problem auf den Punkt gebracht: Das Grundwort *-burg* ist leicht, das Bestimmungswort *Ravens-* schwer erklärbar. Alfons Dreher, der frühere Stadtarchivar, musste 1975 resignierend zugeben, dass "der Name Ravensburg [...] weder historisch noch sprachwissenschaftlich einwandfrei erhellt" ist[4]. Nach mehr als 30 Jahren soll hier der Versuch einer "Erhellung" unternommen werden.

Die Frage nach dem Namen eines Ortes ist nicht unwichtig. Namen können

[1] Johann Georg *Eben*: Versuch einer Geschichte der Stadt Ravensburg von Anbeginn bis auf die heutigen Tage. Bd. 1. 1830, Nachdruck 1987. S. 23.
[2] Nachweise vor allem in Abschnitt 5.
[3] Diffuse Vorstellungen gibt der Veitsburg-Artikel (Stand: März 2007) der Wikipedia-Enzyklopädie wieder: www.wikipedia.org.
[4] Alfons *Dreher*: Ravensburg. In: Chronik des Kreises Ravensburg. 1975. S. 699-748, hier: S. 703.

viel aussagen; sie bieten eins der wenigen Mittel, manchmal sogar das einzige, um etwas von der frühesten Geschichte eines Ortes zu erfahren. So können sie den Namen des Gründers verraten[5] oder die Zeit der Gründung. Viele Ortsnamen erscheinen uns unklar, vor allem wenn sie aus sehr alter Zeit stammen. Namenkundliche Untersuchungen können vor allem dann erfolgreich sein, wenn die Überlieferungslage günstig ist: wenn die ältesten Namenbelege nicht allzu weit entfernt sind von der Gründung des Ortes, die ursprüngliche sprachliche Form sich also nur wenig verändert hat. Vor allem bei einer wenig bekannten Vorgeschichte und einem späten Einsetzen der Überlieferung kann es schwer und manchmal sogar unmöglich sein, die Namen zum Sprechen zu bringen.

Im vorliegenden Beitrag wird eine umfassende Analyse des Ortsnamens versucht. Zunächst werden die frühesten historischen Namenbelege zusammengestellt, da namenkundliche Untersuchungen nur von den ältesten Zeugnissen ausgehen dürfen. In diesem Zusammenhang soll auch das Jahr der Ersterwähnung Ravensburgs in der historischen Überlieferung geklärt werden. Danach werden die bisherigen Vorschläge zur Deutung des Ortsnamens geprüft; die sprachwissenschaftliche Analyse ist dabei angewiesen auf die Verbindung mit den Ergebnissen der Stadtgeschichtsforschung. Ziel dieser Untersuchung ist es, einen gesicherten Gesamtbefund zu erarbeiten. Ganz neuartige Ergebnisse sind dabei nicht zu erwarten. Am Ende aber soll eine möglichst plausible Antwort auf die Frage nach der Herkunft und der ursprünglichen Bedeutung des Namens gegeben werden.

2 Die historischen Belege

2.1 Ziel und Methode

Am Anfang einer namenkundlichen Untersuchung müssen Zusammenstellung und Analyse der historischen Namenbelege stehen: Wann und in welcher Form wird der zu untersuchende Name erstmalig genannt?

Sprache ist einem ständigen Wandel unterworfen, vor allem in Zeiten überwiegend mündlicher Tradition. Das gilt auch für Namen: Bei vielen lässt sich zeigen, dass die ursprüngliche Form sich wesentlich von der heutigen unterscheidet, dass viele von der gegenwärtigen Form her nicht mehr durchschaubar sind (zum Beispiel *Fleischwangen*, 809 *Flinxuuanga*). Deshalb ist es unerlässlich, von den ältesten vorhandenen Belegen auszugehen. Je älter diese sind, desto weniger werden sie sich von ihrer ursprünglichen Form entfernt haben.

Eine entsprechende Zusammenstellung kann verhältnismäßig einfach sein, wenn es nur wenige alte Belege gibt und wenn diese in einer gesicherten Überlieferung festgehalten wurden. Bei *Ravensburg* ist eine solche Zusammenstellung ungewöhnlich schwierig und bislang noch nicht erfolgt. Die Überlieferung der ältesten erhaltenen Quellen ist fast durchweg problembelastet: Es geht um Aufzeichnungen aus späterer Zeit, um Abschriften oder gefälschte Urkunden. Ganz deutlich zeigen das die Belege bis zum Jahr 1122: Alle wurden erst am Ende des 12. oder gar am Ende des 13. Jahrhunderts aufgezeichnet.

[5] Norbert *Kruse*: Der Name Amtzell – Ein Ort findet seinen Gründer. In: Im Oberland 17 (2006) Heft 2. S. 8-15.

Belege vor 1122

Zeitbezug	Aufzeichnung	Quelle
1002-1024	um 1198	"Weingartener Kaiserchronik"[6]
1088	um 1190	"Historia Welforum"[7]
1098	1275/1276	(Fälschung der) Urkunde Papst Urbans II.[8]
1109	um 1275	"Codex maior traditionum Weingartensium"[9]

Wichtig für diese Untersuchung ist die Unterscheidung von Namenbelegen in (Original-) Urkunden, die in der Regel datiert sind, und Namenbelegen in anderen historischen Quellengattungen, vor allem in chronikalischen Notizen, die in der Regel im Nachhinein von vergangenen Ereignissen berichten. So erwähnt beispielsweise die berühmte Welfengeschichte, die "Historia Welforum", die *Ravensburg*, als sie die Gefangensetzung des Augsburger Bischofs schildert[10]. Das Werk wurde jedoch erst um 1170 geschrieben, die ältesten erhaltenen Handschriften sind noch etwa 20 Jahre jünger. Für die Historiker ist das geschilderte Geschehen durchaus glaubhaft: Die Quelle bezeugt ein vergangenes Faktum. Sie bezeugt jedoch nicht die exakte sprachliche Form des Namens zur Zeit des Geschehens: Für die Namenforscher ist erst die Zeit der schriftlichen Aufzeichnung relevant, in unserem Fall also nicht das Jahr 1088, sondern die Jahre um 1190. Es ist unwahrscheinlich, dass der spätere Chronist, so gut er von dem Ereignis unterrichtet gewesen sein mag, auch die 100 Jahre zuvor gültige Namensform des Ortes festhalten konnte oder wollte; zudem blieb sein Werk nur in späteren Abschriften erhalten. Keinesfalls aber kann man bei diesem Datum von einer "urkundlichen Ersterwähnung" sprechen, wie das oftmals geschieht.

Für *Ravensburg* ergibt sich so, dass bis zum Jahr 1152 nur eine einzige zeitgenössische Urkunde vorliegt: Im Jahre 1122 ist bei einer Schenkung für das Kloster Allerheiligen in Schaffhausen unter den Zeugen auch Herzog Heinrich (der Schwarze) zusammen mit seinem Sohn Heinrich (dem Stolzen) genannt, und zwar mit der Herkunftsbezeichnung *"de Ravenespurc"*. Alle anderen Belege beruhen auf späteren Aufzeichnungen. Das Dilemma ist unter anderem zurückzuführen auf die gestörte Überlieferung einiger Weingartener Papst- und Kaiserurkunden, die den Namen *Ravensburg* enthalten. Sie entstammen alle aus der Weingartener "Fälscherwerkstatt" der 70er Jahre des 13. Jahrhunderts, verfasst vom sogenannten "Fälscher B". Es sind die Urkunden, die im Namen von Papst Urban II. (1098), Papst Innozenz II. (1143) und Kaiser Friedrich I. (1153) ausgefertigt wurden[11].

---

[6] Dazu in Kapitel 2.2.
[7] Erich *König* (Hg.): Historia Welforum. 1938, Nachdruck 1978. S. 20f., zur handschriftlichen Überlieferung S. XXVf..- Matthias *Becher* (Hg.:) Quellen zur Geschichte der Welfen und die Chronik Burchards von Ursberg. 2007. S. 48f., zur handschriftlichen Überlieferung S. 12.
[8] WUB Bd. 1, Nr. 251, S. 310-312 ("schwerlich [...] ächt"), Bd. 5, S. 460 ("nicht [...] ein wirkliches Original").- Dazu Wilfried *Krallert*: Die Urkundenfälschungen des Klosters Weingarten. In: Archiv für Urkundenforschung 15 (1938) S. 235-304, hier S. 248, S. 287-289. – Verschiedentlich wurde die Nennung in dieser Urkunde als Erstbeleg angeführt, zum Beispiel: Richard *Schmidt*/Hans *Buchheit*: Die Kunst- und Altertums-Denkmale im ehemaligen Donaukreis. Oberamt Ravensburg. 1931. S. 15.- Georg *Richter*: Oberschwaben. Zwischen Donau, Iller und Bodensee. 1974. S. 288.
[9] Der sogenannte Codex maior traditionum Weingartensium. In: WUB Bd. 4, S. I-XLV, hier S. XI.
[10] Wie Anm. 7.
[11] *Krallert* (wie Anm. 8). – Vgl. dazu Jan *Koppmann*: Die geheimen Bekenntnisse des Mönchs B. Kloster Weingarten in schwieriger Zeit. In: Jan *Koppmann*/Peter *Eitel* (Hg.): Um Mehlsack und Martinsberg.

Überhaupt hängen viele der frühen *Ravensburg*-Belege von der schriftlichen Überlieferung des Klosters Weingarten ab. Vom Ravensburger Welfenhof selbst, dem welfischen Herrschaftszentrum seit dem 11. Jahrhundert, gibt es keine einzige schriftliche Nachricht.

2.2 Zusammenstellung der ältesten Belege

In der folgenden Liste sind die Namenbelege bis 1160 zusammengestellt. Aus der Zeit danach werden nur wenige Belege aus erzählenden Quellen aufgenommen, vor allem solche, die später niedergeschrieben wurden, sich aber auf das 11. und 12. Jahrhundert beziehen. Nicht berücksichtigt wurden einige andere Belege dieser Gattung, da es nicht möglich war, das Alter der handschriftlichen Aufzeichnung festzumachen. Eine Zusammenstellung der urkundlichen Nennungen nach 1160 erscheint wenig sinnvoll[12]: zum einen wegen der rasch anwachsenden Zahl, zum anderen deswegen, weil diese Belege mit ihren Varianten unergiebig für die Diskussion um die Herkunft des Namens sind. Belege aus jüngeren Zeiten sind dann nötig, wenn Entwicklungen stattgefunden haben, die es zu beschreiben gilt. Hier könnte zum Beispiel aufgezeigt werden, wann sich in der frühen Neuzeit die heutige Form des Namens durchgesetzt hat.

Die Zusammenstellung erfolgt gemäß der Aufzeichnungschronologie: also nach dem Jahr der schriftlichen Fixierung, nicht nach dem in der Quelle genannten Jahr. Bei späterer Aufzeichnung wird auf den Zeitbezug verwiesen. Das Ergebnis, dass nämlich viele frühe Nennungen erst spät eingeordnet sind, mag für Historiker durchaus befremdlich sein.

Belege des Namens Ravensburg

Aufzeichnung	Zeitbezug	Beleg	Quelle
1122		*Ravenespurc*	Urkunde[13]
nach 1150		*Ravenisburc*	"Zwiefaltener Totenbuch"[14]
		Ravensburg	
		Ravensburc	
		Ravinisburk	
		Ravinisburc	
		Ravenesburc	
		Ravinisburc	
		Ravinisburc	
nach 1150 ?	9. Jahrhundert	*Ravanesburh*	"Annalista Saxo"[15]
		Ravanesburch	

Geschichten zur Geschichte des Schussentals. Biberach a.d.R. 1991. S. 35-40.

[12] Zu weiteren Belegen des 12. Jahrhunderts: Hans Ulrich *Rudolf*: Die Welfen und Ravensburg – Ravensburg und die Welfen (Ravensburger Stadtgeschichte 20). 1991. S. 9.- Günther *Bradler*: Studien zur Geschichte der Ministerialität im Allgäu und in Oberschwaben. 1973. S. 399-404, 465 (allerdings meist in normalisierter Schreibung).

[13] WUB Bd. 1, Nr. 275, S. 347f.- F. L. *Baumann*/G. *Meyer von Knonau*/M. *Kiem* (Hg.): Die ältesten Urkunden von Allerheiligen in Schaffhausen, Rheinau und Muri. 1883. S. 98-100.

[14] Franz Ludwig *Baumann* (Hg.): Necrologium Zwifaltense. In: MGH Necrologia Germaniae Bd. 1, 1888, S. 240-268, hier: S. 254, 260, 263, 264, 265, 267, 268.

[15] MGH Scriptores Bd. 6, S. 764: Bericht zur ältesten Geschichte der Welfen.

1152		*Ravenesber[ ]*	Urkunde[16]
1152 (oder danach)		*Rauensburc*	Urkunde[17]
1155		*Rauenesburc*	Urkunde[18]
1155		*Rafensburch*	Urkunde[19]
um 1190	1088	*Ravenspurch*	"Historia Welforum"[20]
	1126	*Ravenspurch*	
	1127	*Ravensburch*	
	1131	*Ravensburch*	
	1133	*Ravensburc*	
um 1198	1002-1024	*Rauinspurc / Rauensburg*	"WeingartenerKaiserchronik"[21]
um 1224	1145	*Rauenspurc*	"Acta sancti Petri in Augia"[22]

2.3 Die Frage nach dem ältesten *Ravensburg*-Beleg

Die Ersterwähnung – historisch betrachtet
In der gegenwärtigen Literatur wird meist das Jahr 1088 für die Ersterwähnung *Ravensburgs* angegeben[23], die oben diskutierte Angabe in der "Historia Welforum". Auch die ehemaligen Stadtarchivare Alfons Dreher[24] und Peter Eitel[25] sind in ihren Veröffentlichungen von diesem Jahr ausgegangen.

Doch bereits in der älteren Literatur, seit Ch. F. Stälin[26], galt ein früherer Zeitraum: 1002 – 1024. Quelle dafür ist die sogenannte "Weingartener Kaiserchronik" ("De Romanis imperatoribus"), vom bislang einzigen Herausgeber, dem Weingartener Pater Gerhard Hess, einem anonymen "Chronographus Weingartensis" zugeschrieben[27]. Die Chronik wurde unbesehen für wenig glaubwürdig gehalten[28]

[16] Karin *Feldmann*: Herzog Welf VI. und sein Sohn. 1971, Regesten Nr. 25.
[17] Otto *Clavadetscher* (Hg.): Chartularium Sangallense, Bd. 3. 1985, Nr. 907.
[18] Ebda., Nr. 914.
[19] *Feldmann* (wie Anm. 16) Regesten Nr. 73.
[20] *König* (wie Anm. 10) S. 20, 28, 30, 32, 40.
[21] Hochschul- und Landesbibliothek Fulda, Handschrift B 3, fol. 41vb; Handschrift D 11, fol. 42va.
[22] Franz Ludwig *Baumann* (Hg.): Acta s. Petri in Augia. In: ZGO 29 (1877) S. 1-128, hier: S. 9; dort fast 40 weitere Belege zu den folgenden Jahren.
[23] Zum Beispiel: Dieter *Berger*: Geographische Namen in Deutschland. 1993. S. 218.- Max *Miller*/Gerhard *Taddey* (Hg.): Handbuch der historischen Stätten Deutschlands, Bd. 6. Baden-Württemberg. 1980, S. 644-647. – Weitere Nachweise in Kapitel 4.1.
[24] Alfons *Dreher*: Das Patriziat der Reichsstadt Ravensburg. Von den Anfängen bis zum Beginn des 19. Jahrhunderts. 1966. S. 22.- Alfons *Dreher*: Geschichte der Reichsstadt Ravensburg und ihrer Landschaft von den Anfängen bis zur Mediatisierung 1802, Bd. 1. 1972. S. 62.- *Dreher*, Ravensburg (wie Anm. 4) S. 703.- Alfons *Dreher*/Heinrich *Wurm*: Die Ravensburg und ihre letzte Erneuerung vor der Zerstörung. In: Schriften des Vereins für den Bodensee und seiner Umgebung 89 (1971) S. 49-70, hier: S. 51f.
[25] Peter *Eitel*: Geschichte der Stadt Ravensburg im Überblick. In: Oskar *Sailer* (Hg.): Der Kreis Ravensburg. 1976. S. 92-107, hier: S. 92.- Peter *Eitel*: Vor 1000 [sic!] Jahren erste Erwähnung der "Ravenspurch". In: Schwäbische Zeitung, Ausgabe Ravensburg, vom 2. Dezember 1988; Peter *Eitel*: Ravensburg. In: Meinrad *Schaab*/Hansmartin *Schwarzmaier* (Hg.): Handbuch der baden-württembergischen Geschichte, Bd. 2. 1995. S. 693-696, hier: S. 693.- Dorothee *Ade-Rademacher*/Peter *Eitel*: Ravensburg. In: Landesdenkmalamt Baden-Württemberg und der Stadt Zürich (Hg.): Stadtluft, Hirsebrei und Bettelmönch. Die Stadt um 1300. 1992. S. 144-155, hier: S. 146f.
[26] Christoph Friedrich *Stälin*: Wirtembergische Geschichte, Bd. 1. 1841. S. 542.-*Eben* (wie Anm. 1). – Weitere Nachweise in Kapitel 4.1.
[27] Gerhard *Hess* (Hg.): Monumentorum Guelficorum pars historica 1784. S. 55-76, hier: S. 59.
[28] So etwa Hans-Martin *Maurer*: Die Entstehung der hochmittelalterlichen Adelsburg in Südwestdeutschland. In: ZGO 117 (1969) S. 295-332, hier: S. 298 ("besitzt dafür nur geringe Glaubwürdigkeit").- *Dreher* (wie Anm. 24) S. 24 ("über den vielleicht zweifelhaften Quellenwert des Chronographus scheint aber nichts

oder einfach nicht zur Kenntnis genommen. Der Grund für die Nichtbeachtung lag sicher auch in der Schwierigkeit, die Publikation von 1784 zu erreichen.

Die "Weingartener Kaiserchronik" wurde in den 90er-Jahren des 12. Jahrhunderts im ehemaligen Benediktinerkloster Weingarten geschrieben und ist in zwei Handschriften in unterschiedlicher Fassung überliefert[29]. In der zweiten Handschrift (Fulda D 11) – einer der berühmtesten und bedeutendsten aus Weingarten, die etwa den Welfenstammbaum, das Barbarossa-Bild oder den Bericht von den Wundern des Heiligen Bluts enthält – folgt sie auf die "Historia Welforum"[30]. Merkwürdigerweise überliefert diese Handschrift also beide Geschichtswerke, die für den ältesten Ravensburg-Beleg in Anspruch genommen werden können! Das Werk ist durchaus als zuverlässig einzuschätzen[31]; alle Angaben des 10. und 11. Jahrhunderts lassen sich verifizieren. Der vollständige Text von 936 an bis zur Nennung Ravensburgs ist in der folgenden Tabelle zusammengestellt[32]. Zu *Ravensburg* wird in lakonischer Kürze nur die Tatsache des Baus erwähnt, weitere Angaben fehlen.

Weingartener Kaiserchronik von 936 bis zur Erwähnung Ravensburgs

Text	Angaben	Verifizierung
Otto magnus Imperator	- Kaiser Otto I., der Große	
filius Heinrici	- Sohn König Heinrichs	
ann. XXXVIII.	- Regierungszeit: 38 Jahre	936-973
Parthenopolis construitur.	- Gründung Magdeburgs	968 Magdeburg Erzbistum
Otto filius prioris	- Kaiser Otto II.	
Imperator ann. VIIII.	- Sohn Kaiser Ottos I.	
	- Regierungszeit: 9 Jahre	973-983
Nogger Abbas claruit.	- Abt Notker	971-975 Abt Notker von St. Gallen
Otto filius superioris	- Kaiser Otto III.	
Imperator ann. XVIII.	- Sohn Kaiser Ottos II.	
	- Regierungszeit: 18 Jahre	983-1002
Heinricus Dux Bavvariae	- Kaiser Heinrich II.	
Imperator ann. XXIII.	- Herzog von Bayern	
	- Regierungszeit 23 Jahre	1002-1024
Sub hoc tempore	- Ravensburg	•
Rauinspurc & Babimberc	- Bamberg	1007 Bamberg
construuntur.		Bistum

bekannt zu sein").- *Dreher/Wurm* (wie Anm. 24) S. 51.

29 Hochschul- und Landesbibliothek Fulda, Handschrift B 3, fol. 32vb-51vb; Handschrift D 11, fol. 41ra-44ra; Regina *Hausmann*: Die historischen, philologischen und juristischen Handschriften der Hessischen Landesbibliothek Fulda bis zum Jahr 1600 (Die Handschriften der Hessischen Landesbibliothek Fulda, Bd. 2). 2000, S. 9-12, 131-136.

30 Fol. 14^{v}-29^{v}. – Zu dieser Handschrift vgl. Norbert *Kruse*: Der Bericht von den ersten Wundern des Heiligen Bluts im Jahre 1200. In: Norbert *Kruse*/Hans Ulrich *Rudolf* (Hg.): 900 Jahre Heilig-Blut-Verehrung in Weingarten 1094 - 1994, Bd. 1. 1994. S. 124 -136, hier: S. 124.

31 Wilhelm *Wattenbach*/Franz-Josef *Schmale*: Deutschlands Geschichtsquellen im Mittelalter. Vom Tode Kaiser Heinrichs V. bis zum Ende des Interregnum, Bd. 1. 1976. S. 303f. ("von größerer historiographischer Bedeutung").

32 Text nach der Handschrift Fulda B 3, fol. 41vb-42ra, die auch G. *Hess* (wie Anm. 27) seiner Ausgabe zugrunde legte.

Es ist kein Grund ersichtlich, die Glaubwürdigkeit dieser Angabe in Zweifel zu ziehen und als Legende abzutun. Klar ist, dass damals etwas erbaut worden sein muss, und zwar ein bedeutenderer Bau; unklar ist, welcher Stellenwert diesem Bau in der gesamten Bebauungsgeschichte des Veitsbergs zukommt. Es ist Aufgabe von Archäologen, Burgenforschern und Bauhistorikern, diese Angabe auf die ergrabenen Funde zu beziehen und Bauphasen zu rekonstruieren. Diese Quelle ist sicher auch deshalb besonders bemerkenswert, da ansonsten keine andere schriftliche Nachricht überliefert ist.

Allerdings liefert die "Kaiserchronik" kein exaktes Datum – die Gründung wird allgemein in die Regierungszeit Kaiser Heinrichs II. gesetzt –, sodass nur vage ein Jahr zu nennen ist; verkürzt könnte man von "um 1020" sprechen[33]. (Das würde demnächst wieder zu einem Jubiläum "ungefähr 1000 Jahre Ravensburg" führen, wie man es 1902 schon einmal gefeiert hat.) Allerdings ist ja damit zu rechnen, dass die Bauzeit sich über mehrere Jahre erstreckte und dass man damals nicht so etwas wie "Grundsteinlegung" oder "Richtfest" festhalten wollte.

Die Ersterwähnung – namenkundlich betrachtet
Die Belege aus der "Historia Welforum" und der "Weingartener Kaiserchronik" hätten eigentlich nur kurz erwähnt werden dürfen, da sie aus der Sicht der Namenkunde nicht am Anfang der Überlieferung stehen und folglich nicht so wertvoll sind. Wegen der wichtigen Ersterwähnung des Ortes wurden sie hier ausführlicher diskutiert.

Für die Namenkunde ist der Beleg von 1122 der älteste: In einer Schenkungsurkunde vom 6. Januar 1122 für das Kloster Allerheiligen in Schaffhausen erscheint in der Zeugenreihe als Klostervogt Herzog Heinrich "de *Ravenespurc*", Herzog Heinrich "der Schwarze" († 1126) also. Hier liegt der erste "urkundliche", original erhaltene und genau datierte Beleg für den Namen *Ravensburg* vor – auch wenn er etwa 100 Jahre jünger ist als das Zeugnis vom Burgenbau in der "Kaiserchronik".

2.4 Auswertung der Belege

Der eingangs beschriebene methodische Weg ist unerlässlich zur gesicherten Erfassung der Namenüberlieferung. Der Befund allerdings mag an den Streit um des Kaisers Bart erinnern, weil der Vergleich zeigt, dass keinem der frühen Belege ein besonderes Gewicht zukommt: Es ist keine relevante Entwicklung abzulesen, keiner bietet Indizien dafür, dass sich eine ältere oder eine auf andere Wege führende Spur dahinter verbergen könnte. Die Belege ergeben ein relativ einheitliches Bild; die meisten Unterschiede sind als Schreibvarianten zu erklären:

- Im Anlaut des Grundworts überwiegt die Schreibung *b- (burg/burc)*; die wenigen Schreibungen mit *p- (purg/purc)* geben die ältere alemannische Aussprache wieder[34].
- Der vereinzelte *berg*-Beleg (statt *burg/burc*) ist als Verschreibung oder Verwech-

[33] So auch Georg *Wieland*: Besitzgeschichte des Reichsstiftes Weißenau. In: Peter *Eitel* (Hg.): Weißenau in Geschichte und Gegenwart. Festschrift zur 700-Jahrfeier der Übergabe der Heiligblutreliquie durch Rudolf von Habsburg an die Prämonstratenserabtei Weißenau. 1983. S. 107-218, hier: S. 184.

[34] Hermann *Paul*, Peter *Wiehl* und Siegfried *Grosse*. *(Hg.)*: Mittelhochdeutsche Grammatik. [23]1989. § 129, § 159.2.

selung zu werten, nicht aber als Rest eines Wandels des Grundworts von *-berg* *zu -burg*[35].

- Im Auslaut des Grundworts konkurrieren mehrere Schreibvarianten: *-c, -ch, -g* und *-k*. Hier spiegelt die Schrift die sogenannte "Auslautverhärtung" wieder: Stimmhafte Verschlusslaute – zum Beispiel [b] oder [g] – werden im Deutschen seit dem ausgehenden Althochdeutschen im Auslaut stimmlos gesprochen; im Neuhochdeutschen wird die unterschiedliche Aussprache nur in phonetischer Umschrift als [*burk*] und [*burgen*] notiert. In mittelhochdeutscher Zeit wurde die Aussprache meist auch im Schriftbild festgehalten; *burc* kann hier als "Normalform" gelten[36].
- Beim Bestimmungswort *Ravens-* ist die Schreibung für den dritten Laut, den zwischenvokalischen Konsonanten, von besonderer Bedeutung, weil von dessen Beurteilung wichtige Schlüsse zur Herleitung des Bestimmungsworts abhängen. Der Befund ist jedoch nicht eindeutig: Die meisten Belege zeigen >*v*<- oder >*u*<-Schreibung, die sich in den damaligen Schreibsystemen auf den stimmhaften Reibelaut /v/ beziehen kann; nach der heutigen Regelung wird er durch >*w*< *(Wein)*, seltener durch >*v*< *(Vater)* wiedergegeben[37]. Der Wechsel von >*u*< und >*v*< ist zu dieser Zeit durchaus üblich bei der Notierung dieses Konsonanten; erst vom 10. Jahrhundert an bildete sich in der Minuskelschrift eine Scheidung von >*u*< und >*v*< heraus, wurde >*u*< als Vokalzeichen ausdifferenziert; die funktionale Unterscheidung war im 12. und 13. Jahrhundert noch nicht abgeschlossen[38]. Ein Bezug von >*v*< oder >*u*< zum stimmlosen Reibelaut */f/* ist allerdings nicht auszuschließen[39]. Nicht möglich ist aber die Interpretation des >*u*< als vokalisches */u/*: Zwischen zwei anderen Vokalen kann es lautgesetzlich nicht stehen und ein Diphthong /o^{u}/ (aus germanisch /a^{u}/), meist >*ou*< geschrieben, kommt hier kaum in Frage[40]. Kein Beleg zeigt ein zwischenvokalisches >*b*<. Es gab also keinen Versuch, das Bestimmungswort an das Appellativ *Rabe* anzulehnen, um es mit Sinn zu füllen.
- Die Abschwächung des unbetonten Vokals der zweiten Silbe von *Ravan-* zu *Raven-* zeigt bereits der älteste Beleg von 1122. Dieser Lautwandel setzte ganz allgemein bereits in althochdeutscher Zeit ein[41]. Nur ein einziger Beleg bietet hier noch die anzunehmende ältere Form. Die wenigen *Ravin*-Belege sind in diese Entwicklung einzuordnen.
- Bei *-es/-is/-s* handelt es sich eindeutig um den Genitiv der substantivischen *a*-Deklination, der auch bei männlichen Eigennamen die Regel ist; die meisten Zusammensetzungen wurden in dieser Weise gebildet[42]. Die ursprüngliche Form mit

---

[35] *Berger* (wie Anm. 23) S. 52. – Überlegung in diese Richtung stellte G. Wieland an, der noch einige (spätere) Belege anführte, vor allem wohl wegen des Problems der nicht erkannten ursprünglichen Bedeutung von *burg*: *Wieland* (wie Anm. 33) S. 186f.; vgl. dazu in Kapitel 4.2.

[36] *Paul* (wie Anm. 34) § 100.- vgl. Wilhelm Braune: Althochdeutsche Grammatik. Bd. 1 von Ingo *Reiffenstein*, 2004, § 148.- *Eben* (wie Anm. 1).

[37] *Paul* (wie Anm. 34) § 20, § 131, § 132. – Dazu auch in Kapitel 5.1 (*Rabe*).

[38] *Paul* (wie Anm. 34) § 19.

[39] *Paul* (wie Anm. 34) § 131f., § 20.- *Braune* (wie Anm. 36) § 139. – Der mundartliche Wandel von */v/* zu */f/* im Inlaut (Verlust der Stimmlosigkeit) fand erst später statt. Vgl. etwa die heutige mundartliche Aussprache [*nofember*] für *November*.

[40] *Paul* (wie Anm. 34) § 79.

[41] *Braune* (wie Anm. 36) § 58, § 60.

[42] *Braune* (wie Anm. 36) § 193, § 195.- Adolf *Bach*: Deutsche Namenkunde, Bd. 2 Die deutschen Ortsnamen. 1953/1954, Teil 1,§ 174, § 166.

-es- (Ravenes-) tritt bei den Belegen nur noch vereinzelt auf und schwindet bald vollständig *(Ravens-)*. Bei dieser Verkürzung handelt es sich um eine allgemeine Entwicklungstendenz, die bis heute nicht abgeschlossen ist *(Stuhles/Stuhls, Tages/Tags)*[43]. Sie wurde hier wesentlich beeinflusst durch die Stellung der Flexionsendung als dritte, unbetonte Silbe in der Kompositionsfuge.

Alles in allem ist für die Zeit um 1000 die Form **Ravanesburc* anzunehmen; die ältesten Belege unterscheiden sich kaum davon. Welche Form bei der Rückführung des Namens in noch ältere Zeit zu rekonstruieren ist, wird später diskutiert werden[44].

Bemerkenswert ist die Konstanz der alten Form: Die heutige Schreibung *Ravensburg* lässt sich bereits in einem der ältesten Belege um 1150 nachweisen. Erhalten blieb vor allem das >*v*<. Die Entwicklung der mundartlichen Aussprache[45] zum stimmlosen [*f*] sowie die Schreibungen des späten Mittelalters und der frühen Neuzeit, die hier nicht weiter dargelegt werden können, hätten zu *Raffensburg* führen müssen[46]. Das hätte man dann mit dem Verb *raffen* in Verbindung bringen können.

3 Die bisherigen Deutungen

Wohl alle Ortsnamen regen an zum Nachdenken über ihren Ursprung und ihre mögliche Bedeutung. Wenn sie nicht verständlich sind, können daraus leicht Vermutungen und Spekulationen erwachsen; das gilt gerade auch für *Ravensburg*. Wohl schon bald nach der Gründung des Ortes war der Name nicht mehr durchschaubar. Deutungsversuche lassen sich in den schriftlichen Quellen seit dem Ende des 15. Jahrhunderts nachweisen. Sie kamen zu unterschiedlichen Ergebnissen: Zwar wurde in allen *Ravensburg* als zweiteilige Wortbildung aufgefasst, bestehend aus einem Grundwort (*-burg*) und einem Bestimmungswort (*Ravens-*); diese Bildungselemente aber wurden auf verschiedene Wurzeln zurückgeführt.

Zunächst werden alle Deutungsversuche in einem tabellarischen Überblick vorgestellt. In den nächsten beiden Kapiteln folgen dann Diskussion und Bewertung der Deutungen, zuerst des Grund-, dann des Bestimmungsworts[47].

Bisherige Deutungen des Namens Ravensburg

Bestimmungswort	Grundwort
• *Grafen-*	*-burg*
• *Rache-*	*-burg*
• *Rafe-* 'Dachsparren'	*-burg*
• *Rau-*	*-burg*
• *raven-* 'Schlucht' (keltisch)	*-burg*

[43] *Paul* (wie Anm. 34) § 177.
[44] Dazu in Kapitel 6.
[45] Der Reibelaut wird in der Mundart stimmlos gesprochen; die stimmhafte Aussprache folgt dem Schriftbild.
[46] Beleg für diese Schreibung im Jahr 1540: Rainer *Falk*: Ravensburg mit Adelsreute, Eschach, Schmalegg und Taldorf. Gemeindewappen im Landkreis Ravensburg (20). In: Im Oberland 11 (2000) H. 2, S. 50-55, Abbildung S. 51.
[47] Nachweise in Kapitel 4 und 5.

• *Rabe-*		*-burg*
• *Raban- / Ravan-*	(Personenname)	*-burg*
• *Rafo- / Rafan-*	(Personenname)	*-burg*
• *Raban- / Ravan-*	(Personenname)	*-berg*
• *Grafen-*		*-au*

4 Das Grundwort *-burg*

Nur in wenigen Deutungsversuchen vom 15. bis zum 19. Jahrhundert wurde das Grundwort *-burg* in Frage gestellt und auf *-au* zurückgeführt[48]. Ein Nachweis für diese Vermutung wurde nicht geliefert. Angesichts der überlieferten Belege muss sie als unwahrscheinlich abgelehnt werden. Interessant daran ist aber die Annahme einer dörflichen Siedlung im Schussental vor dem Bau einer Burg auf der Anhöhe, verbunden mit der teilweisen Übernahme des alten Dorfnamens für den neuen Bau.

4.1 Die Höhenburg

Ansonsten gab es keine Diskussion um die Bedeutung und Herleitung des Grundworts *-burg*: Man hatte ein leicht durchschaubares Wort (mittelhochdeutsch *burc*, neuhochdeutsch *Burg*) und man hatte eine konkrete Burg auf dem Veitsberg vor Augen, die auch nach der Zerstörung von 1647 in der kollektiven Erinnerung bewahrt blieb.

Das führte zu der allgemeinen Annahme, dass Burg und Burgname primär sind: Nach der Gründung der Höhenburg soll eine Ansiedlung zu ihren Füßen entstanden sein, ein "suburbium", das sich im Laufe der Zeit zur Stadt entwickelte; dabei wurde der Burgname für die Siedlung übernommen und entwickelte sich zum Stadtnamen. Am Ende des 19. Jahrhunderts stellte Tobias Hafner diese Ansicht so dar: "[...] die Stadt, welche später entstand als die Burg, hat von dieser den Namen übernommen, [...], denn die Stadt ist ein Kind der Burg"[49]. Das Vorstellungsbild der "Keimzelle" oder "Kernzelle" Ravensburgs auf dem Veitsberg blieb bis heute allgemein anerkannt[50].

Für einen solchen Vorgang – Entwicklung einer Siedlung am Fuße einer Burg und Übernahme des Burgnamens – lassen sich zahlreiche Parallelen aus dem hohen Mittelalter finden; genannt seien hier nur *Arnsberg, Bad Harzburg, Marburg, Rottenburg* oder *Siegburg*[51], im Landkreis Ravensburg etwa *Achberg, Schomburg* oder *Waldburg*.

Leicht divergierende Positionen sind hinsichtlich der Entstehungszeit des

[48] Ausführlichere Darlegung bei *Eben* (wie Anm. 1) S. 23f .- Tobias *Hafner*: Geschichte der Stadt Ravensburg. 1887. S. 18 (Zitat aus einer handschriftlichen Chronik).- Thomas *Lirer*: Schwäbische Chronik, hg. von Peter *Amelung*, Neudruck der Ausgabe von 1486, 1990, ohne Seitenzählung (S. 19). *Rauenaw*.- Sebastian *Münster*: Cosmographia. Das ist: Beschreibung der gantzen Welt [...]. Ausgabe von 1628, Nachdruck 1984, Bd. 2. S. 966. *Eben* (wie Anm. 1) S. 25, zitiert die Ausgabe von 1550.- Matthäus *Merian*: Topographia Sveviae. 1643, Nachdruck 1960, S. 156-158, hier: S. 156.- Johann Heinrich *Zedler*: Großes vollständiges Universal-Lexikon [...], Bd. 30, 1741, Nachdruck 1996, Sp. 1097f.

[49] *Hafner* (wie Anm. 48) S. 17.- so bereits Albert *Steudel*: Rückblick und Ausschau von der Veitsburg. In: Schriften des Vereins für Geschichte des Bodensees und seiner Umgebung 6 (1875) S. 49-59, hier: S. 50.

[50] Vor allem *Dreher* (wie Anm. 24) S. 62-67.

[51] *Berger* (wie Anm. 23) S. 41, 126, 179, 227f., 245.

welfischen Adelssitzes festzustellen[52]: Der eine Teil der Autoren setzte – gestützt auf die Nachricht in der "Weingartener Kaiserchronik" – den Bau unter Welf II. um 1020 an[53], der andere – gestützt auf allgemeine Erkenntnisse zur Entwicklung des Burgenbaus[54] und auf die Nachricht vom Brand des Altdorfer Klosters im Jahre 1053 – unter Welf IV. um 1050 oder erst um 1080[55]. Die Funde der Ausgrabungen auf dem Burgplateau im Jahr 1980 weisen auf eine Holzbauperiode am Ende des 10. Jahrhunderts und auf eine zweite Bauperiode um die Mitte des 11. Jahrhunderts hin[56].

In jedem Fall müsste die neue Burg in diesem Zusammenhang ihren Namen erhalten haben. Die Zeitspanne zwischen Namenvergabe und Erstbelegen ist dann nicht sehr groß, mit gravierenden sprachlichen Veränderungen ist in diesem Fall nicht zu rechnen.

Bei der Annahme von Burgbau und Namengebung im 11. Jahrhundert muss in diesem historischen Kontext nach einer möglichen Namenmotivation gesucht werden. Ein fränkischer Personenname als Bestimmungswort (*Ravens-*) aber passt nicht dazu[57]. Mehrfach war deswegen ein Vorgängerbau aus der Karolingerzeit angenommen worden[58], der sich allerdings nicht nachweisen ließ: Eine fränkische Befestigung des Veitsbergs ist "weitgehend ausgeschlossen"[59]. Unmöglich ist auch ein importierter niederdeutscher Name, wie von Alfons Dreher erwogen[60]: Die Orientierung der Welfen nach Norden begann erst am Anfang des 12. Jahrhunderts.

4.2 Eine alte "Burg" an der Schussenfurt

Archäologische Ausgrabungen im heutigen Stadtgebiet haben frühe Siedlungsspuren erbracht und aufgezeigt, dass dieser Ort im Schussental vor dem Bau der

---

[52] Siehe insgesamt Dorothee *Ade-Rademacher*/Reinhard *Rademacher*: Der Veitsberg bei Ravensburg. Vorgeschichtliche Höhensiedlung und mittelalterlich-frühneuzeitliche Höhenburg (Forschungen und Berichte der Archäologie des Mittelalters in Baden-Württemberg 16). 1993. besonders S. 59, 138.- *Ade-Rademacher/Eitel* (wie Anm. 25) S. 146f. – Offen (1020/80) bei Peter-Johannes *Schuler*: Ravensburg. In: Lexikon des Mittelalters, Bd. 7. Vgl. 1999. Sp. 486-488.

[53] *Stählin* (wie Anm. 26).- Karl Otto *Müller*: Die oberschwäbischen Reichsstädte. Ihre Entstehung und ältere Verfassung (Darstellungen aus der Württembergischen Geschichte 8). 1912. S. 40f.- Josef *Fleckenstein*: Über die Herkunft der Welfen und ihre Anfänge in Deutschland. In: Gerd *Tellenbach* (Hg.): Studien und Vorarbeiten zur Geschichte des großfränkischen und frühdeutschen Adels. 1957. S. 71-136, hier:S. 132.- Karl *Schmid*: Welfisches Selbstverständnis. In: Josef *Fleckenstein*/Karl *Schmid* (Hg.): Adel und Kirche. Festschrift Gerd Tellenbach. 1968. S. 389-416, hier: S. 408.- *Wieland* (wie Anm. 33) S. 184.

[54] Zu neueren Ergebnissen beim frühen Burgenbau jetzt aber Horst Wolfgang *Böhme*: Burgen der Salierzeit. Von den Anfängen adligen Burgenbaus bis ins 11./12. Jahrhundert. In: Jörg *Jarnut*/Matthias *Wemhoff* (Hg.): Vom Umbruch zur Erneuerung? Das 11. und beginnende 12. Jahrhundert – Positionen der Forschung. 2006. S. 379-401.

[55] *Dreher* (wie Anm. 24) S. 62-67.- *Dreher* (wie Anm. 4) S. 703.- *Dreher/Wurm* (wie Anm. 24) S. 51.- *Eitel* (wie Anm. 25) S. 92.- *Maurer* (wie Anm. 28) S. 298.- Hans Ulrich *Rudolf*: Die Welfen und Ravensburg – Ravensburg und die Welfen (Ravensburger Stadtgeschichte 20). 1991. S. 4.

[56] *Ade-Rademacher/Rademacher* (wie Anm. 52) S. 138.

[57] Dazu in Kapitel 6.

[58] Gustav *Schöttle*: Ravensburgs Handel und Verkehr im Mittelalter. In: Schriften des Vereins für die Geschichte des Bodensees und seiner Umgebung 38 (1909) S. 37-62, hier: S. 38.- *Müller* (wie Anm. 53) S. 37 .- Columban *Buhl*: Weingarten – Altdorf. Die Anfänge. In: Gebhard *Spahr* (Hg.): Weingarten 1056-1956. Festschrift zur 900-Jahr-Feier des Klosters. 1956. S. 12-30, hier: S. 17.- Siehe dazu auch *Dreher/Wurm* (wie Anm. 24) S. 50.

[59] *Ade-Rademacher/Rademacher* (wie Anm. 52) S. 138.

[60] *Dreher* (wie Anm. 24) S. 63.- *Dreher* (wie Anm. 4) S. 703.

Höhenburg nicht siedlungsleer gewesen war[61]. Die Aufschüttungen des Flappbachs von Osten und des Höllbachs von Westen hatten eine natürliche Furt über die Schussen geschaffen, die seit alter Zeit eine Flussüberquerung für die Ost-West-Straße vom westlichen Bodensee ins Allgäu ermöglichte; im heutigen Stadtgebiet kreuzte sie sich mit einer Nord-Süd-Straße, die schussenaufwärts verlief. Beide Verkehrswege beruhten auf römerzeitlichen Grundlagen. Schon in alemannischer Zeit war hier eine Siedlung entstanden[62], die sicher auch einen alemannischen Namen trug, der allerdings spurlos verschwunden ist.

In seiner Untersuchung der Besitzgeschichte des Klosters Weißenau konnte Georg Wieland 1983 einen welfischen Fronhof des 8. oder 9. Jahrhunderts nachweisen, der nahe dieser Furt im Bereich der späteren Vorstadt "Pfannenstiel" lag und der Kontrolle und dem Schutz der Furt diente: "Siedlungsgeschichtlicher Ausgangspunkt der späteren Stadt war nicht die Burg, sondern ein welfischer Fronhof am Flattbach ..."[63]. Der Fronhof, wahrscheinlich mit einer Wehranlage befestigt, wird nicht nur die Wurzel der Siedlung, sondern auch des Ortsamens gewesen sein. Allerdings machte der *-burg*-Name Schwierigkeiten und schien nicht zur Befestigung im Tal zu passen. Als ursprünglichen Namen des Herrenhofs und auch des unbebauten Veitsbergs nahm Wieland **Ravensberg* an, was allerdings durch die Belege kaum zu stützen war[64]. Diese Annahme ist jedoch unnötig: Die Vereinbarkeit von *-burg*-Name und Tal-Befestigung lässt sich durch eine Analyse der Bedeutungsgeschichte des Wortes *Burg* aufzeigen. Ausgangspunkt darf nicht der *Burg*-Begriff der heutigen Zeit oder der des 11. Jahrhunderts, sondern muss vielmehr der zur Zeit der vermutlichen Entstehung sein. Im Althochdeutschen, der ältesten Sprachstufe des Deutschen, ist *burg* seit dem 8. Jahrhundert belegt. Die Bedeutung liegt bei 'befestigter Wohnplatz', 'Stadt'. Übersetzt wird damit meist das lateinische Wort *civitas* 'Stadt', 'Gemeinwesen' [65]. So ist etwa im althochdeutschen "Tatian" (um 830) von der "*burg* Nazareth" die Rede[66]; und im altsächsischen "Heliand" (um 830) wird Bethlehem, die "Stadt Davids", als "*burg*" bezeichnet, wie etwa auch Nazareth, Jerusalem, Kapharnaum, Jericho oder Sodom[67]. Erst später verschob sich die Bedeutung: Im 12. Jahrhundert wurde das Wort *burc / burg* durch *statt* abgelöst, das zuvor 'Ort, Stätte' bedeutet hatte, und erfährt eine Bedeutungsschiebung auf 'ritterliche Höhenburg'[68].

---

[61] *Ade-Rademacher/Eitel* (wie Anm. 25) S. 145.

[62] *Ade-Rademacher/Rademacher* (wie Anm. 52) S. 66, Karte (mit Vertauschung der Nummern).- *Wieland* (wie Anm. 33) S. 183.

[63] *Wieland* (wie Anm. 33) S. 183. – Danach auch *Ade-Rademacher/Eitel* (wie Anm. 25) S. 146.- *Landesdenkmalamt Baden-Württemberg und Landesvermessungsamt Baden-Württemberg (Hg.):* Wolf *Deiseroth*/Judith *Breuer (Hg.):* Ortskernatlas Baden-Württemberg, Heft 4. 1 Ravensburg. 1988. S. 9. – Vgl. bereits Gerhard *Wein*: Das alamannische Gräberfeld von Weingarten und seine Stellung in der Geschichte des frühen Mittelalters. In: UO 38 (1967) S. 37-69, hier: S. 45 (Karte), 61f.

[64] Von *Ade-Rademacher/Eitel* (wie Anm. 25) S. 135f. aufgenommen.

[65] Friedrich *Kluge*: Etymologisches Wörterbuch der deutschen Sprache, bearbeitet von Elmar *Seebold*. [24]2002. S. 145f.- Wolfgang *Pfeifer*: Etymologisches Wörterbuch des Deutschen, Bd. 1. 1989. S. 232f.- Rudolf *Schützeichel*: Althochdeutsches Wörterbuch. [6]2006. S. 65. – Vgl. Jürgen *Sydow*: Städte im deutschen Südwesten. Ihre Geschichte von der Römerzeit bis zur Gegenwart. 1987. S. 26f., mit Verweis auf die Vorstadt *Niederburg* in Konstanz.

[66] Eduard *Sievers*: Tatian. [2]1966. S. 315.

[67] Eduard H. *Sehrt*: Vollständiges Wörterbuch zum Heliand und zur altsächsischen Genesis. [2]1966. S. 66f. (etwa 50 Belege).

[68] Herwig *Ebner*: Burg (B). In: Lexikon des Mittelalters, Bd. 2, 1999, Sp. 963 .- *Kluge* (wie Anm. 65) S. 785f.- Walter *Schlesinger*: Burg (§ 2). In: Reallexikon der Germanischen Altertumskunde. Bd. 4. [2]1981. S. 118-

Der Namenforscher Adolf Bach hält fest: "In karoling[ischer] Zeit wurden die Herrenhöfe befestigt und künftighin Burg genannt im Sinne von lat[einisch] 'arx'"[69]. Zahlreiche große deutsche Städte haben sich aus *-burg*-Orten entwickelt, die aus der Karolingerzeit stammen oder noch älter sind, zum Beispiel: *Augsburg* (826: *Augusburuc*), *Duisburg* (890: *Diusburg*), *Hamburg* (834: *Hammaburg*), *Hammelburg* (777: *Hamalumburg*), *Magdeburg* (805: *Magathaburg*), *Regensburg* (772: *Reganespurch*), *Straßburg* (8. Jahrhundert: *Strazburg*), *Weißenburg / Bayern* (867: *Uuizinburc*) oder *Weißenburg / Elsass* (729: *Wizanburg*)[70]. Bei keinem dieser Orte gab es eine Höhenburg, sicherlich aber Befestigungsanlagen, gerade auch an Flussübergängen. In der Region ist ein entsprechender *-burg*-Name bereits 784 als *Wassarburuc (Wasserburg)* bezeugt[71]. Nach den neuesten Ergebnissen der Burgenforschung kann "kein Zweifel daran bestehen, dass eine der Wurzeln der adeligen Wohnburg des Mittelalters im siedlungsnah gelegenen Herrenhof merowingisch-karolingischer Zeit zu suchen ist"[72].

Folgt man dieser Argumentation, so ist der Name *Ravensburg* deutlich älter, als man bisher meist angenommen hat: Er stammt nicht aus dem frühen 11., sondern aus dem 8./9. Jahrhundert. Und er stammt nicht von der oberen Burganlage, sondern von dem befestigten welfischen Herrenhof an der Schussenfurt. Das führt zu einer Umkehr des traditionellen Vorstellungsbildes: Der Ursprung der Stadt lag nicht oben auf dem Berg, sondern unten in der Talaue! Dabei ist jedoch einzuräumen, dass die ältesten Siedlungsspuren tatsächlich auf dem Veitsberg nachzuweisen sind und dass sich die spätere Stadt vom Fuß der Höhenburg aus entwickelte.

Nicht erbracht werden konnte bislang allerdings ein archäologischer Nachweis, wenn ein solcher überhaupt noch zu führen ist. Es ist nämlich damit zu rechnen, dass die damaligen Bauten nicht aus Stein ausgeführt waren, sondern aus Holz, so wie dann auch noch die Bauten des 10. und 11. Jahrhunderts auf dem Veitsberg[73]. Man wird sich diesen Herrenhof nicht allzu großartig vorzustellen haben, vor allem da es sich nicht um den Sitz der welfischen Grafen selbst handelte, der bekanntlich in Altdorf lag: wenige strohgedeckte Holzhäuser mit wirtschaftlicher Funktion, ein befestigter Wach- und Wohnturm, von Palisaden umgeben. Eine solche Anlage konnte dann auch leicht aufgegeben werden, als der herrschaftliche Neubau der Welfen auf dem Veitsberg errichtet wurde. Auch vom ältesten Sitz des königlichen Fiscus und dem nachfolgenden Welfensitz in Altdorf, wahrscheinlich auf dem heutigen Martinsberg in Weingarten gelegen, gibt es keine Spur[74].

Eine ganz ähnliche Entstehungsgeschichte hat Ulm aufzuweisen: eine Donaufurt mit der Kreuzung von zwei Fernhandelsstraßen, dazu eine Königspfalz des

---

122.- Heinrich *Boxler*: Burgnamen. In: Wolfgang *Eichler* etc. (Hg.): Namenforschung. Ein internationales Handbuch zur Onomastik, Bd. 2. 1996. S. 1596-1600, hier: S. 1597.

[69] *Bach* (wie Anm. 42) Teil 1, § 374.- Vgl. auch Bernd *Fuhrmann*: Die Stadt im Mittelalter, 2006, besonders S. 16.

[70] *Berger* (wie Anm. 23) S. 43f., 82f., 124, 125, 176, 219f., 252, 272.- Zu *Hamburg und Magdeburg* siehe Jürgen *Udolph* - Sebastian *Fitzek*: Professor Udolphs Buch der Namen. ²2005. S. 231-233.

[71] Hermann *Wartmann (Hg.):* UB der Abtei Sanct Gallen, Bd. 1. 1863, Nachdruck 1981, Nr. 101. S. 95.

[72] *Böhme* (wie Anm. 54) S. 385.

[73] *Ade-Rademacher/Rademacher* (wie Anm. 52) S. 138.- Vgl. *Böhme* (wie Anm. 54) S. 381.

[74] Dazu Norbert *Kruse*: Martinskirche, Martinskloster, Martinskult in Altdorf-Weingarten. In: Werner *Groß*/Wolfgang *Urban* (Hg.): Martin von Tours. Ein Heiliger Europas. 1997. S. 101-124.

9. Jahrhunderts, die zwar schriftlich bezeugt, archäologisch jedoch nicht nachgewiesen ist[75].

Dass der Name der alten Talbefestigung für den etwa einen Kilometer entfernten Bergneubau übernommen wurde, ist nicht ungewöhnlich, auch wenn die Entwicklung oft umgekehrt verlaufen ist[76]. Programmatische *-burg*-Namen *(Adlerstein, Stolzenfels* etc.) wurden erst in späterer Zeit verliehen[77]. Die Zeit der Bedeutungsveränderung von *burc / burg* von 'befestigte Siedlungsanlage' zu 'Bergfeste (des Adels)' korrespondierte mit der Zeit des Neubaus und ermöglichte die Namenübertragung. Parallelen zu diesem Vorgang finden wir etwa bei *Sigmaringen* oder *Tübingen*, wo um die Mitte des 11. Jahrhunderts alte – in diesen Fällen alemannische – Siedlungsnamen beim Neubau von Burgen übernommen wurden[78]. Die Konstanz des alten fränkischen Namens ist also durchaus plausibel.

5 Das Bestimmungswort *Ravens-*

Der erste Namensbestandteil, das Bestimmungswort *Ravens-*, wurde in den bisherigen Deutungsversuchen unterschiedlich erklärt und auf insgesamt sechs Appellative beziehungsweise zwei Eigennamen zurückgeführt. Einige Versuche sind allerdings als Spekulationen zu bewerten: Sie knüpfen an Wortähnlichkeiten an, ohne dass eine sprachwissenschaftlich begründete Ableitung erfolgte oder möglich ist. In der Regel stammen sie aus der vorwissenschaftlichen Zeit der Beschäftigung mit Namen. In älterer Zeit wurde das Bestimmungswort auf Appellative wie *Grafen* oder *rauh* zurückgeführt, 1886 wurde erstmals ein Personenname vorgeschlagen[79].

5.1 Die einzelnen Deutungsversuche

Grafen: Die Deutung als 'Grafenburg' verbindet den Namen mit dem Welfengeschlecht, auf das der Bau der Burg zurückgeführt wurde. In der Tat trugen die Welfen seit alter Zeit den Grafentitel. Diese Deutung ist die älteste nachweisbare: Sie tritt bereits 1486 auf und wurde bis ins 20. Jahrhundert wiederholt[80]. Dabei wird Ausfall eines ursprünglich vorhandenen *g-* im Anlaut angenommen. Jedoch gibt es beim Ortsnamen keinen Beleg mit *g*-Anlaut; ein *g*-Ausfall, der in der Zeit zwischen der Gründung des Ortes und dem Einsetzen der Belege erfolgt sein müsste, ist sprachwissenschaftlich nicht nachvollziehbar. Auch das *s* der Bildungsfuge ist nicht erklärbar.

---

[75] Sönke *Lorenz*: Ulm. In: Lexikon des Mittelalters, Bd. 8, Ausgabe 1999, Sp. 1190-1193.- Dieter *Kapff*: Kaiser Otto der Große hat einst Ulm gegründet. In: Schwäbische Heimat 57 (2006) S. 176-181.

[76] Dazu in Kapitel 4.1. – Überlegungen dazu bereits bei *Ade-Rademacher/Eitel* (wie Anm. 25) S. 147.

[77] *Boxler* (wie Anm. 68) S. 1597f.

[78] *Berger* (wie Anm. 23) S. 245f., 260f.

[79] Königliches statistisches Landesamt (Hg.): Das Königreich Württemberg, Bd. 3. 1886. S. 752: allerdings ohne einen konkreten Namen; so auch noch, allerdings mit Fragezeichen, LB Bd. 7, 1978, S.727.

[80] Diese Deutung soll bereits bei *Lirer* (wie Anm 48) vorkommen, doch konnte die Stelle nicht gefunden werden. Nach einem Hinweis von Paul *Beck*: Die verschiedenen Ravensburg. In: Schwäbisches Archiv 30 (1912) S. 46-48, hier: S. 47.- *Münster* (wie Anm. 48).- *Merian* (wie Anm. 48).- *Zedler* (wie Anm. 48).- *Eben* (wie Anm. 1) S. 25.- Johann D. *von Memminger*: Beschreibung des Oberamts Ravensburg, 1836, Nachdruck 1974. S. 119.- *Hafner* (wie Anm. 48) S. 18: Verweis auf eine "handschriftliche Chronik"; *Steudel* (wie Anm. 49) S. 50; Benedikt *Bentele*: Ueber den Namen Ravensburg. In: Oberschwäbische Heimatblätter [Beilage zu "Verbo"] 3 (1937) Nr. 1, S. 1f.

Rache: Die Rückführung von *Ravens-* auf *Rache* ist in Werken des 17. Jahrhunderts zu finden[81]. Benennungsmotiv soll eine angebliche Ravensburger Gerichtstradition gewesen sein: Früher sei hier "ein allgemeines Landgericht" abgehalten worden. Eine begründete sprachwissenschaftliche Herleitung ist nicht möglich[82].

Rafe: Nur in Quellen des 17. Jahrhunderts begegnet der rätselhafte Name *Tignopolis* für *Ravensburg*; eine deutsche Entsprechung oder Übersetzung ließ sich dazu nicht finden[83]. Es handelt sich um eine lateinisch-griechische Mischbildung, der lateinisch *tignum* 'Balken' und griechisch *pólis* 'Stadt' zugrunde liegt. Dabei dürfte *tignum* eine gelehrte Übersetzung sein von oberschwäbisch-mundartlichem *Rafe* 'Dachsparren'. Basis ist althochdeutsch *râf* / *râfo* (starkes / schwaches Maskulinum) 'Dachsparren'; im Mittelhochdeutschen ist *râve (râven, râf, raff)* noch belegt; danach blieb das Wort nur in den Mundarten bewahrt, vor allem im Süden des Sprachgebiets; auch das Schwäbische kennt noch dieses *Râfe*[84]. Damit verwandt ist unter anderem englisch *roof* 'Dach'[85]. Die Bedeutung des Worts ist von der ältesten Zeit an konstant geblieben: Bezeichnet wird 'der vom First zum Rand des Dachs verlaufende Balken des Dachstuhls'; im Englischen fand offensichtlich eine Bedeutungsverschiebung statt. Da eine Bedeutung im Sinne von 'Balken', 'Palisade' nicht feststellbar ist, erhält man bei der Annahme von *Rafen-Burg* die Bedeutung 'Dachsparren-Burg'. Eine Bedeutung 'Balkenburg' oder 'Palisadenburg' lässt sich nicht stützen, so interessant das auch zu sein scheint. Im Übrigen ist hier auch das Fugen-*s* nicht zu erklären.

rau: Eine Herleitung vom Adjektiv *rau* versuchte erstmals J. von Memminger 1836[86]. Dieser Ansatz *Rauens-burg* / *Rau-burg* wird durch drei Faktoren provoziert worden sein: durch alte Schreibungen wie *Rauenspurch*, durch den Flurnamen *Rauenegg* (früher *Rucheneck*[87]) und durch die Vorstellung von windigen Wetterverhältnissen auf dem exponierten Burgberg. Das führte zu Umformungen des Namens in *Rauensburg*[88]. Aus sprachwissenschaftlichen Gründen ist diese Herleitung nicht möglich: Im Althochdeutschen lautete das Adjektiv *rûh*, im Mittelhochdeutschen *rûch*, was zu einem **Ruchenberg* geführt hätte. Das *u* der alten Schreibungen ist unbedingt als Konsonant zu werten[89]. Bei einer Bildung dieser

[81] *Merian* (wie Anm. 48).

[82] Vgl. zum fränkischen Rechtsterminus "Rachinburgen" Karin *Nehlsen-von Stryk*. In: Lexikon des Mittelalters Bd. 7, 1999. Sp. 383f.

[83] Anonymus des 17. Jahrhunderts. Angabe nach Erich *Keyser* (Hg.): Württembergisches Städtebuch (Deutsches Städtebuch IV/2.2), 1962. S. 403: "Im 17. Jahrhundert vereinzelt ...". Die Quelle wurde nicht gefunden.

[84] Rudolf *Schützeichel*: Althochdeutscher und Altsächsischer Glossenwortschatz, Bd. 7. 2004, S. 309-311.- Matthias *Lexer*: Mittelhochdeutsches Handwörterbuch, Bd. 2, 1876, Nachdruck 1992, Sp. 353f.- Jacob und Wilhelm *Grimm*: Deutsches Wörterbuch, Bd. 8, 1893, Nachdruck 1984, Sp. 54.- Hermann *Fischer*: Schwäbisches Wörterbuch, Bd. 5, 1920, Sp. 113f. .- Hermann *Wax*: Etymologie des Schwäbischen, ohne Jahr, S. 312.

[85] T. F. *Hoad*: The Concise Oxford Dictionary of English Etymologie. 1986. S. 408. – Zu weiteren Verwandten siehe die in der vorigen Anmerkung genannte Literatur.

[86] *Eben* (wie Anm. 1) S. 23-25.- *Von Memminger* (wie Anm. 80) S. 119.

[87] *Dreher* (wie Anm. 24) S. 133 ("Mit dem Namen Ravensburg hat sie gar nichts gemeinsam.").

[88] Friedrich Gutermann: Die alte Rauenspurc (Ravensburg), das Stammschloß der Welfen, seine Umgebung und sein Geschlecht. 1856, Nachdruck 1986: Titel und S. VII.- *Steudel* (wie Anm. 49) S. 50.- Oskar *Kausch*: Die Namenkunde der Länder und Städte des Deutschen Reiches. 1890. S. 161.

[89] Dazu in Kapitel 2.4.

Art (*Weißenburg, Rothenburg, Rottenburg, Schwarzenberg*) würde auch kein Fugen-*s* passen.

raven: Eine keltische Basis des heutigen Namens nahm B. Falk an[90]. Das ist ein reizvoller und prinzipiell auch berechtigter Denkansatz, vor allem bei schwer erklärbaren Ortsnamen in einer Gegend, die einst keltisch besiedelt war, aber nur ganz wenige keltische Namen bewahrt hat[91]. *Ravensburg* müsste dann allerdings ein Mischname sein von keltischem *raven* "Schlucht" und *burg*, das der germanischen Sprachfamilie angehört. Ein entsprechendes keltisches Wort lässt sich jedoch in keinem der einschlägigen Wörterbücher nachweisen; keltisch *raven* "Schlucht" ist als Fiktion zu werten[92].

Rabe: Die Ableitung des Ortsnamens vom Appellativ *Rabe* wurde 1883 erstmals vorgeschlagen[93] und wird bis heute vertreten[94]. Das althochdeutsche Wort *hraban / raban,* seit dem 8. Jahrhundert belegt, ist abzuleiten von germanisch **hrabnaz*. Der Genitiv des stark flektierten Nomens lautete *hrabanes / rabanes*[95]. Die ältesten Belege zeigen noch anlautendes *h* vor dem Konsonanten *r*, das im 9. Jahrhundert schwindet[96]. Daneben gab es eine schwach flektierte Variante *rabo* (Genitiv: *raben*), die sich im Mittelhochdeutschen durchsetzte (*rabe*); von ihr stammt das neuhochdeutsche *Rabe* (Genitiv: *Raben*). Die ältere Form, mittelhochdeutsch *raben,* hat sich nicht behauptet; sie hätte zu einem der **Raben /* des **Rabens* geführt. Sprachverwandt sind unter anderem altsächsisch *-hravan*, mittelniederdeutsch raven, englisch *raven*, niederländisch *raaf* oder dänisch *ravn*. Im alemannischen Sprachraum ist als Normalform im 8. Jahrhundert *hraban*, im 9./10. *raban* und im 11. *raben* (mit "Abschwächung" des Endvokals) zu erwarten, und zwar mit dem stimmhaften Verschlusslaut /*b*/. Dagegen galt in nördlicheren Gebieten *hravan / ravan / raven* mit dem stimmhaften Reibelaut /*v*/: allerdings nicht nur im Niederdeutschen, sondern auch im mittelfränkischen Sprachraum um Aachen, Köln und Trier. Die Sprachgrenze für den Gegensatz von südlichem /*b*/ und nördlichem /*v*/ für germanisch /*b*/ nach Vokalen verlief und verläuft südlich der Mosel[97]. So sind im Althochdeutschen, wenn auch nur

[90] Beate *Falk*: Ravensburg kommt aus dem Keltischen. In: Schwäbische Zeitung, Ausgabe Ravensburg vom 23.3.2002.

[91] Zu dem Problem Norbert *Kruse*: Ach, Berg! Zur Deutung des Burgnamens Achberg. In: Irene *Pill-Rademacher* (Hg.): Schloß Achberg. 1999. S. 86-94.

[92] Alfred *Holder*: Alt-celtischer Sprachschatz, Bd. 2. 1900, Nachdruck 1962. Sp. 1071, 1087.- Bernhard *Maier*: Kleines Lexikon der Namen und Wörter keltischen Ursprungs. 2003.

[93] [Julius] *H[eld]*: Oberschwäbischer Anzeiger, 1883, Nr. 129 (10. Juni); S. 1. Der Name ist zu erschließen durch einen Verweis im Text auf das Programm des Kgl. Württemb. Gymnasiums in Ravensburg zum Schlusse des Schuljahrs 1881-82, 1882. – Allerdings bringt *Hafner* (wie Anm. 48) S. 17 einen älteren Beleg aus [Konrad] *Schwenk*: Wörterbuch der deutschen Sprache: "Ravensburg, Ortsname = Rabenburg". Weitere Hinweise fehlen. Das Wörterbuch erschien 1834 in erster und 1836 in zweiter Auflage; ein Exemplar konnte nicht beschafft werden.

[94] Dietmar *Urmes*: Handbuch der geographischen Namen. 2003. S. 339f.

[95] *Kluge* (wie Anm. 65) S. 662.- *Pfeifer* (wie Anm. 65) Bd. 3, S. 1357.- *Schützeichel* (wie Anm. 84) Bd. 7, S. 306f. – Die Nebenform *hram / ram* ist durch Assimilation zu erklären *(bn > mn > mm > m).- Braune* (wie Anm. 36) § 125 Anm.

[96] *Braune* (wie Anm. 36) § 153.

[97] *Braune* (wie Anm. 36) § 88 b, 134.- Johannes *Franck*: Altfränkische Grammatik. Laut- und Flexionslehre, 2. A. von Rudolf *Schützeichel*, 1971, § 78.- *Paul* (wie Anm. 34) § 90.- Hermann *Aubin* - Theodor *Frings*/ Josef *Müller*: Kulturströmungen und Kulturprovinzen in den Rheinlanden. 1926, Neuausgabe 1966. S. 126, Karte 40.- Norbert *Kruse*: Die Kölner volkssprachige Überlieferung des 9. Jahrhunderts (Rheinisches Archiv 95), 1976, S. 273, 359.- Vgl. auch Werner *König*: dtv-Atlas zu deutschen Sprache, 14. A. 2002, S. 230f.: Die *v/b*-Isoglosse entspricht in etwa derjenigen von *wat/was*. – Eine andere, allerdings nicht nachvollzieh-

in einem Teilgebiet, tatsächlich Formen wie *ravan* belegt[98]. Es ist also nicht notwendig, wie Alfons Dreher das getan hat[99], für *hravan / ravan / raven* niederdeutsche Herkunft anzusetzen: Genauso gut möglich ist (mittel-)fränkische. In jedem Fall aber handelt es sich dabei um eine fremde, nicht "bodenständige" Form; sie müsste importiert worden sein. Ein "Fremdwort" aber ist hier nur schwer nachzuvollziehen. Bei der Frage nach der semantischen Erklärung von *Raben-Burg* ist an eine konkrete und eine symbolische Bedeutungsbeziehung zu denken: Einerseits könnte das häufige Vorkommen von Rabenvögeln das Benennungsmotiv sein, *Raben-Burg* wäre dann eine 'Burg mit Raben'. Vergleichbar ist etwa der alte Flurname *Meisental* (Stadt Ravensburg), der später zum Klosternamen *Mariatal* verändert wurde[100]. Allerdings wäre in diesem Fall unbedingt eine *s*-lose Form (**Ravanburg*) zu erwarten. Andererseits könnte man versucht sein, einen Bezug zur germanischen Mythologie herzustellen. Dort galt der Rabe als heiliges Tier; Huginn und Muninn waren die Vögel des Gottes Odin (Wotan), der deswegen auch "Rabengott" hieß[101]. Diese Raben waren "Attributtiere", die für den Gott selbst stehen konnten. *Raben-Burg* wäre dann eine 'Burg, die dem Raben geweiht ist', eine 'Burg, die unter dem Schutz des Raben steht'. Jedoch wird ein Bezug zur germanischen Religion selbst für die früheste Zeit, die für die Namenvergabe in Betracht zu ziehen ist, nicht mehr möglich gewesen sein[102]. Als Wappenvogel kommt der Rabe nicht in Frage: Heraldische Namen *(Adlerstein, Falkenstein)* kommen erst im späten Mittelalter auf[103]. Unhistorisch ist die Rückführung auf einen angeblichen Beinamen Heinrichs des Schwarzen[104], denn zum einen lebte Heinrich viel zu spät († 1126 in Ravensburg), zum anderen wurde ihm der Beiname "der Schwarze" erst am Ende des 13. Jahrhunderts verliehen[105]; ein Beiname "der Rabe" ist nicht überliefert.

Raban / Ravan: Die Ableitung des Bestimmungsworts vom Personennamen *Raban / Ravan* unternahm erstmals 1907 Gustav Schöttle[106]. In der Folge wurde sein Vorschlag mehrheitlich anerkannt, sowohl in der namenkundlichen als auch in der ortsgeschichtlichen Literatur[107], wenn auch das Problem der fränkischen Form

---

bare Erklärung des Nebeneinanders von *v* und *b* durch Grammatischen Wechsel bei Bruno *Boesch*: Die Orts- und Gewässernamen der Bodenseelandschaft. In: Schriften des Vereins für Geschichte des Bodensees und seiner Umgebung Bd. 99/100 (1981/82), S. 233-280, hier: S. 259.

[98] *Schützeichel* (wie Anm. 84) Bd. 7, S. 306f.

[99] *Dreher* (wie Anm. 24) S. 63.- Dreher (wie Anm. 4) S. 703.- *Dreher - Wurm* (wie Anm. 24) S. 50f.

[100] Norbert *Kruse*: Die Klosternamen. In: Helmut Binder (Hg.): 850 Jahre Prämonstratenserabtei Weißenau. 1145-1995. 1995, S. 61-72, hier: S. 67-69.

[101] Heinrich *Beck*: Huginn und Muninn. In: Realexikon der Germanischen Altertumskunde, Bd. 15. ^{2}2000. S. 200f. .- Gunter *Müller*: Studien zu den teriophoren Personennamen der Germanen (Niederdeutsche Studien 17), 1970, S. 52-60.- Rudolf *Simek*: Huginn. In: Ders.: Lexikon der germanischen Mythologie, 1984, S. 196f.

[102] Zum Mittelalter vgl. Christian *Hünemörder*/Marianne *Rumpf*: Rabe. In: Lexikon des Mittelalters, Bd. 7, Ausgabe 1999, Sp. 381f. – Vgl. auch Will-Erich *Peuckert*: Rabe. In: Handwörterbuch des deutschen Aberglaubens, Bd. 7, 1935/36, Sp. 427-457.

[103] *Boxler* (wie Anm. 68) S. 1600.- Václav *Filip*: Wappen. In: Lexikon des Mittelalters, Bd. 8, Ausgabe 1999. Sp. 2031-2034.

[104] *Dreher* (wie Anm. 24) S. 63.

[105] Bernd *Schneidmüller*: Die Welfen. Herrschaft und Erinnerung (819-1252). 2000. S. 150.

[106] *Schöttle* (wie Anm. 58) S. 37f.

[107] *Müller* (wie Anm. 53) S. 36f.- Ernst *Förstemann*: Altdeutsches Namenbuch, Bd. 2, Orts- und sonstige geographische Namen. 1913, Nachdruck 1967. Teil 2, Sp. 1431f.- Hermann *Fischer*: Schwäbisches Wörterbuch, Bd. 5, 1920, Sp. 195f.- *Wein* (wie Anm. 63) S. 17.- *Buhl* (wie Anm. 58) S. 17.- *Berger* (wie Anm. 23) S. 218.- *Rudolf* (wie Anm. 55) S. 4.- *Wieland* (wie Anm. 33) S. 187. – Zweifelnd: *Dreher* (wie Anm. 24)

nicht zu lösen war. Der Name *Raban / Ravan* ist von dem zuvor dargestellten Appellativ *Rabe* abzuleiten. Der Stamm konnte dabei als Grundwort (*Gunt-raban > Guntram*), als Bestimmungswort (*Raban-bert > Rambert*) oder als eingliedriger Name (*Raban*) auftreten[108]. In karolingischer wie ottonischer Zeit war er ausgesprochen beliebt. So bietet die Reichenauer oder die St. Gallener Überlieferung eine große Zahl von Belegen für diesen Namen: Im "Verbrüderungsbuch" der Abtei Reichenau gibt es allein 9 Belege für *Raban* und 41 für *Rabanbert*[109]. Der bekannteste Vertreter des Namens war der karolingische Universalgelehrte, der Mainzer Erzbischof *Hrabanus* Maurus († 856), der sogar in einer seiner Schriften die theologische Bedeutung des Vogels (lateinisch *corvus*) dargelegt hat[110]. Wie beim Appellativ ist auch beim Namen bis zum 9. Jahrhundert die Form mit anlautendem *H-* üblich. Die Namenform *Ravan* (älter: *Hravan*) – mit intervokalischem *v* statt *b* – war die mittelfränkisch-niederdeutsche Variante des Namens und entsprach nicht der damaligen alemannischen Sprache[111]. Wäre *Hrabanus* Maurus nur wenige Kilometer weiter nördlich als in Mainz geboren worden, so hätte sein Rufname *Hravanus* lauten müssen. Im alemannischen Sprachgebiet aber kann der Name nicht bodenständig sein; das Vorkommen eines "Fremdnamens" ist hier aber leichter zu erklären als das eines "Fremdworts". Seit langer Zeit gehört Raban zu den sehr selten vergebenen Vornamen[112]. Ortsnamen mit diesem Bestimmungswort gibt es viele in Deutschland[113]. Das *-s* von *Ravens-* ist bei dieser Herleitung leicht als Genitiv des Personennamens zu erklären.

Rafo / Rafan: Einen Personennamen *Rafo* setzte, ohne jede Erklärung, K. Bohnenberger an[114]. L. Reichardt nahm diesen Vorschlag in jüngster Zeit wieder auf, modifizierte ihn aber zu **Rafan (< *Raf-wan)*[115]. D. Ade-Rademacher und P. Eitel folgten dieser Erklärung[116]. Der Vorschlag hat den Vorteil, dass man bei diesem Namen – im Gegensatz zu *Ravan* – für den zwischenvokalischen Reibelaut keinen

S. 62f..- Alfons *Dreher*: Über neuere Vorstellungen zur frühmittelalterlichen Geschichte Oberschwabens. In: ZWLG 27 (1968) S. 417-423, hier: S. 421.- *Dreher* (wie Anm. 24) S. 9; *Dreher/Wurm* (wie Anm. 24) S. 50.

108 Ernst *Förstemann*: Altdeutsches Namenbuch, Bd. 1, Personennamen, 2. A. 1900, Nachdruck 1966, Sp. 869-871; Henning *Kaufmann*: Ergänzungsband [zu Ernst *Förstemann*: Altdeutsches Namenbuch, Bd. 1, Personennamen], 1968, S. 194f.- Max *Gottschald*: Deutsche Namenkunde. Unsere Familiennamen, 5. A. von Rudolf *Schützeichel*. 1982. S. 396.

109 Michael *Borgolte*/Dieter *Geuenich*: Register der Personennamen. In: Dieter *Geuenich*/Karl *Schmid* (Hg.): Materialien und Untersuchungen zu den Verbrüderungsbüchern und zu den älteren Urkunden des Stiftsarchivs St Gallen (Subsidia Sangallensia I). 1986. S. 477-734, hier: S. 586.- Johanne *Autenrieth*/ Dieter *Geuenich*/Karl *Schmid*: Das Verbrüderungsbuch der Abtei Reichenau (MGH Libri Memoriales et Necrologia. Nova series I). 1979. S. 107f.

110 B. Rabani Mauri opera omnia, Bd. 5. In: Jacques Paul *Migne*: Patrologiae cursus completus. Series Latina, Bd. 111, 1852, Sp. 252.- Wolfgang *Selzer*: Der Name Rabanus. In: Wilhelm *Weber* (Hg.): Rabanus Maurus in seiner Zeit. 780-1980, 1980. S. 61f.

111 Siehe dazu die Ausführungen in diesem Kapitel unter Rabe.

112 Wilfried *Seibicke*: Historisches Deutsches Vornamenbuch, Bd. 3. 2001. S. 551.

113 *Förstemann* (wie Anm. 107) Teil 1, Sp. 1431-1437.- Vgl. auch Kapitel 7.

114 Das Königreich Württemberg. Eine Beschreibung nach Kreisen, Oberämtern und Gemeinden, hg. vom K. Statistischen Landesamt, Bd. 4. 1907, S. 370 (zu Bohnenbergers Urheberschaft vgl. S. V).

115 Lutz *Reichardt*: Ortsnamenbuch des Rems-Murr-Kreises. 1993. S. 292 (*zu Schillinghof*).- Lutz *Reichardt:* Ortsnamenbuch des Ostalbkreises, II, 1999, S. 85f.- Lutz *Reichardt*: Ortsnamenbuch des Kreises Göppingen. 1989, S. 165f.

116 *Ade-Rademacher/Rademacher* (wie Anm. 52) S. 135f.; *Ade-Rademacher/Eitel* (wie Anm. 25) S. 147. – Bereits Alfons Dreher hatte den Vorschlag Bohnenbergers mehrfach diskutiert: *Dreher* (wie Anm. 24) S. 63.- *Dreher/Wurm* (wie Anm. 24) S. 51.

fränkischen Ursprung annehmen muss[117]; er wäre in der damaligen Sprache der Region möglich gewesen. Jedoch ist diese Herleitung aus verschiedenen Gründen abzulehnen. Zum einen wurden nicht die historischen Schreibungen berücksichtigt, die eher einen stimmhaften Verschlusslaut /_v_/ als einen stimmlosen /_f_/ nahelegen[118]. Zum anderen ist im Hinblick auf die gesamte alte Namenüberlieferung dieser Name nicht akzeptabel: Für _Rafo_, wohl eine Kurzform von _Raf-wald_, lassen sich zwar zwei alte Belege auftreiben _(Raffo, Rapho)_[119]; keinen einzigen Beleg jedoch gibt es etwa in der sehr umfangreichen Namenüberlieferung der Klöster St. Gallen oder Reichenau[120]. Bereits L. Reichardt hat zudem gezeigt, dass _Rafo_ aus formalen Gründen, wegen der Flexionsform, nicht infrage kommt. Stattdessen setzte er einen zweigliedrigen germanischen Personennamen *_Raf-wan_ an; nach üblichem _w_-Ausfall sei daraus *_Rafan_ entstanden. Für diesen Namen gibt es jedoch keinen einzigen Beleg in der Überlieferung, wenn er auch eine formal korrekte Bildung aufweist: Das Grundwort ist zu althochdeutsch _wân_ 'Meinung', 'Glaube' zu stellen[121], während das Bestimmungswort nicht geklärt ist; die vorgeschlagene Zuordnung zu _râf_ / _râfo_ 'Dachsparren'[122] ist für einen Personennamen ganz unbefriedigend. Belegt ist nur der zweigliedrige germanische Personenname _Rafold / Raffold / Raffolt_ (< *_Raf-wald_) dessen Grundwort auf althochdeutsch waltan 'herrschen', 'walten' zurückzuführen ist. Mehrfach ist dieser in St. Gallen oder der Reichenau überliefert, wenn auch die Zahl bei weitem nicht an die Menge der _Raban_-Belege heranreicht[123]. Die Aussage, dass dieser Name "in fränkischer Zeit besonders weit verbreitet war"[124], ist nicht nachvollziehbar. Darüber hinaus kann man diesen Namen im historischen Umfeld des 11. Jahrhunderts, als die Burg gebaut wurde, keiner Person plausibel zuschreiben. Alles in allem kommt *_Rafan_ nicht als Grundlage für *_Ravanes-_ in Betracht.

5.2 Ergebnis

Es gibt keine einfache, offensichtliche Erklärung des Bestimmungswortes; auch ein ganz anderer Ansatz bietet sich nicht an[125]. Von den Appellativ-Vorschlägen kommt kein einziger infrage; alles spricht für einen Eigennamen. Der Vorschlag _Rafo / Rafan_, der zuletzt vertreten wurde, ist nicht zu halten; aus namenkundlich-sprachwissenschaftlicher Sicht kann allein _Raban / Ravan_ überzeugen. So stellt sich die Frage, in welchem historischen Kontext ein fränkischer Personenname die Bildung des Ortsnamens bestimmen konnte und wer _Ravan_ gewesen sein könnte.

---

[117] Vgl. dazu die Ausführungen in diesem Kapitel unter _Rabe_.
[118] Vgl. dazu in Kapitel 2.4. – _Reichardt_ (wie Anm. 115) bezieht sich nur auf die "überlieferte [!] Schreibung [...] 1088".
[119] _Förstemann_ (wie Anm. 108) Sp. 1220f.- _Kaufmann_ (wie Anm. 108) S. 282.- Vgl. auch _Förstemann_ (wie Anm. 107) Teil 2, Sp. 524.
[120] Michael _Borgolte_/Dieter _Geuenich_ (wie Anm. 109) S. 617.- Das Verbrüderungsbuch der Abtei Reichenau (wie Anm. 109) S. 139.
[121] _Förstemann_ (wie Anm. 108) Sp. 1521-1525 (zum Stamm *_wân_).- _Kaufmann_ (wie Anm. 108) S. 384.- _Gottschald_ (wie Anm. 108) S. 396: als Bestimmungswort beispielsweise in _Wanfrid_, als Grundwort selten.
[122] _Kaufmann_ (wie Anm. 108) S. 282. – Zu _Rafe_ siehe die Ausführungen in diesem Kapitel.
[123] Wie Anm. 120.
[124] _Ade-Rademacher/Eitel_ (wie Anm. 25) S. 147.
[125] Mehrere weitere Möglichkeiten, die untersucht wurden, konnten nicht überzeugen.

6 Der Franke Ravan und seine "Burg"

Fränkische Herkunft des Eigennamens im Bestimmungswort hatten bereits G. Schöttle und K. O. Müller[126] angenommen: *Da [Ravan] zweifellos nur ein Beamter der Frankenkönige gewesen sein kann, der vermutlich die Aufgabe hatte, die der Frankenherrschaft nur ungern sich beugenden Alemannen in Schach zu halten, so fällt die Errichtung der Burg höchstwahrscheinlich in die Zeit um 750* [...]. Tatsächlich ist ein fränkischer Personenname in erster Linie in den historischen Kontext des 8. Jahrhunderts einzuordnen. Damit ergab sich ein Problem: Der für das 8. Jahrhundert vermutete Burgenbau ließ sich nicht auf dem Veitsberg nachweisen und konnte auch nicht in so früher Zeit erfolgt sein. Da die Zeit des Burgenbaus auf dem Veitsberg für das 11. Jahrhundert gesichert war, suchte A. Dreher nach Ravan im Umfeld der Welfen des 11. und sogar des 12. Jahrhunderts, wobei er sich vor allem von den – späten – sächsischen Beziehungen der Welfen leiten ließ[127]. Doch das war eine anachronistische Suche: Die Welfen, die möglicherweise aus dem Rhein-Maas-Gebiet stammten[128], haben sich im 11. Jahrhundert mit Sicherheit nicht mehr als Franken verstanden und die fränkische Sprache verwendet; außerdem liegen ihre sächsischen Beziehungen zeitlich nach dem Bau auf dem Veitsberg.

Die zeitliche Diskrepanz zwischen dem für das 8. Jahrhundert anzusetzenden fränkischen Namen und der für das 11. Jahrhundert anzusetzenden Burg auf dem Veitsberg wird beseitigt, wenn man davon ausgeht, dass der ursprüngliche Bau einer Befestigungsanlage, einem "burgus"[129], nicht auf dem Berg, sondern an der Schussenfurt erfolgte. So haben wir auch nach dem Franken *Hravan / Ravan* tatsächlich im 8. Jahrhundert, nicht aber im 11. zu suchen.

Nach der Zerschlagung des alemannischen Herzogtums durch die Karolinger in der Mitte des 8. Jahrhunderts setzten die Franken ihre Herrschaft durch und betrieben eine administrative Neuordnung des Landes. Die Überlieferung ist sehr dünn; bekannt sind die Namen der Grafen Warin († 774) und Ruthard († vor 790), die an der Eingliederung Alemanniens ins Frankenreich mitwirkten und wahrscheinlich zum Vorfahrenkreis der Welfen zu rechnen sind[130].

Die Befestigung an der Schussenfurt wird zwar eine gewisse strategische Bedeutung besessen haben, war aber sicherlich kein politisches Zentrum. Der Haupthof des Königsguts im Schussengau, in einer Urkunde Kaiser Ludwigs des Frommen aus dem Jahre 816 erwähnt, lag in Altdorf, dem späteren Weingarten[131]. Dort wurde wohl noch im 7. Jahrhundert auf dem herausragenden Platz, dem heutigen Martinsberg, eine Kirche errichtet, die dem fränkischen Nationalheiligen gewid-

[126] *Schöttle* (wie Anm. 58) S. 37f.- *Müller* (wie Anm. 53) S. 36f., das folgende Zitat S. 37.

[127] Dazu Kapitel 5.1 (*Rabe*).

[128] Zur Frage der fränkischen Herkunft der Welfen: *Fleckenstein* (wie Anm. 53) S. 134.- Wolfgang *Hartung:* Die Herkunft der Welfen aus Alamannien. In: Karl-Ludwig *Ay*/Lorenz *Maier*/Joachim *Jahn* (Hg.): Die Welfen. 1998. S. 23-55.- *Schneidmüller* (wie Anm 105) S. 46-50.

[129] Gabriel *Fournier*: Burgus. Lexikon des Mittelalters, Bd. 1, Ausgabe 1999, Sp. 1099-1101.

[130] Ulrich *Nonn*: Warin. Robert-Henri *Bautier*: Lexikon des Mittelalters, Bd. 8, Ausgabe 1999, Sp. 2049; Ulrich *Nonn*: Ruthard. In: Lexikon des Mittelalters, Bd. 7, Ausgabe 1999, Sp. 1125. – Zum Namen *Warin* siehe *Gottschald* (wie Anm. 108) S. 480.

[131] WUB 1, Nr. 74, S. 83f. .- Abbildung und Teilübersetzung bei Norbert *Kruse*: 804-2004. 1200 Jahre Heilig-Blut-Tradition. Katalog. 2004, S. 22.

met war[132]. So ist sicher nicht damit zu rechnen, dass man die Befestigung an der Schussenfurt etwa nach Graf Warin (**Warinsburg*) benannt hätte. Welche Namen wären sonst infrage gekommen? Vielleicht **Schussenburg*, **Furtburg* oder **Frankenburg*, vielleicht sogar **Frankenfurt*; doch das ist reine Spekulation[133].

Hravan / Ravan muss im Schussengau eine wichtige Stellung innegehabt haben, dass er namengebend werden konnte. Er wird Mitglied des welfischen Sippenverbands oder militärischer Befehlshaber gewesen sein, verantwortlich für den Bau der Befestigung, und / oder erster Herr des zugehörigen Fronhofs[134].

Ein Nachweis kann nicht geführt werden, da die Überlieferung schweigt. Ebenso bleiben bei fast allen alten Ortsnamen, die auf einen Personennamen zurückzuführen sind, die Gründer im Dunkeln: *Sigmaringen (<*Sigimar), Tübingen (<*Tuwo), Reutlingen (<*Riutilo), Mannheim (<*Manno), Heidenheim (<*Heido)*[135] oder auch *Amtzell (<*Anno)*[136].

Bereits der Sohn eines Merowingerkönigs hieß *Chramn* (+ 560; < *Hraban*)[137]. Von den fränkischen Adeligen, die den Namen *Hraban / Raban* trugen, seien zwei aufgeführt, wenn auch aus dem 9. Jahrhundert: In einer Urkunde Kaiser Ludwigs des Frommen aus dem Jahre 839 für das Kloster Reichenau ist, zusammen mit dem welfischen Grafen Konrad, ein Graf *Raban* genannt[138]; und der Fortsetzer der Karolingischen Reichsannalen meldet zum Jahr 844 den Tod eines Grafen *Ravanus*[139]. Die Namenüberlieferung des 8. und 9. Jahrhunderts kennt noch weitere Träger dieses Namens, auch in der mittelfränkischen Form, ohne dass wir Weiteres von ihnen wissen[140].

Nur wenige alte *-burg*-Namen enthalten einen Personennamen im Bestimmungswort, diese Mode setzte erst später ein[141]. Immerhin wurde 776 eine Befestigung ("civitatem") an der Sachsengrenze, die heute nicht mehr erhalten ist, nach Kaiser Karl dem Großen *Karlesburg* genannt[142]. Auch *Bamberg* (902: *Babenbergh, < *Babo)* und wohl auch *Mersburg* (1113 *Merdesburch, < *Merti*) sind auf Personen zurückzuführen[143].

---

[132] *Kruse* (wie Anm. 74), dort auch zum Namen *Altdorf*.

[133] Der Name *Welfenburg* wäre anachronistisch gewesen; er kam erst im 19. Jahrhundert auf: Georg *Richter*: Oberschwaben. Zwischen Donau, Iller und Bodensee. 1974. S. 290. – Zu den *-furt*-Namen vgl. Heinrich *Tiefenbach*: Furt (§ 1). In: Heinrich *Bec*/Heiko *Steuer*/Dieter *Timpe* (Hg.): Reallexikon der Germanischen Altertumskunde,Bd. 10. [2] 1966. S. 258-260.

[134] Vielleicht hat der Name in Opposition gestanden zu einem *-ingen*-Namen der benachbarten alemannischen Kleinsiedlung.

[135] *Berger* (wie Anm. 23) S. 245f., 260f., 222, 178, 128f.

[136] *Kruse* (wie Anm. 5).

[137] *Gregor von Tours:* Zehn Bücher Geschichten, hg. von Rudolf *Buchner* (Ausgewählte Quellen zur deutschen Geschichte des Mittelalters 2). [4]1970. BuchIV, Kapitel 16f.

[138] WUB Bd. 1, Nr. 102, S. 117f.- Michael *Borgolte*: Die Grafen Alemanniens in merowingischer und karolingischer Zeit. 1986. S. 200f.

[139] Annalium Bertinianum pars secunda. In: MGH Scriptores Bd. 1, 429-454, hier: S. 440.

[140] *Förstemann* (wie Anm. 108) Sp. 869-871.- Das Verbrüderungsbuch der Abtei Reichenau (wie Anm. 109) S. 107f. – Fraglich ist, wieweit die Aussage von Kaspar *Linnartz*: Unsere Familiennamen, Bd. 2, [3]1958, S. 111f., begründet ist: "Die mit Rabe zusammengesetzten Namen sind besonders fränkisch, da Wodan, dem die Raben heilig sind, der Hauptgott der Franken war." Sie wurde von *Seibicke* (wie Anm. 112) in jüngster Zeit wiederholt.

[141] *Boxler* (wie Anm. 68) S. 1599.- *Bach* (wie Anm. 42) Teil 2, § 518f.

[142] Annales Mosellani. In: MGH Scriptores Bd. 16, S. 491-499, hier: S. 496; *Bach* (wie Anm. 42) Teil 2, § 518. – Dagegen ist das Bestimmungswort in *Karlburg* (Landkreis Main-Spessart), 822 *Karloburgo*, als Genitiv Plural des Appellativs *karl* 'Mann' zu erklären: *Berger* (wie Anm. 23) S. 148.- Wolf-Armin *von Reitzenstein:* Lexikon bayerischer Ortsnamen. Herkunft und Bedeutung. [2]1991. S. 200.

[143] *Berger* (wie Anm. 23) S. 47f., 182.- *Boesch* (wie Anm. 97) S. 274. – Insgesamt zu Personennamen als Be-

Die Spuren fränkischer Ortsnamen in Oberschwaben sind weitgehend unerforscht. Im Übrigen lassen sich fränkische Personennamen kaum von alemannischen unterscheiden, gerade auch beim Vorkommen in Ortsnamen.

Schließlich stellt sich die Frage, wie sich ein "Fremdname" im Ortsnamen halten konnte; denn als "fremden" Namen wird man *Hravan / Ravan* ja bezeichnen müssen, da er fränkischer Provenienz war und nicht der alemannischen Sprache des Ortes entsprach. Zunächst war **Hravanesburg* – so die rekonstruierte ursprüngliche Form – nur der Name der fränkischen, später welfischen Befestigung an der Schussen. Dort konnte der Name im Laufe der Zeit fest werden und zur Sigle erstarren, ohne dass man noch Bedeutung und Geschichte realisierte. Es gab keine Veranlassung, ihn der eigenen Sprache anzupassen; **Hravanesburg* wurde nicht zu **Hrabanesburg*.

So trägt und bewahrt die Stadt *Ravensburg* noch heute den fränkischen Namen, den Namen eines Eindringlings und Usurpators aus dem 8. Jahrhundert.

G. Schöttle und K. O. Müller waren bereits zu Beginn des 20. Jahrhunderts diesem Ergebnis sehr nahe gekommen. Doch suchte man vergeblich nach einer fränkischen Burganlage auf dem Veitsberg; es gab noch keinen Hinweis auf einen fränkischen Königshof und eine Befestigung an der Schussenfurt[144]. Erst G. Wieland konnte diesen Nachweis erbringen.

7 Vergleichbare Namen?

Mehrere andere Ortsnamen können mit Ravensburg verglichen werden[145]. In der Region gibt es drei alte Ortsnamen, die auf den gleichen Personennamen zurückzuführen sein dürften, allerdings auf die assimilierte Nebenform *Hramm / Ram* (die schon im 6. Jahrhundert belegt ist[146]).

- *Rammesaua*, 790, heute Zell (Kreis Biberach, Gemeinde Riedlingen)[147],
- *Ramispah / Ramminsbach*, um 1275, heute Hartmann (Kreis Ravensburg, Gemeinde Berg)[148],
- *Ramsberg*, 1096 *Rammesperch*, ehemalige Burg (Kreis Friedrichshafen, Gemeinde Heiligenberg)[149].

Diese können zwar das Vorkommen des Namens *Raban / Ram* in alten oberschwäbischen Ortsnamen bezeugen, nicht aber die fränkische Form.

Von den zahlreichen Ortsnamen im Norden, wo mundartlich *Ravan* galt, sei nur einer aufgeführt:

- Burg (und die danach benannte Grafschaft) *Ravensberg*, bei Halle in Westfalen, bereits 851 als *Ravenspurg* genannt[150].

Im Süden, wo *Raban* galt, sind zu erwähnen:

---

stimmungswörtern in Ortsnamen: *Bach* (wie Anm. 42) Teil 1, § 340, § 342.

[144] *Schöttle* (wie Anm. 58), S. 38, hatte allerdings eine "uralte" Gerichtsstätte des Schussengaus an der späteren Mühlbruck angenommen.- Vgl. auch *von Memminger* (wie Anm. 80) S. 119; LB Bd. 7, S. 730.

[145] Dazu insgesamt Paul *Beck*: Die verschiedenen Ravensburg. In: Schwäbisches Archiv 30 (1912) S. 46-48.- *Förstemann* (wie Anm. 107) Teil 2, Sp. 1431-1437.

[146] Dazu in Kapitel 6.

[147] WUB Bd. 1, Nr. 38, S. 40f.- *Förstemann* (wie Anm. 107) Teil 2, Sp. 1432; LB Bd. 7, S. 490.

[148] Belege im "Codex maior traditionum Weingartensium": WUB Bd. 4, S. LXXI, XII, XXXVIII.- *Förstemann* (wie Anm. 107), Teil 2, Sp. 1433; LB Bd. 7, S. 737.

[149] Förstemann (wie Anm. 107) Teil 2, Sp. 1433; LB Bd. 7, S. 600.

[150] *Förstemann* (wie Anm. 107) Teil 2, Sp. 1434.- *Berger* (wie Anm. 23) S. 123f.: beide zu **Hraban*.

- Burgruine *Rabensburg*, bei Würzburg, 1194 *Rabensburch*[151],
- Burg *Ravensburg*, Kreis Karlsruhe, 1231 *Ravensberg*[152],
- Burg (abgegangen) *Ravenstein*, Kreis Göppingen, 1189 *Rabinstain*, 1191 *Ravenstein*[153],
- Weiler *Schillinghof*, Rems-Murr-Kreis, 1352 *Rauenswiler*[154],
- Siedlung *Ravenswiler* (abgegangen), Ostalbkreis, 1436 *Ravenschwiller*[155].

Immerhin deuten die Belege zu vier Orten, die heute in Baden-Württemberg liegen, auf einen alten Reibelaut /*v*/ oder /*f*/ hin. Zwei davon sind Burgennamen, und zwar für Höhenburgen; doch keiner davon ist vor dem 12. Jahrhundert belegt. Es bleibt fraglich, wie weit diese Namen zum Vergleich bei der Analyse von *Ravensburg* herangezogen werden können, da hier ja eine fränkische Befestigungsanlage des 8. Jahrhunderts angenommen wird. Dazu sind eingehendere vergleichende Untersuchungen erforderlich, auch unter Berücksichtigung weiterer Varianten des *Hraban*-Namens (*Ramsberg, Rammstein* etc.)[156].

8 Fazit

Die Ergebnisse der vorliegenden Untersuchung sind im Folgenden thesenartig zusammengefasst:

- Die Siedlung hat sich nicht erst von der Burg des 11. Jahrhunderts aus entwickelt, sondern hat ältere Wurzeln. Das Gebiet zwischen Veitsberg und Schussen war für Besiedlung geeignet und lag verkehrsgünstig an der Kreuzung zweier alter Straßen, von denen die eine über die Schussenfurt führte. Zwei Siedlungen, eine alemannische Kleinsiedlung und ein fränkischer Königshof, lassen sich hier nachweisen.
- An der Schussenfurt muss zusammen mit dem Königshof mit einer fränkischen Befestigung, einem "burgus", zur Furtsicherung gerechnet werden. Anzunehmen ist dafür das 8. Jahrhundert.
- Der Name *Ravensburg* stammt nicht von der Welfenburg ab und hat keinen Bezug zu einem der bekannten Welfen des 11. Jahrhunderts. Er wurde von der fränkischen Befestigung **Hravanesburg* übernommen, ist also etwa 1250 Jahre alt. Er gehört damit auch zu den ältesten Ortsnamen des Kreises.
- Beim Bau der Burg, mit dem nach der Weingartener Geschichtsschreibung zu Beginn des 11. Jahrhunderts zu rechnen ist, wurde der alte Name der Furtbefestigung übernommen. Die Benennung erfolgte also nicht "von oben nach unten", sondern "von unten nach oben". Die alte Befestigung wurde damals wohl aufgegeben. Der Name der alemannischen Kleinsiedlung ging unter.
- Am Ende des 15. Jahrhunderts kam dann für die Höhenburg der neue Burgname *Veitsburg* auf, motiviert durch den Patron der Burgkapelle St. Vitus (Veit), wahr-

[151] *Förstemann* (wie Anm. 107) Teil 2, Sp. 1434: zu **Hraban.*

[152] *Förstemann* (wie Anm. 107) Teil 2, Sp. 1434.- Albert *Krieger*: Topographisches Wörterbuch des Großherzogtums Baden, Bd. 2. 1904/05, Nachdruck 1972, Sp. 528-531: beide zu **Hraban.- Reichardt* (wie Anm. 115) S. 292f.: zu **Rafan.*

[153] WUB Bd. 2, Nr. 459, S. 263f.; Nr. 466, S. 270-272.- *Reichardt* (wie Anm. 115) S. 165f.: zu **Ravo.*

[154] *Reichardt* (wie Anm. 115) S. 292f.: zu **Rafan.*

[155] *Reichardt* (wie Anm. 115) Bd. 2, S. 85f.: zu **Rafan.*

[156] Siehe insgesamt *Förstemann* (wie Anm. 107) Teil 2, Sp. 1431-1434.

scheinlich um die Burg von der Stadt zu unterscheiden, die der Burg inzwischen den Rang abgelaufen hatte.

- Das Bestimmungswort *Ravens-* lässt sich nur von einem fränkischen Personennamen **Hravan/Ravan* erklären. Das war bereits in der früheren Forschung die am meisten verbreitete Ansicht; doch ließ sich ein fränkischer Name nicht in Übereinstimmung bringen mit der erst für das 11. Jahrhundert vermuteten Namensentstehung.
- Der fränkische Name im Bestimmungswort passt gut in karolingische Zeit und kam damals häufiger vor. Er begegnet auch im damaligen historischen (herrschaftlichen) Umfeld, wenn auch keine bestimmte Person damit identifiziert werden kann. Die fränkische Form ist also nicht von den späten Welfen her, sondern von den Franken des 8. Jahrhunderts zu erklären. Im Prinzip ist es ein bis heute bewahrter "Fremdname".
- Folgende Reihenfolge der Namen ist anzunehmen: Personenname > Name des fränkischen "burgus" > Name der welfischen Burg > Name des Burgfleckens, der sich zur Stadt entwickelte.
- Bemerkenswert ist die Konstanz: Der alte Name wurde bis heute fast unverändert bewahrt.

Würden Namen der historischen Entwicklung folgen, so müsste man heute erwägen, *Ravensburg* in *Rabenstadt* umzubenennen: aus der "Burg" (gleich aus welcher) ist längst eine Stadt geworden und der fränkische *Hravan* wäre inzwischen sicher damit einverstanden, sich in einen heimatlichen *Raben* zu verwandeln.

Oberschwaben. Eine Region als politische Landschaft, Bewusstseinslandschaft, Geschichtslandschaft

Elmar L. Kuhn

Von der Grenze Bayerns an, bis an die Spitze von Elsaß ist alles Schwaben. Man nennt den Teil, welcher zwischen dem Herzogtum Württemberg und dem Bodensee liegt, das obere Schwaben. Er bestehet aus tausend kleinen Völkern, wovon jedes seinen eigenen Herrn hat und die in ihrer Kleidertracht, in ihren Gesetzen, in der Religion und in der Sprache ebenso verschieden sind, als in ihren Regierungsformen. [...]
Es gibt kein Volk auf dem Erdboden, so von seiner Gesetzeinrichtung und von der politischen und physikalischen Eigenschaft seines Vaterlandes weniger unterrichtet ist, als die Oberschwaben. Sie wissen sehr wenig, ob der Staat ein gemeinschaftliches Oberhaupt hat, oder ob er vom Ungefähr regiert wird. Sie würden den Namen des Landesherrn nicht kennen, wenn sie ihn nicht zuweilen an der Spitze der Steuerpatente nennen hörten. Zur Unterdrückung geboren, erhebt sich ihr Geist, welcher durch das Elend in der Unwissenheit, und durch die Unwissenheit im Elende erhalten wird, nicht von der Erde[1].

Wilhelm Ludwig Wekhrlin, der sich hinter dem Pseudonym Anselmus Rabiosus verbirgt, beschreibt Oberschwaben als eine Region mit spezifischen Strukturmerkmalen, die sie von den umgebenden Räumen unterscheiden. In seinen harschen Urteilen über die ignoranten, aber sinnenfreudigen Oberschwaben, findet der protestantische Aufklärer in Altwürttemberg noch viele Nachfolger bis in dieses Jahrhundert, bis 'Rückständigkeit' nicht mehr verachtet, sondern sehnsüchtig aufgesucht wird[2]. Als wesentliche Merkmale nennt Wekhrlin die politische Zersplitterung, die Vielfalt politischer Verfassungen, kleinstaatlichen Despotismus auf der einen, unwissende Untertanenmentalität auf der anderen Seite,

[1] Anselmus *Rabiosus* (Wilhelm Ludwig Wekhrlin): Reise durch Oberdeutschland. Hg. Jean Mondort. München 1988 (Erstdruck Nördlingen 1788). S. 55f.

[2] Exemplarisch Gustav *Rümelin*: Der Württemberger. Der württembergische Volkscharakter. Stuttgart 1986 (Nachdruck aus *Ders.*: Reden und Aufsätze. 3. Folge. Freiburg-Leipzig 1894). S. 25f. – Thaddäus *Troll*: Preisend mit viel schönen Reden. Deutschland deine Schwaben für Fortgeschrittene. (rororo 1864) Reinbek 1975 . S. 63-71. – Ein Überblick bei Franz *Quarthal*: Historisches Bewußtsein und politische Identität. Mittelalterliche Komponenten im Selbstverständnis Oberschwabens. In: Peter *Eitel* / Elmar L. *Kuhn* (Hg.): Oberschwaben. Geschichte und Kultur. Konstanz 1995. S. 15-99.

in weiteren hier nicht zitierten Passagen Armut und ungezügelte Sexualität. Bis heute glauben Landeskundler, Historiker, Schriftsteller Oberschwaben als eigenständige Region identifizieren zu können und argumentieren mit Hinweisen auf Naturlandschaft, Siedlungsgeographie, Agrar- und gewerbliche Wirtschaftsstruktur, Kunst, Konfession, Mentalität und vor allem Geschichte[3]. Objektivierend werden Regionen entweder nach gemeinsamen Strukturen (Homogenitätsprinzip) oder als Funktionsräume nach internen Verflechtungen (Interdependenzprinzip) bestimmt[4]. Überwiegend und für die Zeit vor 1800 dominierend wird Oberschwaben als eigenständige Region ex post mittels objektivistischer Kriterien definiert.

Bleiben Strukturen über Jahrhunderte relativ stabil oder bleiben im Wandel zumindest die Differenzen zu den Nachbarräumen bzw. der funktionale Zusammenhang innerhalb der Region erhalten, sprechen Historiker von einer 'Geschichtslandschaft'[5]. Dass Oberschwaben eine sei, haben Historiker nie bezweifelt, stets postuliert, wenig erforscht, immer aber haben sie die entscheidende Zäsur um 1800 hervorgehoben. Je nachdem, in welchem Verhältnis ‚objektive' Struktur, politische Gestaltungsmöglichkeiten und subjektives Bewusstsein der ‚Eigenart' gewichtet werden, wird Oberschwaben ein deutlicheres regionales Profil in der Epoche vor 1800 oder in der Zeit nach 1800 zugeschrieben. Peter Blickle wendet die Charakteristika Wekherlins ins Positive. Ihm ist Oberschwaben zwischen 13. und 18. Jahrhundert geprägt durch "Vielfalt des Politischen", "Kleinräumigkeit des Politischen", daraus resultierende "Kreativität, dem Experimentieren mit neuen Formen des Politischen", und im Gegensatz zum Zeitgenossen des 18. Jahrhunderts spürt er auch einen "Hauch von republikanischem Geist"[6]. Mit dem eigenen Gestaltungsspielraum der "politischen Landschaft" ist es nach Blickle 1803 zu Ende. Für Klaus Schreiner und Hans-Georg Wehling entsteht dagegen eine eigene Identität erst "in und gegen Württemberg auf der Grundlage zweier politischer Kulturen"[7].

'Politische' Kultur wird als die Summe der politischen Meinungen, Einstellungen und Werte einer Bevölkerung, ihre "geistig-seelisch-moralische Verfassung" verstanden[8]. Sie ist die Folge einer spezifischen Faktorenkonstellation. Vier Einfluss-

---

[3] Die wenigen Gesamtdarstellungen: Adolf *Köhler* u. a.: Oberschwaben. Gesicht einer Landschaft. Ravensburg 1971. – Peter *Blickle* (Hg.): Politische Kultur in Oberschwaben. Tübingen 1993. – *Eitel / Kuhn* (wie Anm. 2). – Hans-Georg *Wehling* (Hg.): Oberschwaben. Stuttgart 1995.

[4] Vgl. Rainer *Fremdling* u. a.: Regionale Differenzierung in Deutschland als Schwerpunkt wirtschaftshistorischer Forschung. In: *Ders.* / Richard *Tilly* (Hg.): Industrialisierung und Raum. Stuttgart 1979. S. 9-26, hier S. 19. – Rolf *Kießling*: Kommunikation und Region in der Vormoderne. Eine Einführung. In: Carl A. *Hoffmann* / Rolf *Kießling* (Hg.): Kommunikation und Region. Konstanz 2001 (Forum Suevicum 4). S. 11-39, hier S. 38.

[5] Vgl. Karl-Georg *Faber*: Was ist eine Geschichtslandschaft? In: Festschrift Ludwig *Petry*. Teil 1. (Geschichtliche Landeskunde 5, 1) Wiesbaden 1968. S. 1-28.

[6] Peter *Blickle*: Politische Landschaft Oberschwaben. In: Ders.: Kultur (wie Anm. 3) S. 9-42, hier S. 11 und 41.

[7] Hans-Georg *Wehling*: Oberschwaben oder Württemberger? Integrationsprobleme zweier politischer Kulturen. In: *Blickle*, Kultur (wie Anm. 3) S. 287-307, hier S. 287. – Vgl. *Ders.*: Oberschwaben – Umrisse einer regionalen politischen Kultur. In: *Ders.*, Oberschwaben (wie Anm. 3) 11-43, hier S. 11. - *Ders.*: Oberschwaben. Sanft gewelltes Hügelland. In: *Ders.* u. a. (Hg.): Baden-Württemberg. Vielfalt und Stärke der Regionen. Leinfelden-Echterdingen 2002. S. 310-349, hier S. 311. – Klaus *Schreiner*: Geschichtsschreibung und historische Traditionsbildung in Oberschwaben. Eine Landschaft auf der Suche nach ihrer Identität. In: *Blickle*, Kultur (wie Anm. 3) S. 43-70, hier S. 68f.

[8] *Wehling*, Umrisse 1995 (wie Anm. 7) S. 13. – Zum Begriff: Martin und Sylvia *Greiffenhagen*: Politische Kultur. In: Uwe *Andersen* / Wichard *Woyke* (Hg.): Handwörterbuch des politischen Systems der Bundes-

faktoren: Kirche, Adel, Bauern, Reichsstädte, begründen nach Wehling die regionale Kultur Oberschwabens, die sich wesentlich von der durch das protestantische Altwürttemberg bestimmten, im Gesamtstaat hegemonialen politischen Kultur unterschied. Mit dem Konzept der politischen Kultur wird die Grenze zur subjektivistischen Bestimmung einer Region überschritten, wenn die Region von der Bevölkerung als räumliche Einheit erfahren wird.

Je deutlicher sich eine regionale politische Kultur ausprägt, desto eher ist auch ein Regionalbewusstsein, das Bewusstsein einer auf einem bestimmten Raum bezogenen Eigenart, 'regionale Identität', zu erwarten[9]. Durch die Identifizierung mit der Region wird die regionale Identität zum konstitutiven Teil der eigenen persönlichen Identität. Das Bewusstsein der Eigenart wird, wie in Württemberg geschehen, durch die Erfahrung der Missachtung der eigenen Werte oft erst mobilisiert. Abwehr gegen zentralistische Maßnahmen oder der Eindruck der Vernachlässigung durch die Zentrale kann Regionalbewusstsein mobilisieren und zu regionalen oder 'regionalistischen Bewegungen' motivieren, zu politischem Handeln im regionalen Rahmen bis hin zum Versuch eigenständiger politischer Organisierung[10]. Der Rang, den die regionale Ebene und die verschiedenen räumlichen Handlungs- und Identifikationsräume einnehmen, vom Heimatort bis zur Weltgesellschaft, kann sehr verschieden bestimmt werden. Für Regionalbewusstsein, eine regionalistische Bewegung, kann die gegebene politische Einheit den Rahmen abstecken, aber eine regionalistische Bewegung kann auch versuchen, eine politische Einheit erst zu schaffen. Träger des Regionalbewusstseins und einer regionalistischen Bewegung können ganz unterschiedliche Bevölkerungsgruppen sein, ihre politischen Zielmodelle können durchaus in Raumvorstellungen, Autonomiegrad und angestrebten Gesellschaftsstrukturen divergieren.

Historiker konzedieren zwar, dass Oberschwaben nach Strukturmerkmalen und Konstanten des politischen Handelns als Region identifiziert werden kann, sprechen aber seinen Bewohnern vor 1800 ein regionales Bewusstsein ab. Sie können sich darauf berufen, dass es nur wenige explizite schriftliche Artikulationen eines solchen räumlichen Bewusstseins gibt. Wir haben zwar viele Urteile von außen über Oberschwaben, aber vergleichsweise wenige Zeugnisse für das regionale Selbstbewusstsein. Aber schon die Landesbeschreibung des 19. Jahrhunderts stellte fest, dass "der Sinn für die Regionen des abstrakten Denkens" in Oberschwaben weniger entwickelt sei[11]. Deshalb gilt es weitere Indikatoren zu finden und nach Organisierungsversuchen im regionalen Rahmen zu suchen, die als Kristallisationen von Raumbewusstsein aufgefasst werden können. Dass Oberschwaben nie einen Staat, ein Land im verfassungsrechtlichen Sinne bildete, ist bekannt.

---

republik Deutschland. Bonn ²1995. S. 481-486 und die Beiträge S. 110-202 in: Andreas *Dornheim* / Sylvia *Greiffenhagen* (Hg.): Identität und politische Kultur. Stuttgart 2003.

[9] Vgl. Rolf *Lindner* (Hg.): Die Wiederkehr des Regionalen. Über neue Formen kultureller Identität. Frankfurt-New York 1994. – Bernd *Mütter* / Uwe *Uffelmann* (Hg.): Regionale Identität im vereinten Deutschland. Chance und Gefahr. Weinheim 1996. – Heinz *Pfefferle*: Politische Identitätsbildung in Württemberg-Hohenzollern (1945-1952). Die Renaissance oberschwäbischen Regionalbewusstseins. Weinheim 1997. S. VII-33.

[10] Vgl. Dirk *Gerdes*: Aufstand der Provinz. Regionalismus in Westeuropa. Frankfurt 1980. – Lothar *Baier*: Neun Thesen zum real existierenden Regionalismus. In: Allmende 12 (1992) 34/35 S. 3-6.

[11] *Rümelin* (wie Anm. 2) S. 26.

Wenn schon die "staatenbildende Kraft der Alemannen [...] nie sehr groß" war[12], dann hat sich diese "Kraft" sich in Oberschwaben noch weniger geregt. Vorpolitische und herrschaftsübergreifende räumliche organisatorische Strukturen werden als Ergebnisse verdichteter raumbezogener Kommunikation aufgefasst, bilden selbst einen räumlichen Rahmen für verdichtete Kommunikation und verdichten sie dadurch weiter. "Kommunikation konstituiert über Beziehungsgefüge historisch-relevante Räume, wenn ihre nach innen gerichtete Interaktion deutlich dichter ausfällt als die nach außen gerichtete"[13]. In der Überlagerung verschiedener Organisationsräume zeichnen sich die Region als Kommunikations- und Interaktionsraum, seine (ggf. unscharfen) Grenzen und Teilräume ab. Über die wenigen Dokumente eines "Eigen-Diskurses"[14], die Kommunikations- und Organisationsräume, soll die Region als Bewusstseinsregion und in Ansätzen als politischer Handlungsraum identifiziert werden. Ich frage also nicht wie die meisten bisherigen Autoren nach den spezifischen natürlichen, wirtschaftlichen, sozialen, politischen Strukturmerkmalen, nach denen aus heutiger Sicht Oberschwaben als Region identifiziert werden kann, sondern nach angestrebten und realisierten regionalen Organisationsformen, in denen sich Regionalbewusstsein artikuliert.

1 Spätmittelalter: Vom Verwaltungsbezirk zur politischen Landschaft

Oberschwaben als politische Landschaft existiert seit 1274, wenn erst der Begriff auf eine Realität verweist. Oberschwaben ist Produkt der Politik, tritt als Verwaltungsbezirk ins Licht der Geschichte. Hugo Graf von Werdenberg amtiert 1274 als *judex provincialis superioris Sueviae* und 1275 als *superioris Sueviae lantgravius*[15]. Erstmals wird ein bestimmter Raum mit dem Namen Oberschwaben bezeichnet, der Kompetenzbereich der späteren sogenannten (Reichs-)Landvogtei. Sie grenzt an die gleichzeitig geschaffenen Landvogteien Niederschwaben nördlich der Donau und Augsburg östlich der Iller, habsburgischen Hausbesitz südlich von Bodensee und Rhein. In den Reichslandvogteien fasst König Rudolf von Habsburg den nach dem Interregnum verbliebenen Reichsbesitz zusammen, die Landvögte sollen in ihren Bezirken die Rechte und Güter des Reiches verwalten,

---

[12] Karl S. *Bader*: Der deutsche Südwesten in seiner territorialstaatlichen Entwicklung. Sigmaringen ^{2}1978. S. 14.

[13] *Kießling*, Kommunikation (wie Anm. 4) S. 21f. – Ich verdanke diesem Text und weiteren Beiträgen dieses Tagungsbandes des Memminger Forums für Regionalgeschichte die Anregung zu einer begrifflich präziseren Fragestellung dieser Studie, von der eine frühere, wesentlich kürzere Fassung veröffentlicht wurde in: Allmende 17 (1997) 54/55 S. 177-202.

[14] Klaus *Graf*: Aspekte zum Regionalismus in Schwaben und am Oberrhein im Spätmittelalter. In: Kurt *Andermann* (Hg.): Historiographie am Oberrhein im späten Mittelalter und in der frühen Neuzeit. (Oberrheinische Studien 7) Sigmaringen 1988. S. 165-192, hier S. 169. – Ältere Versuche einer „Regionalitäts"-Geschichte Oberschwabens: Max *Miller* / Eberhard *Gönner*: Oberschwaben. Eine historische Untersuchung über Namen und Begriff. (Oberschwaben-Heft 1) Wangen 1961. – Günther *Bradler*: Die Landschaftsnamen Allgäu und Oberschwaben in geographischer und historischer Sicht. Göppingen 1973. – Max *Flad*: Von der Eigenart der Oberschwaben. Literarische Zeugnisse aus fünf Jahrhunderten. In: BC – Heimatkundliche Blätter für den Kreis Biberach 8 (1985) 2 S. 47-53. – Günther *Bradler*: „Europas geheime Mitte"? Mutmaßungen über die Dynamik der mitteleuropäischen Region Oberschwaben in Geschichte und Gegenwart unter Berücksichtigung historischer und aktueller Gemengelagen mit dem Allgäu. In: Verein Freunde der Waldburg e. V., Blättle (1999) 28, unpag. – Hans-Peter *Biege*: Oberschwäbisches Regionalbewusstsein. In: Oberschwaben 4 (2002) 1 S. 29-39.

[15] Emil *Krüger*: Die Grafen von Werdenberg-Heiligenberg und von Werdenberg-Sargans. In: Mitteilungen zur vaterländischen Geschichte (St. Gallen) 22 (1887) S. 109-397, I-CLIII, hier S. VI. – WUB Bd. 7. Stuttgart 1900. S. 384.

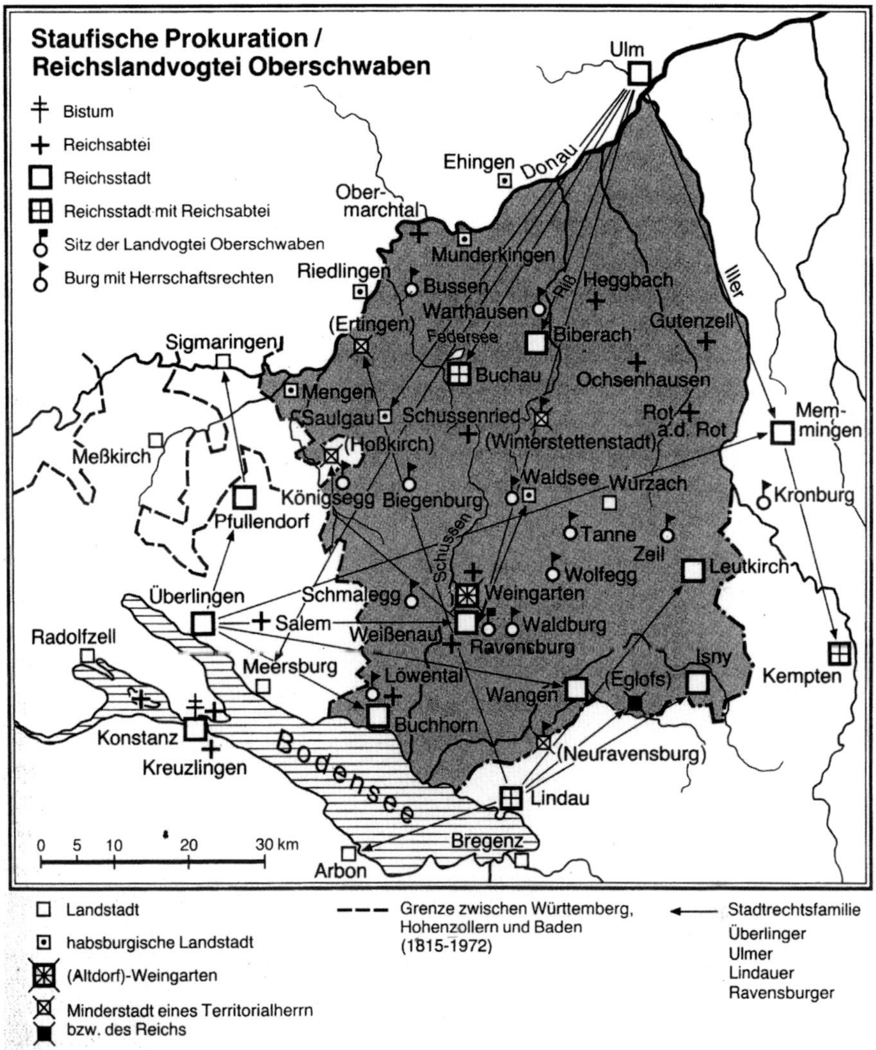

Abb. 1 - Staufische Prokuration / Reichslandvogtei Oberschwaben.

verlorenen Besitz zurückgewinnen, den Landfrieden wahren, die hohe Gerichtsbarkeit ausüben, die Amänner der Städte einsetzen, die Steuern der Städte und Schirmgelder der Klöster einziehen[16].

Rudolf sucht zu reorganisieren, was unter den Staufern schon festere Formen angenommen hatte und von den Welfen bereits angebahnt worden war. Das "im späteren sog. Oberschwaben territorialisierte staufische Herzogtum [baute] vor allem auf jenem 'Fürstentum' auf und setzte es fort, das die Welfen hier zwi-

[16] Vgl. Hans-Georg *Hofacker*: Die schwäbischen Reichslandvogteien im späten Mittelalter. Stuttgart 1980. – Ders.: Die Landvogtei Schwaben. In: Hans *Maier* u. a. (Hg.): Vorderösterreich in der frühen Neuzeit. Sigmaringen 1989. S. 57-74. – Peter *Steuer*: Der Oberamtsbezirk Altdorf: Territorial- und Verwaltungsgeschichte. In: Schriften des Vereines für Geschichte des Bodensees 114 (1996), S. 17-48. - (Johann Reinhart *Wegelin*:) Gründlich-Historischer Bericht Von der Kayserlichen und Reichs Landvogtey in Schwaben wie auch Dem Frey Kayserlichen Landgericht auf Leutkircher Haid und in der Pirß ... 2 Bände. o. O. 1755.

schen Donau und Bodensee [...] errichtet hatten"[17]. Als die Staufer Herzogs- und Königswürde verbanden, wurden Reichs-, Herzogs- und staufisches Hausgut zu nicht mehr unterscheidbarem Reichsgut, die staufische Landesherrschaft zum Reichsterritorium, das Dienstmannen als Prokuratoren verwalteten. 1241 zeichnete sich in der Reichssteuerliste bereits die zukünftige Landvogteigliederung ab, von 12 Städten in Oberschwaben bezog das Reich die Steuer: Biberach, Schongau, Kaufbeuren, Memmingen, Altdorf und Ravensburg, Pfullendorf, Wangen, Buchhorn, Lindau, Konstanz, Überlingen, Kempten.

Aber die Landvogtei bleibt ein 'Anspruchsbezirk', ein Territorium kann nur zerklüftet um Ravensburg bis an den Bodensee und auf der Leutkircher Heide aufgebaut werden. Im nördlichen Oberschwaben bleiben fast nur Hochgerichts- und Geleitrechte. Die Reichsstädte emanzipieren sich, Biberach, Memmingen, Überlingen, Lindau, Ravensburg, Pfullendorf, Kaufbeuren, Wangen und Buchhorn haben nur noch 'Ehrungen' als Abgaben zu leisten. Über die Klöster und Stifte Lindau, Salem, Weingarten, Petershausen, Roth, Weißenau, Baindt, Heggbach, Gutenzell übt die Landvogtei die bloße Schirmvogtei aus. Nachdem in Niederschwaben fast alle Reichsrechte verloren gegangen sind, werden beide Landvogteien 1378 zur "Reichslandvogtei in Ober- und Niederschwaben" zusammengelegt, oft auch nur als Reichslandvogtei Schwaben bezeichnet. Von der Verbindung mit der Landvogtei löst sich später das sogenannte kaiserliche Landgericht auf Leutkircher Heide und in der Pirs weitgehend, das über Zivil- und Kriminalsachen urteilt. Sein Sprengel umfasst im Spätmittelalter nur das Gebiet nördlich des Bodensees und östlich der Schussen[18].

1379-85 lassen sich die Habsburger, schließlich wieder 1486, die Landvogtei verpfänden, die sie alsbald als Instrument ihrer Hausmachtpolitik nutzen. Kaiser Maximilian betrachtet Landvogtei und Landgericht als Rest des alten Herzogtums Schwaben und als Kern eines neuen schwäbischen Fürstentums. 1500 fügt er seinem großen Herrschertitel die Bezeichnung "Fürst in Schwaben" ein. 1473 wird ein erster Versuch aufgegeben, aber 1515 und 1523 beruft der Landvogt die Schirmklöster, lehensabhängigen Adel und die oberschwäbischen Reichsstädte zu Huldigungslandtagen ein, weitere Einladungen folgen in den nächsten Jahren. Die Anstößer weigern sich, berufen sich, *sy gehören aun alles mittel dem hailgen reich zu*[19]. Ihr Rückhalt an Schwäbischem Bund und die Reichsverfassung zwingen Österreich, das ja nun auch fast immer die Reichsspitze stellt, zukünftig zu einer Politik der kleinen Schritte, 1529 gilt später als Stichjahr für die Reichsunmittelbarkeit.

Den Reichsstädten gelingt es am ehesten, sich aus der Abhängigkeit von der Landvogtei zu lösen. In vielfältigen, häufig nur kurzfristigen Bündnissen vom frühen 14. bis Ende des 15. Jahrhunderts schließen sich die Städte zusammen, die Bündnisbereiche gehen mit dem Schwäbischen, gar Rheinischen Städtebund weit über Oberschwaben hinaus, teils organisieren sich in den Bündnissen der Bodenseestädte nur die Städte Südoberschwabens, meist mit Konstanz und anfangs

[17] Helmut *Maurer*: Der Herzog von Schwaben. Sigmaringen 1978. S. 287. Vgl. Günther *Bradler*: Oberschwaben – Ein politischer Raum im Hochmittelalter? In: *Blickle*, Kultur (wie Anm. 3) S. 71-96, insbes. S. 83ff.

[18] Vgl. Joachim *Fischer*: Das kaiserliche Landgericht Schwaben in der Neuzeit. In: ZWLG 43 (1984) S. 237-286, hier S. 266ff.

[19] Gerwig *Blarer*: Briefe und Akten. Bearb. Heinrich *Günter*. Bd. 1. (WGQu 16) Stuttgart 1914. S. 23.

noch südlich des Sees mit Zürich, Schaffhausen und St. Gallen. In den städtischen Bündnisbeziehungen 1356 mit der Gliederung des Schwäbischen Städtebunds in drei Gesellschaften (Ostschwaben, Niederschwaben, Oberschwaben und am Bodensee mit Schaffhausen und St. Gallen) und 1379 mit einer Zuordnung der niederschwäbischen Städte zu Esslingen, der oberschwäbischen zu Biberach und der Städte um den Bodensee zu Konstanz scheint jeweils noch der Anspruchsbezirk der Landvogtei Oberschwaben durch[20]. Ab 1390 werden im Schwäbischen Städtebund bis zu seinem Ende 1449 jeweils die Gruppen der "unteren" niederschwäbischen und "oberen" oberschwäbischen Städte unterschieden, daneben organisieren sich die Bodenseestädte meist in einem eigenen Bund. Schon Karl Otto Müller hat dreizehn oberschwäbische Reichsstädte als "eine verfassungs- und rechtsgeschichtlich zusammengehörige Städtegruppe" aufgefasst[21]. Aus reichs-, regional- und wirtschaftspolitischen Gründen stehen sie im Spätmittelalter und 16. Jahrhundert in engem Informationsaustausch miteinander und operierten vielfach gemeinsam[22].

Ähnliche Raumgliederungen lassen sich bei den später einsetzenden 'Gesellschaften mit St. Jörgen-Schild' in Schwaben erkennen, in denen sich der nicht gefürstete Adel zur gegenseitigen Rechtshilfe seit 1406 zunächst gegen die Appenzeller verbündet[23]. *Weil das Land Schwaben weit und breit ist und unser viel sind*[24] bilden dann der Adel im Hegau und an der Donau eigene Zusammenschlüsse, die teils selbständig operieren, teils untereinander, zeitweise auch mit der niederschwäbischen Ritterschaft gemeine *Gesellschaften* bilden. Bis 1430 existiert auch eine selbständige Teilgesellschaft im Allgäu, die aber dann in der Organisation des Hegau-Adels aufgeht. Als Gesellschaft "zu Oberschwaben an der Donau" firmiert von 1426 bis 1452 und wieder ab 1469 der Adel im nördlichen Oberschwaben, zwischen 1455 und 1469 nennen sich die Hegauer "Gesellschaft in Oberschwaben". Diese Adelsgesellschaften waren "im wesentlichen ein oberschwäbisches und kein gesamtschwäbisches Phänomen" und haben "raumbildend" gewirkt[25]. Erst 1488 im Zuge der Bildung des Schwäbischen Bundes wird der gesamtschwä-

---

[20] Konrad *Ruser* (Bearb.): Die Urkunden und Akten der oberdeutschen Städtebünde. Bd. I-III. Göttingen 1979-2005, hier Bd. II, 2 (1988) S. 1029. Nach *Ruser* II, 2, S. 561 gab sich der Schwäbische Städtebund 1379 „eine Organisationsform, die dem ursprünglichen Verband innerhalb der Reichslandvogteien … Rechnung trug. Allgemein zu den Städtebünden: Wilhelm *Vischer*: Geschichte des schwäbischen Städtebundes der Jahre 1376-1389. Göttingen 1861. – Harro *Blezinger*: Der schwäbische Städtebund in den Jahren 1438-1445. (DWG39) Stuttgart 1954.

[21] Peter *Eitel*: Die oberschwäbischen Reichsstädte im ausgehenden Mittelalter – eine Skizze ihrer Verfassungs-, Sozial- und Wirtschaftsstruktur. In: Ulm und Oberschwaben 39 (1970) S. 9-25, hier S. 9. – Vgl. Karl Otto *Müller*: Die oberschwäbischen Reichsstädte. Ihre Entstehung und ältere Verfassung. (DWG 8) Stuttgart 1912.

[22] Vgl. Peer *Friess*: Reichsstädtische Diplomatie als Indikator für die politische Struktur einer Region. In: *Hoffmann / Kießling* (wie Anm. 4) S. 113-138. – Rolf *Kießling*: Oberschwaben – eine offene Gewerbelandschaft. In: Peter *Blickle* (Hg.): Verborgene republikanische Traditionen in Oberschwaben. (Oberschwaben – Geschichte und Kultur 4) Tübingen 1998. S. 25-55.

[23] Zu den Rittern vgl.: Hermann *Mau*: Die Rittergesellschaften mit St. Jörgenschild in Schwaben. I. Politische Geschichte 1406-1437 (DWG 33) Stuttgart 1941. – Herbert *Obenaus*: Recht und Verfassung der Gesellschaften mit St. Jörgenschild in Schwaben. Göttingen 1961. – Volker *Press*: Reichsritterschaft. In: Meinrad *Schaab* u. a. (Hg.): Handbuch der baden-württembergischen Geschichte. Bd. 2. Stuttgart 1995. S. 771-813.

[24] *Obenaus* (wie Anm. 23) S. 202.

[25] Horst *Carl*: Vom Appenzellerkrieg zum Schwäbischen Bund – Die Adelsgesellschaft mit St. Georgenschild im spätmittelalterlichen Oberschwaben. In: Peter *Blickle* / Peter *Witschi* (Hg.): Appenzell – Oberschwaben. Begegnungen zweier Regionen in sieben Jahrhunderten. Konstanz 1997. S. 97-132, hier S. 116.

bische Adel mobilisiert und mit seiner Gliederung in die Teilgesellschaften Neckar, Kocher, Donau und Hegau/Bodensee zeichnet sich bereits der Aufbau des Schwäbischen Ritterkreises vom 16. bis 18. Jahrhundert ab. Der Adel an der Donau und im Hegau trägt je 40 %, der niederschwäbische Adel den Rest an den finanziellen Lasten des Bündnisses, Indizien für die regionale Verteilung des Adelsbesitzes. Gesamtschwaben bleibt freilich für das Selbstverständnis des Adels wichtiger als die Teilregionen, denn Schwäbisches Recht und ‚Schwabenfreiheit' begründen die Reichsfreiheit. Als Personenverband und Rechtsgemeinschaft beanspruchen die Ritter gar, überhaupt erst das Land Schwaben zu konstituieren[26].

Die gemeinsame Angst vor der bayerischen Expansion zwingt 1488 Adel und Städte, die Ständeschranken zu überwinden und sich zur "Vereinigung und Gesellschaft St. Jörgen-Schildes und des Heiligen Reichs Städte des Bundes im Lande zu Schwaben" zu verbinden, zu der bald auch Fürsten zunächst als "Zugewandte" stoßen[27]. Nachdem schließlich die meisten wichtigen Reichsstände im deutschen Süden, auch Bayern, der kurz 'Schwäbischer Bund' genannten Organisation beigetreten sind, gewinnen ab 1500 die Fürsten dominierenden Einfluss, bisweilen im Gegensatz zu Reich und Reichsregiment, zeitweise kann der Kaiser den Bund als Instrument seiner Politik nutzen. Bei der Gründung ist eine regionale Gliederung des Bundes geplant, die der Organisation der Adelsgesellschaft mit St. Jörgen-Schild entspricht. Dem Viertel des Hegau-Bodensee-Adels werden die Städte Überlingen, Pfullendorf, Lindau, Ravensburg, Wangen und Isny, dem Donau-Viertel die Städte Ulm, Biberach, Memmingen, Kempten, Leutkirch und Giengen zugeordnet. Doch diese Regelung bleibt Papier, die Städte bleiben unter sich und wirken nur an der Spitze mit dem Adel zusammen. Bis 1500 stellen Adel und Städte je einen Bundeshauptmann und paritätischen Bundesrat, ab 1500 Fürsten, Adel und Städte je in gleichen Anteilen. Der verarmende Adel will sich aus dem Bund zurückziehen und organisiert sich wieder in eigenen Gesellschaften. Auch die Städte sehen in dem immer weiträumiger agierenden Bund ihre Interessen immer weniger gewahrt. Selbst innerhalb der Städtegruppe formieren sich regionale Fraktionen, denen die "Weitläufigkeit" des Bundes zu hohe Lasten auferlege. 1511 wird ein eigenes Bündnis der "oberen Städte" diskutiert, die sich zuerst noch als "Seestädte" in historischer Reminiszenz bezeichnen, ab 1519 tagen sie häufig in gemeinsamen Städtetagen zunächst unter Führung Überlingens, wollen sich einem erneuten Beitritt zum Bund entziehen oder zumindest niedrigere Beiträge zahlen[28]. Die gemeinsame Front zerbricht bald wieder, unter kaiserlichem Druck treten sie 1522 dem Bund wieder bei. Doch noch beim Reichstag 1524 halten die *obern stett [...] treulich zusamen*[29] und versuchen beim Bauernkrieg 1525 zu vermitteln. Die Reformation spaltet die Reichsstädte zwar, aber in Fragen außer-

[26] Vgl. *Graf*, Aspekte (wie Anm. 14) 187ff.
[27] Vgl. Ernst *Bock*: Der Schwäbische Bund und seine Verfassungen 1488-1534. Aalen 1968 (Neudruck der Ausgabe Breslau 1927 mit Vorrede des Verfassers zum Neudruck). – Horst *Carl*: Der Schwäbische Bund. Landfrieden und Genossenschaft im Übergang vom Spätmittelalter zur Reformation. (Schriften zur südwestdeutschen Landeskunde 24) Leinfelden-Echterdingen 2000.
[28] A. *Dreher*: Habsburgische Politik in Oberschwaben 1509-1512. In: Schriften des Vereins für Geschichte des Bodensees 56 (1928) S. 69-83. - Zur Politik der oberschwäbischen Städte im Schwäbischen Bund vgl. *Carl* (wie Anm. 27) 149-179. – Wilfried *Enderle*: Konfessionsbildung und Ratsregiment in der katholischen Reichsstadt Überlingen (1500-1618) im Kontext der Reformationsgeschichte der oberschwäbischen Reichsstädte. (VKfgL B 118) Stuttgart 1990. S. 157-182.
[29] *Enderle* (wie Anm. 28) S. 176.

halb der konfessionspolitischen Kontroversen arbeitet man weiterhin zusammen. Dagegen führt die Reformation 1534 das Ende des Schwäbischen Bundes herbei, an dem auch Bayerns Politik nicht unbeteiligt ist, die ursprünglich zur Gründung geführt hatte.

Im Spätmittelalter wurde Oberschwaben zur erkennbaren 'politischen Landschaft' mit spezifischen kleinteiligen, von der Umgebung unterschiedenen Strukturen[30], mit Ansätzen zu herrschaftsübergreifenden regionalen, teils ständisch begrenzten, teils ständeüberschreitenden Bünden und Bündnissen. Paradoxerweise haben das zwei gegenläufige Tendenzen ermöglicht. Raumbildend wirkte der Anspruchsbezirk der Landvogtei. Habsburg versuchte sie als angebliche Folgeinstitution des schwäbischen Herzogtums im 15. und 16. Jahrhundert zum Territorium, zum Kern seines beanspruchten Fürstentum Schwaben auszubauen und die Herren, Prälaten und Städte Oberschwabens zu *Insassen* herabzudrücken. Dies gelang vor allem nicht wegen der Einbindung der laut Gründungsmandat *ohn alles Mittel* dem Reich zugehörigen Herrschaften in den Schwäbischen Bund[31], der die Selbstständigkeit seiner Mitglieder sicherte. Die habsburgische Hausmachtpolitik führte die oberschwäbischen Herrschaften im Widerstand und als Klientelgruppe zusammen, die habsburgische Reichspolitik sicherte ihr politisches Überleben. Der gemeinsame Überlebenskampf und gemeinsame wirtschaftspolitische Interessen zwangen zu intensivierter Interaktion, verdichteter Kommunikation und Organisationsansätzen.

Das Heranrücken der großen Territorialkomplexe Württemberg, Bayern, Eidgenossenschaften und des österreichischen Breisgaus grenzte die Region nach außen ab, wobei die Westflanke offen blieb. Eine Binnengrenze bildete die Iller, von den Ansprüchen der Landvogtei nur knapp übersprungen und Bistumsgrenze zwischen Konstanz und Augsburg. Identitätsbildend oberhalb der lokalen Ebene war im 'Diskurs' der Fürsten, Ritter, Städte und Humanisten das "Land Schwaben"[32] . Schwaben war für sie "normative, verpflichtende und legitimierende Größe"[33]. Aber im Außenbild, zum Teil im Selbstverständnis und zunehmend in der Interessenkonvergenz, und damit in der Binnenkommunikation, hatte sich das "Land zu Schwaben" verengt auf den Raum im südlichen Schwaben, der "nicht [...] von der landesfürstlichen Herrschaftsbildung erfaßt worden war"[34]. Der "Name Schwaben verband sich mit den mindermächtigen Ständen und ihren Einungen"[35]. Göttmann beschreibt eine "hierarchisierte regionale Identität" auf den zwei Ebenen Gesamtschwabens und Oberschwabens. Als letzte fügten sich in diese politische Landschaft die Städte ein, nachdem ihre Partner südlich des Sees sich der Eidgenossenschaft zugewandt hatten[36].

---

[30] Dazu *Quarthal*, Bewußtsein (wie Anm. 2) S. 50-78.

[31] *Bock* (wie Anm. 27) S.8.

[32] Klaus *Graf*: Das „Land" Schwaben im späten Mittelalter. In: ZHF, Beiheft 14 (1992) S. 127-164. - Vgl. *Graf*, Aspekte (wie Anm. 14).

[33] *Graf*, Land S. 163.

[34] Hans-Georg *Hofacker*: Die schwäbische Herzogswürde. Untersuchungen zur landesfürstlichen und kaiserlichen Politik im deutschen Südwesten im Spätmittelalter und in der frühen Neuzeit. In: ZWLG 47 (1988) S. 71-148, hier S. 76.

[35] Frank *Göttmann*: Die Bünde und ihre Räume. Über die regionale Komponente politischer Einungen im 16. Jahrhundert. In: Christine *Roll* (Hg.): Recht und Reich im Zeitalter der Reformation. Festschrift für Horst *Rabe*. Frankfurt ^{2}1997. S. 441-469, hier S. 466f.

[36] Zur mentalen Vorgeschichte Helmut *Maurer*: Schweizer und Schwaben. Ihre Begegnung und ihr Auseinanderleben am Bodensee im Spätmittelalter. Konstanz ^{2}1991.

2 Bauernkrieg: Die Revolution für den bündischen Staat

Nachdem den Herrschaften in Oberschwaben aufgrund ihrer Organisationen zumindest ein rudimentäres Regionalbewusstsein zugeschrieben werden kann, stellt sich die Frage, inwieweit sich auch bei den Untertanen entsprechende Indizien finden, denen ja gemeinhin nur ein lokaler Handlungs- und Denkhorizont zugebilligt wird.

Gegen den Territorialisierungsprozess auch in den oberschwäbischen Kleinherrschaften versuchen im 15. und frühen 16. Jahrhundert die Untertanen gütlich, rechtlich, durch Huldigungs- und Leistungsverweigerung bis hin zu Drohungen mit bewaffneten Aktionen Rechtsverschlechterung zu verhindern oder Verbesserungen zu erreichen. Mit ihrem Bezug auf das jeweilige 'alte Recht' bleiben all diese Bewegungen isoliert und auf die jeweilige Herrschaft beschränkt. Die Reformation erschüttert die Autorität der Kirche, die Verkündigung des Evangeliums *lauter und klar [...] one allen menschlichen zusatz* wird verlangt. Aus der Heiligen Schrift leiten die Bauern das 'göttliche Recht' als neues innerweltliches Rechtsprinzip ab, an dem sie Herrschaftsrechte messen und verwerfen. Das göttliche Recht ist gleich für alle Menschen, es ermöglicht den Aufstand über Herrschafts- und Ständegrenzen hinweg. Anfang Februar 1525 versammeln sich die Bauern des nördlichen Oberschwabens erstmals in Baltringen, Mitte Februar geben die Kemptener Untertanen den Rechtsweg gegen ihren Abt auf und schließen sich mit ihren Nachbarn Ende Februar zum Allgäuer Bund, bald zur "christlichen Vereinigung der Landart Allgäu" zusammen. Zur gleichen Zeit verbinden sich Bauern und Kleinstädter im südlichen Oberschwaben zum Seehaufen. Der Schwäbische Bund verhandelt, lässt sich die Beschwerden vorlegen und sucht Zeit zu gewinnen, da er sein Heer für die Abwehr Herzog Ulrichs von Württemberg braucht. Der 'Bauernkrieg' ist nicht nur ein Aufstand von Bauern, sondern die "Revolution des gemeinen Mannes" auf dem Lande und in den Kleinstädten, der traditionelle Begriff wird hier nur der Kürze halber weiterverwandt[37].

Vom 6. bis 8. März 1525 tagen Gesandte aller drei Haufen in der Kramer-Zunftsstube in Memmingen, schließen sich zur "ehrsamen Landschaft der christlichen Vereinigung" zusammen und verabschieden Bundes-, Landes-, Predigtordnung und Schwörartikel[38]. Der Schwäbische Bund sucht mit den einzelnen Haufen getrennt zu verhandeln, aber sie lassen sich nicht von einander sundern. Bei einer zweiten Sitzung des Bauernparlaments in Memmingen vom 18.-16. März übergeben die Abgeordneten Städtevertretern als Vermittler die Zwölf Artikel[39], in der sie ihre Beschwerden zusammengefasst haben, und eine Liste der Reformatoren, die darüber nach dem göttlichen Recht entscheiden sollen. In einer dritten Sitzung

[37] Allgemein zum Bauernkrieg: Peter *Blickle*: Die Revolution des gemeinen Mannes. 4. Aufl. München 2004. – Ders.: Der Bauernkrieg. Die Revolution des gemeinen Mannes. München 1998. – Günther *Franz*: Der deutsche Bauernkrieg. 11. Aufl. Darmstadt 1977. - Zu Oberschwaben: Elmar L. *Kuhn* / Peter *Blickle*: Der Bauernkrieg in Oberschwaben. Tübingen 2000. Dort S. 544 das Zitat aus den Zwölf Artikeln.

[38] Diese Grunddokumente oberschwäbischer Geschichte in: Kuhn / Blickle S. 549-553 und in: Günther *Franz* (Hg.): Quellen zur Geschichte des Bauernkrieges. (Ausgewählte Quellen zur deutschen Geschichte der Neuzeit 2) Darmstadt 1963. S. 193-200.

[39] *Kuhn / Blickle* S. 543-546. – *Franz*, Quellen S. 174-179. – Das vorige Zitat: C. A. *Cornelius*: Studien zur Geschichte des Bauernkriegs. In: Abhandlungen der historischen Classe der königl. Bayerischen akademie der Wissenschaften 9 (1866) S. 145-179, hier S. 164. - Das folgende Zitat: Franz Ludwig *Baumann* (Hg.): Akten zur Geschichte des deutschen Bauernkrieges aus Oberschwaben. Freiburg 1877. S. 247.

um den 20. März wählen sie eine Delegation von je zwei Vertretern jedes Haufens, der in Ulm mit der Bundesversammlung verhandeln soll. Doch der Bund fordert von den Bauern, alle Bündnisse aufzukündigen, paritätisch zusammengesetzte Schiedsgerichte sollen die Streitigkeiten der Untertanen mit ihren jeweiligen Obrigkeiten schlichten. Diese Zumutung lehnt das vierte Bauernparlament Ende März in Memmingen ab. Die Verhandlungen sind gescheitert, auch wenn die Städtevertreter und zuletzt das Reichsregiment sich weiterhin bis Mitte April um eine gütliche Einigung bemühen. Der Schwäbische Bund hat Verhandlungen nicht mehr nötig. Am 24. März trifft das Bundesheer bei Ulm ein, am gleichen Tag beginnen die Versuche der Bauern, ihre Forderung mit Gewalt durchzusetzen. Am 2. April, mit Ablauf des Waffenstillstandes, setzt sich das bündische Heer in Marsch, am 4. April schlägt es in Leipheim den ersten Bauernhaufen. Mitte April zieht es nach Süden, zersprengt den Baltringer Haufen in einer Reihe von Einzelgefechten. Entgegen der Bundesordnung kommen den Baltringern weder Allgäuer noch Seebauern zu Hilfe. Als sich die Baltringer auf Gnade und Ungnade ergeben, huldigen und schwören, sich von den anderen Haufen zu trennen und ihr Bündnis aufzulösen, melden die Oberallgäuer dem Seehaufen, dass *der baltringische hauf von uns abgefallen sey*. Nach etwas mehr als einem Monat Bestand wird durch militärische Gewalt die "christliche Vereinigung" zerschlagen, nachdem ihre Führer schon zuvor sich nicht auf ein einheitliches Vorgehen gegen die Herren einigen konnten.

Gegenüber den starken Seebauern vor Weingarten, dem Allgäuer und Hegauer zuziehen, wagt der Feldherr Truchseß Georg von Waldburg die offene Schlacht nicht. Am Ostermontag, 17. April, und endgültig am 22. April schließen der Feldherr mit seinen Obristen und die Vertreter des See- und Niederallgäuer Haufens den Weingartner Vertrag. Den Aufständischen wird Straflosigkeit und Prüfung ihrer Beschwerde durch Schiedsgerichte gegen Auflösung ihres Bündnisses und Anerkennung ihrer bisherigen Verpflichtungen zugesichert[40]. Die Oberallgäuer bitten sich Bedenkzeit aus, lehnen den Vertrag aber Anfang Mai ab, ihnen schließen sich auch die Niederallgäuer wieder an und beide setzen ihre militärische Aktionen fort, derweil das Bundesheer seine Blutspur durch Württemberg und Franken zieht. Immer wieder fordern die Allgäuer die Seebauern zum erneuten Aufstand und zur Hilfe auf unter Berufung auf ihre 'Vereinigung'. Doch der Seehaufen lässt sich auf kein weiteres Bündnis ein, hält aber seine eigene Organisation weiter aufrecht. Immerhin beschweren sich Ende Mai alle *plätz beider hufen Allgoü und Bodenseu* beim Schwäbischen Bund über Strafaktionen gegen Bauern an der oberen Donau. Erst als Mitte Juli das Bundesheer den Aufstand im Allgäu blutig niederschlägt, scheinen auch die Seebauern ihre Organisation aufgelöst zu haben. Aber noch im Oktober wollen sich Räte und Führer *wylendt der vergangen uffrür des huffen am Bodensee* treffen, um die Revolutionsunkosten ordentlich abzurechnen[41].

Die Zwölf Artikel sind "Beschwerdeschrift, Reformprogramm und politisches Manifest" der oberschwäbischen Bauern zugleich. Ihre Durchsetzung hätte revo-

[40] Der Vertragstext in: *Kuhn / Blickle* S. 554-559 und in: *Franz*, Quellen S. 216-223.

[41] Wilhelm *Vogt* (Hg.): Die Correspondenz des schwäbischen Bundeshauptmanns Ulrich *Artzt von Augsburg* a. d. J. 1524 und 1525. In: Zeitschrift des Historischen Vereins für Schwaben und Neuburg 6 (1879) – 10 (1883). Nr. 439, S. 26. - Hildegard *Kuhn-Oechsle* / Elmar L. *Kuhn* (Hg.): Der Seehaufen im Bauernkrieg. 4. Aufl. (Geschichte am See 11/1-2). S. 234. Friedrichshafen 1986.

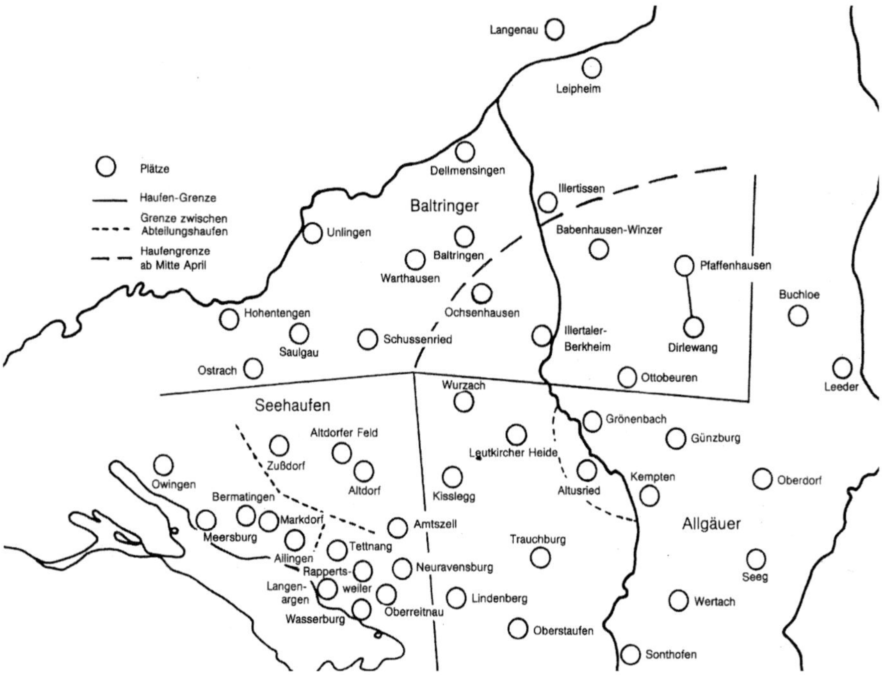

Abb. 2 - Die Organisation der oberschwäbischen Bauern im Bauernkrieg 1525.

lutionäre Konsequenzen: "konkret durch die Leibeigenschafts-, Zehnt- und Pfarrerwahlartikel, grundsätzlich durch die Inanspruchnahme des Evangeliums als gesellschafts- und herrschaftsgestaltendes Prinzip"[42]. Feudale Herrschaft würde entscheidend geschwächt, geistliche Herrschaft ganz beseitigt werden. Bundes- und Landesordnung entscheiden vorläufig, wie mit den Abgaben zu verfahren sei, suchen den inneren Frieden zu wahren, regeln das Verhalten im Feld vom Alarm bis zur Beuteverteilung und enthalten bereits Elemente einer zukünftigen Verfassungsordnung. Mitglied in der Vereinigung hat jeder "gemeine Mann" in der Gemeinde zu werden, *Stet oder Dorfleut* gleichermaßen, auch Handwerksleute und Dienstleute der Herren ebenso, um zu schwören, die *englische Wahrheit, göttlich Gerechtigkeit und brüderliche Liebe zu hanthaben*. Kosten und Lasten sollen "brüderlich" je nach Vermögen umgelegt werden.

Die Selbstorganisation der Bauern erfolgt in mehreren Stufen. Unterste Grundeinheit sind die in den Artikeln geforderten starken Gemeinden (Stufe 1). Die Bauern mehrerer Gemeinden finden sich in sog. "Plätzen" zusammen, das sind Marktflecken, Kleinstädten oder andere zentrale Orten (Stufe 2). Im Seehaufen operieren mehrere "Plätze" zusammen in den Abteilungen des Rappertsweiler, Bermatinger und Altdorfer Haufens, der Allgäuer Haufen setzt sich aus Ober- und Nieder-Allgäuern zusammen, bei den Baltringern unterscheidet man nach dem unteren und oberen Baltringer Haufen (Stufe 3). Die drei Haufen der Baltringer, Allgäuer und Seebauern (Stufe 4) bilden gemeinsam die "christliche

[42] *Blickle*, Revolution (wie Anm. 37) S. 24 und 28. – Die folgenden Zitate: *Kuhn / Blickle* (wie Anm. 37), S. 550-553.

Vereinigung" (Stufe 5). Alle Amtsträger werden gewählt: die Vorsteher der Gemeinden, Räte und Hauptleute der "Plätze", Obristen und Räte der (Abteilungs-) Haufen. Die drei Obristen zusammen mit ihren je vier Räten *sollen Gewalt haben, mitsamt andern Öbersten und Reten zu handlen, wie sich gebürt.* Obristen und Räte der Haufen zusammen mit Hauptleuten und Räten der "Plätze" bilden das Memminger Bauernparlament, die *esam Lantschaft diser cristenlichen Verainung*. "Die Bezeichnung als 'Landschaft', die Bindung durch Eid, der Anspruch, auf Dauer zu bestehen und auch die Herren zu integrieren, deuten darauf hin, dass die 'Christliche Vereinigung' eine Eidgenossenschaft in Oberschwaben anstrebte. [...] Es soll ein genossenschaftlicher Bund auf kooperativer Grundlage aufgebaut werden [...]. Dieses 'Modell einer kooperativ-bündischen Verfassung' sollte die patriarchalisch-obrigkeitlich strukturierten 'Kleinstaaten' ersetzen und damit die 'kleinräumigen feudalen Herrschaftsgebiete' auflösen zugunsten eines größeren, auf dem Wahlprinzip aufbauenden Verbandes"[43]. "Zur Republik war wahrhaft nur noch ein kleiner Schritt"[44]. Mögliche Vorbilder sind nicht nur in der Eidgenossenschaft, genauer noch in Graubünden, zu erkennen. Strittig ist derzeit, ob die Zwölf Artikel und Bundesordnung in Oberschwaben selbst entwickelt wurden oder auf oberrheinische Entwürfe zurückgehen[45].

Der Vollbauer ist wirtschaftlich relativ autark, er produziert weitgehend, was seine Familie verbraucht, Subsistenz, der Erhalt der ‚gemeinen Notdurft', ist sein Ziel. Aber alle Bauern im Dorf müssen zusammenwirken, um Aussaat, Ernte, Weide, Allmende zu regeln, Wege und Stege zu unterhalten. Die Dorfgemeinde hat im Spätmittelalter ihre Kompetenzen beträchtlich ausweiten können, sie wählt ihre Organe, das Dorfgericht wahrt den Frieden, urteilt vielfach über lokale Streitigkeiten und kleinere Straffälle. Doch sind die Bauern auch in Marktbeziehungen integriert. Sie müssen einen Teil ihrer Erzeugnisse verkaufen, um ihre Geldabgaben zu bezahlen, und sie müssen bestimmte Güter kaufen, die im Dorf nicht hergestellt werden. Die Dörfer sind auf einen "Standardmarkt" in einem Marktflecken oder einer Kleinstadt orientiert, der alle bäuerlichen Bedürfnisse befriedigen kann. "Die Marktregion [...] ist die grundlegende Einheit bäuerlichen Wirtschaftens"[46]. Das soziale Beziehungsnetz der Bauern ist tendenziell auf das Einzugsgebiet dieses Marktortes beschränkt. Auch herrschaftliche Verwaltungs- und Gerichtssitze, Sammelstellen für Abgabenlieferungen und im Streusiedelgebiet die Pfarrorte sind Zentren bäuerlicher Kontaktnetze. Hof, Gemeinde und die durch Markt, Herrschaft und Kirche bestimmte Kleinregion sind entscheidende Handlungs- und Bewusstseinsräume der Bauern. Der Radius einer Kleinregion des Umlandes eines Marktortes überschreitet in der Regel 10 bis 15 km nicht. Die "Plätze" sind Mittelpunkte solcher klein(st)regionaler Kontakträume. Neben Marktflecken und Kleinstädten werden vielfach auch Kleinzentren der Herrschafts-, Gerichts- und Kirchenorganisation als Sammelplätze gewählt. Die Bür-

---

[43] Claudia *Ulbrich*: Oberschwaben und Württemberg. In: Horst *Buszello* u. a. (Hg.): Der deutsche Bauernkrieg. (UTB 1275) Paderborn 1984. S. 97-133, hier S. 117.

[44] *Blickle*, Landschaft (wie Anm. 6) S. 30.

[45] Peter *Blickle*: Nochmals zur Entstehung der Zwölf Artikel im Bauernkrieg. In: *Ders.* (Hg:) *Bauer, Reich und Reformation*. Festschrift für Günther *Franz*. Stuttgart 1982. S. 286-308.

[46] David W. *Sabean*: Die Dorfgemeinde als Basis der Bauernaufstände in Westeuropa bis zu Beginn des 19. Jahrhunderts. In: Winfried *Schulze* (Hg.): Europäische Bauernrevolten der frühen Neuzeit. (stw 393) Frankfurt 1982. S.191-205, hier S. 194.

ger der kleinen Reichsstädte nehmen von Anfang an am Aufstand teil, manche freilich erst auf Druck benachbarter Bauern. Dass sich der Seehaufen besonders kleinräumig organisiert, mag an der höheren Bevölkerungsdichte und der besonders starken Marktintegration des Weinbaugebiets liegen.

Im Bereich des Seehaufens sind von 73 Führungspersonen die Namen bekannt[47], von etwa der Hälfte lässt sich der soziale Status ermitteln, es sind zum größten Teil mittlere und größere Bauern, allein dreizehn Ammänner, drei herrschaftliche Verwaltungspersonen, drei Müller - schon auf dieser Ebene oberhalb des Dorfes treffen wir also vielfach auf 'broker' mit weiträumigen Kontakten, Vermittlern zwischen den bäuerlichen und übergreifenden wirtschaftlichen, politischen, kulturellen, kirchlichen Ebenen[48] Auf den nächsten Ebenen der (Abteilungs) Haufen werden die Bauern fast durchweg von mit dem bäuerlichen Milieu verbundenen, aber ihm nur bedingt zugehörigen Personen geführt. Obrist des Baltringer Haufens ist der Schmied Ulrich Schmid, sein Schreiber der Kürschnergeselle Sebastian Lotzer, die Allgäuer führt und agitiert Jörg Schmid gen. Knopf, Sohn eines Schmieds, deklassiert als Färbergeselle in der Stadt Kempten. Von den anderen drei Feldhauptleuten sind keine außerbäuerlichen Funktionen bekannt, außer dass Pauli Probsts Vorfahren herrschaftliche Verwaltungsfunktionen wahrnahmen. Den Seehaufen vertritt Junker Hans Jakob Humpis von Senftenau, nach 1525 Amtmann des Stifts Lindau und Vogt des Bischofs von Konstanz, die Unterabteilung des Rappertsweiler Haufens führt der Junker, Gutsbesitzer und Kaufmann Dietrich Hurlewagen mit einem Pfarrer als Schreiber, den Bermatinger Haufen der Müller Eitelhans Ziegelmüller, vor und nach 1525 österreichischer Amtmann mit einem Überlinger Vogt als Schreiber.

Die Haufeneinteilung orientiert sich offensichtlich an Markteinzugsbereichen oberhalb der Ebene der "Standardmärkte", am deutlichsten im Gebiet des Seehaufens, der Rappertsweiler Haufen liegt im Einflussgebiet Lindaus, der Bermatinger Haufen im Umland Überlingens, die nördlich davon gelegenen "Plätze" im Ravensburger Umland. Im Gebiet des oberen Baltringer Haufens ist Biberach, beim unteren Haufen südlich Memmingen die dominante Marktmetropole, nördlich wohl Ulm. Die Oberallgäuer orientieren sich nach Kempten, bei den Niederallgäuern überschneiden sich die Einzugsbereiche von Wangen, Isny und Leutkirch.

Dürften die Haufengrenzen durch die Erfahrungs- und Kontaktbereiche der Bauernführer bestimmt worden sein, so bleibt die Frage, welche Raumerfahrungen den Organisationsbereich der ganzen "christlichen Vereinigung" nach außen begrenzen. Es mag verwundern, dass gerade die Marktorte dritter Stufe - die 'Oberzentren' Augsburg und Ulm sowie die vergleichsweise ebenfalls bedeutende 'Mittelstadt' Konstanz - räumlich und sachlich peripher für die bäuerliche Organisation bleiben. Die Grenzen auf drei Seiten mögen durch andersartige politische Strukturen und divergentes politisches Bewusstsein bedingt sein, im Norden und Osten die Großterritorien der Herzogtümer Württemberg und Bayern, im Süden die Eidgenossenschaft. Im Westen schließen Räume vergleichbarer politischer und wirtschaftlicher Struktur an, dennoch bleiben die Kontakte zu den dort operierenden Hegauer und Schwarzwälder Bauern spärlich. Im April sollen

[47] Vgl. *Kuhn-Oechsle / Kuhn* (wie Anm. 41) S. 279-334.
[48] Zu diesem Begriff vgl. *Sabean* (wie Anm. 46) S. 196f.

die Hegauer den Seebauern vor Weingarten zu Hilfe gezogen sein, aber im Mai fürchten sich die Linzgauer Bauern vor einem Überfall der Hegauer Nachbarn. Blickle versucht nachzuweisen, dass die Zwölf Artikel und die Bundesordnung gemeinsames Programm der Bauern von Oberschwaben bis in den Elsaß gewesen seien[49]. Zwar im Breisgau und im Elsaß, nicht aber im Hegau und Schwarzwald lässt sich eine auf Dauer angelegte mehrstufige bündische Organisation wie in Oberschwaben erkennen. Die Schwarzwälder und Hegauer organisieren sich in großen mobilen Haufen, weniger im Vorgriff auf eine zukünftige politische Organisation, sondern vorrangig im Hinblick auf ihre militärischen Operationen, die sie ähnlich wie die der Allgäuer kreuz und quer durch ihre Region führten. Aus der Ferne verschwimmen die Differenzen: Anfang Mai bitten die Württemberger den *ganzen hellen Hauffen der christenlichen Versammlung im Allgew, Bodensee und Schwarzwaldt* um Hilfe.

Viermal treffen sich die Abgeordneten der Haufen in Memmingen, als Sitz des Bauernparlaments wird es einen Monat lang 'Hauptstadt' Oberschwabens. Memmingen ist den Forderungen seiner bäuerlichen Untertanen am weitesten von allen Städten entgegengekommen. Der Rat freut sich nicht gerade über die unangemeldete Zusammenkunft, räumt aber auf Druck der Gemeinde die Kramerzunftstube als Tagungsort ein, Ulrich Schmid kommt als Obrist des Baltringer Haufens nach Memmingen, weil er hier hofft, Personen zu finden, die ihm Gelehrte benennen können, die das göttliche Recht gegenüber dem Schwäbischen Bund interpretieren. Dem Rat nennt die *versamlung der pauernhaptman* als Grund für die Ortswahl umb die gelegen malstatt willen, die günstige Lage der Stadt. Memmingen ist mit 5.000 Einwohnern die größte Stadt zwischen Augsburg, Ulm und dem See. Seine wirtschaftliche Einflusszone, insbesondere im Textilgewerbe, reicht westlich in Nordoberschwaben weit über die Iller bis Saulgau, südlich im Allgäu über Kempten hinaus bis Leutkirch. Zum See führt die wichtige Salzstraße, dorthin exportiert es auch Getreide und bezieht Seewein von dort. So reichen die Beziehungen Memmingens in die Bereiche aller drei Haufen hinein, für seine Wahl als Versammlungsort sprechen nicht nur die Haltung des Rats, sondern auch seine zentrale Stellung im wirtschaftlichen Verflechtungsnetz[50].

In keinem Schriftstück geben die oberschwäbischen Bauern ihrer Vereinigung einen landschaftsbezogenen Namen. Im Schreiben vom 7. März an den Schwäbischen Bund bezeichnet sich das Memminger Bauernparlament als *Ausschuß und Gesanten gemainer Landschaft von den Huffen von Algäu, Bodenseer und Baltringer*[51]. In der Bundes- und Landesordnung firmieren sie als ersame Lantschaft der christenlichen Vereinung[52]. Nur die Allgäuer verkünden in ihren Artikeln vom 24. Februar 1525, dass sie sich *im Land und sonder im Oberland*

[49] Wie Anm. 45.

[50] Vgl. Rolf *Kießling*: Die Stadt und ihr Land. Umlandpolitik, Bürgerbesitz und Wirtschaftsgefüge in Ostschwaben vom 14. bis ins 16. Jahrhundert. (Städteforschung A 29) Köln-Wien 1989. Teil B II. – *Ders.*: Memmingen im Spätmittelalter (1347-1520). S. 163-245 und Peter *Blickle*: Memmingen – Ein Zentrum der Reformation. S. 351-418 in: Joachim *Jahn* u. a. (Hg.): Die Geschichte der Stadt Memmingen. Von den Anfängen bis zum Ende der Reichsstadt. Stuttgart 1997. – Die vorigen Zitate: K. *Walchner* / Johann *Bodent*: Biographie des *Truchsessen Georg III. von Waldpurg*. Konstanz 1832. S. 276. – *Baumann*, Akten (wie Anm. 39) S. 39.

[51] Franz, *Quellen* (wie Anm. 38) S. 191.

[52] Franz, *Quellen* S. 193.

jetzt veraint und verbunden haben[53]. Auch die Bauerngegner schreiben meist von den drei Haufen oder benennen sie als "Haufen vom Allgäu, Bodensee und Baltringen", die Städter variieren sogar einmal die Selbstbenennung der Bauern als *Landschaften von dem haufen vom Algau, Bodensee und Baltringen*[54]. Nur gelegentlich verwenden Bundesvertreter Bezeichnungen wie Bauernschaft *allhie obern Schwaben [...] dye oberlandische, oberlandische Bauern* und nur ein Chronist kennt das *obern Schwabenland oberhalb Memmingen und Augsburg*[55]. Ein auswärtiger Gesandter schreibt von der *"bauerschaft zu Schwaben"*, wenn er das aufständische Oberschwaben meint: *von Augspurg aus zwischen dem gepirg und Thonau biß gein Ulm und von dan zwischen gemelten gepirg und dem Fursthentumb Wirtemperg bißhs an Bodensee*[56]. Auch der Schreiber des Truchsessen, der es besser wissen muss, pauschaliert als die *drey haufen in Schwaben*, wenn er nur von Oberschwaben berichtet[57].

Eine griffig-eingängige Benennung haben weder die Bauern noch ihre Gegner für die "christliche Vereinigung" gefunden. Aber reale militärische Organisation und kooperativ-bündisches Verfassungsmodell sind ohne ein gesamtoberschwäbisches Gemeinschaftsbewusstsein zumindest der bäuerlichen Eliten nicht denkbar. Die Verhandlungspartner, die Städte gruppieren sich analog in ihrem gemeinsamen Auftreten als die "oberen Städte". Auch ohne klare Benennung ist Oberschwaben im Bewusstsein und seinen realen Beziehungen klar abgegrenzt als Raum zwischen Donau und Bodensee, Lech und Hegau. Bezeichnungen wie Landschaft, Landart, Landesordnung setzen ein Landes- oder Regionalbewusstsein voraus.

Aus der meist additiven Bezeichnung als die drei Haufen und ihrer kollektiven Führungsspitze lässt sich jedoch auch schließen, dass die inneroberschwäbische Gliederung in Allgäu, Bodenseegebiet und Nordoberschwaben im Bewusstsein und in den wirtschaftlichen Beziehungen ein vergleichbares Gewicht hatte. Der Erfahrungsraum der Bauern überschritt normalerweise die Grenzen der Haufen und damit den Markteinzugsbereich der größeren oberschwäbischen Städte nicht. Zum Denken und Handeln im gesamtoberschwäbischen Rahmen fanden selbst die Führer der Bauern nur kurzfristig zusammen. Die Teilregionen hatten sich auch bereits in den Adelsbündnissen abgezeichnet. Ob es noch Kontakte und Bezüge nach Westen gegeben, wo sich die politische Kleinräumigkeit fortsetzte und es deshalb identische politische Verfassungsvorstellungen gab, muss offen bleiben. Die überterritoriale Eidgenossenschaft, der "genossenschaftlich-bündische Staat", "Turning Swiss", "Schweizer werden", war wohl eher eine Befürchtung der Herren, als bewusstes Ziel der Bauern[58]. Andersartige politische Strukturen grenzten Oberschwaben auf zwei bzw. drei Seiten ab, die interne bäuerliche Raumorganisation übersprang die herrschaftliche Zersplitterung, die bestenfalls

[53] Franz, *Quellen* S. 166.
[54] *Vogt* (wie Anm. 41) Nr. 120. – *Baumann*, Akten (wie Anm. 39) S. 169.
[55] Hans-Christoph *Rublack*: Die Berichte des Würzburger Gesandten Dr. Nikolaus Geys vom Bauernkrieg in Württemberg und in Oberschwaben. In: ZWLG 34/35 (1975/1976) S. 123-141, hier S. 133. – Vogt Nr. 171. – Franz Ludwig *Baumann* (Hg.): Quellen zur Geschichte des Bauernkriegs in Oberschwaben. Stuttgart 1876. S. 419.
[56] *Rublack* (wie Anm. 55) S. 135.
[57] *Baumann*, Quellen (wie Anm. 55) S. 533.
[58] Horst *Buszello*: Legitimation, Verlaufsformen und Ziele. In: Ders., Bauernkrieg (wie Anm. 43) S. 281-321, hier S. 305. – Thomas A. *Brady*.: Turning Swiss. cities and empire, 1450-1550. Cambridge 1985.

noch gelegentlich die Platzwahl bestimmte, und orientierte sich vor allem an wirtschaftlichen Verflechtungen. Dass sich die großen Städte als Mittelzentren bei allen Sympathien mancher Gemeinde und allen Versuchen, zu schlichten, einem Bündnis mit den Bauern versagten, war mitentscheidend für deren Niederlage; ohne sie wäre die oberschwäbische Eidgenossenschaft nur schwer denkbar gewesen.

Die "christliche Vereinigung" blieb der einzige konkrete Versuch in der Geschichte, Gesamt-Oberschwaben als eigenen Staat zu konstituieren. Das Feldzeichen der "christlichen Vereinigung", das rot-weiße, von einem weiß-roten Andreaskreuz überlagerte Fähnlein, ist das einzige gemeinsame heraldische Symbol, der Titelholzschnitt der Bundesordnung das einzige Bildsymbol für Gesamtoberschwaben in dessen ganzer Geschichte[59]. Der bäuerliche Bundesstaat Oberschwaben scheiterte, es blieb beim Staatenbund der Herrschaften. Die feudalen Herrschaften in Oberschwaben strebten nie mehr als lockere Bündnisse zum Erhalt ihrer Selbstständigkeit an, die einzige Bewegung für eine politische Einheit Oberschwabens ging 'von unten' aus. Nicht die Herrschaften, der "gemeine Mann" artikulierte einen entschiedenen regionalen Gestaltungswillen.

3 Frühe Neuzeit: Ein Viertel bleibt ein Ganzes

1525 verhindert der Schwäbische Bund die "Revolution des gemeinen Mannes", die die politische Landkarte Oberschwabens völlig verändert hätte, und rettet die kleinen Landesherrschaften. Aber nach Abwehr der unmittelbaren Gefahr schließt die Kosten-Nutzen-Rechnung für die Mitglieder des Bundes negativ ab: Der Schwäbische Bund wird zum "Dinosaurier: zu schwerfällig, zu unsensibel, zu groß, zu teuer, unzeitgemäß"[60]. 1534 wird er dann nicht mehr erneuert. Die mindermächtigen Stände streben wieder kleinräumigere Organisationen an. Schon 1520 hatte der Graf von Montfort eine besondere Vereinigung der oberschwäbischen Stände vorgeschlagen. In der Endphase des Schwäbischen Bundes von 1529-35 finden sich in einem 1532 durch Iller oder Lech, Hegau und Schwarzwald, Donau und Bodensee umrissenen Raum Adel, Prälaten und Städte in wechselnden, immer nur kurzfristigen Bünden und Einungen zusammen, teils aus Eigeninteresse "zur Aufrechterhaltung guter Nachbarschaft", teils von Habsburg initiiert zur Stabilisierung seiner Klientel. Göttmann sieht hier eine "Region verdichteter politischer und sozialer Beziehungen vor uns, die raumbildend wirkten [...]. [Es] zeichnet sich ein über Jahrhunderte stabiler Kernraum ab, der sich [...] auf lange Sicht institutionell verfestigte". Die "mindermächtigen Stände [überführten] die Einung als Instrument der politischen Selbstorganisation und Herrschaftssicherung in dauerhafte institutionelle Strukturen"[61].

Der Schwäbische Bund ist Vorläufer und Konkurrent des schwäbischen Kreises zugleich. Denn aus dem gleichen Bedürfnis nach Sicherung des Landfriedens, dem auch der Schwäbische Bund diente, hat es im Spätmittelalter immer wieder Ver-

[59] Abbildung in *Kuhn / Blickle* (wie Anm. 37) S. 149. Die Beschreibung des Fähnleins in der Landesordnung ebenda S. 551.

[60] *Göttmann*, Bünde (wie Anm. 35) S. 453.

[61] Frank *Göttmann*: Alternativen zum Schwäbischen Bund? Habsburg und die oberschwäbischen Einungen zu Beginn der dreißiger Jahre des 16. Jahrhunderts. In: Horst *Rabe* (Hg.): Karl V. Politik und politisches System. Konstanz 1996. S. 223-255, hier S. 228 und 251.

suche gegeben, das ganze Reich in Landfriedensbezirke einzuteilen. Im Zuge der Reichsreform wird 1500 und 1512 das Reich in Reichskreise eingeteilt[62]. Entscheidende Schritte erfolgen auf dem Wormser Reichstag 1521 und mit der Verabschiedung der Reichsexekutionsordnung durch den Augsburger Reichstag 1555. 1517 und 1522 werden die schwäbischen Stände erstmals zu Kreistagen einberufen, ab 1541 tagen sie einigermaßen regelmäßig. Der Kreis ist "als Organ des Reiches ein [...] körperschaftlich verfaßter Reichsverwaltungsbezirk; gleichzeitig aber formieren die Reichsstände zum Zwecke kollektiver politischer Selbstbehauptung einen Ständebund"[63]. Als Reichsorgan hat der Kreis den Landfrieden zu sichern, die Urteile des Reichskammergerichts zu vollstrecken, Beisitzer zu diesen Gerichten

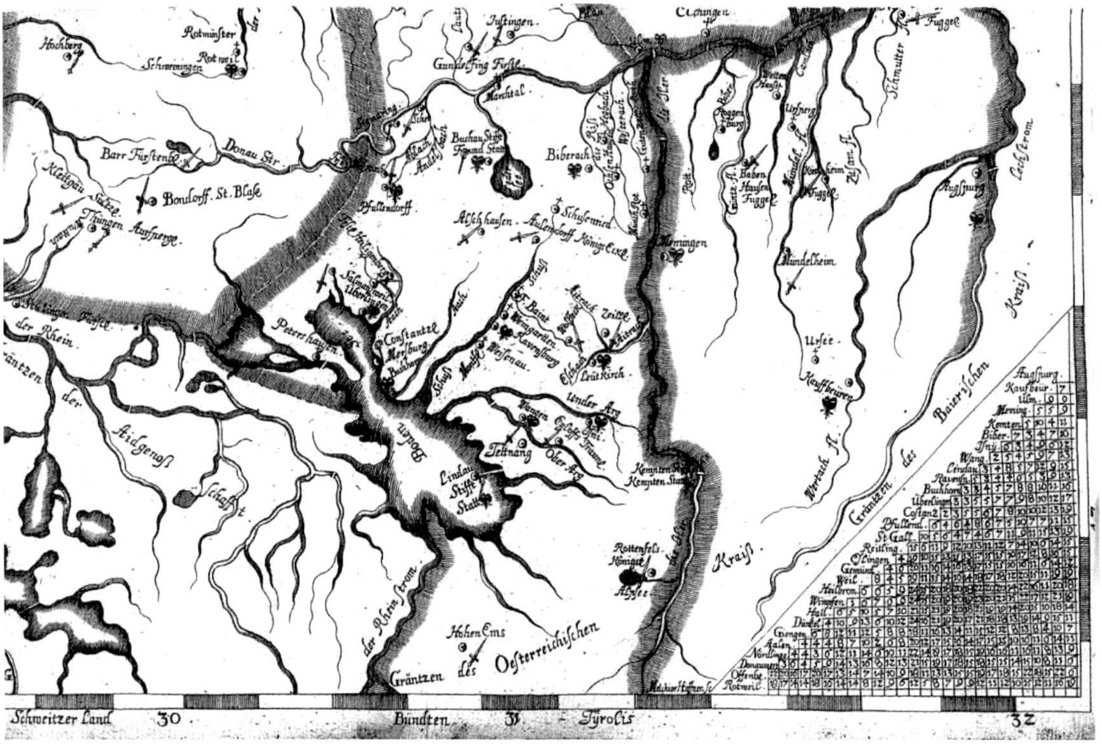

Abb. 3 - Ausschnitt aus der einzigen zeitgenössischen Karte der Schwäbischen Kreises mit Einzeichnung der Kreisviertel. Mitte: Konstanzer oder Oberschwäbisches Kreisviertel, östlich zwischen Iller und Lech: Augsburger Kreisviertel, westlich: Badisches Kreisviertel.

zu wählen und Kreistruppen aus den Kontingenten seiner Mitgliedstände zu stellen. Als Selbstverwaltungsverband übernimmt der Kreis Aufgaben im Bereich der Wirtschaft, des Wohlfahrts-, Steuer- und Polizeiwesens. Der Schwäbische Kreis entwickelt von allen zehn Reichskreisen die größten Aktivitäten, hier ist auch die Notwendigkeit des Zusammenwirkens am größten, denn kein anderer Kreis zählt

[62] Vgl. Winfried *Dotzauer*: Die deutschen Reichskreise (1382-1806). Stuttgart 1998. – Adolf *Laufs*: Der Schwäbische Kreis. Studien über Einungswesen und Reichsverfassung im deutschen Südwesten zu Beginn der Neuzeit. Aalen 1971.

[63] Peter-Christoph *Storm*: Der Schwäbische Kreis als Feldherr. Untersuchungen zur Wehrverfassung des Schwäbischen Reichskreises in der Zeit von 1648 bis 1732. Berlin 1974. S. 70.

so viel Mitglieder wie der Schwäbische Kreis, unter denen keine Macht ganz einseitig dominiert. Er umfasst ca. 100 Herrschaften zwischen Rhein und Lech, zwischen Bodensee und Jagst. Das größte Gewicht hat der Herzog von Württemberg als Kreisdirektor, dem die Kreiskanzlei unterstellt ist, und zusammen mit dem Bischof von Konstanz als kreisausschreibender Fürst. Der Kreistag ist in fünf Bänke gegliedert - um 1800 vier geistliche Fürsten, 13 weltliche Fürsten, 23 Prälaten, 28 Grafen und Herren, 31 Reichsstädte. 1563 werden vier Kreisviertel eingerichtet. Das dritte oder Konstanzer Viertel mit dem Bischof von Konstanz als Direktor reicht von der Iller bis Bonndorf im Schwarzwald und überschreitet mit wenigen Herrschaften nördlich die Donau. Das vierte oder augsburgische Viertel mit dem Bischof von Augsburg als Direktor fasst den Raum zwischen Iller und Lech zusammen. Das dritte Viertel wird gelegentlich auch das oberschwäbische genannt, in ihm sind fast die Hälfte aller Kreisstände vereint und es entfaltet von allen Vierteln die regste Tätigkeit. Auch nach der Kreispublizistik sind die Kreisviertel "eigene Gesellschaften zur Erhaltung von Ruhe, Sicherheit und Ordnung sowie zur Vornahme polizeilicher Anstalten"[64]. Dazu zählen insbesondere die Organisation der Landmiliz, von Truppendurchmärschen, die Verfolgung von "Jaunern", der Unterhalt eines Zucht- und Arbeitshauses, der Straßenbau, Münzpolitik und die Fruchtausfuhrpolitik am Bodensee in Kriegs- und Notzeiten. Führen die Viertelskonvente zunächst nur politische Vorgaben des Kreises aus, so "bereiteten sie doch zunehmend Kreisentscheidungen eigenständig vor und handelten am Ende des Jahrhunderts völlig selbständig"[65]. Die Vertreter der einzelnen Stände treffen sich in den Konferenzen der Grafen-, Prälaten- und Städte-"Bänke" des Kreises, in denen die Entscheidungen vorberaten werden. Da die Mitglieder dieser drei Bänke mehrheitlich in Oberschwaben residieren, tragen diese Beratungen ebenfalls zur Verdichtung der regionalen Kommunikation bei.

Der Schwäbische Kreis und damit auch sein oberschwäbisches Konstanzer Viertel ist kein flächendeckender Herrschaftsverband, denn ihm gehören die österreichischen Gebiete und die Herrschaften der Reichsritter nicht an. In Kriegszeiten kommt es gelegentlich zu einem Zusammenwirken von Kreisviertel, österreichischen Herrschaften und Ritterschaftsvertretern. Unter dem Druck der Not findet dann ganz Oberschwaben westlich der Iller zu kooperativem Handeln zusammen.

Der Schwäbische Bund entschied für seine Mitglieder den definitiven Aufstieg zur Reichsunmittelbarkeit, der Schwäbische Kreis gibt ihnen den nötigen Rückhalt bei den fortdauernden Versuchen Österreichs, sie in eine formelle Abhängigkeit zu zwingen. Zwar hat Österreich schließlich im 16. Jahrhundert den Versuch aufgegeben, über die Landvogtei den Aufbau eines schwäbischen Fürstentums voranzutreiben, doch nutzt es nun das kaiserliche Landgericht als angeblich weiteren Traditionsträger des schwäbischen Herzogtums, um daraus eine "superioritas territorialis" abzuleiten: *Ubi jurisdictio, ibi territorium* argumentieren im 17. Jahrhundert Vertreter Österreichs[66]. Mitte des 16. Jahrhunderts gelingt es, den Gerichtssprengel beträchtlich auf das gesamte Gebiet zwischen

[64] *Storm* S. 152.
[65] Frank *Göttmann*: Getreidemarkt am Bodensee. Raum – Wirtschaft – Politik – Gesellschaft (1650-1810). St. Kathrinen 1991. S. 137.
[66] *Hofacker*, Reichslandvogteien (wie Anm. 16) S. 67.

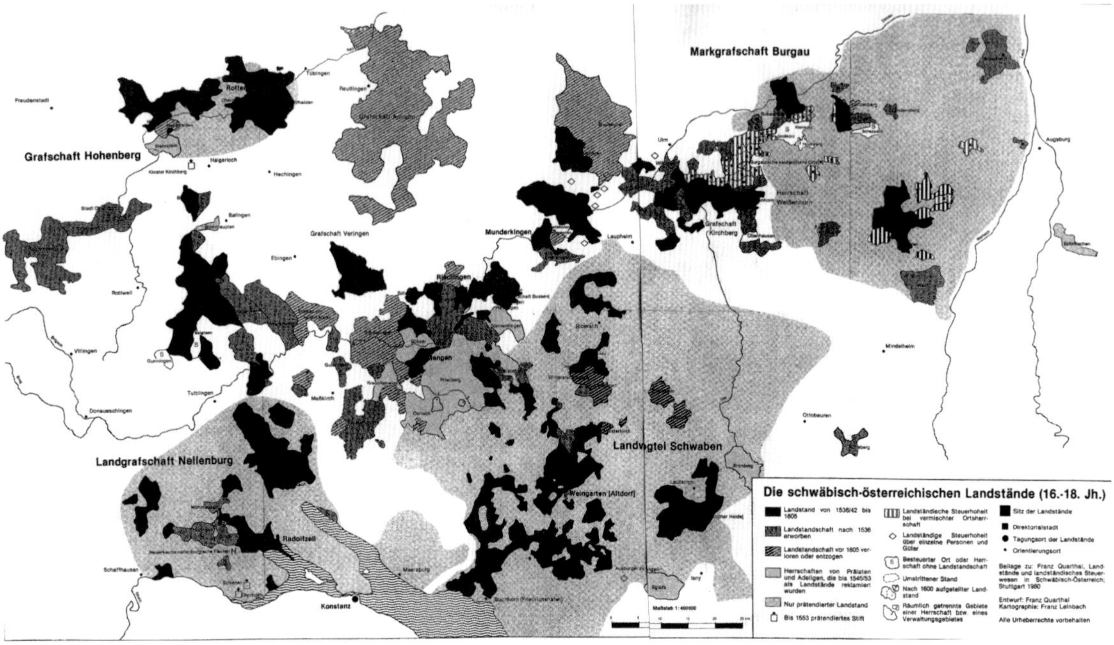

Abb. 4 - Die schwäbisch-österreichischen Landstände.

Lech und Schwarzwald, im Norden bis zum Herzogtum Württemberg auszuweiten, auf das "Land zu Schwaben" nach Innsbrucker Sprachgebrauch. Dass nach dem 30jährigen Krieg Österreich seine Ansprüche wieder zurücknehmen muss, verdanken die oberschwäbischen Städte Ludwig XIV., Österreich ist nun auf die Kriegshilfe des Schwäbischen Kreises und seiner Stände angewiesen, ganz mag es aber bis zum Ende des Alten Reiches nicht auf seine Ziele des Herrschaftsaufbaues verzichten.

Immer wieder geraten österreichische Territorialpolitik und die Strategie eines österreichischen "nichtterritorialen Herrschaftssystems" in Form eines Satelliten- und Klientelsystems in Konflikt miteinander. Seit Ende des 17. Jahrhunderts überlässt Österreich oberschwäbischen Herrschaften immer mehr Rechte, insbesondere das Hochgericht zur Abrundung der Landesherrschaft. Doch kurz vor dem Verlust der Vorlande stärkt es seine territoriale Position nochmals mit etlichen Erwerbungen: Tettnang, Lindau, Rothenfels, Neuravensburg und den Epaven-Usurpationen. Schon seit dem Anfall von Hohenems 1765 redet es unmittelbar bei den Kreis- und Viertelstagen des schwäbischen Kreises mit. In der Regel kann sich Österreich freilich auf den Bischof von Konstanz als getreuen Vertreter seiner Interessen im Kreis verlassen[67].

Die Landvogtei mit ihrem Sitz in Altdorf deckt sich mit dem engeren Oberschwaben, im nördlichen Raum zwischen Iller und Lech liegt die österreichische Markgrafschaft Burgau mit Sitz in Günzburg, im westlichen Randbereich Oberschwabens im Hegau besitzt Österreich die Landgrafschaften Nellenburg mit

[67] Zur Geschichte Vorderösterreichs vgl. Franz *Quarthal*: Vorderösterreich. In: Meinrad Schaab u. a. (Hg.): Handbuch der baden-württembergischen Geschichte. Bd. I,2. Stuttgart 2000. S. 587-780. – *Maier* (wie Anm. 16).

Sitz in Stockach, außerhalb Oberschwabens an der oberen Donau und am oberen Neckar die Grafschaft Hohenberg mit Sitz in Rottenburg. Diese vier Gebiete werden seit 1536 zu 'Schwäbisch-Österreich' zusammengefasst, einem 'Land'ohne eigene Regierung, das nur von seinen Untertanenvertretern, den in Ehingen tagenden Landständen, repräsentiert wird[68]. Seine Einzelherrschaften werden von Landvögten mit ihren Beamten verwaltet und direkt von Innsbruck aus, ab 1753 als Bestandteil der Provinz Vorderösterreich von Konstanz, ab 1759 von Freiburg aus regiert. Erst 1769 wird den schwäbisch-österreichischen Ständen ein Oberdirektor vorgesetzt.

Die aus dem Spätmittelalter überkommene Raumstruktur in Oberschwaben stabilisiert Österreich durch seine wiederkehrenden Versuche, in seinen Anspruchsbezirken von Landvogtei und Landgericht die Herrschaftsrechte zu intensivieren. Darüber hinaus deckt sich der Streubereich von Schwäbisch-Österreich mit dem kleinteiligen Fleckerlteppich der mindermächtigen Reichsstände zwischen den größeren Territorialkomplexen. Durch sein Klientelsystem bindet Österreich viele dieser Herrschaften an sich, es zwang sie aber auch durch seine Angriffe zu engerem Zusammenschluss.

Außerhalb des schwäbischen Kreises bleiben nicht nur die österreichischen Herrschaftsgebiete, sondern auch der ritterschaftliche Adel[69]. Er organisiert sich Mitte des 16. Jahrhunderts selbständig in der Reichsritterschaft, in Schwaben im Schwäbischen Ritterkreis. Seine Gliederungen, die Kantone, führen die Einteilung des St. Jörgen-Schildes in Viertel fort, in Oberschwaben der Kanton Donau mit der Kanzlei in Ehingen und der Kanton Hegau-Allgäu-Bodensee mit Kanzleien für seine beiden Bezirke in Wangen und in Radolfzell. Die Reichsritter sind im besonderen Maß Loyalitätskonflikten ausgesetzt: Auf kaiserlichen Schutz angewiesen, als Teil der österreichischen Klientel, von österreichischen und anderen territorialen Ansprüchen bedroht. Die Donauritterschaft stellt seit dem späten 17. Jahrhundert in der Regel den Bischof von Konstanz und sichert über ihn den österreichischen Einfluss im schwäbischen Kreis.

Schwäbische Kreisviertel, Schwäbisch-Österreich, Landvogtei, Ritterschaftskantone, kein Verbund organisierte Oberschwaben in seiner Gesamtheit, konnte und wollte es repräsentieren (mit Ausnahme der Landvogtei), alle zusammen mit ihren unterschiedlichen Abgrenzungen lassen in ihren Überlagerungen die Konturen der politischen Landschaft hervortreten. In den vielfachen Konferenzen und im häufigen Wechsel der leitenden Beamten konstituiert sich ein dichtes Kommunikationsgeflecht. Es "scheint sich so etwas wie eine gesamtoberschwäbische Amtsträgerschicht herausgebildet zu haben."[70]

4 Um 1800: Pläne von unten und oben

Fast fünfzig Jahre Frieden sind Oberschwaben gegen Ende des 18. Jahrhunderts beschieden gewesen, die politischen Strukturen seit dem Westfälischen Frieden

[68] Vgl. Franz *Quarthal*: Landstände und landständisches Steuerwesen in Schwäbisch-Österreich. Stuttgart 1980.

[69] Vgl. die Beiträge über die Reichsritter in: Mark *Hengerer* / Elmar L. *Kuhn* (Hg.): Adel im Wandel. Von der Frühen Neuzeit bis zur Gegenwart. Ostfildern 2006. Bd. 2. S. 545ff.

[70] Volker *Press*: Oberschwaben in der frühen Neuzeit. In: *Eitel / Kuhn* (wie Anm. 2) S. 101-131, hier S. 116.

scheinen stabil und sind doch vielfach labil. Es gärt in manchen Städten und Territorien, Bürger beanspruchen gegen ihre Magistrate wieder mehr Mitsprache, Untertanen fügen sich nicht mehr gehorsam[71]. Exzessive Schulden belasten Städte und weltliche Herrschaften[72], kaum die Prälaten, denen nun aber Aufklärer das Recht auf weltliche Herrschaft gänzlich absprechen. Kritischen Geistern, wie dem eingangs zitierten Wekherlin, kommt die ganze Kleinstaatenherrlichkeit bereits absurd vor. Die Französische Revolution und die Revolutionskriege verstärken den Druck: Die Revolution ermutigt Bürger und Untertanen zu entschiedeneren Forderungen, die Kosten der Kreistruppen, des größten Korps, das Schwaben je aufgestellt hat, überfordern die Herrschaften. Nach der Besetzung Schwabens 1796 schließt der Schwäbische Kreis einen Waffenstillstand[73], seine Mitglieder haben nun noch drückendere Kontributionen an die Franzosen zu zahlen, Baden und Württemberg schließen Sonderfriedensverträge, in denen sie sich Entschädigungen durch Säkularisationen für ihre linksrheinischen Verluste zusichern lassen. Auf dem nach dem Frieden von Campo Formio nach Rastatt einberufenen "Reichsfriedenskongress" stimmt die Reichsdeputation im Frühjahr 1798 Säkularisationen zu, das Prinzip der "Reichsintegrität" wird aufgegeben. Die Reichsprälaten beraten sich und bleiben doch ratlos, der schwäbische Städtetag fühlt sich doppelt bedroht, durch innere Oppositionen und die den Städten drohende Mediatisierung[74]. Ermutigt durch das Beispiel der Helvetischen Republik versuchen oppositionelle Bürger der Reichsstädte die Verfassung Schwabens gänzlich zu revolutionieren in der Hoffnung auf französische Unterstützung: Ein Ulmer Bürger schlägt dem Direktorium in Paris die Bildung einer Schwäbischen Republik mit der Hauptstadt Ulm vor[75].

In Straßburg erscheint 1798 eine 30seitige Broschüre mit dem Titel "Von der Nothwendigkeit eines zu versammelnden Landständischen Kongreßes in Oberschwaben und dessen nüzliche Folgen", dessen anonym bleibender Autor von der damaligen Diskussion gänzlich abweichende Vorschläge macht[76]. Für ihn steht bereits fest, dass als "Versöhnungsopfer der kriegführenden Mächte [...] die Sä-

[71] Vgl. Urs *Hafner*: Republik im Konflikt. Schwäbische Reichsstädte und bürgerliche Politik in der frühen Neuzeit. (Oberschwaben – Geschichte und Kultur 8). Tübingen 2001.

[72] Vgl. Volker *Press*: Die aufgeschobene Mediatisierung. Finanzkrise der Kleinstaaten und kaiserliche Stabilisierungspolitik. In: Bericht über die 32. Versammlung deutscher Historiker in Hamburg. Stuttgart 1979. S. 139.-141. – Exemplarisch Elmar L. *Kuhn*: "Das Augenmerk auf die Erlangung der ganzen Grafschaft Montfort zu richten". Das Ende der Grafen von Montfort. In: *Hengerer / Kuhn* (wie Anm. 69) S. 213-228.

[73] Vgl. Heinz-Günther *Borck*: Der Schwäbische Reichskreis im Zeitalter der französischen Revolutionskriege (1792-1806). (VKfgL B 61) Stuttgart 1970.

[74] Zur Säkularisation und Mediatisierung vgl.: Hans Ulrich *Rudolf* / Markus *Blatt* (Hg.): Alte Klöster – Neue Herren. Die Säkularisation im deutschen Südwesten 1803. Aufsätze. 2 Bände. Ostfildern 2003. – Peter *Blickle* / Rudolf *Schlögl* (Hg.): Die Säkularisation im Prozess der Säkularisierung Europas. (Oberschwaben – Geschichte und Kultur 13) Epfendorf 2005. – Peter *Blickle* / Andreas *Schmauder* (Hg.): Die Mediatisierung der oberschwäbischen Reichsstädte im europäischen Kontext. (Oberschwaben – Geschichte und Kultur 11) Epfendorf 2003. – *Hengerer / Kuhn* (wie Anm. 69).

[75] Uwe *Schmidt*: Südwestdeutschland im Zeichen der Französischen Revolution. Bürgeropposition in Ulm, Reutlingen und Esslingen. (Forschungen zur Geschichte der Stadt Ulm 23) Ulm 1993, S. 278. – Vgl. Hans-Otto *Mühleisen* (Hg.): Die Französische Revolution und der deutsche Südwesten. München-Zürich 1989. – Heinrich *Scheel*: Süddeutsche Jakobiner. Klassenkämpfe und republikanische Bestrebungen im deutschen Süden Ende des 18. Jahrhunderts. Vaduz ²1980.

[76] Seitenangaben der Zitate im Text. Vgl. Elmar L. *Kuhn*: „Kein Land zu einer Republik besser geschaffen als Oberschwaben". Der Plan einer oberschwäbischen Republik 1798. In: *Blickle*, Traditionen (wie Anm. 22) S. 227-241.

kularisierung vorgenommen werden sollte" (S. 4, 6). Über die aktuellpolitische Begründung hinaus finden sich in der Broschüre so ziemlich alle aufklärerischen Vorwürfe gegen die geistlichen Staaten versammelt, dass "eine Gattung privilegierter Menschen, die wie eine Landplage ganz Deutschland überzog, sich im Namen der heiligen Religion der schönsten Gefilde bemächtigte, bei dem Gelübde der Armut sich je länger je mehr vergrößerte, und auf Rechnung der Völker hin bei deren tauben Erstarren in Wollust lebte" (6). In den geistlichen Staaten fänden sich "die gröbsten Regierungsfehler". So besitze Oberschwaben "weder Fabrik noch Manufakturen", hier hätten die Untertanen "als Knechte ihre mit harten Bedingnissen überlassenen Güter [zu] bearbeiten, und den reichsten Profit davon an ihre Herren, die dafür Gott dienen", abzugeben, auch seien hier "die mehrersten Bettler angetroffen" (7). Die Kriegslasten würden ausschließlich auf die Untertanen abgewälzt und der Krieg ohnehin "vorzüglich aber wegen Aufrechterhaltung der geistlichen Staaten [...], als zur Erleichterung der Untertanen geführt" (9). Die Folge dieser "Fesseln des vor Last in Schweiß liegenden Landmannes" (11) seien "Trägheit, Erschlaffung, Verdrossenheit und Gleichgültigkeit" (7).

Wenn aber durch die Säkularisation "das Religiöse und Politische" (5) wieder getrennt werden, würden auch "fett gefütterte Mönche [...], die jetzt [...] zum Gelächter der Aufklärung einhergehen" (27 f.) "wieder in den ehrwürdigen primitiven Zustand zurückkehren [...], in dem sie als Beispiel der Tugend, Demut und Andacht von der grauen Vorzeit verehrt wurden" (6). Die Untertanen als "geistliche Fröhner" werden daran erinnert, dass sie im Bauernkrieg schon einmal ihren "Regenten [...] fürchterlich" waren (27). Schlimmer als zuvor könne es nicht werden, aber jetzt gelte es "Gleichgültigkeit, [...] Schwäche und Unvermögenheit" (24) zu überwinden, jetzt werde in Rastatt über das zukünftige Schicksal entschieden, vor einem Entscheid dort gelte es selbst über die Zukunft der Verfassung zu bestimmen: "Es ist wirklich der höchste Zeitpunkt, wo Ihr Euer Schicksal noch merklich erleichtern könnt: Einmal diesen versäumt [...] ist unwiderbringlicher Verlust [...] von den Ränken der Despotie gefesselt am Triumphwagen der entehrten Menschheit und aller willkürlichen Verfolgungen der giftigsten Aristokratie" (24).

Einer Begründung der Abgrenzung Oberschwabens bedarf es offenbar nicht. "Kein Land [sei] zu einer affilierten Republik besser geschaffen [...] als Oberschwaben. Ein Land [...], das von der Grenze Tirols bis nach Ulm, südwestlich an die Schweiz und den Bodensee, östlich nach Augsburg an den Lech grenzen würde, müßte wegen seiner überwiegenden Lokal-Vorteile das übrige Schwaben in allen Rücksichten weit übertreffen, da es zwei große und ansehnliche Städte, den Handel nach Italien, der Schweiz und Bayern, schiffbare Flüsse, das fruchtbarste Erdreich, ein industriöses Volk, und eine Menge reicher Schätze von geistlichen Gütern in sich faßt" (9). Auch die "militärische Lage sei [...]durch die Natur gesichert" und ein "Volk, das nicht so sehr in seiner Sprache, Sitten, Gebräuchen und Verschiedenheiten unter sich geteilt" sei, sei leicht zu vereinen (10).

Vorrangig denkt der Autor an die Untertanen der geistlichen Herrschaften. Aber er appelliert auch an die "in den Städten befindlichen freien Reichsbürger, denen die reichsstädtische Verfassung, seine Bürgerfähigkeit, und das Monopol des Alleinhandels so viele reelle und wesentliche Vorteile verschafft haben; so wird es diesen besonders obliegen, daß sie ebenfalls auf die Zusammenberufung eines allgemeinen ständischen Landtags nachdrucksamst dringen, um sich als integrierende an die übrigen übergehende und in die Entschädigung fallende Teile anzuschließen und gemeine Sache zu machen, damit nicht durch eine kleinliche Zerstücklung einige Stände aus Vorteil oder Privat-Absichten separat traktieren" (14). Er erinnert an die verderblichen Folgen der Oligarchisierung und die Notwendigkeit einer "leichten revolutionären Bewegung" als "Werk einer Wiedergeburt" (26). Da man sich aber ohnehin immer mehr "der Möglichkeit nähert, daß die Städte ihre Reichsunmittelbarkeit verlieren" (26), sei es auch im Interesse ihrer Handelsbeziehungen, "zwischen Stadt und Land den engsten Verband" herzustellen (15).

Auch die Untertanen der "im Oberland liegenden Grafschaften" werden eingeladen, "wenigstens als Zuhörer diesem vaterländischen Kongreß bei[zu]wohnen". Dass die Adelsherrschaften noch ungefährdet scheinen, könne ihre Herren zu "gebieterischem Ton" ermuntern. So könne die Teilnahme auch dieser Untertanen sie "vor willkürlicher Behandlung bei einer allgemeinen Verbrüderung [...] schützen" (29).

Der Autor erwartet, dass Oberschwaben oder mindestens die bisher geistlichen Gebiete und eventuell auch die Reichsstädte "unter der Fahne eines weisen neuen weltlichen Regenten vereinigt werden" (7), er schließt aber auch nicht aus, dass es mehrere neue Herren werden (21). Rasch sollen Abgeordnete gewählt werden, der "oberländische landständische Kongreß" soll als gleichberechtigter Partner dem neuen Herrn gegenübertreten und "eine vollkommene repräsentative Verfassung [...] wählen, die dem Landesherrn die Hände so eng bindet, daß er oder seine Agenten nicht gleich nach Convenienz handeln kann, die überdies unausgesetzt über die mit dem Landesherrn ausbedungene Freiheit wacht" (28). Aufgabe der Ständeversammlung sei, "mit dem neuen Landesfürsten [...] einen festen, soliden und haltbaren Vertrag (zu) schließen, der genau bestimmt, was dem Herrn oder Land gehöre" (12).

Zuvor haben die Abgeordneten eine Reihe von Grundsatzentscheidungen zu treffen:

- "Die Errichtung einer dem Lande angemessenen Landesordnung. Unter dieser ersteht sich die bürgerliche und politische Verfassung, so das vollständige Gesetzbuch ausmacht" (18).
- "Ein allgemeines Steuer-System"
- Abschluss eines Militär-"Akkords" (21)
- Einzelmaßnahmen, wie Abstellung aller Missbräuche,
- Entschuldung der alten Herrschaften, Abwahl der Beamten, Einführung gleicher Maße, Polizei-Anstalten, Feuerversorgung, Schulwesen

Eine Reihe von Maßnahmen soll die feudalen Bindungen der Bauern zumindest lockern:

- Aufhebung der Leibeigenschaft
- Erleichterung der Fronen
- Umwandlung aller Natural- in feste Geldabgaben
- Einschränkung der Jagdrechte

Dies waren alles Forderungen, die schon im Bauernkrieg erhoben wurden.

Die vom Autor vorgeschlagene Verfassung geht noch über ein dualistisches System von Ständen und Landesherren nach dem Vorbild Württembergs hinaus und nähert sich einer konstitutionellen Monarchie, da alle wesentlichen Grundentscheidungen von den Ständen zu treffen sind und ihnen auch ein Widerstandsrecht gegen den Landesfürsten zusteht: Bei einer Verletzung der Verfassung durch den Landesherrn seien auch die Stände und Bürger nicht mehr "an die Haltung des Paktierten gebunden [...], und [können] folglich mit Abreichung der Abgaben so lange innehalten [...], bis [sie] vollkommen wieder in den Genuß des Vertrags reintegriert" sind (28 f.).

Es ist nach dem Bauernkrieg der zweite Versuch in der Geschichte, Oberschwaben von unten zu einigen und feudale Fesseln zu beseitigen, "alle alten Kränkungen und Übel [zu] verdrängen, die ehevor so lange die Geißel der Untertanen [...] waren" (11) und ihnen "bei stillem häuslichen Leben, ohne viele Kosten, eine bessere Regierung und mit ihr das Glück und den aufblühenden Wohlstand zuteil werden" zu lassen (30).

Oberschwaben erscheint hier als eine festgefügte Bewusstseins- und politische Landschaft, als "Vaterland" (29) vor wie nach der vorgeschlagenen Neuordnung. Das größere Schwaben spielt in der Argumentation keine Rolle, Oberschwaben soll als Teil eines großen Ganzen "den ersten Schritt vorwärts machen" (6), und dieses größere Ganze ist Deutschland. "Deutschlands Energie" soll erwachen, sein "Genius wieder sich mächtig emporschwingen, wenn er durch Konzentrierung einzelner Teile seine Verhältnisse vereinfacht" (5).

Von irgendeiner Resonanz der Broschüre ist nichts bekannt, auch wenn von "ziemlich unruhigen Gesinnungen" der Untertanen öfter zu lesen ist. Sie hat sich auch offenbar nur in einem Exemplar erhalten. Ihre Forderungen sind doppelt illusorisch, denn sie verkennt völlig die Selbstorganisationsfähigkeit eines bislang staatlich zerstückelten Raumes, dessen Vertreter zudem unter großem Zeitdruck umfassende Gesetzeswerke verabschieden müssten, aber auch die politischen Rahmenbedingungen, die einen solchen landständischen Kongress nie zulassen würden. Mehr Beachtung finden die Pläne für eine "Schwäbische Republik", für die 1799 schon Verfassungen vorbereitet und Kokarden verteilt wurden. Aber auch sie hat keine Aussicht auf Realisierung, nachdem sich die Franzosen distanzieren und lieber mit den größeren Landesfürsten paktieren[77].

Zielt der Aufruf zu einem landständischen Kongress in Oberschwaben auf eine präventive Revolutionierung und Neuordnung von unten, so verfassen die kleinen weltlichen Landesherren in Oberschwaben unter dem Druck der eigenen Gefährdung eigene defensive Neuordnungspapiere. Die erneute Besetzung Oberschwabens durch die Franzosen im zweiten Koalitionskrieg 1799 und 1800/01 mit ihren Requisitionen und Kontributionen treiben die oberschwäbischen Herrschaften nahezu in den Banquerotte. Anfang 1801 geht das Gerücht, Oberschwaben sei als Entschädigung für Bayern vorgesehen. Um einer Organisation nach altbayerischem Muster zuvorzukommen, lässt der Graf von Waldburg-Zeil Bayern einen Aufsatz über "Unvorgreifliche Grundsätze einer souveränen Regierungseinrichtung für Oberschwaben" zukommen[78]. Er geht davon aus, dass Bayern nur eine Art Oberherrschaft ausübe und sonst alles beim Alten bleibe, da die bisherige Staats- und Regierungsverfassung Oberschwabens seiner Lage, seinen wirtschaftlichen Verhältnissen und seinem "National-Genie" entspreche.

[77] Vgl. *Scheel*, S. 411-425 und 452-499. – Schmidt, Südwestdeutschland (wie Anm. 75) S. 243-272.

[78] Wilhelm *Mößle*: *Fürst Maximilian Wunibald von Waldburg-Zeil-Trauchburg* 1750-1818. Geist und Politik des Oberschwäbischen Adels an der Wende vom 18. zum 19. Jahrhundert. (VKfgL B 40) Stuttgart 1968. S. 90 ff.

Als Indiz führt der Graf den allgemeinen Wohlstand, die öffentliche Ruhe und das in der neuen Provinz waltende Glück an, eine von der des anonymen Autors von 1798 sehr abweichende Einschätzung. Auch die bisherigen Reichs- und die unterschiedlichen Lokalgesetze bedürften keiner Änderung, da man mit ihnen gut fahre. Zum Kompetenzbereich einer Provinzialversammlung gehöre in erster Linie die Beseitigung der Schuldenlast sowie "Handel und Wandel, die innere Landespolizei, das Industrie- und Fabrikwesen, auch das Schulwesen". Doch gewähren Frankreich, Russland und die Reichsdeputation 1802/03 den kleinen weltlichen Reichsständen nochmals eine Gnadenfrist. Da die elf westfälischen Grafen, denen die geistlichen Herrschaften in Oberschwaben zugesprochen werden, eine westfälische oder "neuschwäbische" Grafenbank bilden, kommt es sogar zu einer im Unterschied zum Schwäbischen Prälaten-Kollegium auf Oberschwaben beschränkten, allerdings nur kurzlebigen neuen Herrschafts-Korporation[79].

Als die vergrößerten neuen Mittelstaaten Württemberg, Baden, Bayern, aber auch Österreich für seine schwäbischen Lande eigene Landesbistümer und damit die Auflösung des Bistums Konstanz anstreben, glauben sich auch die schwäbischen katholischen Fürsten und Grafen gezwungen, ein eigenes Bistum zu errichten. Der nunmehrige Fürst von Waldburg-Zeil gibt eine von ihm verfasste Denkschrift mit dem Bistumsplan in Druck, in der er die Gebiete aufzählt, die die neue Diözese umfassen soll; bis auf Öttingen, Hechingen und St. Blasien ausschließlich oberschwäbische Herrschaften. Auch dieser Plan wird von den Ereignissen eingeholt[80].

Nach der österreichischen Niederlage im Dritten Koalitionskrieg und im Frieden von Pressburg 1805 haben die kleinen Stände keine Überlebenschance mehr. Zwar werden noch Anfang 1806 Pläne diskutiert, Schwaben in drei "Influenzgebiete" von Baden, Württemberg und Bayern aufzuteilen und es wird sogar der Vorschlag ventiliert, aus den mindermächtigen schwäbischen, also vor allem oberschwäbischen Reichsständen kraft einer Konföderation einen eigenen vierten Kreisdistrikt und damit einen eigenen Staat zu bilden[81]. Aber in der Rheinbundakte vom Juli 1806 heißt es: *principatibus et diis minorum gentium consumatum est*[82]. Mit der Mediatisierung der Adelsherrschaften nach der Säkularisierung der Klosterherrschaften, der Mediatisierung der Reichsstädte und der Abtretung Schwäbisch-Österreichs wird der Kleinstaatenwelt Oberschwabens und damit seiner spezifischen politischen Struktur ein Ende bereitet. Oberschwaben wird auf die drei Mittelstaaten Bayern, Württemberg, Baden und den Kleinstaat Hohenzollern-Sigmaringen aufgeteilt.

5 Politisches Handeln in der Region statt Reden über die Region

Schwaben blieb von seinen Anfängen bis heute sowohl politische als auch Bewusstseinslandschaft. Es gab im Spätmittelalter und in der Frühen Neuzeit einen

---

[79] Vgl. *Borck* (wie Anm. 73) S. 215, 223ff.

[80] Vgl. *Mößle* (wie Anm. 78) S. 112f.

[81] *Mößle* S. 135, 139f.

[82] *Fürst Maximilian Wunibald von Waldburg-Zeil-Trauchburg* nach *Mößle* S. 142.– Rudolf *Beck*: "...als unschuldiges Staatsopfer hingeschlachtet..." Die Mediatisierung des Hauses Waldburg. In: *Hengerer / Kuhn* (wie Anm. 69) S. 265-286, hier S. 275. – Vgl. auch *Ders.*: "Man frisst die Fürstlein auf dem Kraut wie Würstlein..." Die Mediatisierung des Hauses Waldburg. In: *Rudolf / Blatt* (wie Anm. 74) S. 919-928.

'Landes-Diskurs' mit einer Fülle von Publikationen seit dem späten 15. Jahrhundert[83]. Schwaben war noch im Spätmittelalter eine Rechtsgemeinschaft und organisierte sich mit dem Schwäbischen Kreis der Frühen Neuzeit auch wieder dauerhaft politisch. Im 18. Jahrhundert diskutierten Publizisten den schwäbischen "Nationalcharakter", und damit die regionale Identität, beschworen Stammes- und Landespatriotismus[84]. Für Oberschwaben fällt ein Resümee schwerer. Dass Oberschwaben mit seiner "Vielfalt und der Kleinräumigkeit des Politischen" spezifische Strukturen aufwies, beschreiben nicht nur spätere Historiker, sondern war auch den Zeitgenossen bewusst, aber ein Landes- bzw. Regionaldiskurs fand kaum statt. Eigene Beschreibungen Oberschwabens, wie sie für Gesamt-Schwaben, aber auch für das Bodenseegebiet gedruckt wurden, gibt es nicht. Nur wenige Bücher vor 1800 führen Oberschwaben bzw. das "Oberland" im Titel. Der Leutkircher Gabriel Furttenbach schilderte in seiner "Oberländischen Jammer und Straff Chronic" 1669 fast nur Kriegsereignisse im Allgäu[85]. Ein Engländer schilderte seine Erfahrungen einer Reise durch "Ober-Schwaben"[86]. Die einzige Karte Oberschwabens "Alemaniae sive Sueviae superioris Chorographia" ließ Christoph Hurter 1625 drucken[87], an Karten Schwabens und des Bodenseegebiets mangelte es im 17. und 18. Jahrhundert nicht. Die Entwicklung von Landvogtei und Landgericht und ihre Konflikte mit ihren Nachbarn über die Jahrhunderte hin breitete Johann Reinhard Wegelin in seinem "Gründlich-Historischer Bericht Von der Kayserlichen und Reichs Landvogtey in Schwaben wie auch Dem Frey Kayserlichen Landgericht auf Leutkircher Haid und in der Pirß ..." 1755 minutiös aus. So widmete er immerhin der Institution eine eigene Monographie[88], die den politischen Rahmen Oberschwabens von Beginn an absteckte und deren Superioritätsstreben fast den roten Faden der regionalen Geschichte bildete.

Die herrschaftliche Zersplitterung und die Abwehr des Expansionsstrebens größerer Nachbarn zwangen die Kleinterritorien zu immer neuen Zusammenschlüssen von der spätmittelalterlichen Adelsgesellschaft bis zu den Kreisvierteln, ständischen Kollegien und Ritterkantonen. Diese "Region verdichteter politischer und sozialer Beziehungen"[89] lässt zumindest auf ein Bewusstsein von regionaler Interessenidentität bei den Herrschaften schließen. Dass ein regionales Bewusstsein auch in der Bevölkerung vorhanden gewesen sein muss, belegen die zwei Versuche, Oberschwaben von unten zu einen, im Bauernkrieg bereits mit einer weiträumigen, gestuften genossenschaftlichen Organisation, 1798 immerhin mit

---

[83] Vgl. *Graf*, Aspekte (wie Anm. 14) und Ders., Land (wie Anm. 32). –Ders.: Die "Schwäbische Nation" in der frühen Neuzeit. Eine Skizze. In: ZWLG 59 (2000) S. 57-69. – Helmut *Binder*: Descriptio Sueviae. Die ältesten Landesbeschreibungen Schwabens. In: ZWLG 45 (1986) S. 179-196.

[84] Vgl. Gunter *Volz*: Schwabens streitbare Musen. Schwäbische Literatur des 18. Jahrhunderts im Wettstreit der deutschen Stämme. (VKfgL B 107) Stuttgart 1986.

[85] Gabriel *Furttenbach*: Oberländische Jammer und Straff Chronic. Wangen 1669 (Reprint Tamm 1998 mit Transkription).

[86] L. A. F. V. B. (Hg.): Fortsetzung der Reise eines Engländers durch einen Theil von Ober-Schwaben und der Schweiz. Amsterdam-Stockholm 1794. – *Ders.* (Hg.): Noch ein Bändchen von den Reisen eines Engländers durch Ober-Schwaben. Warschau 1794.

[87] Vgl. Eberhard David *Hauber*: Versuch Einer umständlichen Historie Der Land-Charten [...] Und nebst einer Historischen Nachricht Von denen Land-Charten Deß Schwäbischen Craißes [...] Ulm 1724 (Reprint Karlsruhe 1988). S. 168-170. - Ruthardt *Oehme*: Geschichte der Kartographie des deutschen Südwestens. Konstanz-Stuttgart 1961. S. 75 und Karte 16.

[88] *Wegelin* (wie Anm. 16)

[89] Wie Anm. 61.

einem Appell an ein offenbar vorausgesetztes Regionalbewusstsein. Beide zielten auf ein politisch geeintes Oberschwaben als Arena für die politische Emanzipation von Bauern und Bürgern.

Für die oberschwäbischen Kleinstaaten und ihre Herrschaften war Oberschwaben als Handlungsraum Mittel zu einem bescheideneren Zweck, dem Erhalt der eigenen staatlichen Selbständigkeit. An der Förderung eines oberschwäbischen Regionalbewusstseins konnten sie kein Interesse haben, aber durch ihr kollektives Zusammenwirken in diesem Raum mit seinen spezifischen politischen Verhältnissen konstituierten sie Oberschwaben als politische Landschaft. Oberschwaben als 'politische Landschaft' erfüllte die von Göttmann genannten Kriterien:

"1. politische Verbindungen grundsätzlich gleichberechtigter Partner über Grenzen und Räume hinweg;
2. über die engeren Territorialgrenzen hinausdrängende und Herrschaftsrechte unterschiedlicher Art und Träger verbindende Herrschaftssysteme;"
3. ein Raum, der sich durch "Sonderbewußtsein und Sonderinteressen sich auszeichnet ... unterhalb der Gesamtstaatsebene"[90].

Wenn auch die Struktur- und Verflechtungskriterien gegeben sind, so muss doch zugegeben werden, dass das Bewusstsein regionaler Identität wenig artikuliert wird. Dazu mag beigetragen haben, dass Oberschwaben gewissermaßen als Restraum Schwabens gesehen wurde, zu dem die größeren Territorien nicht mehr gezählt wurden, die eine eigene Identität entwickelten. So wurden die oberschwäbischen Gebiete von Österreich schlicht als "Land zu Schwaben" bezeichnet[91]. Die spätere Benennung der 'Landvogtei Schwaben' weist in die gleiche Richtung. Hauber 1724 wie Büsching 1778 gebrauchen "Oberschwaben oder Alemannien [...] und das eigentlich das Schwabenland genennet wird", "das Schwabenland, sonst aber auch Ober-Schwaben oder Alemannien genennet" als austauschbare Begriffe[92]. "Der Name Schwaben verband sich also gerade mit den kleinen, mindermächtigen Ständen und ihren Einungen"[93]. Träger des Stammespatriotismus war aber viel eher Württemberg. "Dort ist der schwäbische Patriotismus zu Hause, und im Falle der Vereinigung der schwäbischen Völker würde es nur dort ein Zentrum geben"[94]. Der Landes-Diskurs, Landesidentität artikuliert sich im größten Territorium Schwabens, das längst eine eigene Identität ausgebildet hat. Der Name Schwaben wird von außen dem südlichen Restbezirk außerhalb der großen Territorien beigelegt, in diesem Rest - gleich Oberschwaben hat sich aufgrund der engen vielfältigen Interaktionen ein eigenes regionales Bewusstsein herausgebildet, das handlungsbedingt und handlungsleitend ist, aber nicht artikuliert wurde. Das katholische Oberschwaben produzierte keine Literatur außer theologischen und erbaulichen Schriften.

Dass die Grenzen der Region zumindest im Osten und Westen unscharf blie-

---

[90] *Göttmann*, Bünde (wie Anm. 35) S. 443f.
[91] *Göttmann*, Bünde S. 466.
[92] *Hauber* (wie Anm. 87) S. 165. – Anton Friderich *Büsching*: Neue Erdbeschreibung des dritten Theils, welcher den schwäbischen, bayerischen, fränkischen und obersächsischen Kreis enthält. 6. Aufl. Hamburg 1778. S. 6.
[93] Wie Anm. 35.
[94] Karl Wilhelm Théremin 1798 nach *Schmidt*, Südwestdeutschland (wie Anm. 75) S. 254. – Vgl. auch *Volz* (wie Anm. 84).

ben, kann bei einer Landschaft ohne staatliche Einheit nicht verwundern. Hauber und Büsching gaben als Ostgrenze den Lech an, doch Büsching wies darauf hin, "andere sagen Ober-Schwaben sey das Land zwischen der Iler, Donau und am Bodensee"[95], auf Markierungen der Westgrenze verzichteten beide. Man muss deshalb schon für die frühe Neuzeit einen Kernraum zwischen Iller und etwa einer Linie vom Westende des Bodensees zur Donau annehmen. Der Raum zwischen Iller und Lech, das Allgäu, Hegau und Baar bildeten unterschiedlich locker verbundene Teilräume. Die Iller trennte das dritte und vierte Kreisviertel, die Bistümer Konstanz und Augsburg, die Kongregationen der Benediktinerklöster[96] und innerhalb der Reichsprälaten traten die "transillerani" als eigene Gruppe auf. Im Allgäu entwickelte sich zwar ein gewisses Eigenbewusstsein, wie es sich in den Organisationen der Ritter und Bauern artikulierte, aber es begriff sich immer als Teilraum Oberschwabens[97]. Merkwürdig bleibt, dass die Oberschwaben umgebenden 'Großstädte' Augsburg, Ulm und Konstanz nicht wirklich raumbildend wirkten. Augsburg, Ulm und im Spätmittelalter auch Konstanz wurden zwar jeweils Zentren einer Gewerbelandschaft, aber ihre Bindekraft blieb im wesentlichen auf den wirtschaftlichen Bereich beschränkt: Ihre weiteren Funktionen - Augsburg als Kunst- und Verlagszentrum, Ulm als Tagungsort des Schwäbischen Kreises und Konstanz-Meersburg als Residenz des Bischofs und kreisausschreibenden Fürsten - überschritten die Region. Ulm war schon am Kommunikationsgeflecht der "oberen Städte" nicht beteiligt und separierte sich nach der Reformation konfessionell. Konstanz büßte als österreichische Landstadt politische und wirtschaftliche Potenz ein. So organisierte sich Oberschwaben nicht um ein oder mehrere Zentren, sondern als Verflechtungsbereich.

Man wird in Oberschwaben mit einer gestuften regionalen Identität rechnen müssen, zwischen 'Ortsbezogenheit' und Reichsbewusstsein mit einer Zuordnung zum jeweiligen Territorium, zu oberschwäbischen Teillandschaften, zu Oberschwaben und Gesamtschwaben. Bei einer solch "hierarchisierten regionalen Identität" werden die einzelnen Ebenen räumlich und zeitlich unterschiedlich, aber keine absolut dominant affektiv besetzt gewesen sein.

Der Name Oberschwaben vermochte "keinen Enthusiasmus zu entfachen"[98]. Wenn das Wort Schwaben fiel, das vielleicht das Herz höher schlagen ließ, mag manchmal Restschwaben und d.h. Oberschwaben gemeint gewesen sein. Dass sich "mit dem Begriff Oberschwaben, [...] im späten Mittelalter und in der beginnenden Neuzeit kein Raumbewußtsein"[99] verband, lässt sich nicht halten. Es artikulierte sich kaum explizit verbal, aber es leitete über Jahrhunderte politisches kooperatives und konfliktorisches Handeln. Die Oberschwaben redeten nicht

---

[95] *Büsching* (wie Anm. 92) S. 6.

[96] Vgl. Franz *Quarthal*: Die oberschwäbische Benediktinerkongregation vom hl. Joseph. S. 477-543 und Walter *Plötzl*: Die niederschwäbische Benediktinerkongregation vom Hl. Geist, S. 653-674. In: Ulrich *Faust* / Franz *Quarthal* (Bearb.): Die Reformverbände und Kongregationen der Benediktiner im deutschen Sprachraum. (Germania Benedictina 1) St. Ottilien 1999. – 1779 schickten die schwäbischen Pauliner nach einem Brand je einen Pater nach Oberschwaben, in die schweizer Seithen und in das augsburgische und bayerische. Protocollum Monasterii Bondorffensis. Kath. Pfarrarchiv Bonndorf. Bd. 65. S. 252.

[97] Vgl. *Bradler*, Mitte (wie Anm. 14). – Ulrich *Crämer*: Das Allgäu. Werden und Wesen eines Landschaftsbegriffs. Remagen 1954. – Walter *Jahn*: Der Landschaftsname Allgäu im Wandel der Zeit. (Allgäuer Heimatbücher 89) Kempten 1990.

[98] *Schreiner* (wie Anm. 7) S. 68.

[99] *Schreiner* S. 47.

über Raumbewusstsein, sie handelten politisch raumbezogen. Es war mehr als eine Bewusstseinslandschaft, es war eine politische Landschaft. Dass "Reichweite und Grenzen konstant blieben"[100], trifft wohl für keine historische Landschaft zu, ein großer Kernraum zeichnet sich aber zweifelsfrei ab. Wenn J.C. Pfister 1803 klagte, dass "Schwaben seit geraumer Zeit keine gemeinsame Geschichte hat, dass seine mannigfaltigen größeren und kleineren Staaten zuletzt nur durch einen Schatten von politischer Einheit zusammengehalten worden sind"[101], dann bildete zwar auch Oberschwaben keine politische Einheit, aber seine Staaten waren schon durch die Kleinheit zum Zusammenwirken gezwungen. Aus Wiener Sicht hatte der Fleckerlteppich ohnehin eine einheitliche Färbung. Wenn man schon die Landvogtei nicht zu einem gesamtoberschwäbischen Territorium ausbauen konnte, so beanspruchte man doch die Kleinstaaten Oberschwabens als geschlossene Einflusssphäre und Klientellandschaft.[102]

Als politische Landschaft fand Oberschwaben zwischen 1802 und 1806 sein Ende, mit der "Vielfalt des Politischen" war es vorbei, im nunmehr württembergischen Kernraum entdeckten es seine Bewohner deutlicher als Bewusstseinslandschaft.

6 19./20. Jahrhundert: Bewusstseinslandschaft aus Trotz und Stolz

Die napoleonische 'Flurbereinigung' teilt Oberschwaben 1806 und 1810 auf die vier süddeutschen Rheinbundstaaten Bayern, Württemberg, Baden und Hohenzollern-Sigmaringen auf, der Wiener Kongress besiegelt die Teilung, die sich als Reduktion auswirkt. Die Ostschwaben entwickeln ihre eigene regionale Identität als Schwaben im bayerischen Staatsverband[103]. Für die badischen Bezirksämter prägt die lange Zugehörigkeit zum badischen Seekreis (später Großkreis Konstanz) und damit die Lage im Landschaftsraum des Bodenseegebiets das Bewusstsein. Die bayerischen Schwaben und die badischen Bodenseeanwohner verstehen sich nicht mehr als Oberschwaben, die südlichen Hohenzollern wenden sich erst neuerdings wieder Oberschwaben zu. Als Oberschwaben wird fortan nur noch der größere Teil des alten Kernraums westlich der Iller verstanden, die 10 württembergischen Oberämter südlich der Donau: Riedlingen, Ehingen, Laupheim, Biberach, Saulgau, Waldsee, Leutkirch, Wangen, Ravensburg, Tettnang. Damit ist eine völlig neue Situation entstanden. Auf drei Seiten ist dieses Gebiet jetzt von der Landesgrenze umschlossen. Im Norden schließt zwar keine Landesgrenze mehr ab, aber es bleibt die mentale Grenze zu einem Gebiet anderer Konfession, anderer Agrar- und Gewerbestruktur.

Oberschwaben ist kein Gebiet mit unscharfen Grenzen mehr, sondern klar umrissen. Diese Grenzen begrenzen aber auch den Kommunikations- und Interaktionsraum, Verbindungen nach Westen und Osten werden gekappt, nach

---

[100] Wie Anm. 99.

[101] Joh. Chn. *Pfister*: Geschichte von Schwaben. Bd. I. Heilbronn 1803. S. IV.

[102] Vgl. Press, Oberschwaben (wie Anm. 70) S. 102. - Volker *Press*: Vorderösterreich in der habsburgischen Reichspolitik des späten Mittelalters und der frühen Neuzeit. In: Maier (wie Anm. 16) S. 1-56, hier S. 13, 36-38.

[103] Vgl. Stefan *Heinze*: Die Region Bayerisch-Schwaben. Studien zum schwäbischen Regionalismus im 19. und 20. Jahrhundert. (Veröffentlichungen der schwäbischen Forschungsgemeinschaft I, 22) Augsburg 1995.

Süden bleiben noch die wirtschaftlichen Verbindungen[104], Kommunikation und Interaktion wierden nun nach Norden, nach Stuttgart ausgerichtet. Entsteht so ein deutlicher profilierter Kommunikations- und Identitätsraum, so blieb ihm auf Jahrzehnte versagt, über die Grenzen der einzelnen neuen Oberämter hinaus regionale Organisationsstrukturen zu bilden. Regionalbewusstsein wird bis Ende des 19. Jahrhunderts kaum in Organisationen fassbar, dafür mehr von Meinungsführern artikuliert. In den ersten Jahrzehnten nach 1800 bleiben solche Äußerungen noch vereinzelt, erst mit den Erfahrungen von Missachtung und dem Sieges des katholischen Ultramontanismus wächst das regionale Selbstbewusstsein[105]. Von den Bewohnern wird ihre Region nun meist als ‚Oberland' bezeichnet, auch wenn sich im internen wie externen Sprachgebrauch daneben nach wie vor 'Oberschwaben' hält[106].

Mit einer "uniformierenden und egalisierenden inneren Staatspolitik" sucht Württemberg die neu erworbenen Gebiete, Neu-Württemberg, in seinen um das Doppelte vergrößerten Staat zu integrieren[107]. Die Verwaltungseinteilung in 65 Oberämter auf der unteren und vier Kreise auf der mittleren Ebene überzieht nach französischem Vorbild rationalistisch das ganze Land und vermeidet nach der Maxime einer "systematischen Aufhebung und Zerschlagung der historischen Grenzen" die Anknüpfung an die historischen Landschaften[108]. Zum Donaukreis mit Sitz in Ulm zählen sowohl die 10 katholischen Oberämter Oberschwabens wie auch sechs nördlich angrenzende meist altwürttembergische, protestantische Bezirke. Militär, Schule, Universität, Landtag und die schließlich 1819 vereinbarte Verfassung werden als weitere langfristig bedeutsame Integrationsinstrumente eingesetzt. Die Eingliederung in das neue Königreich bringt der Masse der Bevölkerung auch Verbesserungen: mehr politische Mitspracherechte, eine gesicherte Selbstverwaltung in den Gemeinden, Rechtssicherheit. Aber dennoch fühlen sich die Oberschwaben bald als 'Minderschwaben'. Landespatriotismus und Staats-Diskurs bleiben noch lange von altwürttembergischen Werten bestimmt. Franz Quarthal hat ausführlich beschrieben, wie die im 18. Jahrhundert artikulierte "Zweiteilung Schwabens in einen aufgeklärten niederschwäbischen und einen rückständigen oberschwäbischen Teil [...] im 19. Jahrhundert [...] auf den altwürttembergischen und den oberschwäbisch-neuschwäbischen Landesteil des

---

[104] Vgl. Elmar L. *Kuhn*: Die Industrialisierung des Bodenseeraums. In: Dieter *Schott* / Werner *Trapp* (Hg.): Seegründe. Beiträge zur Geschichte des Bodenseeraumes. Weingarten 1984. S. 167-209.– *Ders.*: Industrialisierung in Oberschwaben und am Bodensee. (Geschichte am See 24/1-2) Friedrichshafen 1984. - *Ders.*: Schiffahrt und Verkehr im württembergischen Bodenseegebiet im 19. Jahrhundert. In: ZWLG 49 (1990) S. 269-294.

[105] Eine Warnung vor der "Subsumierung von sehr unterschiedlichen sozialen Gruppen ... unter ein oberschwäbisches Regionalbewußstsein" bei Vadim *Oswalt*: Staat und ländliche Lebenswelt in Oberschwaben 1810-1871. (K)ein Kapitel im Zivilisationsprozeß? (Schriften zur südwestdeutschen Landeskunde 29) Leinfelden-Echterdingten 2000. S. 20 und Biege (wie Anm. 14) S. 31f. – Neue Aufschlüsse über Oberschwaben von 1800 bis 1870 in Oberschwaben sind von Peter Eitel zu erwarten, der an einem Buch über diesen Zeitraum arbeitet.

[106] Vgl. *Miller / Gönner* (wie Anm. 14) S. 5-7.

[107] Heinz *Gollwitzer*: Die politische Landschaft in der deutschen Geschichte des 19./20. Jahrhunderts. In: Zeitschrift für bayerische Landesgeschichte 27 (1964) S. 523-552, hier S. 532. – Vgl. Günther *Bradler*: Die Integration Neuwürttembergs nach dem Reichsdeputationshauptschluß. In: Bericht über die 32. deutsche Versammlung deutscher Historiker in Hamburg. Stuttgart 1978. S. 143-146. – Harmonisierend Bernhard *Mann*: Stuttgart und die Neuwürttemberger. In: Württembergisch-Franken 72 (1988) S. 77-90.

[108] Michael *Holzmann*: Die Gliederung der Oberämter im Königreich Württemberg. In: ZWLG 38 (1979) S. 164-187, hier S. 173.

Abb. 5 - Die württembergischen Oberämter des Donaukreises, die badischen Bezirksämter des Seekreises und die hohenzollerischen Oberämter bzw. Obervogteiämter um 1835.

Königreichs Württemberg übertragen" wird[109]. Noch im 20. Jahrhundert formuliert eine angehende Schriftstellerin die ersten Verse in Erinnerung an Diskriminierungserfahrungen: "Ich bin vom Oberlande, und das ist keine Schande"[110].

Versuche zu einer Revision der neuen Grenzen, zu einer eigenen politischen Organisierung Oberschwabens, gar zu regionalem Separatismus unternehmen nur die entmachteten vorigen Herren der Region, nunmehr sog. 'Standesherren', in verletztem Stolz, von ihrem vorigen Kollegen und jetzigen Landesherrn anfänglich demütigend behandelt. Nach der Auflösung des Rheinbundes 1814 erhoffen die Standesherren, dass ihre Mediatisierung rückgängig gemacht würde. Max Wunnibald Fürst von Waldburg-Zeil, der nach 1800 mit seinen oben erwähnten Plänen der Mediatisierung zuvorkommen wollte, arbeitet wieder einen Plan für die Konstituierung eines neuen Schwäbischen Kreises aus, dessen Grenzen östlich des Allgäus, an Iller und Donau entlang, Hohenzollern und Fürstenberg einschließen und den Neckar aufwärts bei Waldshut den Rhein erreichen. Der Wiener Kongress geht auch über diese Pläne eines "geschlossenen Staates" Oberschwaben hinweg[111].

Jahrzehnte später sieht sich der Enkel Max Wunnibalds, Konstantin, dritter Fürst von Waldburg-Zeil, als Vertreter und Verteidiger der Interessen des katho-

[109] *Quarthal*, Bewußtsein (wie Anm. 2) S. 43, vgl. 25, 34-45.
[110] Maria *Müller-Gögler*: Ich bin vom Oberlande. In: Otto *Heuschele* (Hg.): Schwaben unter sich über sich. Frankfurt 1976. S. 145-149, hier S. 147.
[111] *Mößle* (wie Anm. 78) S. 199f.

lischen Oberlands gegen das Stuttgarter bürokratische Regime[112]. Als einziges Bollwerk gegen die zersetzenden Folgen des Liberalismus, der nach der Schwächung der politischen Position des Adels nun auch die wirtschaftlichen und sozialen Vorrechte bedroht, betrachtet er die Religion. Gegen das staatskirchliche Kirchenregiment exponiert sich Waldburg-Zeil im 'Kirchenkampf' immer mehr als Verfechter der Autonomie der katholischen Kirche. In der Revolution von 1848 fordert der Fürst zunächst ein entschiedenes Vorgehen des Königs und seiner Regierung gegen die Revolutionäre. Erzürnt über die Nachgiebigkeit ihnen gegenüber, fühlt sich der Feudalherr von seinem König im Stich gelassen und vollzieht in kürzester Frist einen Frontwechsel an die Seite der bisher Bekämpften, Revoltierenden. Als "Roter Fürst" stimmt er wie die anderen oberschwäbischen Abgeordneten konsequent mit der Linken, auch für die Aufhebung der Adelsvorrechte und für die Schaffung einer Deutschen Republik. Politische und kirchliche Freiheit hält er nun nur für zusammen erreichbar. Nachdem seine Hoffnungen auf eine Mediatisierung Württembergs in einem größeren deutschen Reich und unter Hegemonie Österreichs nicht in Erfüllung gehen, setzt er auf die Sezession, die "Schaffung einer weitgehend autonomen Region 'Oberschwaben' oder 'Schwaben' in einem Großdeutschland [...] an der Seite Österreichs"[113]. Im Bayerisch-Schwaben gibt es analoge isolierte Absichten einer ostschwäbischen Autonomie nach der Trennung von Bayern[114]. Die Pläne haben wie frühere des Hauses Waldburg-Zeil keine Chance, nicht nur weil die "40.000 österreichischen Bajonette" nicht zum Einsatz kommen, sondern weil keine "abermalige Erhebung des deutschen Volkes den Boden ebnete, [...] den Hochverrat an Kaiser und Reich [...] und Raub an Kirche und Mitständen" zu revidieren. Oberschwaben wird nicht die "deutsche Vendée"[115].

Waldburg-Zeil, der sich selbst als "Befreier der oberschwäbischen Bauern und als Vorkämpfer gegen die unterländische Bevormundung" sieht [116], ist nur bedingt und kurzfristig der Repräsentant Oberschwabens. Vor 1848 ärgert den Fürsten die politische Apathie seiner Standesgenossen, nach 1848 lehnen sie seine demokratischen Neigungen entrüstet ab. Vor 1848 verbindet der Widerstand gegen die staatliche Kirchenpolitik zwar Adel, Bauern und Kleinbürgertum, aber Adel und Bauern trennen gegensätzliche Interessen bei der Ablösung der Feudalrechte. Für Andreas Wiest, "Anwalt der Bauern und Ankläger der Feudalrechte", ist der Fürst von Waldburg-Zeil wie andere Standesherren kirchenpolitischer Verbündeter, aber gesellschaftspolitischer Gegner[117]. Immerhin sind 13 % der Fläche Oberschwabens in fideikommissarisch gebundenem Adelsbesitz, im Allgäu

[112] Vgl. Walter-Siegfried *Kircher*: Ein fürstlicher Revolutionär aus dem Allgäu. Fürst Constantin von Waldburg-Zeil 1807-1862. Kempten 1980. – Vgl. *Ders.*: Fürst Constantin von Waldburg-Zeil. "... im gemeinsamen Interesse des Oberlandes". In: *Haus der Geschichte Baden-Württemberg / Gesellschaft Oberschwaben* (Hg.): Ohne Gerechtigkeit keine Freiheit. Revolution 1848/49 Oberschwaben. Stuttgart 1999. S. 108-121.

[113] *Kircher*, Revolutionär S. 143.

[114] Vgl. *Gollwitzer* (wie Anm. 107) S. 544, Anm. 48.

[115] Fürst *Waldburg-Zeil*: Mein Grundsätze. Schaffhausen 1850. S. 24f., 16. – *Kircher*, Revolutionär (wie Anm. 112) S. 142f.

[116] Wie Anm. 113.

[117] Vgl. Werner *Heinz*: Andreas *Wiest*, ein oberschwäbischer Anwalt, Publizist und Politiker im Vormärz. In: Im Oberland 7 (1996) 1 S. 11-16 und 2. S. 47-54. – Vgl. Thomas *Schnabel*: Der Bauernanwalt. Andreas *Wiest* (1796 bis 1861). In: *Haus der Geschichte Baden-Württemberg / Gesellschaft Oberschwaben* (wie Anm. 112) S. 36-55. – *Gollwitzer* (wie Anm. 107) S. 533.

fast ein Viertel. In der Restaurationsphase müssen die Bemühungen des Adels um Wiederherstellung seiner Privilegien und nachträglichen Entschädigungszahlungen für alle angeblichen Einbußen, ihn im Gegensatz zur Bevölkerungsmehrheit bringen. Überdeckt werden diese Divergenzen freilich weiterhin durch die öffentlichkeitswirksame Repräsentanz katholischer Konfessionspolitik[118].

Die Volksversammlungen und zahlreichen Vereinsgründungen im Zuge der Revolution von 1848/49 führen zu einer bisher nicht gekannten Dichte an Kommunikation und Organisation in Oberschwaben. Erstmals seit 1525 kommen wieder oberschwäbische Bürger in großen Versammlungen zusammen und artikulieren ihre Meinungen und Interessen[119]. Schon zuvor organisieren sich Bürger in lokalen 'Liederkränzen', Turnvereinen und Bürgergesellschaften. Als erste gesamtoberschwäbische Organisation gründet Andreas Wiest 1840 den "Oberschwäbischen landwirtschaftlichen Verein" zur Vertretung der bäuerlichen Interessen vor allem gegen die Standesherren und hält jährliche Zentralversammlungen ab. Am 18. April 1848 wird zu einer "Volks-Versammlung des Donaukreises" in Biberach aufgerufen, die sich als "oberschwäbische Versammlung" versteht und Kandidaten für die Wahl zur Nationalversammlung nominiert. Am 24. Sept. 1848 findet eine "ausschließlich republikanische Volksversammlung von Oberschwaben" in Ravensburg statt, "um die Handlungen der Linken in der Nationalversammlung zu Frankfurt durch die That zu unterstützen"[120]. Hinter der Tribüne hängt neben der deutschen die rote Fahne. Eine Woche später wiederum in Ravensburg wird ein zweitägiges Oberschwäbisches Turnfest gefeiert und ein "Oberschwäbischer Turnerbund" gegründet, der auch 1849 und 1850 oberschwäbische Turnfeste veranstaltet[121]. Am 20. Mai 1849 tagt eine Versammlung von Abgeordneten der Gemeindekollegien, Bürgerwehren und Volksvereine in Oberschwaben in Aulendorf und beschließt, bayerische Truppendurchmärsche zu verhindern[122]. In Bayerisch Schwaben regen sich Bestrebungen nach einer Wiedervereinigung mit dem württembergischen Oberschwaben[123]. Vor allem in den Städten werden Volks- Arbeiter- und die katholischen Piusvereine gegründet, die sich aber unterhalb der Landesebene nicht zu einer regionalen Organisation zusammenschließen. Dem Vorwurf mangelnden Engagements der Katholiken entgegnet man: "Ganz Oberschwaben ist von selbst eine Association und hat es gar nicht nötig, sich zu einem neuen Vereinswesen ... heranzubilden. ...Dem Vereine ist der Oberländer ohnehin abgeneigt, ... wir können handeln ohne zu schwät-

[118] Vgl. Walter Siegfried *Kircher*: "Katholisch vor allem"? Das Haus Waldburg und die katholische Kirche vom 19. ins 20. Jahrhundert. In: *Hengerer / Kuhn* (wie Anm. 69) S. 287-308.

[119] Die grundlegende und ausführliche Monographie zur Revolution von 1848/49: Werner *Heinz*: „Mitbürger, greifet zu den Waffen". Die Revolution von 1848/49 in Oberschwaben. Konstanz 1998. – Vgl. auch Ders.: Vormärz und Revolution 1830-1849. Politische Vereine und Versammlungen am Beispiel Oberschwabens. In: Manfred *Bosch* u. a. (Hg.): Schwabenspiegel. Literatur vom Neckar bis zum Bodensee 1800-1950. Bd. 2, 1. Biberach 2006. S. 545-556, hier S. 554.

[120] Georg *Wieland*: Personalübersichten, Zeittafel und weitere Notizen zur demokratischen Bewegung im württembergischen Donaukreis 1848-1850. Friedrichshafen 1998 (TS). S. 77.

[121] Vgl. 150 Jahre Turngau Oberschwaben 1848-1998. o. O. 1998.

[122] Vgl. *Wieland* (wie Anm. 120) S. 85.

[123] Flugblatt "Oberschwaben, 6. Mai 1849. Kammer der Abgeordneten!": "... Wurden wir etwa gefragt, ob wir von unsern Stammgenossen in Schwaben losgerissen und Bayern einverleibt sein wollen?" Stadtarchiv Lindau B I/4.

Abb. 6 - Oberämter, in denen die Zentrumspartei bei den Landtagswahlen von 1895 die Mehrheit der Stimmen erhalten hat.

zen."[124] Alle diese Vereine werden in der Restaurationsphase nach 1852 aufgelöst oder lösen sich selber auf.

1848/49 markiert eine mehrfache Zäsur für Oberschwaben: Der Bau der Südbahn reduziert die Entfernungen und erleichtert Kommunikation und Interaktion[125]. Nach der 'Bauernbefreiung' stabilisiert sich die mittelbäuerliche Agrarstruktur[126].

[124] Karl *Liechtenstein* nach Stefan J. *Dietrich*: Christentum und Revolution. Die christlichen Kirchen in Württemberg 1848-1852. Paderborn 1996, S. 302.
[125] Uwe *Schmidt*: Die Südbahn. Eisenbahn und Industrialisierung in Ulm und Oberschwaben. Ulm 2004.
[126] Elmar L. *Kuhn*: Agrarstruktur in Oberschwaben vom 18. Jahrhundert bis 1925. In: Ders.: Industrialisierung Oberschwaben (wie Anm. 104) S. 26-68, 505-52519, 801-806. – Georg *Wieland*: Bauernbefreiung in Oberschwaben. Staatliches Vorbild und adlige Verweigerung. In: *Haus der Geschichte Baden-Württemberg / Gesellschaft Oberschwaben* (wie Anm.112) S. 56-70.

Die 'aufgeklärte Staatskirche' wird abgelöst durch die 'ultramontane Papstkirche'. Die katholische Lebenswelt verdichtet sich zum katholischen 'Milieu'[127]. Die "vorwiegend bäuerliche Ablehnung der aufklärerisch-staatskirchlichen Koalition zwischen Konstanz/Rottenburg und Stuttgart, modern organisiert durch junge, ultramontane Kleriker ... schuf ein katholisches oberschwäbisches Selbstbewusstsein"[128]. Das neue katholische Selbstbewusstsein stärkt das regionale Selbstbewusstsein. "Deutschland ein wenig, aber vor allem Oberschwaben und Österreich hoch!" ist in der Revolution die Losung![129] Aber eine Sezession wie der Fürst, die Bildung einer regionalen politischen Einheit fordert kein Redner auf einer Volksversammlung, die Demokratisierung der Landespolitik, Beseitigung der feudalen Lasten und das großdeutsche Reich sind die Ziele der Bürger und Bauern.

Der katholischen Konfession kann die zentrale Rolle als regionaler Integrationsfaktor erst mit dem Sieg des Ultramontanismus zukommen, der Verdrängung der innerkirchlichen Aufklärung durch einen wieder gefühlsbetonten Glauben, der Betonung demonstrativer Frömmigkeitsformen, der Durchsetzung einer rigiden Kirchendisziplin in absoluter Unterordnung unter Rom und der Ablehnung staatlicher Eingriffe unter Einsatz moderner Mittel wie eines weitgefächerten katholischen Vereins- und Pressewesens. Der ultramontane Katholizismus eint die Region im Gegensatz zu Stuttgart. Vor der Revolution bleibt der "Katholizismus [...] eine politisch vielfarbige Erscheinung"[130], katholische Abgeordnete finden sich in allen politischen Gruppierungen, die meisten katholischen Wahlkreise wählen regierungskonform. Seit den 50er Jahren wandeln sich aber die katholischen und damit auch die oberschwäbischen Wahlkreise "von Bastionen der Regierung [...] in Hochburgen des anti-staatlichen Protestes"[131]. Mehrheitlich wählen die Oberschwaben nun Abgeordnete, die sich im Landtag der Fraktion der linksliberalen Volkspartei anschließen, von deren demokratisch-populistischen Politik sie sich eine stärkere Berücksichtigung katholischer Belange erwarteten. Das Bündnis zwischen Liberalen und Katholiken zerbricht in der 'großen Depression' Ende des Jahrhunderts, als die auf Modernisierung gerichtete liberale Wirtschafts- und Gesellschaftspolitik mit den Interessen eines noch weitgehend agrarischen und kleingewerblich strukturierten, von den Auswirkungen der industriellen Entwicklung bedrohten Oberschwabens kollidieren. 1895 wird die württembergische Zentrumspartei als katholische Landespartei in Ravensburg gegründet, "appealing to a ghetto mentality, which was as much social as reli-

[127] Vgl. August *Hagen*: Geschichte der Diözese Rottenburg. Bd. 1-3. Stuttgart 1956-1960. – Claus *Arnold*: Katholische Milieus in Oberschwaben um 1900. Adlige Damen, Modernisten und Lourdesgrotten. In: Rottenburger Jahrbuch für Kirchengeschichte 21 (2002) S. 219-239. – Elmar L. *Kuhn*: Rückständig und Glücklich? Die Säkularisierung Oberschwabens. In: Blickle / Schlögl (wie Anm. 74) S. 483-516, hier S. 488-491.

[128] *Biege* (wie Anm. 14) S. 33. – Volker Press schlägt den Bogen zur Frühen Neuzeit: "Die protestantisch-liberale Ausrichtung des nachmaligen Königreichs Württemberg gab dem katholisch-konservativen Oberschwaben die Möglichkeit, sich auf seinen historischen Grundlagen zu profilieren." Press, Oberschwaben (wie Anm. 70) S. 102.

[129] Thilo *Schnurre*: Die württembergischen Abgeordneten in der konstituierenden deutschen Nationalversammlung zu Frankfurt am Main. (DWG 9) Stuttgart 1912. S. 87.

[130] Hartwig *Brandt*: Parlamentarismus in Württemberg 1819-1870. Anatomie eines deutschen Landtags. Düsseldorf 1987, S. 174.

[131] *Brandt* (wie Anm. 130) S. 172.

gious in origin"[132]. Mit Wählerstimmen im Durchschnitt über 70, oft über 80 % wird das Zentrum sofort absolut hegemoniale Regionalpartei. Die vorher blaue politische Landkarte Oberschwabens färbt sich schwarz, bis heute. Die Zentrumspartei ist eine Honoratiorenpartei, auf eine lokale und regionale Parteiorganisation kann sie bis 1918 verzichten, als organisatorische und propagandistische Basis dienen ihr der Klerus und das katholische Vereinsgeflecht. Mit dem Aufbau von Bezirksorganisationen nach der Revolution 1918 veranstaltet die Partei auch "Oberschwäbische Zentrumsparteitage".

Die Kirche mobilisiert ihre oberschwäbischen Seelen erstmals 1871 mit einer "Versammlung der katholischen Männer des Oberlandes in Aulendorf", noch vor dem ersten Landeskatholikentag 1890 in Ulm, dem weitere oberschwäbische Katholikentage folgen, präsidiert von Mitgliedern des Hauses Waldburg, organisiert vom "Volksverein für das katholische Deutschland", der ab 1890 in fast jeder Pfarrei vertreten ist. Gegen die Versuchungen der Sozialdemokratie ruft die Kirche ihre gläubigen Arbeiter und Arbeiterinnen in lokalen Standesvereinen zusammen, die sich wiederum zu oberschwäbischen Bezirkskonferenzen treffen. Zu Beginn des neuen Jahrhunderts gründet und leitet ein oberschwäbischer Pfarrer die "Zentralgenossenschaft der oberschwäbischen landwirtschaftlichen Vereine" für die katholischen Bauern des Oberlandes, der 1917 zum "Schwäbischen Bauernverein" ausgeweitet wird, um seine "Mitglieder in geistiger, sittlicher und wirtschaftlicher Hinsicht zu heben"[133], als Sonderorganisation neben dem württembergischen landwirtschaftlichen Hauptverband, mit dem sich der Bauernverein 1921 vereinigt.

Gegen die flächendeckende Vorherrschaft des Zentrums gehen die anderen Parteien mit eigenen regionalen Aktivitäten an. Die Volkspartei sucht sich vergeblich durch oberschwäbische Parteitage ab 1891 zu behaupten, die Nachfolgepartei Deutsche Demokratische Partei gründet 1919 einen oberschwäbischen Gauverband mit Parteisekretariat in Ravensburg. Die sozialdemokratische Landesorganisation richtet für die oberschwäbische "Parteidiaspora" 1912 das erste Regional-Sekretariat in Ulm ein, dessen Wirkungsbereich aber 1925 auf altwürttembergische Oberämter ausgedehnt wird und 1928 aufgelöst werden muss. Die Ulmer "Donau-Wacht" versorgt von 1911 bis 1933 auch die Oberländer Parteigenossen mit Informationen. Selbst die KPD, die in ihren Schwerpunkten Friedrichshafen und Ravensburg bisweilen die SPD an Wählerstimmen überrundet, gibt für ihre Sympathisanten "im Oberland auf vorgeschobensten Posten, umtobt von Haß und Verleumdung" einige Monate 1921/22 eine Zeitung, die "Oberschwäbische Freie Presse", heraus. Die "oberschwäbischen Provinzkommunisten" im "schwärzesten Winkel Deutschlands" werden im Unterbezirk Oberschwaben (später Ulm-Ravensburg) erfasst[134].

Vor und um 1900 erfolgen im Zuge einer allgemeinen Blüte des Verbandswesens eine Reihe von Gründungen regionaler Organisationen: Der oberschwäbische Turngau 1877, der oberschwäbische Schützenverband 1878, der naturwis-

[132] David *Blackbourn*: The political alignment of the Centre Party in Wilhelmine Germany: a study of the party's emergence in nineteenth-century Württemberg. In: The Historical Journal 4 (1975) S. 821-850, hier S. 849.– Vgl. Ders.: *Class*, religion and local politics in Wilhelmine Germany. The Centre Party in Württemberg before 1914. Wiesbaden 1980.

[133] Schwäbischer Bauernfreund 7 (1917) S. 49.

[134] Oberschwäbische Freie Presse 12. 11. 1921 und 11. 1. 1922.

senschaftliche Verein für Oberschwaben 1879, der oberschwäbische Sängergau 1885, Ende des Jahrhunderts der Gau-Verband der oberschwäbischen Arbeiter-Bildungsvereine, um 1900 schließen sich die oberschwäbischen Gewerbe- und Handwerkervereinigungen zu einem Gauverband zusammen, der jährlich große Gautage veranstaltet, auf dem lautstarke Forderungen des gewerblichen Mittelstands vorgetragen werden. Um die Jahrhundertwende bilden die Städte den "Oberschwäbischen Städteverband" mit regelmäßigen Städtetagen. Die oberschwäbischen Amtskörperschaften gründen 1909 den Bezirks-(Zweck)Verband der heute noch bestehenden Oberschwäbischen Elektrizitäts-Werke, um die Stromversorgung der ländlichen Gebiete sicherzustellen[135]. Auf Initiative des im Weltkrieg rapid gewachsenen Luftschiffbaus Zeppelin verfolgen die ca. 50 größeren Firmen im 1920 gegründeten "Industrieverband Oberschwaben" den Zweck, "die gemeinsamen Interessen der Mitglieder zu wahren und zu fördern, zu Fragen des Verkehrs u. a. [...] Angelegenheiten gemeinsam Stellung zu nehmen und auf Erhaltung geordneter und friedlicher Beziehungen zwischen den Mitgliedern und ihren Arbeitnehmern hinzuwirken"[136], worunter der Verband auch die Durchsetzung einer mehrwöchigen Aussperrung 1922 versteht. Die vielen kleinen, durchweg zentrumsfreundlichen Bezirkszeitungsverlage schließen sich 1922 zum Verband oberschwäbischer Zeitungsverleger (VERBO) zusammen[137], dessen "oberschwäbische Verlagsgesellschaft" in Friedrichshafen die wirtschaftlich weiterhin selbstständigen Zeitungen mit dem gemeinsamen politischen Mantelteil beliefert Das Kartell lebt nach dem Zweiten Weltkrieg mit den Lokalausgaben der "Schwäbischen Zeitung" wieder auf.

In der Revolution von 1918/19 flattern wieder rote Fahnen über oberschwäbischen Städten und es entstehen wie in den Revolutionen von 1525 und 1848 spontane Vertretungsorgane, in diesem Fall die Arbeiter-, Bauern-, Bürger- und Soldatenräte. Sie erwarten Änderungen oder auch Bewahrung von 'oben', von Stuttgart und Berlin, nicht durch Eigeninitiative in Oberschwaben[138]. So suchen sie den Kontakt mit Stuttgart, aber nicht untereinander in der Region. Anders als 1848/49 kommt es zu keinen regionalen Versammlungen. Die Revolution schwächt mit der Abdankung des Monarchen den württembergischen Landespatriotismus, doch beteiligt sich nun dauernd das Zentrum an der Regierung und stellt 1928-33 auch den Staatspräsidenten. Der kirchenpolitische Gegensatz kann in Oberschwaben nicht mehr gegen Stuttgart mobilisiert werden, in Stuttgart regieren jetzt oberschwäbische Katholiken mit. Der Staat verzichtet auf die Reste staatskirchlicher Bevormundung. Nach der Niederlassung der Benediktiner in Weingarten strömen noch mehr Oberschwaben zum Blutritt als der Manifestation oberschwäbischer Katholizität, aber nicht mehr im Protest gegen Stuttgart, sondern im Widerstand gegen den abstrakt beschworenen 'Zeitgeist' in der mas-

[135] Vgl. Kurt *Diemer*: Stromversorgung in Baden-Württemberg. Erfolgsgeschichte einer kommunalen Idee. OEW. Ulm 2001.

[136] Industrieverband Oberschwaben (E. V.): Satzungen beschlossen bei der Gründung des Verbandes am 10. April 1920. Kreisarchiv Bodenseekreis Salem, Dok.

[137] Vgl. (*Verbo*:) 17 wichtige Punkte für Sie. Oberschwaben, Hohenzollern, Bodenseegebiet. Unterlagen für eine Marktuntersuchung. O. O. o. J. (ca. 1930). – Vgl. *Gollwitzer* (wie Anm. 107) S. 534.

[138] Vgl. Elmar L. *Kuhn*: Rote Fahnen über Oberschwaben. Revolution und Räte 1918/19. In: ZWLG 56 (1997) S. 241-317, hier S. 315.

senhaften Begegnung "mit dem Herrgott zu Pferde"[139]. Nur zu Beginn der Republik passiert das Schlimmstmögliche, in der Regierung sitzen Sozialdemokraten, am Anfang gar Sozialisten und es kostet die Zentrumsführer arge Gewissensbisse, die ihnen durch die Revolution zugefallene Mitverantwortung zu tragen. Die Mehrheit der Sozialdemokraten im Landesausschuss der Arbeiterräte haben als Vertreter des Oberlandes nur den gemäßigten Arbeiterratsvorsitzenden aus Biberach geduldet, nicht aber Delegierte aus dem viel wichtigeren, aber radikaleren Friedrichshafener Rat. Über einen rasch gegründeten Verband oberschwäbischer Landwirte schafft sich der Vorsitzende des Bauernrats Leutkirch ein Sprungbrett zum Vorsitzenden des Landesbauernrats und schließlich in die Landwirtschaftskammer.

Die Nazis liquidieren viele der vordem angesprochenen Organisationen und schalten die übrigen gleich. Eine erste Kreisreform 1938 zerschlägt die seit 1810 im wesentlichen stabile Oberamtseinteilung und reduziert die bisherigen 10 Bezirke auf 6 Kreise, zudem reicht der Südteil des Kreises Ulm jetzt ins Oberland. Die NSDAP versucht, in ersten "Oberschwabentagen" und Ausstellungen "Kunstschaffen in Oberschwaben" regionale Gefühle zu instrumentalisieren und zu mobilisieren[140], aber nicht nur mit regionaler Interessenorganisation ist es für zwölf Jahre zu Ende. In blutiger Zeit wird auch kein Blutritt mehr geduldet.

Im Widerspruch zum altwürttembergischen Dünkel, gefördert durch ein neues katholisches Selbstbewusstsein entstand eine neue positive regionale Identität, schließlich, wenn nicht durch die "Dialektik der Aufklärung", so durch die 'Dialektik der Rückständigkeit' auch eine positive Einschätzung von außen. Wenn Hans-Georg Wehling meint: "Zu Oberschwaben wurden diese Menschen durch die Unterwerfung unter Württemberg"[141], wird man dieser Einschätzung widersprechen. Oberschwaben ist kein "Produkt des 19. Jahrhunderts"[142], die strukturellen Voraussetzungen wurden in den Jahrhunderten zuvor geschaffen, im 19. Jahrhundert hätte sich nicht mehr so lange eine Österreich-Nostalgie gehalten. Aber im 19. Jahrhundert erhielt Oberschwaben klare, allerdings engere Grenzen und es begann, sein Eigenbewusstsein deutlicher zu artikulieren. Wenn die Oberschwaben ihre Eigenheiten artikulierten, dann lange gegen die Kritiker, aus einem Gefühl der Diskriminierung und Benachteiligung heraus. Aus Trotz wurde Stolz. Mit dem beginnenden Tourismus wurde, was vorher als Rückständigkeit beklagt und belächelt wurde, zur Attraktion[143]. Der verachtete Barock wurde neu ge-

[139] Vgl. Norbert *Kruse* / Hans Ulrich *Rudolf* (Hg.): 900 Jahre Heilig-Blut-Verehrung in Weingarten 1094-1994. 2 Bände. Sigmaringen 1994. – Otto *Beck* u. a.: Durch Feld und Flur. Umritte und Reiterprozessionen. Ulm 1994.

[140] "Oberschwabentag in Weingarten. Unter Beteiligung von 20 000 Volksgenossen ...". In: Schwäbisches Bilderblatt (1937) 48, S. 13. – Schreiben „Reichskulturkammer. Der Landeskulturwalter Gau Württemberg. Stuttgart, den 27. 6. 1939 [...]. Betreff: Oberschwabentag vom 9. bis 11. 6. 1939 in Biberach/Riss". Kreisarchiv Bodenseekreis Salem, Dok. – Vgl. Frank *Brunecker*: Nationalsozialismus in Biberach. Biberach 2006. S. 134.

[141] *Wehling*, Oberschwaben Württemberger (wie Anm. 7) S. 287.

[142] *Wehling*, Oberschwaben (wie Anm. 3) S. 133. – Eine ähnliche Kontroverse gibt es, ob Baden-Württemberg "eine staatliche Neuschöpfung ohne historische Tradition" sei, oder ob zutrifft, wofür Reinhold Maier im Landtag Applaus erhielt: "Wir gehören schon längst zusammen." Vgl. Otto *Borst*: Vorstufen Baden-Württembergs. In: Die Gemeinde 115 (1992) S. 263-267.- *Ders*.: Vorstufen Baden-Württembergs (Schwäbische Gesellschaft Schriftenreihe 9) Stuttgart 1992.

[143] Vgl. Gert *Zang*: Reiseführer Oberschwaben. "Ein verwunschenes Paradies": Wie Oberschwaben allmählich zum Reiseziel wurde. In: *Bosch* (wie Anm. 119) S. 103-110.

schätzt. Der Rückstand in der Industrialisierung verhalf zur "glückhaften Rückständigkeit". "Unterländer Puritanismus und oberschwäbische Genussfähigkeit" verkehrten nun ihre Wertigkeit, was vorher geschmäht wurde, wurde nun gepriesen und umgekehrt[144].

Oberschwaben war keine politische Landschaft mehr, regionale politische Gestaltungsräume gab es nicht mehr. Was sich an regionalen Organisationen bildete, beschränkte sich ab der zweiten Hälfte des 19. Jahrhunderts auf pragmatische Interessenvertretung. Sie verstärkten aber über ihre Binnenkommunikation, ihre Versammlungen und den steten Hinweis auf regionale Defizite und Differenzen regionales Bewusstsein. Oberschwaben-Bewusstsein im 19. und 20. Jahrhundert war regionales, nicht regionalistisches Bewusstsein. Von den Träumen einzelner Standesherren abgesehen, die aber schließlich ab der zweiten Hälfte des 19. Jahrhunderts auch ihren Frieden mit dem württembergischen Staat schlossen, dachte niemand mehr an eine eigenständige politische Organisation, an eine wie immer geartete Autonomie. Landtag und Verwaltung hatten sich als erfolgreiche Integrationsinstrumente und -Foren erwiesen, dem König jubelten die Oberschwaben nach den 1850er-Jahren nicht weniger zu als die Altwürttemberger. Die Oberschwaben hatten keine Probleme mehr, sich mindestens gleichrangig als württembergische Patrioten wie als oberschwäbische Katholiken zu fühlen. 1822 wurde der "höhere Staatsbürgersinn" vermisst und geklagt: "Wir haben Alt- und Neuwürttemberger [...], Vorderösterreicher, Reichsstädter [...], aber noch haben wir kein württembergisches Volk" und 1844 hieß es noch, die "Oberschwaben fühlen sich noch ... wenig in diesem Verbande (Württemberg) heimisch"[145]. Aber Ende des 19. Jahrhunderts gab es ein württembergisches Volk. Länger dauerten die Differenzen auf der nächsten Identitätsebene, alle oberschwäbischen Abgeordneten in Frankfurt stimmten großdeutsch, lange hoffte man auf ein Deutschland unter Einschluss von Österreich, aber im Kaiserreich absolvierten auch die Oberschwaben Sedanfeiern und feierten Kaisers Geburtstage fast so, aber doch etwas pflichtgemäßer als die Geburtstage ihres Königs.

Ein eigener, interner Diskurs fand kaum statt. Ein publizistisches Sprachrohr für den Gesamtraum existierte nicht. Die Zeitungen mit regionalem Anspruch im Titel (schon 1804-1809: Oberschwäbisches allgemeines Intelligenz- und Wochenblatt – Kempten, später: Anzeiger vom Oberland - Biberach, Volksfreund für Oberschwaben - Ehingen, Oberschwäbischer Anzeiger - Ravensburg, Der Oberländer - Saulgau, Oberschwäbisches Volksblatt - Tettnang) waren bloße Bezirksblätter. Mit den Klöstern hatte man die höheren Bildungseinrichtungen und das wissenschaftliche Potential vernichtet. Nur ganz wenige Bücher befassten sich mit Oberschwaben. Kein eigener Geschichtsverein pflegte das regionale Geschichtsbewusstsein, der Verein für Kunst und Altertum in Ulm und Oberschwaben mit Sitz im evangelischen Ulm, konnte seinem regionalen Anspruch nicht gerecht werden[146]. Erst ab 1884 nahm das "Diözesanarchiv für Schwaben" (1908-12 "Schwäbisches Archiv") etliche Jahre die Funktion einer regionalen Geschichtszeitschrift wahr, ging aber nach dem Tod seines emsigen Herausgebers

---

[144] Als treffliches Beispiel *Troll* (wie Anm. 2) S. 66.

[145] *Quarthal*, Bewußtsein (wie Anm. 2) S. 35.

[146] Vgl. *Greiner*: Der Verein für Kunst und Altertum in Ulm und Oberschwaben. Ein Rückblick. In: WVjH 30 (1921) S. 116-155.

Paul Beck wieder ein[147]. Zu gleicher Zeit publizierte Franz Ludwig Baumann mit seinen Quellensammlungen zum Bauernkrieg und mit seiner Geschichte des Allgäus[148] sowie Joseph Vochezer mit seiner Geschichte des Hauses Waldburg[149] die ersten umfassenden Werke über größere Teilräume und wichtige Epochen Oberschwabens. Vor dem Ersten Weltkrieg schrieb Karl Otto Müller über Entstehung und Verfassung der oberschwäbischen Reichsstädte[150], H. Günther gab die Briefe des Weingartener Abtes Gerwig Blarer heraus[151]. Dann folgte lange bis auf die Edition der "Ländlichen Rechtsquellen" im nördlichen Oberschwaben nichts Vergleichbares nach[152].

War Oberschwaben nach 1810 bereits auf das württembergische Oberland beschränkt worden, so begann es gegen Ende des Jahrhunderts im Süden zu 'erodieren'. Die württembergische Südbahn hatte 1850 in Friedrichshafen den See erreicht. Friedrichshafen mit der Sommerresidenz des württembergischen Königs und seine Umgebung lockten nun nicht mehr nur die Stuttgarter Honoratioren zu einem Sommerfrische-Aufenthalt, die Bahn brachte im Sommer Verein um Verein zu einem Sonntagsausflug mit Dampferfahrt auf dem 'Schwäbische Meer'. Eine Flut von Bodenseeführern wurde den Touristen angeboten[153]. Im späten 19. Jahrhundert brach ein Gründungsfieber von Bodensee-Organisationen aus, kaum ein Berufsstand, der sich nicht bodenseeumspannend zusammenschloss, die Parteien veranstalteten ihre Bodenseetreffen. Der Bodenseegeschichtsverein pries die glorreiche, vor allem mittelalterliche Vergangenheit der Bodenseelandschaft, druckte in seinen Jahresschriften aber fast nur Einzeluntersuchungen. Auch wenn man kaum ein gemeinsames Regionalbewusstsein der Bodenseeanwohner unterstellen kann, gegenüber der Publikationsflut über den Bodensee war Oberschwaben auf dem Buchmarkt so gut wie nicht präsent[154]. Die Zahl der Oberschwabenorganisationen dürfte gegenüber den Bodenseevereinigungen ebenfalls deutlich geringer gewesen sein, doch waren die Aktivitäten der Bodensee-Organisationen weniger auf Effektivität, als auf Geselligkeit ausgerichtet und beschränkten sich meist auf jährliche Treffen[155].

Oberschwaben war im 19. und frühen 20. Jahrhundert keine politische Landschaft mehr, wurde von keiner noch so schwachen staatlich-politischen Klammer

---

[147] Vgl. Paul *Beck*: Ausgewählte Aufsätze zur Geschichte Oberschwabens. Altshausen 1985 mit einer Biographie und Bibliographie von Siegfried *Krezdorn*.

[148] *Baumann*, Quellen (wie Anm. 55) und *Ders.*, Akten (wie Anm. 39). – *Ders.*: Die Oberschwäbischen Bauern im März 1525 und die zwölf Artikel. Kempten 1871.– *Ders.*: Geschichte des Allgäus. Bd. 1-3. Kempten 1883-1894.

[149] Joseph *Vochezer*: Geschichte des fürstlichen Hauses Waldburg in Schwaben. Bd. 1-3. Kempten 1888-1907.

[150] *Müller* (wie Anm. 21).

[151] *Blarer* (wie Anm. 19).

[152] Paul *Gehring* (Bearb.): Württembergische Ländliche Rechtsquellen. Bd. 3: Nördliches Oberschwaben. Stuttgart 1941.

[153] Vgl. Werner *Allweiss*: Preiswerte Hilfe für die noch Unerfahrenen: Zur Geschichte der Bodensee-Reiseführer. S. 43-48 und Elmar L. *Kuhn*: Ein Luftschiff über dem König vor dem Alpenpanorama. Friedrichshafen als Kurort und Fremdenstadt vor dem Ersten Weltkrieg. S. 125-138, hier S. 137f. In: *Internationaler Arbeitskreis Bodensee-Ausstellungen* (Hg.): Sommerfrische. Die touristische Entdeckung der Bodenseelandschaft. Rorschach 1991.

[154] Vgl. *Zang* 2006 (wie Anm. 143).

[155] Vgl. Herbert *Berner*: Verlorene und wiedergewonnene Einheit des Bodenseeraumes. In: Helmut *Maurer* (Hg.): Der Bodensee. Landschaft – Geschichte – Kultur. Sigmaringen 1982. S. 619-654. – *Amt der Landeshauptstadt Bregenz* (Bearb.): Internationale Vereinigungen, Internationale Vereine und Verbände, Internationale Übereinkommen im Bodenseeraum. Bregenz 1986.

zusammengehalten. Es war zur Bewusstseinslandschaft geworden, zunächst im Trotz, dann im bescheidenen Stolz, später bereits überlagert vom württembergischen Landesbewusstsein, im Süden in beginnender Konkurrenz mit einer Bodensee-Orientierung. Welchen Stellenwert oberschwäbisches Eigen- und Selbstbewusstsein über die Kreise der Honoratioren und Autoren hinaus im Denken der Bevölkerung hatte, muss freilich offen bleiben. Doch gibt es viele Indizien, dass der Stolz, der in der von dem Ravensburger Landrat Dr. Guntram Blaser später so gern zitierten Sentenz zum Ausdruck kommt, "Schwabe zu sein, ist eine Gabe, Oberschwabe zu sein, ist eine Gnade", von vielen Oberschwaben geteilt wurde [156].

7 Das letzte halbe Jahrhundert: Der Genius, ein kurzlebiger Staat, die Landräte und die Freaks

In den Jahrzehnten nach dem Zweiten Weltkrieg werden von unterschiedlichen Akteuren mehrere Anläufe zu gemeinsamem politischen Handeln in der Region und für die Region in Oberschwaben unternommen: die geistespolitische Suche nach "Grundeinsichten für Verantwortungsträger" in der Gesellschaft Oberschwaben in den späten 40er Jahren, die kurze "Staatlichkeit der oberschwäbischen Kulturnation" im Land Württemberg-Hohenzollern[157], politische Neuordnungspläne für den deutschen Süden nach 1945, die entwicklungspolitische Offensive des Regionalplanungsverbandes Oberschwaben in den 60er Jahren, die Alternativ- und Jugendbewegung in den 70er- und frühen 80er-Jahren, die regionale Kulturpolitik der Landräte im Zweckverband 'Oberschwäbische Elektrizitätswerke'. Über die Jahrzehnte hinweg werden Tourismus-Vermarktung und Kulturpflege betrieben.

In Aulendorf eröffnet 1939 Joseph Rieck eine Buchhandlung, die durch ihr Angebot und ihren Kundenstamm während des Naziregimes "für das geistige Deutschland [...], das nur noch in Heimlichkeit vegetieren durfte, ein Mittelpunkt" wird. Rieck, geprägt von Carl Muth und Theodor Haecker, Pioniere einer geistigen Erneuerung des Katholizismus, und in enger Verbindung mit Ernst Michel, Denker einer linkskatholischen Ethik, geht nach der "Aufgabe der Sammlung der Kräfte des Widerstandes", nach der Befreiung "die große Aufgabe der Sammlung und Zielweisung des Denkens, der Klärung unserer historischen Situation" an und erhält von der südwürttembergischen Landesverwaltung den Auftrag, "in Aulendorf einen kulturellen Mittelpunkt für Oberschwaben zu schaffen". In einer Akademie sollen Wissenschaftler verschiedener Disziplinen die "wesenhaften Probleme ihres Fachgebiets" bearbeiten. In der Gesellschaft Oberschwaben sollen sich die "maßgebenden Personen des Landes [...] in Aulendorf zur Aussprache über ihr Lebensgebiet treffen [...]. 'Akademie' und 'Gesellschaft' sollen sich gegenseitig anregen und fördern."[158].

---

[156] Vgl. Guntram *Blaser*: Identität und Kulturförderung. In: *Dornheim / Greiffenhagen* (wie Anm. 8) 74-88, hier S. 74. Dort allerdings sinnentstellend, denn "Schwabe zu sein, ist" kein "Verdienst".

[157] Elmar L. *Kuhn*: Die kurze "Staatlichkeit der oberschwäbischen Kulturnation". In: Im Oberland 9 (1998) 1 S. 48-51.

[158] Felix *Messerschmid*: Die Gründung in Aulendorf. In: Die Gründung der Gesellschaft Oberschwaben in Aulendorf. Stuttgart 1946. S. 5-20, hier S. 7, 9 und 8f.

In seiner programmatischen Rede zur Gründung der Gesellschaft am 27. April 1946 im Schloss Aulendorf stellt Joseph Rieck ihr die Aufgabe, "Grundeinsichten für die verschiedenen Lebensgebiete zu finden", sie an die "dafür Aufnahmefähigen" zu vermitteln mit dem Ziel der "Bildung einer neuen Schicht von Verantwortungsträgern". Leitende Gesichtspunkte sollen sein: "Hinwendung zum Menschen [...] in einem sozialen Humanismus, [...] eine geistige Front durch alle Nationen und eine Erneuerung des Christentums, das [...] seine heilenden Kräfte den profanen Bezirken zuwendet". Als Leitfiguren nennt Rieck die französischen katholischen Philosophen Jacques Maritain und Emanuel Mounier, aber auch Camus und Sartre. Als zentrale Begriffe tauchen immer wieder der "freie geistige Tauschplatz" und der "Sammelplatz der lebendigen Kräfte des heutigen Denkens" auf[159]. Bei einer Kuratoriumssitzung grenzt der Sekretär der Gesellschaft, Baron Stauffenberg, ein, jede "fundierte Meinung und Überzeugung soll, wenn sie nur auf dem Urgrund [...] einem weiten Sinn katholischen Glaubens getragen ist, hier zu Worte kommen können", doch setzt er sich gegen Kritik vehement dafür ein, man solle hier "ebenso wohl über Kapitalismus und Sozialismus, Liberalismus und Katholizismus reden können"[160]. Das geht manchem einflussreichen Mitglied schon wieder zu weit, Fürst Erich von Waldburg-Zeil verlässt unter Protest die Gesellschaft[161].

Die Akademie nimmt nie ihre Arbeit auf, da ihr vorgesehener Leiter, Prof. Michel, nicht von Frankfurt nach Aulendorf übersiedeln will. Doch veranstaltet die Gesellschaft von 1946 bis 1949 eine Reihe von Tagungen u. a. zu Verfassungsfragen zum Städtebau, zu Schule und Erwachsenenbildung, Kirchengemeinden und Kirchenmusik, sozialen Problemen, zur Agrarreform und Treffen der südwestdeutschen Archivare. Diese Aktivitäten der Gesellschaft sollen sich nicht in erster Linie auf Oberschwaben beziehen, Oberschwaben solle das Kraftzentrum darstellen, dessen "universale Geistigkeit" einen "besonderen Beitrag für den Neuaufbau des geistigen und kulturellen Lebens in Württemberg" und darüber hinaus für die "innere Neubildung des deutschen Volkes" leistet[162]. Der Geistes- und Bewusstseinslandschaft Oberschwaben ist die Rolle einer Modellregion zugedacht. Keinesfalls wolle die Gesellschaft Oberschwaben ein "spitzwegartiges Idyll, sei es bürgerlicher Behäbigkeit, sei es feudalistischer Anachronismus, inmitten einer chaotischen, brennenden Welt, gleichsam als glückliches Eiland oder als Naturschutzgebiet erhalten". "Separatistische Ansprüche" werden dezidiert zurückgewiesen[163].

Der Verlag der Gesellschaft soll neben Veröffentlichungen zu Anthropologie, Geschichtsphilosophie, Soziologie und Theologie auch Bücher herausgeben,

[159] Josef *Rieck*: Rede bei der Eröffnungstagung der "Gesellschaft Oberschwaben" in Aulendorf am 27. April 1946. In: Elmar L. Kuhn u. a. (Hg.): Das große weite Tal der Möglichkeiten. Geist – Politik – Kultur 1945-1949. Das Projekt Gesellschaft Oberschwaben. Lindenberg 2002, S. 304-309. Eine Zusammenfassung in *Messerschmid* S. 9-20.

[160] Hans Christoph Freiherr *Schenk von Stauffenberg*: Kuratoriumssitzung 20. September 1947, Rede des Sekretärs. In: *Kuhn*, Tal (wie Anm. 159) S. 322-329, hier S. 325.

[161] Zur Gesellschaft Oberschwaben jetzt umfassend *Kuhn*, Tal (wie Anm. 159). – Elmar L. *Kuhn*: Gesellschaft Oberschwaben 1945-1949. "Die oberschwäbische Idee hat der heutigen Welt viel zu sagen". In: *Bosch* (wie Anm. 119) S. 377-394.

[162] Gedruckter "Stiftungsaufruf" der Gesellschaft Oberschwaben1945 in: *Kuhn*, Tal (wie Anm. 159) S. 301-303, hier S. 301.

[163] *Schenk von Stauffenberg* (wie Anm. 160) S. 322 und 324.

Abb. 7 - Karte der Planungsgemeinschaften, des Regionalplanungsverbandes Oberschwaben und der oberschwäbischen Landkreise.

"die der Bewußtmachung des oberschwäbischen Landes dienen"[164]. Es bleibt beim Druck des Berichts der Gründung der Gesellschaft mit den dort gehaltenen Reden und der Programmschrift "Renovatio" von Ernst Michel[165]. Auch von irgendwelchen Ergebnissen des "Instituts für oberschwäbische Landeskunde", das von

[164] Gedruckter Aufruf der "Stiftung Gesellschaft Oberschwaben Aulendorf" 1946 in: *Kuhn*, Tal S. 318-320, hier S. 319.

[165] Ernst *Michel*: Renovatio. Zur Zwiesprache von Kirche und Welt (Veröffentlichung der Oberschwäbischen Akademie Aulendorf). Aulendorf 1947.

der Gesellschaft am 11. Oktober 1947 feierlich gegründet wird, ist nie mehr etwas zu hören. Nur die südwestdeutschen Archivare befassen sich auf ihrer dritten Tagung in Aulendorf 1948 mit "Oberschwaben als historischer Landschaft". Von den Kuratoriumsmitglieder der Gesellschaft leben nur etwa die Hälfte in der Region. Der Präsident des Kuratoriums, Gerhart Storz, später baden-württembergischer Kultusminister, ist zwar in Oberschwaben geboren, wirkt aber damals als Oberstudiendirektor in Schwäbisch-Hall, Vorsitzender ist der Landrat von Saulgau, Karl Anton Maier.

Nachdem die "Gesellschaft Oberschwaben" 1949 ihre Tätigkeit aus nicht ganz durchsichtigen Gründen, u.a. wegen der parteipolitischen Polarisierung und auch aus finanziellen Gründen, einstellt, bleibt zweierlei. Die südwestdeutschen Archivare setzen ihre Jahrestreffen bis heute fort und erinnern sich auf ihrem 50. südwestdeutschen Archivtag an ihre Anfänge in Aulendorf. Die Rede von Karl (später: Carlo) Schmid, die er auf der Gründungsversammlung der Gesellschaft 1946 hielt, wird später vom Regionalplanungsverband Oberschwaben nachgedruckt. Der heute klassische Text ist geistige Labsal für jeden Oberschwaben, der sich den Provinzstatus als Meriten anrechnen will. Er wird schon damals gern gehört, aber in ihrem Überschwang doch bezweifelt. Hier sei ein "Menschenbild zur Ausprägung gekommen [...], in dem Züge der Humanität bewahrt werden konnten, die andernwärts geopfert werden mußten". Der Oberschwabe sei "ein Geschöpf Gottes, das sich selbst erfüllt, und nicht von den Sachen, den Umständen und Zwecken her determiniert ist". Dabei habe dieses einzigartige Geschöpf der Versuchung widerstanden, abzuheben, den Willen zu verabsolutieren, der "Geist hat sich hier nie hochmütig vom Stoffe geschieden", der Mensch habe hier "die Natur geformt und nicht geknechtet, sie nicht sich selber entfremdet". Die "menschlichen Tugenden [sind] hierzulande ins Blühen gekommen [...] wie nur je anderswo", wo lebe das „spezifisch Eigenständige so lauter [...] wie hier?". Der "Genius Oberschwabens" sei der "Engel der Humanität", getragen von der Einheit von Antike, Christenheit und Bodenständigkeit[166]. Zumindest für die Gesellschaft Oberschwaben erweist sich der Genius als nur begrenzt flugfähig, die Neue Zürcher Zeitung ist schon 1948 skeptisch: "Man wird [...] abwarten müssen, [...] wie weit ihre Blütenträume reifen". Die separatistischen Bestrebungen gelten aus Züricher Sicht als erledigt, gelobt wird das aufblühende Kunstleben, "Ausdruck eines neuen Lebensgefühls", Anzeigen "geistiger Erneuerung Oberschwabens"[167].

Das "Lob Oberschwabens" singt Karl (Carlo) Schmid als Staatsrat und Landesdirektor, quasi Ministerpräsident des Landes Südwürttemberg-Hohenzollern, eines Landes, das auf französische Anordnung gebildet, ihr Besatzungsgebiet in Württemberg, also dessen südlichen Teil, umfasst. Die Rede Schmids klingt heute harmlos gefällig, aber mit seiner Betonung der Humanität wirbt Schmidt für seinen 'anthropozentrischen' Verfassungsentwurf gegen die ‚theozentrischen', in Teilen gar 'theokratischen' Vorstellungen der CDU. Während im Entwurf Schmids sich das Volk die Verfassung gibt "im Vertrauen auf Gott [...] als ein

[166] Karl *Schmid*: Lob Oberschwabens. In: Gründung 1946 (wie Anm. 158) S. 21-30. - Nachdrucke: Carlo *Schmid*: Lob Oberschwabens. (Oberschwaben-Heft 3) Wangen 1968 und *Kuhn*, Tal (wie Anm. 159) S. 310-314.

[167] *Ba.*: Geistige Erneuerung Oberschwabens (1948). In: *Kuhn*, Tal (wie Anm. 159) S. 331-333.

Bekenntnis zu der Würde und den ewigen Rechten der Menschen, als einen Ausdruck des Willens zu Einheit, Gerechtigkeit und Freiheit", gibt sich im Entwurf der CDU das Volk seine Verfassung "Angesichts der ernsten Lehre über die Folgen der Gottesentfremdung [...] im Gehorsam gegen Gott, der den Menschen seinen Willen in Christus offenbart hat, und im Vertrauen auf Gott, den allmächtigen Schöpfer und Erhalter, den allein gerechten Richter"[168]. Hier prallen völlig unterschiedliche Vorstellungen aufeinander, was die "oberschwäbische Idee", was die "brauchbare Tradition" Oberschwabens denn seien.

Heinz Pfefferle versucht nachzuweisen, dass das "Land ‚Württemberg-Hohenzollern' [...] nichts anders [sei] als die erstmalige Staatlichkeit der oberschwäbischen Kulturnation!" Für "die gewichtigste Regierungspartei in Württemberg-Hohenzollern, die CDU [habe] Oberschwaben ein politisches 'Kernland'" dargestellt. "Oberschwaben ist auch weltanschaulich ein 'Kernland', das Württemberg-Hohenzollern insgesamt seinen Stempel aufdrückt. Wenn hier [...] ein Landesbewusstsein entsteht, so ist dies ganz wesentlich der Tatsache zu danken, dass Oberschwaben mit seinem neuerwachten Selbstbewusstsein einen festen Kristallisationskern bildet." Exekutor "oberschwäbischer Identität" sei die CDU gewesen. Zwar habe die südwürttembergische CDU den Südweststaat "entscheidend [...] auf den Weg gebracht", doch letztlich nur, um "die Wiederherstellung des alten Württemberg und seines Stuttgarter Zentralismus zu verhindern" und "eine der letzten einigermaßen christlichen Machtpositionen in Deutschland" zu sichern[169].

Die CDU repräsentiert die hegemoniale politische Kultur Oberschwabens, die einige Jahre im Kleinstaat Württemberg-Hohenzollern ihre politische Organisationsform findet, bei abweichenden Ordnungsvorstellungen als Konzepte alternativer regionaler Identitäten von Minderheitsgruppen. Wenn man das Land Württemberg-Hohenzollern als Staatsform "der oberschwäbischen Kulturnation" interpretiert, dann hat sie sieben Jahre Bestand, die Grenzen sind freilich nicht selbstbestimmt, sondern von den Besatzungsmächten vorgegeben, und beziehen größere ehemals altwürttembergische Gebiete mit ein[170].

Im größeren Südweststaat haben die oberschwäbischen Repräsentanten mit wesentlich geringerem Einfluss zu rechnen. Der Waldseer Bürgermeister und CDU-Landtagsabgeordnete ruft deshalb 1949 zu einer vertraulichen Konferenz über die "Stellung Oberschwabens im Falle einer staatlichen Neuordnung" ein[171].

---

[168] Thomas *Rösslein* (Bearb.): Quellen zur Entstehung der Verfassung von Württemberg-Hohenzollern. Erster Teil. Stuttgart 2006. S. 147 und S. 568. – Vgl. die Präambel in der 1947 verabschiedeten Fassung: "Das Volk von Württemberg-Hohenzollern gibt sich im Gehorsam gegen Gott und im Vertrauen auf Gott, den allein gerechten Richter, folgende Verfassung". Verfassung für Württemberg-Hohenzollern. Biberach 1947 S. 7.

[169] Heinz *Pfefferle*: Politische Identitätsbildung in Württemberg-Hohenzollern (1945-1952). Die Renaissance oberschwäbischen Regionalbewusstseins. Weinheim 1997. S. 34, 205f., 271, Vorwort, 291, 239. – Vgl. *Ders.*: Politische Identitätsbildung im neugeschaffenen Land Württemberg-Hohenzollern 1945-1952. Orientierungen für die neuen Bundesländer? In: *Mütter / Uffelmann* (wie Anm. 9) S. 101-115.– *Ders.*: Die Renaissance des Regionalbewusstseins in Oberschwaben nach 1945. „Starke Aversionen gegen Stuttgarter Zentralismus". In: *Kuhn*, Tal (wie Anm. 159) S. 145-168. – *Biege* (wie Anm. 14) S. 33-35.- Kritisch zu Pfefferle: *Kuhn*, Staatlichkeit (wie Anm. 157). – Allgemein: Max *Gögler* u. a. (Hg.): Das Land Württemberg-Hohenzollern 1945-1952. Darstellungen und Erinnerungen. Sigmaringen 1982.

[170] Wie Anm. 157.

[171] Günther *Bradler*: Der „Landkreisstaat" Lindau, das Land Württemberg-Hohenzollern und Oberschwaben nach 1945. In: Jahrbuch des Landkreises Lindau 9 (1994) S. 11-18, hier S. 17.

Ziel ist ein eigener Landesbezirk im neuen Bundesland, abgelehnt wird die Wiederherstellung des alten Landes Württemberg mit seinem Stuttgarter "Zentralismus", dem die Südlösung - Südwürttemberg, Südbaden, Hohenzollern - vorgezogen wird. Als Sitz des südwürttembergischen Regierungspräsidiums im neuen Bundesland werden zwar gelegentlich auch die zentraler gelegenen Städte Sigmaringen und Ravensburg erwogen, es bleibt aber bei der peripheren, Stuttgart-nahen Universitätsstadt Tübingen. Auch nach Stuttgarter Ansicht ist der Regierungsbezirk „ein zufälliges Gebilde, [...] in dessen Rahmen das landschaftliche Anliegen von Oberschwaben nicht erfüllt werden" kann[172]. Trotz altbadischem, und das hieß ja befremdlicherweise neubadischem Widerstand, endet die südwürttembergische Eigenstaatlichkeit nach sieben Jahren mit der Konstituierung des neuen Bundeslandes Baden-Württemberg 1952. Dass es gelungen sei, im neuen Bundesland Baden-Württemberg "essentielle oberschwäbische Belange" abzusichern und ein "Maximalprogramm an regionaler Eigenständigkeit" durchzusetzen[173], ist freilich eine Mär. Oberschwaben wird wieder dem "Stuttgarter Zentralismus" ausgeliefert.

Friedrich Metz schlägt 1948 in seiner Konzeption für ein Bundesland "Rheinschwaben" einen Regierungsbezirk Sigmaringen vor, der zwar außer dem ganzen Oberschwaben noch den größten Teil der Alb, aber nicht die nördlichen Teile des späteren Regierungsbezirks Tübingen umfasst hätte[174]. Größere Pläne verfolgt der Konstanzer Archivar Otto Feger mit seinem damals weitverbreiteten Aufruf "Schwäbisch-Alemannische Demokratie" von 1946[175]. Er sieht die Verantwortung für die nationalsozialistische Katastrophe bei den autoritären Dispositionen des deutschen Nordens und Ostens, während ihm die freiheitlichen Traditionen des deutschen Südwestens bessere Voraussetzungen für ein demokratisches Staatswesens zu bieten scheinen. Er propagiert deshalb ein "autonomes Land Schwaben" mit Baden, Württemberg, Hohenzollern, Bayerisch-Schwaben und eventuell einmal Vorarlberg. In diesem Land sollen die "natürlichen Landschaften", demnach wohl auch Oberschwaben, eine möglichst große Selbständigkeit genießen mit eigenen Parlamenten und eigener Verwaltung. Solche Gedanken finden auch in Bayerisch-Schwaben Anklang. Hier werden wieder Modelle gebastelt, die schon 1848, 1919 und 1930 diskutiert worden sind, wo für ein selbständiges (Ost)Schwaben oder unter dem Schlagwort "Nie wieder München" für den Anschluss an das "Reichsland Großschwaben" geworben wurde[176]. Noch weiter gehen Hoffnungen auf eine "Alpen-Union" oder "Donau-Föderation" von Baden bis Tirol, die auch beim oberschwäbischen Adel Anklang finden[177]. Nachdem an den Grenzen nichts mehr zu ändern ist, versammelt man Geistesadel zur Erneuerung ganz Europas

[172] Ministerialrat Dr. *Meyer* 1952, nach: Niederschrift über die 1. konstituierende Landschaftsversammlung Oberschwaben 17. Juli 1961, S. 12. Kreisarchiv Ravensburg.

[173] *Pfefferle*, Identitätsbildung 1996 (wie Anm. 169) S. 244, 241.

[174] Friedrich *Metz*: Rheinschwaben. Heidelberg 1948. S. 97-100, Karte S. 141.

[175] Otto *Feger*: Schwäbisch-Alemannische Demokratie. Aufruf und Programm. (Oberland-Bücher) Konstanz 1946.

[176] *Gollwitzer* (wie Anm. 107) S. 544.

[177] Umfassend informiert über die verschiedenen Pläne Jürgen *Klöckler*: Abendland – Alpenland – Alemannien. Frankreich und die Neugliederungsdiskussion in Südwestdeutschland 1945-1947. München 1998. – *Ders.*: Das Land der Alemannen. Pläne für einen Heimatstaat im deutschen Bodenseeraum nach 1945. Konstanz 1999.

in "abendländischer Aktion" und "abendländischer Akademie"[178].

Nicht weit von Zeil, in Wangen im württembergischen Allgäu, denkt ein Landrat zwar auch abendländisch, bleibt aber in seinen Gestaltungsabsichten bescheidener und greift doch, wie sich zeigen sollte, für Wollen und Denken der Region zu hoch. Dr. Walter Münch hat schon als Regierungsrat beim Landratsamt Tettnang maßgeblich im Arbeitsausschuss der Gesellschaft Oberschwaben mitgewirkt[179]. Als Landrat des Landkreises Wangen vollzieht er Ende der 50er Jahre den Schritt von der Diskussion zum konkreten Handeln, schafft er die Form für regionale Artikulation. Damals häufen sich in der Schwäbischen Zeitung, offensichtlich bestellt von der Redaktion, aber Ausdruck eines verbreiteten Unbehagens, Artikel, die eine oberschwäbische Regionalplanung fordern. Sie sind Ausdruck der allgemeinen Planungseuphorie, die sich bis in die 70er Jahre noch steigert, und der Politik noch eine insbesondere räumliche Steuerung der gesellschaftlichen, vor allem wirtschaftlichen Entwicklung zutraut. Münch reagiert aber auch auf die Bildung von Planungsgemeinschaften in den Nachbarregionen westlicher Bodenseeraums und Neckar-Alb, die bereits Randgebiete Oberschwabens verplanen, und auf die Ausweisung des Bodenseeraums als Testregion der staatlichen Landesplanung, wodurch Oberschwaben planerisch zerschnitten wird.

Vor allem aber glaubt sich Oberschwaben von Stuttgart vernachlässigt und will seine Interessen nun energischer vertreten: "Wenn man heute in Oberschwaben von dem neuen Gebilde (dem neuen Bundesland) nicht mehr so entzückt ist, so hat das seine Gründe. Der Süden kam bei dem Handel schlecht weg. [...] es hätte Förderung oder wenigstens liebevolle Behandlung verdient. Statt dessen mußte es zusehen, wie der Norden in erster Linie für sich sorgte. [...] der Rest floß zur Beruhigung der altbadischen Gemüter nach Südbaden. [...] Ministerpräsident Dr. Gebhard Müller hat einmal den Oberschwaben vorgeworfen, sie rührten sich nicht und hätten darum auch nichts bekommen. Sie werden sich das nicht ein zweites Mal sagen lassen"[180]. Es gibt allerdings auch Zweifler, die fragen: "Gibt es noch ein Oberschwaben?" und meinen, man könne aufgrund der ungleichen Entwicklung, "nicht mehr von Oberschwaben als einem einheitlichen Raum mit wesentlichen gleichberechtigten Interessen sprechen". Eine "echte Planungsgemeinschaft" komme deshalb wohl nicht in Frage, doch müsse "ein autoritatives Vertretungsorgan gleich welchen Namens" geschaffen werden[181].

Die "echte" Planungsgemeinschaft für den südlichen Teilraum Oberschwabens Östlicher Bodensee-Allgäu wird auf Initiative Münchs im Februar 1961 von den drei Landkreisen Ravensburg, Wangen, Tettnang gegründet. Im April einigen sich oberschwäbische Landkreise und Städte sowie einige benachbarte bayerische Kreise in der "Waldseer Vereinbarung" auf die Bildung des Planungsverbandes,

---

[178] Vgl. Andreas *Dornheim*: Adel in der bürgerlich-industrialisierten Gesellschaft. Eine sozialwissenschaftlich-historisch Fallstudie über die Familie Waldburg-Zeil. Frankfurt 1993. S. 349-368.

[179] Vgl. Jürgen *Klöckler*: Münch, Walter, 1911-1992, Landrat, FDP/DVP-Politiker, Literat. In: Bernd *Ottnad* / Fred L. *Sepaintner* (Hg.): Baden-Württembergische Biografien. Bd. 3. Stuttgart 2002. S. 268-269. - Karlheinz *Schaaf* (Hg.): Versuch Walter *Münch* hochleben zu lassen. Se! – da nimms – Eine Festgabe seiner Freunde zum 70. Geburtstag. Sigmaringen 1981. – Walter *Münch*: Rückbesinnung auf Gotik. Wangen 1991. – Hymnisch: Walter *Münch*: Licht auf Oberschwaben. O. O. 1961.

[180] *J. S.*: Silberstreifen. In: Schwäbische Zeitung 5. 1. 1960. – Vgl. Stuttgart entdeckt den Bodensee. In: Schwäbische Zeitung 4. 9. 1959.

[181] OB Dr. *Grünbeck* (Friedrichshafen): Gibt es noch ein Oberschwaben? In: Schwäbische Zeitung 24. 10. 1959.

später Regionalplanungsverbandes Oberschwaben[182]. Auf Druck des Innenministeriums muss sich das Neugebilde zunächst als "Arbeitsgemeinschaft für Planungen in Oberschwaben" bezeichnen, da es mit seinem Zuschnitt nicht in die staatlichen Vorstellungen kleinräumiger Regionalgliederung passe. Es erhält auch nie eine förmliche staatliche Anerkennung und fungiert quasi als Dachverband über den "echten" Planungsgemeinschaften Östlicher Bodensee-Allgäu (1961), Donau-Riß (1965), Donau-Iller-Blau (1965) und Neckar-Alb (1958)[183].

Auf der ersten konstituierenden Landschaftsversammlung am 17. Juli 1961 in Ravensburg singt Münch nochmals das alte oberschwäbische Klagelied: "Im Königreich Württemberg sei Oberschwaben während des 19. Jahrhunderts nicht als gleichberechtigter Landesteil integriert worden. [...] politisch, kulturell und wirtschaftlich sei in Oberschwaben ein Vakuum entstanden. [...] Die Einwohner seien pauschal als wirtschaftlich untauglich angesehen worden. [...] So sei das Gebiet diskriminiert und zur Provinz gestempelt worden. In der einheimischen Bevölkerung seien aus diesen Gründen bis heute überlieferte Vorbehalte gegen Regierung und Administration aus Stuttgart vorhanden. Die Landschaft wolle [...] Gleichberechtigung und Förderung gemäß ihrer Eigenartigkeit". Man habe keine "Sezessionsgedanken", aber wolle "ein gemeinsames Forum für Oberschwaben, eine gemeinsame Repräsentation gewinnen", die vielleicht zu "echten Selbstverwaltungskörperschaften" auf landschaftlicher Ebene zwischen Kreis und Land führen könne[184]. Die Stuttgarter Zeitung hält die Münchschen Ausfuhrungen für "eine neue, oberschwäbische Version württembergischer Geschichte [...], aggressiv und auch etwas einseitig." Es sei aber sicher, dass "manches [...] auch beim Mann auf der Straße noch vorhanden, noch lebendig ist."[185]

Die Landschaftsversammlungen sind die der Regel einmal jährlich stattfindenden großen, repräsentativen Foren der politischen Szene Oberschwabens, zu der die Landkreise und einige Städte als Mitglieder ihre Landräte und Oberbürgermeister und daneben weitere von den Kommunalparlamenten gewählte Vertreter entsenden. Außerdem werden eingeladen die Abgeordneten der Region, die Vorstände der staatlichen Sonderbehörden und wichtiger Verbände sowie Honoratioren aus Politik, Wirtschaft, Kultur, Medien, Kirche, Adel, als Ehrengäste sind der Ministerpräsident oder ein Landesminister sowie der Regierungspräsident anwesend. Die Versammlungen befassen sich jeweils mit aktuellen Schwerpunktthemen. Münch weist ihnen folgende Aufgaben zu: "Die Landschaftsversammlung soll eine einheitliche Willensbildung in bezug auf eigene Zuständigkeiten in der Landschaft ermöglichen, soll Gelegenheit geben, die echten Gegenwartsaufgaben in eigener Zuständigkeit besser und rascher zu erfüllen, die Vorstellungen von einer Entwicklung in der Zukunft zu klären, zu gemeinschaftlichem Planen und Handeln zu kommen. Sie soll in allen Fragen der Landespolitik als gemeinsame Repräsentation der gestaltenden Kräfte Oberschwabens das Wort ergreifen und

[182] Vgl. Walter *Münch* / Edmund *Schneider*: 4 Jahre Regionalplanung. Vorlage zur 5. Landschaftsversammlung Oberschwaben in Ehingen/Donau am 19. 6. 1965. (Planungsverband Oberschwaben 1/1965) Wangen 1965.

[183] Vgl. Karte 10.01 in: *Regionalplanungsverband Oberschwaben* (Hg.): Strukturatlas Oberschwaben. Wangen 1965-1970.

[184] Niederschrift (wie Anm. 172) S. 7-9.

[185] Hubert *Locher*: Nicht Hinterhof, sondern Foyer des Landes. In: Stuttgarter Zeitung 19. 7. 1961.- Vgl. Walter Münch: Regionale Planung für Oberschwaben. (Planungsverband Oberschwaben 3/65) Wangen 1965. unpag.

das Gewicht dieser Landschaft verstärken. [...] Die Landschaftsversammlung kann keine autonome Korporation sein. Gleichwohl wird ihre Zusammensetzung einen hohen Grad von Legitimität gewährleisten"[186].

Der Verband unterhält eine kleine Geschäftsstelle, die in Personalunion mit Beamten des Landratsamts Wangen besetzt ist und die Sitzungsvorlagen und Planungsunterlagen erarbeitet, vor allem den vorzüglichen "Strukturatlas Oberschwaben" (1967-70). Von fremden Autoren werden u.a. Untersuchungen und Gutachten zum "wirtschaftlichen und sozialen Umschichtungsprozeß", zur Agrarstruktur, zur "wachsenden Wirtschaft" veröffentlicht. Die staatliche Planung sucht der Verband durch seine "Stellungnahme [...] zum Gebietsentwicklungsplan Oberschwaben" zu beeinflussen. Als geschäftsführender Ausschuss fungiert ein Planungsvorstand. Teilbereiche werden delegiert an den Verkehrsausschuss, den Fachausschuss "kommunale Kulturpflege" und an die sehr unterschiedlich funktionierenden, 1964 gebildeten "kulturellen Arbeitskreise". Aus ihnen erwächst der "Kunstverein Oberschwaben", der nach 2 repräsentativen Ausstellungen 1970 wieder an inneren Querelen eingeht und das bis heute bestehende Literarische Forum Oberschwaben. Aus dem Verband heraus entsteht die "Entwicklungsgesellschaft Oberschwaben", die die Versorgung der Region mit Erdgas vorantreibt.

Am meisten beschäftigt den Verband wohl über die Jahre hinweg das Thema Straßenbau. Gleich in der ersten Versammlung wird eine "Resolution zum Straßennotstand in Oberschwaben" mit der Forderung nach "echter, staatsmännischer Verkehrspolitik auch für Oberschwaben" verabschiedet und bei der 10. Landschaftsversammlung 1970 heißt es wieder, die "Standortnachteile Oberschwabens sind mit Vorrang durch den zügigen Ausbau des Verkehrswesens zu beheben"[187], wobei immer vorrangig der Straßenverkehr gemeint ist. An weiteren Themen, mit denen sich die Landschaftsversammlungen mehrfach befassen, sind zu nennen: Raumordnung und Planung, Schulwesen, Agrarstruktur, Landschaft und Umwelt, Verwaltungsreform. Die erste Versammlung hat Ministerpräsident Kiesinger, der eben erst die Universitätsneugründungen Konstanz und Ulm verkündet hat, mit dem Vorschlag einer oberschwäbischen Akademie begeistert. Diese Idee einer "Institution zur geistigen Grundlagenerforschung" ist "eine Wiederaufnahme der Tradition der Gesellschaft Oberschwaben"[188]. Es bleibt dann bei zwei durchaus hochkarätig besetzten "Akademietagungen". Auf einer hält Prof. Dahrendorf sogar eine "zentrale Universität" in Oberschwaben als einer "der vitalsten Regionen im Lande" für notwendig[189]. Man gibt sich dann mit den "kulturellen Arbeitskreisen" zufrieden, die in ihrer Mehrzahl kläglich enden[190].

Münch will immer beides: Entwickeln und bewahren. 1959 hat er eine Kampfschrift mit dem bezeichnenden Titel herausgegeben: "Steinbeis kam nur bis Ravensburg": "[...] das württembergische Allgäu verlangt nach Verkehrserschlie-

[186] Nicht Hinterhof, sondern Foyer des Landes. In: Stuttgarter Zeitung 19. 7. 1961.
[187] Erste Aufgabe: Schnelle Verkehrserschließung. In: Schwäbische Zeitung 17. 10. 1970.
[188] J. S.: Hoffnungen. In: Schwäbische Zeitung 20. 7. 1961.
[189] Niederschrift über die 2. Oberschwäbische Akademie am 4. 12. 1967, S. 7. Kreisarchiv Bodenseekreis, Dok.
[190] Vgl. Herbert Karl *Kraft*: Provinzkultur bedeutet nicht Abgeschlossenheit. Ein neuer Versuch, in Oberschwaben zu gemeinsamer kultureller Arbeit zu kommen. In: Schwäbische Zeitung 19. 9. 1964. Beilage Planung in Oberschwaben.

ßung und Gewerbeförderung"[191]. Dass dieses Verlangen für ganz Oberschwaben Realität wird, ist Ziel des Regionalplanungsverbands während seines ganzen Bestehens. In seiner Programmschrift für die erste Landschaftsversammlung "Was soll aus Oberschwaben werden?" betont der Landrat und Vorsitzende die Gefahren: "Die Kulturlandschaft [...] wird mit einer überraschenden Geschwindigkeit zu einem ausgeräumten Werkfeld. Die Ortschaften [...] breiten sich mancherorts aus zu unorganischen Konstruktionsfeldern der Wohnsiedlungen und der Fabrikbereiche". Er zitiert Heidegger, Jünger und den Baron Hornstein als "Denker aus Oberschwaben", dass eine "geistige Ordnung der materiellen Ordnung vorausgehen" müsse und "nur nach sorgfältigen Überlegungen neue Elemente der Entwicklung zugelassen werden" sollen[192]. Die Erfolgsbilanz betont das Outfit, nicht die Substanz des Inhaltes: "Wir haben uns [...] bemüht: das Image unserer gemeinsamen Heimat, die Facon dieser guten alten Firma aufzupolieren, das gemeinsame Prestige aufzuwerten, die Auslagen zu beleuchten, die Verpackung der Wünsche marktkonform zu machen, die Belegschaft zu einem Firmengefüge zu erziehen, die Public-relations zu pflegen"[193]. So sind es wohl Pyrrhussiege, der Verband ist erfolgreich, Oberschwaben holt auf, auch in seiner Selbstzerstörung.

Mit dem Jahresende 1972 zeigt sich, wie sehr der Verband, die politische Einigung Oberschwabens das Werk Münchs gewesen ist, denn mit dem Ende des Landkreises Wangen, dem Verlust des Landratspostens, kommt das Ende des Regionalplanungsverbands Oberschwaben, was ja nicht zwangsläufig ist. Die Bereitschaft zur Zusammenarbeit in dieser Region mit ihrem "eigenbrötlerischen Sinn"[194] ist unter den oberschwäbischen Landräten durchaus unterschiedlich ausgeprägt. Der Landkreis Saulgau hält sich immer fern, sein Landrat Karl Anton Maier will "nichts wissen von den regional- und landespolitischen 'Pontifikalämtern', die nichts bringen als schnell verwehenden Weihrauch für Veranstalter und Gäste"[195]. In die Vorstellungen des Landes hat der Verband trotz aller Ministerreden nie hineingepasst. Die Verwaltungsreform 1972/73 teilt Oberschwaben wie das Bodenseegebiet in zwei verschiedene Regionalverbände auf und löst vier Landkreise auf. An Oberschwaben haben jetzt noch die Kreise Ravensburg, Biberach, Sigmaringen, der Bodensee- und der Alb-Donau-Kreis Anteil. Wogegen sich die Gründung des Regionalplanungsverbands Oberschwaben richtete, die Aufteilung Oberschwabens in zwei Regionalverbände Bodensee-Oberschwaben und Donau-Iller, wird jetzt Realität. Die Kreisreform zerstört 35 Jahre nach der letzten Gebietsreform erneut emotionale Bindungen im kleinregionalen Bereich[196]. Münch hat noch kurz vor Torschluss versucht, mit der Gründung einer Euregio Bodensee ein neues Forum interregionaler Zusammenarbeit zu schaffen, seiner Zeit wieder voraus, scheitert diesmal aber mangels Macht und wird von

[191] O. O. (Wangen) 1959.– Vgl. Georg Fürst von *Waldburg-Zeil*: Die Industrie wandert nach Süden. In: Schwäbische Zeitung 26. 9. 1959.

[192] Walter *Münch*: Was soll aus Oberschwaben werden? Gedanken über das Planen. (Oberschwaben 2) o. O. (Wangen) 1961. S. 3-6.

[193] Walter *Münch*: Nach drei Jahren: Was kam dabei heraus? In: Schwäbische Zeitung 19. 9. 1964. Beilage Planung in Oberschwaben.

[194] Albert *Drexler*: Für Land und Landschaft eine Chance. In: Schwäbische Zeitung 17. 7. 1961.

[195] Michael *Schnieber* / Rupert *Leser*: Alltag in Oberschwaben. Chronik eines Bildberichters in der Provinz 1962-1993. Ulm 1993. S. 156.

[196] Vgl. Elmar L. *Kuhn*: "Auf den Bürger kommt es (nicht) an". Meinungen zur Kreisreform. In: Leben am See 15 (1998) S. 360-371.

der Bildung der Internationalen Bodenseekonferenz der Regierungschefs rund um den See überrollt, die dann prompt auf Jahre hinaus sich kaum mehr treffen[197]. Für den Regionalverband Bodensee-Oberschwaben, der nur noch das südliche und westliche Oberschwaben vertreten kann, zieht der langjährige Vorsitzende Karl Wäschle eine positive und damit für den Münch'schen Verband eine kritische Bilanz: "in dem Maße, in dem die Publizität oberschwäbischer Aktionen abnahm, [stieg] die Effektivität oberschwäbischer Planung und auch oberschwäbischer Initiativen". Aber eine "gesamtoberschwäbische Aktivität gibt es nur noch von Fall zu Fall"[198].

Als einziges Relikt des Regionalplanungsverbands Oberschwaben überlebt einer die kulturellen Arbeitskreise, das Literarische Forum Oberschwaben, das Walter Münch bis kurz vor seinem Tode 1992 leitet. Immer ist ihm hier das "Projekt der Selbstaufklärung und Ermutigung einer Landschaft [...], eine lebendige kulturelle Auseinandersetzung zwischen Kunst, Politik und Gesellschaft" ein Anliegen, ein Projekt, das die Forumsmitglieder mittlerweile als anachronistisch betrachten[199].

Selbstaufklärung und Ermutigung betreiben in den 70er Jahren andere, Jüngere direkter und radikaler. Drei Faktoren führen dazu, dass Jugendliche der Region in den 70er Jahren nicht mehr einfach in den vorgezeichneten Bahnen ihrer Eltern verbleiben wollten und andere Freizeitmöglichkeiten, aber auch generell andere Lebensweisen einforderten: Das sind zum einen die "tiefgreifenden Wandlungen in den wirtschaftlichen und sozialen Verhältnissen"[200], d.h. Industrialisierung der Landwirtschaft, sich beschleunigender technologischer und damit sozialer Wandel, Auflösung der traditionellen familiären und dörflichen Bindungen, zum anderen die ‚Bildungsrevolution' auch auf dem Lande und schließlich die Einflüsse der Studentenbewegung. Unzufrieden mit der "Mischung aus Tourismus- und Kleinstädtchensauberkeit und Obrigkeitsordnung sowie der tagtäglich druckfrisch servierten lebensfeindlichen besitzorientierten Kleinkariertheit" fordern die Jugendlichen in vielen oberschwäbischen Kleinstädten und Großdörfern in den frühen 70er Jahren selbstverwaltete Jugendzentren und realisieren auch etliche[201]. Unmittelbarer Anlass ist oft die "beschissene Freizeitsituation [...], der

---

197 Vgl. Dieter *Bullinger*: Grenzüberschreitende Zusammenarbeit in der Regionalpolitik. Theoretische Ansätze und ihre Bedeutung für das Bodenseegebiet. Wangen-Konstanz 1977.– Heinz *Müller-Schnegg*: Grenzüberschreitende Zusammenarbeit in der Bodenseeregion. Herisau 1994.

198 Karl *Wäschle*: Oberschwäbische Profilierung. Von der Gesellschaft Oberschwaben zum Regionalverband. In: *Eitel / Kuhn* (wie Anm. 2) S. 157-182, hier S. 176f.– Vgl. *Regionalverband Bodensee-Oberschwaben* (Hg.): 25 Jahre Regionalplanung Bodensee-Oberschwaben. (Info Heft 1) Ravensburg 1999.

199 Peter *Renz*: Spielwiese für Dichter. In: Oswald *Burger* / Peter *Renz* (Hg.): Spielwiese für Dichter. Literarisches Forum Oberschwaben. Ein Lesebuch. Eggingen 1993. S. 391-410, hier S. 394f. – Vgl. *Ders.*: Das Literarische Forum Oberschwaben. In: *Eitel / Kuhn* (wie Anm. 2) S. 183-213. – Karlheinz *Schaaf*: Walter *Münch* und das Literarische Forum Oberschwaben: "... und lieh den Leisen seine Stärke". In: Im Oberland 2 (1991) 2 S. 43-46.

200 Hermann *Haas*: Der wirtschaftliche und sozial Umschichtungsprozess in Oberschwaben. (Planungsverband Oberschwaben 1/64) Wangen 1964. S. 12.– Vgl. Dieter *Bellmann* u. a.: "Provinz" als politisches Problem. In: Kursbuch 39 (1975) S. 81-127.

201 Eugen *Detzel* / Peter *Sichel*: Schlaglichter einer Provinz. Am Beispiel Oberschwaben. TS 1981, S. 2. Gekürzter Druck in: Nebelhorn (1981) 8 S. 29-32 und 9 S. 6-10. – Lokales Exempel: Julian *Aicher*: Die haben alle möglichen Ausreden gehabt. Wie der Rat von Mengen eine Jugendhausinitiative abblocken wollte. In: Jochen *Kelter* (Hg.): Kultur am Ende? Weingarten 1985. S. 69-85.

permanente Provinzmangel an Freizeit- und politischen Möglichkeiten"[202]. Als Gemeinderäte und Bürgermeister Räume verweigern und die ersten Jugendhäuser wegen unterschiedlicher Vorstellungen über erlaubtes und unerlaubtes Handeln geschlossen werden, schließen sich bis zu 15 Zentren und Initiativen im ehemaligen württembergischen Oberland und in der bayerischen Nachbarschaft zum Jugendzentrums-Dachverband Oberschwaben-Bodensee-Allgäu zusammen. Im Protest gegen das herrschende Bewusstsein der Region artikuliert sich regionales Bewusstsein. Es erscheint 1977 mit der wohl einzigen Nummer die "Rebellion", als "unabhängige, unzensierte Zeitung des Dachverbands". Kurzfristig existiert eine mehrstufige Organisation der selbstverwalteten Jugendzentren mit regionalem Verband, Landes- und Bundestreffen[203].

Maßgeblich trägt zur Vernetzung der Jugendzentrumsbewegung eine alternative Zeitschrift bei, der "Motzer". Er beginnt 1977 als "Schussenriader Jugend-Blättle" mit Attacken auf die dortige Kommunalpolitik zu erscheinen[204]. 1978 werden die Sitzungen der Redaktion im Schussenrieder Jugendzentrum vom Bürgermeister als Begründung für dessen Schließung benutzt, worauf Blättle und Jugendzentrumsnetz zu einer großen Jugend-Demonstration mobilisieren. Das Schussenrieder wächst zum "Oberschwäbischen Alternativ-Blättle, in dem jeder schreiba ka ond soll, was er will, ozensiert" (Untertitel). Mit seinem Selbstverständnis als "Diskussionsforum" ohne "eigene politische Meinung", das prinzipiell jede Zuschrift abdruckt, die aber zum größten Teil aus der eher linken Szene kommen, sehen es viele als ein "Anarcho-Sponti-Szene-Blättle", andere ein "Stück konkreter Widerstand", das über vieles berichtet, worüber in der Presse der Region nichts zu lesen ist. "Die Provinz wurde kleiner, die eigene politische Isolation durchbrochen. Heute bestehen mehr oder weniger persönliche Kontakte vom Bodensee bis nach Biberach und von Biberach bis nach Sigmaringen [...]. Es wurde lebenswert, in der Provinz zu bleiben [...]. Der Motzer hat die Strukturen geschaffen und er hält sie aufrecht"[205]. Nach mehreren Krisen und Redaktionsgenerationen entschläft der Motzer 1981 trotz seines Erfolgs, "daß er die oberschwäbische Szene vernetzt hat [...]. Dr Blickwinkel für d'Region isch erscht dadurch entstanda"[206].

Aber 1982 entsteht mit den "Südschwäbischen Nachrichten" ein Nachfolgeorgan, zunächst mit mehreren Lokal- und Ressortredaktionen und äußerlich professioneller aufgemacht, ein "Magazin für Gegenöffentlichkeit" und ein Versuch, das Meinungsmonopol der "Schwäbischen Zeitung" zu brechen. Den ungewöhnlichen Namen begründet das Editorial der Nummer 1: "Oberschwaben kennt jeder, aber Südschwaben - ein Unikum [...]. Lindau ist halt immer noch bayerisch

[202] Thesen zu dem Phänomen (Erscheinung), dass die JZ-Bewegung in der Provinz nicht ab-, sondern zunimmt. In: Rebellion. Unabhängige, unzensierte Zeitung des Dachverbandes Allgäu-Oberschwaben-Bodensee (1977) 1 S. 33f, hier S. 33.

[203] Dieter *Koschek*: Juze-Dachverband Oberschwaben / Bodensee / Allgäu. In: Motzer (1978) 28 S. 12-14.

[204] Vgl. Fritz *Neuer*: Oberschwabens unvergessliches Alternativblatt. "Im a' alte Viehstall so mit Radiatorheizung". Vor zehn Jahren erschien der erste Motzer. In: Südschwäbische Nachrichten 6 (1987) 62 S. 22f. - Gründer des "Motzer" war Oswald Metzger, der spätere Bundes- und Landtagsabgeordnete der Grünen. Vgl. www.oswald-metzger.de. – www.ul-schussenried.de/Archiv/adieu_oswald.htm-19k.– Zu anderen Alternativ-Zeitungen der Region: Kerstin Aurich: FN-Tabu. Stadtzeitung für Friedrichshafen. In: Leben am See 12 (1995) S. 298-304. – Holger *Reile*: Neblig, aber nicht hoffnungslos (Konstanz). In: Kelter, Kultur (wie Anm. 201) S. 30-42.

[205] *kressy*: Von der Notwendigkeit des Motzers. In: Motzer (1980) 75 S. 10f.

[206] *Neuer* (wie Anm. 204).

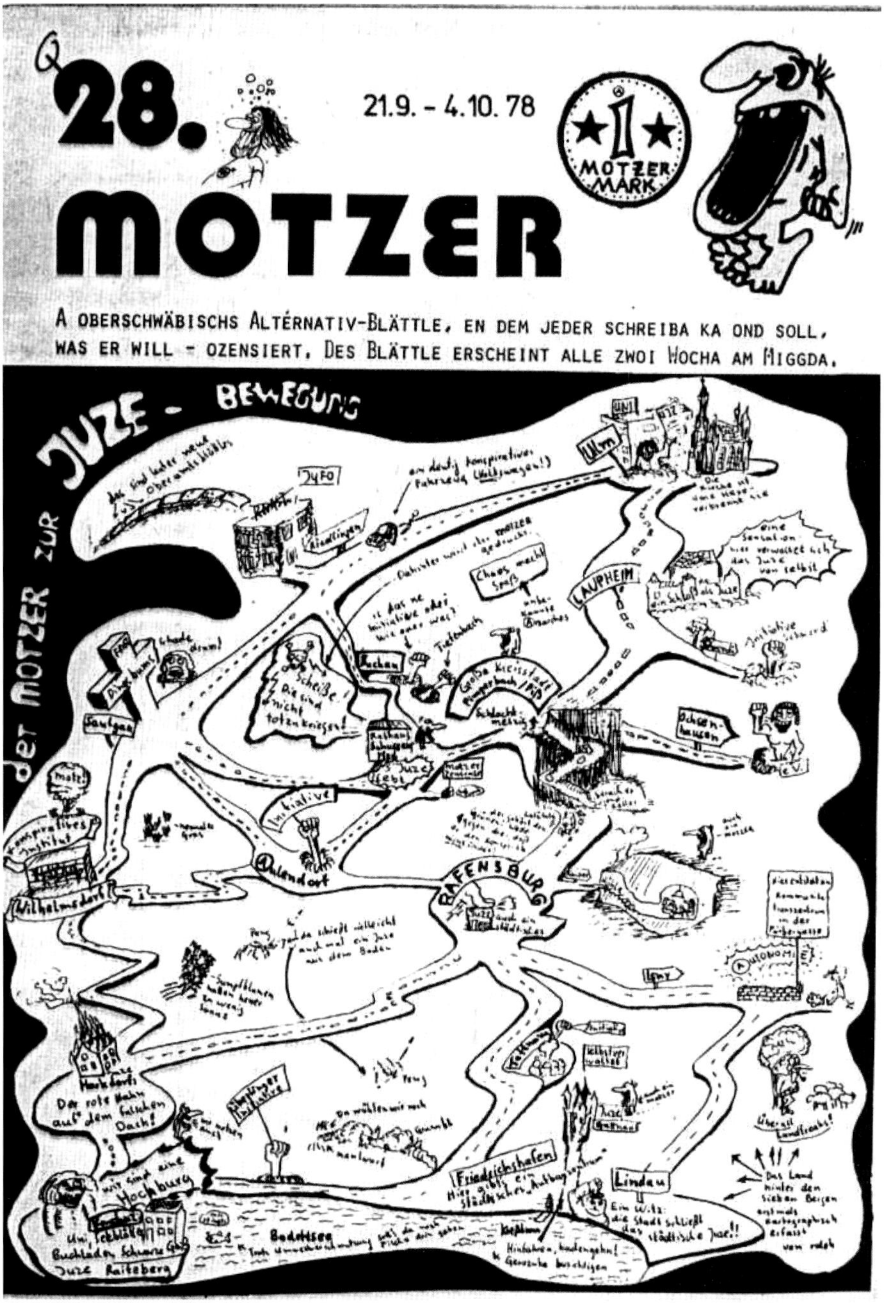

Abb. 8 - Titelblatt Motzer 1978.

[...]. Deshalb also: Südschwäbisch[...]. Unser Heft soll den Schwaben ihr Schwaben näher bringen"[207]. Neun Jahre später haben die restlichen Redakteure nach dauernder Selbstausbeutung und abnehmender Resonanz keine Lust mehr und verabschieden sich 1991 von ihren Lesern: "Vieles ist anders geworden, vor allem in und um die 'neuen sozialen Bewegungen', aus denen die Südschwäbischen Nachrichten mittelbar hervorgegangen sind und auf die die SN oft Einfluß gewonnen haben. [...] der regionale Anspruch der Zeitung ist zum regionalistischen verkommen, bei dem die nationalen und internationalen Zusammenhänge zu oft unter den Tisch fallen". "Wir waren Teil einer Bewegung und den damit verbundenen Hoffnungen und schreiben nun das Schlußkapitel mit"[208].

Auch Oberschwaben hat seine Studentenbewegung, mit dem Zentrum an der Pädagogischen Hochschule in Weingarten, einer Achse nach Biberach und eher schwachen Kontakten nach Konstanz. "ganz Oberschwaben mußte von Junglehrern überschwemmt sein", "die hier vor Jahren eine Bewegung in Gang gebracht hatten, in der [...] alle ganz entschieden andere geworden waren. Die große Zeit"[209]. Peter Renz schildert in seinem Schlüsselroman "Vorläufige Beruhigung" die Hoffnungen, Aktivitäten, die persönlichen Veränderungen in sich verändernden Konstellationen. Nach Jahren treffen sich die Aktivist/innen/en und unterhalten sich in ihren Fraktionen: die "Ökologengruppe", "Alternativgruppe", "Politikgruppe", "Frauengruppe", es fehlt die "Kulturgruppe"[210].

Selbst Kaderparteien versuchen die Provinz zu revolutionieren: "In seiner größten Zeit 1976/77 war der Bezirk Oberschwaben/Bodensee des KBW in allen größeren Städten [...] aktiv"[211]. "Blind wird jede Direktive auf das staunende Oberland übertragen"[212]. Den Kadern mit ihrem Durchblick folgten die "Magenschmerzenrevoltierer"[213]. Gegen die sog. Nachrüstung formieren sich in vielen Städten Friedensinitiativen, die 1983 ein "Oberschwäbisches Friedensmanifest" für "wirkliche Abrüstung in Ost und West", gegen die "Vorbereitungen zur Massenvernichtung" veröffentlichen: "Alle Bürger Oberschwabens [sind] gefordert"[214]! Den für sie frei gehaltenen Abschnitt der Menschenkette von Ulm bis Stuttgart 1983 können die Oberschwaben doppelt und dreifach besetzen. Ein "Frauenjahrbuch Bodensee-Oberschwaben" gibt 1983 den Frauengruppen, -treffs, -Zentren, -häusern im "alten Oberschwaben" zwischen Schwarzwald, Donau, Iller, Bodensee, Gelegenheit zur Selbstdarstellung und will mit seinen Beiträgen helfen, "ein eigenes Bewußtsein und Selbstbewußtsein zu entwickeln [und das] Selbstverständnis durch den regionalen Bezug zu erweitern". Das Vorwort konkretisiert diesen Bezug: "Die Wurzeln unserer Identität, unserer Vergangenheit mit dem Erfahrungsschatz der Geschichte sind an einen Raum gebunden. [...] wir sind durch diesen Raum geprägt, begreifen ihn als Heimat mit allem Konventio-

---

[207] Südschwäbische Nachrichten 1 (1982) 1.
[208] Winfried *Tascheler* / Marc *Störiko*: Nabelschau? Eine willkürliche Retrospektive auf die Arbeit der Südschwäbischen Nachrichten. In: Südschwäbische Nachrichten 7 (1988) 67 S. 9- 11, hier S. 9 und 11. - Margit Ritter u. a.: Was bleibt nach zehn Jahren gegenöffentlicher Pressearbeit?. In: Südschwäbische Nachrichten (1991) Allerletzte Ausgabe! Juni, S. 2.
[209] Peter *Renz*: Vorläufige Beruhigung. Roman. München 1982. S. 10, 9 (Erstausgabe München 1980).
[210] *Renz*, Beruhigung S. 462-469.
[211] Kalender 1982: 15 Jahre Bewegung in Südschwaben 1965-1981.
[212] *Renz*, Beruhigung (Anm. 209) S. 361.
[213] *Detzel / Sichel* (wie Anm. 201). Nebelhorn (1981) 9 S. 7.
[214] Südschwäbische Nachrichten 1 (1982/83) 3 S. 41.

nalismus der Enge, aller Intoleranz der Provinz, aber auch aller Menschlichkeit und Unmenschlichkeit der Überschaubarkeit"[215].

Die Kultur erweitert sich über die Veranstaltung der Kulturämter hinaus zur zunächst noch nicht verwalteten Sozio-Kultur[216], Kultur und Politik gelten nicht mehr als Gegensätze, Bands wie Schwoißfüaß und Grachmusikoff fetzen "Schwaben-Rock" durch die Lautsprecher[217], Künstler malen Transparente gegen Umweltzerstörung, das Literarische Forum Oberschwaben ist "Resonanzboden für jede Art kritischen Denkens"[218]. Ein Verlag mit dem schönen Titel "Drumlin" will "Gültiges über eine Region sagen", kann aber die "Beschränktheit einer regionalen Welt" nicht durchbrechen[219]. Ein Festival wie "Umsonst und Draußen" als Ober- und Südschwäbisches Woodstock polarisiert noch 1979 vehement Jugend-Rock-Szene und gute Bürger mit ihrer Verwaltung. Um 1980 ist in Oberschwaben eine Alternativszene entstanden, die 1979 93 Seiten im "Maulwurf Adreßbuch Bodensee – Oberschwaben - Schwäbische Alb - Allgäu" und 1983 im "Provinzbuch, Adressen & Tips für die Region Bodensee-Oberschwaben" 388 Seiten füllt[220]. Ein "Netzwerk Bodensee-Oberschwaben, Fonds für politische alternative Projekte" gibt so mancher Kooperative, manchem Laden, mancher Veranstaltung Starthilfe und Rückhalt. Munter freut man sich: "Weg von der Orientierung an den Metropolen! Es lebe die Provinz! Freiheit für Oberschwaben und Kalle! Fahrräder für alle!"[221] Angesichts solcher Zersetzungserscheinungen fordert der Biberacher Landrat die Polizei auf: "In den Kommunen trifft sich das ganze Gesindel! Fangt die Kerle und guckt, was sie treiben"[222]!

Ab Mitte der 80er Jahre bröckeln die regionalen Strukturen der Szene, zehn Jahre später existiert kaum mehr etwas davon. Alternative Lebensformen werden toleriert, sind etabliert, bedürfen der regionalen Vernetzung nicht mehr, soziokulturelle Angebote füllen die Veranstaltungskalender, die Jugendlichen lassen sich von den kommunalen Jugendhäusern verwalten, die politischen Hoffnungen sind geschwunden, die Probleme scheinen übermächtig, viele der Älteren zählen jetzt zur 'Toskana-Fraktion', die Jüngeren haben sich mit "No Future" abgefunden. Grüne und alternative Listenvertreter reden in Gemeinderäten, Kreistagen und Regionalversammlungen gegen Mehrheiten an, so mancher konkrete Vorschlag wird Jahre später aufgegriffen.

"Auf dem Weg zur zweiten Kraft in Oberschwaben" entwickeln die Grünen um die Jahrtausendwende neue Initiativen für eine "große europäische Raum-

---

[215] Hildegard *Kuhn-Oechsle*: Fragen und Absichten. In: Frauenjahrbuch Bodensee-Oberschwaben 1 (1983) S. 12f.

[216] Vgl. Eva *Moser*: Kultur – alternativ. Zentren und Initiativen in der Bodenseeregion. In: *Kelter*, Kultur (wie Anm. 201) S. 86-96.

[217] Vgl. Julian *Aicher*: Da läuft was. Einblicke in Rockszenen der oberschwäbischen Provinz. Ravensburg 1987. – *Ders.* / Ulrich *Eder*: Rock in Oberschwaben. Ravensburg 1988.

[218] Oswald *Burger*: 25 Jahre Literarisches Forum Oberschwaben. In: *Burger / Renz* (wie Anm. 199) S. 371-389, hier S. 380.

[219] Jochen *Kelter*: Ein kleines Schifflein auf rauher See. Der Drumlin Verlag in Weingarten. In: Allmende (1985) 11 S. 114-116, hier S. 115f.

[220] *fid* (felicitas informationsdienst) (Hg.). Konstanz 1979 und Netzwerk *Selbsthilfe Bodensee-Oberschwaben* (Hg.). Ravensburg 1983.

[221] *fid* unpag.

[222] Kuno *Kruse*: In den Kommunen trifft sich das Gesindel. Biberach. In: Max Thomas *Mehr* (Hg.): Drachen mit tausend Köpfen. Spaziergänge durch linkes und alternatives Milieu. Darmstadt-Neuwied 1982. S. 88-105, hier S. 88.

schaft Oberschwaben [...] mit regionalen Institutionen, wie sie bereits in anderen Regionen entwickelt wurden"[223]. Zum 18. Okt. 2000 laden sie zu einem "Regionaltag Oberschwaben" nach Aulendorf ein und schlagen die Bildung eines "Oberschwabentages" vor, um "die Interessen Oberschwabens in Stuttgart, Berlin und Brüssel durchzusetzen"[224]. Sie fordern die anderen Parteien, vor allem die CDU, auf, die Reihe der Oberschwabentage fortzusetzen, stoßen aber bei CDU und SPD auf Widerspruch: Wir "brauchen keine neue Ebene. Es gibt gute Kontakte [...]. Aber es gibt eben nicht das einheitliche Gebiet Oberschwaben. [...] So etwas widerstrebt sowieso der oberschwäbischen Mentalität, die kleinräumig denkt"[225]. So wird dieser Vorstoß abgeschmettert und es bleibt bei einem neuen Logo des Regionalverbands Bodensee-(Süd)Oberschwaben, um "regionales Bewusstsein bei der Bevölkerung [zu] wecken"[226].

Die Landräte Oberschwabens haben sich nach 1948 zu eigenen Sprengelversammlungen getroffen, später reichen ihnen die Versammlungen aller Kollegen des Regierungsbezirks. So bildet heute der Zweckverband Oberschwäbische Elektrizitätswerke die einzige sehr schwache politische Klammer Oberschwabens, denn über die OEW sind die Landkreise Anteilseigner der OEW, heute mit der französischen EDF Hauptgesellschafter der EnBW[227]. In den Verwaltungsratssitzungen treffen sich regelmäßig die Landräte Oberschwabens, seit der Kreisreform von 1973 auch Kollegen weiterer im Westen und Norden anschließender Kreise. Regionalpolitische Bedeutung hat die OEW vor allem durch ihre großzügige Förderung der regionalen Kultur. Seit 1952 stellt sie wachsende Mittel vor allem für die Ankäufe alter und neuer Kunst, für Publikationen und Veranstaltungen zur Verfügung. Alle paar Jahre verleiht sie den "Oberschwäbischen Kunstpreis", früher eher nach Proporz als nach Qualität[228]. Unter den letzten Verbandsvorsitzenden hat die Kulturpolitik bedeutend an Profil gewonnen und folgt erkennbaren systematischen Sammlungszielen. "Der Spur der Kunst folgend ist die Sammlung gewachsen, dem Herkömmlichen verpflichtet, doch zunehmend offen auch für die Kunst der eigenen Zeit[229]." Die "verlorenen Söhne und Töchter aus Oberschwaben, die von der OEW [...] aus dem Kunsthandel heimgeholt werden konnten ins 'Oberschwäbische Himmelreich'" würden eine glanzvolle Galerie oberschwäbischer Kunst bilden, wären sie nicht zerstreut auf die einzelnen Landkreise[230]. Über einen eigenen Verein werden die Wiederentdeckung und Aufführungen der Werke oberschwäbischer Klosterkomponisten gefördert. Die OEW gibt als eigene Buchreihen die "Bibliotheca suevica" und die "Documenta

---

[223] Rainer R. *Günther*: Oberschwaben in neuen Grenzen. In: Schwäbische Zeitung 15. 6. 2000. – Vgl. Manfred *Lucha*: "Landschaften erobern". Auf dem Weg zur zweiten Kraft in Oberschwaben. In: Grüne Blätter (1997) 6 unpag.

[224] Annette *Vincenz*: Kretschmann will Oberschwabenrat. In: Schwäbische Zeitung 20. 10. 2000.

[225] Landrat Peter *Schneider*: "Sie wärmen sich an fremden Feuern". In: Schwäbische Zeitung 16. 6. 2000. – Vgl. SPD erteilt Zukunft des Interregio deutliche Absage. In: Südkurier, Ausg. Ü, 31. 10. 2000.

[226] Neues Logo für die "Region der Zukunft". In: Südkurier, Ausg. FN/Ü, 23. 7. 1999.

[227] Vgl. *Diemer* (wie Anm. 135). – Ders.: 75 Jahre Oberschwäbische Elektrizitätswerke OEW. O. O. 1984.

[228] Vgl. Wolfgang *Schürle* (Hg.): 50 Jahre Oberschwäbischer Kunstpreis 1951-2001. Biberach etc. 2001. – *Ders.* (Hg.): Junger Süden. 50 Jahre Oberschwäbischer Kunstpreis der Jugend. Ulm 2003.

[229] Peter *Beye*: Zur Sammlung der Oberschwäbischen Elektrizitätswerke. In: *Ders.* u. a.: von Albers bis Zürn. Kunstankäufe der Oberschwäbischen Elektrizitätswerke OEW 1998-2005. Lindenberg 2005. S. 9.

[230] Guntram *Blaser*: Vorwort. In: Volker *Himmelein* / Ulrike *Gauss* (Hg.): Kunst aus / für / in Oberschwaben. Kunstankäufe der Jahre 1990-1998 durch die Oberschwäbischen Elektrizitätswerke OEW. O. O. 1998. S. 7.

suevica" mit Editionen regionaler historischer Quellen und älterer regionaler Literatur heraus.

Die "Sezession Oberschwaben-Bodensee", eine Organisation, die fast 40 Jahre die Künstler der Region repräsentiert, ist 1985 "geradezu lautlos von der Bühne abgetreten". Sie übersteht einem "generation gap" nicht mehr, die "Vereinigung von lauter Individualisten" findet das Minimum an Verständigung nicht mehr, die regionale Orientierung hat an Bedeutung verloren[231]. Das Literarische Forum besteht zwar weiter, aber die oberschwäbischen Intellektuellen wollen wieder Schriftsteller sein und ziehen sich auf Formdebatten zurück.

Die Touristen umwirbt der Verband "Oberschwaben Tourismus" und vermarktet unter dem Slogan "Seele lächle", da eine "verbindende Klammer" fehle, als "besonders attraktive Themen": "Die Oberschwäbische Barockstraße - Die Kombination Radfahren, Wandern, Kultur - Familienferien - Gesundheit, Thermalbaden". An den Straßenkreuzungen in der "lieblichen Landschaft mit den sanften Hügeln, den saftigen Wiesen mit den glücklichen Kühen" stehen die Wegweiser der "Oberschwäbischen Barockstraße" mit Puttenköpfchen als Logo, das mittlerweile als heraldisches Symbol Oberschwabens gelten kann[232].

Die politische Teilung Oberschwabens in zwei Regionalverbände suchen die beiden Industrie- und Handelskammern Ulm und Bodensee-Oberschwaben zu überspielen und geben ihre Zeitschrift "Wirtschaft zwischen Alb und Bodensee" gemeinsam heraus. Sie stimmen auch in die alte Klage über Oberschwaben "im Abseits", im "Schatten der Landespolitik" ein und gründen 1997 die "Initiative Oberschwaben", die die Region wenigstens aus dem Verkehrsschatten herausführen will[233].

Was sich in Oberschwaben seit 1945 tut, berichtet mal mehr, mal weniger getreulich die "Schwäbische Zeitung", die "schwäbischste" aller Zeitungen nach Martin Walser. Kulturelle Ereignisse in Oberschwaben werden erst oberschwäbische Ereignisse durch die Berichte im Feuilleton, nach langem Warten endlich in "Kultur regional". Einst meinungsfreudig, heute blass, bleibt die "Schwäbische" doch oberschwäbische Monopolzeitung. Als "Zeitung für christliche Kultur und Politik" stellt sie sich selbst in die Nähe der Partei, die diesen Namen trägt. In der Vergangenheit hat sie durchaus nicht nur über oberschwäbische Regionalpolitik berichtet, sondern auch Regionalpolitik betrieben. Oberschwaben ist heute gelegentlich noch Thema, aber kaum mehr Ziel, sie will verstärkt Landeszeitung sein. Nach dem Vorbild des "Südkurier" hat sie sich eine Oberschwaben- und eine Bodensee-Seite zugelegt, die Oberschwabenseite hat sie zugunsten von trendy Themen wieder aufgegeben. Tapfer versucht das "Kultur- und Veranstaltungs-Magazin Blix. Best of Oberschwaben" gelegentlich einige Schatten aufzuhellen, wo die "Schwäbische" lieber nicht genau hinsieht.

[231] André *Ficus*: Die Sezession Oberschwaben Bodensee. In: *Eitel / Kuhn* (wie Anm. 2) S. 215-230, hier S. 226, 229f.– Vgl. *Ders.* (Hg.): Maler und Bildhauer in einer Landschaft 1947-1977. SOB. Sezession Oberschwaben Bodensee. Friedrichshafen 1977.– Elmar L. *Kuhn* u. a. (Hg.): Gruppenbild vor Landschaft. Die Sezession Oberschwaben-Bodensee 1947-1985. (Oberschwaben – Ansichten und Aussichten) Friedrichshafen 1997.

[232] Karl Heinz *Hässler*: Tourismusregion Oberschwaben. In: Wirtschaft zwischen Alb und Bodensee (2000) 11 S. 24f., hier S. 25. – Bernd *Mayer*: Klischees aus und über Oberschwaben. In: Oberschwaben 4 (2002) 1 S. 21-28, hier S. 27. - Vgl. www.oberschwaben-tourismus.de. – www.barockstraße.org.

[233] *Jut*: Kammern gründen "Initiative Oberschwaben". In: Südkurier 20. 11. 1997.– Vgl. Michael *Carlin*: "Initiative Oberschwaben". Südbahn-Ausbau wartet auf den Bund. In: Schwäbische Zeitung 15. 4. 1999.

Im Medienzeitalter sind die Kommunikationsgrenzen entfallen. Es gibt zwar nicht wenige Organisationen, die das Wort Oberschwaben in ihrer Bezeichnung führen, aber wirklich raumorganisierende Kraft entfalten sie alle nicht und in der Summe kaum. Guntram Blaser bezeichnet die "Halbierung Oberschwabens" mit der Verwaltungsreform 1973 als "dritte 'oberschwäbische Teilung' nach der Auflösung des Herzogtums Schwaben und der Säkularisation"[234]. Der 'oberschwäbischen Krankheit' der Uneinigkeit zum Trotz und um "die Kluft zwischen Politik, Wirtschaft und Kultur immer wieder zu überspringen", wird 1996 in Weingarten wieder eine 'Gesellschaft Oberschwaben' gegründet, allerdings mit der Einschränkung 'für Geschichte und Kultur'. Sie will aber mehr als ein regionaler Geschichtsverein sein und setzt sich laut Satzung zum Ziel, "zur Entwicklung und Stärkung oberschwäbischen Regionalbewusstseins beizutragen"[235]. Drei Initiativen fanden hier zusammen: eine kulturpolitische des Ravensburger Landrats Dr. Guntram Blaser, eine forschungspolitische des Berner Historikers Prof. Dr. Peter Blickle und eine auf fachliche Kooperation in der Region zielende des Leiters des Kulturamtes Bodenseekreis. Die Gesellschaft versammelt jährlich ihre Mitglieder zu 'Oberschwabentagen', lädt ein zu Exkursionen, Vorträgen und Tagungen, protegiert Ausstellungen zur Gegenwartskunst, gibt Bücher und eine Zeitschrift heraus. Als ihr Logo hat die Gesellschaft das rot-weiße Fähnlein der oberschwäbischen Bauern von 1525 gewählt. Der vom ersten Vorsitzenden Prof. Blickle propagierte Gedanke eines 'contrat culturel' mit der Wirtschaft führt zur 'Stiftung Oberschwaben'. Sie ermöglicht der Gesellschaft die maßgebliche Beteiligung an der großen Landesausstellung 2003 in Bad Schussenried "Alte Klöster – Neue Herren" zur Säkularisation und 2006 in Sigmaringen in Eigenverantwortung die Regionalausstellung "Adel im Wandel" zur Mediatisierung[236]. Der Vorsitzende Prof. Blickle realisiert in den ersten Jahren der Gesellschaft ein umfangreiches Forschungs- und Publikationsprogramm zu den "Verborgenen republikanischen Traditionen in Oberschwaben"[237]. Damit wird der Bogen von der Geschichte zur Gegenwart geschlagen, denn die "regionale Methode, mit der hier Geschichte und Kultur rekonstruiert wurden, könnte ein nützliches Konzept werden, die Vergangenheit auf neue Weise umfassender zu erschließen, die Herkunft der Gegenwart präziser zu beschreiben und die Zukunft optimistischer zu entwerfen"[238]. Ebenfalls personell mit der Gesellschaft Oberschwaben verbunden ist die 'Stiftung Friedrich Schiedel Wissenschaftspreis zur Geschichte Oberschwabens'. Ihre bislang vier Preisträger haben zu wichtigen Teilbereichen der Geschichte Oberschwabens unsere Kenntnisse wesentlich erweitert: Prof. Dr. Peter Blickle zum 'Kommunalismus' und 'Republikanismus', Prof. Dr. Franz Quarthal, Nachfolger

[234] *Blaser*, Identität (wie Anm. 156) S. 79.

[235] Elmar L. *Kuhn* in: Peter *Blickle*: Oberschwaben. Politik als Kultur einer deutschen Geschichtslandschaft. Tübingen 1996. S. 54. - www.gesellschaft-oberschwaben.de/Satzung.- Vgl. Elmar L. *Kuhn*: Renovatio. Die alte und die neue Gesellschaft Oberschwaben. In: *Ders.*, Tal (wie Anm. 159) S. 283-298.– *Ders.*: Bewahren, Erneuern, Gestalten. Die Gesellschaft Oberschwaben für Geschichte und Kultur. In: Leben am See 19 (2002) S. 83-89.– *Blaser*, Identität (wie Anm. 156) S. 84-88.

[236] Vgl. Volker *Himmelein* / Hans Ulrich *Rudolf* (Hg.): Alte Klöster – Neue Herren. Die Säkularisation im deutschen Südwesten 1803. 3 Bände. Ostfildern 2003.– Casimir *Bumiller* (Hg.): Adel im Wandel. 200 Jahre Mediatisierung in Oberschwaben. Ostfildern 2006.– *Hengerer / Kuhn*. 2 Bände (wie Anm. 69).

[237] Vgl. *Blickle*, Traditionen (wie Anm. 22) und weitere Bände in der von Rolf *Kießling*, Franz *Quarthal*, Rudolf *Schlögl* und Hans-Georg *Wehling* herausgegebenen Reihe "Oberschwaben – Geschichte und Kultur", in der mittlerweile 15 Bände erschienen sind, aber Band 1 noch immer fehlt.

[238] *Blickle*, Oberschwaben (wie Anm. 235) S. 47.

von Prof. Blickle als Vorsitzender der Gesellschaft, zur Geschichte Vorderösterreichs, Prof. Dr. Klaus Schreiner zur Geschichte des Mönchtums und Prof. Dr. Rolf Kießling zur Wirtschaftsgeschichte der Frühen Neuzeit[239]. Auch wenn die Historiker der benachbarten Landesuniversitäten Tübingen, Freiburg und Konstanz Oberschwaben seit langem ignorieren, sind durch das Wirken der Gesellschaft Oberschwaben und den 'Bücherfrühling' der letzten Jahre die bislang mit regionalkundlicher Literatur über Oberschwaben schwach besetzten Buchregale beträchtlich aufgefüllt worden. Kann die verstärkte Buchproduktion als Indiz für ein wachsendes Regionalbewusstsein gewertet werden?

8 Am Ende des 2. Jahrtausends: Das Ende Oberschwabens?

Fast zwei Jahrhunderte war Oberschwaben Bewusstseinslandschaft. Die Gesellschaft Oberschwaben 1945-1949 wertete dieses Bewusstsein so positiv, dass sie hoffte, an dessen Wesen werden Württemberg, gar Deutschland genesen. Als politische Landschaft konnte sich das auf den württembergischen Anteil reduzierte Oberschwaben nach dem letzten Krieg nochmals ein Jahrzehnt lang verstehen. Die Organisationen vor und nach 1900 orientierten sich aus pragmatischen Gründen am oberschwäbischen Raum, beabsichtigten keine politische Festigung. Solange der Wangener Landrat von der Historie und den Forderungen Oberschwabens sprach, pflichteten ihm viele Festredner bei. Sein Ziel einer landschaftlichen Selbstverwaltung trugen sie nicht mit, den Regionalplanungsverband als weiter möglichen Dachverband liquidierten sie, als der Vorsitzende seinen Posten verlor.

Zum letzten Mal demonstrierte die Generation der in den 50er Jahren Geborenen in der Jugend- und Alternativbewegung die Integrationskraft der Region. Auch wenn sie für eine andere Region, ein anderes Leben und Arbeiten in der Region kämpfte, bestätigte sie die Region als Handlungsrahmen. Gelegentlich nutzte sie sogar die Historie der Region zur Selbstverständigung und Agitation. So aktualisierten die Grünen die 'Zwölf Artikel'[240], Filmemacher drehten "Lond it Luck" über den Bauernkrieg[241], die meisten Nummern der Südschwäbischen Nachrichten brachten regionalhistorische Beiträge.

Heute ist Oberschwaben keine politische Landschaft mehr, als Bewusstseinslandschaft versinkt es in diffusem Nebel. Die bäuerliche Landwirtschaft wird 'plan'-mäßig vernichtet, die Kirchen leeren sich und damit brechen zwei Grundlagen hiesiger regionaler Identität weg. Die ländliche Lebenswelt mit ihrer begrenzten Handlungs-, Erfahrungs-, Verständigungsräumen und ihrer sozialen Kontrolle zerfällt. Mobilität und Medien weiten Kommunikations-, Erfahrungs- und Handlungsräume ins Grenzenlose trotz aller 'Glokalisierungs'-Gegentrends. Kollektive Identität bedarf der Grenzen, eines politischen Rahmens, oder der Differenzen, wird gestärkt durch einen Gegner. Die Landes-Bürokratie, Altwürttemberg fallen heute als Gegner weitgehend aus, auch wenn es immer wieder eindrückliche Erfahrungen Stuttgarter Ignoranz und Arroganz gibt. Der konfes-

[239] Vgl. die bisher drei erschienenen Broschüren mit den "Reden anlässlich der Preisverleihung" 1999, 2001 und 2003, erhältlich beim Kreiskulturamt Ravensburg.
[240] *Freie VHS Argental / Die Grünen* (Hg.): Die zwölf Artikel. O. O. 1981.
[241] Vgl. Georg *Seeßlen*: Die Westallgäuer Filmproduktion. Heimat * Film * Zeit. In: filmmuseum münchen 2006/2007, 11, S. 65-73.

sionelle Gegensatz spielt im Zeitalter der Entkirchlichung keine Rolle mehr. Die sog. Entwicklungsrückstände sind nahezu aufgeholt. Auf die Mahnungen eines Städtebauers 1957: "Seien Sie froh, wenn sie in Ihrem Bereich noch unterentwickelte Gebiete haben"[242]! und die Einsicht Hermann Hesses: "Fortschritt heißt, wieder auf die Höhe von gestern zu kommen" hören die Macher nicht. "Sie zerwalten [...]. Sie reißen das Land auf, legen Betonpisten quer durch Wiesen und Wälder und dienen dem Fortschritt so sehr, daß man nur noch fortlaufen möchte"[243]. Noch nicht, aber immer mehr sieht es in Oberschwaben aus wie anderswo. Wer noch ändern möchte, versucht dies lokal oder gleich worldwide, meist in neuer Innerlichkeit. Hans-Peter Biege resümiert mehrere "Fehlanzeigen": "Neue, gemeinsame Ziele der Region und Geschlossenheit der Region: Fehlanzeige. Identität braucht eine Vorstellung vom eigenen Interesse."

"Gebündeltes oder bündelbares oberschwäbisches Interesse: Fehlanzeige." "Sinnstifter: Fehlanzeige, statt dessen postmoderne Beliebigkeit – wie überall." "Außerdem sind uns die bewusstseinsbildenden Schichten abhanden gekommen: Adel, Klerus, Stadtbürgertum. Letztere, vor allem die Jüngeren, haben längst eine vieldimensionale Identität"[244].

Mentalitäten können zählebiger sein als ihre Determinanten. Nach außen wird Oberschwaben weiter vermarktet als "Land der Putten und Moorbäder". Im Westen ordnet sich jetzt sogar das südliche Hohenzollern wieder Oberschwaben zu. Aber es bleibt der Eindruck, inszenierter Folklorismus und Oberschwaben als Kunst- und Geschichtslandschaft für die Eingeweihten stehen beziehungslos nebeneinander. Ungleich wirkungsvoller präsentiert sich die erfolgreiche konzertierte Inszenierung der Bewusstseinslandschaft Bodensee, verstärkt und gefolgt von der Installierung der politischen Landschaft Euregio Bodensee. Arnold Stadler plädiert für einen Wechsel der Blickrichtung: Es sei "doch gerade umgekehrt: Oberschwaben ist nicht Hinterland des Bodensees, sondern dieser See ist der Hintersee Oberschwabens"[245].

Nun sind Regionen schließlich kein Selbstzweck, genauso wenig wie Nationen und Staaten um jeden Preis zu erhaltende Gebilde sind. Warum soll eine Region nicht wieder aus dem Bewusstsein ihrer Bewohner verschwinden, warum sollen sie sich nicht neu räumlich definieren. Eine schwindende kollektive Identität hat allerdings Folgen für das Handeln, Handlungsmotive entfallen. Ohne 'Raumidee', 'regionalem Diskurs', Identifikation mit der Region kein auf die Region bezogenes Handeln. Die Folge: "die veränderte Bedeutung einer Landschaft verändert diese selber"[246], überlässt sie in diesem Fall dem Walten des Marktes. Regionales Desinteresse macht uns noch mehr zu 'Heimatvertriebenen', ohne dass wir weg-

---

242 Prof. *Seifert* in Schwäbische Zeitung 27. 5. 1957 nach Nachlass Münch im Kreisarchiv Ravensburg.

243 Armin *Ayren*: Kein Beamter, sondern ein Mensch. In: *Schaaf*, Versuch (wie Anm. 179) S. 55-57, hier S. 55.

244 *Biege* (wie Anm. 14) S. 36f.

245 Arnold *Stadler*: Viel zu Bodensee. Zu "Bodensee" fällt mir leider fast gar nichts mehr ein. In: *Internationaler Arbeitskreis Bodenseeausstellungen* (Hg.): Jahrhundertwende – Jahrtausendwende im Bodenseeraum. Rorschach 1999. S. 106f., hier S. 106.– Zu den subjektiven regionalen Zuordnungen im Bodenseekreis vgl. Marco Keiner: Häfler und Überlinger immer noch auf Distanz. Regionalbewusstsein im Bodenseekreis. In: Leben am See 7 (1989/90) S. 166-169: Die Friedrichshafener identifizieren sich zu 75 % als Seeanwohner, die Überlinger zu 22 als Südbadener und die Tetnanger zu je 23 % als Oberschwaben und als Bürger des Bodenseekreises.

246 Detlev *Ipsen*: Regionale Identität. In: Raumforschung und Raumordnung (1993) 1, S. 13.

ziehen müssen[247].

Regionales Bewusstsein, regionale Identität und regionales Handeln sind heute immer weniger Folge wenig reflektierter spezifischer Faktoren. Regionale Identität ist wie personale Identität heute wählbar, eine Frage der eigenen Werte und des Lebensentwurfes. Personale Identität ist dabei immer auch raumbezogene Identität. Wir wählen, mit welchen Räumen mit welchen Werten wir uns identifizieren[248]. Ob Oberschwaben ein Raum mit identifizierbaren Werten bleibt, zwischen Gemeinde, Kleinregion und Land, Nation, Europa etc., hängt von den Entscheidungen seiner Bewohner ab.

Wenn klare regionale Interessenlagen fehlen, schafft der "Kulturbetrieb [...] noch am ehesten ein Regionalbewusstsein"[249]. Wie klein auch immer, kann Geschichte dazu einen Beitrag leisten. Im Württemberg des 19. Jahrhunderts spielte "eine nicht geringe Rolle bei der Integration [...] die Geschichtsschreibung und Landesbeschreibung"[250]. Zuvor hatte schon J. C. Pfister für ganz Schwaben versprochen: "Gerade die Geschichte [könnte] [...] noch Einheit in dem Gemälde erhalten"[251]. Und Otto Feger erwartete von seinen Kollegen und vom Institut für oberschwäbische Landeskunde, bei dem er mitwirken sollte: "Landschaftsbewußtsein der Gegenwart [...] kann u. U. wieder lebendig gemacht werden durch historische Studien"[252]. Die neue Gesellschaft Oberschwaben setzt hier an. Die Beschwörung republikanischer Traditionen, "glückhafter Rückständigkeit", "heiterer Moralität" sollen als Modelle für heute "fruchtbar" gemacht werden. Geschichte soll hier nicht Selbstzweck bleiben, sondern zur Gestaltung der Politik ermutigen, vor allem das Regionalbewusstsein fördern. Was das heißen mag, bleibt unbestimmt, wird nicht diskutiert, die Wege könnten sonst auseinander gehen. Die Praxis ist noch bescheiden. Die Auflagenzahlen der Buchreihen sind überschaubar, die Oberschwabentage können sich an Besucherzahlen mit keinem Pop-Event messen.

"Wir stehen da wie Hinterbliebene. Das oberschwäbische Gefühl. [...] In Oberschwaben, in der Provinz hier, gab es praktisch nie eine wirklich emanzipatorische Bewegung, eine Bewegung also im Sinne eines gesellschaftlichen Fortschritts. Alle Bestrebungen waren geschichtlich bisher solche, die auf den Bestand der Provinz gerichtet blieben. In Ruhe überleben"[253]. In Ruhe überleben, ist heute viel. Aber Ruhe gibt es nur um den Preis der Unruhe, der tätigen Teilnahme, Wieder-Einübung von 'Republikanismus'. Der Blick in die Geschichte ist immer selektiv, die Erinnerung an Republikanismus mag als Aufforderung zu tätigem Republikanismus gewertet werden, damit wir uns in "heiterer Moralität" weiterhin an "glückhafter Rückständigkeit" freuen können. Dazu wird es mehr als Bücher brauchen, damit Oberschwaben wieder mehr als Buchtitel und Touris-

[247] Vgl. Martin *Hecht*: Das Verschwinden der Heimat. Zur Gefühlslage der Nation. Leipzig 2000.

[248] Vgl. Peter *Weichhart*: Raumbezogene Identität. Bausteine zu einer Theorie räumlich-sozialer Kognition und Identifikation. Stuttgart 1990. – Wilhelm *Schmid*: Philosophie der Lebenskunst. Eine Grundlegung. (stw 1385) Frankfurt 1999.

[249] *Biege* (wie Anm. 14) S. 36f.

[250] Hansmartin *Schwarzmaier*: Politische Grenzziehung und historische Bewusstseinsbildung im deutschen Südwesten. In: Blätter für deutsche Landesgeschichte 121 (1985) S. 83-114, hier S. 102.

[251] *Pfister* (wie Anm. 101) S. IV.

[252] Protokoll der 2. Tagung der südwestdeutschen Archivare in Aulendorf am 2./3. Mai 1947. Stadtarchiv Wangen KL 1218.

[253] *Renz*, Beruhigung (wie Anm. 209) S. 363 und 408.

musprospekte schmückt. Auch wenn uns Autor und Sprachklang irritieren: "inmitten des Andranges des Unheimischen" bedarf es eines "neuen Verhältnisses zum Heimischen [...] Aber wie? In der Weise, dass wir Jenes zu bewahren willens sind, aus dem wir herkommen." "alles Gediegene [...] gedeiht [nur], wenn der Mensch gleich recht beides ist: bereit dem Anspruch des höchsten Himmels und aufgehoben im Schutz der tragenden Erde"[254].

[254] Martin *Heidegger*: 700 Jahre Meßkirch. S. 36-45, hier S. 41 und 43 und *Ders.*: Der Feldweg. S. 11-15, hier S. 12. In: Martin Heidegger zum 80. Geburtstag von seiner Heimatstadt Meßkirch. Frankfurt 1969.

Die Ravensburger Ritualmordbeschuldigung von 1429/30, ihre Vorläufer, Hintergründe und Folgen

Stefan Lang

1 Einleitung

Im Jahre 5190 d. i. im Jahre 1430, beschuldigte man die Juden in Deutschland in den Städten Ravensburg, Ueberlingen und Lindau fälschlich, warf sie in's Gefängnis und marterte sie und schrieb dann in das Geständnisprotokoll, was jene nicht bekannt und auch niemals zu thun beabsichtigt hatten, worauf man sie verurtheilte und verbrannte und es stieg ihre reine Seele zu Gott empor. Blicke hernieder, o Gott, und schaue es und hilf uns um Deines Namens willen. Man plünderte alsdann das bedeutende Vermögen jener und dies war es eigentlich, was die Veranlassung zu jener schändlichen That und zu der Beschuldigung gegen sie gegeben hatte.

Mit diesen Worten erinnerte der jüdische Arzt und Chronist Joseph ha Cohen (1497-1575) aus Italien um die Mitte des 16. Jahrhunderts in seinem Werk Emek habacha an die Ritualmordbeschuldigung von Ravensburg, die eine Verfolgungswelle mit fatalen Folgen für das urbane Judentum im Bodenseeraum auslöste[1]. Was in Cohens Rückschau, einer von zahlreichen Pogromen geprägten Auflistung chronikalischer Nachrichten, wie eines von mehreren austauschbaren Beispielen erscheint, ist jedoch ein Fall, den es sich genauer zu betrachten lohnt. Nicht nur aufgrund seiner einschneidenden Konsequenzen und seiner hohen Zahl an jüdischen Opfern, ist er ein nicht zu unterschätzendes Glied in der Kette spätmittelalterlicher Ritualmordvorwürfen, deren prominentestes Beispiel der Trienter Judenprozess von 1475 werden sollte, welcher nicht zuletzt durch das neue Medium des Buch- und Flugblattdrucks zu immenser Popularität gelangte[2]. Diese Bekanntheit erreichte die Ravensburger Verfolgung bei Weitem nicht. Sie deshalb nur als einen von mehreren Vorläufern des Trienter Prozesses zu betrachten, was sie – wie im Verlauf der Untersuchung zu zeigen sein wird – zwar tatsächlich

[1] Joseph ha *Cohen*: Emek habacha. Aus dem Hebräischen ins Deutsche übertragen (...) von M. *Wiener*. Leipzig 1858. S. 59f.
[2] Wolfgang *Treue*: Der Trienter Judenprozess: Voraussetzungen – Abläufe – Auswirkungen (1475-1588). Hannover 1996.

war, zu betrachten, wäre der Brisanz der Ereignisse in Oberschwaben und am Bodensee nicht angemessen. Zum einen sollten in die Angelegenheit eine so große Anzahl von Interessenparteien involviert werden wie bei kaum einem anderen Vergleichsbeispiel. Die konkurrierenden Rechts- und Schutzverhältnisse der Juden zwischen Reichsoberhaupt, Papst, intermediären weltlichen und weltlichen Obrigkeiten sowie lokalen Amtsträgern, treten dabei besonders deutlich zutage. Von ebenso großer Bedeutung im Hinblick auf frühere und spätere Beschuldigungen, insbesondere auf Trient, ist der Stand des Ritualmorddiskurses um 1430. Neben den Trägergruppen und Initiatoren solcher Beschuldigungen soll vor allem auf die Rolle von Märtyrerkulten um angebliche Ritualmordopfer im deutschen Sprachraum als Bestandteil spätmittelalterlicher Frömmigkeitsbedürfnisse und -praktiken eingegangen werden[3]. Des Weiteren sollen die Handlungsweisen und -möglichkeiten der an solch einer Verfolgung beteiligten Personen dokumentiert und analysiert werden.

2 Ritualmordbeschuldigungen gegen Juden

Durch die Ergebnisse des Nachschlagewerks Germania Judaica III ist es mittlerweile möglich, einen Überblick über die Judenverfolgungen des Spätmittelalters zu erhalten und sie in vergleichende Zusammenhänge zu stellen[4]. Überdies haben gerade die 1990er-Jahre bei der Erforschung der Ritualmordbeschuldigungen gegen Juden vertiefende Erkenntnisse gebracht[5]. Die frühesten Belege für die Ritualmordbeschuldigung in Europa weisen nach England, Frankreich und Spanien[6]. Der in das Jahr 1144 fallende Mord an William von Norwich, der durch das Be-

[3] Hans-Martin *Kirn*: Contemptus mundi – contemptus Judaei? Nachfolgeideale und Antijudaismus in der spätmittelalterlichen Predigtliteratur. In: Berndt *Hamm* / Thomas *Lentes* (Hg.): Spätmittelalterliche Frömmigkeit zwischen Ideal und Praxis. Spätmittelalter und Reformation NR Bd. 15. Tübingen 2001. S. 147-180.

[4] Michael *Toch*: Die Verfolgungen des Spätmittelalters (1350-1550).: In: Germania Judaica, Bd. III: 1350-1519, hg. von Arye *Maimon*, Mordechai *Breuer* u. Yacov *Guggenheim*. 3. Teilbd.: Gebietsartikel, Einleitungsartikel u. Indices. Tübingen 2003. S. 2298-2327.- *Ders*., Spätmittelalterliche Rahmenbedingungen jüdischer Existenz: Die Verfolgungen. In: Sabine *Hödl*/Peter *Rauscher*/Barbara *Staudinger* (Hg.): Hofjuden und Landjuden. Jüdisches Leben in der Frühen Neuzeit. Berlin/Wien 2004. S. 19-64.

[5] Rainer *Erb* (Hg.): Die Legende vom Ritualmord. Zur Geschichte der Blutbeschuldigungen gegen Juden. Berlin 1993, für die rechtlichen Aspekte vor allem: Friedrich Battenberg: Die Ritualmordprozesse gegen Juden in Spätmittelalter und Frühneuzeit – Verfahren und Rechtsschutz. S. 95-132.- Gerd *Mentgen*: Über den Ursprung der Ritualmordfabel. In: Aschkenas 4 (1994) S. 405-416.- Ronnie *Po-Chia Hsia:* The Myth of Ritual Murder. Jews and Magic in Reformation Germany. New Haven/London 1988.- *Ders*., Blut, Magie und Judenhaß im Deutschland der frühen Neuzeit. In: Krisenbewußtsein und Krisenbewältigung in der frühen Neuzeit. Festschrift für Hans-Christoph *Rublack*, hg. von Monika *Hagenmaier* und Sabine *Holtz*, Frankfurt 1992. S. 353-371.- *Ders*., Witchcraft, Magic, and the Jews in Late Medieval and Early Modern Germany. In: Jeremy *Cohen* (Hg.): From Witness to Witchcraft. Jews and Judaism in Medieval Christian *Thought*. Wiesbaden 1996. S. 419-434.- Wolfgang *Treue*: Schlechte und gute Christen. Zur Rolle von Christen in antijüdischen Ritualmord- und Hostienschändungslegenden. In: Aschkenas 2 (1992) S. 95-116.- Rainer *Erb*: Der gekreuzigte Hund: Antijudaismus und Blutaberglaube im fränkischen Alltag des frühen 18. Jahrhunderts. In: Aschkenas 2 (1992) S.117-150.- Brigitte *Hägler*, Judenhaß und Ritualmordlegende: Zur "Rationalisierung" des Judenhasses im 16. Jahrhundert. In: Aschkenas 4 (1994) S. 425-448.- Stefan *Rohrbacher*/Michael *Schmidt*: Judenbilder. Kulturgeschichte antijüdischer Mythen und antisemitischer Vorurteile. Hamburg 1991. S. 274-303.

[6] Georg R. *Schroubeck*: Zur Tradierung und Diffusion einer europäischen Aberglaubensvorstellung. In: Rainer *Erb* (Hg.): Die Legende vom Ritualmord. Zur Geschichte der Blutbeschuldigungen gegen Juden. Berlin 1993. S. 17-24.- *Treue* (wie Anm. 2) S. 32ff.

streben des örtlichen Klerus nach einer Märtyrerwallfahrt als jüdische Passionswiederholung an einem Christen umformuliert wurde, wird zumeist als die älteste überlieferte Ritualmordlegende genannt. Zwei Bestandteile des Ritualmordvorwurfs sind elementar: die Wiederholung der Leiden Christi an dem Opfer und das Blutmotiv. Während die in der Kreuzigung des Opfers gipfelnden Stationen der Passion vor allem in den Berichten aus Westeuropa verbreitet waren, besaß das Blutmotiv im deutschsprachigen Raum bereits bei der Ritualmordbeschuldigung von Fulda 1235/36 zentrale Bedeutung[7]. Obwohl sich Kaiser Friedrich II. und Papst Gregor IX., wie auch die meisten ihrer Nachfolger, entschieden gegen diese Vorwürfe wandten, fand die Vorstellung, dass Juden christliche Kinder ermorden, um deren unter Qualen vergossenes und daher besonders wirkmächtiges Blut für die verschiedensten rituellen, magischen oder medizinischen Zwecke zu erhalten, bei den Zeitgenossen eine hohe Akzeptanz. Eine erhebliche Zahl von Ritualmordpogromen war bis zur Mitte des 14. Jahrhunderts die Folge, bis die meisten Judengemeinden während der großen Pest von 1348/49 unter dem Vorwurf der Brunnenvergiftung ausgelöscht wurden. Neben der nach den Pestpogromen ohnehin deutlich verschlechterten Rechtsposition der Juden führte die spätmittelalterliche Intensivierung der Passions- und Hostienfrömmigkeit sowie der Blutmystik verstärkt zur Aufnahme von Ritualmord- und Hostienfrevelvorwürfen in gängige Predigtwerke und so zu einer noch breiteren Rezeption in der Bevölkerung. Hierbei spielten vor allem Prediger der Bettelorden eine nicht zu unterschätzende Rolle[8]. Dennoch waren die seit Beginn des 15. Jahrhunderts wieder vermehrt auftretenden Beschuldigungen einem Wandel unterworfen, der sich vom spontanen Pogrom hin zu verrechtlichten Prozessen gestaltete. Das grundlegende Ziel des Inquisitionsprozesses in Form eines Geständnisses des Angeklagten bot den Judengemeinden zwar einen gewissen Schutz vor spontanen Übergriffen, machte aber die antijüdischen Vorwürfe zunehmend für konkurrierende Obrigkeiten wie Kaiser, Fürsten oder Städte instrumentalisierbar, die damit ihren Herrschaftsanspruch über die Juden und ihr Vermögen unterstreichen konnten[9]. Durch den Einsatz der Folter, die aufgrund des minderen Rechtsstatus der Juden auch ohne einen berechtigten Tatverdacht nahezu uneingeschränkt angewandt werden durfte, ließen sich die benötigten Schuldbekenntnisse quasi beliebig erzielen[10]. Erst durch die Rezeption des römischen Rechts und die großen Rechtskodifikationen des 16. Jahrhunderts wurden die Juden des Reiches als *Cives Romani* im Verfahrensrecht weitgehend gleichgestellt. Wie das bedeutende Privileg Karls V. für die Juden von 1544 direkt belegt, waren auch die Ritualmordprozesse davon nicht ausgeschlossen[11]. Die Ritualmordvorwürfe blieben zwar im Katalog der antijüdischen Stereotype weiterhin bestehen, führten im Reich auch noch teilweise zu Prozessen, aber nicht mehr zu Verfolgungen mit hohen Opferzahlen. Wie lange sich diese Legenden hielten, ja in manchen Gegenden weiterhin tradiert werden, zeigen beispielsweise die Konflikte um die Kultaufhebung der kindlichen

[7] *Battenberg* (wie Anm. 5) S. 105-112.
[8] Steven J. *McMichael*/Susan E. *Myers* (Hg.): Friars and Jews in the Middle Ages and Renaissance. Brill/ Leiden/Boston 2004.- Jeremy *Cohen*: The Friars and the Jews. The Evolution of Medieval Anti-Judaism. London 1982.
[9] *Treue* (wie Anm. 2) S. 38ff.
[10] *Battenberg* (wie Anm. 5) S. 99f.
[11] *Ebda*. S. 132.

"Ritualmordmärtyrer" Simon von Trient und Anderl von Rinn, die in Tirol den Status populärer Volksheiliger einnahmen und deren Verehrung erst in den 1960er, beziehungsweise 1980er Jahren offiziell verboten wurde[12].

3 Forschungsstand und Quellen zur Ravensburger Judenverfolgung

Obwohl in der Literatur oft erwähnt, hat die Ravensburger Judenverfolgung von 1429/30 bislang keine wissenschaftliche Untersuchung erfahren, die alle bekannten Quellen berücksichtigt und die Zusammenhänge der Geschehnisse in einen chronologischen und den Handlungsablauf rekonstruierenden Rahmen stellt. Die Ergebnisse der Germania Judaica III bieten zwar, nimmt man die Artikel zu allen beteiligten Städten zusammen, eine Fülle von Informationen und wertvollen Quellenhinweisen, können jedoch aufgrund der Konzeption als Nachschlagewerk keine umfassende Bearbeitung des Themas bieten[13]. Karl Heinz Burmeister schildert in seiner Abhandlung zum medinat bodase (1996) ebenso die Vorgänge von 1429/30, doch auch hier gelangt man – trotz großer lokaler und regionaler Detailkenntnisse – zu keinem vollständig befriedigenden Resultat[14]. Einer der Gründe hierfür liegt darin, dass Burmeister ebenso wie Alfons Dreher in seiner "Geschichte der Reichsstadt Ravensburg" (1972)[15] und vor ihm schon die lokalen Geschichtsschreiber Tobias Hafner (1887)[16] und Johann Georg Eben (1830)[17] auf die undatierte Chronik des Ravensburger Stadtarztes Johann Ludwig Schlapperitz († 1730) zurückgreift, die jedoch sowohl zeitlich als auch inhaltlich falsche Angaben enthält. Darüber hinaus ist das Werk, dessen Autor sich bei der Ausgestaltung offenkundig bei den Schilderungen anderer Ritualmordvorwürfe bedient hat, mit reichlich barocker Fantasie angereichert[18].

Allerdings scheint Schlapperitz Kenntnis älterer Quellen Ravensburger Provenienz besessen zu haben, die zwar weitaus unverfälschter, aber immer noch in deutlich veränderter und komprimierter Form in Heinrich Murers "Helvetia Sancta" (1648)[19] Eingang fanden, von wo sie dann in Johann Caspar Ulrichs "Sammlung jüdischer Geschichten" (1768)[20] gelangten. Murer gibt wiederum zwei verwendete Quellen an: zum einen die Chronik des Gotteshauses Öhningen bei Stein am Rhein, zum anderen die "Beschreibung eines adeligen Herkommens zu Ravenspurg", welche ihm vom dortigen Pfarrer Nicolaus Walser zur Verfügung

[12] *Rohrbacher/Schmidt* (wie Anm. 5) S. 286f.
[13] Arye *Maimon*, Mordechai *Breuer* und Yacov *Guggenheim* (Hg.): Germania Judaica III. Teilbde. I und II: 1350-1519. Tübingen 1987 und 1995.
[14] Karl Heinz *Burmeister*: Medinat Bodase. Bd. 2. Zur Geschichte der Juden am Bodensee 1350-1448: Konstanz 1996. S. 179-189.
[15] Alfons *Dreher*: Geschichte der Reichsstadt Ravensburg und ihrer Landschaft von den Anfängen bis zur Mediatisierung 1802, Bd. 1. Weißenhorn 1972. S. 27-29.
[16] Tobias *Hafner*: Geschichte der Stadt Ravensburg nach Quellen und Urkunden-Sammlungen. Ravensburg 1887. S. 290-297.
[17] Johann Georg *Eben*: Versuch einer Geschichte der Stadt Ravensburg von Anbeginn bis auf die heutigen Tage, Bd. 1. Ravensburg 1830. S. 562-568.
[18] Johann Ludwig *Schlapperitz*: Chronica Ravenspurgensis (...) Maschinenschriftliche Abschrift im Stadtarchiv Ravensburg.
[19] Heinrich *Murer*: Helvetia Sancta, seu paradisus sanctorum Helvetiae florum, Luzern 1648. S. 376f.
[20] Johann Caspar *Ulrich*: Sammlung jüdischer Geschichten: welche sich mit diesem Volk in dem XIII. und folgenden Jahrhunderten bis auf 1760 in der Schweiz zugetragen haben (...) Basel 1768. S. 88ff.

gestellt worden sei. Diese Quelle ist höchstwahrscheinlich identisch mit einer in einem Kopialbuch des Klosters Weingarten enthaltenen und im Hauptstaatsarchiv Stuttgart verwahrten Abschrift, im Folgenden als "Ravensburger Bericht" bezeichnet, mit dem Titel *Bericht vom scholerlin, so in Ravenspurg Ao 1429 von den juden ermordet und noch heutiges in St. Veiten cappell uff dem schloss bei Ravenspurg uffbehelt wird. Ex Archivo Ravenspurgensi*[21]. Diese acht Doppelseiten lange narrative Schilderung der Ereignisse von 1429/30 könnte aus mehreren Gründen die von Murer benutzte Quelle und eventuell die früheste Fassung der Geschichte sein: 1. Die Quelle ist aus der Perspektive der Ravensburger in der ersten Person Plural geschrieben und besitzt eine hohe Detailgenauigkeit der lokalen Verhältnisse. Ihr Autor muss eine enge Verbindung zum Rat der Stadt besessen haben, wenn nicht sogar der Rat selbst der Auftraggeber war. 2. Sie weist sprachlich eindeutig ins 15. Jahrhundert. 3. Alle Daten, Personen sowie ihre Beziehungen zueinander stimmen mit den vorhandenen Originalquellen exakt überein, was auch durch einen Vergleich mit den Ravensburger Bürgerlisten von 1324 bis 1436 belegt werden kann[22]. So finden sich dort sowohl alle betroffenen Juden als auch einige der Personen, die durch angebliche Wunder des Ritualmordopfers von Gebrechen geheilt wurden. 4. Es werden viele Vorgänge geschildert, welche die Glaubwürdigkeit des Ravensburger Vorgehens durchaus infrage stellen sowie die häufige Ratlosigkeit der Reichsstädter belegen. Darüber hinaus listet sie zahlreiche Einzelheiten auf, die für den Handlungsablauf eher nebensächlich sind und die sämtlich bei Murer und Schlapperitz weggekürzt wurden. 5. Der Bericht enthält außerdem zwei Abschriften von Urgichten des mitbeschuldigten Fuhrmanns Claus Knoll und die Schilderung von 16 Wundern an der Kultstätte des Opfers, von denen Murer dann drei übernommen hat, sowie den Verweis auf zahlreiche weitere Heilungen.

Aufgrund dieser Umstände soll bei der folgenden Untersuchung des Falles diese Quelle in Korrespondenz mit den vorhandenen Originalakten aus dem Hauptstaatsarchiv Stuttgart und dem Stadtarchiv Ravensburg sowie den Berichten zeitnaher Autoren – wie beispielsweise Andreas von Regensburg oder Johannes Nider aus Isny – als Basis dienen. Bei den Vorgängen außerhalb Ravensburgs kann auf Ergebnisse der Germania Judaica III zurückgegriffen werden. Im Hinblick auf die wichtigen Geschehnisse in Überlingen bietet immer noch der bereits 1887 erschienene Aufsatz von Moritz Stern zur Geschichte der dortigen Juden viele wichtige Informationen, zumal er sich weitgehend auf zwei Überlinger Chronisten des 16. Jahrhunderts, Jakob Reutlinger und Georg Hans, bezieht, die sich ihrerseits auf ältere städtische Quellen stützen. Darüber hinaus verwendet Stern Abschriften von Urkunden aus dem Überlinger Archiv[23]. Für die Vorgänge in Konstanz lassen die Aufzeichnungen der Konstanzer Chronik des 15. Jahrhunderts wegen ihrer zeitlichen Nähe auf eine hohe Authentizität schließen, weiter liefert die Untersuchung von Edi Joos zu den Konstanzer Bürgerunruhen wichtige Ergänzungen[24]. Eine Abgleichung und Verifizierung der chronikalischen

[21] HStA Stuttgart H 14 Bd. 170, fol. 43-51.
[22] Albert *Hengstler*: Bürgerlisten der Reichsstadt Ravensburg von 1324-1436. Ravensburg 1959.
[23] Moritz *Stern*: Beiträge zur Geschichte der Juden am Bodensee und in seiner Umgebung. In: Zeitschrift für Geschichte der Juden in Deutschland 1 (1887). S. 216-229, 297-308.
[24] Franz Joseph *Mone*: Quellensammlung zur badischen Landesgeschichte, Bd. 1. Karlsruhe 1848 S. 309ff, 332ff.- Edi *Joos*: Die Unruhen der Stadt Konstanz 1300-1450. In: ZGO 116 (1968). S. 31-58.

Überlieferung soll wiederum durch die erhaltenen urkundlichen Nachrichten erfolgen, in diesem Zusammenhang vorrangig durch die Regesta Imperii[25].

4 Vorläufer und Vorbedingungen der Ravensburger Judenverfolgung

Um die Ravensburger Judenverfolgung in einen größeren regionalen und agitationsspezifischen Kontext einordnen und bewerten zu können, ist es zunächst sinnvoll, einen Blick auf vergleichbare Phänomene in der Region Oberschwaben/Bodensee/Schweiz/Baden zu werfen. So kann man möglicherweise bestehende Traditionen oder aber die Genese bestimmter Handlungsmuster erkennen, insbesondere was einerseits das Schutz- und Abhängigkeitsverhältnis zwischen dem König oder Kaiser und den Juden als seinen Kammerknechten betrifft. Ferner ist zu beachten, welche Rollen von weiteren Obrigkeiten wie Fürsten oder Magistraten der Reichsstädte übernommen werden.

Einer der frühesten Fälle dieser Art stellt die Ritualmordbeschuldigung von Pforzheim 1266/67 dar, die auch deshalb von Bedeutung ist, da sie im Verlauf der Ravensburger Untersuchungen thematisiert wird: nachdem ein Mädchen namens Margaretha verschwunden war, fand ein Fischer einige Tage später ihre mit Steinen beschwerte Leiche im Fluss, weil ein Arm der Toten aus dem Wasser in Richtung Himmel ragte. Bei der Aufbahrung der Leiche richtete sich diese der Überlieferung zufolge mit einer fordernden Geste gegenüber dem anwesenden Markgrafen von Baden auf, als ob das Mädchen um Rache für den Mord bitten würde. Schnell fiel der Verdacht auf die Juden, die zu ihrem vermeintlichen Opfer geführt wurden, dessen Wunden dem Bericht gemäß umgehend zu bluten begannen. Ein Teil der Juden wurde gerädert, andere gehängt, ebenso wie eine alte Frau, die ihnen angeblich das Mädchen verkauft hatte. Als Motiv wird das Bedürfnis der Juden nach Christenblut zur Heilung bestimmter Krankheiten genannt, die einmal jährlich bei jüdischen Männern und Frauen auftreten würden. Das tote Mädchen setzten die Pforzheimer in der Michaeliskapelle bei, 1429 wird die Pfarrkirche als Bestattungsort genannt. Eine in Stein gehauene Inschrift informierte über das Schicksal der Toten: *Margearetha a Judeis occisa ob[ii]) feliciter anno Domini MCCLXVII Cal. Jul. fer. VI.* Ein direkter Kult um das Opfer ist nicht überliefert, aufgrund der Gestaltung und Platzierung der Grabstätte aber nicht gänzlich auszuschließen[26].

Im Jahr 1293/94 verdächtigte man die Juden zu Bern des Ritualmords an dem Knaben Rudolf oder Ruff. Die vermeintlichen Mörder wurden zum Tod durch das Rad verurteilt, weitere Juden ausgewiesen, allerdings nach einem von König Adolf von Nassau vermittelten Vergleich und einer Sühneleistung von 500 Mark wieder aufgenommen. Nach der Bestattung der sterblichen Überreste des Kindes am Heilig-Kreuz-Altar der Pfarrkirche wurde dieser zeitweilig als St. Ruff-Altar bezeichnet, an welchem sich fortan Wunder vollziehen sollten und sich eine Pilgerstätte herausbildete. 1420 legte man beim Abbruch der Kirche die Gebeine des

[25] Johnn Friedrich *Böhmer*: Regesta Imperii XI. Die Urkunden Kaiser Sigmunds (1410-1437) Hildesheim 1968.

[26] Zvi *Avneri* (Hg.): Germania Judaica II, Bd. 2: 1238-1350. Tübingen 1968. S. 654.- HStA Stuttgart B 198 U 116.- *Treue* (wie Anm. 2) S. 38, 451.

Jungen in einen Bleisarg und diesen erneut in den Heilig-Kreuz-Altar. Im Rahmen der Reformation wurde der Sarg letztlich in der Erde bestattet[27].

Der Chronist Johannes von Winterthur schildert für das Jahr 1322 einen Ritualmord an einem fünfjährigen Jungen durch die ansässigen Juden in Engen im Hegau. Die Lokaltradition legte den Tod des Kindes, genannt "das Hewener Büble", allerdings ins Jahr 1295. Als Graf Heinrich von Lupfen 1495 das Grab in der Stadtpfarrkirche in Anwesenheit von Priestern, Rat und einigen Bürgern öffnen ließ, fand man den Leichnam angeblich unverwest vor. Über die Grabplatte, die noch heute ein nacktes Kind mit Stricken an Hals und Beinen zeigt, wurde eine Inschrift gesetzt, die über den Ritualmord sowie die wundersame Erhaltung der Leiche informierte und welche 1731 nochmals eine Erneuerung erfuhr[28].

In Überlingen scheint es 1331/32 zu einem besonders schwerwiegenden Ritualmordpogrom gekommen zu sein, nachdem ein vermisster Knabe tot in einem Brunnen aufgefunden und die Tat der großen jüdischen Gemeinde der Stadt angelastet wurde. In der Synagoge zusammengetrieben, fanden nach Angaben der Chronisten etwa 300 bis 400 Personen den Tod in den Flammen, fliehende Juden wurden von der entfesselten Menge erschlagen. Zur Bestrafung der Stadt für die unerlaubte Tötung der Juden, seiner Kammerknechte, ließ Kaiser Ludwig teilweise die städtischen Befestigungsanlagen niederreißen[29]. Um das Opfer, den so genannten "guten Ulrich", entwickelte sich ein Märtyrerkult, der zunächst bei den Franziskanern, dann in einer Kapelle und letztlich in der St. Ulrichskirche gepflegt wurde, in welcher man die Gebeine in einem Steinsarg beigesetzt hatte[30].

Im Folgejahr 1333 verzeichnet Johann Stumpf in seiner Schweizer Chronik (1548), dass in Konstanz wegen eines angeblichen Hostienfrevels zwölf Juden verbrannt, neun erschlagen und sechs ertränkt wurden[31].

Für 1342 berichtet erneut Johannes von Winterthur über eine Judenverfolgung zu Hornberg im Schwarzwald. Grund sei ein Sakrileg, möglicherweise eine Hostienschändung, gewesen. Laut Angabe des Chronisten habe man 13 Juden verbrannt, ebenso Mitschuldige in Freiburg, Schaffhausen und Villingen. Jedoch fehlen hierzu weitere Quellenbelege[32].

Den Massenverfolgungen im Zusammenhang mit der großen Pest von 1348/50 fielen nahezu alle jüdischen Gemeinden im Bodenseeraum und in der Schweiz zum Opfer[33]. In Ravensburg hatten sich die Juden Anfang 1349, auf Schutz durch die königliche Besatzung hoffend, in die Burg geflüchtet, konnten ihr Leben aber

[27] Zvi *Avneri* (Hg.): Germania Judaica II, Bd. 1: 1238-1350. Tübingen 1968. S. 75.- Murer: (wie Anm. 19) S. 299f.- Leopold *Löwenstein*: Geschichte der Juden am Bodensee und Umgebung. Eigenverlag 1879. S. 3-10.

[28] Germania Judaica II, Bd. 1 (wie Anm. 27) S. 210f.-, Karl Heinz *Burmeister*: Medinat Bodase. Bd. 3. Zur Geschichte der Juden am Bodensee 1450-1618. Konstanz 2001. S. 62.- Joachim *Hotz*: Die Bau- und Kunstdenkmäler. In: Engen im Hegau. Mittelpunkt und Amtsstadt der Herrschaft Hewen, Bd. 1. S. 169-320, hier S. 201.

[29] Frantisek *Graus*: Pest – Geissler – Judenmorde. Das 14. Jahrhundert als Krisenzeit. Göttingen 1987. S. 225.

[30] Germania Judaica II, Bd. 2 (wie Anm. 26) S. 839f.- *Stern* (wie Anm. 23) S. 217ff.- *Löwenstein* (wie Anm. 27) S. 3-10.

[31] Johannes *Stumpf*: Gemeiner loblicher Eydgenossenschafft Stetten, Landen und Voelckeren Chronick wirdiger thaaten beschreybung (...), Bd. 2. Zürich 1548. Fol. 59.- *Löwenstein* (wie Anm. 27) S. 23ff. erwähnt einen Hostienfrevel in Konstanz bereits für das Jahr 1312.

[32] Germania Judaica II, Bd. 1 (wie Anm. 13) S. 371.

[33] *Graus* (wie Anm. 29) S. 160-163. Hier auch der chronologische Verlauf der Pogrome.

dadurch nicht retten[34]. Für Zürich gibt Johann Stumpf außerdem an, dass 1349 ein Knabe von den Juden ermordet worden sei. Diesen habe man im Münster begraben, einen Altar über dem Grab errichtet *und für ein heiligen geeret*[35].

Zu einer Welle von Pogromen kam es, als 1401 in Diessenhofen ein Jude beschuldigt wurde, einen Knecht des Vogts zum Mord an einem Christenknaben angestiftet zu haben, um dessen Blut zu erhalten. Da der Jude unter der Folter weitere "Mitwisser" angab, entwickelte sich eine Verfolgung, die auf Schaffhausen, Winterhur, Zürich und Freiburg i. Breisgau übergriff. In Schaffhausen wurden am 25. Juni des genannten Jahres 30, in Winterthur Ende Juli des selben Jahres zwischen 19 und 27 Juden verbrannt. Bei der Schaffhausener Hinrichtung widerriefen einige Juden die erfolterten Geständnisse und verfluchten ihre Verfolger[36]. In Zürich nahm der Rat, nachdem es bereits Ende des 14. Jahrhunderts mehrfach Ritualmordverdächtigungen gegeben hatte, die Juden der Stadt in Schutzhaft und ließ sie nach Abklingen der Pogromstimmung gegen eine Abgabe von 1500 fl. wieder frei[37]. Dagegen wurden die Freiburger Juden ausgewiesen. Hier hatte der Rat allerdings den Herzog von Österreich in seiner Funktion als Stadtherr zunächst zur Folterung und Hinrichtung der verhafteten Juden gedrängt[38]. Auch Juden aus Konstanz und Prag waren im Kontext dieses Falles in Verdacht geraten, doch scheint es hier keine Ausweisungen oder Hinrichtungen gegeben zu haben[39]. Erneut wurde das Grab des Opfers, des "unschuldigen Konrads", ein Wallfahrtsort, der bis zur Reformation bestehen blieb[40].

Nach Aufzählung dieser Fälle ist deutlich erkennbar, dass gerade der Raum Oberschwaben/Bodensee/Schweiz/Baden ein Gebiet darstellte, in welchem sich spätmittelalterliche Judenverfolgungen häuften, die oft im Zusammenhang mit Ritualmordbeschuldigungen standen. Bemerkenswert ist dabei auch die jeweilige Herausbildung von Märtyrerkulten und Pilgerstätten an den Gräbern der vermeintlichen Opfer, die zwar keine eigenen Kultorte, wie beispielsweise Wallfahrtskapellen, aber zumeist prominente und hervorgehoben Gedächtnisstellen in den Kirchen der Städte erhielten[41].

Bei der Untersuchung von Judenpogromen und -vertreibungen im Zeithorizont der Ravensburger Verfolgung dürfen außerdem die Ereignisse der Wiener Geserah nicht vergessen werden, die 1420/21 das Ende der mittelalterlichen Judengemeinden in Österreich bedeuteten. Als offizielle Begründung wurde ein Hostienfrevelvorwurf vorgeschoben, außerdem verdächtigte man – besonders in der theologischen Fakultät der Wiener Universität – die Juden der Zusammenarbeit mit den Hussiten und den Waldensern. Eine vermeintliche oder tatsächliche Kooperation von Ketzern und Juden war wohl der Grund für die Ausweisung der Juden. Durch den zusätzlichen Vorwurf der Sakramentschändung konnte Herzog Albrecht V. (1397-1439) vor allem die reichen Juden durch Hinrichtung oder Taufe beseitigen und sich so ihr Vermögen aneignen. Etwa 200 Juden, die

[34] *Ebda.* S. 224.
[35] *Stumpf* (wie Anm. 31) fol. 157.
[36] Germania Judaica III, Bd. 1 (wie Anm. 13) S. 230ff., 1310f., 1659ff.,
[37] *Ebda.*, Bd. 2. S. 1734f.
[38] *Ebda.*, Bd. 1. S. 397.
[39] *Ebda.*, S. 669.- Bd. 2. S. 1134.
[40] *Ebda.*, Bd. 1. S. 230ff.
[41] *Treue* (wie Anm. 2) S. 282.

sich nicht bekehren lassen wollten, starben in Wien auf dem Scheiterhaufen. Da der finanzielle Nutzen dieser Verfolgung im Vergleich zu längerfristigen kontinuierlichen Judensteuereinnahmen für den Herzog relativ bescheiden ausfiel, kann man davon ausgehen, dass die Verfolgungen und die Vertreibung tatsächlich als von universitären Kreisen geförderte Aktionen im Kampf gegen die Hussiten zu interpretieren sind[42].

Ebenso wichtig im Zusammenhang mit den Ereignissen von Ravensburg und dem zeitgenössischen Ritualmorddiskurs ist eine am 20. Februar 1422 durch Papst Martin V. (1417-31) erlassene Bulle, die sich gegen Ritualmordvorwürfe und die zu dieser Zeit häufige judenfeindliche Agitation der Bettelorden richtete[43]. Martin V. berief sich dabei auf einige seiner Amtsvorgänger, wies aber auch auf aktuelle Missstände hin: *...um sie [die Juden] ihrer Habe berauben und steinigen zu können, erdichten bisweilen zahlreiche Christen Anlässe und Vorwände und streuen in den Zeiten großen Sterbens und anderer Calamitäten aus, daß die Juden Gift in die Brunnen geworfen und in ihre ungesäuerten Brote Menschenblut gemischt haben. Diese Verbrechen, welche ihnen so mit Unrecht vorgeworfen werden, streut man aus, um Menschen zu verderben. Aus diesen Anlässen werden die Völker gegen die Juden aufgereizt, tödten dieselben, suchen sie heim und quälen sie mit den verschiedenartigsten Verfolgungen und Bedrückungen. In der Erwägung, daß es der christlichen Religion zukommt, den Juden umso williger gegen ihre Verfolger und Bedrücker sichersten Schutz zu gewähren [...] verfügen wir, daß das Verbot der Prediger, wonach die Juden nicht mit den Christen verkehren dürfen, und das Urteil der Excommunikation keinerlei Gewicht habe und verbieten eurer Körperschaft und zumal den Ortsbehörden und den Oberen der genannten Orden aufs Strengste zuzulassen, daß fernerhin Derartiges oder Ähnliches gegen die Juden beiderlei Geschlechts, wo immer dieselben [...] wohnen, von irgendwelchen geistlichen und weltlichen Predigern jeglichen Stands, Grades, Ordens, Glaubens oder Verhältnisses gepredigt werde [...]*[44].

Gerade im Bistum Konstanz muss man über die Schutzbeziehung des Papstes gegenüber den Juden besonders im Bilde gewesen sein. Nach seiner Wahl auf dem Konstanzer Konzil zogen die Juden Martin V. und dem König in einer Prozession entgegen und ließen sich ihre Privilegien öffentlich bestätigen. Der Papst erteilte ihnen danach den Segen, obwohl er auf ihre religiöse Uneinsichtigkeit hinwies[45].

Zuletzt ist es noch unumgänglich, die Judenpolitik König Sigismunds (reg.1411-37) in diesen Kontext zu integrieren. Der 1429 bereits 61-jährige Sigismund war aufgrund seiner vergleichsweise geringen Hausmacht und der Belastung durch die Hussitenkriege quasi permanent in wirtschaftlichen Schwierigkeiten. Wie schon sein Vater Kaiser Karl IV. (reg.1346-1378) und sein Bruder König Wenzel (reg. 1378-1400) erwies er sich in der fiskalischen Ausnutzung der Juden des Reichs als äußerst erfinderisch und skrupellos, stellten sie doch für ihn eine wichtige un-

---

[42] Klaus *Lohrmann*: Judenrecht und Judenpolitik im mittelalterlichen Österreich. Wien/Köln 1990. S. 298-311.

[43] Hermann *Strack*: Das Blut im Glauben und Aberglauben der Menschheit. Mit besonderer Berücksichtigung der "Volksmedizin" und des "jüdischen Blutritus". München 1900. S. 182.- Deutsche Übersetzung der Bulle in: Die Blutbeschuldigung gegen die Juden. Stimmen christlicher Theologen, Orientalisten und Historiker; die Bullen der Päpste; Simon von Trient. Wien 1900. S. 125-129.

[44] Die Blutbeschuldigung gegen die Juden (wie Anm. 43) S. 127.

[45] *Löwenstein* (wie Anm. 27) S. 36f.

mittelbare Einnahmequelle dar[46]. Steuerforderungen, Privilegierungen einzelner Gemeinden, Strafgelder, Verpfändungen und Sonderabgaben wechselten einander ab. Zur Einziehung der Steuern und auch zur Regelung innerjüdischer Lebensbereiche, unter anderem durch die Ernennung von Judenhochmeistern, erließ Sigismund im Juni 1415 auf dem Konstanzer Konzil eine Judenordnung für das Reich, deren Umsetzung aber langfristig scheiterte[47]. Ein bezeichnendes Exempel für die hochgradig von finanziellen Interessen bestimmte Judenpolitik Sigismunds ist die am 6. Mai 1434 vorgenommene Anweisung an den Reichskämmerer Konrad von Weinsberg, mit Geldern der Judensteuer versetzte kaiserliche Kostbarkeiten, vor allem seine Krone, wieder auszulösen[48]. Auch schenkte er 1436 seiner Gattin die noch ausstehenden Judensteuern, welche anlässlich seiner 1433 erfolgten Kaiserkrönung aus Deutschland, Gallien und Arelat eingefordert worden waren, und bevollmächtigte sie, diese über Boten einzutreiben[49]. Dass die Oberherrschaft über die jüdischen Kammerknechte ausschließlich beim König liegen musste, ließ Sigismund die Reichsstädte deutlich wissen, als er ihnen am 2. Januar 1422 mitteilte, die dort wohnenden Juden in Frieden und bei den vom Reich verliehenen Gnaden zu lassen[50].

5 Ausgangspunkt, Verlauf und Konsequenzen der Ravensburger Judenverfolgung

Nach dem Pestpogrom von 1349 finden sich erst wieder um 1380 Juden in der Reichsstadt Ravensburg. Von diesem Zeitpunkt an sind nach Germania Judaica III bis 1429 etwa 13 bis 14 jüdische Familien in der Stadt belegbar. Das Bürgerrecht wurde ihnen wie den Christen jeweils im Fünfjahresrhythmus verliehen und sie mussten dafür ein variierendes Schutzgeld bezahlen, das in jedem Falle höher war als das christlicher Bürger[51]. Im September 1413 wurde Salman Jud aus Ravensburg, zusammen mit Juden aus Lindau und Überlingen, als Dank für eine finanzielle Unterstützung ein besonderes kaiserliches Schutzprivileg und weitgehende Steuerfreiheit erteilt. Salman ist allerdings wohl spätestens seit 1427 in Ulm nachweisbar[52]. Für die 1420er-Jahre verzeichnen die Ravensburger Bürgerlisten drei bis vier Familien, die in der Judengasse am Nordrand der Stadt lebten. Die Mitglieder dieser Familien und ihre Dienstboten sind auch die einzigen Juden, die in den Untersuchungen von 1429/30 genannt werden. Daher ist mit recht hoher Wahrscheinlichkeit anzunehmen, dass die Ravensburger Judengemeinde zum Zeitpunkt des Ritualmordvorwurfs in etwa aus folgenden Familien bestand:
1. Aaron Jud, seine Frau Blumli und deren gemeinsame, namentlich nicht genann-

[46] Wilhelm *Hanisch*: Die Luxemburger und die Juden. In: Ferdinand *Seibt* (Hg.): Die Juden in den böhmischen Ländern. München/Wien 1983. S. 27-35.- Karl *Schumm*: Konrad von Weinsberg und die Judensteuern unter Kaiser Sigismund. In: Württembergisch Franken 54 (1970) S. 20-58.
[47] Jörg K. *Hoensch*: Kaiser Sigismund. Herrscher an der Schwelle zur Neuzeit 1368-1437. München 1996. S. 28f, 514ff, 536.- Friedrich *Battenberg*: Das europäische Zeitalter der Juden. Zur Entwicklung einer Minderheit in der nichtjüdischen Umwelt Europas. Darmstadt 1990. S. 153ff.
[48] *Böhmer* (wie Anm. 25) Nr. 10372.
[49] *Ebda.* Nr. 11295, 11296, 11305, 11305a, 11305b.
[50] *Hoensch* (wie Anm. 47) S. 514.
[51] Germania Judaica III, Bd. 2 (wie Anm. 13) S. 173-177.
[52] *Ebda.* Anm. 15.

ten Kinder. Die Aufnahme der Familie, die zuvor in Rottenburg am Neckar lebte, ist am 30. September 1421 verzeichnet. Für ihren Aufenthalt in Ravensburg mussten sie jährlich 15 fl. bezahlen. Eine Tochter Aarons war 1429 mit Abraham Jud aus Lindau verheiratet[53].

2. Moses Jud, der Schwager Aarons, wurde am 7. März 1427 gegen eine Kaution von 50 fl. und ein jährliches Schutzgeld von 4 fl. aufgenommen. Seine in der Bürgerliste nicht genannte Frau Raechli und sein offenbar erwachsener Sohn Jacob werden 1429 erwähnt[54].

3. Anselm Jud, der ledige Bruder Aarons, gegen eine Kaution von 50 fl. und ein jährliches Schutzgeld von 10 fl. aufgenommen am 3. Dezember 1428. Die Feierlichkeiten zu seiner Hochzeit im Februar 1429 sollten eine der Voraussetzungen für die städteübergreifende Verfolgungswelle werden[55].

4. Zu dem am 6. Oktober 1421 in der Bürgerliste verzeichneten, dort aber wieder gestrichenen Joseph Jud und seine Familie fehlen weitere Hinweise[56]. Das Streichen kann nicht mit einer möglichen Hinrichtung im Zusammenhang stehen, da die Namen der anderen Juden nicht gestrichen wurden. Der Name Joseph könnte ein vager Hinweis auf den einzigen im Verlauf der Verfolgung konvertierten Juden sein, der dann den Namen Jos Christian erhielt, doch muss es hier bei Vermutungen bleiben[57]. Allerdings werden im "Ravensburger Bericht" über die Verfolgung ausdrücklich nur die drei Juden Aron, Anselm und Moses als Bürger genannt.

Phase I: Der verlorene Schüler

Der Bericht beginnt mit der Nennung der Jahreszahl 1429, der Aufzählung der drei jüdischen Bürger und ihrer verwandtschaftlichen Beziehung untereinander. Darauf folgt die Nachricht von der Hochzeit des Juden Anselm *uff den donstag ze nacht vor der rechten faßnacht*, was im Jahr 1429 der 3. Februar gewesen ist[58]. Etwa 50 Juden und Jüdinnen aus nahen und fernen Städten hätten an den Feierlichkeiten teilgenommen, ihre Namen seien aufgezeichnet worden. Am folgenden Montag vor der Faßnacht (7. Februar) seien die fremden Juden dann, bis auf drei oder vier Personen, wieder abgereist. Nun habe sich begeben, dass *an dem yen tag nach dem weissen sontag*[59] (14. Februar), ein Fischer namens Huselmann, der einen Schüler – dessen Vorname Ludwig sowie die Nachnamensvarianten "Pfaff" oder "Etterli" mehrfach überliefert sind – bei sich zur Kost hatte, Fische aus seiner Fischgrube vor der Stadt zum Markt tragen wollte, wobei ihm der Junge geholfen hätte. Nach getaner Arbeit habe der Fischer ihn heimgeschickt, um sich aufzuwärmen. Als Huselmann nach Hause zurückkehrte, fand er seinen Kostgänger dort nicht vor. Nach einer gewissen Wartezeit machte er sich auf die Suche, konnte

---

[53] *Hengstler* (wie Anm. 22) S. 90.- StadtA Ravensburg U 945.
[54] *Hengstler* (wie Anm. 22) S. 92.- StadtA Ravensburg U 945.
[55] *Hengstler* (wie Anm. 22) S. 93.
[56] *Ebda*. S. 90.
[57] Germania Judaica III, Bd. 2 (wie Anm. 13) S. 1174.
[58] Hermann *Grotefend*: Taschenbuch der Zeitrechnung, Hannover 1991. S. 51. Die "rechte Fassnacht" ist gleichbedeutend mit Dienstag nach Estomihi, dem 7. Sonntag vor Ostern. In Germania Judaica III wird hingegen der 22. April vermutet. *Ebda*, Bd. 2 (wie Anm. 13) S. 1176.
[59] Der weiße Sonntag ist gleichbedeutend mit dem Sonntag Invocavit, vgl. *Grotefend* (wie Anm. 58) S. 108.

ihn jedoch nicht finden und auch von niemandem erfahren, wo er abgeblieben sei. Hierauf wandte sich der Fischer an den Bürgermeister und erzalt im den handel und viel mit linden [Gerüchten] *uff die juden, wie das er mainte, sie hetten in verzueckht.* Auch Freunde des Jungen aus dessen Heimatort Bruck im Aargau kamen nach Ravensburg und versuchten, ihn ausfindig zu machen. Währendessen wuchs bei der Bevölkerung der Verdacht gegen die Juden: *allso wart nu des linden uff die juden je lenger, je mer und fiel das gantz volck daruff, die juden hetten in hin.* Die Freunde Ludwigs wandten sich auch nach Zürich und brachten ihr Anliegen vor den dortigen Bürgermeister. Da ereignete sich Folgendes: *Do tratt ain jud zu in und sprach zue dem burgermaister, was er hörte von des verlornen knaben wegen, da antwurt im der burgermeister, man würd sie schier all brennen.* Mit dieser Drohung konfrontiert, antwortete der Jude, dass seinem Wissensstand nach der Junge eigentlich in Regensburg zur Schule ginge und man dort nachforschen solle. Hierauf schickten die Städte Zürich und Ravensburg eine Delegation sowie einen Freund des Knaben nach Regensburg, wo man die Abgesandten freundlich aufnahm, die Suche allerdings erfolglos blieb. Zur Verpflegung ihres Boten mussten die Ravensburger 3 fl. an Regensburg bezahlen[60]. So kehrte der Freund Ludwigs mit dem schriftlichen Bericht der Regensburger am Abend von Christi Himmelfahrt (5. Mai) zurück nach Ravensburg. Am Morgen des nächsten Tages verließ er die Stadt, doch am Nachmittag des selben Tages entdeckten einige Jungen, die in das Waldstück "Haßlach" vor der Stadt zur Vogeljagd gegangen waren, die Leiche des Schülers *uff ainer tannen, en mitten in der höhe der tannen.* Sie erschraken und wandten sich an einen Mann, der in der Nähe wohnte. Dieser kletterte auf den Baum, an dem der Knabe hing: *Der seit uns auch by geschworem ayd, wie er in funden hett und seit allso, daß er in fund sitzen uff ain ast und hangeten im sein aerm under sich gen der erd und alls er den strick an im säch, do konnte der strick, das er nit gestrackh wär und wär im auch der strick nit zugangen und maint je nit, daß er sich selbst dahin geheckt hett.* Auf die Nachricht des Leichenfunds hin beriefen die Ravensburger den Rat ein und schickten kurz darauf den Stadtamtmann, den Zunftmeister der Weber, den Büttelmeister, zwei Wundärzte und den Nachrichter zur Untersuchung der Sache in den Wald. Als der Leichnam abgeseilt wurde, war auch der Fischer zur Stelle und identifizierte *das härin* [aus Haaren hergestelltes] *seil, daran er gehanget ist,* als sein von ihm selbst hergestelltes Eigentum. Auf einem Ast der Tanne fand sich weiter *ain grauer gelismeter* [gestrickter] *hut, darin vand man ligen ainen hänfin hälsing [Halsstrick], was ain alter hälsing und dabei ain schaidmesser.* Den Hälsling erkannte der Fischer ebenfalls als sein Eigentum. Bei der Beschauung der Leiche meinten einige der Anwesenden, dass sich der Schüler selbst erhängt hätte, der größere Teil war jedoch anderer Ansicht. Der Rat verhörte seine Abgesandten, dabei s*eit der ain wundartzet, allß er das gesehen hett, so mangelte der knab sins zeüges* [Geschlechtsteiles], *er kind aber nit fürwar gereden, das im das ußgeschnitten wär. Er seit auch, wie das der knab masen* [Wundmale] *hett uff seiner brust, er mainte aber nit, daß im die gestochen weren, er mainte wol, sie wer im darumb, das er lang tod ob der erden gewesen wär, er seit auch, das er ain gestochen wunden hett neben sinem gemächten in das linggbain, er maint auch nit, das er sich selb erhenckht hett.* Der andere Wund-

[60] Dies ist beispielsweise eine der für den Verlauf der Geschichte eigentlich völlig unwichtigen Informationen, die jedoch die Glaubwürdigkeit des Berichts unterstreichen.

arzt war indessen der Ansicht, im wären sin hödli ussgeschniten, die Wunde auf der Brust *wer im gestochen mit ainer alen* [grobe Nadel], *daß man nempt ain silen* [Riemen] *und die stich weren im verschwolen.* Zudem müsste der Leichnam, wenn er so lange Zeit gehangen hätte, einen durch den Strick verursachten Einriss am Hals aufweisen. Ein weiterer Arzt vertrat die Meinung, dass der Junge sich selbst erhängt hatte, da der Strick um den Hals gelegt war und bezüglich des beschädigten Geschlechtsteiles glaubte er, *das wer im hinweg gefeulet.* Nach der Untersuchung legten die Ravensburger die Leiche in einen Sarg und bewahrten ihn so sieben Wochen und einen Tag lang an der Fundstelle auf. Zudem stellte man zwei Knechte zur Bewachung desselben ab, damit nichts verändert würde. Wiederum wurde schriftlicher Kontakt nach Bruck und Zürich hergestellt und die dortigen Räte um Anweisungen für das weitere Vorgehen gebeten. Doch die wollten in dieser Sache nichts unternehmen und entgegneten, sie erachteten ihre Ravensburger Kollegen *in solcher wyßhait und frömkhait wol*, dass diese die richtigen Maßnahmen ergreifen würden. Dies wiederum erschien dem Ravensburger Rat *seltzem und frömbd*, außerdem mehrten sich die Verdächtigungen gegen die Juden. Das Gerücht kam auf, *Aro Jud sölt zue Anshelmen geredt han, lug, das du das in machest* [einpackst] *und nim deines schwagers pfärdt und für* [führe] *es hinweg.* Diesem Hinweis ging man nach in der Meinung, *er sölt den knaben in machen, da fand sich mit kundtschafft, das die red beschehen was davor und dry tag, ee das der knab verloren würd.* Aufgrund der sich verschärfenden Lage berief man den Rat, 18 Gemeindemitglieder, auch zwei Leutpriester und weitere Kleriker, den städtischen Arzt und zusätzliche Ärzte in den Wald. Die Leiche wurde aus dem Sarg genommen, säuberlich gewaschen und gründlich besehen. Der Großteil der Anwesenden war danach der Meinung, dass der Junge nicht lebend an den Baum gelangt sei. Diese Meinung teilte unter anderem der Stadtarzt, welcher dazu erneut feststellte, dass die Hoden des Knaben fehlten und er daneben an einem Bein eine Stichwunde aufweise. Die wie auch immer geartete Verletzung der Genitalien sah man offenbar als Indiz für einen jüdischen Ritualmord an. Dass die Juden ihre männlichen "Opfer" während ihres Martyriums beschnitten, war ein Bestandteil des christlichen Gedankenkonstrukts der Blutbeschuldigung und spielte beim Trienter Fall ebenfalls eine zentrale Rolle. Auch in der bildenden Kunst des 15. Jahrhunderts wurde das Motiv der "Beschneidung Christi" zunehmend negativ und teilweise als ein blutrünstig-abartiger Brauch abgebildet[61].

Zu den Ergebnissen der Leichenbeschauung kam die Neuigkeit, *das der juden kinder zue andern kinden sölten gesprochen han, sie getörften nit haim komen, es läg ain totter man uff der stuben.* Doch von wem diese belastenden Angaben ursprünglich stammten, konnte der Rat indes nicht feststellen. Durch einen Mitschüler des Opfers kam ein weiteres Gerücht auf: am Tag seines Verschwindens sei der Junge im Haus der Juden gesehen worden. Vom Rat verhört, gab der Schüler an, dass dies acht Tage vor dem Verschwinden seines Freundes gewesen sei. Ein Jude habe ihn um das Abschreiben eines Briefes gebeten und ihn mit in eine Stube genommen. Ein weiteres Gerücht besagte, ein Jude sei mit einem Karren, auf welchem ein Fass lag, in Richtung des Waldstücks gefahren: *allso solt im ainer begegnet sin, der sölt zu eim gesprochen hän, wohin er farren wöle, da antwurte im der jud, er wölt ain bad holen, do sprach der, er wiste da oben kain wasser, das*

[61] *Treue* (wie Anm. 2) S. 351-355.

man zue bedur bruechte, allso syen wir dem nachgangen mit geschwornen ayden und kunden und kunden da kainen grund noch warhait finden. Auch hörte man, dass ein Bauer und sein Sohn bei der Tanne gewesen sein sollten, bevor man den Jungen dort gefunden hätte. Diese gaben an, drei Wochen vor dem Leichenfund dort gewesen zu sein, aber nichts Auffälliges gesehen zu haben. Ebenso verhörte man andere Leute, die früher an der Stelle vorbeigewandert waren, doch wiederum ohne Ergebnis[62].

Phase II: Die erste Verhaftung der Juden und das Eingreifen des Bischofs von Konstanz

Eine neue Dimension des Falles wurde erreicht, als ein Ravensburger Priester von der Kanzel herab verkündete, er wisse genau, dass der Junge niemals lebendig zu der Tanne gelangt sei. Wenn er ein Laie wäre und darüber reden dürfte, würde er es wohl tun. Hierauf bestellte der Rat den Priester ein. Als dieser zu seiner Aussage stand, brachten ihn die Ravensburger vor den Konstanzer Bischof Otto von Hachberg. Generell ersuchte man diesen um eine Einberufung seiner Räte und Gelehrten, um Anweisungen in der Sache zu erhalten, denn im Ravensburger Rat herrschte weiterhin große Ratlosigkeit. Doch nicht nur das: *Es hätt sich auch ain sollicher zuelauff erhoben zue dem lichnam, damit uns zemal eng wär. Allso kam es darzue, das der lichnam kam in gericht ertrich, allso wurden die juden gehaimet und in beschaiden vangknuß geleit.* Der Zulauf der Bevölkerung zu der Leiche des vermeintlichen Märtyrers und die damit verbundene Drucksituation hatten den Rat also inzwischen zur Verhaftung der Juden veranlasst. Schon vor der Beerdigung des Knaben hatte man eine dreiköpfige Delegation *zue den aigenossen gen Baden* gesandt, die dort über den Verlauf der Angelegenheit berichtete und um Kooperation im künftigen Vorgehen ansuchte. Diese blieb jedoch aus: *Die antwurtten aber glich allß vor, sie setzten das gantz hien zue unß*[63]. Die Kopie eines auf den 24. Juni 1429 datierten Briefes von Bürgermeister und Rat Ravensburgs an eine andere Stadt steht in diesem Zusammenhang. Hier wird wiederum die Meinung der Adressaten wegen *des grossen lemden* [Gerüchts], *der in allem volke swörlich litt* eingefordert und ferner darauf hingewiesen, man habe bereits zum vierten Mal Botschaften zum Konstanzer Bischof geschickt hätte. Dort habe man in Anwesenheit des schwäbischen Landvogts Jakob von Waldburg über die Juden und ihre Gefangenschaft verhandelt, weil man auch erreichen wollte, dass der Pilgerstrom zur Leiche endlich aufhöre. Nun hofften die Ravensburger, dass die Angeschriebenen auch bei anderen Städten für sie einträten und ihnen Ratschläge gäben, wie sie die Schwierigkeiten mit den Gefangenen lösen könnten, da sie selbst schon so viel Mühen wegen der Sache gehabt hätten[64].

Das weitere Vorgehen war aber nicht das einzige Thema, zu welchem die Ravensburger Beratung suchten: Die Abschrift eines undatierten Briefes an den Rat von Pforzheim führt ausführlich den dortigen Ritualmord von 1266/67 auf. Man stellte also Nachforschungen über frühere Ritualmordfälle an. Die Pforzheimer

[62] HStA Stuttgart H 14 Bd. 170 fol. 43-51.
[63] *Ebda.*
[64] HStA Stuttgart B 198 U 116.

Antwort vom 23. Juni 1429 ist ebenfalls erhalten: zu ihren Lebzeiten, so die Räte, sei nichts dergleichen vorgekommen, aber in der Pfarrkirche existiere das Grab des Opfers, auf dem in eingehauenen Buchstaben stehe, dass die Juden die Beigesetzte getötet hätten. Zudem legten die Pforzheimer weitere, allerdings nicht mehr erhaltene Unterlagen bei, um in der Sache behilflich zu sein[65]. Diese Auskunft schien die Ravensburger zu einem weiteren Vorgehen zu motivieren. In der Abschrift eines Briefs an eine ungenannte Stadt vom 8. Juli 1429 bezogen sie sich auf ihre Korrespondenz mit Pforzheim und die dort erlangten Informationen, gaben aber auch an, dass die Sache schon lange her sei. Allerdings schien man die Adressaten zu einer Verhaftung aller bei der Hochzeit anwesenden Juden bewegen zu wollen, wie auch ein Brief an den Ulmer Rat vom 15. Juli belegt, dem man ebenfalls eine Abschrift des Pforzheimer Falles beigelegt hatte[66]. Dass es nicht zu einer Aktion gegen die Juden kam, scheint wohl am Eingreifen des Konstanzer Bischofs gelegen zu haben, wie aus der Abschrift eines Brief desselben an eine ungenannte Stadt vom 19. Juli 1429 hervorgeht. Hier legte Bischof Otto dar, wie er über die Angelegenheit informiert worden sei und dass seiner Meinung nach diese *zu guter maß* durch die Agitation etlicher Priester entstanden sei. So habe er Botschaften nach Ravensburg geschickt, da er die Sache gern abgewendet hätte, was er auch von Amts wegen schuldig sei. Deswegen sei er allerdings von Priestern, Laien und Räten *hertlich in der sache bedächt worden, das wir das alles getan häben, der juden zehilff und durch gaben und gält willen und ist durch alle unser bystum groß und swöre rede yber uns von der sache wegen*. Trotzdem habe er getan, was er von Rechts sowie seines Bischofsamts wegen schuldig sei, um diesem *unglauben, der gants ain swerheinth sinth wider unsern cristlichen glauben und wider Gott und der heiligen kirchen* sei, mit Briefen und Bannandrohungen entgegen zu treten. Zusammen mit Jakob von Waldburg und dem Rat von Ravensburg habe er verhandelt, um den Zulauf zu der Leiche zu verhindern. Doch dieser erfolge derzeit mehr denn je. Daher forderte er, dass seine Gebote eingehalten würden[67]. Deutlich zeigt sich hier das Bestreben des Bischofs, die päpstlichen Richtlinien gegenüber Ritualmordbeschuldigungen umzusetzen und die Herausbildung eines mehr als fragwürdigen Märtyrerkultes mit den ihm zu Verfügung stehenden Mitteln zu verhindern.

Phase III: Die erste Verhaftung des Fuhrmanns Knoll und die Freilassung der Juden

In dieser Situation führte ein folgenschweres neues Gerücht zu einer weiteren Verhaftung: Ein Knecht sagte aus, dass er den Fuhrmann Claus Knoll mit seinem Karren am St. Walpurgisabend (1. Mai) aus der Judengasse habe fahren sehen. Auf dem Karren habe neben allerlei Plunder auch ein Sack gelegen. Vom Knecht auf diesen angesprochen, habe Knoll geantwortet, er wisse nicht, was darin sei. Als er sich nicht näher dazu äußern und weiterfahren wollte, sei ihm ein Jude nachgelaufen und habe Folgendes zu ihm gesagt: *Knoll, füer das untz [...] für das Haßlach,*

[65] *Ebda.*
[66] StadtA Ulm A 3904.
[67] HStA Stuttgart B 198 U 116.

da der stain lit und leg das da nider, do kompt es denn füro an die und da es hin gehört. Sowohl Knoll als auch der Knecht wurden daraufhin festgenommen und verhört. Daneben suchte man nach weiteren Hinweisen in der Bevölkerung *mit vil und menigerlay kundtschafft, mit geschwornen aiden allso, das darumb geschworen wurden by hundert aiden oder me, wir kunden aber kain waren grund nie finden.* Schließlich legte Knoll, durch die Fürsprache mehrerer ehrbarer Leute unterstützt, einen Eid über das ab, was er an besagtem Tag getan habe, und wurde auf Urfehde freigelassen. Der Rat besprach sich daraufhin auch mit den anderen Städten noch drei Mal in der Angelegenheit und musste letztlich festhalten, *daß sie* [die anderen Städte] *gern hetten gewölt, das wir die juden nie gefangen hetten und je ee wir sie liessen, je wäger* [lieber] *uns wär. Daran wolten wir nu nit sehen und brächten das ahn unser gemaind und namnend uns für und gichtigeten* [verhörten] *die juden herterlich, wir haben aber die sach durch uss gehandelt mit unser zwivalten gemaind, die hand auch den räten darinn gewalt geben, die sach ze handlen nach ir erkhantnuß nach dem besten. Allso wurden die juden darzemal uff die zit ledig gesprochen*[68].

In diesem Zusammenhang soll die am 10. August 1429 ausgestellte Urfehde der freigelassenen Juden betrachtet werden: Aussteller sind Aaron Jud und seine Frau Blumli, Moses Jud, seine Frau Raechli und sein Sohn Jacob, allesamt Bürger von Ravensburg, sowie Isaak Jud aus Konstanz. Alle waren von Bürgermeister und Rat Ravensburgs wegen des Mordverdachts ins Gefängnis gelegt, nun aber wieder freigelassen worden. Als Bürgen für ihren Urfehdeeid werden folgende Juden genannt: Abraham Jud aus Lindau, Schwiegersohn des Aaron, Lasman Jud, Arons Schwiegervater, Anselm Jud aus Ravensburg, Aarons Bruder – also hatte man nicht alle Ravensburger Juden verhaftet – und ferner Gottlieb Jud und Jacob Jud aus Konstanz, Simli Jud und Joseph Jud aus Ulm sowie Lemlin Jud und Ure Jud aus Memmingen. Falls die Aussteller jemals doch als schuldig befunden würden, seien sie sofort als meineidig und rechtlos zu behandeln. Besiegelt wurde die Urfehde von folgenden christlichen Amtsträgern: Reichslandvogt Jakob Truchsess von Waldburg, Unterlandvogt Jörg Kröl, dem Lindauer Stadtamtmann Martin Gögel, dem Konstanzer Stadtamtmann Ulrich Ehinger, dem Ulmer Bürger Claus Ungeld und dem Memminger Stadtamtmann Jos Studlin[69]. Aufgrund des Datums der Urfehde und der zuvor genannten Daten kann man davon ausgehen, dass die Verhaftung der Juden im Juni erfolgte und bis Anfang August andauerte. Darüber hinaus dokumentiert die Urfehde die engen, zum großen Teil verwandtschaftlichen Beziehungen der Juden am Bodensee und im oberschwäbischen Raum.

Phase IV: Der Märtyrerkult und die Rolle der Familie des Opfers

Nach der Freilassung der Juden tauchte eine weitere Person auf der Bildfläche auf: die Mutter des Opfers. Sie beklagte sich beim Rat, dass dieser die Leute bestrafe, die ins Haßlach pilgerten. Weiter erbot sie sich, selbst im Wald zu sitzen oder einen Knecht dorthin zu verpflichten, *der da innam und versorgete*, also Geldspenden oder Votivgaben annahm und sich um den Zustand des Grabes kümmern

[68] HStA Stuttgart H 14 Bd. 170 fol. 43-51.
[69] StadtA Ravensburg U 945.

könne. Erstaunlicherweise lehnte der Rat dies nicht ab, weil man glaubte, ihre Bitte nicht zurückweisen zu können. Hierauf stellte die Frau zwei Knechte an, welche die Gaben der Pilger entgegennehmen sollten. Doch die Knechte hatten anscheinend noch einen weiteren Auftrag: *[...] hand allso die knecht mit uffsetzen in kundtschafft geholt uff den Knollen, der doch der sach halb ledig gelauffen und hand den genommen bey nacht und by nebel und hand in hinweg gefüert mit gewalt und on recht und uns ze schmach, allso sind sie nu all und der Knoll mit in gefangen und gen Uberlingen gefiert worden*[70]. Die gewaltsame Entführung des Fuhrmanns Knoll nach Überlingen, in allen späteren Fassungen als dessen Flucht aus schlechtem Gewissen deklariert (!), ist wohl auf das Bestreben der Familie des Opfers und möglicherweise weiterer Personen zurückzuführen, die Interesse an einer Anerkennung des Kultes und einer konsequenterweise damit zusammenhängenden Verurteilung der Juden hatten. In dieses Bild passt auch die Urfehde des Ravensburger Nachrichters Meister Heinrich vom 14. Oktober 1429, der wegen Schimpfreden gegen Gebote des Bischofs von Konstanz inhaftiert und auf Bitten ehrbarer Leute wieder freigelassen wurde. Bei diesen Geboten handelte es sich mit großer Sicherheit um die Anweisungen zur Verhinderung des Kultes[71].

Der "Ravensburger Bericht" führt weiter auf, man sei in Ravensburg zahlreichen Wunderzeichen nachgegangen, die sich im Haßlach ereignet hätten. Allerdings stellte man dabei fest, dass sich etliche dieser Wunder als unwahr erwiesen. Auch ein erneutes Vorbringen wegen einer Kulterlaubnis an den Konstanzer Bischof wurde von diesem entschieden zurückgewiesen. Man ging sogar so weit, der Mutter Ludwigs jemanden zu empfehlen, *der ir sollichs wurb an unsern heiligen vatter den baupst*, doch auch dies kam nicht zustande. Offensichtlich war die Stimmung in Ravensburg umgeschlagen. Eine wegen Knoll nach Überlingen geschickte Delegation bemängelte zwar die rechtswidrigen Umstände der Verhaftung, doch so wolten wir [die Ravensburger] *gern sehen, wie man uff die warhait und ain grund der sach komen möcht. Darzu wölt wir tun helffen und raten nach unserm vermügen, was wir vermöchten und darin nit sparen weder lib noch gut. Nun nach dem füegt sich das unns[er] gut freund, die von Überlingen, fürnemen und den Knollen von der sach würden fragen.* Knoll wurde also in Überlingen verhört und – wie aus später auszuführenden Berichten und seinen extrem unsinnigen Aussagen hervorgeht – sicher erheblich gefoltert, auch wenn man im Ravensburger Bericht angab, er habe die folgenden zwei Urgichten ungenöt gestanden. Im Folgenden sei nun der Inhalt dieser beiden Urgichten wiedergegeben:

Urgicht I: Knoll habe angegeben, dass er, als er eines Tages bei den Juden zu Ravensburg Fuhrdienste geleistet habe und in Aarons Haus gekommen sei, von drei Juden angesprochen worden sei. Der Fuhrmann sollte ihnen etwas ins Haßlach fahren und dafür gut bezahlt werden. Sie hätten ihm einen Sack auf den Karren gelegt und eine Plane darüber gebreitet. Als er zu der ominösen Tanne im Haßlach gekommen sei, hätten ihn dort bereits drei andere Juden erwartet. Diese hätten den Sack abgeladen und ausgeschüttet, worauf der mit vielen Tüchern umwickelte tote Knabe heraus gefallen sei. Nachdem die Juden die Tücher abgenommen hätten, sei dieser noch mit einem grauen Rock und zwei Ringelschuhen bekleidet gewesen. Danach sei die Leiche mit einem *härin seil* um den Hals – wir

[70] HStA Stuttgart H 14 Bd. 170 fol. 43-51.
[71] StadtA Ravensburg U 947.

erinnern uns, dass der Wirt des Knaben dieses Seil als sein (!) Eigentum erkannt hatte – von den Juden an der Tanne hochgezogen und auf einen Ast gesetzt worden. Damit man an einen Selbstmord glaubte, hätten die Juden den Hut des Jungen mit dem Schreibmesser und einem neuen Hälsling – bei der Auffindung der Leiche wurde der Hälsling ja im Gegensatz dazu als alt bezeichnet – auf einen weiteren Ast gelegt. Die Juden hätten Folgendes zu ihm gesagt: *lug, das du dis nit sagist, wan du das sagest, mußest du gelich alß wol darumb sterben alls wir und darumb, so wöllen wir dir geben zehen guldin, do antwurt er, wer gibt mir aber das gelt, sie sprachen Aron.* Weiter identifizierte er einen der Juden als Aarons Knecht.

Urgicht II: Diese scheint nach der ersten Urgicht entstanden zu sein. In ihr wird die Rolle Aarons hervorgehoben und konkretisiert. Knoll gab nun an, dass Aaron ihn beauftragt habe, den Sack mit dem Jungen ins Haßlach zu tragen, wofür er gut entlohnt werden sollte. Dies habe er getan, nachdem Aaron selbst zuvor eine Leiter aus seinem Haus in den Wald getragen habe, um den Baum zu besteigen. Möglich seien die beiden Transporte gewesen, weil sie am Morgen von Christi Himmelfahrt (5. Mai 1429) stattgefunden hätten, als jedermann zu St. Christina in der Kirche gewesen sei. Aaron habe ihm dann noch drei Juden hinterhergeschickt. Ansonsten decken sich die übrigen Aussagen mit denen der ersten Urgicht[72].

Nicht nur die widersprüchlichen Angaben zu den Gegenständen am Tatort machen diese angeblich freiwilligen Geständnisse selbst bei einer hypothetischen Annahme jüdischer Ritualmorde unglaubhaft. Vor allem das Verhalten der Juden erscheint extrem unrealistisch: Warum sollten sie die Leiche vor Knolls Augen auspacken und sich so einen christlichen Mitwisser schaffen, den sie auch noch bezahlen müssen? Diese gewissermaßen exhibitionistische Zurschaustellung des Verbrechens und die vermeintliche Unvorsichtigkeit der Juden sind allerdings Merkmale, die bei zahlreichen Ritualmordbeschuldigungen und Hostienfrevellegenden auftauchen und trotz ihrer offenkundigen Irrationalität bedenkenlos akzeptiert wurden, da sie die vermutete jüdische Grausamkeit effektvoll unterstrichen[73].

Phase V: Die zweite Verhaftung der Juden und die Intervention König Sigismunds

Die Urgichten Knolls führten zu einer Verhaftungswelle in den Städten des Bodenseeraumes, die auf Absprache hin im Zeitraum vom 20 bis 24. Dezember 1429 durchgeführt wurde. Während die Juden in Ravensburg, Überlingen, Konstanz, Lindau, Buchhorn und Meersburg im Gefängnis blieben, ließ der Züricher Rat am 30. Januar 1430 die dortigen Juden – wie schon bei der Diessenhofener Ritualmordbeschuldigung 1401 – wieder frei, obwohl von Teilen der Bevölkerung ihre Hinrichtung gefordert wurde. Allerdings mussten sie einen Eid leisten, die Stadt vorerst nicht zu verlassen[74].

Ulm, der Vorort des Schwäbischen Städtebundes, hatte ja bereits auf eine

[72] HStA Stuttgart H 14 Bd. 170 fol. 43-51.
[73] *Treue* (wie Anm. 5) S. 109f.
[74] Germania Judaica III, Bd. 2 (wie Anm. 13) S. 1735.

frühere Ravensburger Bitte um Beratung des Falles anscheinend nicht geantwortet. Als der Ravensburger Abgesandte auf dem Städtetag zu Ulm am 27. Dezember 1429 eröffnete, dass die Bodenseestädte und Ravensburg ihre Juden während der letzten Tage verhaftet hätten, und die Ulmer zur gleichen Vorgehensweise aufforderte, lehnten diese ab. Begründung war die in ihren Augen nicht erfolgte Aufklärung des Falles[75].

Unbeeindruckt von den Widersprüchlichkeiten der "Geständnisse" Knolls hatte also der Ravensburger Rat die Juden erneut gefangen genommen, zumal ein als ehrbar angesehener Bürger zusammen mit seiner Frau schwor, in der Nacht, als der Junge verschwunden war, aus Aarons Haus ein klägliches Geschrei gehört zu haben, wie wenn man jemandem den Mund zuhalten würde[76].

Im Vergleich zu den Ereignissen von 1429 nehmen die des Jahres 1430 nur noch wenig Platz im "Ravensburger Bericht" ein, auch konkrete Daten werden nicht mehr genannt. Zunächst wird die Festnahme der anwesenden Juden geschildert: *Nun nach der urgicht, so der Knoll getan hett, do namen wir für und heimoten die juden widerumb inn unnser gefängknus, die da by uns waren und nämen die für mit gichtigen, so ernstlichest und wir mochten, wir khunden aber an in nichts finden.* Trotz der offenbar eingesetzten Folter konnten die Ravensburger also weiterhin keine Geständnisse der Juden erzwingen. Die für den Rat erleichternde "Lösung" brachte laut des Berichtes relativ überraschend Reichslandvogt Jakob Truchsess von Waldburg: *Nun nach dem allem und der limd* [das Gerücht] *groß und schwär was, da kam unser gnediger herr, herr Jacob Truchsäss ze Walpurg, daß hailig römischen reichs landtvogt in Schwaben, für unsern rath und offnet da vor uns und sprach also von des verlornen knaben wegen, da wär im kund und wissend, daß der knab von den juden hie ze Ravenspurg wär gemartert worden, das wisse er in der warhait und redte auch das nit uß kainem hofen, er redte auch das nit uß kainem trom [Traum] und by dem jüngsten gericht deß allmächtigen Gottes und wölt auch das reden vor dem babst, vor dem künig und vor menigelich. Der red und sag wären wir nu fro und horten das gern [...].* Nach der Beschreibung dieses Auftritts wird berichtet, König Sigismund habe Jakob von Waldburg und seinen Rat Erkinger von Seinsheim entsandt, um Leib und Gut der Juden zu arrestieren. Abschließend folgt lediglich noch die Ausführung, dass man *darüber gesessen und haben zue den juden und judin gericht mit dem feür und damit ir leben zue dem tod bringen laussen* und dies aus in dieser Reihenfolge genannten Gründen: 1) Den allgemeinen Landesgerüchten, die von Klerikern und Laien verbreitet worden waren, 2) den Erkundigungen, die man eingeholt hatte, 3) den Urgichten des Claus Knoll, 4) *der treffenlichen red, so uns der herr landvogt gethan haut*, 5) Nach den Privilegien der Stadt.

Mit der Mitteilung von der Hinrichtung der Juden, bei der weder das Datum, die Anzahl und Namen der Verurteilten noch irgendwelche anderen Details präzisiert werden, schließt der Bericht[77].

Diese recht kurz abgehandelten Geschehnisse fanden in Wirklichkeit über einen Zeitraum von sechs bis sieben Monaten statt. Grund für die spärlichen Infor-

[75] Hermann *Dicker*: Die Geschichte der Juden in Ulm. Ein Beitrag zur Wirtschaftsgeschichte des Mittelalters. Rottweil 1937. S. 56.
[76] HStA Stuttgart H 14 Bd. 170 fol. 43-51.
[77] HStA Stuttgart H 14 Bd. 170 fol. 43-51.

mationen mag sein, dass den Ravensburgern etwa einen Monat nach der zweiten Verhaftung der Juden das Heft des Handelns aus der Hand genommen wurde und in die des Reiches bzw. seiner Beauftragten überging. Am 20. Januar 1430 schrieb König Sigismund aus Pressburg an seinen Reichslandvogt. Dieser hatte ihm berichtet, etliche Reichsstädte hätten ihre Juden wegen des Knabenmordes ins Gefängnis geworfen. Sigismund wies Jakob von Waldburg darauf hin, dass nur dem König allein die Bestrafung der Juden zustehe: *Nun ist es an im selbs, das sölliche strauf und velle nyemant billicher angehören dann uns, nach dem und die jüdischeit uns und dem rich zugehörent uns unser kamerknecht sind*[78]. Der Reichslandvogt solle als sein Stellvertreter agieren und die Sache zusammen mit Erkinger von Seinsheim, der am 11. August 1429 zum Beauftragten für die Eintreibung der Judensteuern ernannt worden war[79], untersuchen[80]. Am gleichen Tag erging auch ein Schreiben an die Städte Ravensburg, Überlingen, Konstanz, Lindau, Buchhorn und Meersburg, in dem Sigismund den Magistraten die Namen seiner soeben Beauftragten übermittelte und unbedingte Kooperation mit diesen einforderte. Das Hab und Gut der verhafteten Juden sei bis zur Lösung des Falles zu versiegeln und sicherzustellen[81].

Der nächste Hinweis auf den Verlauf der Untersuchungen ist Sigismunds Antwort vom 2. Februar 1430 auf einen Brief Seinsheims, in dem dieser um mehr Machtbefugnisse und Mandate gebeten hatte. Dies war aber nach Meinung des Königs nicht notwendig, er glaubte, dass seine beiden Abgesandten über ausreichende Machtkompetenzen verfügen würden[82].

Bis zum 29. April 1430 finden sich keine weiteren Quellen. Aus einem auf diesen Tag datierten Brief Sigismunds an die Bürgermeister und Räte Ravensburgs, Überlingens, Konstanz', Lindaus, Buchhorns und Meersburgs tritt allerdings in groben Zügen hervor, was sich in diesem Zeitraum abgespielt hat. Der König befahl den Städten, wegen der Ritualmordbeschuldigung mit seinen Abgesandten Waldburg und Seinsheim zu verhandeln und nicht mit ihm selbst, da es dem Regenten nicht möglich sei, allen Angelegenheiten im Reich persönlich nachzukommen. Außerdem betonte er nochmals seine Obergerichtsbarkeit über die Juden des Reiches und verlangte, dass die Habe der Verhafteten weiterhin unter Verschluss gehalten werden solle[83]. Von einer reibungslosen Kooperation zwischen den königlichen Beauftragten und den Reichsstädten konnte wohl bis zu diesem Zeitpunkt keine Rede sein. Auch die Konstanzer hatten offenbar eine Botschaft direkt nach Pressburg geschickt, wo sich der unter starker Gicht leidende und daher nur eingeschränkt reisefähige Monarch große Teile des Jahres 1429 sowie des Frühjahrs 1430 aufhielt. Sigismund, so schrieben die Konstanzer am 30. Mai 1430 an Ravensburg, habe sie angewiesen, bis zu seiner Ankunft in Nürnberg nichts in der Angelegenheit zu unternehmen, worauf sie Boten dorthin gesandt hätten[84]. Bereits im Dezember 1429 hatte Sigismund für den 19. März 1430 einen Reichstag nach Nürnberg einberufen, um dort über die durch zahlreiche Fehden

[78] HStA Stuttgart B 198 U 112.
[79] *Böhmer* (wie Anm. 25) Nr. 7367.
[80] HStA Stuttgart B 198 U 112.
[81] *Ebda.*
[82] *Ebda.*
[83] *Ebda.*
[84] StadtA Ravensburg 93 Bü 1.

erschütterte innere Lage des Reiches und über einen für den Sommer geplanten Feldzug gegen die Hussiten zu beraten. Doch aufgrund eines Einfalls der Hussiten nach Mähren konnte der König erst in der zweiten Junihälfte den Weg an der Donau entlang einschlagen, wobei er aufgrund eines erneuten Krankheitsschubs nicht vor dem 25. August nach Passau und erst am 13. September nach Nürnberg kam[85].

Doch bis zu diesem Zeitpunkt war in Ravensburg und am Bodensee bereits viel geschehen.

Phase VI: Der Interventionsversuch Herzog Friedrichs von Österreich und die Hinrichtung von Juden in Ravensburg, Lindau und Überlingen

Schon zwei Tage nachdem man die Ravensburger Kollegen über den Kontakt mit Sigismund informiert hatte, ließ der Konstanzer Rat am 1. Juni 1430 die dort inhaftierten Juden frei. Jedoch mussten diese schwören, die Stadt nicht zu verlassen und ihre Habe nicht fortzuschaffen[86]. Während in Konstanz öffentliche Unruhen in der Bürgerschaft, ausgelöst vor allem durch heftige Spannungen zwischen Zünften und Rat, für eine besondere Situation sorgten und ein koordiniertes Vorgehen bezüglich der Juden verhinderten, wirft das einzige durch Quellen belegbare Auftreten einer weiteren Interessenspartei ein überraschendes Schlaglicht auf die Situation in Ravensburg: In einem zu Innsbruck ausgestellten Schreiben vom 10. Juni 1430 ließ Herzog Friedrich IV. von Österreich-Tirol (1382-1439)[87] den Ravensburger Rat wissen, er habe schon mehrfach wegen seines Juden Aaron, dessen Frau und der Habe der beiden geschrieben und bislang vergeblich die Auslieferung der Frau sowie des Vermögens verlangt habe. Die Angeschriebenen hätten ihm zwar mitgeteilt, dass man die Sache vor den König gebracht habe, doch er könne nicht verstehen, was dieser mit seinen Juden zu tun haben solle. Nochmals forderte er die Herausgabe von Aarons Frau und der Vermögenswerte. Falls sich herausstellen sollte, dass Aaron, sein Bruder Anselm und weitere Juden des Mordes schuldig seien und einer von ihnen in Ravensburg zum Tode verurteilt würde, so wollte er eine Gesandtschaft zu der Verhandlung schicken. Lasse sich dann eine Schuld nachweisen, beabsichtigte er seine Juden selbst zu bestrafen. Die Ravensburger müssten des Weiteren dafür sorgen, dass die beschlagnahmten Vermögen nicht zerstreut würden. Außerdem verlangte Friedrich ausdrücklich eine Rückantwort auf sein Schreiben[88].

Dieses Ansuchen ist der einzige Beleg für eine Einmischung des Herzogs in den Fall, sowohl im "Ravensburger Bericht" als auch in sämtlichen anderen Überlieferungen wird diese nicht erwähnt. Das macht das Schreiben natürlich umso brisanter und wirft einige Fragen auf. Worauf beruhten Friedrichs Ansprüche? Vor seiner Aufnahme 1421 in Ravensburg lebte Aaron mit seiner Familie in Rottenburg am Neckar, also in Vorderösterreich. Anscheinend glaubte der österreichische Herzog, deshalb Rechte über den Juden und dessen Vermögen zu

---

[85] *Hoensch* (wie Anm. 47) S. 358ff. Vgl. auch: Sabine Wefers: Das politische System Kaiser Sigmunds. Stuttgart 1989. S. 167-174.
[86] *Joos* (wie Anm. 24) S. 48.
[87] Brigitte *Hamann* (Hg.): Die Habsburger. Ein biographisches Lexikon. Wien 1988. S. 148f.
[88] StadtA Ravensburg 93 Bü 1.

besitzen. Er bezeichnet ihn, seine Frau und möglicherweise weitere Verwandte als "seine Juden", mit denen der König nichts zu schaffen habe – eine eindeutige Herausforderung der Oberherrschaft des Reichs über die Juden einer Reichsstadt. Doch bereits 1331 hatte Kaiser Ludwig der Bayer die Herzöge von Österreich neben ihren Ländern auch mit den dort lebenden Juden belehnt, bereits 25 Jahre, bevor die Kurfürsten in der Goldenen Bulle das Judenregal zugesprochen bekamen[89]. Durch dieses offiziell verliehene wirtschaftlich nutzbare Hoheitsrecht sah sich Herzog Friedrich berechtigt, Ansprüche auf einen Juden und seinen Besitz geltend zu machen, auch wenn dieser mittlerweile in eine Reichsstadt übergesiedelt war. Die Ravensburger hatten also mit zwei Partnern zu verhandeln, die dasselbe verlangten: die Gerichtsbarkeit über die Juden und das Vermögen derselben. Ferner ergibt sich aus dem Schreiben, dass wohl Anfang Juni 1430 noch keinerlei Entscheidungen in der Angelegenheit getroffen und keine Gerichtsverhandlungen abgehalten wurden, zumindest keine, die Herzog Friedrich bekannt gewesen waren. Allerdings scheint es auch so, dass mit Aarons Verurteilung – Knoll hatte ihn ja konkret belastet – offenbar gerechnet wurde, was offensichtlich auch bis Innsbruck vorgedrungen war. Vielleicht hatten sogar die Juden selbst den Herzog informiert.

Am 3. Juli 1430 war das Urteil in Ravensburg und Lindau bereits gefallen und ausgeführt. An diesem Tag beurkundeten Reichslandvogt Jakob Truchsess von Waldburg und Erkinger von Seinsheim, dass sich die Städte Ravensburg und Lindau auf ihr Ansuchen hin willig gezeigt und mit ihnen zusammen den Mord untersucht hätten und *von ainem stugk nach dem andern uns mit ainander underredet und darzu zu den gantzen lands lömden für uns genommen und darzu mer von ain redlich treffenlich stugk* [damit ist sichtlich Knolls Urgicht gemeint] *daruß namelich zu bekennen und zu mergken ist, das die juden den berürten knaben lästerlich getöt und gemördet haben.* Aus königlicher Vollmacht seien sie mit den beiden Städten einig geworden, *das wir zu den juden und judinnen so yetz in den selben zwain stetten behafft gewesen sind, verhengt und mit dem füre haben laussen richten, als denn sollicher übeltätiger jüdischeit von recht zugehört und sigen och daby und mit gewesen und haben die sach also mit ainander gehandlet und getan.* Falls jemand, wer es auch sei, *unrecht underwiset würde und über kurz oder lang von der geschichte wegen an die von Ravensburg oder die von Lindow darumb vorderung tun wurden*, so wollten beide königlichen Beauftragten gegenüber jedermann die Verantwortung übernehmen[90].

Die verhafteten Juden in Ravensburg und Lindau waren demnach spätestens am 3. Juli 1430 auf dem Scheiterhaufen verbrannt worden. Als Begründung für das Todesurteil werden nur die Beratungen mit den Ravensburgern, die Gerüchte oder Meinungen im Land und das "Geständnis" des nach Überlingen entführten Claus Knoll genannt. Was fehlt, ist aber ein Schuldgeständnis von Seiten der beschuldigten Juden, was man – wie andere Ritualmord-, Hostienfrevel- oder Brunnenvergiftungsbeschuldigungen beweisen – bei einem entsprechenden Einsatz der Folter sicher hätte erreichen können. Da auch in sämtlichen anderen Quellen, vor allem im "Ravensburger Bericht", zu diesem Fall keinerlei Hinweise auf

[89] Klaus *Lohrmann*, Judenpolitik in Österreich bis 1420. In: Alfred *Ebenbauer* und Klaus *Zatloukal* (Hg.): Die Juden in ihrer mittelalterlichen Umwelt. Wien/Köln/Weimar 1991. S. 113-129, hier S. 119.

[90] HStA Stuttgart B 198 U 113 (Besiegeltes Original der Urkunde)

Geständnisse und die damit offengelegten "Motive" der Juden existieren, ist zu vermuten, dass es wohl gar keine gegeben hat. Man sah die Beweislage offenbar als ausreichend an, das Motiv brauchte angesichts der Tradition von derartigen Beschuldigungen in der Region nicht näher untersucht zu werden. So bemerkt der zeitgenössische Chronist Andreas von Regensburg († 1437) bei seiner kurzen Erwähnung des Falls, die Juden zu Ravensburg hätten vor wenigen Jahren den Knaben propter eius sangwinem getötet[91].

Wer hat letztlich das Todesurteil gefällt? In der Urkunde heißt es "wir". Meinten die Aussteller sich damit allein oder schlossen sie die Ravensburger mit ein? Offiziell hatten die Reichsstädter zwar das Urteil ausgesprochen und vollstreckt, die Erlaubnis dazu müssen sie aber definitiv von den beiden königlichen Beauftragten erhalten haben. Wenn man die Aussage des "Ravensburger Berichts" bedenkt, so scheint der entscheidende Impuls von Jakob Truchsess von Waldburg ausgegangen zu sein, der nach den Quellen schon längere Zeit durch seine Teilnahme an den Verhandlungen mit dem Konstanzer Bischof und die Besiegelung der jüdischen Urfehde bestens über den Fall informiert war. Die genannte Rede über seine Überzeugung hinsichtlich der Schuld der Juden kann aber nicht kurz nach seiner Beauftragung Ende Januar 1430 erfolgt sein. Warum hätte er dann noch ein halbes Jahr lang Untersuchungen anstellen müssen, die augenscheinlich keine neuen Ergebnisse erbrachten?

Wie viele und welche Juden in Ravensburg und Lindau in den ersten Julitagen 1430 hingerichtet wurden, kann man den Quellen nicht entnehmen. Auch eine weitere Urkunde Waldburgs und Seinsheims vom 6. Juli 1430 gibt darüber keinen Aufschluss. Das Dokument enthält jedoch einige wichtige Informationen. Die beiden königlichen Beauftragten beurkundeten, dass, nachdem Bürgermeister und Rat Ravensburgs *ettlichen juden und judin gerichtet hand mit recht*, das Gut der Toten von Rechts wegen Sigismund gehöre. Der Rat habe ihnen eine Auflistung der Güter, auch des getauften Jos Christians, übergeben. Zudem versprachen sie, keine weiteren Forderungen an die Reichsstadt zu stellen, *och als da ettlich ir juden von in gewichen sind, schultbrieff mit in hinweg gefürt händ, an den selben brieffen ettlich erber lut gelt und schuld den obeschriben von Ravenspurg bezalt händ und villicht noch bezalen.* Diese Angelegenheiten wollten Waldburg und Seinsheim in ihre Hände nehmen und sich darum kümmern, auch falls die entkommenen Juden oder deren Nachkommen Forderungen stellen sollten[92]. Jos Christian, ein jüdischer Arzt, war also zum Christentum konvertiert, heiratete eine Christin und konnte so sein Leben und das seiner Kinder retten[93]. Wie sein ursprünglicher Name lautete und zu welchem der drei Haushalte er und seine Familie gehört hatten, lässt sich allerdings nicht ermitteln, ebenso wenig wie die Identität der Juden, die sich laut des Urkundentextes durch Flucht retten konnten. Allerdings ist zu vermuten, dass es sich bei ihnen eher um Personen aus dem Kreis der Dienstboten gehandelt haben wird, da die unter Hauptverdacht stehenden und schon einmal verhafteten zentralen Figuren der Judengemeinde sicherlich unter besonderer Aufsicht gestanden haben. Außerdem wurden in Herzog Fried-

[91] Georg *Leidiger* (Hg.): Andreas von Regensburg. Sämtliche Werke. Aalen 1969. S. 572.

[92] HStA Stuttgart B 198 U 114 (Besiegeltes Original der Urkunde)

[93] Germania Judaica III, Bd. 2 (wie Anm. 13) S. 1174. 1434 erhielt er einen besonderen Schutzbrief des Reiches.

richs Brief Aaron und Anselm bereits als potentiell Verurteilte angesehen und befanden sich demnach in Haft. Für Lindau gibt die Germania Judaica III eine Opferzahl von 15 bis 18 Personen an[94].

Phase VII: Die nachfolgenden Ereignisse in Überlingen und Konstanz

Nach der Verbrennung der Juden in Ravensburg und Lindau befanden sich ihre Überlinger, Meersburger und Buchhorner Glaubensgenossen, ebenso wie Claus Knoll, noch in Haft. Die Konstanzer Juden waren ja vom Rat der Stadt am 1. Juni vorläufig freigelassen worden. Während man über die Buchhorner und Meersburger[95] Juden keine expliziten Nachrichten mehr findet, abgesehen davon, dass sie nach der Verfolgungswelle nicht mehr in die Städte zurückkehrten, ist die weitere Entwicklung der Ereignisse in Überlingen und Konstanz relativ gut rekonstruierbar. Am 6./7. Juli 1430 verhandelte der Konstanzer Rat mit dem König über einen Verkauf der Juden an die Stadt für eine Summe von 7000 ungarischen fl.[96]. Die Gespräche wurden am 16. Juli insofern zu einem Abschluss gebracht, als Konstanz von Sigismund die Erlaubnis erhielt, für die oben genannte Summe über die dortigen Juden ebenso wie über die aus Meersburg frei zu verfügen[97]. In diesem Kontext ist weiter zu erwähnen, dass der König 1425 die Konstanzer Juden für zwölf Jahre an den Rat verpfändet hatte und überdies noch etliche Schulden aus der Konzilszeit in der Stadt begleichen musste[98].

Drei Wochen später stürzte jedoch ein Aufstand der Gemeinde den Rat, die Juden wurden am 31. Juli erneut gefangen genommen[99]. Möglicherweise wegen dieser politischen Veränderung erneuerte der König am 7. und 9. August nochmals die Bestimmungen vom 16. Juli, verbot der Stadt jedoch, bei deren Ausführung Schwierigkeiten zu machen[100].

Auch mit Überlingen hatte Sigismund verhandeln lassen. Von Wien aus urkundete der König am 14. Juli 1430 – also nur zwei Tage vor der Erlaubnis für Konstanz und damit in unmittelbarer Verbindung mit der dortigen Entwicklung –, dass die Überlinger über die Habe der Juden verfügen dürften[101]. Diese Bestimmung wurde eine Woche später, am 21. Juli, noch einmal wiederholt und konkretisiert: Die Überlinger durften mit den Juden und Jüdinnen, die sich in ihrer Stadt befanden, handeln, wie es recht sei und ihr Gut zum Nutzen der Gemeinde verwenden. Der jüdische Friedhof sollte bei Hinrichtung oder Vertreibung an das Heilig-Geist-Spital fallen[102]. Rund einen Monat später, am 23. August 1430, führte

[94] Germania Judaica III, Bd. 1 (wie Anm. 13) S. 749f.
[95] Die Meersburger Juden werden im Folgenden zusammen mit den Konstanzern genannt, standen also mit diesen in enger Verbindung und waren möglicherweise gemeinsam mit diesen inhaftiert.
[96] *Joos* (wie Anm. 24) S. 48.
[97] *Böhmer* (wie Anm. 25) Nr. 7728.
[98] *Joos* (wie Anm. 24) S. 50ff.
[99] *Ebda*. S. 48.
[100] *Böhmer* (wie Anm. 25) Nr. 7752.- Johann *Loserth*: Zur Blutbeschuldigung der Juden in Schwaben 1429. In: MIÖG 38 (1920) S. 471-474, hier S. 472. Hier nochmals die Bestätigung, dass das Gut der schuldigen Juden dem Reich anheim fallen müsse.
[101] *Böhmer* (wie Anm. 25) Nr. 7726.
[102] *Stern* (wie Anm. 23) S. 300.

man in Überlingen elf bis zwölf Juden zusammen mit dem Fuhrmann Knoll zur Richtstätte. Jakob Reutlinger († 1611), Bürgermeister und Chronist Überlingens, der sicherlich kein Interesse an einer moralischen Herabsetzung seiner Heimatstadt hatte, berichtet unter Heranziehung älterer Quellen: *Anno 1430 uff mitwoch vor sanct Bartlomeus tag, da wurden die juden allhie zu Ueberlingen verprennet. Und der Knoll, der ir fuorman war gewesen zu Ravenspurg, der wardt allhie uff ain radt gesetzt und hat auch verjechen* [gestanden] *alls obsteet. Aber do man ine uffüret, do sprach er, er wäre dess mordts unschuldig und der sach, was er verjechen, das hette er uss grosser marter gethan. Die juden thäten dessgleichen auch und sprachen all, sie wären des mordts unschuldig und nammen das uff ir hinfart und sterben*[103]. Weiter gibt Reutlinger an, elf Juden beiderlei Geschlechts, iuvenes et senes, seien durch den Deutschordensbruder Rudolf Grütsch aus Basel getauft worden, mit Erlaubnis des Konstanzer Bischofs[104]. Dass Sigismund den Überlingern die Juden der Stadt nicht einfach aus besonderer Gunst auslieferte, wird kaum überraschen: Zwar wies er der Stadt eine "Strafe" von 5200 fl. für die Verbrennung der Juden und den Abbruch ihres Friedhofes zu, doch er hatte sie ja eigentlich selbst dazu ermächtigt. Eine Begnadigungsurkunde vom 20. Januar 1431 belegt allerdings, dass den Überlingern die Strafe erlassen und sie wieder in die königliche Gnade aufgenommen wurden[105]. Vom Besitz der Juden Samuel, Anselm, Viferlin, Maigner und Haim konnte die Stadt 6716 fl. an Geld, Schuldscheinen, Wertgegenständen, Immobilien, Hausrat und Wein einziehen. Die getauften Juden erhielten davon noch 700 fl., einer anderen Angabe zufolge 1100 Pfund Heller[106]. Leer ging der König dennoch nicht aus. Am 13. September befahl er von Nürnberg aus dem Rat der Stadt St. Gallen, die Habe, welche sein Kammerknecht Samuel Jud aus Überlingen dort hinterlassen habe, für ihn in Beschlag zu nehmen[107]. Darüber hinaus hatten die Überlinger vom 27. November bis 25. Dezember 1430 die überaus kostspielige Beherbergung des mobilen Königshofes zu tragen, vielleicht wurde ihnen deshalb später die "Strafe" erlassen[108].

Wie ging es in Konstanz weiter? Die Verhaftung der Juden am 31. Juli 1430 ist sicher nicht als eine spontane Aktion zu sehen, sondern stand in engem Zusammenhang mit dem Aufstand der Zünfte gegen den alten Rat, mit dessen Politik Letztere nicht einverstanden waren. Die Konstanzer Chronik berichtet, dass sich rund 83 Juden in Konstanzer Haft befanden. Als Reaktion auf die Verhaftungen und Verbrennungen in den anderen Städten hätte sich zunächst folgende Absicht ergeben: *Also hatten die von Constenz och mut, ir juden ze brennent*. Dann wird allerdings aufgeführt, man habe die Juden aufgrund der Dauer der Untersuchungen wieder freigelassen, nachdem sie darauf vereidigt worden seien, weder sich selbst aus der Stadt zu begeben, noch ihre Güter fortzuschaffen. Der nächste Entwicklungsschritt des Falles konkretisiert laut der zeitnahen Konstanzer Überlieferung die Vermutungen, die sich bereits während der Rekonstruktion der

[103] *Stern* (wie Anm. 23) S. 307.
[104] *Ebda.*
[105] *Stern* (wie Anm. 23) S. 227 und S. 308.
[106] *Ebda.* S. 228 und S. 302f. Bei Durchsuchungen der ehemaligen Judenhäuser in den Jahren 1462 und 1496 fanden die Überlinger nochmals 402 fl. und 180 Dukaten bzw. 1459 rheinische fl., 52 Dukaten und 1 Pfennig.
[107] *Böhmer* (wie Anm. 25) Nr. 7812.
[108] Nach *Hoensch* (wie Anm. 47) S. 427 verschlang die Hofhaltung Sigismunds monatlich um die 3000 fl.

Vorgänge in Ravensburg, Lindau und Überlingen ergeben hatten: *Nun hatt aber unser herr der küng gebotten Constenz, Überlingen, Rafenspurg und Lindow, das man sy [die Juden] sölt brennen und ir gut im behalten von des mordes wegen, daz sy getan hattent an dem knaben ze Rafenspurg, den si getött hattent*[109].

Da es jedoch wegen der instabilen inneren Lage, gekennzeichnet durch vielfältige Vermittlungsversuche des Bischofs, des Domkapitels und der anderen Städte, zu keinem weiteren Vorgehen gegen die Juden kam, schien der König bis Ende Oktober 1430 seine Meinung geändert zu haben: Von Nürnberg aus, wo er sich Mitte September aufhielt, wies er die Konstanzer darauf hin, dass er die früheren Abmachungen bezüglich der Juden ändern und die Schatzung derselben persönlich durchführen wollte. Die zuvor vereinbarten 7000 fl. sollten darin enthalten sein, ebenso versprach er, mit dem zu erwartenden Geld seine Konstanzer Gläubiger auszuzahlen[110]. So kündigte Sigismund am 26. Oktober 1430 den alten Kaufvertrag über 7000 fl. auf[111]. Die Konstanzer Chronik gibt diesen Wandel ebenfalls wieder: *Nun wandent aber die von Constenz, unser herr der küng, der hett in ir juden zu koffent geben, als er och getan hatt, aber er sait den brieff wider ab und wolt in nit handeln und enbot den von Constenz, das sy lip und gut der juden söltint halten und sy nit söltint brennen*[112].

Während Sigismund, mittlerweile in Ulm und dann von Ende November bis kurz vor Weihnachten in Überlingen residierend, einen Schiedsspruch zur Schlichtung der Bürgerunruhen vorbereitete, liefen parallel dazu Verhandlungen mit den Juden, die am 27. November 1430 einen vertraglichen Abschluss fanden[113]. Insgesamt mussten die Juden 20000 fl. für ihre Freilassung und Wiedereinsetzung in ihre alten Rechte aufbringen. Davon gingen 10000 fl. an die Stadt, als Beitrag einer Summe, die sie dann wieder Sigismund aufgrund früherer Ansprüche erstatten musste, 1000 fl. waren als Erstattung der Gefängniskosten gedacht und 9000 fl. gingen direkt an diverse Gläubiger des Königs[114].

Ein erhellendes jüdisches Einzelschicksal stellt das des um 1400 geborenen Rabbi Seligmann von Coburg dar, der 1428 nach Konstanz geheiratet hatte und dort bis zu seiner Verhaftung eine Filiale des Familienunternehmens, welches sich über Süddeutschland und Italien erstreckte, leitete. Nach seiner Gefangennahme versuchte der Doge von Venedig – allerdings ohne Erfolg – beim Konstanzer Rat die Freilassung des Juden und dessen Familie zu erreichen. Am Lösegeld von 20.000 fl. waren Seligmann und seine Verwandten mit 5200 Dukaten, etwa einem Viertel der gesamten Kosten, beteiligt[115]. Ebenso verhandelten Züricher und Schaffhausener Juden mit dem König, um die Freigabe ihrer Verwandten zu bewirken, und standen als Bürgen für die Zahlungen ein[116].

Am 20. Dezember 1430 wurden die Konstanzer Juden freigelassen, einige Tage später erschien Sigismund zu einem rund vierwöchigen Aufenthalt in der Stadt, wo er das Weihnachtsfest feierte und neben einigen "Routineaufgaben" auch an

[109] *Mone* (wie Anm. 24) S. 333.
[110] *Böhmer* (wie Anm. 25) Nr. 7904.
[111] *Joos* (wie Anm. 24) S. 49.- Vgl. auch: *Böhmer* (wie Anm. 25) Nr. 7905.
[112] *Mone* (wie Anm. 24) S. 333.
[113] *Joos* (wie Anm. 24) S. 49.
[114] Germania Judaica III, Bd. 1 (wie Anm. 13) S. 669.
[115] Germania Judaica III, Bd. 2 (wie Anm. 13) S. 1506. Seligmann verließ hierauf Konstanz und siedelte nach Ulm über.
[116] *Ebda.* S. 1735.

den städtischen Versöhnungsfestivitäten zur Beilegung der Unruhen teilnahm[117].

6 Die Auswirkungen nach 1430 und die zeitgenössischen Bewertungen des Falles

Ravensburg, Lindau, Überlingen und Buchhorn beschlossen als Konsequenz der Ereignisse bereits 1431, nie mehr Juden aufzunehmen[118]. Alle vier Städte behielten diese Regelung bis ins 19. Jahrhundert bei. Während die Meersburger Juden nicht mehr in die Stadt zurückkehrten, lebten in Konstanz – trotz mehrerer Ausweisungsverfügungen seit 1431 – Juden bis zum Ende der 1440er Jahre. Dort sahen sie sich 1443 erneut mit einer Ritualmordbeschuldigung konfrontiert, nachdem der Knecht eines Konstanzer Juden des Mordes an einem Meersburger Jungen bezichtigt wurde. Wieder wurden die Juden inhaftiert, doch König Friedrich III. verlangte zwischen 1443 und 1445 vom Rat mehrfach ihre Freilassung, da er ihre Steuerleistungen nicht verlieren wollte. Erst dem von Friedrich im Oktober 1447 beauftragten Herzog Albrecht VI. von Österreich gelang es im Folgejahr, die Herausgabe der Juden und ihres Vermögens zu erreichen. Die Juden wurden der Stadt verwiesen und siedelten vermutlich in österreichisches Herrschaftsgebiet über[119].

Im Jahr 1475, während der Untersuchungen zum Trienter Ritualmordprozess, erschien im Auftrag des dortigen Bischofs Johannes Hinderbach ein Dominikanermönch namens Heinrich von Schlettstadt in Ravensburg und Überlingen. Dieser Heinrich von Schlettstadt – niemand anderes als Heinrich Kramer oder Institoris, der spätere Autor des "Hexenhammers", welcher 1484/85 Hexenprozesse in Ravensburg und Umgebung führte –, sollte Material zu früheren Ritualmordfällen als Legitimations- und Vergleichsmittel für den Trienter Fall zusammentragen[120]. Was er aber in den beiden Städten an Informationen erhielt, war ziemlich überschaubar. Obwohl Kramer in Überlingen gezielt nach den Juden und sogar ausdrücklich nach Knoll fragte, konnte oder wollte man ihm keine nähere Auskunft geben, da vom damaligen Rat niemand mehr im Amt sei[121]. In Ravensburg bekam der Trienter Gesandte zwar ein Notariatsinstrument ausgehändigt, doch auch das enthielt nur folgende knappe Angaben: Aufgrund des Mordes an einem Jüngling namens Ludwig seien am 3. Juli 1430 die Juden in Ravensburg und anderen Städten verbrannt worden, bis auf den heutigen Tag würden seitdem keine Juden mehr in der Stadt aufgenommen werden[122]. Die sparsame Ausbeute an Informationen für Kramer in den beiden Städten ist gewiss nicht auf ein vermeint-

---

[117] *Joos* (wie Anm. 24) S. 51.- *Hoensch* (wie Anm. 47) S. 362.
[118] Germania Judaica III, Bd. 2 (wie Anm. 13) S. 1495.
[119] *Ebda*. Bd. 1. S. 669f.
[120] *Treue* (wie Anm. 2) S. 91-94.- Heinrich *Kramer*: Der Hexenhammer. Malleus Maleficarum. Neu aus dem Lateinischen übertragen von Wolfgang *Behringer*, Günter *Jerouschek* und Werner *Tschacher*. Hg. von Günter *Jerouschek* und Wolfgang *Behringer*. München 2000. S. 41ff.- Andreas *Schmauder* (Hg.): Frühe Hexenverfolgungen in Ravensburg und am Bodensee. Konstanz 2001.
[121] *Stern* (wie Anm. 23) S. 303. Hier Auszug aus dem Ratsprotokoll von 1475, Kramer nennt zudem Knolls Frau, die auch hingerichtet worden sein soll.
[122] *Ebda*. S. 562-68.- Anton *Birlinger*: Aus Schwaben. Sagen, Legenden, Aberglauben, Sitten, Rechtsbräuche, Ortsneckereien, Lieder, Kinderreime, Bd. 1. Wiesbaden 1874. S. 35-38.

liches Unrechtsbewusstsein[123] der Ravensburger und Überlinger zurückzuführen, sondern eher auf den Umstand, dass man ohnehin nicht viel die Juden belastendes Material zur Verfügung hatte. Und das Material, das man – wie die erhaltenen Quellen belegen – besaß, war sicherlich nicht dazu geeignet, einen Prozess zu legitimieren oder vermeintliche Motive aufzuklären, selbst wenn man an die Realität jüdischer Ritualmorde glaubte.

Hochinteressant ist jedoch die Aussage des Johann Truchsess von Waldburg, die von Kramer ebenfalls aufgenommen wurde. Er erzählte, sein Vater, Reichslandvogt Jakob Truchsess von Waldburg, habe die Juden im Jahr 1430 auf ausdrücklichen Befehl (!) König Sigismunds hin verbrennen lassen[124]. Diese posthume Angabe bestätigt noch einmal die Vermutungen über die tatsächlichen Hintergründe und die Rolle des Königs bei der Entwicklung des Falles, die sich durch die bisherigen Erkenntnisse bereits mehr als angedeutet haben und die im Schlusskapitel noch einmal zusammengeführt werden sollen.

Wie sehr schon Zeitgenossen der 1430er Jahre an den Begründungen des Falles zweifelten, zeigt der Abschnitt zum Ravensburger Ritualmord und des zugehörigen Kultes im "*Formicarius*" des aus Isny stammenden Dominikaners Johannes Nider, der mit diesem 1437/38 erschienenen Sammelwerk zu wundersamen Erscheinungen auch die Anfänge der im Entstehen begriffenen Hexenlehre dokumentierte[125]. Nider schreibt im elften Kapitel des dritten Buches, der gefundene Knabe habe *nullum vulnus* aufgewiesen und auch sonst habe keine Spur auf seine Tötung hingedeutet. Dennoch hätten viele aus dem Volk ihn umgehend als einen von den Juden heimlich ermordeten Märtyrer verehrt und in betrügerischster Weise Wunder vorgetäuscht – *miracula ab eo facta mendacissima fingere*[126]. Dies schreibt ein Angehöriger des Ordens, der sich besonders in der Disputation mit Juden und Zwangsbekehrung von Juden hervorgetan hatte[127].

Die Juden in Schwaben sollten die Vorgänge von 1429/30 über Generationen hinweg nicht vergessen, wie eine Intervention der "gemeinen Jüdischheit in Schwaben" gegen Anton Fugger im Jahr 1583 zeigte, als dieser einige Juden aus Orsenhausen und Osterberg wegen angeblichen Ritualmordverdachts verhaften und foltern ließ. Die schwäbischen Juden wandten sich an den Kaiser und klagten über die Verletzung ihrer Privilegien. Man berichtete, dass *nach dem bey lebzeytten deß allergroßmechtigisten und hocherleuchtigisten fursten und herrens, herrn Sigmunden gewesten römischen kayßers etc. lob und hochseligister gedechtnus durch unnßere müßgünstige ain gemaine judenschafft dahin verdacht, angeben und beschuldiget worden, alls solten wir christenbluot haben muessen, welchs sich inn den gehaltnen concillien mit nichten befunden, auch derhalben nicht allain erclerung und verbott erfolgt, dem nicht zuglauben, sonder höchstgedachte röm. ksl.*

---

[123] So *Burmeister* (wie Anm. 14) S. 189. "Noch jahrzehntelang hatten Überlingen und Ravensburg Mühe, damit fertig zu werden. (...) Und es war den Überlingern ebenso peinlich wie den Ravensburgern, als man sie anläßlich der Judenmorde von Trient im Jahre 1475 sozusagen als Gesinnungsfreunde ansprach."

[124] *Treue* (wie Anm. 2) S. 92.

[125] Werner *Tschacher*: Der Formicarius des Johannes Nider von 1437/38. Studien zu den Anfängen der europäischen Hexenverfolgungen im Spätmittelalter. Aachen 2000.- Andreas *Blauert*: Frühe Hexenverfolgungen. Ketzer-, Zauberei- und Hexenprozesse des 15. Jahrhunderts. Hamburg 1989. S. 56-59.

[126] Paul A. *Beck*: Zur Judenmetzelei von Ravensburg im Jahr 1428. In: Diözesan-Archiv von Schwaben 25 (1907) S. 63-64.

[127] *Treue* (wie Anm. 2) S. 223ff.- Heinz *Schreckenberg*: Die Juden in der Kunst Europas. Ein historischer Bildatlas. Freiburg i.B. 1996. S. 232.

M[ajestä]*t. gottseligister gedechtnus* [gemeint ist das umfassende Speyrer Privileg für die Juden des Reiches von 1544 durch Karl V. (reg. 1519-1556) und dessen Bestätigung durch spätere Kaiser] *hat auff solche declaration nachgeendts (damit meniglich dessen wissenschafft tragen) [...] ernstliche bevelch und gebotts brieff an alle stende des Reichs und furnemblich an die, so unns inn verdacht und beschuldigung gehalten, dermassen außgehn lassen, daß sy von irem furnemmen abstehn, auch darvor seyen, mit dem anhanng, wo khunfftiglich dergleichen beschuldigung sich mehr erzeigen sollen und wirden*[128]. Eine Ritualmordbeschuldigung zu Lebzeiten König Sigismunds im Land zu Schwaben – zweifellos war damit die Ravensburger Judenverfolgung gemeint. Dies ist sehr bemerkenswert, weil damit konkret Bezug auf den schwäbischen Raum genommen wird, denn reichsweit hatten die Juden danach noch etliche derartige Beschuldigungen zu erleiden und zu überstehen. Wenn sich die "gemeine Jüdischheit in Schwaben", die Interessensvertretung der Juden im Land zu Schwaben, 150 Jahre später auf diesen Fall bezog und die erwiesene Haltlosigkeit der Blutbeschuldigung bekräftigte, deutet das möglicherweise auch auf ein kollektives regionales Gedächtnis und Identitätsbewusstsein der Juden in Schwaben hin[129]. Im Privileg Karls V. von 1544 war ausdrücklich gegen derartige Vorwürfe Stellung bezogen worden. Fuggers Vorgehen sei deshalb, so die "gemeine Judenschaft zu Schwaben", widerrechtlich sowie aus Neid, Hass und Missgunst erfolgt. Der Kaiser als von Gott eingesetzter, *hochloblichister geordneter schutzer und schirmber unnßer der armen judenschafft* sollte gegen Fugger einschreiten, zumal dieser auch unter der Folter erpresste Urgichten an Junker Adolf von Westerstetten und Drackenstein zu Straßberg bei Rottenburg am Neckar geschickt hätte, was dort zur Verhaftung von drei Juden geführt habe[130]. Zu einem Verfahren scheint es zwar nicht gekommen zu sein, doch wie die Korrespondenz der vorderösterreichischen Regierung in Innsbruck mit Fugger belegt, überlebte zumindest ein verschleppter Orsenhausener Jude, ein gewisser Aaron, Haft und Folter nicht[131].

7 Der Kult und die Wallfahrt "zur Tannen"

Die kultische Verehrung des vermeintlichen Ritualmord-Märtyrers hatte schon bald nach Auffindung der Leiche eingesetzt und war dann von der Familie des Opfers koordiniert worden. Der "Ravensburger Bericht" zählt am Ende eine Reihe von Wundern auf, die sich im Zusammenhang mit Gelöbnissen und Pilgerfahrten zum Fundort der Leiche ereignet haben sollen. Rund ein Dutzend Heilungen von Gebrechen, darunter Blindheit, Taubheit und Wahnsinn, werden aufgeführt, zum Teil mit Nennung von Namen und Herkunft der wundersam Ge-

[128] Haus-, Hof und Staatsarchiv Wien. RHR. Alte Prager Akten. Kart. 86. Fol. 31r-35v und 38r-v, o. O., o. D. [Rückvermerk: 2. Dezember 1583].

[129] Hier sei auf die demnächst erscheinende Dissertation des Verfassers "Ausgrenzung und Koexistenz. Judenpolitik und jüdisches Leben in Württemberg und im Land zu Schwaben (1492-1650)" verwiesen.

[130] Haus-, Hof und Staatsarchiv Wien. RHR. Alte Prager Akten. Kart. 86. Fol. 31r-35v und 38r-v, o. O., o. D. [Rückvermerk: 2. Dezember 1583]. Ich danke Herrn Dr. Peter Rauscher (Wien) sehr herzlich für diesen Hinweis und die freundliche Übersendung seiner Transkription.

[131] Wilfried *Braunn*: Quellen zur Geschichte der Juden bis zum Jahr 1600 im Hauptstaatsarchiv Stuttgart und im Staatsarchiv Ludwigsburg. Stuttgart 1982. Nr. 797.

nesenen. So beispielsweise der Ravensburger Schmied Jos Bart[132], der von einem Armleiden ebenso kuriert wurde wie der erkrankte Hans Grabmann[133]. Ein aus Eschach stammender Knecht namens Michel Biegger, der seit zwei Jahren die Finger seiner Hand nicht mehr strecken konnte, stiftete eine eiserne Hand als Votivgabe und konnte daraufhin seine Finger wieder uneingeschränkt gebrauchen[134]. Als besonders Aufsehen erregend befand man die Rettung eines zwölfjährigen Jungen aus Bregenz, der im Bodensee unter ein Floß geraten war und erst nach einer Stunde angeblich tot geborgen wurde: *Alls man in nun vand und inn heruff zoch, do wist nieman anders, dann das er tod wär. Der ward da enthaissen zue der tannen und ward lebendig und lebt noch heut by tag*[135]. Relativ sicher diente diese "Wiedererweckung" als Vorlage für ein zwischen 1490 und 1495 entstandenes 42 x 50 cm großes, Albrecht Dürer zugeschriebenes Bild, das als Teil eines wohl aus Ravensburg stammenden Altars die Auffindung des vermeintlich ertrunkenen Jungen darstellt[136].

Die Zahl der Wunder und Zeichen sei laut des "Ravensburger Berichts" so hoch gewesen, dass man gar nicht alle habe verzeichnen können[137]. Die hier gesammelten und meistens durch Eide der jeweils Geheilten oder Zeugen solcher Wunder bekräftigten Aussagen sollten die Glaubwürdigkeit der neuen Wallfahrt belegen und erhöhen. Neben den Wunderheilungen meinte man auch, nachts über der "Tanne", wo man anscheinend bald eine Kapelle errichtet hatte, ein Licht aufgehen zu sehen, was im "Ravensburger Bericht" von einem halben Dutzend Zeugen bestätigt wurde. Zwei Beispiele: *Item Deckher seit, das er das liecht dieckh und vil gesehen hab, er hab auch gesehen, das sich der himel ob der cappel uff tätt und ain hell liecht nider gieng uff die cappel, darinn der knab lit. Item Peter Locher seit, das er das liecht gesehen hab vom Haßlach herab gieng und säch, ob die Cappel ain liecht schweben allß brait alls ain hutt, alls ob ain ampel da schwebete*[138]. Diese Verehrung, gegen die der Konstanzer Bischof vehement vorzugehen versucht hatte, wurde letztlich auf Geheiß König Sigismunds abrupt beendet. Sowohl Andreas von Regensburg als auch Johannes Nider berichten, die Kapelle sei auf Veranlassung Sigismunds niedergerissen worden. Nider äußert sich dazu sinngemäß, dass der umsichtige König dem Betrug und der Täuschung ein Ende gemacht, die Tanne gefällt, die ungeweihte Kapelle zerstört und der Stadt den Kult komplett untersagt hätte: *Et ita sancti huius mira cessaverunt*[139]. Offenbar ließ Jakob Truchsess von Waldburg wurden die Gebeine des verhinderten Heiligen in die Kapelle der Veitsburg, dem Sitz der oberschwäbischen Landvogtei, bringen und dort bestatten[140]. Das genaue Datum dieser Maßnahme ist allerdings nicht überliefert, es dürfte wohl relativ bald nach 1430 geschehen sein.

---

[132] *Hengstler* (wie Anm. 22) S. 91. Nennung des Jos Bart als Bürge 1423.
[133] *Ebda.* S. 89. 1420 als Bürger aufgenommen
[134] HStA Stuttgart H 14 Bd. 170, fol. 43-51.
[135] *Ebda.*
[136] Daniel *Hess*: Die wunderbare Errettung eines ertrunkenen Knaben in Bregenz. In: Klaus *Albrecht Schröder* und Marie Luise *Sternath* (Hg.): Albrecht Dürer. Wien 2003. S. 134ff.
[137] HStA Stuttgart H 14 Bd. 170, fol. 43-51.
[138] *Ebda.*
[139] *Beck* (wie Anm. 126) S. 64.- Vgl. auch *Leidiger*: (wie Anm. 91) S. 572.- Germania Judaica III, Bd. 2: (wie Anm. 13) S. 1176.
[140] *Beck* (wie Anm. 126) S. 64. Zur Veitsburg: Dorothee *Ade-Rademacher*/Reinhard *Rademacher*: Der Veitsberg bei Ravensburg. Vorgeschichtliche Höhensiedlung und mittelalterlich-frühneuzeitliche Höhenburg. Stuttgart 1993. S. 61-65.

Damit war das Kapitel der Wallfahrt in den Haßlachwald allerdings noch nicht abgeschlossen: Am 26. April 1441 wandte sich der Bischof von Konstanz, Heinrich von Hewen, an die gesamte Geistlichkeit und verwies nochmals auf die Unrechtmäßigkeit des Kults sowie die Umstände des Kapellenabbruchs durch den König. Anlass für sein Schreiben waren die Aktivitäten eines Laien namens Carpentarius von Arbon, der das Volk aufzuhetzen und die Kapelle wiederaufzubauen versuchte. Der Bischof verbot dieses Betreiben und befahl, alles von Grund auf wieder zu zerstören[141]. Am 5. Juli des gleichen Jahres musste Bischof Heinrich nochmals in der Sache einschreiten. Diesmal richtete er sich über seinen Generalvikar an die Leutpriester von Ravensburg und Tettnang, da der Konverse Johann Wingarter aus dem Paulinerkloster Argenhart unter dem Volk verbreitet hatte, dass er mehrfach Visionen und Ansprachen des Scholaren Ludwig von Bruck erfahren habe und nun dessen Heiligsprechung fordere. Wingarter wurde nach Konstanz zitiert und widerrief dort seine Aussagen. Nach Fürsprache Graf Heinrichs von Montfort verzichtete man darauf, den Bruder am Konstanzer Dom unter Glockengeläut öffentlich Abbitte leisten zu lassen. Sein zuvor abgegebenes Bekenntnis, dass er seinen Irrtum bereue und zukünftig nichts derartiges mehr zu tun verspreche, sollte an bestimmten Sonn- und Feiertagen von den Kanzeln verlesen werden[142].

Ein möglicherweise nicht zu unterschätzender Hintergrund der Versuche zur Installation des Kultes um einen lokalen Märtyrer ist der von 1426 bis 1429 verlaufende und von Kurfürst Ludwig III. von der Pfalz unterstützte Kanonisationsprozess um Werner von Oberwesel. Die Leiche des im Jahr 1287 angeblich von den Juden zu Bacharach ermordeten Knaben hatte man 1426 exhumiert[143]. Dieses Bestreben könnte, neben den bereits bestehenden lokalen Kulten der Region, ein zeitnahes Vorbild für bestimmte Kreise in Ravensburg gewesen sein, bedenkt man auch die Empfehlung des Rats an die Mutter Ludwigs, sich wegen einer Kanonisation an den Papst zu wenden. Auch die Wunder und die Lichterscheinungen am Grab Werners sowie die damit entstandene Volkswallfahrt inklusive der Ausstattung einer Kapelle ähneln der Ravensburger Kultentwicklung frappierend[144]. Die Sammlung und Beeidigung der Wunder im "Ravensburger Bericht" ist daher als Vorbereitungsstufe für eine potentielle Heiligsprechung nicht außer Acht zu lassen. Nicht zuletzt stellt das jugendliche Alter des etwa 14-jährigen Werners und des 12- oder 13-jährigen Ludwigs, im Gegensatz zu den sonst als "Ritualmordopfern" überwiegenden Kleinkindern, eine weitere Gemeinsamkeit dar. Betrachtet man die ja nur fragmentarisch erhaltenen Bemühungen um Information und die Korrespondenzen der Ravensburger, ist es fast auszuschließen, dass man von der angestrebten Heiligsprechung Werners von Oberwesel nichts wusste.

Dass laut Heinrich Murer rund 100 Jahre eine Kapelle im Ravensburger Haß-

---

141 Karl *Rieder* (Bearb.): Regesta Episcoporum Constantiensium. Regesten zur Geschichte der Bischöfe von Konstanz, Bd. 4 (1436-1474). Innsbruck 1941. Nr. 10433.

142 *Ebda.* Nr. 10470.

143 Gerd *Mentgen*: Die Ritualmordaffäre um den "Guten Werner" von Oberwesel und ihre Folgen. In: Jahrbuch für westdeutsche Landesgeschichte 21 (1995). S. 159-198.- *Rohrbacher/Schmidt:* (wie Anm. 5) S. 287f., 306-311. Die Bemühungen um eine Heiligsprechung Werners blieben wahrscheinlich erfolglos, was seinem lokalen Stellenwert aber keinen Abbruch tat. Im 17. Jahrhundert wurden seine Gebeine sogar durch spanische Soldaten entführt. Erst 1963 wurde der "Märtyrer" aus dem Trierer Kalender entfernt.

144 *Mentgen* (wie Anm. 143) S. 61, 193f.- Ferdinand *Pauly*: Zur Vita des Werner von Oberwesel. Legende und Wirklichkeit. In: Archiv für mittelrheinische Kirchengeschichte 16 (1964). S. 94-109, hier S. 96.

lach-Wald gestanden hätte, dann baufällig geworden und nach *"Einreißen der Lutherei"* abgebrochen worden sei, und man lediglich Mauerreste derselben finde, stimmt in dieser Form sicher nicht. Doch auch Murer gibt an, dass die Gebeine in der St. Veit-Kapelle aufbewahrt würden und man im Rathaus noch Hut, Rock, Gürtel und Wachstäfelchen des Opfers besichtigen könne. Außerdem habe es bestimmte Pilgerzeichen für die Wallfahrer "zur Tanne" gegeben. Anhand der Angaben Murers zum "seligen Knaben Ludwig von Bruck" aus dem 17. Jahrhundert ist allerdings anzunehmen, dass zu seinen Lebzeiten nur noch eine eher auf den lokalen Rahmen beschränkte Verehrung und Memoria existierte[145].

Leider kann man heute nicht mehr anhand einer Kapelle oder ihrer Reste nachprüfen, inwieweit sich eine kultische Verehrung vollzogen oder wie lange sich eine Gedächtnisstätte für das Opfer erhalten hat. Nachdem die Burg wie auch Ravensburg selbst 1802 an Bayern gefallen war, verkaufte man die St. Veits-Kapelle an einzelne Bürger der Stadt. Die neun Meter lange und sechs Meter breite Kapelle wurde 1832 durch den Bürger Friedrich Beck erworben und im Folgejahr abgerissen[146]. Hafner stellt noch fest, die Kapelle habe eigentlich nie direkt zur Burg gehört und sich im Besitz des Klosters Weingarten befunden, von dem sie auch unterhalten worden sei[147]. Das Dürer-Bild und damit die Existenz eines Ludwig von Bruck gewidmeten Altars beweist, dass auch am Ende des 15. Jahrhunderts – möglicherweise durch eine Reaktivierung der Verehrung infolge des Aufsehen erregenden Trienter Falles und dessen populären Kult – anscheinend in Ravensburg Auftraggeber lebten, die eine Darstellung des vermeintlichen Lokalmärtyrers und seiner Wunder bestellten. Eine nahe liegende Vermutung wäre es, den Altar in die St. Veits-Kapelle zu verorten, doch dies lässt sich bislang nicht belegen[148].

Die einzige erhaltene Abbildung des Martyriums Ludwigs findet man als Miniatur in der 1513 in Luzern erschienenen Bildchronik des Diebold Schilling. Sie zeigt in synoptischer Darstellung im Hintergrund rechts neben der Stadt den am Baum hängenden Knaben, umgeben von drei Juden, die durch Judenhut, Judenring und pseudohebräische Schriftzeichen am Gewandsaum gekennzeichnet sind, während im Vordergrund neun jeweils in Dreiergruppen aneinandergekettete Juden vor einer Gruppe von Zuschauern den Feuertod sterben. Schilling verlegt fälschlicherweise das Geschehen nach Augsburg und ins Jahr 1422, aber das Motiv und auch der Inhalt des beigefügten Textes belegen eindeutig, dass es sich um den Ravensburger Fall handelt[149].

8 Die Analyse des Falls

Bei der abschließenden Analyse der Ravensburger Judenverfolgung und ihrer Konsequenzen sollen zunächst noch einmal die Phasen I bis VII zusammengefasst werden.

---

[145] *Murer* (wie Anm. 19) S. 376f.
[146] *Ade-Rademacher/Rademacher* (wie Anm. 140) S. 64.
[147] *Hafner* (wie Anm. 16) S. 22.
[148] *Hess* (wie Anm. 136) S. 134.
[149] Abbildung bei: *Schreckenberg* (wie Anm. 127) S. 300. Text in: Alfred A. *Schmidt* (Hg.): Die Schweizer Bildchronik des Luzerners Diebold Schilling 1513. Luzern 1981. S. 61.

Abb 1 - Darstellung der Ravensburger "Judenverbrennung" in der Schweizer Bilderchronik des Luzerners Diebold Schilling.

Schon in Phase 1 wird deutlich, dass die Juden unmittelbar nach dem Verschwinden des Schülers in Verdacht gerieten und in der Bevölkerung mit zunehmender Intensität entsprechende Gerüchte kursierten. Während der Rat bei der Suche nach Ludwig von Bruck zunächst mit Zürich Kontakt aufnahm, scheinen auch zwischen den jüdischen Gemeinden der Region Informationen ausgetauscht worden zu sein. Die Juden wollten sowohl wegen der aktuell umlaufenden Gerüchte – die Drohung des Züricher Bürgermeisters mit der Verbrennung verdeutlicht den Ernst der Situation – als auch aufgrund einer Sensibilisierung durch traumatische frühere Erfahrungen, wie beispielsweise der Verfolgungswelle von Diessenhofen 1401, in solchen Situationen zu einer Aufklärung beitragen. Der Verlust eines Christenkindes sorgte bei den in der Nähe lebenden Juden stets zu einer erhöhten Alarmbereitschaft, wie auch das Verhalten der Trienter Judengemeinde im Jahr 1475 zeigt[150].

Nach dem Fund der sich offenkundig schon in einem gewissen Verwesungsstadium befindlichen Leiche, suchte der Ravensburger Rat erneut in Zürich und Bruck, später auch in Baden, um Unterstützung beim weiteren Vorgehen nach, jedoch ohne Erfolg. Die wiederholte Untersuchung durch Ärzte brachte kein einheitliches Ergebnis und auch die identifizierten Wunden wiesen nicht auf eine Blutentnahme, dem eigentlichen Ziel der angeblichen Ritualmorde, hin. Überhaupt werden das Motiv und potentielle Spuren der Blutentnahme im direkten Zusammenhang mit dem Ravensburger Fall lediglich ein einziges Mal (!) genannt und dies auch nur aus der Distanz des auswärtigen Chronisten Andreas von Regensburg, der das Blutmotiv bei einem jüdischen Ritualmord sicherlich als gegeben betrachtete.

Zwar ging man einer Vielzahl von Gerüchten aus der Bevölkerung nach, doch erwiesen sich diese sämtlich als haltlos. Der Beginn der zweiten Phase ist durch die Agitation innerhalb des Ravensburger Klerus, die einsetzende Verehrung des neuen "Märtyrers" sowie durch die Gegenmaßnahmen des Konstanzer Bischofs, der sich dadurch erhebliche Kritik einhandelte, gekennzeichnet. Bei den mehrfachen Verhandlungen in Konstanz war auch Jakob Truchsess von Waldburg anwesend, was seine frühe Einbindung in den Fall dokumentiert. Parallel hierzu scheint sich der Rat, wie die Korrespondenz mit Pforzheim belegt, um Informationen über frühere Vergleichsfälle bemüht zu haben. Der wachsende öffentliche Druck und die den bischöflichen Verboten trotzende Wallfahrtsbewegung veranlassten den Rat schließlich zur Beerdigung des Jungen und zur ersten Verhaftung der Juden. Doch trotz der Anwendung von Folter, der Festnahme des Claus Knoll und weiterer Nachforschungen (Phase III) musste der Rat die Juden ebenso wie den Fuhrmann wieder freilassen. Erneut belegt die Besiegelung der jüdischen Urfehde durch Waldburg dessen genaue Kenntnis der Verhältnisse.

Die in Phase IV beschriebene Erlaubnis für die Familie des Toten zur Koordination der Wallfahrt weist bereits darauf hin, dass man in Ravensburg mittlerweile einer Verehrung nicht mehr ablehnend gegenüberstand. Dies zeigt auch die Reaktion auf die Entführung des Claus Knoll nach Überlingen, einen krassen Rechtsbruch und Eingriff in die Ravensburger Gerichtsbarkeit, den man zwar zunächst kritisierte, dessen mehr als fragwürdige "Ergebnisse" dann aber gern angenommen und zu einer städteübergreifenden Verhaftungswelle um Weihnachten 1429 instrumentalisiert wurden. Dass man den vermeintlichen Ritualmord ganz offensichtlich mit den Feierlichkeiten zu Anselms Hochzeit in Verbindung setzte, ist nachvollziehbar. Denn man ging bei diesem in der Fantasie der Verfolger konstruierten "Verbrechen" generell von einer großen Zahl anwesender

[150] *Treue* (wie Anm. 2) S. 78f.

Mitwisser und Mittäter aus, wobei der Vorwurf sonst meistens in der Karwoche und in Zusammenhang mit dem anstehenden Osterfest erhoben wurde[151]. Setzt man allerdings die im "Ravensburger Bericht" überlieferten Daten als authentisch voraus, fällt auf, dass sich das Verschwinden des Knaben (14. Februar) nach der Hochzeit (3. Februar) und nach der Abreise (7. Februar) des überwiegenden Teils der Gäste ereignete, also – selbst wenn man an jüdische Ritualmorde glaubte – eine angebliche Tötung Ludwigs gar nicht im direkten Kontext der Festivitäten erfolgt sein kann. In diesem Fall tritt der Charakter einer Instrumentalisierung für möglicherweise seit Längerem bestehende und je nach Stadt vermutlich variierende Verfolgungsabsichten umso stärker zu Tage. Auch zeigt sich hier, dass die häufig enge familiäre Vernetzung der Juden einer Region in solchen Fällen ein erhebliches Risiko darstellen konnte.

Auf die Gefangennahme der Juden in Ravensburg und den Bodenseestädten folgte das Eingreifen des Königs, der Waldburg in seiner Funktion als Reichslandvogt von Schwaben und Seinsheim als "Fachmann" für den Bereich Judensteuern mit der Aufklärung der Angelegenheit beauftragte und diese so auf eine neue Ebene hob (Phase V). Mit dieser Maßnahme und dem Befehl der Arrestierung der jüdischen Habe dokumentierte er seinen unmittelbaren Anspruch auf die Juden des Reiches und ihren Besitz. Bis zum Mai/Juni 1430 scheint es allerdings zu keiner konstruktiven Zusammenarbeit zwischen den Städten und den beiden königlichen Beauftragten gekommen zu sein. Das Problem blieb ungelöst, zudem ließ die erwartete Ankunft Sigismunds im Reich auf sich warten. Eine Wende scheint sich im Juni 1430 ergeben zu haben, doch diese begründete sich nicht aus einem Gewinn neuer Erkenntnisse oder möglicher jüdischer Geständnisse – denn keines von beidem wird an irgendeiner Stelle erwähnt. Die an ein Ultimatum grenzende Intervention Herzog Friedrichs von Österreich gegenüber Ravensburg (Phase VI) hingegen kann das auslösende Moment zu Ungunsten der Juden gewesen sein. Denn das Urteil durften weder die Städte selbst fällen noch werden die Beauftragten des Königs gegen die Interessen desselben gehandelt haben. Die plötzliche "Erkenntnis" Waldburgs, von der im "Ravensburger Bericht" die Rede ist, kam nicht von ungefähr, sondern – wie dessen Sohn Jahre später Heinrich Institoris anvertraute – auf direkte Anweisung des Königs. Die Angaben der zeitnahen Konstanzer Chronik stützen diese Annahme. Durch die Hinrichtung der Juden in Ravensburg und Lindau sowie die Herausgabe ihrer Habe an den König wurden vollendete Tatsachen geschaffen, gegen die weitere Einsprüche, wie die geplante Entsendung österreichischer Botschafter zu einer Gerichtsverhandlung, sinnlos waren. Auffällig ist auch, dass Herzog Friedrichs Versuche, in das Verfahren einzugreifen oder seine Ansprüche auf Personen oder Besitz geltend zu machen, in keinem Bericht erwähnt werden.

Sowohl Sigismund als auch die Städte profitierten von einer solchen "Lösung" des Falles (Phase VII): Der König verlor zwar längerfristige Steuereinnahmen, konnte jedoch seine Oberhoheit über die Juden gegenüber einem Konkurrenten demonstrieren und sich selbst das komplette jüdische Vermögen aneignen, das er für den anstehenden Feldzug gegen die Hussiten ebenso wie zur persönlichen

[151] Markus J. *Wenninger*: Das gefährliche Fest: Ostern als zeitlicher Kristallisationspunkt antijüdischen Verhaltens. In: Jörg *Janut* u.a. (Hg.): Feste und Feiern im Mittelalter. Sigmaringen 1991. S. 323-332.

Schuldentilgung benötigte[152]. Besonders in der traditionellen Königslandschaft Schwaben mit ihren zahlreichen Reichsstädten und Judengemeinden war die Wahrung dieses Anspruchs und die Verhinderung eines möglichen Präzedenzfalls gegen den langjährigen habsburgischen Widersacher, der im Gegensatz zu dem Luxemburger Sigismund in der Region über eine erhebliche Hausmacht verfügte, von enormer Bedeutung[153]. Die Höhe von Sigismunds finanziellem Gewinn kann man zwar ebenso wenig ermitteln wie die Zahl der jüdischen Opfer in Ravensburg. Wenn man jedoch die Überlinger und Konstanzer Zahlungen zur Überlassung der Juden als Vergleich heranzieht, so könnte er aus der ganzen Verfolgung gut eine Summe von 30.000 bis 40.000 fl., möglicherweise sogar mehr, in seine Kasse gebracht haben. Wie wenig eine tatsächliche, ja selbst eine mühsam konstruierte Schuld der Juden von Bedeutung war, zeigt der Umstand, dass sich die Konstanzer Juden letztlich für 20.000 fl. freikaufen konnten. Ob die drohende Konkurrenz um das jüdische Vermögen durch Herzog Friedrich, die finanziellen Bedürfnisse des Königs aufgrund einer 1430 besonders intensiven Bedrohung durch die Hussiten oder beide Umstände gleichzeitig den Ausschlag zu einem Richtungswechsel in dessen Vorgehen gegeben haben, lässt sich nicht definitiv belegen. Jedoch verweist der Zeitpunkt dieses Umschwungs deutlich in die Richtung der ersten Variante.

Die Städte zogen keinen größeren finanziellen Nutzen aus der Verfolgung, konnten aber durch die Hinrichtung der Juden innere Spannungen und eine – wie in Ravensburg deutlich erkennbar – durch Bevölkerung und niederen Klerus aufgebaute Drucksituation entschärfen. Gerade das koordinierte Vorgehen der Städte Ende 1429, wobei hier die Ravensburger die treibende Kraft gewesen zu sein scheinen, zeigt, wie sehr man von einer Kollektivschuld der regionalen Judengemeinden bei derartigen Vorwürfen überzeugt war oder zumindest diese Vorstellungen für die eigenen Zwecke einsetzen konnte. Hierbei spielen vor allem für diese Region traditionelle Verfolgungsmuster eine Rolle, beispielsweise jene der Verfolgungswelle nach dem Diessenhofener Ritualmordvorwurf 1401 oder die Pestpogrome 1348/50. Wie wichtig solche Erfahrungswerte oder lokalen Handlungsstrukturen sein konnten, lässt sich nur erahnen. Mehrfach werden in den Städten, wie beispielsweise in Ravensburg, Konstanz oder Zürich, Spaltungen bezüglich des Vorgehens zwischen Rat und Bevölkerung, welche oft in den Zünften ihre Agitatoren fand, erkennbar, was sich als durchaus typisch auch für frühere und spätere antijüdische Aktionen erweist. Nicht zuletzt sollte man die für diese Zeit charakteristischen Konflikte zwischen Fürsten und Städten beachten: Durch das gemeinsame Vorgehen konnte man nach außen genossenschaftliche Stärke zeigen. Weiter verweist der Anspruch auf eine direkte Kommunikation mit dem König auf ein kommunales Selbstverständnis von Reichsunmittelbarkeit. Bereits bei dem Konflikt Sigismunds mit Herzog Friedrich von Österreich, der von 1410 bis 1425 andauerte und zeitweilig zu einem Zusammenbruch der Machtposition des Habsburgers in den Vorlanden geführt hatte, hatten die Städte auf der Seite

[152] *Hoensch*. (wie Anm. 47) S. 360-369. Der Feldzug Sigismunds gegen die Hussiten fand allerdings im August 1431 mit einer verheerenden Niederlage bei Taus in Böhmen ein schmähliches Ende.

[153] Heinrich *Koller*: Kaiser Siegmunds Kampf gegen Herzog Friedrich IV. von Österreich. In: Friedrich Bernward *Fahlbusch* und Peter *Johanek* (Hg.): Studia Luxemburgensia. Festschrift für Heinz Stoob zum 70. Geburtstag. Warendorf 1989. S. 313-352.

des Königs gestanden[154].

Der hohe Grad an informellem Austausch zwischen den Reichsstädten ist durch die überlieferten Archivalien und Berichte natürlich nur bruchstückhaft wiedergeben. Doch die dort erkennbaren politisch-ideologischen Strukturen und Aktionsmuster werfen ein Schlaglicht auf das christlich-jüdische Verhältnis und das Stadium judenfeindlicher Stereotype in der ersten Hälfte des 15. Jahrhunderts. Wenn man die Häufung von Ritualmordbeschuldigungen im untersuchten Raum und den Verlauf des Ravensburger Falls betrachtet, so muss man zu dem Schluss kommen, dass die Vorstellung vom jüdischen Ritualmord um 1430 bereits weitgehend ausgeprägt und die angeblichen Motive so klar definiert sein mussten, dass man nicht einmal Geständnisse der "Täter" für notwendig erachtete. Die religiöse wie auch die materielle Bedeutung des Ritualmordmotivs zeigt sich in diesem Fall vor allem darin, dass die konvertierten Juden zwar den Großteil ihres Vermögens verloren, ihr Leben aber retten konnten. Hier werden deutliche Parallelen zur Wiener Geserah erkennbar. Auch dort ließ man die getauften Juden frei und verbrannte diejenigen, die sich weiterhin zu ihrer Religion bekannten[155]. In Trient 1475 hingegen wurden zwei Konvertiten hingerichtet, erhielten allerdings die mildere Strafe der Enthauptung[156].

Das Verbot des Kultes um Ludwig von Bruck und die Zerstörung der Kapelle im Haßlach dürfte vor allem auf Betreiben des Konstanzer Bischofs erfolgt sein, der dafür aber die Macht des Königs in Anspruch nehmen musste. Im Abriss der Kapelle eine Strafaktion Sigismunds gegenüber den Ravensburgern zu sehen, wie es die ältere Forschung vermutete, trifft wohl eher kaum zu[157]. Die nur wenige Jahre zuvor bekräftigte päpstliche Stellungnahme gegen den Ritualmordvorwurf dürfte zumindest in der Frage einer möglichen Kulterlaubnis als verhinderndes Kriterium gedient haben.

9 Zusammenfassung und Vergleich mit zeitnahen Phänomenen

Aufgrund der zeitlichen Nähe bietet sich ein Vergleich der Ravensburger Verfolgung mit der nur neun Jahre zuvor durchgeführten Wiener Geserah an. Im Herzogtum Österreich war offenbar eine mögliche Verbindung zwischen Juden und Hussiten, die ideologisch von reformkirchlich-universitären Kreisen instrumentalisiert wurde, die Ursache der Vertreibung, welche man von herzoglicher Seite posthum noch um einen Hostienfrevelvorwurf erweiterte, um Zugriff auf die jüdischen Besitztümer zu erlangen. Während in Österreich also ein enger Zusammenhang mit aktuellen politischen Ereignissen bestand, bildete in Ravensburg ein mindestens seit 200 Jahren im deutschsprachigen Raum existierendes antijüdisches Stereotyp die Grundlage. Das "Verbrechen" stand hier, zudem in einer in dieser Hinsicht sehr vorbelasteten Region, am Anfang der Verfolgung. Dennoch waren beide Fälle religiös motiviert, beide wurden ideologisch durch klerikale Gruppen, welche auch die Meinung breiter Bevölkerungsschichten ver-

[154] Wilhelm *Baum*: Die Habsburger in den Vorlanden 1386-1486. Krise und Höhepunkt der habsburgischen Machtstellung in Schwaben am Ausgang des Mittelalters. Wien/Köln/Weimar 1993. S. 109-169, hier S. 117.
[155] *Lohrmann* (wie Anm. 42) S. 299.
[156] *Treue* (wie Anm. 2) S. 112.
[157] *Dreher* (wie Anm. 15) S. 28f.

traten – nicht aber die judenpolitischen Richtlinien der Kirchenführung –, mitgetragen. Hier scheint auch das zu einem großen Teil von der Bedrohung durch die Hussiten motivierte Interesse an organisierten Predigten gegen die Juden in den 1420er Jahren durch[158]. Dass die Annahme einer Verbindung zwischen Hussiten und Juden in die Vorgänge von 1429/1430 hineingespielt hat, ist nicht gänzlich auszuschließen – immerhin standen die Hussiten im Sommer 1430 zeitweilig nur 25 Kilometer vor Nürnberg –, lässt sich aber durch keinen Beleg erhärten.

Auch die Formulierung einer Kollektivschuld der Juden eines Landes oder einer Region, die Bestrafung der "Schuldigen" und die Freilassung der Konvertiten weisen starke Ähnlichkeiten auf. Wie in Österreich wurde – zumindest von den Städten Ravensburg, Lindau, Überlingen und Buchhorn – der Status quo nach der Verfolgung beibehalten und sogar bis zum Ende des Alten Reiches kein Jude mehr aufgenommen, in Meersburg sind erst wieder um die Mitte des 17. Jahrhunderts jüdische Bewohner nachweisbar[159]. So kann man in beiden Fällen einen gravierenden, langfristig nachwirkenden Einschnitt in die jüdische Besiedlung als Konsequenz festhalten.

Unterschiede existieren bei den auslösenden Kräften: In Österreich kam der Anstoß "von oben", in Ravensburg wurde der Rat durch den Druck der Bevölkerung und die einsetzende Wallfahrtsbewegung zum Vorgehen gegen die Juden veranlasst, welche zum Teil ja erst kurze Zeit zuvor aufgenommen worden waren. Von planmäßigen Ausweisungsbestrebungen, für die man noch einen legitimierenden Anlass benötigte, kann zumindest beim Ravensburger Magistrat kaum die Rede sein, was auch durch dessen Bemühungen, die Verantwortlichkeit für den Fall abzuschieben, deutlich wird.

Wenn auch die Initiative nicht von ihm ausging, so handelte König Sigismund genauso wie Herzog Albrecht, als es um die Sicherstellung der jüdischen Vermögenswerte für den jeweiligen Inhaber des Judenregals ging. Selbst wenn man berücksichtigt, dass bei nahezu allen deutschen Königen und Kaisern die materiellen Interessen gegenüber der Schutzzusage für die Juden überwogen, kann man Sigismunds Vorgehen in der zweiten Jahreshälfte nur mit dem seines Vaters Karl IV. während der Pestpogrome vergleichen. Auch dieser verhandelte beispielsweise 1349 in Nürnberg bereits fünf Monate vor (!) dem Pogrom über die zu erwartenden jüdischen Immobilien und sicherte dem städtischen Magistrat Straffreiheit für den kommenden, sorgfältig geplanten Judenmord zu[160]. Mehrfach gewährte Karl solche Amnestien im Vorfeld eines Pogroms, selbst für Prag, wo letztlich keines durchgeführt wurde[161]. Die mit der Kammerknechtschaft formulierte und im Spätmittelalter zunehmend konsequenter angewandte Theorie, dass die Juden des Reiches mit Leib und Gut vollständig der königlichen Gewalt unterworfen und ausgeliefert waren, findet im Handeln Karls IV. und Sigismunds während von antijüdischer Pogromstimmung gezeichneter Phasen ihre deutlichste und kaltblütigste Ausprägung. Ein bewusst zu Ungunsten der Juden ausfallendes königliches Eingreifen in einen Ritualmordfall ist jedoch singulär. Der Umstand, dass Sigis-

[158] Christopher *Ocker*: Contempt for Friars and Jews in Late Medieval Germany. In: Steven J. *McMichael*/Susan E. *Myers* (Hg.): Friars and Jews in the Middle Ages and Renaissance. Brill/Leiden/Boston 2004. S. 119-146, hier S. 126f.

[159] Germania Judaica III, Bd. 2 (wie Anm. 13) S. 854.

[160] *Graus* (wie Anm. 29) S. 210-213.

[161] *Ebda*. S. 235f.

mund selbst vermutlich nicht an die Beschuldigung glaubte, was auch durch die Zerstörung der Kultstätte nahegelegt wird, trägt nicht zu seiner Entlastung bei. Ein Zitat Michael Tochs, im Zusammenhang mit den Pestpogromen und der vermeintlichen Einzigartigkeit des Handelns Karls IV. während derselben geäußert, passt daher wie maßgeschneidert auch auf die königliche Politik des Jahres 1430:

"Hier hat sich der Schutzgedanke gänzlich gegenüber einem Leitbegriff vom Juden als reinem Finanzobjekt verflüchtigt, das außerhalb jeder Friedens- und Rechtsordnung steht, eine Melkkuh, die tatsächlich auch geschlachtet werden kann, wenn es ein Kalkül gebietet"[162]. Gerade das weitgehende Fehlen von Nachrichten über Persönlichkeit und Gesamtzahl der jüdischen Opfer unterstreicht den von rationalem Profitdenken geprägten Charakter des Ravensburger Falls. Auch die Äußerung von Markgraf Albrecht Achilles von Brandenburg-Ansbach aus dem Jahr 1464, der König oder der Kaiser habe das Recht, alle Juden zu verbrennen oder stattdessen aus Gnade ihre Steuern anzunehmen, scheint eventuell zutreffender als bisher angenommen[163].

Trotz ihrer fatalen Auswirkungen war die Ravensburger Ritualmordbeschuldigung aufgrund ihrer bereits Zeitgenossen wie Johannes Nider auffallenden Zweifelhaftigkeit und einem vollständigen Fehlen jüdischer Geständnisse im Gegensatz zum späteren Trienter Prozess für einen Einsatz in der antijüdischen Propaganda verhältnismäßig ungeeignet[164]. Allein das Element des als Selbstmord getarnten und dann durch Wunderzeichen aufgedeckten "Verbrechens" verlieh der Geschichte eine gewisse Originalität. Zudem verhinderte die kontinuierlich restriktive Haltung der Konstanzer Bischöfe eine über den lokalen Rahmen einer Gedächtnisstelle hinausreichende Kultbewegung um das Opfer, deren Vorbild möglicherweise die 1429 abgeschlossenen Kanonisationsbemühungen um den populären Ritualmordmärtyrer Werner von Bacharach darstellten. Erst die Fantasie von Murer und Schlapperitz versuchte, aus den ihnen vorliegenden Quellen das "Verbrechen" in seinem Ablauf zu schildern und die Handlung den Vorstellungen der Autoren entsprechend auszuschmücken. In ihren Schilderungen wird die Blutbeschuldigung in all ihrer perversen Absurdität präsentiert[165]. Das Motivkonstrukt des Ritualmords war den Zeitgenossen des 15. Jahrhunderts jedoch wohl bereits so vertraut, dass es in den Originalquellen zur Verfolgung quasi nicht mehr erwähnt zu werden brauchte.

Die Ravensburger Judenverfolgung und ihre Konsequenzen waren nicht nur der

[162] Michael *Toch*: Die Juden im mittelalterlichen Reich. Oldenbourg-Enzyklopädie deutscher Geschichte, Bd. 44. München 1998. S. 51.

[163] Peter *Aufgebauer*/Ernst *Schubert*: Königtum und Juden im deutschen Spätmittelalter. In: Susanna *Burghartz* / Hans-Jörg *Gilomen* / Guy P. *Marchal* / Rainer C. *Schwinges* / Katharina *Simon-Muscheid* (Hg.): Spannungen und Widersprüche. Festschrift für Frantisek Graus. Sigmaringen 1992. S. 273-314, hier S. 280ff.

[164] *Treue* (wie Anm. 2) S. 303.

[165] So erzählt *Murer* (wie Anm. 19) S. 376f., dass die Juden das Glied Ludwigs abgeschnitten hätten – wiederum ein Hinweis auf seine Kenntnis des "Ravensburger Berichts" und den dort erwähnten Informationen über die Untersuchungen der Leiche – und "mißbrauchten es schandtlich auß angeborenem Haß des christlichen Bluts". Bei *Schlapperitz*: (wie Anm. 18) S. 50f., wird Ludwig in das Haus des Juden Elazarus gelockt, dann von den Juden überwältigt und nackt auf einen Tisch gelegt, wo er von ihnen mit Messern, Pfriemen und Nadeln in alle Adern gestochen und sein Blut von unter dem Tisch stehenden Gefäßen aufgefangen wird. Dieses erfundene "Martyrium" ähnelt mehr als auffallend dem Trienter Vorbild, bis hin zu dem Halstuch, mit welchem das Opfer am Schreien gehindert wird. Ebenso ist Schlapperitz' Schilderung der grausamen Hinrichtung der Juden eine recht offenkundige Kopie der Trienter Exekution.

vernichtende Schlag für das einst blühende jüdische Leben im Bodenseeraum, von dem es sich bis zum Ende des Alten Reiches nur in eingeschränkter Form wieder erholen konnte, sondern läuteten auch das Ende des urban geprägten Judentums in der traditionellen Königslandschaft Schwaben ein. Als Reichserbkämmerer Konrad von Weinsberg Ende August 1439 versuchte, in Mainz eine Versammlung von Vertretern der Judengemeinden zur Koordination der steuerlichen Belange nach dem Regierungsantritt König Albrechts II. zu organisieren, war sein Bericht über die aktuelle Situation konsternierend: von den Juden sei niemand in Mainz erschienen, fast alle hätten das Reich verlassen, viele seien aus den Reichsstädten vertrieben worden oder tot, vor allem die Reichsten, so *daz sich die judischeit ußer dem riche vast gezogen hat*[166].

[166] *Schumm* (wie Anm. 46) S. 40-43. Zu den Folgen der Ravensburger Ritualmordbeschuldigung waren noch die Vertreibungen aus Augsburg und Heilbronn gekommen.

Der sogenannte "Dietenheimer Altar" ist der Gutenzeller Marienaltar

Franz X. Schmid

Im Diözesanmuseum in Rottenburg sind zwei gotische Altarflügel zu sehen, angeblich aus Dietenheim (Alb-Donau-Kreis): Abweisung Joachims vom Tempelopfer und Begegnung von Joachim und Anna an der Goldenen Pforte[1].
Als damaliger Pfarrer von Dietenheim habe ich seit 1978 nach einem abgegangenen gotischen Marienaltar gesucht. In dem sehr gut geordneten und aufgearbeiteten Archiv war aber nichts zu finden. Vom damaligen Kustos des Diözesanmuseums bekam ich folgende handschriftliche Notiz aus den Unterlagen des Museums: "Katalog B 5 Letzter Besitzer: Pfarrer Braun, 26.10.1818-1892, 1862-1878 Pfarrer in Dietenheim, über seine Sammlung vgl. Archiv für christliche Kunst Nr. 8, 1902, S. 118; desgl. Kunst- und Altertumsdenkmale des Königreichs Württemberg 1889-1938 unter Gutenzell: 'Was von Pfarrer Braun nach seinem Tode noch vorhanden war, kam schenkungsweise in den Besitz von Pf. Josef Hafner in Marktlustenau, der vorher Pfarrer in Gutenzell war', Katalog B 6: dito für Begegnung von Joachim und Anna an der Goldenen Pforte".

Auch wenn viele Angaben nicht zutreffend waren, war mir mit dieser Antwort klar geworden, dass die zwei Tafeln deshalb die Bezeichnung "Dietenheimer Altar" tragen, weil der letzte Besitzer Pfarrer in Dietenheim war. Pfarrer Johann Baptist Braun stammte aber aus Gutenzell. Er wurde dort am 26.10.1818 als Sohn des gleichnamigen Klosterlehrers und Kirchenpflegers Johann Baptist Braun geboren. Am 29.8.1842 wurde er zum Priester geweiht, am 10.1.1862 wurde er zum Pfarrer in Dietenheim ernannt. Von 1878 bis 1899 war er Kammerer für das Dekanat Wiblingen. Am 29.8.1892 errichtete er die Kammerer-Braun-Stiftung in Dietenheim mit einem Grundvermögen von 9.238 Mark und Kapitalien in Höhe von 16.637 Mark (Schwesternstation mit Kindergarten, Industrieschule und Krankenpflege). Er verstarb als ältester aktiver Priester der Diözese am 3.3.1904 in Dieten-

[1] Diözesanmuseum in Rottenburg am Neckar, hg. im Auftrag des Bischöflichen Ordinariats von Gregor Herzog zu *Mecklenburg*, 1979, S. 81f.

heim[2]. Im 19. Jahrhundert waren in Gutenzell hintereinander drei Generationen Lehrer mit dem Namen Braun[3]. Noch zu Beginn des 20. Jahrhunderts gab es dort einen Lehrer und Rechnungsführer, den Rentamtmann Braun[4].

Pfarrer und Kammerer Johann Baptist Braun ist über seinen Vater in den Besitz von Kunstwerken aus dem Kloster Gutenzell gekommen, ähnlich wie Dr. Johann Georg Martin Dursch in Rottweil[5], Prof. Johann Baptist Hirscher (1788-1865) und Pfarrer Josef Probst[6]. Im "Laupheimer Verkündiger" Nr. 25 vom Mittwoch dem 27. März 1872 wird in dem Artikel "Ein Ausflug" ausführlich über die Kunstsammlung von Kammerer Braun in Dietenheim berichtet: Beim Anblick einer majestätisch da hängenden Pfeife eines Stammgastes erfuhr der Schreiber vom Ortspfarrer, der eine hochinteressante Gemäldesammlung alter Meister besitzen soll. "Nach bald erholter Vergewisserung über den gastfreundlichen Carakter des Besitzers der Pfeife und der Galerie lag wohl der Wunsch nahe, in dieses unvermuthet aufgespührte Heiligthum einen Blick zu werfen". Wenige Schritte führten uns in die Nähe des Pfarrhofes – eines herrschaftlichen Wohnhauses, von denkbar modernsten und geräumigsten Verhältnissen mit Balkon, früher Eigentum und Geburtshaus des reichen Barons Hermann, großbegütert in der Gegend und sesshaft auf seinem Gute zu Wain. Vor einigen Jahren wurde das Herrenhaus durch kluge Transaktionen des jetzigen Bewohners als Pfarrhof für die Gemeinde gewonnen.

Pfarrer Braun nahm unser Anliegen mit der freundlichsten Miene von der Welt entgegen und hatte die Güte, uns selbst im Hause umher und in dessen obere prächtig tapezierte Gelasse zu führen, wo in einer Reihe hoher, heller Zimmer seine Schätze in neuen goldenen Rahmen an den Wänden hängen.
Unter manchem Werthlosen, aus Schüler- oder Copistenhand, findet sich in dieser Sammlung in der That mehrere treffliche altdeutsche Gemälde religiöser Gegenstände, zumeist aus der Ulmer Schule. Soviel ich mich erinnere ein 'Englischer Gruss' von Behaim, eine schöne Copie desselben Gegenstandes nach Martin Schön [= Schongauer], ein Zeitblom u.s.f."

"Als Perle der ganzen Sammlung" wird dann ein Stilleben genannt. "Herr Pfarrer Braun hält dasselbe für einen 'Weenix', für dieses Bild sei ihm neuestens 2.000 Gulden geboten worden. Das entspricht etwa dem doppelten Jahresgelt des Pfarrers der gut dotierten Pfründe." Nach Th B 35/245 ist Weenix J. jr. "Der fruchtbarste Stillebenmaler aller Zeiten". Mit dem im Bericht erwähnten "Englischen Gruss" von Behaim und der Kopie von Martin Schongauer könnte die "Verkündigung" gemeint sein, die sich jetzt in New York befindet. Weiter waren in Die-

[2] Georg Maximilian *Geisenhof*: Geistliche im Landkapitel Laupheim und Wiblingen. Nekrolog. Bearb. von Stefan J. *Dietrich*. Hg. von Wolfgang *Schürle* (Documenta Suevica 4), S. 224.-; Stefan Jakob *Neher*: Statistischer Personalkatalog des Bisthums Rottenburg. Schwäbisch Gmünd 1878, S. 326 und 525; Pfarrarchiv Dietenheim Bü 28, Stiftungsurkunde vom 29.8.1892, Pfründbeschreibung von 1904, S. 67.-; Repertorium des Archivs der Pfarrei Dietenheim von 1969, S. 107: Hinweis auf B 203-213. Im Illertalbote vom 29.09.1978 und im Kirchenanzeiger von Dietenheim 1981 Nr. 32 habe ich ausführlich über die Braunsche Stiftung berichtet.

[3] Im Haus Ochsenhauserstr. 10 sind zwei Porträts: ein Lehrer Braun und seine Frau Braun, geb. 2.2.1807 – auf einem Zettel ist zu lesen: Von Frl. Braun geschenkt, März 1945 an Rosel Laux.

[4] Die Kunst- und Altertumsdenkmale im Königreich Württemberg, Donaukreis, Oberamt Biberach. Hg. von Eduard von *Paulus* und Eugen *Gradmann*. Stuttgart 1897, S. 125.

[5] Stephan Jakob *Neher*: Personalkatalog der seit 1813 ordinierten und in der Seelsorge verwendeten Geistlichen des Bisthums Rottenburg. Schwäbisch Gmünd 1894, S. 17.

[6] Dieser große Kunstliebhaber war von 1858-1869 Pfarrer in Mettenberg bei Biberach.

tenheim sicher im Besitz von Kammerer Braun: Verspottung und Abendmahl 1580, Kreuzigungsbild 1630, Vanitas 1650, Magdalena unter dem Kreuz 1680, Veronika 1700 sowie ein Kreuz im von Braun gestifteten Kindergarten von 1520[7].

Pfarrer Braun hat die Martinus-Kirche in Dietenheim auch mit vielen neugotischen Kunstwerken der Bildhauer Franz Xaver und Benedikt Leimer ausstatten lassen. Am 3. März 1904 ist Pfarrer Braun im Alter von 86 Jahren an Altersschwäche verstorben. Etwas mehr als zwei Jahre später verstarb am 15.7.1906 seine Schwester, die treue Haushälterin Josefa Braun[8]. Es war notwendig, so ausführlich auf Johann Baptist Braun, Pfarrer und Kammerer in Dietenheim, einzugehen, denn nur über ihn ist der "Weg" der Tafeln des Gutenzeller Marienaltars nachzuzeichnen.

Nach dem Tod von Pfarrer Braun (oder kurz zuvor) kamen die zwei Tafeln des sogenannten Dietenheimer Altars nach Rottenburg. Ein anderer Teil seiner Kunstwerke kam "an Pfarrer Baur in Walpertshofen, Oberamt Laupheim". Pfarrer Baur war ein Neffe von Kammerer Braun, als solcher unterschreibt er in der Todesanzeige. Albert Baur wurde am 1.6.1867 in Dietenheim geboren, am 15.7.1891 zum Priester geweiht und war seit dem 17.11.1896 Pfarrer in Walpertshofen. Er verstarb am 7.12.1920[9].

Die Tafeln "Geburt Christi" und "Verkündigung" kamen nach dem Tod von Pfarrer Braun in den Kunsthandel (siehe unten). Ein Teil kam wieder nach Gutenzell in die Verwaltung eines anderen Neffen von Kammerer Braun, des Buchhalters und Rechnungsführers Braun. 1909 schreibt Julius Baum in der Oberamtsbeschreibung[10]: "Darin die Kunstsammlung des Herrn Rechnungsführers Braun. Die Bestände stammen größtenteils von Pfarrer Braun in Dietenheim, OA Laupheim, von wo ein Teil auch an Pfarrer Baur in Walpertshofen, OA Laupheim kam. Malerei: Zwei Teile einer Predella mit je sechs Aposteln, schwäbisch, um 1470, übermalt. Zwei Tafeln Begegnung an der Goldenen Pforte, Verkündigung, schwäbisch, Ende 15. Jhdt., in reicher spätgotischer Architektur [...] Hochrelief, Christus segnend, Ende 15. Jhdt.". In der Ausgabe der Kunst- und Altertumsdenkmale des Diözesankunstvereins, S. 121, ist bei der dort abgebildeten Predella von Prälat Erich Endrich handschriftlich vermerkt worden: "1942 Pfr. Hafner Marktlustenau". Ähnlich steht es in der eingangs zitierten Notiz des Diözesanmuseums von 1978/79 an mich adressiert. Josef Hafner wurde am 27.6.1886 in Dettingen (Ehingen) geboren und am 13.7.1910 zum Priester geweiht. Seit dem 2.3.1926 war er Pfarrer in Gutenzell. Als Gegner des Nationalsozialismus wurde er aus der Diözese vertrieben und war seit dem 4.7.1940 Pfarrverweser in Marktlustenau. Er verstarb am 10.12.1961 in Ehingen[11].

Wo sich die Kunstwerke aus dem Besitz von Pfarrer Josef Hafner jetzt befinden, war nicht in Erfahrung zu bringen, angeblich sind sie im Kunsthandel in Köln und Umgebung verschwunden. Auch die Autorin der umfangreichen Dissertation über "Das Zisterzienserinnenkloster Gutenzell", Frau Janine Christina

[7] Die Angabe des Diözesanarchivs, im "Archiv für christliche Kunst" Nr. 8, 1902, S. 118 befinde sich eine Aufstellung der Braunschen Kunstwerke, ist nicht zutreffend. Der Beitrag ließ sich nicht finden.
[8] Harald *Kächler*: Dietenheim und Regglisweiler – einst und jetzt. Ulm 1994, S. 140.
[9] Verzeichnis der Geistlichen der Diözese Rottenburg-Stuttgart von 1874 bis 1983. Hg. vom Bischöflichen Ordinariat, Rottenburg 1984, S. 57.
[10] Kunst- und Altertumsdenkmale (wie Anm. 4) S. 125.
[11] Verzeichnis der Geistlichen (wie Anm. 9) S. 157.

Maegraith, stieß bei ihren Forschungen über die Zeit von 1803 bis 1851 auf keinen Hinweis über den Gutenzeller Marienaltar[12].

Die Gutenzeller Altartafeln im Diözesanmuseum Rottenburg

Abweisung Joachims und Begegnung von Joachim und Anna an der Goldenen Pforte
Nach dem Museumsführer[13] betragen die Maße: 92,5 x 92,6 cm, 93 x 92,7 cm. Ikonografisches: Am Halskragen die Buchstaben MCCCC, vielleicht Anfang einer Datierung. Am Gewand des abweisenden Priesters viele Buchstaben, die nicht zu identifizieren sind[14]. Künstler: Ulmisch mit niederländischem Einfluss, nach

Abb. 1 - Abweisung Joachims.

[12] Janine Christina *Maegraith*: Das Zisterzienserinnenkloster Gutenzell. Vom Reichskloster zur geduldeten Frauengemeinschaft (Oberschwaben – Geschichte und Kultur 15). Epfendorf 2006.
[13] Diözesanmuseum in Rottenburg (wie Anm. 1) S. 81f.
[14] Vgl. am Munderkinger Passionsaltar: Gewand des Hohenpriesters-Pilatus, Staatsanwalt bei Geißelung, bei Franz Xaver *Schmid*, Munderkinger Passion, Lindenberg 2001, S. 16 u. 19.

Abb. 2 - Begegnung von Joachim und Anna an der Goldenen Pforte.

Julius Baum schwäbisch mit niederländischen Einflüssen, nach Alfred Stange der Meister der Bidpai. Wahrscheinlich ein Schüler von Jacques Daret. Nach Bruno Bushart habe der Tempeldiener bei der Abweisung Ähnlichkeit mit dem Pilatus der Sterzinger Geißelung[15].
Entstehungszeit: Mitte des 15. Jahrhunderts.
Nach dem Tod von Kammerer Braun kamen die beiden Tafeln in das Diözesanmuseum Rottenburg. Nach der Oberamtsbeschreibung war die "Goldene Pforte" bei der Veröffentlichung im Jahre 1909 noch in Gutenzell[16].
In den Kunstdenkmälern der Schweiz, Kanton Thurgau, ist vermerkt: "Die Rottenburger Tafeln stammen nach Mitteilung von Prof. Stange aus dem Besitz eines Pfarrers Braun in Dietenheim an der Iller, südlich von Ulm"[17].

[15] Bruno *Bushart*: Studien zur Altschwäbischen Malerei. Ergänzungen und Berichtigungen zu Alfred Stanges "Deutsche Malerei der Gotik. VIII. Band". In: Zeitschrift für Kunstgeschichte 22 (1959) S. 138.
[16] Kunst- und Altertumsdenkmale (wie Anm. 4) S. 125.
[17] Kunstdenkmäler der Schweiz XXXIV. Kanton Thurgau, Th. II, Bezirk Münchwilen, S. 206.

Abb. 3 - Verkündigung an Maria.

Die Gutenzeller Altartafeln in New York

Verkündigung an Maria und Geburt Jesu

Maße: 99,1 x 94 cm, 94 x 92,1 cm
Ikonografisches: Der Verkündigungsengel sei der Maria der Sterzinger Heimsuchung ähnlich[18]. Nach der Oberamtsbeschreibung war die Verkündigung 1909 noch in Gutenzell[19].

Bei der Geburt Jesu sei Josef dem Christus vom Marientod in Sterzing ähnlich[20]. "Das Metropolitan Museum of Art in New York verwahrt zwei spätgotische Tafelbilder (Verkündigung und Geburt Christi), die sich einst im Besitz von Braun befunden haben sollen"[21].

[18] Bushart (wie Anm. 15) S. 138.
[19] Kunst- und Altertumsdenkmale (wie Anm. 4) S. 125.
[20] *Bushart* (wie Anm. 15) S. 138.
[21] *Ebda.* und *Geisenhof* (wie Anm. 2) S. 56.

Abb. 4 - Geburt Jesu.

Nach dem Tod von Pfarrer Albert Baur (gest. 1920), des Neffen von Kammerer Braun, kamen die zwei Tafeln in den Kunsthandel. “Die Geburt Christi (New York) war Nr. 32 in der Auktion Slg. Cardon (Brüssel 1921), und wurde dort dem Meister Flemalle zugeschrieben. Die Verkündigung stammt aus der Sammlung Friedsam, München”[22].

Stange berichtet: Verkündigung “Slg. Charles Léon Cardon, Brüssel, Kunsthandlung J(ulius) Böhler, München”[23]. Geburt: “Amsterdam, Rijksmuseum (Nr. 341a), verst(eigert) am 14.05.1912 bei Müller, Amsterdam (Nr. 51); danach ebenfalls Slg. Friedsam, 1931 dem Metropolitan Museum vermacht”.

[22] Bulletin Sekt. II. des Metropolitan Museum, November 1932, Sonderheft 9 sowie Kunstdenkmäler, Thurgau, S. 206-209.
[23] Alfred *Stange*: Die deutschen Tafelbilder vor Dürer. Band III, München 1970, S. 127.

Abb. 5 - Darstellung im Tempel.

Die Gutenzeller Altartafeln in der Johnson Collection in Philadelphia
Geburt Mariä und Darstellung im Tempel

Maße: je 105 x 91,6 cm[24].
Die erste Tafel ist eindeutig eine Geburt Mariä und nicht die Geburt Jem oder die Geburt Johannes des Täufers. Bei der Darstellung Jesu im Tempel seien die Dienerinnen Mariens der Magdalena im Allen Memorial Art Museum in Oberlin ähnlich[25].

Die Gutenzeller Altarbilder im Kloster Fischingen
Tempelgang Mariä und Anbetung der Weisen

Maße: 101 x 90,5 cm.
Oben und unten drei Zentimeter angestückelt, nicht gespalten wie die anderen drei Tafeln.

[24] Sammlung John G. Johnson in Philadelphia: Catalogue of a Collection of Painting, Vol. III. Bearb. von Bernhard *Berenson*. Hg. von W. R. Valentin. 1914. Bild Nr. 714 und 715, Seite 223 f.
[25] *Bushart* (wie Anm. 15) S. 138.

Abb. 6 - Tempelgang Mariä.

Abb. 7 - Teil von Anbetung der Weisen.

In den Kunstdenkmälern der Schweiz, Kanton Thurgau, findet sich ein sehr guter Text über die beiden Darstellungen[26]: “Dreikönigstafel. Öltempera auf Kreidegrund [...] Anbetung der Hl. Drei Könige. Über dem Bildhorizont Goldgrund mit Resten ehemaliger gepresster Musterung. Die Spitze des Hutes, den der mittlere König trägt, ist wegretuschiert. Wie auf dem zugehörigen Weihnachtsbild ... stehen die wenigen, monumental wirkenden Gestalten vor einer sehr einfachen Landschaft mit der Spelunca terranea (Pseudo-Matthäus 13,2; vgl. diese im byzantinischen Weihnachtsbild übliche Formulierung), während das Motiv des Stalles (Lukas-Evangelium) nur durch das Strohdächlein angedeutet ist, durch welches der Stern von Bethlehem scheint. Diese ikonographisch altertümliche Kombination passt trefflich zum Typus der Maria und den von der niederländischen Malerei des mittleren 15. Jahrhunderts her bekannten Kostümen. Der wohlüberlegte Fall der Stoffbahnen, das gemessene, aber ausdrucksstarke Gebärdenspiel (Hände!), der halb melancholische, halb schnippisch-preziöse Ausdruck der Gesichter, die knappe, immer behutsame Formulierung aller Teile und die gedämpft-vornehme Farbgebung tragen zu jener geräuschlosen, umständlichen Feierlichkeit bei, welche die Art unseres Meisters kennzeichnet. Dieselben Eigenschaften charakterisieren auch die leider nur noch fragmentarisch erhaltene Rückseite: Mariä Tempelgang. Zu Füßen der fünfzehnstufigen Treppe (zwei Tritte verdeckt) Joachim und Anna; auf dem oberen Podest nimmt der als Bischof gewandete Priester Maria in Empfang. Über das Erhaltene gibt die Abbildung Auskunft”. “Die Fischinger Tafeln könnten identisch sein mit Inventarnummer 6, S. 82 des Liquidationsinventars 1848”[27]. Also müsste das Kunstwerk schon Mitte des 19. Jahrhunderts, als nur noch wenige Schwestern in Gutenzell lebten, nach Fischingen gekommen sein.

In diesem Text taucht auch der Gedanke auf: “Diese Tafeln [aus Rottenburg, Fischingen, New York und Philadelphia] ergeben nach Maßen und nach dem Bildprogramm das Ensemble eines Marienaltars”, das Auseinandersägen und Beschneiden der Bilder erklärt die kleinen Differenzen in den Maßen. “Möglicherweise gelangte ... die Dreikönigstafel 1848 als Strandgut der thurgauischen Klosterliquidation nach Fischingen”.

Es ist schon eigenartig, dass niemand den Gedanken weiterverfolgt hat, die Tafeln könnten einmal die Bildseiten eines Marienaltars gewesen sein. Im Gegenteil: Seit mehr als 25 Jahren wird der Verfasser nur verlacht, wenn er den Gedanken ins Gespräch bringt.

Der Gutenzeller Marienaltar

Für sechs von acht Darstellungen aus dem Leben Mariens und Jesu ist die Herkunft aus Gutenzell unbestritten, sie waren alle noch um 1900 im Besitz von Pfarrer und Kammerer Johann Baptist Braun in Dietenheim. Die Fischinger Tafeln mit Mariä Tempelgang und der Anbetung durch die Weisen gehören aus stilistischen Gründen dazu[28].

[26] Kunstdenkmäler der Schweiz (wie Anm. 17) S. 206-209.
[27] *Ebda.*
[28] *Ebda*, S. 207; Diözesanmuseum in Rottenburg (wie Anm. 1) S. 81; *Stange* (wie Anm. 23) S. 127; *Bushart* (wie Anm. 15) S. 138.

Entstehungszeit

Nach Bushart[29] spätestens um 1460, unmittelbarer Kreis der Sterzinger Flügeltafeln, er widerspricht Stange, der meint: 1470 bis in die achtziger Jahre[30]. Im Katalog des Diözesanmuseums Rottenburg heißt es: Mitte 15. Jahrhundert.

Um die Mitte des 15. Jahrhunderts war Dorothea Neth (Nöthin) aus Kaufbeuren Äbtissin in Gutenzell: “sie habe dem Gotteshaus viel Gutes getan”[31]. 1444 soll sie resigniert haben, 1449 lebte sie aber noch im Kloster. Nach der Oberamtsbeschreibung soll sie von 1444-1459 Äbtissin gewesen sein[32]. Es ist also möglich, dass sie um 1450 für die spätgotische Pfeilerbasilika in Gutenzell einen neuen Altar schaffen ließ, nachdem mit dem Neubau der Klosterkirche (Anfang 15. Jahrhundert) dieses Gotteshaus die Pfarr-Rechte bekommen hatte. Einen Marienaltar deswegen, weil die Zisterzienser und die Zisterzienserinnen seit Bernhard Maria in besonderer Weise verehrten.

Künstler

Es stimmt: “Über die Identität des Malers herrscht völlige Unklarheit”. Der “Meister des Bidpai” scheidet von der Zeit und vom Stil her völlig aus, auch wenn Stange diese Behauptung aufstellt[33]: “Wir kennen von ihm die Flügelbilder zweier großer Altäre und einige einzelne Tafeln. Von den Bildern des weit zerstreuten früheren Altars sind die Abweisung von Joachims Opfer und die Goldene Pforte in das Diözesanmuseum in Rottenburg am Neckar, die Verkündigung und die Geburt Christi in das Metropolitan Museum in New York, die Darstellung im Tempel und die Geburt Mariens in die Johnson-Collection in Philadelphia, die Anbetung der Könige und der Tempelgang Mariens in die Klosterkirche zu Fischingen im Thurgau (Schweiz) gelangt. Wie es scheint, sind sämtliche Flügelbilder überliefert, und da in Fischingen Vorder- und Rückseiten zusammen erhalten sind, lässt sich sagen, dass die vier Szenen bis zum Tempelgang Mariens die Außenseiten, die vier Jugendgeschichten Christi die Innenseiten geschmückt haben. Die Mehrzahl der Tafeln scheint sich in der Mitte des 19. Jahrhunderts im Besitz eines Pfarrers in Dietenheim an der Iller, nicht allzu weit südlich von Ulm, befunden zu haben. Hier, in einer der Kirchen der Stadt, mögen die Bilder an einem Marienaltar ursprünglich ihre Heimat gehabt haben. Nicht weniger als der Meister der Sterzinger Altarflügel bewährt sich ihr Maler als Schüler der niederländischen Malerei. Aber seine Sprache ist durchaus verschieden. Nicht bei Rogier van der Weyden hat er gelernt, bei Jacques Daret vielmehr muss er gearbeitet haben: Demzufolge kleidet er seine untersetzten Gestalten in schwere Gewänder, gab er den Frauen großflächige, geschlossene Gesichter mit spitzen Nasen, den alten Männern ausdrucksvolle Greisenköpfe, verteilt er die Figuren in den engen Bildräumen mehr flächig nebeneinander. Mitunter sind seine Formen wohl etwas schwerfällig, immer erweist sich der Maler als Meister der großen Form.

[29] *Bushart* (wie Anm. 15) S. 138.
[30] *Stange* (wie Anm. 23) S. 127.
[31] *Maegraith* (wie Anm. 12) S. 350.
[32] Kunst- und Altertumsdenkmale (wie Anm. 4) S. 115.
[33] *Stange* (wie Anm. 23) S. 9f.

Selten gab er gemusterte Stoffe oder Schmuckstücke, und seine Kompositionen mit genrehaften Motive zu füllen, lag ihm völlig fern. Sehr schlicht hat er seine Bilder aufgebaut. Pfeilerhaft stehen die Figuren nebeneinander, breit gelagert hocken oder knien sie am Boden. Dabei hat er doch jegliche Monotonie durch eine reiche, aber ebenso kristallklare Faltendrapierung der ausgebreiteten Gewänder vermieden, hat er es zum anderen verstanden, die Figuren sehr wirksam durch sprechende Gebärden und Bewegungen über Raum und Fläche hinweg zu verknüpfen. So durchziehen und übergreifen großzügige Bewegungen seine Figuralkompositionen und geben ihnen sehr ausdrucksvolle Spannungen. Anregungen von seiten des Meisters von Flémalle mögen ihm dabei geholfen haben, denn diese Steigerung zu monumentaler Größe hat er nur bei diesem, nicht bei Jacques Daret lernen können. Der Maler wird also in den Jahren der Jahrhundertmitte, eher davor als danach, in den Niederlanden geweilt haben. An des Flémallers wuchtiger Gestaltungsweise konnte sich auch sein süddeutsches Formgefühl entfalten – denn dass er ein Süddeutscher gewesen ist, daran ist trotz des westlichen Habitus seiner Kunst in diesen Bildern nicht zu zweifeln -, und beides zusammen gab seinen Figuren ihre charakteristische, schwere Gedrungenheit und plastische Fülle. Dabei leitet sich sein Faltenstil trotz seiner Plastizität primär von Jacques Daret her, aber jene andere Begegnung hat die dünnen, schematischen Faltenbahnen Darets fest und voll und differenzierter gemacht”. Stange datiert den Altar auf ca. 1460. Der treffenden Beschreibung der Tafel durch Alfred Stange kann man sehr wohl zustimmen, aber was den Meister angeht, muss man ihm wie bei der Munderkinger Passionstafel widersprechen. Der Meister des Ulmer Bidpai ist ein Ulmer Holzschnittzeichner, aber kein Maler[34].

Als "Meister des Bidpai" hat er in der Malerei überhaupt keine Rolle gespielt. Über ihn ist beispielsweise in den einschlägigen Lexika und grundlegenden Werken nichts zu finden in: Lexikon der Kunst, Robert Campin, Ausklang des Mittelalters, Thieme/Becker, Altdeutsche Tafelmalerei von Winkler, Altschwäbische Kunst von Baum, Deutsche Malerei: Das Spätmittelalter, Rogier van der Weyden oder Fouquet.

Bruno Busharts Argumente scheinen vielmehr einsichtig zu sein: "Sein [des Gutenzeller Altars] Maler kommt – unbeschadet anderer niederländischer Vorbilder [J. Daret statt Rogier van der Weyden] – aus dem unmittelbaren Kreis des Meisters der Sterzinger Flügeltafeln (vgl. den Joseph der Geburt Christi mit dem Christus des Marientodes in Sterzing, den Engel der Verkündigung mit der Maria der Sterzinger Heimsuchung). Der Tempeldiener am rechten Bildrand der Rückweisung Joachims (Rottenburg) erinnert an den Pilatus der Sterzinger Geißelung, die beiden Dienerinnen Mariae auf der Darstellung im Tempel [...] stimmen mit dem Typus der Magdalena in Oberlin [...] überein. Vor allem zu den von der Forschung bisher unbeachteten Tafeln des kleinen Sterzinger Marienaltars [...] bestehen enge Beziehungen, die die zeitliche Nähe und den Schulzusammenhang beider Werke belegen. Auch der Wurzacher Altar von 1437 wirkt nach, so in dem Joseph des Geburtsbildes und in der Farbigkeit. Das großartige Holzschnittwerk des Ulmer Bidpai hingegen ist fast eine Generation später entstanden"[35].

In den Kunstdenkmälern des Kantons Thurgau wird die Ansicht vertreten,

[34] Ernst *Weil*: Der Ulmer Holzschnitt im 15. Jahrhundert. Berlin 1923, Abb. 27-34 und S. 157 u. 166.
[35] *Bushart*, (wie Anm. 15), S. 137.

“dass wir es mit einem niederrheinischen oder niederländischen Wanderkünstler zu tun haben, wie solche ja im 15. Jahrhundert mehrfach im süddeutschen Gebiet tätig gewesen sind. Es führen Fäden zur Art der Schule von Tournai, des Petrus Christus und vor allem zu Dirck Bouts (Gebärdenspiel, würdevolle Formulierungen usw.) sowie schließlich zum Kölner Meister des Marienlebens. Alle diese Gründe jedoch genügen nicht, im Meister zwingend einen Niederländer zu sehen; es könnte trotzdem ein gelehriger Alemanne am Werk gewesen sein”[36].

Abb. 8 - Fragmente des geschnitzten Altarschreins mit der Anbetung der Weisen.

Bruno Bushart lehnt Stanges Zuschreibung an den Meister des Ulmer Bidpai vollkommen zu Recht ab. Er schlägt den Notnamen “Meister der Dietenheimer Marientafeln” vor. Ich möchte ihn “Meister des Gutenzeller Marienaltars” nennen.

Predella und Mittelschrein

In der Oberamtsbeschreibung des Oberamts Biberach schreibt Konservator Prof. Dr. Eugen Gradmann im Vorwort, Dr. Julius Baum habe 1909 in der Kunstsammlung des Herrn Rechnungsführers Baum in Gutenzell noch vorgefunden: “Zwei Teile einer Predella, mit je sechs Aposteln, schwäbisch, um 1470, übermalt [...] Hochrelief, Christus segnend, Ende 15. Jahrhundert”[37]. Auf S. 121 der Oberamtsbeschreibung ist ein Teil der Predella abgebildet, 1942 war dieses Bild noch bei Pfarrer Josef Hafner in Marktlustenau. Diese Predella mit dem segnenden Christus in der Mitte ist ganz sicher Teil des Gutenzeller Marienaltars (leider ist davon nichts mehr zu finden!).

Im “Bayrischen Krippenfreund” von 1972 berichtet Ludwig Pöllmann aus Gutenzell von einem Teilstück eines Altarschreins “Anbetung der Weisen”, die anbetenden Weisen fehlen, die Heilige Familie ist vorhanden[38]. Auch diese Gruppe befindet sich im Metropolitan Museum of Art in New York. Die Gruppe ist 81 cm hoch: Maria hält den Jesusknaben (mit der Weltkugel in der Linken, die Rechte zum Segen erhoben) aufrecht vor sich. Josef mit dem Hut in der Hand schaut nicht zu den Weisen, sondern in die andere Richtung.

Diese Gruppe ist nach Ludwig Pöllmann für die Klosterkirche Gutenzell geschaffen worden [39].

[36] Kunstdenkmäler der Schweiz (wie Anm. 17) S. 208.
[37] Kunst- und Altertumsdenkmale (wie Anm. 4) S. 125
[38] Ludwig *Pöllmann*: Die Gutenzeller Barockkrippe. In: Der Bayerische Krippenfreund 200 (1972).
[39] *Ders.*: Höhepunkt jahrhundertelanger Verehrung – die Gutenzeller Barockkrippe. In: Heimatkundliche Blätter für den Kreis Biberach 2,2 (1979).

Somit wäre der Gutenzeller Marienaltar komplett:
Vier Tafeln aus der Kindheit Mariens
Vier Tafeln aus der Kindheit Jesu
Geschnitzter Altarschrein mit der Anbetung der Weisen
Predella mit lehrendem Christus und den zwölf Aposteln

Abb. 9 - Predella mit lehrendem Christus und den zwölf Aposteln.

Abb. 10 - Maria Geburt.

Die Fürstenberger und Heiligenberg

Andreas Wilts

Der Erwerb der Grafschaft

Im Jahr 1516 heiratete der zwanzigjährige Graf Friedrich von Fürstenberg Anna von Werdenberg, die Tochter des Grafen Christoph von Werdenberg-Heiligenberg[1]. Damals war keinesfalls vorauszusehen, welch ein Glücksgriff diese Heirat war, denn es lebten noch drei Söhne des Grafen Christoph als Stammhalter. Sie alle gingen jedoch ihrem Vater im Tod voraus. Als Christoph 1534 starb, konnte deshalb sein Schwiegersohn Graf Friedrich von Fürstenberg Anspruch auf das gesamte Erbe erheben. Zwei wichtige Teile, die Grafschaften Sigmaringen und Veringen, wurden ihm zwar vorenthalten. Österreich zog sie aufgrund eines Vertrages von 1482 ein und verlieh sie, trotz der juristischen Einsprüche Friedrichs, an Graf Karl von Zollern. Doch dies war zu verschmerzen. Denn was Friedrich erhielt, war mehr als genug: die Herrschaften Trochtelfingen und Jungnau, vor allem aber die Reichsgrafschaft Heiligenberg.

Die Grafschaft Heiligenberg war vor 1135 an die Grafen von Heiligenberg gelangt und von diesen 1277 durch Verkauf an die Grafen von Werdenberg gegangen. Freilich hatte sie keinem dieser Geschlechter wirklich Glück gebracht. Denn in ihrem Zentrum und in der Nachbarschaft entstanden mit dem Kloster Salem, der aufstrebenden Stadt Überlingen, dem Bistum Konstanz und der Reichsvogtei Oberschwaben gefährliche Konkurrenten, die die Rechte und Einkünfte der Grafen fortlaufend schmälerten. Schon die Heiligenberger hatten sich deshalb im 13. Jahrhundert immer mehr verschulden müssen und schließlich 1277, kurz nach dem Bau einer neuen Burg, die Grafschaft für einen Spottpreis verkaufen müssen. Um 1300 erlosch das Geschlecht der Heiligenberger.

Auch die Werdenberger, die neuen Besitzer, hatten mit der Grafschaft ihre liebe Not. Zweimal im 15. Jahrhundert drohten sie Heiligenberg zu verlieren.

[1] Zur Geschichte der Grafschaft und des Schlosses Heiligenberg siehe C. B. A. *Fickler*: Das Schloss Heiligenberg in Schwaben. Mit einer Geschichte der alten Grafen von Heiligenberg und des von ihnen beherrschten Linzgaues. Karlsruhe 1853.- Theodor *Martin*: Heiligenberg einst und jetzt. Zum Gedächtniß sechshundertjährigen Bestandes. Lindau 1876.- Eduard *Berenbach*: 800 Jahre Grafen von Heiligenberg. Donaueschingen 1936.

1405 blieb die Grafschaft nur durch einen glücklichen Zufall in werdenbergischer Hand, nachdem der völlig überschuldete Graf Albrecht IV. Schloss und Grafschaft gegen eine bestimmte Geldsumme gleich zwei Interessenten als Erbschaft zugesichert hatte, seinem Neffen Hugo von Werdenberg und Herzog Friedrich von Österreich. Gute 20 Jahre später, 1428, stand die Grafschaft neuerlich auf Messers Schneide. Kaiser Sigismund hatte nach dem Tod des kinderlosen Hugo bereits den Italiener Brunacio de la Scala, einen Scaliger aus Verona, zum Herrn des Heiligenbergs gemacht. Hans III. aus der Trochtelfinger Linie des Hauses Werdenberg konnte nur mit Waffengewalt und durch einen mehrjährigen Prozess die Grafschaft für das Haus Werdenberg behaupten. Erst die Fürstenberger als bedeutendste Grafenfamilie in Schwaben überhaupt konnten sich den Heiligenberg dauerhaft bewahren.

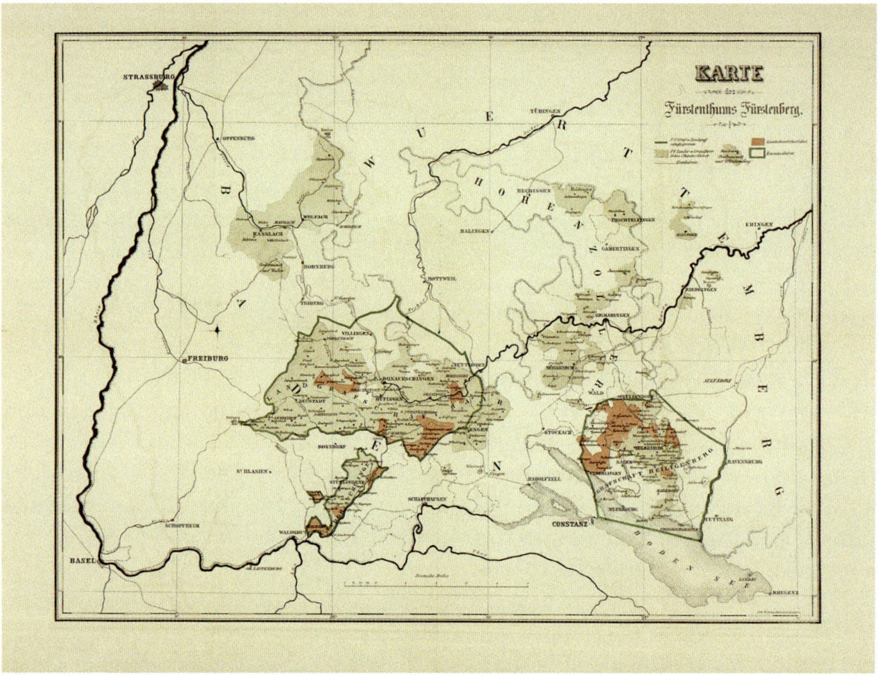

Abb. 1 - Karte des Fürstentums Fürstenberg.

Ein Renaissanceschloss

Graf Friedrich von Fürstenberg fand in Heiligenberg eine relativ bescheidene Burg vor, eine unregelmäßige Anlage, die sich genau dem Plateau angepasst hatte[2]. Spätestens 1546 begann er mit dem Ausbau der Burg zum Schloss. Nach seinem Tod 1559 führte sein Sohn, Graf Joachim zu Fürstenberg, die Arbeiten fort.

Große Teile der alten Burg blieben dabei erhalten und wurden in den Neubau einbezogen. Sie bilden den heutigen Nordflügel, dem eine Renaissancefassade vorgesetzt wurde. Völlig neu entstanden die drei anderen Flügel, sodass sich das

[2] Zum Folgenden vgl. den Überblick von Ernst Wilhelm Graf zu *Lynar*: Schloss Heiligenberg (Große Kunstführer 87) München 1981.

Schloss schließlich als eine für die Renaissance typische Vierflügelanlage präsentierte. 1562 waren bereits sämtliche Bauten unter Dach und Fach. Der Innenausbau zog sich freilich noch lange hin. Im vollendeten Rittersaal konnte erstmals am 10. September 1584 die Hochzeit des Grafensohnes Friedrich (1563-1617) gefeiert werden. Um 1600 schließlich war auch die Kapelle fertig. Gleichzeitig wurden die Vorhofgebäude errichtet. Sie ersetzten die Wirtschaftsgebäude, die sich zuvor mit der Burg auf dem engen Plateau zusammengedrängt hatten.

Warum ein neues Schloss? Die mittelalterlichen Burgen mit ihren mächtigen Umfassungsmauern und Bergfrieden hatten zu Beginn der Neuzeit aufgrund der Erfindung des Schwarzpulvers und neuer Belagerungstechniken ihre Verteidigungsfunktion zunehmend eingebüßt. Zudem genügten sie nicht mehr den Ansprüchen an die Wohnlichkeit, die mehr und mehr durch das aufstrebende Bürgertum in den Städten diktiert wurden. So verglich Ulrich von Hutten in einem Brief an dem Nürnberger Patrizier Willibald Pirckheimer 1518 sein Ritterleben mit dem Leben der Patrizier in ihren gut beheizten, behaglichen, stillen Häusern: *Die Burg selbst ist nicht als angenehmer Aufenthalt, sondern als Festung gebaut. Sie ist von Mauer und Gräben umgeben, innen ist sie eng und durch Stallungen für Vieh und Pferde zusammengedrängt. Daneben liegen dunkle Kammern, vollgepfropft mit Geschützen, Pech, Schwefel und sonstigem Zubehör für Waffen und Kriegsgerät. Überall stinkt es nach Schießpulver; und dann die Hunde und ihr Dreck, auch das - ich muss es schon sagen - ein lieblicher Duft! [...] Man hört das Blöken der Schafe, das Brüllen der Rinder, das Bellen der Hunde, das Rufen der auf dem Feld Arbeitenden, das Knarren und Rettern der Fuhrwerke und Karren; ja sogar das Heulen der Wölfe hört man in unserem Haus, weil es nahe am Wald liegt*[3].

Abb. 2 - Graf Friedrich II. zu Fürstenberg.

Wer es sich leisten konnte, verließ in dieser Zeit seine Burg und errichtete ein modernes Schloss. In Südwesten des Reiches kam es dabei zu einem regelrechten Wettstreit zwischen den größeren und kleineren Herrscherhäusern, die durch aufwendige Bauvorhaben Macht- und Rangvergleiche anstellten und sich gegenseitig zu überbieten suchten[4].

Graf Friedrich konnte hier, aus verschiedenen Gründen, nicht nachstehen:

Als Sohn des Grafen Wolfgang von Fürstenberg, der Hofmarschall Kaiser Maximilians gewesen war, war er schon im Alter von neun Jahren an den königlichen Hof nach Brüssel gekommen und hier als "Gesellschafter" der um wenige Jahre

[3] Zitiert nach Arno *Borst*: Lebensformen im Mittelalter. Frankfurt/Main und Berlin 1973. S. 174.

[4] Klaus *Merten*: Schlösser in Baden-Württemberg. Residenzen und Landsitze in Schwaben, Franken und am Oberrhein. München 1987. S. 31-40, 119-127, 183-187 und 251-262.

jüngeren Prinzen Karl und Ferdinand, später Kaiser Karl V. und König Ferdinand, erzogen worden[5]. Deshalb gehörte er zeitlebens zu den wichtigsten Vertretern der habsburgischen Politik im deutschen Südwesten. Durch den Anfall der Herrschaften Heiligenberg, Trochtelfingen und Jungnau 1534 bereits zu einem der mächtigsten Grafen in Südwestdeutschland geworden, verstärkte sich seine Position im Jahr 1546 nochmals entscheidend. Sein älterer Bruder Wilhelm fiel durch den Übertritt zum Protestantismus beim Kaiser in Ungnade und musste deshalb seine Besitzungen im Kinzigtal und in der Ortenau an Friedrich abtreten. Friedrich war jetzt Alleinherrscher im Hause Fürstenberg. Auf der Grafenbank des Schwäbischen Kreises figurierte er an erster Stelle. Ebenfalls 1546 wurde er für seine Verdienste mit dem Orden vom Goldenen Vlies ausgezeichnet, dem höchsten Orden des habsburgischen Kaiserhauses, der stets nur einem sehr kleinen Kreis des deutschen Hochadels vorbehalten war.

Spätestens jetzt dürfte Friedrich den Entschluss gefasst haben, eine neue Residenz für sein so entscheidend vergrößertes Herrschaftsgebiet zu errichten, zumal im Bauernkrieg die alte Stammburg des Hauses auf dem Fürstenberg zerstört worden war.

Ein Schloss musste her, in dem sich seine herausgehobene Stellung spiegeln würde, die Stellung eines Ritters vom Goldenen Vlies, des mächtigsten Grafen weit und breit, eines Vertrauten des Kaisers. Ein Schloss, mit dem man den wichtigsten Konkurrenten, den umliegenden Adelsgeschlechtern ebenso wie den hartnäckigen Mönchen des Klosters Salem, der Stadt Überlingen und dem Bischof von Konstanz zeigen konnte, wer der Herr im Hause war.

All dies hat sich in der Bauform und Ausstattung des Schlosses niedergeschlagen[6]: Graf Friedrich zog nicht ins Tal wie z.B. die Grafen von Zimmern in Meßkirch. Er blieb auf dem Heiligenberg. Mit seiner Größe beherrscht das Schloss so die ganze Landschaft.

Kern seines Schlosses sollte der Festsaal werden, ein gigantisches Projekt, an dem noch sein Sohn Graf Joachim zu bauen hatte. Was dabei entstand, ist sicherlich einer der schönsten und prunkvollsten Säle der Zeit. Wegen seiner Länge von 36 Metern und der zahlreichen hohen Fensternischen, durch die von allen Seiten Licht einströmt, wirkt er repräsentativ und behaglich zugleich. Hierzu trägt vor allem die reich verzierte Kassettendecke bei, die in der verhältnismäßig geringen Höhe von 9 Metern frei über dem Saal schwebt. Übersät von Grotesk- und Rankenwerk, Blumen und Früchten, Bändern, Füllhörnern, Urnen und Vögeln, unzähligen pausbäckigen Köpfen, Masken und Putten folgt sie auf den ersten Blick einzig und allein dekorativen Gesetzen. Bei genauerer Betrachtung zeigt sich jedoch, dass Festsaal und Decke ein Programm haben. Gerade hier verherrlicht sich der Bauherr und zeigt, wer er ist:

Architektonisches Hauptcharakteristikum des Saals sind die zahlreichen, eng

[5] Volker *Press*: Das Haus Fürstenberg in der deutschen Geschichte. In: *Ders.*: Adel im Alten Reich. Gesammelte Vorträge und Aufsätze, hg. von Franz *Brendle* und Anton *Schindling* (Frühneuzeit-Forschungen Bd. 4). Tübingen 1998. S.139-166, hier S. 142-145.- Ernst *Münch* und C.B.A. *Fickler*: Geschichte des Hauses und Landes Fürstenberg. 4 Bde. Aachen und Leipzig 1829-1847. Bd. 2. S. 142-151.- Georg *Tumbült*: Das Fürstentum Fürstenberg von seinen Anfängen bis zur Mediatisierung im Jahre 1806. Freiburg 1908. S. 113-116.

[6] Ulrike *Franz*: Der Festsaal in Schloss Heiligenberg. Studien zur Bedeutung der Dekoration im ausgehenden 16. Jahrhundert. Magisterarbeit Universität Tübingen 1987.- Gabriele *Heidenreich*: Schloss Heiligenberg – eine politische Aussage, Magisterarbeit Universität Stuttgart 1986.

Abb. 3 - Die fürstenbergische Residenz Heiligenberg; Martin Menrad 1688.

und regelmäßig aneinandergereihten Fenster. Mit ihnen öffnet sich der Saal zur Landschaft. Die Landschaft, die von hier beherrscht wird, wird dadurch gleichsam in den Saal hereingeholt. Die Ausschmückung des Saals ist voll und ganz auf den Bauherrn, seine Herkunft und Stellung bezogen. Schlüssel zum Ganzen sind dabei die beiden Kamine und der ringsum verlaufende Wappenfries. Der Kamin auf der Ostseite trägt auf der bekrönenden Scheibe den Namen Joachims von Fürstenberg, der auf der Westseite den seiner Gemahlin Anna von Zimmern. Flankiert werden beide Kamine jeweils links vom fürstenbergischen und rechts vom zimmerschen Wappen. In der Mitte zeigt der Wappenfries ebenfalls diese beiden Wappen, diesmal als Allianzwappen. Und von diesem ausgehend reiht sich in 64 Doppelwappen die Ahnenprobe der beiden Ehegatten auf, wobei die Wappen der Vorfahren Joachims sich auf der Seite seines Kamins und die Namen der Ahnen Annas auf der Seite ihres Kamins um den Saal ziehen. In der Mitte der Nordwand begegnen sie sich wieder.

Auch in der Gestaltung der Decke spielt die Selbstdarstellung des eigenen Hauses eine dominierende Rolle. Hinzu kommt hier jedoch die Verherrlichung des Kaiserreiches. So finden sich im Zentrum der Decke, in den beiden mittleren Hauptfeldern, neben vier fürstenbergischen Adlern auch vier habsburgische Doppeladler mit den Wappen der habsburgischen Länder Österreich, Ungarn, Kroatien und Böhmen auf ihren Brüsten. Und bei den Büsten, die sich aus dem Fries unmittelbar unter der Decke hervorrecken, könnte es sich um eine Darstellung der verschiedenen Reichsstände handeln, unterschieden jeweils durch ihre Kopfbedeckungen.

Zugleich spiegelt die Decke in ihrem Aufbau die Ordnung des Kosmos, indem sie überall mit der kosmologischen Zahlensymbolik, mit Vierer-, Dreier- und Siebenerreihen spielt. An der Decke ergeben beispielsweise die vier Hauptfelder und drei Zwischenfelder sieben Felder. Die Gesichter von Männern und Frauen, Tiere, Löwen und Mischwesen, die Putten und Hermen stehen sich in den inneren Quadraten der Kassetten stets in der Vierzahl gegenüber. Unter der Decke befinden sich an den Längsseiten jeweils sieben Konsolen.

Wenn man bedenkt, welch hohe Bedeutung das Fest in der Gesellschaft der Renaissance hatte, wird verständlich, warum der Festsaal mit so hohem Aufwand ausgestattet wurde. Die Feste wurden in der Renaissance zum wichtigsten Mittel der Selbstdarstellung. Sie wurden mit geradezu gigantischem Aufwand gefeiert. Dies war in Heiligenberg nicht anders. 1562 fand die Hochzeit von Graf Joachim von Fürstenberg mit Anna von Zimmern statt. Sie war eigens so lange he-

Abb. 4 - Der Rittersaal des Schlosses Heiligenberg.

rausgezögert worden, bis der Festsaal wenigstens im Rohbau stand. 1584 feierte Friedrich, der älteste Sohn des Paares, die Eheschließung mit Gräfin Elisabeth von Sulz, nachdem endlich die Innenausstattung des Saals mit Decke und Kaminen vollendet war.

Über diese Hochzeit sind wir zumindest teilweise informiert[7]. Es muss ein rauschendes Fest gewesen sein. So groß war die Anzahl der von allen Seiten geladenen Gäste, dass der vorhandene, reiche Hausrat des Grafen keineswegs genügte, sondern vom Bruder noch Teppiche, Silberbesteck, Teller, Schalen, Löffel, Salzbüchsen und alle Tischbecher ausgeliehen werden mussten. Auch das Hochzeitsmahl konnte nicht aus eigenen Mitteln bestritten werden. Der Graf bat seinen Bruder, ihm Hirsche und Wildschweine zukommen zu lassen und seine Untertanen zu bitten, was immer sie an Federwildbret auftreiben könnten, gegen Bezahlung bei ihm abzuliefern. Die vier Flügel des Schlosses reichten nicht aus, um alle Gäste aufzunehmen, die Verwandten, die adeligen Nachbarn, die Fürstenbergischen Lehensträger, die hohen Würdenträger der benachbarten Klöster und des Domstiftes zu Konstanz. So groß war die Gesellschaft, dass der Graf in einem Schreiben vom 16. August 1584 den jungen Grafen von Solms bat, ihm doch bitte rechtzeitig mitzuteilen, mit wie viel Pferden und Dienern, namentlich auch Edelleuten, er kommen werde. Er bereitete ihn auch darauf vor, dass er sich mit einer bescheidenen Unterkunft begnügen müsse.

Hochzeiten konnten manchmal Tage dauern. Wichtige Bestandteile waren dabei Feuerwerke, Umzüge sowie ein Ringestechen, die Renaissancevariante des Turniers. Den Höhepunkt aber bildeten Schauessen mit fantastischen Tafelaufsätzen in Form von Tieren, Schiffen und Landschaften aus Wachs oder Zuckerwerk.

[7] C. B. A. *Fickler*: Elisabeth von Fürstenberg geborene Landgräfin von Sulz. Ein Beitrag zur Geschichte des Hauses Fürstenberg. Donaueschingen 1844.- F.F. Archiv Donaueschingen, OB 4, Fasz. 3g.

Abb. 5 - Toreingang des Schlosses Heiligenberg.

Die Heiligenberger Linie des Hauses Fürstenberg

In der Geschichte des Hauses Fürstenberg kommt dem Schloss und der Grafschaft Heiligenberg eine entscheidende Rolle zu. Nach dem Tod des Grafen Friedrich, des Erbauers von Heiligenberg, wurde der Besitz zwischen den drei Söhnen Christoph, Heinrich und Joachim geteilt, die jeweils eine eigene Linie des Hauses Fürstenberg begründeten.

Die von Graf Joachim begründete Heiligenberger Linie war zweifellos die bedeutendste davon, vermutlich sogar die bedeutendste Linie, die das Haus Fürstenberg je hatte. Dies macht schon allein der Blick in die erste Auflage der Allgemeinen Deutschen Biographie deutlich[8]. 13 Fürstenberger sind hier mit teilweise sehr ausführlichen Artikeln vertreten, beginnend mit Graf Heinrich I., der sich um 1250 als erster Graf von Fürstenberg nannte, und endend mit Fürst Karl Egon II., dem letzten selbstständigen Reichsfürsten in der ersten Hälfte des 19. Jahrhunderts. Von diesen 13 Fürstenbergern gehörten jedoch allein sechs Personen der Heiligenberger Linie an, obwohl diese nur wenig mehr als 150 Jahre existierte.

Sie war also anscheinend eine äußerst produktive Linie, was das Hervorbringen bemerkenswerter Männer anbelangt. Auch den Fürstentitel und den wertvollen Besitz der niederösterreichischen Landgrafschaft Weitra hat das Haus Fürstenberg der Heiligenberger Linie zu verdanken. Und dennoch sind die Heiligenberger letztlich gescheitert. Sie brachen mit den Traditionen der Familie und tanzten aus der Reihe. Kurzfristig brachte das Erfolge, wie den Fürstentitel oder den Besitz von Weitra. Langfristig aber war ihre Politik wenig erfolgreich. Im nationalistischen 19. Jahrhundert galten die Heiligenberger sogar als Bösewichte, über die man im Hause Fürstenberg lieber schwieg.

Um das Ausscheren der Heiligenberger zu verstehen, muss hier auf zwei wichtige Konstanten der fürstenbergischen Geschichte hingewiesen werden: erstens die jahrhundertelange familiäre Zersplitterung und zweitens die enge An-

[8] Allgemeine Deutsche Biographie. Bd. 7. Leipzig 1878. S. 297-307 und Bd. 8. Leipzig 1878. S. 217-232.

lehnung der Familie an das habsburgische Kaiserhaus[9].

Zunächst zur familiären Zersplitterung. Das Haus Fürstenberg leitet sich von einer fränkischen Grafenfamilie ab, die sich wohl schon zur Zeit Kaiser Karls des Großen in Schwaben festgesetzt hatte und zu Beginn des 11. Jahrhunderts als Grafen von Urach fassbar wird. Es ist damit eines der ältesten deutschen Hochadelsgeschlechter überhaupt. Aufgrund einer vorteilhaften Heirat gelangen 1218 nach dem Tod des letzten Zähringerherzogs die umfangreichen zähringischen Güter in Südwestdeutschland an die Uracher, die daraufhin ihren Herrschaftsmittelpunkt nach Süden verlegten. Schon in der zweiten Generation, um 1250, findet die erste Teilung der Güter statt. Den östlichen Teil der zähringischen Besitzungen im Schwarzwald und in der Baar sowie große Teile des Kinzig- und Renchtales erhält Graf Heinrich. Sein Hauptsitz wird die Burg auf dem Fürstenberg, dem "fürdersten Berg" des Höhenzugs Länge beim heutigen Donaueschingen. Nach ihr nennt er sich seit 1250 "Graf von Fürstenberg". Der westliche Teil der Güter fällt an Konrad, der sich Graf von Freiburg nennt. Die so entstandenen Linien verlieren schnell den Kontakt zueinander. 1457 sterben die Grafen von Freiburg aus.

Die Fürstenberger teilen fleißig weiter und spalten sich in verschiedene Linien auf, die jede für sich über einen immer kleiner werdenden Teil des ursprünglichen Stammgutes verfügen kann. Eine Primogeniturregelung, die dem erstgeborenen männlichen Nachkommen die Stammgüter zuweist, während alle anderen Kinder in Klöstern und Stiften verpfründet oder mit Geldzahlungen abgefunden werden, gibt es lange Zeit nicht. Der Besitz wird deshalb in verschiedenen Erbgängen immer mehr zersplittert.

Nehmen wir als Beispiel nur die Entwicklung nach 1559, nach dem Tod Friedrichs II., des Erbauers von Heiligenberg[10]. Es entstehen durch Erbteilung unter den drei Söhnen des Grafen drei Linien, eine Baarer Linie, die nur sehr kurz besteht, eine Kinzigtaler Linie und eine Heiligenberger Linie. Die Heiligenberger Linie teilt sich schon bald wiederum in drei Zweige, einen Heiligenberger, einen Baar-Wartenberger und einen Donaueschinger Zweig. Das Gleiche passiert bei der Kinzigtaler Linie. Sie spaltet sich auf in eine Möhringer und eine Blumberger Linie, die letztere wiederum in eine Meßkircher und eine Stühlinger Linie. Trotz dieser Zersplitterung können sich die Fürstenberger behaupten, ja sogar bis ins 18. Jahrhundert hinein an Macht gewinnen.

Warum? Da die verschiedenen Linien von ihrem jeweiligen Besitz nicht leben können, sind ihre männlichen Nachkommen stets gezwungen, in fremde Dienste zu treten. Sie leisten militärische, diplomatische, kirchliche oder Verwaltungsdienste bei mächtigeren Herren. Die Fürstenberger haben sich dabei von Anfang an, beginnend schon mit Heinrich I., dem ersten Fürstenberger, auf die Seite der Habsburger geschlagen und sind in ihrem Schatten zu Macht und Einfluss gelangt. Denn habsburgischer Dienst bedeutete nicht nur Einkünfte aus den übernommenen Ämtern, es bedeutete auch hohes Ansehen, internationale Beziehungen und nicht zuletzt vorteilhafte Heiratsverbindungen mit der Aussicht auf territoriale Zugewinne. So gut wie alle Herrschaften, die das Haus Fürstenberg im Laufe der Jahrhunderte erwerben konnte, verdanken sich dieser engen Anbindung an

---

[9] *Press* (wie Anm. 5).- Siegmund *Riezler*: Geschichte des Fürstlichen Hauses Fürstenberg und seiner Ahnen bis zum Jahre 1509. Tübingen 1883.- *Tumbült* (wie Anm. 5).

[10] Die übersichtlichste Stammtafel bietet *Tumbült* (wie Anm. 5).

das Haus Habsburg[11]. Hier nun scherten die Heiligenberger aus der Reihe, und dies wurde ihnen zum Verhängnis.

Im Dienste Frankreichs

Im Hintergrund stand dabei die Kräfteverschiebung zwischen Habsburg und Frankreich nach dem Dreißigjährigen Krieg. Während Habsburg eindeutig geschwächt war, stieg Frankreich zur Vormacht in Europa auf und versuchte unter König Ludwig XIV. seine Grenzen weiter nach Norden und Osten, nach Flandern und zum Rhein auszudehnen. Dabei suchte es sich Bundesgenossen im Reich und fand diese nicht zuletzt in den Grafen von Heiligenberg, die aufgrund ihrer Funktionen an anderen Höfen einen nicht unerheblichen Einfluss besaßen.

Als Erster war Graf Hermann Egon von Fürstenberg (1627-1674) nach dem Ende des Dreißigjährigen Krieges nicht mehr in habsburgische, sondern in bayerische Dienste eingetreten und hier 1670 an die Spitze der Regierung aufgestiegen. Schon er setzte ganz auf Frankreich. Von dem Zusammengehen mit Frankreich versprach er sich Vorteile für Bayern in der Auseinandersetzung mit dem habsburgischen Konkurrenten im Reich[12].

Nicht anders seine jüngeren und noch bedeutenderen Brüder, Franz Egon (1626-1682) und Wilhelm Egon (1629-1704)[13]. Beide waren schon im Kindesalter Domherren in Köln geworden und hatten sich aufgrund ihrer hohen diplomatischen Begabung die Gunst des Kurfürsten Max Heinrich aus dem Hause Wittelsbach erworben. Nicht der schwache Kurfürst, sondern die beiden Fürstenberger bestimmten die Politik des Erzbistums. Franz Egon stieg formell zum leitenden Minister Kölns auf. Sein jüngerer Bruder Wilhelm Egon hatte zwar zunächst kein Amt inne - er ließ dem älteren Bruder den Vortritt-, war jedoch tatsächlich der führende Kopf im Gespann der Brüder. Seit August 1657, als er Ludwig XIV. erstmals im Hoflager von Sedan persönlich begegnet war, hatte ihn die Person des Sonnenkönigs fasziniert. In Ludwig, nicht im Habsburger Leopold, sah er die Macht, der die Zukunft in Europa und im Deutschen Reich gehörte. Bald schon spielten Franz Egon und Wilhelm Egon eine hervorragende Rolle in der Reichspolitik zugunsten Frankreichs. Sie bereiteten der französischen Expansionspolitik auf der diplomatischen Bühne den Boden. Unter anderem brachten sie 1658 den Rheinbund, ein profranzösisches und antihabsburgisches Bündnis, zusammen.

Habsburg versuchte zu retten, was zu retten war. Hermann Egon und seine Brüder Franz Egon und Wilhelm Egon wurden 1664 von Kaiser Leopold in den Fürstenstand erhoben, um sie wieder an Habsburg zu ketten. Man versprach ihnen hohe Ämter und Einkünfte. An ihrer Haltung änderte dies wenig. Denn Frankreich hatte mehr zu bieten. Franz Egon erhielt mit französischer Unterstützung das Bistum Straßburg. Wilhelm Egon wurden mehrere reiche französische Abteien übertragen. Vor allem aber stieg Wilhelm zum persönlichen Freund und

---

[11] Genannt seien nur die wichtigsten Erwerbungen: Grafschaft Heiligenberg, Herrschaften Trochtelfingen und Jungnau (1543); Herrschaft Weitra in Niederösterreich (1606); Herrschaften Meßkirch, Wildenstein, Gundelfingen und Neufra (1627/36); Landgrafschaft Stühlingen und Herrschaft Hewen (1637/39); Herrschaft Pürglitz in Böhmen (1723/1756).

[12] *Press* (wie Anm. 5) S. 147.

[13] *Press* (wie Anm. 5) S. 147-149.- Max *Braubach*: Wilhelm von Fürstenberg (1629-1704) und die französische Politik im Zeitalter Ludwigs XIV. (Bonner Historische Forschungen Bd. 36) Bonn 1972.

Vertrauten Ludwigs XIV. und seiner Minister Mazzarin und Lionne auf. Paris und Versailles wurden seine Wahlheimat, in der er sich so manches Jahr monatelang aufhielt. Man konnte ihn oft in Ludwigs persönlicher Umgebung sehen. Er wurde zu höfischen Festen und zu den Sitzungen des Staatsrates eingeladen. Die Zahl seiner Briefe und Denkschriften an den König und seine Minister ist Legion.

In der habsburgischen Klientel und bei allen anderen Reichsständen, die im Vordringen und Hegemoniestreben Ludwigs XIV. eine Gefahr für sich und für das allgemeine Wohl, für das Reich und Europa sahen, wurde insbesondere Wilhelm Egon zum verhassten Vaterlandsverräter, zum großen Intriganten, der Krieg und Not über Deutschland bringe.

Als 1673 in der als neutral erklärten Reichsstadt Köln ein Friedenskongress tagte, der den Holländischen Krieg beenden sollte, und es sich schnell zeigte, dass die Standpunkte der Großmächte unvereinbar blieben, entschloss sich Kaiser Leopold zum letzten Mittel[14].

Es ist der 14. Februar. Die Stadt feiert Karneval. Auf dem Kongress herrscht Stillstand. Wilhelm Egon stattet daher wie gewöhnlich seiner Freundin, der Gräfin Katharina Charlotte von der Mark, einen Besuch ab. Seine Rückfahrt wird jäh unterbrochen. Unbekannte Gestalten umstellen die Kutsche, machen die Leibwache nieder und entführen den Fürsten aus der Stadt. Er ist Gefangener Kaiser Leopolds I. und muss befürchten, hingerichtet zu werden. Soweit freilich wollte Habsburg nicht gehen. Wilhelm war schließlich Diplomat und zudem ein Mann der Kirche. Er sollte nur so lange aus dem Verkehr gezogen werden, bis der Friedensschluss unter Dach und Fach war. Fünf Jahre seines Lebens musste Wilhelm Egon in einem Gefängnis in Wiener Neustadt verbringen. Franz Egon wurde zur gleichen Zeit das Bistum Straßburg entzogen. Ein heftiger Flugschriftenstreit entbrannte. Europa debattierte über das Verhalten der Brüder Fürstenberg und den Gewaltstreich des Kaisers[15]. Im Frieden von Nimwegen zwischen Frankreich, Kaiser und Reich 1679 erzwang Ludwig XIV. schließlich die Freilassung Wilhelms und die Wiedereinsetzung Franz Egons als Straßburger Bischof.

Franz Egon förderte 1681 noch die Annexion der Stadt und des Bistums Straßburg durch Ludwig XIV. 1682 starb er, nach einem offensichtlich sehr ausschweifenden Leben. Nicht umsonst hatte er den Spitznamen "Bischof Bacchus" getragen und gehören noch heute zwei Bierhumpen mit seinem Antlitz zu den wichtigsten Erinnerungsstücken im fürstenbergischen Besitz. Sein Nachfolger auf dem Straßburger Bischofsstuhl wurde dank Ludwigs XIV. Hilfe Wilhelm Egon. Und dieser sollte noch weiter aufsteigen. Ludwig wünschte sich seinen Verbündeten als zukünftigen Erzbischof von Köln und damit als Kurfürsten des Reiches. Seine Stimme und sein Einfluss könnten ihm womöglich einst zur Kaiserwürde im Deutschen Reich verhelfen. 1686 verschaffte er Wilhelm den Kardinalshut. Gleichzeitig verschärfte er den Druck auf das Kurfürstentum Köln und versuchte Wilhelm Egon dem schwachen Erzbischof als Koadjutor und designierten Nachfolger beizugesellen. Tatsächlich glückte die Wahl. Kurie und Kaiser wi-

[14] Käthe *Spiegel*: Wilhelm Egon von Fürstenbergs Gefangenschaft und ihre Bedeutung für die Friedensfrage 1674-1679 (Rheinisches Archiv 29). Bonn 1936.- *Braubach* (wie Anm. 13) S. 283-314.

[15] Arno *Strohmeyer*: "Aller Rebellionen Ausgang ist der Rebellen Untergang". Der Flugschriftenstreit um die Entführung von Wilhelm Egon zu Fürstenberg im Jahr 1674. In: Erwein H. *Eltz* und Arno *Strohmeyer* (Hg.): Die Fürstenberger. 800 Jahre Herrschaft und Kultur in Mitteleuropa (Katalog zur Niederösterreichischen Landesausstellung 1994). Korneuburg 1994. S. 65-77.

dersetzten sich jedoch entschieden und verweigerten die Bestätigung, vor allem mit dem Argument der Pfründenhäufung. In der zweiten Wahl, nach dem Tod des Erzbischofs, errang Wilhelm Egon erneut den Sieg und übernahm sofort die Regierungsgeschäfte im Stift. Das Reich und die Kurie blieben jedoch auch diesmal unnachgiebig. Französische Truppen besetzten daraufhin das Land. Ganze Städte am Rhein fielen in Schutt und Asche, ohne dass Frankreich die Oberhand gewinnen konnte. Für Wilhelm Egons Ansehen im Reich war dies der endgültige Todesstoß. Er musste nach Frankreich fliehen und lebte hier bis zu seinem Tod 1704 von den Einkünften der reichen Abtei Saint Germain des Prés. Damit war das Spiel der beiden Brüder zu Ende.

Bittere Konsequenzen hatte die französische Parteigängerschaft aber nicht nur für die beiden selbst gehabt, sondern auch für den neuen Chef der Heiligenberger Linie des Hauses Fürstenberg. Fürst Anton Egon, der 1674 das Erbe seines Vaters Hermann Egon angetreten hatte, war schon früh ins französische Fahrwasser seiner beiden Onkel geraten[16]. 1677 heiratete er die reich begüterte französische Prinzessin Marie de Ligny, eine Nichte König Ludwigs XIV., und weilte längere Zeit in Frankreich. Ob er sich über die Bedeutung dieses Schrittes im Klaren war? Für den Wiener Hof jedenfalls war dies eine unerhörte Provokation, ein Verstoß gegen die Reichsgesetze. Denn 1674 war Frankreich aufgrund seiner aggressiven Politik zum Reichsfeind erklärt worden. Die Strafe für Anton Egon folgte auf dem Fuße. Der Kaiser entzog ihm seinen Sitz im Reichstag, stellte die Heiligenberger Lande und die Herrschaft Weitra unter Zwangsverwaltung und beraubte Anton Egon damit des Großteils seiner Einkünfte.

Abb. 6 - Kardinal Wilhelm Egon Fürst zu Fürstenberg, Bischof von Straßburg; Kupferstich, um 1687.

Die Grafschaft wurde zwar 1679 an Anton Egon zurückgegeben, aber der Wiener Kaiserhof stand dem Fürsten fortan reserviert gegenüber. Eine erfolgreiche Karriere war hier nicht mehr zu erwarten. So trat er denn 1697 in den Dienst des Kurfürsten August des Starken, der nach seiner Wahl zum König von Polen einen Statthalter in Sachsen benötigte. Heiligenberg sollte er nie wiedersehen. Anton Egon starb 1716 in Sachsen und wurde hier im Kloster Marienstern bestattet. Nur sein Herz kam nach Heiligenberg in die Hofkapelle zurück. Mit ihm endete die Heiligenberger Linie.

[16] *Press* (wie Anm. 5) S. 149.- Kurt *Gihring*: Reichsfürst A. Egon von Fürstenberg als Statthalter von Sachsen 1697-1716. Diss. Heidelberg 1948 (Ms.).

Nachleben

Was bleibt von der Heiligenberger Linie des Hauses Fürstenberg? Die Egoniden, die Fürstenberger, die europäische Geschichte gemacht haben, haben ihre Spuren in Frankreich hinterlassen. In Saint Germain des Prés befinden sich die Gräber des Kardinals Wilhelm Egon und seines Neffen Ferdinand von Fürstenberg[17]. Weder Einwohner noch Besucher kommen in der Stadt Paris an Fürstenberg vorbei. Denn von Wilhelm Egon leiten sich die wunderschöne Place de Furstenberg und zwei Straßen, die Rue Furstenberg und die Rue Cardinal, im VIème Pariser Arrondissement bei der Abtei Saint Germain des Prés her.

Viele Franzosen kennen auch das Volkslied "La Furstenberg", ein Musikstück, das sich vermutlich auf die Freundin Wilhelm Egons, die Gräfin von der Mark, bezieht und u.a. von Henry Purcell, Michel Corrette und André Campra bearbeitet wurde[18].

Ohne Franz Egon und Wilhelm Egon ist auch die Partnerschaft der elsässischen Stadt Saverne mit der Stadt Donaueschingen nicht denkbar. Beide residierten dort einst als Bischöfe und erbauten das barocke Bischofsschloss.

Das Haus Fürstenberg hat, wie bereits mehrfach erwähnt, der Heiligenberger Linie den Fürstentitel und den Besitz der niederösterreichischen Herrschaft Weitra zu verdanken. Und auch das fürstenbergische Wappen ist in seiner heutigen Form nicht ohne Heiligenberg denkbar. Denn auf dem fürstenbergischen Adler prangt seit dem 16. Jahrhundert das Wappen der Grafen von Werdenberg-Heiligenberg als Herzschild[19]. Vor allem aber bleibt von der Heiligenberger Linie das Schloss Heiligenberg. Es ist das mit Abstand bedeutendste Bauwerk, das das Haus Fürstenberg je errichtet hat oder sein Eigen nennen konnte. Selbst das Donaueschinger Schloss, ein Bau des Historismus, die Burgen Hohenlupfen in Stühlingen und Werenwag im Donautal oder das Renaissanceschloss Weitra in Niederösterreich, die alle heute noch dem Hause gehören, ganz zu schweigen von den ehemaligen Residenzen in Pürglitz, Lana und Nischburg in Böhmen, Wildenstein und Falkenstein im Donautal, Wolfach, Hüfingen, Meßkirch, Neufra usw., müssen hier weit zurückstehen.

Und dabei ist es im Grunde nur glücklichen Zufällen zu verdanken, dass sich das Schloss mit seinem prachtvollen Rittersaal bis heute im Wesentlichen unverändert als Renaissancebau erhalten hat. Im Dreißigjährigen Krieg wurde die Anlage mehrmals von Söldnerhaufen geplündert und schwer in Mitleidenschaft gezogen. Mehrere Gebäude des Vorhofs gingen dabei in Flammen auf. Dem Schloss selbst drohte die größte Gefahr im Winter 1643/44, als französische Soldaten bei ihrem Abzug bereits alle Vorbereitungen für eine Sprengung des Schlosses getroffen hatten. Die heranrückenden kurbayerischen Truppen konnten gerade noch rechtzeitig eingreifen[20].

---

[17] Jacques *Bouillart*: Histoire de l'abbaye royale de Saint Germain des Prez. Paris 1724. S. 292.

[18] Titel "La Furstenberg" auf der CD "Plaisier d'amour. Chansons et romances de la France d'autrefois" des Ensembles Le Poème harmonique (Alpha); Michel Corrette: Les Sauvage et La Furstenberg. Concert comique n. 25 auf der CD "French Concerts" des Ensembles Musiqua Antiqua Köln (Archiv 2534010).

[19] Georg *Goerlipp*: Das Wappen der Fürstenberger – Heraldik am Beispiel eines alten Adelsgeschlechtes. In: *Eltz / Strohmeyer* (wie Anm. 15) S. 45-64.

[20] *Fickler* (wie Anm. 1) S. 150f.

Schlimm wüteten später die inneren Feinde, die Holzwürmer im Rittersaal[21]. Eine Begasung mit Tetrachlorkohlenstoff in den Zwanzigerjahren brachte nicht die gewünschte Wirkung. 1952 fielen Zierstücke herab, stellenweise hielt offenbar nur noch die Farbschicht die Teile zusammen. Unter härtesten Bedingungen und unter Einsatz seiner Gesundheit hat damals der Restaurator Adi Hummel jedes Holzwurmloch mit dem äußerst gefährlichen Kontaktgift Basileum behandelt. Man stelle sich diese Arbeit vor, eingezwängt in dem nur 80 cm hohen Zwischenraum zwischen der Oberdecke und der Kassettendecke, eingepackt in einen Schutzanzug und eine Gasmaske vor dem Gesicht.

Dass der Rittersaal und die gesamte Schlossanlage heute fast unverändert in den Formen der Renaissance erhalten sind, ist jedoch nicht nur Kurbayerische Truppen und dem persönlichen Einsatz eines Restaurators zu verdanken, sondern auch der Tatsache, dass das Schloss jahrhundertelang nicht als Wohnort genutzt wurde und deshalb nicht wie viele andere Schlösser einer barocken Umgestaltung anheimfiel. Schon Friedrich III., Sohn des Grafen Joachim, knüpfte enge Beziehungen zum kaiserlichen Hof in Wien und wurde einer der wichtigsten Berater der Kaiser Rudolf und Matthias. Seine bevorzugte Residenz wurde Schloss Weitra in Niederösterreich, das ihm aus der zweiten Ehe mit Gräfin Maria von Arco zugefallen war[22]. Friedrichs Sohn, Graf Egon (1588-1635), verbrachte die meiste Zeit seines Lebens im Zelt. Er war im Dreißigjährigen Krieg General der katholischen Liga und starb an Entkräftung in Konstanz. Dessen Sohn Graf Hermann Egon trat, wie bereits erwähnt, in kurbayerische Dienste und lebte fast ständig am Münchener Hof. Hermann Egons Sohn schließlich, Anton Egon, hat Heiligenberg nur zweimal besucht, zum ersten Mal bei der Huldigung der Untertanen, dann letztmals kurz bevor er 1697 als Statthalter Augusts des Starken nach Sachsen ging. Nach dem Tod Anton Egons fielen Schloss und Grafschaft 1716 zunächst der Meßkircher und dann nach deren Aussterben 1744 der Stühlinger Linie zu.

Diese errichtete in Donaueschingen ihre neue Residenz und konzentrierte hier die Verwaltung. Heiligenberg bekam den Ruf eines fürstenbergischen Sibirien, weil es so weit ab vom Schuss lag und aufgrund seiner ausgesetzten Lage bei Wind und Regen entsetzlich ungemütlich sein konnte. Lediglich im Vorhofgebäude war noch Leben, da von hier aus bis zur Mediatisierung das Oberamt Heiligenberg verwaltet wurde.

Erst zu Anfang des 19. Jahrhunderts, im Zeitalter der Mediatisierung, als das Fürstentum Fürstenberg seine Selbstständigkeit verlor, wurde das Schloss als Wohnsitz und außergewöhnliches historisches Denkmal wiederentdeckt, und zwar von Fürstin Elisabeth zu Fürstenberg[23]. Fürstin Elisabeth, geb. Prinzessin von Thurn und Taxis, führte in den unruhigen Zeiten der Mediatisierung anstel-

[21] Christian Altgraf *Salm*: Denkmalpflege der Fürstenbergischen Standesherrschaft im Jahre 1953. Mit besonderer Berücksichtigung der Entwesung der Heiligenberger Rittersaaldecke. In: Deutsche Kunst und Denkmalpflege (1954) S. 57-66.

[22] Zu den Grafen Friedrich, Egon, Hermann Egon und Anton Egon vgl. *Tumbült* (wie Anm. 5) S. 120-130 und *Press* (wie Anm. 5) S. 146-149.

[23] Karl Siegfried *Bader*: Fürstin Elisabeth zu Fürstenberg im Kampf um die Erhaltung der Rechte ihres mediatisierten Hauses. In: Schriften des Vereins für Geschichte und Naturgeschichte der Baar 24 (1956) S. 119-153.- Monica *Kurzel-Runtscheiner*: Ein Leben zwischen Politik und Liebe. Fürstin Elisabeth von Fürstenberg als Frau und als Kämpferin für die Rechte ihres mediatisierten Hauses. In: *Eltz / Strohmeyer* (wie Anm. 15) S. 78-89.

le ihres unmündigen Sohnes Karl Egon II. die Geschäfte des Fürstentums. Vergeblich kämpfte sie damals mit allen Mitteln gegen die drohende Mediatisierung. Heiligenberg war in dieser Zeit ihr Lieblingsaufenthalt. Es wurde ihre Antwort auf die Frage, welches ihre Stellung in der Welt nach dem Verlust der staatlichen Souveränität sei. In Heiligenberg vergewisserte sie sich ihrer eigenen Identität als Fürstin zu Fürstenberg, die zwar in die Klasse der Privatleute zurückgewiesen war, aber durch die Mediatisierung nicht ihre Standesqualität als hochadelige Frau eingebüßt hatte. Sie begann, alles, was in den vergangenen Jahrzehnten dem schleichenden Verfall preisgegeben worden war, baulich wieder instand zu setzen und Heiligenberg als ein Denkmal der fürstenbergischen Geschichte auszustatten. So ließ sie z. B. im Jahre 1821 sämtliche Ahnenbilder der Familie, die bisher verstreut in den zahlreichen Schlössern und Ämtern aufgehängt gewesen waren, nach Heiligenberg überführen und hier zu einer möglichst vollständigen Ahnengalerie vereinen. Auch der einmalige Zyklus mit Ansichten der fürstenbergischen Residenzen, den Martin Menrad um 1680 gemalt hatte, scheint damals nach Heiligenberg verbracht worden zu sein[24].

Fürst Karl Egon II. und Fürst Karl Egon III., Sohn und Enkel Elisabeths, setzten diese Erneuerungsarbeiten fort[25]. Vor allem wollten sie den Rittersaal wieder als Festsaal nutzen und in ihm bedeutende Gäste empfangen. 1856 kam König Wilhelm IV. von Preußen mit seinem Sohn, dem späteren Kaiser Wilhelm I., 1858 der bayerische König Max II. und beinahe jedes Jahr die badische Herrscherfamilie, mit der das Haus seit der Heirat von Karl Egon II. und der badischen Prinzessin Amalie die engsten Verbindungen pflegte[26].

Aus diesem Grunde haben Karl Egon II. und Karl Egon III. den Rittersaal behutsam modernisiert. Die Decke wurde restauriert und nicht, wie der fürstenbergische Bauinspektor vorgeschlagen hatte, mit Gips überputzt. Die ursprünglich weiß getünchten Wände erhielten eine Vertäfelung. Hieran hängte man die Porträts der Familie und der Ahnen, die Fürstin Elisabeth 1821 zusammengetragen hatte. Daneben wurde in die Fenster ein großer Teil der hochbedeutsamen fürstenbergischen Sammlung mit Wappenscheiben der Renaissance eingebaut. Nicht zuletzt aber wurde auf den alten Boden aus Tannenholz ein prachtvoller Parkettboden gelegt, der das Muster der Decke wieder aufnimmt. Der Raum ist dadurch zwar verändert, aber nicht verschlechtert worden. Im Gegenteil, er hat an Wohnlichkeit gewonnen und deshalb die Chance, auch in unserer Zeit seinen ursprünglichen Zweck als Festsaal zu erfüllen. Manche kleinere Sünden, die sich das 19. Jahrhundert unter dem Vorzeichen historisierenden Bauens leistete, hat zu Anfang des 20. Jahrhunderts Fürst Max Egon II. wieder beseitigen lassen. So wurde etwa die im Zuckerbäckerstil umgestaltete Durchfahrt des Schlosses Heiligenberg wieder rückgebaut. So präsentiert sich denn Heiligenberg heute als eines der schönsten Renaissanceschlösser nördlich der Alpen, als ein Bauwerk, auf dessen Erbauung und fortdauernde Unterhaltung das Haus Fürstenberg mit vollem Recht stolz sein kann.

---

[24] F.F. Archiv Donaueschingen, OB 20, Vol. IV ½.
[25] *Franz* (wie Anm. 6) S. 23-26.
[26] *Martin* (wie Anm. 1) S. 83.

Der Name "Heiligenberg"

So wie der sanfte Unmensch Adalbert Stifter in seinem Buch "Der Nachsommer" erst auf den letzten Seiten verrät, welchen Namen der Held des Romans trägt[27], müsste hier eigentlich zum Abschluss die Frage beantwortet werden, warum der Heiligenberg eigentlich "Heiligenberg" heißt.

Leider wissen wir es nicht[28]. Thomas Lirer von Rankweil berichtet in seiner Chronik: Kaiserin Helena († 312) habe nach der Auffindung des Heiligen Kreuzes auch den Deutschen einen Teil davon zukommen lassen wollen und deshalb einen Adeligen aus Trier namens Emericus beauftragt, einen geeigneten Ort auszuwählen und dort eine Burg sowie eine Kapelle zur Verehrung der Reliquien zu errichten. Emericus fand einen Berg oberhalb des Bodensees, der auch Helena zusagte, sodass sie ihm gleich noch einen ganzen Satz weiterer Reliquien Christi mitgegeben habe. Seither habe der Berg Heiligenberg geheißen und von ihm sei das Christentum in der ganzen Gegend ausgegangen. Emericus sei immer mächtiger, eben Graf von Heiligenberg geworden. Nach der Zimmerschen Chronik trägt Heiligenberg seinen Namen von den Heiligen Felix und Regula, die hier durch die rätischen Statthalter den Märtyrertod oder doch wenigstens ihre Bestattung auf dem Heiligenberg gefunden hätten. Manche Forscher endlich meinen, dass der Heiligenberg eine heidnische Opferstätte gewesen sei und daher seinen Namen trage.

Ich denke, wir können es ruhig mit dem früheren Heiligenberger Hofkaplan Martin halten, der 1858 resümierte: *'Warum der Name Heiligenberg?' bleibt also ungelöstes Räthsel. Was thut's? Es trägt in der Welt Mancher Titel, ohne zu wissen: 'warum ?' und schaut doch stolzer herab auf seine schlichten Mitmenschen, als Heiligenberg herabschaut auf das schöne Thal*[29].

Dieser Beitrag ist die nur unwesentlich veränderte Fassung eines Vortrags, der im Rittersaal des Schlosses Heiligenberg zunächst am 7. Juli 2006 im Rahmen des Begleitprogramms zur Ausstellung "Adel im Wandel. 200 Jahre Mediatisierung in Oberschwaben" und später am 23. September 2006 auf der Generalversammlung der Gesellschaft Oberschwaben gehalten wurde.

---

[27] Arno *Schmidt*: Der sanfte Unmensch. Ein Jahrhundert "Nachsommer". In: *Ders.*: Dya na Sore. Gespräche in einer Bibliothek. Karlsruhe 1958. S. 195-229.
[28] Vgl. zum Folgenden *Martin* (wie Anm. 1) S. 2-6.
[29] *Ebda.*, S. 6.

Der Ochsenhausener Passionszyklus von Johann Heiß

Die Geschichte seiner Entstehung

Dirk Blübaum

Wir wissen bis heute nicht genau, wann Johann Heiß in der freien Reichsstadt Memmingen als Sohn des gleichnamigen kaiserlichen Notars und dessen Frau Anna Maria Hägg geboren wurde, wie uns auch bis heute kein Selbstbildnis dieses bedeutenden süddeutschen Künstlers bekannt ist. Das erste Mal aktenkundig wurde Johann Heiß am 19. Juli des Jahres 1640, dem Tag seiner Taufe in der evangelischen Kirche St. Martin in Memmingen[1]. Als nächstes gesichertes Datum kann erst wieder die Unterzeichnung des Lehrvertrages zwischen Hans Conrad Sichelbein und Johann Heiß sen. am 23. April 1655 gelten. Bis vor Kurzem, d. h. bis zur Ausstellung im Zeppelin Museum Friedrichshafen[2] galt es als gesichert, dass mit dem heute im Diözesanmusuem Freising befindlichen Gemälde "Ecce homo" das erste Werk des jungen Johann Heiß überliefert wäre[3]. Wir hätten somit ein Beispiel seiner künstlerischen Schaffenskraft aus jener Zeit gehabt, bevor der damals 22-Jährige zum Hofkünstler des württembergischen Herzogs Eberhard III. in Stuttgart berufen wurde[4]. Im Zuge der Vorbereitungen der Friedrichshafener Ausstellung aber mussten die zuständigen Restauratoren in Freising feststellen, dass der frühen Datierung ein Lesefehler zugrunde lag und das Gemälde in Wahrheit gut 25 Jahre später, nämlich im Jahr 1687 entstanden war[5]. Die Folge der neuen Erkenntnis war, dass wir bis zum heutigen Zeitpunkt kein Gemälde von Johann Heiß aus den Jahren zwischen 1658, dem wahrscheinlichen Ende seiner Lehrzeit in der Werkstatt Sichelbein, und dem Ochsenhausener Passionszyklus, den er laut den überlieferten Rechnungen in den Jahren 1669 /1670 gemalt haben muss, haben[6]. Wir müssen somit konstatieren, dass wir aus den ersten 25 Jahren des ohnehin nur 46 Jahre umfassenden Künstlerlebens kein einziges Werk kennen.

[1] Peter *Königfeld*: Der Maler Johann Heiß. Memmingen und Augsburg 1640-1704. Weißenhorn 2001. S. 350.

[2] Johann Heiß Schwäbischer Meister barocker Pracht. Zeppelin Museum Friedrichshafen (Hg.). Friedrichshafen 2002.

[3] *Königfeld* (wie Anm.1) S. 326 (Abb. Nr.: 162).

[4] *Ebda.*, S. 14 f.

[5] Kat. Friedrichshafen (wie Anm. 2), S. 164.

[6] *Königfeld* (wie Anm. 1) S. 350.

Das macht es bis heute nicht nur sehr schwer, die durch Heiß rezipierten Vorbilder zu erkennen, sondern es ist anhand der derzeitigen Aktenlage auch nicht mehr zu eruieren, aus welchem Grund Abt Kleinhans damals den Auftrag an Johann Heiß vergab. Demgegenüber ist es sehr wohl möglich, die Vorgeschichte zu rekapitulieren, die letzten Endes dazu führen sollte, dass der Passionszyklus in der Sakristei in Ochsenhausen installiert wurde.

Am 21. März 1615 begann unter Abt Johannes Lang (1613-1618) die Barockisierung der gesamten Klosteranlage, an deren Ende ein dem idealen Kloster, dem Escorial, angenäherter Gebäudekomplex stehen sollte. Unter Verwendung der noch erhaltenen mittelalterlichen Bestandteile war eine geschlossene Vier-Flügel-Anlage mit zentral gestellter Kirche geplant. So sollte ein Kloster entstehen, das den unter dem Eindruck der Gegenreformation modifizierten Ordensregeln und Ansprüchen gerecht werden konnte, was u.a. bedeutete, dass das Kloster über eine umfangreiche Bibliothek verfügen musste. 1630 hält der Weingartner Pater Gabriel Bucelin in seiner Darstellung des Klosters einen Zustand fest, der zum damaligen Zeitpunkt teilweise schon realisiert war, teilweise aber aus Geldmangel noch der Realisierung harrte. Wir erkennen hier den bis 1616 errichteten Südflügel und den 1630 noch nicht fertiggestellten Osttrakt. Mit Letzterem war erst 1617 begonnen worden und 1632 hatte er noch immer einen offenen Dachstuhl. Der auf dem Gemälde ebenfalls schon als begonnen dargestellte Nordtrakt wurde erst unter Abt Kleinhans (1658-1671) vollendet. Was auf der Zeichnung kaum zu sehen, für unseren Zusammenhang aber durchaus von Interesse ist, ist, dass mit der fortgeführten Barockisierung der Kirche in der Amtszeit von Abt Ehinger (1618-1632) das Fußbodenniveau der Kirche um rund zwei Meter angehoben wurde, um die steilen gotischen Raumverhältnisse in der Kirche etwas abzumildern. Auf der Darstellung von Bucelin ist dies nur anhand der neuen, sich zwischen der Südseite der Kirche und dem Südtrakt des Konvents erstreckenden Mauer zu erkennen. Vor der Mauer verläuft noch das ursprüngliche, für die alte gotische Kirche relevante Geländeniveau, während die Aufschüttung zwischen Kirche und dem Süd-West-Teil des Konventsgebäudes das neue, angehobene Niveau markiert. Diese Niveauveränderung hatte u. a. zur Folge, dass die alte Sakristei, die wir in der Darstellung von Bucelin noch auf der Nordseite des Langhauses erkennen, wenn überhaupt, so wahrscheinlich nur mehr über eine Treppe zu betreten war. Vielleicht war die Sakristei aber auch aus dem alten gotischen Gebäudeteil entfernt worden, weil Bucelin auf seiner Zeichnung unter dem Buchstaben “C” vermerkt: “Sacrarium sine Sacristia”. Der hier skizzierte Zustand einer angefangenen, aber nur in Teilen realisierten Barockisierung der gesamten Klosteranlage, dürfte bis zur Amtszeit von Abt Kleinhans unverändert geblieben sein.

Erst dieser, finanziell gut gestellte Abt sollte es bewerkstelligen, den fast 50 Jahre zuvor gefassten Umbauplan des Konvents weiterzuführen. Das bedeutete in erster Linie, die Vier-Flügel-Anlage zu schließen und gleichzeitig für das zwischenzeitlich auf 30 Patres angewachsene Kapitel wieder eine angemessene Sakristei zu errichten. Dazu schloss er – noch vor 1663, der Datierung der Sakristei – die in der Darstellung von Bucelin noch offene Nord-West-Ecke des Konventsgebäudes.

Beides, die Vollendung der Vier-Flügel-Anlage wie auch die Errichtung einer genügend großen Sakristei, wollte Abt Kleinhans dadurch erreichen, dass er die noch existente gotische Sakristei zumindest teilweise abbrechen ließ, um so Platz für den fehlenden, nordwestlichen Riegel des Konvents zu bekommen. Deshalb wurde in den folgenden Jahren die gotische Sakristei bis auf das neue Niveau der Kirche abgerissen. Wahrscheinlich wurden dabei auch die alten, auf der Zeichnung von Bucelin zu erkennenden Lanzett-Fenster in dem stehen gebliebenen unteren Teil teilweise vermauert und durch Ochsenaugen ersetzt. Dass es sich bei dem unteren Raum um die anhand der Bucelin-Zeichnung zu identifizierende alte Sakristei handelt, belegen zum einen die noch heute, zumindest in Resten, erhaltenen Wandmalereien wie auch das alte Strebepfeilerfundament. Schenken wir der Darstellung Bucelins weiterhin Glauben, so würde die Platzierung dieses alten Fundaments innerhalb der Fluchten der heutigen Außenwände bedeuten, dass die Sakristei auf der Westseite nicht nur bis auf das neue Fußbodenniveau der Kirche abgerissen wurde, sondern bis auf die Grundmauern, um sie dann verbreitert wieder aufzubauen. Denn die Darstellung von Bucelin lässt vermuten, dass im Bereich der gotischen Sakristei die Strebepfeiler in die Längswände dieses Gebäudeteiles verbaut wurden und deshalb nicht in der Außenansicht zu erkennen sind. Sollte diese Annahme zutreffen, dann wäre die neue Sakristei im Vergleich zu ihrem Vorgängerbau nicht nur verlängert worden, hierauf werde ich noch näher zu sprechen kommen, sondern auch verbreitert.

Die Überreste des Strebepfeilers aber vermögen uns nicht nur Aufschluss über eine mögliche Verbreiterung zu geben, die untere Stufe dürfte wahrscheinlich auch das alte mittelalterliche Niveau der gesamten Anlage anzeigen. Der heutige, in Beton ausgeführte Fußboden ist zwar sehr viel neueren Datums und steht mit den hier erörterten Veränderungen in der zweiten Hälfte des 17. Jahrhunderts in keinem Zusammenhang. Trotzdem scheint das durch ihn markierte Niveau schon damals angelegt worden zu sein, wie es die alte, von der Kirche zum Keller hinabführende Treppe belegt.

Der Fußboden der neuen Sakristei ruht auf einer von Mittelpfeilern und nachträglich hochgemauerten Wandauflagen getragenen Holzbalkenkonstruktion im Bereich oberhalb der gotischen Sakristei und einer einfachen Kreuzgrad-Konstruktion in den sich an die gotische Sakristei nördlich anschließenden Gebäudeteilen. Denn die alte gotische Sakristei war, auf die heutige Sakristei bezogen, genau um eine Fensterachse kürzer. Ursprünglich aber sollte sie die alte Sakristei nicht nur um diese eine Fensterachse in der Länge überragen, sondern sie sollte den alle sieben Fensterachsen umfassenden Westflügel des Konventes ausfüllen. Deshalb reichte es auch nicht aus, nur im Bereich der alten Sakristei eine neue Balkendecke einzuziehen. Es mussten vielmehr auch im weiteren Verlauf bauliche Veränderungen durchgeführt werden, um vom Chorumgang bis in die Nord-West-Ecke des Konventsgebäudes ein durchgehendes Fußbodenniveau zu erhalten. Aus dem Bestreben heraus, die Vier-Flügel-Anlage zu schließen, mussten zwischen der alten gotischen Sakristei und dem Nordflügel des Konventsgebäudes weitere Unterkonstruktionen errichtet werden. Heute befinden sich in den dadurch entstandenen Räumlichkeiten die nach unten abgesenkten Damen- und Herrentoiletten.

Im Zuge der weiteren Bauarbeiten musste jedoch festgestellt werden – oder es war von Beginn an bekannt –, dass die Niveaus des Nordtraktes, der sich an den Vorgaben des schon wesentlich früher fertiggestellten Ostflügels zu orientieren hatte, und der Sakristei unterschiedlich waren. Deshalb musste zur Verbindung des West- und des Nordflügels des Konvents eine Treppe eingebaut werden. Da

Abb. 1 - Blick in die Sakristei nach Nord-Osten: Auf der rechten Seite sind vier der fünf Gemälde von Johann Heiß zu erkennen.

die Sakristei in der heutigen Form schon 1663 fertiggestellt war, wie uns die Datierung im Wappenstein in der Südwand verrät, die Bauarbeiten auf der anderen Seite aber erst mit Amtsantritt von Abt Kleinhans 1658 begonnen sein konnten, bedeutet dies, dass die aufgezeigten Veränderungen wohl in den Zeitraum von 1658 bis 1662 zu datieren sind.

Das heißt, wir müssten auf jeden Fall davon ausgehen, dass die Vermauerung der ehemaligen Fensternischen ebenfalls einige Zeit vor der Fertigstellung des Gemäldezyklus vollendet war. Wahrscheinlich hat man schon kurz nachdem der gesamte Sakristeitrakt fertiggestellt und man mit der Problematik der Treppe im hinteren Teil konfrontiert war, damit begonnen, das separate, vor der Ostmauer der Sakristei errichtete Treppenhaus zu bauen. Denn nur so lässt sich meines Erachtens erklären, warum sich auf einer der rohen Holzvertäfelungen, mit denen die blinden Fensternischen zu den Gemälden hin isoliert wurden, Farbreste eines Kruzifixes befinden. Interessanterweise sind die Farbspuren hinter der Geißelung und damit hinter dem mittleren der fünf Zyklusgemälde. Wir haben es hier wohl mit Spuren eines Provisoriums zu tun, das die wenig schönen Holztafeln in der neuen Sakristei schmücken sollte, solange die Gemälde aus der Werkstatt Heiß noch nicht vorhanden waren. Dafür spricht in meinen Augen eben auch, dass sich diese Farbreste - in der Längsachse gesehen - genau in der Raummitte befinden. Damit können wir wohl eine Zufälligkeit genauso ausschließen wie auch eine Zweitverwendung der ansonsten rohen Holztafeln.

Nach Vollendung der Baumaßnahmen erstreckte sich somit zwischen der Kirche und dem Nordtrakt ein einziger Raum, der erst in einem zweiten Bau-

Abb. 2 - Stuckrosette mit datiertem Wappenstein in der Südwand der Sakristei.

abschnitt durch eine Wand in zwei Räume, einen großen zur Kirche hin und einen wesentlich kleineren zum Nordtrakt hin, aufgeteilt wurde. Vor dieser Wand wurde dann zu einem späteren Zeitpunkt die Kreuzigung von Heiß aufgerichtet. Die Wand war sicherlich nicht Teil der ursprünglichen Planung gewesen, sondern wegen der erwähnten Treppe nötig geworden, ein Detail, das für die neu erbaute Sakristei wohl als nicht sehr passend empfunden wurde. Dass die Trennwand erst nachträglich in den Raum eingezogen wurde, belegen die identischen blinden Fensternischen im hinteren Raum, vor allem aber der von der Wand halb überschnittene Stuckengel.

Damit stellt sich die Frage, ob die heute von den Gemälden ausgefüllten Nischen von vornherein als blinde Gemälde-Nischen konzipiert worden waren oder ob sie nicht vielmehr einer weiteren Umplanung zu verdanken sind. Dies würde auch erklären weshalb Heiß erst um 1669, also rund sechs Jahre nach der Fertigstellung des Raumes, mit dem Zyklus beauftragt wurde.

In Besitz der Ochsenhausener Sparkasse befindet sich heute ein Gemälde der Klosteranlage, das – wegen der Darstellung des Turmes – auf nach 1698 datiert wird Meines Erachtens aber stellt dieses Bild, wie im Fall von Bucelin, entweder ebenfalls mehrere Bauabschnitte dar oder aber das Bild wurde nachträglich verändert, worauf nur eine gemäldetechnische Untersuchung Antwort geben könnte. Wenn Darstellung und Datierung dieser Abbildung stimmen würden, wie ist dann jenes zweite Gemälde zu erklären, das den Zustand vor der Veränderung des Turmes zeigt und ehemals auf das 17. Jahrhundert datiert wurde, bzw. jetzt auf die

Zeit um 1630? Denn während die auf nach 1698 datierte Darstellung auf der Ostseite der Sakristei Okuli und darunterliegende Rundbogenfenster zeigt, erkennen wir auf der um 1630 datierten Darstellung als Erstes ein zweites Dach über einem vorgelagerten Gebäudetrakt und des Weiteren Okuli oberhalb dieses Pultdaches sowie im Anbau schmale Fenster im Obergeschoss und kleinere Fenster im Untergeschoss. Wir müssen also davon ausgehen, dass erstens in der ursprünglichen Planung der Sakristei kein Bilder-Zyklus vorgesehen war, sondern auf beiden Seiten ein identisches Fensterband geplant war, wie dies noch auf der 1698 datierten Darstellung zu sehen ist. Zweitens können wir wohl annehmen, dass schon in den Jahren 1663 bis 1669/1670, d. h. vor der Installation des Gemäldezyklus, das Treppenhaus auf der Nordseite der Sakristei angebaut wurde, so wie dies auf dem heute fälschlicherweise um 1630 datierten Gemälde zu erkennen ist. Denn es ist wohl davon auszugehen, dass nach der Teilung des Sakristeitraktes in die heutige Sakristei und den kleinen Raum hinter der Trennwand den Patres daran gelegen war, einen der steigenden Bedeutung adäquaten Zugang zur Bibliothek zu schaffen. Mit dieser erneuten Umplanung wurden auch die Ostfenster der Sakristei überflüssig. Andernfalls hätte sich hier das gleiche Bild ergeben, wie es noch heute oberhalb der Zugangstür zum Bibliotheksflur erkennbar ist. Hinter dem barock umgeformten, ehemaligen gotischen Chorfenster zeichnet sich deutlich auf halber Höhe der obere Flur ab. Ein weiteres Indiz dafür, dass dieses im Osten an die Sakristei angebaute Treppenhaus nicht der ursprünglichen Planung entsprach. In diesem Fall hätte man sicherlich die gleiche Lösung wie oberhalb der Sakristeitür gewählt und das ehemalige Fenster mit einem Fresko verschlossen. Dass es schon unter Abt Kleinhans eine Bibliothek gab, vermutet nicht nur Konstantin Maier in seinem Aufsatz zu den Äbten des 17. und 18. Jahrhunderts[7]. Der gleiche Autor erwähnt in seinem Artikel über Bildung und Wissenschaft im Kloster Ochsenhausen auch[8], dass der Bibliothekssaal 1676 einen Farbanstrich durch Johann Jakob Stauder und eine Holzvertäfelung durch Christoph Schweinberger erhalten hat. Als Johann Heiß gegen Ende der 60er-Jahre den Auftrag für den Passionszyklus bekam, hatte er dies somit einer erneuten Umplanung zu verdanken. Damit wäre dann auch die Frage beantwortet, weshalb sich der Ochsenhausener Abt nicht gleich 1663 an den damaligen Hofkünstler Eberhards III. gewandt hatte.

Aufgrund der erhaltenen Rechnungen müssen wir annehmen, dass Heiß den Auftrag erst Ende 1669 erhielt. Überliefert haben sich zwei Rechnungen, von denen die letzte auf den 24. Dezember 1670 datiert. Von daher können wir sagen, dass bis zu diesem Zeitpunkt alle Gemälde fertiggestellt und an das Kloster geliefert sein mussten, was auch mit der Notiz an der Seite des heutigen Altaraufbaus übereinstimmen würde, in der davon die Rede ist, dass der Altar 1671 geweiht worden sei. Einen ersten Abschlag auf seine Leistungen hatte Heiß schon am 17. April 1670 erhalten. In dieser ersten Rechnung werden die Kreuzigung und drei weitere Gemälde des Zyklus namentlich erwähnt[9]. Der von Johann Thomas Kreuzberger geschaffene Altaraufbau für die Kreuzigung war zu diesem Zeitpunkt schon fertig. Denn in der genannten Rechnung heißt es: *das Gemähl*

---

[7] Konstantin *Maier*: Barocke Klosterkultur in Ochsenhausen: Bildung und Wissenschaft. In: Jubiläumsschrift Ochsenhausen. 1993. S 34-47.
[8] *Ebda., S.34-47.*
[9] Siehe für beide Rechnungen *Königfeld*: (wie Anm. 1). S. 350.

welches die Creutzigung Christi repraesentiret und in den Altar den Custorey appliciert worden.

Der Raum, den Heiß damals kennenlernte, entsprach somit weitgehend seinem heutigen Zustand. Der Altartisch stand vor der Stirnwand und zumindest auch die Schränke auf der Ostseite waren schon eingebaut, wie anhand der Heißschen Bildkompositionen nachgewiesen werden kann. Denn Heiß hat alle Gemälde so angelegt, dass sich das Handlungszentrum jeweils in der oberen Hälfte befindet. Gleichzeitig hat er die Darstellungen im unteren Bildbereich immer mittels Kanten oder Stufen abgeschlossen, sodass die Bilder für den Betrachter nach unten hin auch dann abgeschlossen waren, wenn er den unteren Rahmen nicht sehen konnte.

Kommen wir nun zu der heutigen Altarwand. Diese weist – wie auch die gegenüberliegende Wand – eine Stuckrosette auf, die allerdings von dem oberen Auszug fast vollständig verdeckt wird. Soweit man erkennen kann, stammen die Putten der beiden Rosetten aus der gleichen Werkstatt. Es stellt sich also die Frage, ob der von Kreuzberger für die Kreuzigung von Heiß geschaffene Altaraufbau in seinen Dimensionen kleiner war als der heutige, der erst 1698 in die Sakristei hineinkam, wie uns die Datierung im Wappenschild verrät. Diese Jahreszahl mag deshalb verwundern, weil die Schmuckformen des Band- und Rollwerkes eine wesentlich frühere Entstehung nahelegen. Deshalb müssen wir wohl davon ausgehen, dass es sich bei der Aufstellung dieses Altars um eine Zweitverwendung handelt und die Datierung in dem Wappenschild nur auf den Aufbau in der Sakristei verweist. Denn genügend Details zeigen, dass der heutige Altaraufbau nicht der ursprüngliche sein kann. Der ursprüngliche Altar war zumindest schmaler, wie es ein durchgehender, alter senkrechter Schnitt parallel zum Altartisch zeigt.

Nachdem somit geklärt ist, wie es zur Installation des Gemäldezyklus kam, stellt sich nur die Frage, weshalb 1698 ein neuer, größerer Altar in die Sakristei eingebaut und eine Kopie der Heißschen Geißelung als Altarbild umfunktioniert wurde. Denn weder ist das Ersatzgemälde künstlerisch als höherstehend zu bewerten – zumal das Original ja weiterhin im gleichen Raum hing – noch ist eine Geißelung ein typisches Motiv für einen Altar. Und was ist mit dem Originalgemälde passiert? Leider schweigen die Archivalien zu diesem Sachverhalt, trotzdem gibt meines Erachtens die Datierung - 1698 - einen ersten Anhaltspunkt.

Mit der Datierung 1698 befinden wir uns in jenem Zeitabschnitt, in dem es dem Kloster, nach den wirtschaftlich schlechten späten 80er und frühen 90er Jahren des 17. Jahrhunderts, wieder besser ging. In der schweren Zeit war das Kloster dazu gezwungen gewesen, Teile des beweglichen Inventars zu verpfänden oder gar zu verkaufen[10]. Da nun der Bildausschnitt im neuen Altaraufbau und die Tafelgröße der Kreuzigung fast identisch sind, möchte ich vermuten, dass die Klosterherren in der Zeit des Aufschwungs den alten Sakristei-Altaraufbau durch einen neuen und prächtigeren ersetzen wollten und deshalb den schon vorhandenen in die Sakristei überführten. In den neuen Aufbau wurde - davon müssen wir aufgrund der weitgehenden Übereinstimmung in den Maßen ausgehen - wieder die Kreuzigung von Heiß einmontiert. Denn die Kreuzigung misst ohne Rahmen 247 x 165,5 cm, während sich die lichten Maße des Altaraufbaus auf 245 x 173 cm belaufen. Damit passt das Gemälde sehr gut in die Bild-Öffnung des Altars,

[10] *Maier* (wie Anm. 7).

auch wenn in der Breite rund 6,5 cm fehlen. Zum einen hätte man diese Fehlstelle aber gut z. B. mit Flammleisten abdecken können, zum anderen müssen wir aber auch in Betracht ziehen, dass die Kreuzigung zu einem späteren Zeitpunkt möglicherweise links und rechts beschnitten wurde. Infrage käme hierfür z. B. der Einbau im Rottenburger Dom 1924. Leider kann man aber heute aufgrund des Erhaltungszustandes nur mehr auf dem Wege einer Röntgenuntersuchung klären, ob das Gemälde zu einem früheren Zeitpunkt einmal seitlich beschnitten wurde.

Somit müssen wir also davon ausgehen, dass die Heißsche Kreuzigung 1698 in den neuen Sakristeialtar montiert wurde und hier bis 1924, dem Jahr des Abtransportes nach Rottenburg, verblieb. Wahrscheinlich wurde die Kopie der Geißelung erst dann in diesen Altar eingesetzt, um die entstandene Leerstelle zu füllen. Unklar bleibt nur, weshalb dann gerade diese Kopie ausgewählt wurde. Möglicherweise spielten hier die Bildmaße die entscheidende Rolle, es war wohl das Bild, welches am besten in den Aufbau eingebaut werden konnte.

Aber der Auftrag für den Passionszyklus sollte nicht der einzige sein, den Heiß aus Ochsenhausen erhielt. Die dortigen Auftraggeber müssen folglich mit der künstlerischen Leistung des protestantischen Malers Heiß sehr zufrieden gewesen sein. Andernfalls wären in der Folgezeit wohl kaum weitere Beauftragungen erfolgt. Schon 1672 wird Heiß für eine Verkündigung Mariens bezahlt und ein Jahr später erhält er nochmals 158 Gulden für weitere drei Gemälde. Nur eines der drei – eine Darstellung des Hl. Josef mit Jesus – hat sich erhalten. Sie wurde für die 1673 erbaute Pfarrkirche in Steinhausen geschaffen, befindet sich aber seit 1792 in Mittelbuch in der dortigen Pfarrkirche St. Josef.

Auch in späteren Jahren sollte Heiß nochmals für Ochsenhausen tätig werden. 1679 schuf er für die neue Friedhofskapelle das Altarbild mit der Darstellung des Martyriums des Hl. Veit und 1698 beauftragte ihn Abt Klesius mit der Darstellung des Kloster-Patrons, dem Hl. Georg.

Auch nach seiner Übersiedelung nach Augsburg blieb das Kloster Heiß als Auftraggeber weiterhin geneigt, woran sich in aller Deutlichkeit ablesen lässt, dass die Konfession eines Künstlers für den Auftraggeber nebensächlich war, solange die Qualität der Werke den Vorstellungen entsprach.

"Kloster-Bräuch, Lustige Leüth und Todt-Sünden"

Zur neuen Ausgabe der Ostracher Liederhandschrift

Ewald Gruber

Die Ostracher Liederhandschrift, herausgegeben von Michael Gerhard Kaufmann, liegt nun als Band 19 der 'Bibliotheca suevica' vor[1]. Ein kostbares Erbstück barocker Kultur in Oberschwaben ist nun - endlich - vollständig und allgemein zugänglich. Bei den Schultagen des Staatlichen Aufbaugymnasiums Saulgau (ABG) wurden im Juni 1974 einige Stücke aus dieser Sammlung aufgeführt. Das kleine Konzert fand Anklang und weckte großes Interesse, inspirierte Joachim Hämmerle zu einer Serie saftiger Zeichnungen im Geist der Lieder und den Verein der Freunde des ABG zu dem Plan, eine Neuausgabe dieses musikalischen und volkskundlichen Schatzkästleins zu versuchen - in bester Seminar- und Lehrertradition zum Nutzen der Wissenschaft und der Heimatkunde und für Freunde des Gesangs. Denn die Rattay'sche Ausgabe von 1911[2] gab es nur noch selten in Bibliotheken; sie bot die Texte lückenhaft und die Melodien in einem dem Laienmusiker nicht geläufigen Schlüssel. Der nötige Zuschuss zu den Druckkosten war aber damals nicht zu beschaffen. Publikumswirksam ins Gespräch brachte das Projekt wieder ein Ostracher: Hubert Locher. Auf seine Initiative produzierte das Landesstudio Tübingen des Südwestfunks 1977 eine Schallplatte mit Kostproben in der Bearbeitung von Walther Dürr und Hans Hornung[3]. Mit M.G. Kaufmanns Ausgabe ist nun das Ganze verfügbar, sämtliche Texte, alle Melodien, transponiert in den gebräuchlichen Violinschlüssel und in einem musikpraktischen Anhang für Hausmusik und musikliebende Gruppen aufbereitet. Außerdem gibt es umfängliche Anmerkungen und Literaturangaben und eine Einführung, die den Stand der Forschung referiert, vor allem die neueren musikwissenschaftlichen Erkenntnisse.

[1] Michael Gerhard *Kaufmann* (Hg.): Ostracher Liederhandschrift (Bibliotheca suevica 19). Eggingen 2006.
[2] Kurt *Rattay* (Hg.): Die Ostracher Liederhandschrift und ihre Stellung in der Geschichte des deutschen Liedes. Halle a.S. 1911.- Vgl. dazu Ewald *Gruber*: Die Ostracher Liederhandschrift. Ein Erbstück des volkstümlichen Barock aus Oberschwaben. Heimatkundliche Schriftenreihe des Landkreises Sigmaringen Heft 1. Sigmaringen 1980. Dort wurden offensichtliche Irrtümer Rattays berichtigt und neue Erkenntnisse zusammengefasst; der vorliegende Aufsatz schreibt jenen Vortrag von 1977 fort.
[3] Aus der Ostracher Liederhandschrift. Südwestfunk Landesstudio Tübingen. OLS 1969.

Die Ostracher Handschrift enthält auf 81 gehefteten Blättern 51 Texte und 45 Melodien in unsystematischer Folge, alle von derselben Hand geschrieben. Die Liedtitel sind aufwendig und sorgfältig mit Tinte und Gold gemalt; leider sparte die Neuausgabe an einer Faksimileseite mit einem oder zwei Beispielen dieser kalligrafischen Kunststücke. Gefunden wurde das Manuskript Ende des 19. Jahrhunderts "in einem nicht mehr zu ermittelnden Bauernhaus bei Ostrach"[4]. Für eine genauere Lokalisierung des Herkunftsorts kommt nur Bachhaupten infrage, auch wenn das nicht urkundlich bezeugt ist. Dort hatte das Kloster Salem einen Pfleghof und versorgte die Pfarrei; Mönche waren als Verwalter und Seelsorger immer, Klosterschüler zeitweise in den Ferien dort. Da der Schreiber humanistisch gebildet war - er konnte Latein besser als Deutsch -, ist er sicher in diesem Kreis zu suchen. Das Titelblatt der Sammlung, das vermutlich deren Zweck und den Namen des Schreibers enthielt, ist verloren; so sind wir auf Rückschlüsse angewiesen. Eine geregelte deutsche Orthografie gab es noch nicht, jeder legte sich seine eigenen Gewohnheiten zu. In unserer Handschrift ist sie aber nicht nur in mundartlichen, sondern auch in hochsprachlichen Stücken auffällig uneinheitlich. Daraus ist zu schließen, dass der Schreiber keine gedruckten Quellen benutzte, sondern die Texte spontan aus dem Gedächtnis oder nach Diktat zu Papier brachte oder handschriftliche Vorlagen kopierte. Ähnliche Sachverhalte finden sich auch in vergleichbaren, von Studenten in Gemeinschaftsarbeit angelegten Liedsammlungen.

Als Entstehungszeit lassen sich die 1740er-Jahre erschließen. Die Zeile *Clemens der zwölfft ligt in der rueh* ergibt einen Terminus post quem: dieser Papst starb 1740. Einen Terminus ante quem entdeckte Kaufmann: die rigorose Verschärfung der Klosterzucht durch Abt Anselm II. im Jahr 1749; danach war es sicher unmöglich, dass sich Klosterangehörige mit solchem Unfug wie Trinkliedern und Späßen über klösterliche Disziplin, Zölibat, Nöte des Ehestands und lockere Moral beschäftigten[5]. Der Schreiber hat auch sein Werk nicht ganz gerundet und gleichmäßig ausgearbeitet.

Unter den zahlreichen Liedsammlungen des 18. Jahrhunderts verdienen zwei besonderes Interesse: das "Augsburger Tafel-Confect" von 1733 und unsere Handschrift, denn nur diese beiden überliefern auch Melodien. Dass die anderen Sammler die Musik vernachlässigten, ist nicht verwunderlich. Damals sang man Texte nach passenden Melodien, die man kannte, auch in der Kirche war dies bis ins 19. Jahrhundert hinein üblich, und Gesangbücher wurden häufig ohne Noten gedruckt. In den Ostracher Melodien fand Rattay seinerzeit Anklänge an anonyme Weisen aus anderen Landschaften, an Werke von J.S. Bach und anderer Komponisten; die meisten sind aber nur für Schwaben belegt[6]. Diese positivistischen Feststellungen und Rattays Ansatz der Volksliedforschung treffen aber nicht das Wesentliche. "Tafel-Confect" und Ostracher Liederhandschrift stammen aus Milieus mit anspruchsvoller Musikkultur. Aus dem Charakter der Kompositionen ist zu schließen, dass es sich, auch bei solchen für volkstümliche, laienhaft gezimmerte Texte, um Kunstlieder im Stil der Zeit handelt, die man mit Instrumentenbegleitung vortrug. Kaufmann hat sie für den Anhang des Buches

---

[4] *Rattay* (wie Anm. 2) S.14.
[5] *Kaufmann* (wie Anm. 1) S. 244.
[6] *Rattay* (wie Anm. 2) S. 125 ff.

Abb. 1 - "Unterschidliche Quodlibet."

rekonstruiert bzw. neu geschaffen. Es sind Zeugnisse der klösterlichen Musikkultur jener Zeit. In Salem war die Musikbegeisterung und Musizierfreude in der ersten Hälfte des 18. Jahrhunderts so dominant geworden, dass sie nach Auffassung eines internen Kritikers ein Leben nach den Ordensregeln gefährdete. In dieses Umfeld gehört der Bachhauptener Liedersammler, "dessen Musik den simplen Melodien (der volkstümlichen Tradition) und komplexen Manierismen (versierter und geschulter Musiker) gleichermaßen Raum bietet"[7].

Wenden wir uns den kulturgeschichtlichen Aspekten der Texte zu. Fast alle - vor allem die heiteren, inhaltlich aus dem Volksleben geschöpften - sind in der Mundart Oberschwabens eingefärbt oder kommen nur hier vor. Rattay fand allerdings zahlreiche thematische Parallelen und Ähnlichkeiten in anderswo überliefertem Liedgut. Einige Texte sind deutlich anderer Provenienz. Einer ist echt bayerisch: Hansel, und gretel, der komische Dialog eines lebenslustigen Mädchens und eines nicht einmal zum Küssen zu verführenden widerborstigen Burschen. Die Komposition zu *Die Wachtel* ist eine der kunstvollsten der Ostracher Sammlung; der Text war als Volkslied weit verbreitet; Arnim und Brentano fanden ihn auf einem fliegenden Blatt im Rhein-Main-Gebiet und nahmen ihn in etwas veränderter Fassung in "Des Knaben Wunderhorn" auf. Naturgefühl, wie es sich hier kundtut, kommt sonst in der Ostracher Liederhandschrift nicht vor.

Bei dem Versuch, den Bestand nach Inhalt und Struktur zu ordnen, ergibt sich Folgendes: Es gibt Beispiele sogenannter Gelehrtenpoesie. Es sind dies nach Lehrbüchern der Rhetorik verfertigte Gedichte, die vorhandenen Melodien unterlegt

[7] *Kaufmann* (wie Anm. 1) S. 245.

werden konnten. Das Versmaß ist, oft mit unmotivierten Fallwörtern, streng eingehalten, schon in Antike und Mittelalter gängige Metaphern und Exempel, die auch in Predigtbüchern vorkommen, werden gehäuft. Gedult, Vernunfft, undt Zeit z. B. ist ein solches schulmäßiges Meditationsgedicht aus barockem Geist; hier zwei Strophen:

Abb. 2 - "Kloster-Braeuch, auch etwas von Klosterfrauen und dem Pfarrer."

1.
gedult, vernunfft; undt zeit,
seyndt außerlesne sachen,
welche aus manchen layd
ein große freundtschafft machen,
soll dir dein sach gelingen,
so brauch in allen dingen,
gedult, vemunfft, undt zeit,
sonst wirst nicht kommen weit.

3.
der schiffmann auf dem Meer,
wan Er mit tausendt gfahren,
vor ängsten hin, undt her,
besorgt in schiff thuet fahren,
d'gedult darf nicht verliehren,
d'vernunfft mueß s schiff Regieren,

d'Zeit bringt Ihn ans gestatt,
wohin Er trachtet hat.

Geduld und Vernunft werden als die Eigenschaften verstanden, die helfen, das Leid zum Freund zu machen, sich in Gottes Folgung zu schicken und bis zum Ende der Lebensreise auszuharren. Die Schifffahrtsmetapher, ein traditioneller Topos, und die herangezogenen biblischen Beispiele finden sich auch in den zahlreichen Geduld-Liedern, die wir aus dem 17. Jahrhundert kennen[8]. *Gutes g'wissen, schulmeisterlich kontrastiert mit Böses g'wissen,* setzt den ganzen mythologischen Apparat in Bewegung, als wollte der Verfasser zeigen, dass er alles Einschlägige fleißig gelernt hat; das Ergebnis ist so langweilig wie eine Klassenarbeit. Die Music dagegen ist recht originelle Gedankenlyrik: Lebensregeln werden in die Beschreibung musikalischer Praxis eingeknüpft. Es gibt auch eigenartige Mischformen. *Schlimme Eltern, schlimme Kinder* ist ein moralisierendes Lied um das zeitlose Lamento:

s ist nirgendts mehr ein Kinder-zucht,
die Eltern seyndt nichts nuz,
wie halt der baum, so ist die frucht,
man kennts gleich an dem buz.

15 Strophen lang wird über Aufmüpfigkeit und Zügellosigkeit der Jungen räsoniert und dem schlechten Vorbild der Eltern die Schuld an solcher Verderbnis der Sitten zugeschoben. Die letzte Strophe zeigt, dass der Text, wahrscheinlich im klösterlichen Umfeld, zu einer parodistisch gebrochenen barocken Bußpredigt umgesungen wurde:

O sünder! es ist an der zeit,
thue bueß, fein dich bekehr,
Erkhenne Dein gebrächlichkeit,
aus meiner Kinderlehr,
betrachte fein den todt,
d'höll, undt den teufel au,
iezt mueß i naus, Es thuet mir noth,
sonst möcht es übel gau.

Welt-Rath ist ein textlich durchgestaltetes, durch schroffe Kontrastierung auf schockartige Wirkung zugespitztes Predigt-Gedicht. Es soll hier gleich ein Fazit dieser Untersuchung verdeutlichen, um weitere Kreuz- und Querwege philologischer Beweisführung abzukürzen. Zu Beginn wird eine nihilistische Grundhaltung definiert, deren Praxis die folgenden Strophen drastisch illustrieren; der Schluss setzt eine todernste Mahnung dagegen. Abraham a Sancta Clara liebte solche Effekte.

[8] Zur Interpretation des Gedichts, das W. Dürr in seinem Klappentext zur Schallplatte (Anm. 3) dem Geist der Aufklärung zuschreiben wollte.-Vgl. *Gruber* (wie Anm. 2) S.13).

1.
wan du in diser welt,
willst leben, wies gefällt
so laß dich nichts Kränckhen,
undt folge meim rath.
Kein himmel, kein höll,
dir niehmal vorstell,
an todt nicht gedenckh,
seyndt lautere schwenckh.
Wan du in diser welt,
wilst leben, wies gefällt,
so laß dich nichts kränckhen,
undt folge meim rath.

6.
Dis lehret zwar die welt,
ist aber weit gefehlt,
dich alles wirdt kränckhen,
was ich hab Erzehlt.
Wans kommet zum todt,
ach iamer, undt noth,
wan höll offen steht,
dis alles vergeht.
Wan du in diser welt
wilst leben, wies gefällt,
so thue folgen meim rath,
undt bitt Gott um gnad.

Wir hören hier wie in vielen Texten der Ostracher Liederhandschrift, sogar im Hintergrund der Trinklieder und Unsinnsverse, die geistesgeschichtlichen Merkmale des Barock: Die Gespanntheit alles Irdischen aufs Ewige hin, die Scheinhaftigkeit und Unbeständigkeit der Welt, das Nebeneinander von Weltlust und Weltflucht, carpe diem und memento mori, und diese barocke Antithetik auch als Struktur der Gestaltung. Spuren der Aufklärung - wir sind ja schon im Zeitalter Friedrichs des Großen und Voltaires - oder der deutschen Dichtung, die damals zu keimen begann, sind in volkstümlichen Überlieferungen natürlich nicht zu erwarten; in den Klöstern und ihren Schulen hatte man daran noch kein Interesse, ganz abgesehen von theologischen und konfessionellen Barrieren.

Raritäten sind die Stücke unserer Sammlung, die mit Rezitativen und gesprochenen Passagen zu kleinen Musikdramen ausgebaut sind. *Baur, und hl: Caplan*[9] und *Es war ein starcker Mann* passen in den geselligen Charakter der Sammlung; das letztere Dramolett, das von einem auch mit der Nase wahrnehmbaren Körpergeräusch handelt und sich auf 'kurz' reimt, druckte Rattay seinerzeit "wegen seines bedenklichen Inhalts" nicht ab[10]. Eine besondere Kostbarkeit ist Deserteur. Der Stoff findet sich häufig in Liedern jener Zeit der Söldnerheere und des Sol-

[9] "hl:" dürfte als "hochlöblich" zu lesen sein.
[10] *Rattay* (wie Anm. 2) S. 75.

datenhandels. Einmalig ist aber die melodramatische Gestaltung, die man nicht nur hören, sondern als Aktion vor Augen haben muss. Verurteilung und Vorbereitung zur Exekution werden mit quälender Feierlichkeit geschildert. Dann tritt Madame auf und ringt auf Knien dem Obristen das Leben des Delinquenten ab. Eine Begnadigungsszene mit Fahnenschwenken und dankbarem Handkuss sind ein bühnenwirksames Finale.

Ein bisher in der Diskussion nicht berücksichtigter Gesichtspunkt zum Problem der Herkunft und Verwendung von Texten und Kompositionen der Ostracher Liederhandschrift sei hier skizziert. Parallel zur Baulust und zur Musikkultur der großen Mannsklöster entwickelte sich im Spätbarock aus dem gleichen Zeitgeist ein reges Theaterwesen auf hohem Niveau. Man begriff ja die Schöpfung als Theatrum Mundi, als Welttheater, inszeniert von einem göttlichen Regisseur; der Mensch muss sich in die ihm zugewiesene Rolle fügen und in Gottes Lob festlich einstimmen. Von einigen Äbten wissen wir, dass ihnen das Theater besonders am Herzen lag, z.B. von Sebastian Hiller, dem Erbauer von Weingarten[11]. Man baute aufwendige Theatersäle für eine opulente Aufführungspraxis. Ein Phänomen wie Sebastian Sailer ist vor diesem Hintergrund zu verstehen. Vielbändige handschriftliche Sammlungen von Stücken kennen wir aus Weingarten und Zwiefalten. Gespielt wurde an Fest- und Feiertagen, zu Ehren von Besuchern und zu jedem sich bietenden Anlass in der Klosterschule. Ein Pater comicus hatte alles zu organisieren. Man spielte auf hohem Kothurn Tragödien legendenhaften, historischen, biblischen und mythologischen Inhalts, und zwar lateinisch; für eingeladene Nichtlateiner wurden umfangreiche Inhaltsangaben und Kommentare vorbereitet. Auch Komödien und Singspiele in deutscher Sprache kamen auf die Bühne. Als Schauspieler traten Mönche und vor allem Klosterschüler auf. Für sie, die zukünftigen Geistlichen, war das praktische Schulung in Rhetorik, denn der Predigtstil der Zeit war donnernde Rhetorik. Die ernsten Stücke dauerten sehr lang; in den Pausen gab es Musik zur Erholung des Publikums, zuweilen auch zur Hauptaktion passende Interludien, Zwischenspiele. Lucifers Sturtz passt zu einem Drama um die Idee *Hochmut kommt vor dem Fall*; Sebastian Sailer schrieb auf Schwäbisch ein Lustspiel mit diesem Titel. *Deserteur* fügt sich in ein Stück um das Problem, ob und wann Gnade vor Recht ergehen darf.

Eine weitere Gruppe in unserer Sammlung bilden die moralisierenden und zeitkritischen Texte. Sie sticheln und raunzen gegen die Obrigkeit und ihre Repräsentanten, gegen die Justiz und gegen allerlei Stände und Berufsgruppen; der Doktor, der Advokat, der Offizier und Soldat werden aufs Korn genommen, auch Handwerker bekommen ihr Fett weg – ein facettenreiches volkskundliches Quellenmaterial. Rebellische Töne fehlen in den Satiren; *die Närrische Welt* wird mit einem resignierten Seufzer hingenommen: die *reiche hont die oberhand*. Sprichwortweisheit und Witzelei trösten über die Ungereimtheiten einer verkehrten Welt hinweg.

Zwei fast gleich betitelte Stücke beschäftigen sich mit der "politeia", dem Gemeinwesen: *Policey* und *Die Policey*; gemeint ist mit diesem Begriff nicht die

[11] Zum klösterlichen Theaterwesen vgl.: Gebhard *Spahr*: Theaterpflege im Kloster Weingarten 1697-1730. In: ZWLG 16 (1957).- Walter *Frei*: Das Zwiefalter Schul- und Klostertheater in der Barockzeit. In: Hermann Josef *Pretsch* (Hg.): 900 Jahre Benediktinerabtei Zwiefalten. Ulm 1989. S. 271 ff.- Konstantin *Maier*: Bildung und Wissenschaft im Kloster Ochsenhausen. In: Max *Herold* (Hg.): Ochsenhausen. Von der Benediktinerabtei zur oberschwäbischen Landstadt. Weissenhorn 1994. S. 305 ff.

politische Verfassung, sondern der geistig-moralische Zustand der Gesellschaft. Die Struktur des zuerst genannten Textes ähnelt einem Quodlibet, er ist ein Sammelsurium von 20 satirischen und moralisierenden Strophen; das Fazit am Schluss lautet:

so geht es halt zu in der Welt,
das Gott in Himmel barm,
s'ist alles hinterfür bestellt,
der reich seyn sollt, ist arm
der gscheid mueß seyn ein Narr,
der Herr soll[t] syn ein knecht,
der Mesmer hats weib, nit der Pfarr,
das ding ist ja nit recht.

Einige Texte raten zu einer praktischen Lebensauffassung und empfehlen, manchmal grimmig ironisch, Opportunismus und Anpassung ohne Rücksicht auf moralische Normen, z.B. Die Policey, das zweite programmatisch zeitkritische Stück, das als eine Art Lasterkatalog angelegt ist und so beginnt:

wer auf der welt fortkommen will,
der folge meinem Rath,
der sich kan schickhen in das spihl,
den Handel g'wunnen hat.
Er mueß ietz seyn,
halb sau, halb schwein,
halb Ochs, halb Esel darbey,
halb dis, halb das,
bald fuchs, bald haas,
das ist die Policey.

Das letzte Wort zielt hier auf den "Politicus"; so nannte man einen, der die Welt kennt und ihre Sitten und Unsitten zu seinem unauffälligen Vorteil zu nutzen versteht. Der Kerl hat braf gelt lehrt, dass man sich Sozialprestige und Einfluss auch mit leeren Taschen erschleichen kann, indem man der herrschenden Mode folgt und mit Statussymbolen paradiert. Angeberei mit französischen Brocken in der Alltagssprache und höfisches Gehabe werden des Öfteren persifliert. Manche Strophen könnten, wenn man Requisiten auswechselte, einem Protestsänger unserer Tage untergeschoben werden.

Auch gutmütiger oder bissiger Spott über die Geistlichkeit ist seit dem Mittelalter stereotype volkstümliche Sozialkritik. Das Abreagieren von Aggressionen an einer Gruppe, an der sich demonstrieren lässt, wie schwer es die einen haben und wie gut es anderen geht, die bei sicherem Einkommen und wenig Arbeit angenehm leben, ist ja für die Sozialhygiene jeder Gesellschaft notwendig. Texte dieses Inhalts in der Ostracher Handschrift deuten auf ausgesprochenes Insider-Interesse des Schreibers; es handelt sich auch um zahme Satiren. *Kloster-Bräuch, auch etwas von Klosterfrauen und dem Pfarrer*, eine Collage verwandter Themen, schildert in eher idyllischen Farben die kleinen Leiden des Klosterlebens, bespöttelt die Frustrationen der Nonnen und die bacchischen Freuden des unbeweibten

Landpfarrers und macht sich lustig über dessen Hauskreuz, die zänkische Köchin.

Lockere Verknüpfung der Strophen, holpriges Versmaß, unreine Reime und andere Kunstfehler kennzeichnen die eben genannten Reimereien. Sie hatten einmal einen individuellen Verfasser, wurden aber zersungen, d.h. andere ließen weg und fügten hinzu, wobei sich in der Ostracher Liederhandschrift, wie schon gesagt, des Öfteren eine geistliche Betrachtungsweise einmischt. Auf die gleiche Weise erhielten die Trinklieder und Quodlibets ihre Gestalt. *Wan alles trünckt, so trünck ich auch oder Lieber wein, als waßer* bedürfen keines Kommentars. Quodlibets (was beliebt!) sind entweder Potpourris aus Teilen verschiedener Lieder bunt durcheinander, mehr und meist weniger geistreiche Wortspielereien oder zu Stumpfsinnsversen degenerierte Kneipengesänge, aneinandergereihte, ursprünglich improvisierte Zeilen ohne Zusammenhang. In Einzelfällen sind sie kunstvoll verballhornte Bildungsfrüchte und sogar zweisprachig deutsch-lateinisch wie z. B. *Wer klopfet an?* Wichtiger ist mit Blick auf unsere Sammlung ein anderer Aspekt: Musikalische Quodlibets waren im 17. und 18. Jahrhundert sehr beliebt. Dabei wurden verschiedene Melodien mit verschiedenen Texten, oft aus dem Stegreif, kontrapunktisch zu einem mehrstimmigen Tonsatz verknüpft - eine virtuose, geistreich humoristische Musizierweise. Auch J.S. Bachs letzte Goldberg-Variation ist ein Quodlibet. Vielleicht notierte der Ostracher Sammler die Skizzen zu einer solchen Aufführungspraxis[12].

Hier drängen sich die bisher zurückgestellten Fragen nach dem Schreiber und dem Zweck der Ostracher Liederhandschrift auf. Die Freizeitgestaltung der Salemer Mönche ging nicht in die Klosterchronik ein, und wir wissen wenig darüber. Es stellt sich die Frage, ob sie sich - gewiss nicht alle große Kirchenlichter, aber immerhin gestandene Männer - mit allerlei Unfug im Kreuzgang oder im Klostergarten unter den Fenstern der Oberen belustigen konnten, wie Kaufmann annimmt. Passen solche Freizeitspäße nicht eher zu Schülern, die sich in Maßen und in standes- und landesüblichen Grenzen austoben durften, und deren Erzieher einmal ein Auge zudrückten, wenn sie über die Stränge schlugen? In Salem waren sie in das Musikleben eingebunden, sodass man ihnen auch Kenntnis der anspruchsvollen Stücke zutrauen darf. Und sind die schönen Überschriften, von denen eingangs die Rede war, nicht eher einem musisch begabten Schüler zuzuschreiben, der sich mit kreativer Betätigung von Grammatikpaukerei erholte, als einem in Bachhaupten gelangweilten Pfarrvikar? Welches Stichwort trifft den Charakter der Sammlung: 'Kommersbuch für Klosterschüler' oder 'Kompendium für zisterziensische Recreation'? Die Fragen lassen sich wohl nur hypothetisch beantworten.

Es fehlen in der Ostracher Handschrift die in anderen Sammlungen sehr beliebten Jagd- und Handwerkslieder; sie spielten offenbar in der Welt des Schreibers keine Rolle. Ebenso fehlen erotische Lieder, also galante und frivole, schlüpfrige Poesie. Der Nickel kommt diesem Genre nahe. Formal durchgestaltet und ironisch wird da von einem der Bäuerin zu bestimmten Dienstleistungen unentbehrlichen Knecht erzählt; nur der Bauer blickt nicht durch. Die Sexualsphäre wird aber nicht prüde ausgespart, sondern in volkstümlich derber Weise angesprochen, z.B. als Indiz für moralische Gebrechen der Gesellschaft in *Policey*:

[12] *Kaufmann* (wie Anm. 1) S. 238 f.

Ein manche Jungfer ist so keckh,
wan d'wiegen schon ist gmacht,
sie leugnets doch beym stumpfe weckh,
bis das es Endtlich kracht.
s'kan zwar was anders seyn
damit ich nicht z'vihl sag,
hat halt z'vihl äpfel gfreßen nain,
der buze ligt an tag.

Der alte Tadtel will noch heürathen besingt in einfallsreich lustiger Weise den saftlosen Johannistrieb eines alten Mannes:

alter Wau Wau
guckh au, guckh au,
was hat dan ein Junge bey dir vor ein freud,
laß dirs vergehn,
gickhe, laß stehn,
bleib hinter dem ofen, laß d'menscher unkeyt.
gickri, gick gi...

In anderen Liedern wird gegen unerlaubte und unziemliche Geschlechterbeziehungen als Laster und Schwäche der Moralknüppel geschwungen, z. B. in der deftigen, ja unflätigen Bauernpredigt über *Todt-sünden:*

Es ist zwar um die Hurerey,
undt um die unkeüschheit
ein zuckhersieße narredey,
Es schleckhen dran vihl Leüth.
das schleckhen nimbt ein saures End,
was sieß ist, wirdt auch saur,
ist, als wan ein speckh in den händ,
undt würff ihn an die wänd.

Für ein grob satirisches Motiv hatte unser Bachhauptener Anonymus eine ausgesprochene Vorliebe: die Klage über das böse Weib. Trost für Zölibatäre oder vorlaute Neugier von Halbstarken? Da ist der stereotype Vorwurf der Hoffart in der folgenden Strophe aus Policey, der schon mehrfach zitierten drastischen Sitten-, besser: Unsittenschilderung:

die frau in hoffart sich Ergözt
spreizt sich, als wie ein dockh
wan schon ihr hemmet ist verblezt,
man sichts nicht untrem rockh.
sie ist, damits nicht alt,
mit anstrich ganz verbicht,
warth, bis der mertel denne fallt,
noch ists ein frazen-gsicht.

In anderen Zusammenhängen wird die Frau - des Öfteren mit Berufung auf den Topos der verführten Eva - der Untreue, der Lüge und Heuchelei, der Herrschsucht und Verschwendung bezichtigt. *Pantalon* und *Italus Maritus* schildern in parodistisch gebrochener Sprache, wie *der arme welsche teufel* von seinem deutschen *Canali weib* gedemütigt, misshandelt und betrogen wird. In *Baur, und hl: Caplan*, als Dialog zweier Personen angelegt, will der Bauer seinen toten Hausdrachen möglichst rasch und möglichst tief unter die Erde bringen. Auch Sebastian Sailer hat ein rüdes, geradezu obszönes "Trauerlied auf ein altes Weib" verfasst, das er dem Witwer in den Mund legt.

Weiberschelte ist ein verbreitetes und beliebtes Thema jener Zeit, gesellschaftlich sanktioniert und zum allgemeinen Gaudium zugelassen. Man muss aber kein Feminist sein, um über die Entwürdigung und Verachtung der Frau - trotz 250-jähriger Patina – beim zweiten Durchlesen nicht mehr zu lachen. Vor allem dann nicht, wenn man weiß, dass 1746/47 in Alleshausen am Federsee, als ein Unbekannter in Bachhaupten solche Späße genüsslich aufschrieb und Sebastian Sailer Hilfsgeistlicher in jener Pfarrei war, sechs Hexen *gnädiglich erwürgt* und dann verbrannt wurden, darunter ein Kind, das seine Mutter unter der Folter denunziert hatte[13]. Auch das gehört in das Bild eines Zeitalters, an dessen Lichtseiten wir uns heute erfreuen und erbauen.

Zum Schluss ist dem neuen Buch wie einem Neugeborenen eine gute Zukunft zu wünschen. Die Ostracher Liederhandschrift zeugt vom Barock, der unsere Gegend in mancher Hinsicht bis heute prägt, nicht nur durch die großen Kirchen, die gerade in der Zeit vollendet wurden, als der Unbekannte zeitgenössische Musik und Texte sammelte und aufschrieb. In den letzten Jahrzehnten wurden die Musikkultur der Klöster und ihre Komponisten wiederentdeckt und bekannt gemacht. M.G. Kaufmanns verdienstvolle Arbeit ergänzt das musikwissenschaftliche Wissen. Eine noch ausstehende sozialgeschichtliche und volkskundliche Auswertung dieser Quelle wird das Bild der Epoche farbig bereichern. Und es ist zu wünschen, dass die Lieder, ihre Heiterkeit und pralle Lebensfreude ebenso wie der Ernst einer aufs Jenseits hin gespannten Grundhaltung, bald populär werden und Oberschwäbisches landauf landab zum Klingen bringen, z. B. *Es Leben all*

Lustige Leüth:

was hilffts, wan sich einer bestürzet,
mit Trauern Ihm s leben abkürzet,
Es werden nur lustig Leüth alt,
was wolt ihr aufs neu hineinsorgen
undt wißet nicht, ob villeicht morgen,
dem höchsten Gott annoch gefallt
das Er Euch beym leben Erhalt.

[13] Beschreibung des Oberamts Riedlingen. Stuttgart 1923, S. 458.

Globalisierung im 16. Jahrhundert?

Kaiser Karl V., die Stadt und die Welt

Harald Kleinschmidt

1 Einleitung

In seiner Chronik schrieb der Ulmer Schuhmacher Sebastian Fischer zum Jahr 1548 Folgendes zum Besuch Kaiser Karls V:

da ist der kayser In die kirchen gerytten mit seinen welschen heren, vnd send for Im hergerytten yeren zwen mitt silber verguldten seylen die haben sy yber die achseln getragen. Hab ich gefragt, was die zwu seylen bedeuten, oder wie man es hayß, hat man mir gesagt, sy hayssen plus vltra (das ist noch weytter). Die zwu seüllen die man Im forfiert, bedeütten die seüllen, die der kayser hercules gesetzt, am end des lands hispania da das mer am engesten ist, vnd die ander saul hat er gesetzt (gegen spania) yber das mer da das ander drytayl der welt ist (genant Aphrica) die, da barbary, egipten, Ethiopien, vnd Libia, Inn verfasset ist, da hat er die ander saul gesetzt zu seiner gedechtnus, als ob kainer mer weytter nach Im wurde sein gwalt hinstrecken. Darum fiert unser kayser die zwu säulen, vnd die yber schryfft, plus vltra (das ist) noch weytter, weil er sein arm hinstrecken[1].

Fischer gibt sich als Augenzeuge eines Vorgangs, den seine Zeitgenossen treffend "Einritt" nannten. Einritte hatten einen festen Platz im herrscherlichen Zeremoniell des 15. und 16. Jahrhunderts[2]. Offenbar begrüßte der Ulmer Rat den

[1] Sebastian *Fischers* Chronik besonders von Ulmischen Sachen. Hg. von Karl Gustav *Veesenmeyer*. In: UO 5-8 (1896) S. 138 (nach der Handschrift BSB München, cgm 3091, fol. 262v).

[2] Vgl. zu den Einritten: Sydney *Anglo*: Spectacle, Pageantry and Early Tudor Policy. Oxford 1969.- Yves Marie *Bercé*: Fête et révolte. Des mentalités populaires du XVIe au XVIIIe siècle. Paris 1976.- Josephe *Chartrou*: Les entrées solennelles et triomphales à la Renaissance (1484 – 1551). Paris 1928, S. 19-72.- Eduard *Chmelarz*: Die Ehrenpforte des Kaisers Maximilian I.. Wien 1886, fol. 31 (Jahrbuch der Kunsthistorischen Sammlungen des Allerhöchsten Kaiserhauses 4, Supplement; Nachdruck, Unterschneidheim 1972). Pierre du *Colombier*: Les triomphes en images de l'empereur Maximilian Ier. In: Les fêtes de la Renaissance. Bd. 2. Paris 1960. S. 99-112. - Noel *Coulet*: Les entrées solennelles en Provence au XIVe siècle,. In: Ethnologie française 8 (1977) S. 63-82.- Ludwig *Grote*: Kaiser Maximilian in der Schedelschen Weltchronik. In: MVGN 62 (1975) S. 66-68.- Les entrées royales françaises de 1328 à 1515. Hg. von Bernard *Guenée* und Françoise *Lehoux*. Paris 1968.- Peter *Halm*: Hans *Burgkmair* als Zeichner. In: Münchener Jahrbuch der bildenden Kunst 13 (1962) S. 127-128.- Les fêtes de la Renaissance. Bd. 3. Hg. von Jean *Jacquart* und Elie *Kougison*. Paris 1975.- Gordon *Kiplin*: The Triumph of Honour. Burgundian Origin of the Elizabethan Renaissance. Den Haag 1977. S. 72-95.- *Ders*.: Enter the King. Theatre, Liturgy, and Ritual in the Medieval Civic Tri-

Abb. 1 - Karls Einzug in Augsburg 1530, von Jörg Breu d. Ä., Holzschnitt. Herzog Anton Ulrich-Museum, Hildesheim.

Kaiser ehrfurchtsvoll vor der Stadt und geleitete ihn in einer Prozession zum Münsterplatz. Dem Kaiser voran trug man voran, was man heute ein Logo nennt, die Devise also, die wahrscheinlich im Jahr 1517 Karls burgundische Kanzlei geschaffen hatte: PLUS ULTRA – noch weiter. Diese Devise, sagt Fischer, sei Ausdruck des kaiserlichen Willens, Herrschaft über Teile der Welt zu ergreifen, die westlich des Westausgangs des Mittelmeers lagen. Karl ritt also in die Stadt hinter fremden Kriegern und einem Symbol für die große, weite Welt.

Karls Aufenthalt in Ulm im Jahr 1548 war nicht sein erster und auch nicht sein letzter. Insgesamt fünfmal sei Karl in Ulm gewesen, teilt uns Fischer mit, zuletzt im Jahr 1552[3]. Karl war viel unterwegs, obschon er das Reisen keineswegs liebte[4].

umph. Oxford 1998. S. 209-225.- John *Landwehr*: Splendid Ceremonies. State Entries and Royal Funerals in the Low Countries. 1515–1791. Leiden 1971.- Dieter *Mertens*: Der Reichstag und die Künste. In: Mediävistische Komparatistik. Festschrift für Franz Josef *Worstbrock* zum 60. Geburtstag. Hg. von Wolfgang *Harms*, Jan-Dirk *Müller*, Susanne *Köbele* und Bruno *Quast*. Stuttgart und Leipzig 1997. S. 310-311.- Elisabeth *Rom*: Maximilian I. und die Reichstage von 1500 bis 1510. Phil. Diss. masch. Graz 1970, Bl. 123.- Gerrit Jasper *Schenk*: Zeremoniell und Politik (Forschungen zur Kaiser- und Papstgeschichte des Mittelalters 21). Köln, Weimar und Wien 2003.- René *Schneider*: Le thème du triomphe dans les entrées solennelles en France à la Renaissance. In: Gazette des Beaux-Arts 1 (1913) S. 85-106.- Patricia *Seed*: Ceremonies of possession in Europe's Conquest of the New World 1492-1640. Cambridge 1995. S. 1-15.- Hugo *Soly*: Plechtige intochten in de steden van de Zuiderlijke Nederlanden tijdens de overgang van middeleeuwen naar nieuwe tijd. In: Tijdschrift voor geschiedenis 97 (1984) S. 341-361.- Roy *Strong*: Splendour at Court. Renaissance Spectacle and the Theatre of Power. London und Boston 1973. Paul le *Vayer*: Les entrées solonnelles à Paris des rois et reines de France, des souverains et princes étrangers, ambassadeurs etc. Bibliographie sommaire. Paris 1896.- Frances Amelia *Yates*: Astraea. The Imperial Theme in the Sixteenth Century. London und Boston 1977. S. 127-148.

[3] Sebastian *Fischers* Chronik (wie Anm. 1) S. 244-245 (fol. 447).

[4] Kaiser Karl V., Ansprache an die Generalstaaten der Niederlande, Brüssel, 25.10. 1555. In: Quellen zur Geschichte Karls V.. Hg. von Alfred *Kohler*. Darmstadt 1990. S. 467.

Doch der Besuch in Ulm im Jahr 1548 war ein besonderes Ereignis. Karl kam nach Ulm von Augsburg, und die Nachrichten, die ihm von seinem Wirken in Augsburg vorangeeilt waren, versprachen für Ulm nichts Gutes. Karls Erscheinen in Ulm ließ Rat und Bürgerschaft erzittern.

In der Tat konnte der Kaiser in diesem Jahr Furcht erregen[5]. Im Jahr zuvor hatte er als Verteidiger der katholischen Kirche einige gegnerische protestantische Reichsfürsten besiegt und deren Anführer, Kurfürst Johann Friedrich von Sachsen und Landgraf Philip den Großmütigen von Hessen, gefangen gesetzt. Karl war zudem nicht nur römischer Kaiser mit der Ordnungsnummer V, sondern auch spanischer König (als Karl I.), burgundischer Herzog (als Karl II.), als spanischer König Herr über Unteritalien und Sizilien, Teile Nordafrikas sowie die spanischen Kolonien in Amerika, sowie als Chef des Hauses Habsburg Oberherr über eine stattliche Anzahl kleinerer Länder in Oberitalien und im deutschen Sprachraum. Geboren am 24. Februar 1500 wurde er burgundischer Herzog mit der Erklärung seiner Volljährigkeit im 15. Lebensjahr, folgte mit 16 Jahren seinem Großvater als König von Aragón und mit 17 seiner für nicht regierungsfähig erklärten Mutter als König von Kastilien und vereinigte somit unter seiner Herrschaft die spanischen Königreiche. Mit 19 Jahren obsiegte er in einem Wahlkampf um das römische Kaisertum gegen seinen Rivalen und Altersgenossen, König Franz I. von Frankreich, wurde mit 20 Jahren zum Deutschen König in Aachen gekrönt und erhielt mit 30 Jahren aus den Händen von Papst Klemens VII. in Bologna die lombardische Königs- und die römische Kaiserkrone. Mit 31 Jahren übergab er die deutsche Königswürde an seinen jüngeren Bruder Ferdinand, der ihm schließlich im Jahr 1558 auch als Kaiser nachfolgen sollte. In Ulm erschien er, ohne dass es der Rat und die Bürger ahnen konnten, jedoch müde von der Last seiner vielen Ämter und voller Angst, seinen vielfältigen Aufgaben nicht gewachsen zu sein[6].

Mit seinem Aufenthalt in Ulm im Jahr 1548 demonstrierte der Kaiser seine Eigenschaft als Herr der Reichsstädte, der bereit und gewillt war, die kaiserlichen Rechte gegenüber dem Rat und den Bürgern durchzusetzen. Deswegen veranlasste er den Rat dazu, den Einritt als Zeremoniell der Unterwerfung auszuführen. Rat und Bürger sollten vom Kaiser nur dann Huld und Gnade erwarten dürfen, wenn sie den kaiserlichen Geboten Folge leisteten. Bei seiner Demonstration kaiserlicher Herrschaft über die Reichsstädte kam Karl im Jahr 1548 zugute, dass er

---

[5] Zur neueren Literatur über Karl V., insbesondere Biographien und Tagungsberichten aus Anlass der 500. Wiederkehr seines Geburtstags am 25.2.1500 vgl.: Harald *Kleinschmidt*: Charles V. The World Emperor. Stroud 2004.- Alfred *Kohler*: Karl V. München 1999 (2. Aufl. 2000; 3. Aufl. 2001; span. Version: Madrid und Barcelona 2000; 2. Aufl. 2001).- Carlos V. 1500 – 2000. Simposio internacional. Hg. Von Alfred *Kohler*. Madrid 2001.-Alfred *Kohler*/Barnara *Haider*/Chrisiane *Ottner*/Martina *Fuchs* (Hg.): Karl V. 1500–1558. Neue Aspekte seiner Herrschaft in Europa und Übersee (Zentraleuropa-Studien 6). Wien 2002.).- Martina *Fuchs*/Alfred *Kohler* (Hg.): Kaiser Ferdinand I. Münster 2003.- Horst *Rabe* (Hg.): Karl V. Politik und politisches System. Konstanz 1996.- Martyn *Rady*: Emperor Charles V. London/New York 1988.- Jean-Michel *Sallmann*: Charles-Quint. Paris 2000.- Luise *Schorn-Schütte*: Karl V. München 2000.- Ernst *Schulin*: Kaiser Karl V. Stuttgart 1999.- Ferdinand *Seibt*, Karl V. Berlin 1990.- Wilfreid *Seipel* (Hg.): Kaiser Karl V. (1500–1558). Macht und Ohnmacht Europas. Wien 2000.- Hugo *Soly* (Hg.): Karl V. und seine Zeit. Köln 2000. Die ältere Biographie von Karl *Brandi*: Kaiser Karl V. Werden und Schicksal einer Persönlichkeit und eines Weltreiches. 2 Bde. München 1937-1941, ist in manchen Einzelheiten sowie auch der Gesamtsicht der Persönlichkeit des Kaisers überholt, gleichwohl wegen ihres Reichtums an Hinweisen auf Quellen nach wie vor einschlägig.

[6] Vgl. Alois *Mocenigo*: Bericht an den Senat von Venedig, 1548. In: Relationen venezianischer Botschafter über Deutschland und Österreich im 16. Jahrhundert. Hg. von Joseph *Fiedler*. Wien 1870. S. 14-15.

damit rechnen konnte, dass ihm der Sieg über die Protestanten in den Städten Respekt verschaffen würde. Bei Einritten in die Städte unterließ er es deswegen nicht, seine beiden Gefangenen vor sich paradieren zu lassen wie lebende Warnzeichen für alle, die den kaiserlichen Geboten sich zu widersetzen geneigt sein sollten. Denn Widerständler gab es zumal in den oberdeutschen Reichsstädten viele, wo die "Lutherische Sekte" schnell immer mehr Anhänger fand. Karls Einritt in Ulm hatte also den Zweck, die Absicht des Kaisers zu verdeutlichen, dem Treiben der Anhänger Luthers in den Städten Einhalt zu gebieten und womöglich ein Ende zu bereiten.

Gleichwohl erschien der Kaiser in Ulm nicht nur als Herr der Stadt, sondern auch als Herr der Welt. Das bezeugt die Devise PLUS ULTRA, die er vor sich her tragen ließ. Fischer erklärt sie uns als Ausdruck des Anspruchs auf Herrschaft über die Welt (oder große Teile davon). Die zwei Säulen, an die die Devise geknüpft war, sollten Modelle von Bauwerken sein, die in Südspanien und Nordafrika stehen oder gestanden haben sollten. Fischer beschreibt sie als Grenzmarkierungen, die vom Heroen Herkules als angeblichem kaiserlichen Vorgänger Karls gesetzt worden seien. Den ihm nicht direkt bekannten griechischen Mythos ergänzend, teilt Fischer mit, Karl greife über diese Grenzen hinaus nach Westen. Die Welt, über die Karl in Fischers Sprachbild hinausgreift, besteht in Fischers Erklärung aber nur aus drei "Teilen", womit er offensichtlich Kontinente meint. Ausdrücklich genannt wird nur Africa, das aus dem Berberland, Ägypten, Äthiopien und Libyen bestehen soll. Es liegt Spanien (also Europa) gegenüber. Europa ist als zweiter Kontinent also hinzuzudenken. Daraus lässt sich eine Serie erkennen, die Asien als dritten und letzten Kontinent enthielt, mithin die "Alte Welt" umfasste. Karl greift also über die "Alte Welt" hinaus nach Westen in die "Neue Welt", von der sein angeblicher Vorgänger Herkules nichts wusste.

Fischers Erklärung von Karls Devise ist bemerkenswert aus zwei Gründen. Zum einen war die Devise offenbar in der Ulmer Bürgerschaft so wenig bekannt, dass sogar ein literarisch tätiger Handwerker von ihr nichts wusste, obschon sie damals bereits seit mehr als dreißig Jahren in Gebrauch war[7], und vielfach in Schrifttum und der Herrschaftssymbolik Karls Verwendung gefunden hatte[8]. Der propagandistische Wert der Devise sollte also nicht überschätzt werden. Dennoch erregte sie Aufsehen und fand eine Erklärung, die im Interesse des Kaisers gewesen sein dürfte.

Zum zweiten bereitet Fischer Erklärung selbst ein Problem. Denn die Devise

[7] Zu der Devise PLUS ULTRA vgl. zusammenfassend: Marcel *Bataillon*: Plus oultre. La Cour découvre le Nouveau Monde. In: Les fêtes de la Renaissance. Bd. 2. Hg. von Jean *Jacquot*. Paris 1960. S. 13-27.- Hans-Joachim König: PLUS ULTRA. Ein Weltreichs- und Eroberungsprogramm? Amerika und Europa in politischen Vorstellungen im Spanien Karls V. In: Karl V. Hg. von Alfred *Kohler* u.a. Wien 2002. S. 197-222.- Otto Gerhard *Oexle*: "Utopisches Denken im Mittelalter. Pierre *Dubois*". In: HZ 224 (1977) S. 293-339.- Earl E. *Rosenthal*: 'Plus ultra', 'Non plus ultra' and the Columnar Device of Emperor Charles V. In: Journal of the Warburg and Courtauld Institutes 34 (1971) S. 204-228.- *Ders.*: The Invention of the Columnar Device of Emperor Charles V at the Court of Burgundy in Flanders in 1516. In: Journal of the Warburg and Courtauld Institutes 36 (1973) S. 198-230.

[8] Vgl. zum Beispiel die Ausgaben des Mainzer Buchdruckers Peter Schöffer zum Augsburger Reichstag 1548, in denen sich die Devise als Bild auf den Titelblättern sowie als Kolophone findet: Kaiser Karl V. Romisch-Kayserlicher Majestät Ordnung und Reformation guter Policey im Heiligen Romisch Reich (zuerst Augsburg, 19. 11.1530), neu gedruckt, Mainz 1548, weitere Drucke 1551, 1577. Vgl. dazu: Repertorium der Policeyordnungen der Frühen Neuzeit. Hg. von Karl *Härter* und Michael *Stolleis* (Ius commune Beihefte 84). Frankfurt 1996. S. 61-106.

stellte Karl als Herr über die Welt vor, aber Fischer verknüpft die Devise mit einem Weltbild, in dem die Welt in Begrenzung auf die drei Kontinente von Afrika, Asien und Europa erscheint. Amerika blieb als Kontinent ebenso unerwähnt wie der Atlantik, der Pazifik und der Indische Ozean. Fischer verband seiner Erklärung von Karls Devise also mit dem Weltbild des Mittelalters, obwohl Karl in seiner Eigenschaft als Herr über die spanischen Königreiche zugleich Herr über die spanischen Kolonien in Amerika war und Fischer selbst dies wusste. Fischer lobte Karl sogar dafür, mächtiger zu sein als der vermeintliche Vorgänger Herkules und die von diesem gesetzten Grenzen überschritten zu haben. Die Säulen, die Herkules als Monument für sich selbst gesetzt haben sollte, geronnen in Fischers Erklärung zum Zeichen des Triumphs der Moderne über die Antike[9]. Martin Waldseemüller, der in Saint Dié tätige Kartograf, der seine 1507 gedruckte Weltkarte mit dem Namen "America" Kaiser Maximilian widmete, brachte den Triumph der Moderne über die Antike in dieser Karte im Bild dadurch zum Ausdruck, dass er Claudius Ptolemaeus als Vertreter der Geografie der Antike und Amerigo Vespucci als Weltkenner der Moderne einander gegenüberstellte und Vespucci auf die Neue Welt blicken ließ[10].

In der Person Karls V. traten also Stadt und Welt in ein kompliziertes Beziehungsgeflecht. Dieses Beziehungsgeflecht zwischen Lokalität und Globalität ist nicht erst zum Problem geworden, seit das Wort von der Globalisierung in aller Munde ist[11]. Es war in der ersten Hälfte des 16. Jahrhunderts bereits aktuell und aus mancherlei Gründen kompliziert. Am wichtigsten war, dass Karl die Erträge aus Produktion und Handel der Städte brauchte, damit er seine Weltherrschaftsdevise umsetzen konnte, also auf das Wohlverhalten der Bürger für sein Ausgreifen in die Welt angewiesen war. Er musste also, wo immer er sich aufhielt, die Städte wirkungsvoll beherrschen, wollte er die Verfügung über den städtischen Reichtum behalten. Die Frage stellt sich also, ob es im 16. Jahrhundert so etwas

[9] Zur Querelle des Anciens et des modernes um 1500 vgl.: Hans *Baron*: The *Querelle* of the Ancients and the Moderns as a Problem for Renaissance Scholarship. In: Journal of the History of Ideas 20 (1959) S. 3-22.- Kathleen *Biddick*: The ABC of Ptolemy. Mapping the World as the Alphabet. In: Text and Territory. Hg. von Sylvia *Tomasch* und Sealy *Gilles*. Philadelphia 1997. S. 285-287.- Numa *Broc*: La geografia del Rinascimento. Modena 1986. S. 9-16 (zuerst Paris 1986).- August *Buck*: Aus der Vorgeschichte der ‚Querelle des anciens et des modernes' in Mittelalter und Renaissance. In: Ders.: Die humanistische Tradition in der Romania. Bad Homburg/Berlin/Zürich 1968. S. 75-91.- *Ders.*: Die ‚Querelle des Anciens et des Modernes' im italienischen Selbstverständnis der Renaissance und des Barock (Sitzungsbeerichte der Wissenschaftlichen Gesellschaft an der Johann Wolfgang Goethe-Universität Frankfurt/Main. 11,1.). Wiesbaden 1973.- Karl-Heinz *Gerschmann*: ‚Antiqui – novi – moderni' in den ‚Epistolae obscurorum virorum'. In: Archiv für Begriffsgeschichte 11 (1967) S. 23-36.- Hans Robert *Jauss*: Ästhetische Normen und geschichtliche Reflexion in der ‚Querelle des Anciens et des Modernes'. In: *Ders.* (Hg.): Charles Perrault, Parallèles des Anciens et des Modernes. München 1964 (Nachdruck der Ausg. Paris 1688-1697).- Dieter *Wuttke*: Humanismus in den deutschsprachigen Ländern und Entdeckungsgeschichte. 1493–1534. In: Die Kenntnis beider Indien im frühneuzeitlichen Europa. Hg. von Urs *Bitterli* und Eberhard *Schmitt*. München 1991. S. 1-35.

[10] Vgl. zu Waldseemüller und die St. Dié Schule der Kartografie: Joseph *Fischer*/Franz Ritter von *Wieser*: Die älteste Karte mit dem Namen Amerika aus dem Jahre 1507 und die Carta marina aus dem Jahre 1516 des M. Waldseemüller (Ilacomilus). Innsbruck und London 1903.

[11] Vgl. zu neueren Literatur: Christopher *Chase-Dunn*/Thomas D. *Hall*: Rise and Demise. Comparing World Systems. Boulder, CO 1997.- Globalization, Democratization and Multilateralism. Hg. von Stephen Gill. Tokyo/New York/Paris 1997.- Liah *Greenfield*: Speaking Historically about Globalization and Related Fantasies. In: Historically Speaking. Bd. 5, Nr 3 (2003) S. 23-28.- The Global Transformation Reader. Hg. von David *Held* und Anthony *McGrew*. 2. Aufl. Cambridge 2003 (zuerst, 2000).- Globalization in Question. Hg. von Paul Quentin *Hirst* und Grahame *Thompson*. 2. Aufl. Cambridge 1999 (zuerst 1996).- Globalization and History. Hg. von K. H. *O'Rourke* und Jeffrey G. *Williamson*. Cambridge, MA 1999.- Jürgen *Osterhammel*/Niels P. *Petersson*: Geschichte der Globalisierung. München 2003.

wie Globalisierung gab im Sinn von Wechselwirkungen zwischen der Enge der Stadt und der Weite der Welt, zwischen der innovativen Praxis der Handwerker und Kaufleute einerseits, der an gelehrten Traditionen gebundenen politischen Theorie andererseits? Die Antwort auf die Frage soll in zwei Schritten erfolgen. Zunächst stehen einige praktische Aspekte des Wandels der Weltordnung zur Beschreibung an. Danach sollen Kontinuität und Wandel der Wahrnehmung der Welt in Gewerbe, Wissenschaft und Erziehung in der der Stadt analysiert werden.

2 Praktische Aspekte des Wandels der Weltordnung

Kaiser Maximilian I., Oberhaupt des Römischen Reichs, empfand sich als eine Art europäischer Oberherr, war aber zunächst an den Weltbildwandlungen nur am Rand beteiligt, die aus den portugiesischen und spanischen Expeditionen an der Wende zum 16. Jahrhundert folgten und rasch zum Zusammenbruch des mittelalterlichen Weltkartenbilds führten. Wesentlich aus seiner Sicht war, dass seine Mutter eine portugiesische Prinzessin, der Kaiser also direkter Verwandter des portugiesischen Königs war. Dynastische Bande ergaben sich zudem aus der habsburgisch-spanischen Doppelhochzeit von 1496/97, durch die Maximilian seine beiden Kinder mit den Kindern des spanischen Herrscherpaares verbinden ließ. Maximilian entwickelte diese dynastischen Bande zu dem Anspruch, er sei als Kaiser gewissermaßen der Oberherr über die Iberische Halbinsel, und ihm gebühre daher auch die Letztnutzung der portugiesischen und spanischen Entdeckungen. Darunter verstand er ganz direkt die Ausbeutung des sagenhaften Reichtums Asiens zur Erhöhung seiner kaiserlichen Stellung wie auch die Ausnutzung möglicher Bündnispartnerschaften für seinen Plan eines großen Kreuzzugs gegen den türkischen Sultan[12]. Maximilians Kaiserpropaganda ist in vielen Denkmälern und Denkmalen erkennbar, darunter den Planungen für sein Grabmal[13], seinen

[12] In seiner "Verordnung und vermanung zu der ritterschaft in die bruderschaft sant Jorgen wider die unmenschliche that und geschicht der Turgkken" [1494], trieb Maximilian die Adligen in seiner Umgebung an, dem Georgsorden beizutreten, der für die Durchführung eines Kreuzzugs gegen die Türken von seinem Vater Kaiser Friedrich III. begründet worden war, und nahm für sich als Haupt des Römischen Reichs die Kompetenz zur Leitung eines solchen Kreuzzugs in Anspruch. Vgl. Historisch-literarisch-bibliographisches Magazin 3 (1791) S. 39. Auf dem Wormser Reichstag von 1495 führte er Unterhandlungen zur Vorbereitung des Kreuzzugs unter seiner Führung. Er wiederholte diesen Anspruch in seinem Mandat vom 12. November 1503; Druck in: Johannes Philippus *Datt*: Volumen rerum Germanicarum novum. Ulm 1698. S. 214-215. Am Ende seines Lebens finden wir ihn wieder mit Kreuzzugsplänen befasst, so in seiner Denkschrift von 1517: "Kayser Maximilian Anslag wider die Türcken", Hs. Österreichisches Staatsarchiv, Haus-, Hof- und Staatsarchiv, Maximiliana, Fz 30b (1517) 2, fol. 131r-140v. Druck in: Quellen zur Geschichte Maximilians I. und seiner Zeit. Hg. von Hermann *Wiesflecker* und Inge *Wiesflecker-Friedhuber* (Ausgewählte Quellen zur deutschen Geschichte der Neuzeit 14). Darmstadt 1996. S. 268-279.

[13] Die frühesten Notizen über die Grabmalplanung liegen heute vor in Maximilians Zweitem Gedenkbuch aus der Zeit um 1506, Hs. Wien, Österreichische Nationalbibliothek, Cod. Ser. N. 265, fol. 32r. Druck in: Zweytes Gedenkbuch des Kaisers Maximilian I.. Hg. von Alois *Primisser*. In: Taschenbuch für vaterländische Geschichte N. S. 5 (1824), S. 70. Jahrbuch der Kunsthistorischen Sammlungen des Allerhöchsten Kaiserhauses 5 (1887), Reg. 4021, S. XVII. Theodor *Gottlieb*: Büchersammlung Kaiser Maximilians I.. Leipzig 1900. S. 60. Maximilian traf noch einmal Verfügungen über sein Grabmal in seinem letzten Willen, datiert auf den 30. Dezember 1518, dessen Echtheit jedoch umstritten ist. Vgl. Hs. Wien, Österreichisches Staatsarchiv, Hofkammerarchiv, Herrschaftsakten G 75, fol. 24. Druck in: Jahrbuch der Kunsthistorischen Sammlungen des Allerhöchsten Kaiserhauses 1 (1883), Reg. 480, S. LXXV. Das Grabmal selbst blieb unvollendet und ein Zenotaph.

Aufträgen zur Geschichtsschreibung über die Habsburger[14] sowie deren Genealogie[15] sowie einer großen Zahl von Großdrucken[16], mit deren Herstellung er die namhaftesten deutschsprachigen Künstler seiner Epoche beauftragte. Maximilian handelte damit ganz auf derselben Linie wie der portugiesische König[17] und auch Kolumbus. Kolumbus glaubte, seine Expeditionen könnten einem künftigen großen Kreuzzug dienen und betrachtete seine "Entdeckungen" als Erfüllung biblischer Weissagungen[18]. Der portugiesische König brachte seinen Gesandten Vasco da Gama dazu, als er schließlich im Jahr 1498 an der südwestindischen Küste anlangte, zu sagen, dass er von weit her aus Portugal gekommen sei, um Gewürze und Christen zu finden[19]. Wie Vasco da Gama verband Maximilian das Ziel der Förderung des Handels mit dem Ziel der Durchführung eines Kreuzzugs. Handel und Krieg verdunkelten die Suche nach dem adäquaten Weltbild.

Dieses veränderte sich schnell und ohne Zutun der Politik. In den in schneller Abfolge gezeichneten und gedruckten Karten wuchsen die Wasserflächen, die Kontinente schmolzen dahin, und immer wieder neue Inselwelten zergliederten die Wasserflächen. Das Weltkartenbild verlor sein Zentrum Jerusalem, das zur Hauptstadt eines Territoriums Palästina mutierte[20]. Im Mittelalter wäre nicht nur eine sachliche falsche Vorstellung gewesen, sondern eine fast schon blasphemische Idee.

Dem gegenüber blieben die Veränderungen des Weltkartenbilds zunächst auf

---

[14] Jakob *Mennel*: Fürstlich Chronickh kayser maximilians geburt spiegel, 5 vols in 6 parts. Hs. Wien, Österreichische Nationalbibliothek Cod. 3072x, 3073, 3074, 3075, 3076, 3077. *Ders*.: Kaiser Maximilians besonder Buch genannt der Zaiger, Cod. 7892. Nebenstudien sind erhalten in Cod. 2800, 3077*, 3077**, 3077***, 8994.

[15] Jakob *Mennel*: Der "Habsburger Kalender" (Urfassung) [1513 x 1514]. Hg. von Wolfgang *Irtenkauf*. Göppingen 1979.- Simon *Laschitzer*: Die Genealogie des Kaisers Maximilian I.. In: Jahrbuch der Kunsthistorischen Sammlungen des Allerhöchsten Kaiserhauses 8 (1888) S. 17-20, 25-27.- *Ders*.: Die Heiligen aus der 'Sipp-, Mag- und Schwägerschaft' des Kaisers Maximilian I. In: Jahrbuch der Kunsthistorischen Sammlungen des Allerhöchsten Kaiserhauses 4 (1886) S. 75-88.

[16] Eduard *Chmelarz* (wie Anm. 2) fol. 31. Das Werk wurde zuerst en détail beschrieben von Willibald *Pirckheimer*: Cvrrvs Trivmphalis Honori et Memorie Immortali Divi Maximiliani primi Romanorum Imperatoris. In: *Ders*.: Opera politica, historica, philologica et epistolica. Frankfurt 1610. S. 176-179. Der Triumphzug liegt vor in der Ausgabe in: Jahrbuch der Kunsthistorischen Sammlungen des Allerhöchsten Kaiserhauses 1 (Vienna, 1883), Supplement (Nachdruck, Dortmund 1979). Einige Abbildungen wurden herausgegeben von Franz *Winzinger*: Der Triumphzug Kaiser Maximilians I.. Graz 1982. Die Miniaturen zur Vorbereitung der Herstellung der Blockdrucke wurden herausgegeben von Franz *Winzinger*: Die Miniaturen zum Triumphzug Kaiser Maximilians. 2 Bde, Graz 1972-1973. Die erste ausführliche Beschreibung des Drucks liegt vor im Werk von *Pirckheimer*, Cvrrvs (wie oben) S. 180-190.

[17] Vgl. João *de Barros*: Da Asia, Dec. I, lib. III, cap. 5. Hg. von Antonio Baião. Coimbra 1932, S. 95-98.

[18] Kolumbus glaubte, auf seiner dritten Reise 1498 einen der Paradiesflüsse gefunden zu haben, als er in das Mündungsgebiet des Orinoco einfuhr. Vgl. *Kolumbus*: Relación de Cuarto Viaje = Lettera rarissima [7. Juli 1503]. In: Relazioni e lettere sul secondo, terzo e quarto viaggio. Hg. von Paolo Emilio *Taviani*, Consuelo *Varela*, Juan *Gil* und Marina *Conti*, Bd. 1. Rom 1992, S. 136. Er deutete seinen Geburtsnamen als Hinweis auf Christus und sah sich als Christusbote, indem er seinen Namen mit "Christo ferens" glossierte. Vgl. *Kolumbus*: Testament and Codicil of 19 May 1506. Hg. von John Boyd *Thacher*: Christopher Columbus. His Life, His Work, His Remains. Bd. 3, New York 1904. S. 658-660. Fernando Colombo meinte, die Glosse folge aus dem Missionseifer seines Vaters. Vgl. Fernando *Colombo*: Le Historie della vita e dei fatti dell' Ammiraglio Don Cristoforo Colombo. Hg. von Paolo Emilio Taviani und Ilaria Luzzana *Caraci*. Bd. 1, Rom 1990. S. 43. Weitere Hinweise auf Kreuzzugsideen des Kolumbus finden sich in: *Kolumbus*, Libro de las Profecias. Hg. von Francisco Morales *Padron*. Madrid 1984.- Christoph Colomb et l'Université de Salamanque. Hg. von Joseph Germain *Magnabal*. Paris 1892.

[19] Diário da Viagem de *Vasco da Gama*. Facsimile do códice original, cap. II, Nr 2. Hg. von Damião *Peres*, António *Baião* und Agustín *de Magalhaes Basto*. Bd. 1, Porto 1945. S. 45.

[20] Hartmann *Schedel*: Buoch der Chronicken, deutsche Fassung. Nürnberg 1493. fol. XVIIr (Nachdruck, Grünwald 1975).

den Bereich der Theorie begrenzt. Die mangelnde Verbundenheit der Landflächen führte zu einer Umdefinition des Begriffs von Weltherrschaft. Sie sollte nunmehr nicht in dem, erforderlichenfalls nur theoretisch mit den Mitteln religiöser Glaubenslehren zu begründenden Ziel der Kontrolle über die trikontinentale Welt bestehen, sondern musste in der Form tatsächlicher Kontrolle über Land und Leute und die Routen zu ihnen manifest sein. Das Ziel der Erlangung von Weltherrschaft erschien zwar den Theoretikern wie Bartolomé de Las Casas als utopisch[21], aber kein Berater mochte Herrschern wie Maximilian oder Karl V. nahelegen, es aufzugeben[22]. Hinter der größer werdenden Vielheit der Räume und Zeiten trat der Gedanke der Einheit der Menschheit als bloß mit militärischen Mitteln zu erreichendes Ziel zurück.

In bezug auf den Handel jedoch hielt die mittelalterliche Weltordnung allen Umbrüchen stand. Auch nach der Mitte des 16. Jahrhunderts versuchten die Herrscher in Portugal und Spanien, die Neue Welt als ihr Territorium dem Zugriff nicht-iberischer Handelsleute und Seefahrer zu entziehen. Die Definition des Atlantik als portugiesisch-spanisches Binnenmeer variierte die mittelalterliche Vorstellung, Herrschaft erlaube die Durchsetzung von Geboten über irgendwo auf Land sitzende Leute. Wenn es schon im Atlantik wenig Land gab, das zu kontrollieren war, dann galt es wenigstens, die auf dem Atlantik verkehrenden Leute dem Regiment der Landesherren zu unterwerfen. Zwar bestand schon zu Zeiten Karls V. die Forderung, das Meer solle offen sein, das heißt ein Freiraum ohne Landesherrschaft[23]. Aber wer darüber entschied, was Meer sei und was nicht, blieb umstritten.

Das Universalherrschaftsparadigma bestand in das 16. Jahrhundert hinein fort. Als Maximilian im Januar 1519 starb, hinterließ er seinem Nachfolger und Enkel Karl den Konnex von Kreuzzugsplänen und Universalherrschafts-Ideologien als unerledigtes Erbe. Schon früh hatte er den Enkel über die Traditionen des Kaisertums unterrichten lassen, dabei das Schwergewicht auf dynastische Beziehungen gelegt und diese mit Darlegungen zum Universalherrschaftsanspruch verbunden[24]. Maximilian freilich bewegte sich in dem vom abendländischen Weltkartenbild vorgegebenen Rahmen. Zwar interessierte er sich für die Kolumbus-Expe-

---

[21] Bartolomé *de Las Casas*: Dreissig Rechtssätze. In: *Ders.*: Sozialethische und staatsrechtliche Schriften. Hg. von Norbert *Briesekorn*, SJ, Daniel *Deckers*, Mariano *Delgado* und Michael *Sievernich*, SJ. Paderborn 1996, S. 185-187 (Las Casas. Werkauswahl. 3,1.).- *Ders.*: Traktat zur Begründung der souveränen kaiserlichen Herrschaft. In: Ebda., S. 193-274.

[22] Mercurino Arborio di *Gattinara*: Memorandum von 1519. Hg. von Carlo *Bornate*, Historia vite et gestorum per dominum magnum Cancellarium [Gattinara], con note, aggiunti et documenti. In: Miscellanea di storia Italiana 48 (1915) S. 407.- *Gattinara*: Relazione 1526, ebda., S. 492.

[23] *Maria von Ungarn*: Instruktion vom Februar 1554. In: Staatspapiere zur Geschichte Kaiser Karls V. Aus dem Königlichen Archiv und der Bibliothèque de Bourgogne zu Brüssel. Hg. von Karl Friedrich Wilhelm *Lanz*. Stuttgart 1845. S. 141 (Bibliothek des Litterarischen Vereins. 11.)

[24] Zu Mennels Denkschrift für Karl vgl. Georg *Kugler*: Eine Denkschrift Dr. Jakob Mennels, verfaßt im Auftrage Maximilians I. für seinen Enkel Karl. Phil. Diss. masch. Wien 1960. Bl. 35-58.

ditionen[25], schlug seinen portugiesischen Verwandten sogar eine Westfahrt vor[26], blieb aber ganz in der Vorstellung befangen, Kolumbus sei in ozeanische Gewässer vor der asiatischen Ostküste gelangt[27]. Während Maximilian demnach seine Universalherrschaftsideologie noch an das mittelalterliche Weltkartenbild binden konnte[28], bestand für Enkel Karl diese Möglichkeit nicht mehr. Kreuzzugspläne und Universalherrschaftsideologie musste Karl trennen; Jerusalem war nicht mehr das Zentrum der Welt, und der Kampf um Byzanz und Palästina geronn zu einem bilateralen Konflikt zwischen dem römischen Kaiser und dem türkischen Sultan. Dabei blieb nach wie vor die erfolgreiche Reichsreform die Basis für alle größeren Unternehmungen gegen die Osmanen wie auch anderer Vorhaben mit dem Ziel, den Römischen Kaiser als Universalherrscher zu etablieren. Zusätzlich zu den politischen Problemen der Reichsreform hatte Karl gegen die mit dem neuen Weltkartenbild verbundenen Schwierigkeiten zu kämpfen, Universalherrschaft als Herrschaft über Land und Meer zu errichten.

Maximilian wie auch Karl scheiterten. Die Reichsreform gedieh nicht; viele abendländische Herrscher waren nicht oder nur bedingt bereit, sich dem Kommando des Kaisers zu unterstellen. Die Beziehungen zwischen dem Kaiser und dem Papst, den höchsten Repräsentanten des weltlichen und des kirchlichen Universalismus, waren oft gespannt, wenn nicht sogar offene Gegnerschaft bestand. Zudem gelang den osmanischen Truppen eine bemerkenswerte Expansion durch den Balkan nach Ostmitteleuropa. Im Jahr 1529 standen sie erstmals vor Wien. Die inoffizielle Hauptstadt des Römischen Reichs schien in die Hände Sultan Suleymans des Prächtigen zu fallen. Zwar kam es nicht dazu, aber der Kaiser und seine Truppen standen in der Defensive. An die Stelle von Kreuzzugsplänen traten fortan Maßnahmen zum Schutz des Römischen Reichs. Die "lutherische Ketzerei" kam hinzu, versauerte dem Kaiser weiterreichende Pläne zur herrschaftlichen Expansion und schien die Einheit des Reichs in Frage zu stellen.

Im Konflikt der Pflichten zum Kreuzzug, zur Reichsverteidigung und zur Wahrung der Reichseinheit sann Karl auf eine billige Lösung, die ihn von der

[25] Matthias Ringmann und Martin Waldseemüller dedizierten Maximilian ihr kartografisches Hauptwerk von 1507. Vgl. Matthias *Ringmann* und Martin *Waldseemüller*: Cosmographiae Introductio. Straßburg 1507 (Nachdruck, hg. von Franz *Ritter von Wieser*, Straßburg 1907) (Drucke und Holzschnitte des XV. und XVI. Jahrhunderts in getreuer Nachbildung 12.) Die Widmung an Maximilian ist auch nachgedruckt in: Franz *Laubenberger*: Ringmann oder Waldseemüller? Eine kritische Untersuchung über den Ursprung des Namens Amerika. In: Erdkunde 13 (1959) S. 172, 175.

[26] Ein handschriftliches Fragment von Müntzers Brief findet sich im Nachlass Hartmann Schedels in München, Bayerische Staatsbibliothek, Incun. C.a. 424. Eine portugiesische Version wurde gedruckt im Anhang zu der undatierten Ausgabe von Johann von *Sacrobosco*: Tractado da sphere. Die portugiesische Version wurde herausgegeben von Henry *Harrisse*: The Discovery of North America. London 1892, S. 393-395 (Nachdruck, Amsterdam 1961). Eine deutsche Version liegt vor in: *Kleinschmidt*, Geschichte, S. 405-407.

[27] Vgl. dazu: Harald *Kleinschmidt*: Fernweh und Großmachtrausch. Ostasien im europäischen Weltbild der Renaissance. Tokyo 2003.

[28] Maximilian scheint Kenntnis gehabt zu haben vom ältesten deutschsprachigen Druck des sogenannten Kolumbusbriefs. Vgl. Christoph *Kolumbus*: De insulis inventis epistola Cristoferi Colombi ... ad magnificum dominum Raphaelez Sanxis. Basel 1493. Deutsche Version u.d.T.: Eyn schön hübsch lesen von etlichen inßlen die do in krutzen zyten funden synd durch den künig von hispania. Straßburg 1497 Nachdruck. Hg. von Konrad Haebler. Straßburg 1900) (Drucke und Holzschnitte des XV. und XVI. Jahrhunderts in getreuer Nachbildung 6.) Am Druck der deutschen Ausgabe war wahrscheinlich der Humanist und nachmalige Straßburger Stadtschreiber Sebastian Brant beteiligt, der die Expedition aus kritischer Distanz beobachtete. Vgl. Sebastian *Brant*: Das Narrenschiff, Nr 66 (Basel 1494). Hg. von Friedrich *Zarncke*. Leipzig 1854, S. 65-67 (Nachdruck, Hildesheim 1961).

Kreuzzugspflicht entbinden und es ihm gleichwohl erlauben konnte, als Universalherrscher aufzutreten. Die Verbindung dieser in der Sicht der Zeitgenossen schwer zu vereinbarenden Ziele war nur unter einer Reihe von Voraussetzungen möglich. Zunächst musste Karl an seine Ehre als Herrscher denken, die ihn seit den frühen 1520er Jahren immer wieder beschäftigte. Er lebte damals in dem Bewusstsein, Ämter und Pflichten in beträchtlicher Zahl zu tragen, aber noch nichts wirklich Großes erreicht zu haben. Ein militärisches Unternehmen war nur dann zweckmäßig, wenn es Erfolg und mit ihm die Steigerung der kaiserlichen Ehre versprach. Ein riskantes Unternehmen, bei dem der Erfolg fraglich war, schied daher aus den Planungen aus. Das Problem war also zu entscheiden, welches Unternehmen am ehesten Erfolg versprach. Desweiteren hatte Karl an die Kampfkraft der ihm verfügbaren Truppen zu denken. Er brauchte Geld und politisches Ansehen, um eine hinreichend große und schlagkräftige Truppe zusammenstellen zu können. Die meisten kampfbereiten Leute und wahrscheinlich auch das meiste Geld gab es im Reich. Aber Karl verfügte weder über die Möglichkeit, im Reich direkt Truppen auszuheben; denn dazu benötigte er die Unterstützung der Reichsstände. Auch hatte er keinen direkten Zugriff auf die im Reich vorhanden Vermögen, von dem die Bürger der Städte das meiste kontrollierten. Zu gleicher Zeit die Zustimmung der Reichsstände zu gewinnen und die Kaufleute der großen Reichsstädte willfährig zu halten, war ein kompliziertes und vor allem langwieriges Unterfangen. Stände und Städte würden am ehesten geneigt sein, ein größeres militärisches Unternehmen zu fördern, wenn es als Reichskrieg gegen Feinde des Reichs geführt werden würde. Reichsfeinde auszumachen, war zwar keinesfalls ein Problem, denn spätestens seit der türkischen Belagerung Wiens vertrat im Reich kaum jemand die Auffassung, der türkische Sultan solle verschont bleiben[29]. Aber Karl war sich seiner Sache nicht sicher. Würden die Anhänger der "lutherischen Ketzerei" dem Ruf zum Kriegsdienst folgen, und, wenn ja, welche Bedingungen würden sie stellen? Karl kam daher zu dem Schluss, dass er erst seine Position als Kaiser konsolidieren und die "lutherische Ketzerei" ausrotten müsse, ehe er den Angriff wagen konnte. Denn er war zwar im Jahr 1519 als Kaiser "erwählt", aber bis zu Jahresbeginn 1530 noch nicht zum Kaiser gekrönt worden. Die Vorbereitung der Kaiserkrönung nahm Karl so wichtig, dass er 1529 gegen den Willen seiner Ratgeber seinem Bruder Ferdinand die Verteidigung Wiens gegen Süleyman den Prächtigen überließ und selbst in Italien blieb, wo die Krönung stattfinden sollte. Während das Reich in höchster Gefahr zu sein schien, blieb der Kaiser selbst militärisch tatenlos. Schließlich schien er sogar Recht zu behalten. Die türkischen Truppen zogen ab, auch ohne dass er selbst nach Wien geeilt war. Wichtiger als der Krieg gegen den Sultan war also die Durchführung

[29] *Karl V.:* Eigenhändige Aufzeichnungen Karls aus dem Jahre 1525. Der Kanzler und sein Kaiser. Hg. von Karl *Brandi*. In: Nachrichten von der Gesellschaft der Wissenschaften zu Göttingen, Philologisch-historische Klasse (1933). S. 224.- Auch in: Quellen, hg. von *Kohler*, S. 107. Karls Befürchtung, die Protestanten könnten sich gegen den Krieg gegen den Sultan aussprechen, erwies sich als völlig grundlos, predigte doch selbst Luther heftig gegen die Türken und stellte sich als Erzfeind dar. Vgl. Martin *Luther*: Heerpredigt wider den Türken (28. Oktober 1528). In: D Martin *Luthers* Werke. Kritische Gesamtausgabe. Bd. 3, Weimar 1909, S. 160-197 (Nachdruck, Weimar 1964). Karls Ratgeber traten mit ihrer antitürkischen Propaganda sogar an die Öffentlichkeit.- Vgl. Baptista *Pizacharus*: Ad Carolem V Caesarem augustissimum pro Francisco Sfortia Insubrum duce oratio. Rom um 1529, fol. C 1. Zur Sorge Karls vor einer türkischen Invasion Italiens, die er als Begründung für die Verlängerung seines Aufenthalts dort auch anführte vgl.: Karl *Brandi* (wie Anm. 5), Bd. 2, S. 247.

der Kaiserkrönung, wie er seinem Bruder hilflos-entschuldigend zu erklären versuchte[30].

In der Tat gab es in Italien Probleme genug. Auf dem Heiligen Stuhl saß der Mediceer Klemens VII. und stellte Bedingungen für seine Mitwirkung bei der Krönung. Diese Bedingungen konnte Karl schlecht zurückweisen, entsprachen sie doch seiner eigenen Propaganda, dass der Kaiser der Beschützer der Kirche, des Papsts und Italiens sei. Dieser Aspekt der kaiserlichen Universalherrschaftsideologie gründete in der von Erasmus von Rotterdam formulierten, an Theorien Dantes anknüpfende These, der Kaiser solle Bringer des Friedens sein[31]. Karls Absicht, Krieg gegen den türkischen Sultan zu führen, stand also seiner eigenen Propaganda entgegen. Klemens nutzte diesen Widerspruch aus und verlangte, Karl müsse vor der Krönung in Italien zunächst Frieden stiften. Darunter verstand der Papst etwas ganz Konkretes, nämlich die Rückführung seiner aus Florenz als Herrscher vertriebenen Mediceer-Verwandten. Karl sah sich folglich gezwungen, in Vorbereitung seiner Krönung in die italienische Politik einzugreifen, ehe er zu einem großen Krieg gegen den türkischen Sultan schreiten konnte, mochte der auch schon vor Wien stehen. Erst nachdem die türkischen Truppen sich nach Ungarn zurückgezogen hatten und nachdem er in Bologna schließlich im Februar 1530 die Kaiserkrone empfangen hatte, erschien er für einige Tage in Wien, gewissermaßen als Tourist. Ein Beitrag zur Hebung der kaiserlichen Ehre war dieses Vorgehen jedoch nicht. Nicht einmal die "lutherische Ketzerei" hatte er in ihre Grenzen weisen können. Ein eigens zur Lösung der strittigen Glaubensfragen nach Augsburg im Jahr 1530 einberufener Reichstag endete mit der Vorlage zweier theologischer Grundsatzbekundungen, die die Gegensätze deutlicher als je zuvor zum Ausdruck brachten und festschrieben[32].

Somit erschien trotz Krönung die Einheit des Reichs und damit die Voraussetzung für den großen Krieg in Frage gestellt. Die Aussicht, den türkischen Sultan frontal im Zentrum seiner Herrschaft angreifen zu können, schmolz dahin und Karl zog sich ratlos nach Spanien zurück. Dann aber passierte das Unerwartete: Der muslimische Herrscher von Tunis, Müley Hassan, der unter türkischer Oberhoheit amtierte, wurde im Jahr 1534 aus seiner Residenz vertrieben, erschien in Italien und bat den Kaiser um Hilfe[33]. Karls Warten hatte sich gelohnt. Zwar konnte er keine Truppen des Reichs aufbieten und die Geldquellen des Reichs blieben ihm nahezu unzugänglich, da der Krieg zur Wiedereinsetzung Müley Hassans nicht als Reichskrieg geführt werden konnte. Aber Karl rechnete damit, dass für die Eroberung von Tunis spanische und italienische Verbände ausreich-

[30] Karl V. an Ferdinand am 11. Januar 1530. In: Die Korrespondenz Ferdinands I. Familienkorrespondenz. Bd. 2. Hg. von Wilhelm *Bauer* und Robert *Lacroix* (Veröffentlichungen der Kommission für Neuere Geschichte Österreichs 30/31). Wien 1937-1938. S. 554-563.

[31] Dante *Alighieri*: De monarchia, Lib. I, cap. XI/2-3. In: *Ders.*: Opere minori. Hg. von Bruno *Nardi*. Bd. 2, Mailand und Neapel 1979, S. 328-330.- Zur Dante-Rezeption im 16. Jahrhundert vgl.: Desiderius *Erasmus*: Querela pacis [1517]. In: Ders.: Opera omnia. Hg. von Johannes *Clericus*. Bd. 4, Leiden 1703. Sp. 625-642 (Nachdruck, Hildesheim 1962). Neu hg. von Otto *Herding*, Erasmus, Opera omnia, Ordo IV, Bd. 1, Amsterdam 1974, S. 1-100.

[32] Die beiden Bekenntnisschriften, die auf dem Augsburger Reichstag von 1530 debattiert wurden, liegen vor als: Confessio Augustana. Hg. von Günther *Gassmann*: Das Augsburger Bekenntnis, revidierter Text. 6. Aufl., Göttingen 1988, sowie als Confutatio Augustana. Hg. von Herbert *Immenkötter*: Die Confutatio Augustana vom 3. August 1530. Münster 1979 (Corpus Catholicorum. 33).

[33] Müley *Hassan*: Lettere inedited a Ferrante Gonzaga, vicere di sicilia (1537 – 1547). Hg. von Federigo *Odorici* und Michele *Amari*. Modena 1865.

ten, griff Müley Hassans Hilferuf begierig auf und mobilisierte in aller Eile eine Flotte zur Fahrt von Spanien nach Tunis. Zwar warnte Karls Schwester Maria, die er als Statthalterin in den Niederlanden eingesetzt hatte, das Unternehmen sei zu riskant, und im Falle einer Niederlage der kaiserlichen Ehre abträglich[34]. Doch Karl ignorierte die Warnung und leitete den Kriegszug persönlich, der im Jahr 1535 stattfand.

Karls Rechnung ging auf. Die in Tunis lebende große Christengemeinde revoltierte und veranlasste den Usurpator Chaireddhin Barbarossa zur Flucht. Karl hatte den Boden Afrikas betreten, seine Truppen dort zum Sieg geführt, Müley Hassan als seinen Vasallen wieder eingesetzt und kehrte im Triumph zunächst nach Italien zurück. Zwar war Chaireddhin, dessen Karl eigentlich hatte habhaft werden wollen, entschlüpft und hatte sich in Algier festgesetzt. Aber das tat der kaiserlichen Propaganda vorläufig keinen Abbruch, die das Tunis-Unternehmen als Sieg in einem Kreuzzug und Karl als Universalherrscher hinstellte[35]. Die kaiserliche Ehre war gefestigt, die kaiserliche Macht vergrößert. Karl hatte den Anhängern der "lutherischen Ketzerei" und deren Helfern innerhalb und außerhalb des Reichs gezeigt, dass er auch ohne sie siegen konnte. Und schließlich hatte er demonstriert, dass er auf das Geld aus den Reichsstädten nicht angewiesen war.

Anerkennung der Ehre und Demonstration von Macht waren die Zwecke, die Karl mit zahlreichen Einritten in diejenigen Städte erreichen wollte, die er auf seinem Triumphzug durch Italien aufsuchte. Die Einritte gerieten zu aufwendigen Zeremonien, die durch eigens errichtete Triumphbögen in die Städte führten. Die Bürger waren gezwungen, den Kaiser als Friedensbringer und Universalherrscher zu empfangen und ihm zu huldigen. Die Einritte waren also Demonstrationen des kaiserlichen Willens zur Herrschaft. Die Bürger von Messina scheinen es gewesen zu sein, die bei Karls Einritt in ihre Stadt die Formel prägten, in Karls Reich gehe die Sonne nicht unter[36]. In den Einritten verschmolz antik-römische und mittelalterlich-burgundische Herrschaftstradition. In Rom hielten die Kaiser der Antike als Friedensbringer nach erfolgreich beendetem Krieg Einzug. Die burgundischen Herzöge ritten in die ihnen unterstehenden Städte als deren Herrscher ein und erzwangen so den Gehorsam der Bürger. Karl ahmte beide Vorbilder nach, kam

[34] Karl V., Brief an Maria von Ungarn, 2. Juli 1535. Hg. von Alfred *Kohler* (wie Anm. 4) S. 203-205.- Auch der Erzbischof von Toledo Juan Tavera wandte sich gegen Karls Tunispläne. Vgl. Denkschrift Juan Taveras zum geplanten Zuge gegen Tunis und nach Italien, Madrid, Jan. 1535. Hg. von Fritz *Walser*. In: Nachrichten von der Gesellschaft der Wissenschaften zu Göttingen, Philologisch-historische Klasse (1932) S. 167-172.

[35] Luis *de Avila y Zuñiga:* La conquista de la Goletta y Tunez año de 1535. In: Colección de documentos ineditos. Bd. 1, Madrid 1842. S. 159.- Guillaume *de Montoiche:* Voyage et expédition de Charles-Quint au Pays de Tunis, de 1535. In: Collection des voyages des souverains des Pays-Bas. Hg. von Louis Prosper *Gachard*. Bd. 3, Brüssel 1875. S. 317-403.- C[hristoph] *S[cheurl von Defersdorf]:* Römischer Kayserlicher Maiestat Christenliche Kriegs Rüsstung wider die Vnglaubigen anzug in Hispanien vnd Sardinien / Ankunfft in Africa / vnd eroberung des Ports zu Thunis / im Monat Junio / Anno 1535, o.O. 1535. La conquête de Tunis en 1535, racontée par deux écrivains franc-comtois. Hg. von Auguste Castan, Besançon 1891. Tunesi. Spedizione di Carlo V imperatore. Hg. von Damiano *Muoni*, Mailand 1876.- Zum Tunis-Unternehmen und der dafür verfertigten Propaganda vgl.: Heinz *Duchhardt*: Das Tunis-Unternehmen Karls V. 1535. In: Mitteilungen des Österreichischen Staatsarchivs 37 (1984) S. 35-72.

[36] Triumphierlich einreiten Röm[isch] Keyserlicher Maiestat zu Messina den 21. Octobris und zu Neapolis den 25. Novembris Anno 1535, o.O. 1535. Marco *Guazzo*: Historia di tutte le cose degni memoria del anno 1524 sino a questo presenta. Venedig 1540. fols. 139v-140v.- Embellissement des voyage et conqueste de la cité de Thunes en Affrique, faicte par l/Impérialle Majesté figure à Gédéon. In: Documents relatifs à la conquête de Tunis par l'empereur Charles-Quint. Hg. von Emile Léonard Jean Baptiste *Gachard*, Brüssel 1844, S. 49.

als Friedensbringer nach Italien und erhielt die Huldigung seiner dortigen Untertanen. Ins Reich kam er bei dieser Gelegenheit gerade nicht. Doch in Sebastian Fischers Beschreibung von Karls Einritt in Ulm finden sich Versatzstücke derselben Botschaft: Karl trat auf als Universalherrscher, der die Bürger der Stadt zur Huldigung zwang. Fischers Erwähnung von Afrika als desjenigen Kontinents, auf dem eine der Säulen des Herkules stehen sollte, mutet an wie eine Reminiszenz an das Tunis-Unternehmen dreizehn Jahre zuvor. Noch am Ende des 16. Jahrhunderts konnte Karl als Triumphator dargestellt werden, der vor zwei Säulen im Hintergrund einer Landschaft, gewissermaßen mitten im Mittelmeer steht, mit der linken Hand nach Europa zeigt und zugleich wie ein Kreuzritter in Richtung Palästina blickt[37].

War schon der türkische Sultan aus Istanbul nicht zu vertreiben, konnte es doch nach 1535 vorübergehend scheinen, als habe der Kaiser die im Westen des Mittelmeers und jenseits des Atlantik gelegene Welt unterworfen. So verstärkte das Tunis-Unternehmen die Wandlung von Karls politischer Orientierung. Er wandte sein Interesse vom Osmanischen Reich und dem Osten ab und konzentrierte sich auf den Westen. Herrschaft über die Welt manifestierte sich nunmehr in erster Linie als Kontrolle über die Ozeane und die "Neue Welt" draußen im Atlantik. Europa gestaltete sich als dem Meer zugewandter Kontinent. Die Devise PLUS ULTRA erhielt die Bedeutung, die Sebastian Fischer beim Kaiserbesuch in Ulm vermittelt wurde. Karl strebte nach fernen Gestaden jenseits der Säulen des Herkules. Das Reich wurde dabei weniger wichtig, denn der Ozean war Ziel der herrschaftlichen Expansion nicht des Kaisers, sondern der Herrscher der Iberischen Halbinsel. Dass Karl zufällig zugleich römischer Kaiser und spanischer König war, tat der Unterscheidung keinen Abbruch.

Die kaiserliche Propaganda änderte also wenig an den politischen Gegebenheiten. Der türkische Sultan blieb unbeeindruckt, auch wenn Karls Tunis-Unternehmen die türkischen Marineexpeditionen in das westliche Mittelmeer reduzieren konnte. König Franz I. von Frankreich aber grub ältere Pläne zu einer Invasion Italiens hervor und suchte ein Bündnis mit dem Papst. Während seines Triumphzugs durch Italien verwandte Karl bereits beträchtliche Energie und nicht weniger rhetorisches Geschick auf den Versuch, den Papst und den französischen König voneinander zu trennen. Der Erfolg blieb jedoch aus. Und die Protestanten im Reich versagten dem Kaiser die Gefolgschaft in Dingen der Religion. Alle Universalherrschaftspropaganda konnte nicht darüber hinwegtäuschen, dass der römische Kaiser im Abendland ein Herrscher unter vielen war und im türkischen Sultan seinen ernstesten, unangreifbaren Rivalen hatte. Dennoch hatte Karl einen Triumph. Nur er als spanischer König konnte er beanspruchen, Herr über den Ozean. Auch das kaiserliche Amt konnte von diesem Anspruch profitieren. Ohne Rücksicht auf juristische Feinheiten bezog Karl die spanischen Überseegebiete und die dort unter spanischem Joch lebenden Völker in seine Interpretation der kaiserlichen Devise PLUS ULTRA ein und erließ für die spanischen Herrschaftsgebiete in Übersee Mandate in kaiserlichem Namen[38]. Den zunehmenden Zwang zur Anerkennung der Pluralität der Herrschaftsträger im Abendland und im Mit-

[37] Apotheose Kaiser Karls V, um 1593. Museum Nordico Linz, Inv.-Nr 11009.

[38] So zum Beispiel die sogenannten Leyes Nuevas des Jahrs 1543. Vgl. Ordenanzas reales para la cosa de contratación y para otras cosas de las Indias y de la navigación. Valladolid 1643. fol. 1r.

telmeer kompensierte die spanische Kolonialexpansion. Als spanischer König war Karl ein Förderer der Globalisierung des Weltbilds; als römischer Kaiser hingegen war er Opfer der Territorialisierung von Herrschaft als Prozess der Entstehung von Vorformen der Staaten. Damit kehrte sich in der Person Karls die aus dem Mittelalter überkommene Verteilung der Trägerschaft von universaler und partikularer Herrschaft um. War im mittelalterlichen Abendland der römische Kaiser Träger des Anspruchs auf Herrschaft über die trikontinentale Welt gewesen, die ihn anderen, partikularen Herrschern voranstellte, so war Karl als römischer Kaiser Träger eines partikularen, auf definierte Gebiete innerhalb Europas bezogenen Herrschaft, als spanischer König hingegen herrschte er über Afrika, den sich ausdifferenzierenden Ozean und die darin eingestreuten "neuen" Inselwelten. Asien überließ er, anknüpfend an den Vertrag von Tordesillas von 1494, seinen portugiesischen Verwandten. Amerika hatte als Kontinent in diesem Weltbild keinen Platz. Sebastian Fischer hatte deswegen keinen Grund, Amerika in die Liste der Kontinente der Welt aufzunehmen, und konnte Asien mit Schweigen übergehen. Er folgte darin nur Karls Propaganda, bezog aber Karls spanische Herrschaftsansprüche auf das Kaisertum.

Dafür gab es zwar keinen rechtlichen, aber einen politischen Grund, der in der Entwicklung von Karls Herrschaftspraxis zu suchen ist. In Begrenzung auf die trikontinentale Alte Welt galt spätestens seit dem 12. Jahrhundert eine Art Kriegsvölkerrecht. Es bestand aus moralischen Normen und Regeln, die Anwendung finden sollten unter Bedingungen, unter denen die Beziehungen zwischen Herrschaftsträgern nicht als im Recht gegründet galten. Dies war immer in Zeiten von Fehde und Krieg der Fall. Diese Normen und Regeln galten spätmittelalterlichen Theologen als Ausfluss des göttlichen Willens. Theologen wie der hl. Thomas von Aquin erkannten den Menschen die Fähigkeit ab, in Fehde und Krieg anwendbare Normen und Regeln selbst zu setzen, sondern forderten, der göttliche Wille zur Regelung von Verhaltensweisen unter der Bedingung von Fehde und Krieg solle für alle Menschen in gleicher Weise Anwendung finden, unabhängig von religiösem Bekenntnis. Fehde- und Kriegführende sollten also gehalten sein, ihre Kämpfe im Einklang mit göttlichen Geboten zu führen. Nach der Auffassung mittelalterlicher Theologen seit Augustin hatte die Gottheit den Krieg als Bestandteil der Schöpfung zugelassen, damit die Menschen ihn als Mittel zu einem stets beständiger werdenden Frieden einsetzten. Nach dieser Auffassung waren Fehde und Krieg legitime Mittel, Friedensbrecher als Agenten des Bösen zu strafen und zur Einhaltung des Friedens zu zwingen. Deswegen waren in Fehde und Krieg strenge Normen und Regeln einzuhalten, die die Androhung und Anwendung physischer Gewalt auf das zur Erhaltung, Wiederherstellung und Verbesserung des Friedens notwendige Maß zu begrenzen[39].

Diese Auffassung teilte zu Beginn des 16. Jahrhunderts Großkanzler Mercurino Arborio di Gattinara, Karls wichtigster Berater in den frühen Jahren seines Kaisertums. Gattinara riet dem Kaiser folglich, sich als Friedensbringer zu präsentieren, der dem Krieg im Grunde abhold, ihn als Mittel zur Bewahrung des

[39] *Augustin*, De civitate Dei. Hg. von Bernard *Dombart*, Alphons *Kalb*, Bd. 2, Turnhout 1955, S. 672-680 (Corpus Christianorum Series Latina. 48.).- Thomas *Aquinas*, Summa theologiae, Secunda secundae, qu. 40, ar. 1-4. Hg. von Roberto *Busa*, SJ, Sancti Thomae Aquinatis Opera omnia. Bd. 2, Stuttgart 1980, S. 579-580.

Friedens zu benutzen entschlossen war. Dabei knüpfte Gattinara an die Kaiserideologie Dantes an[40]. Als Friedensbringer musste Karl nach dieser Ideologie die Interessen der Menschheit insgesamt auch und gerade dann vertreten, wenn er nicht tatsächlicher Herrscher über die Alte Welt war. Die irenische Kaiserideologie des frühen 16. Jahrhunderts propagierte also im Einklang mit den zeitgenössischen Friedenslehren eine universalistische Ethik der Politik und Kriegführung und identifizierte den Kaiser als denjenigen Herrscher, der zu allererst diese Ethik in die Praxis umzusetzen bereit und in der Lage sein sollte. Es war eine universalistische Ethik der Mäßigung, die die Herrscher der Alten Welt auf die Begrenzung ihrer militärischen und politischen Machtmittel sowie auf Zurückhaltung bei deren Einsatz verpflichtete.

Auf der Basis dieser universalistischen Friedensethik konnte im Verlauf des 16. Jahrhunderts allmählich im Abendland der Kreuzzugsgedanke entschärft, später im 17. Jahrhundert überwunden werden. Karl selbst tat sich aber mit ihrer Anwendung erkennbar schwer, da er glaubte, zur Verteidigung der Katholischen Kirche gegen vermeintliche Ketzer wie die Lutheraner und Ungläubige wie die Muslime mit allen Mitteln der Kriegs vorgehen zu müssen. Zugleich folgte er in seiner praktischen Politik ab 1532 den Bestrebungen seines Bruders Ferdinand, der die Kämpfe mit den Truppen des türkischen Sultans in Ungarn auf der Basis der Erhaltung des Status quo und des Gleichgewichts zu beenden suchte, und ab 1548 fügte sich Karl ebenfalls, wenn auch mit starkem Widerwillen, in die Einsicht, dass der "lutherischen Ketzerei" mit militärischen Mitteln nicht der Garaus zu machen war. Karl ließ sich also einbinden in die universalistische Ethik der Mäßigung, obwohl er verstanden zu haben scheint, dass er als Kaiser gerade dadurch den Anspruch auf Feldherrnstatus in dem geplanten Kreuzzug und darüber hinaus tatsächliche Universalherrschaft aufgab.

Umso mehr kehrte er in seiner Eigenschaft als spanischer König seine Macht als Beherrscher des Ozeans hervor. Der Ozean sollte, sofern er nicht in der portugiesischen Hemisphäre lag, ein spanisches Binnenmeer bleiben, in das Zutritt nur mit königlicher Genehmigung möglich war. Die spanische Regierung überwachte den transatlantischen Verkehr, so gut sie konnte, und achtete mit beträchtlichem Erfolg darauf, dass Schiffe in die von Kolumbus besuchte Inselwelt nur von Sevilla aus in See gingen. Denn die Bevölkerungsgruppen, die als Conquistadores in die Inselwelt entsandt wurden, stammten in der ersten Hälfte des 16. Jahrhunderts zum größten Teil aus Andalusien[41].

Den amerikanischen Urbevölkerungen erkannten maßgebliche Theologen den moralischen Status des Menschseins ab und gaben die dadurch zum Ab-

---

[40] Mercurino Arborio di *Gattinara*: Mémoire du chancellier de Gattinara sur les droits de Charles-Quint au duché de Bourgogne. Hg. von Carlo *Bornate*. In: Bulletin de la Cimmission Royale d'Histoire de Belgique 76 (1907) S. 395 (mit ausdrücklichem Verweis auf Augustin). Gattinara besaß zudem ein Exemplar von Dantes Monarchia und versuchte, Erasmus zu einer Edition dieser Schrift zu bewegen. Vgl. *Gattinara*, Opus Epistolarum, Bd. 5. Hg. von Percy Stafford *Allen* und Helen Mary *Allen*, Oxford 1926, S. 470-471.

[41] Demografische Untersuchungen zu den europäischen Siedlern, die in der ersten Hälfte des 16. Jahrhunderts nach Amerika migrierten, zeigen, dass die weitaus meisten dieser Siedler aus Andalusien stammten. Vgl. Peter *Boyd-Bowman*: Indice geobiográfico de 40.000 pobladores españoles de América en el siglo XVI, Hs. 5 Bde, Buffalo: State University of New York 1964-1974.

schlachten frei[42]. Karl kümmerte sich wenig um den Genozid, bis Papst Paul III. ihn auf Drängen dominikanischer Missionare dazu zwang, dem Treiben der Conquistadores ein Ende zu gebieten. Weder Kriegsvölkerrecht noch die Ethik der Mäßigung galten jenseits des vermeintlichen spanischen Binnenmeers, bis seit den 1530er Jahren einige Intellektuellen die Meinung zu vertreten begannen, dass die amerikanischen Urbevölkerungen weder wie Tiere lebten noch missionsunwürdige Ketzer seien[43], und dass die europäischen Eroberungen nicht nur als rechtswidrig, sondern auch als unmoralisch zu verdammen seien[44]. Als es für viele amerikanische Ureinwohner zu spät war, fanden sich diese Intellektuellen bereit, das Kriegsvölkerrecht der Alten Welt auch in der Neuen Welt zur Anwendung zu bringen. Karl trug gezwungenermaßen die Bewegung mit und setzte 1542/43 in den spanischen Kolonien einen neuen Rechtkodex in Kraft, der den amerikanischen Urbevölkerungen einige Grundrechte garantierte[45].

Zwischen Titeln und Befugnissen, die Karl als Kaiser zukamen, und den vielen anderen Titeln, die er trug, und Befugnissen, die er hatte, bestand also eine Spannung. Den Anspruch auf die Universalität seines kaiserlichen Amts konnte er weder mit militärischen noch mit politischen Mitteln einlösen. Denn des Kaisers Kriegsmacht blieb machtlos. Da der große Krieg gegen den türkischen Sultan nicht stattfinden konnte, blieb Karl auch nur der Gedanke an wirkliche Universalherrschaft versagt, zumal das Römische Reich zu einem Element des entstehenden, vielgliedrigen europäischen Staatensystems geworden war. In seiner Eigenschaft als Kaiser konnte er nur dann global handeln, wenn er sich im Rahmen der universalistischen Ethik der Mäßigung bewegte, das Kriegsvölkerrecht beachtete und seine Einhaltung propagierte. Das waren schwierige Bedingungen für den Kaiser, der als Kriegsherr um die Erhaltung oder Wiederaufrichtung seiner Ehre bemüht war und bestrebt sein musste, seinen vielen Gegnern und Konkurrenten seinen Willen aufzuzwingen. Hingegen konnte Karl nur in seiner Eigenschaft als spanischer König Herrschaft über die transozeanischen Kolonien beanspru-

[42] Vgl. zum Beispiel: John *Major*: In secundum liber Sententiarum [Petri Lombardi]. Paris 1519, fol. CLXXXVIIr. Nach Las Casas riet Bischof Juan de Quevedo, ein Franziskaner, Karl, als er gerade zum Kaiser erwählt worden war, die amerikanischen Urbevölkerungen als "natürliche Sklaven" zu betrachten. Vgl. Lewis *Hanke*: All Mankind is One. A Study of the Disputation between Bartolomé de Las Casas and Juan Ginés de Sepúlveda in 1550 on the Intellectual and Religious Capacity of the American Indians (DeKalb, IL, 1974), S. 11.

[43] Insbesondere: Bartolomé *de Las Casas:* Aqui se contiene vna disputa o controversia entre el bispo dom fray Bartholome de las Casas o Casaus Obispo que fue dela ciudad Real de Chtpa que es en las Indias parte de la nueva España y el doctor Gines de Sepulueda Coronista del Emperador nuestro señor. Valladolid 1552.- [summary of the debate by], edited by (Zusammenfassung der Auffassungen Las Casas' von Domingo *de Soto.* Hg. von Lewis *Hanke* und Manuel Giménez *Fernández*, Tratados de Fray Bartolomé *de Las Casas*, Bd. 1, Mexiko 1965, S. 217-459.- Ebenso hg. von: Manuel *Delgado*: Las Casas, Die Disputationen von Valladolid (1550 – 1551). Paderborn 1994, S. 339-436 (Las Casas. Werkauswahl. 1.).- Separat gedruckt u.d.T.: *Las Casas*, Disputa o controversia de Sepulveda contendiendo acerca á l'icitud de las conquistas de las Indias reproducida literalmente de la edicion de Sevilla de 1552 y colejada con la de Barcelona de 1646. Madrid 1908 (Nachdruck, Zug, 1985).- Eine weitere Darstellung Las Casas wurde herausgegeben von Stafford C. M. *Poole*: In Defense of the Indians. DeKalb, IL 1974.

[44] Francisco de *Vitoria*: De Indis, sive de iure belli Hispanorum in barbaros, relectio posterior. Hg. von Walter *Schaetzel*: Klassiker des Völkerrechts. Bd. 2. Tübingen 1954, S. 118-171.- Neu hg. von Ulrich *Horst*, Heinz-Gerhard *Justenhoven* und Joachim *Stüben*: Vitoria, Vorlesungen. Völkerrecht, Politik, Kirche. 2 Bde. Stuttgart 1995-1997.

[45] Zu den Leyes Nuevas vgl. oben Anm. 36. Der Text des Edikts Pauls II, Non indecens vom 19. Juni 1538 liegt vor in: Josef *Metzler*: America Pontifica primi saeculi evangelizationis 1493 – 1592. Bd. 1, Vatikanstadt 1991. S. 373-375.

chen und in dieser Hinsicht Kontrollbefugnis über Teile der Alten Welt sowie der Neuen Welt anmahnen und durchsetzen. Diese Verbindung der Widersprüche von universalen und partikularen Herrschaftsansprüchen vermittelte Sebastian Fischer in seiner Erklärung der Devise PLUS ULTRA. Denn er ließ Karl als Kaiser auf spanischem Boden stehen. Der Kaiser sollte in seiner Eigenschaft als spanischer König über die Grenzen der Alten Welt hinausgreifen. In der Sprache Fischers figurierte Karl folgerichtig einerseits als Nachfolger des antiken Heroen Herkules, dem Fischer den Kaisertitel zueignete, war aber andererseits allein dadurch mächtiger als sein angeblicher Vorgänger, dass er in seiner Eigenschaft als spanischer König die vermeintlich von Herkules gesetzten Grenzen überwand.

Karl selbst führte jedoch immer wieder beredte Klage, dass ihm für die Erfüllung seiner vielen Pflichten, insbesondere die militärischen, das nötige Geld fehle. In der Tat sehen wir im Rückblick, dass Karls Finanzverwaltung unzureichend war und in die Katastrophe des faktischen, wenn auch nicht erklärten Staatsbankrotts führen musste. Wollte Karl im Reich Steuern für die Kriegführung erheben, musste er den Reichskrieg erklären. Das war nicht nur ein oft umständliches und langwieriges, daher häufig politisch untaugliches Verfahren, sondern widersprach auch seiner Selbsteinschätzung als Träger einer durch die Gottheit eingesetzten und legitimierten monarchischen Herrschaft. Denn nach der Theorie der monarchischen Herrschaft entschied der Monarch allein über Krieg und Frieden. Karl ar also wenig geneigt, diesen Weg der Kriegsmittelbeschaffung zu gehen. Karl konnte zudem nur damit rechnen, dass die Stände ihm Mittel für den großen Kreuzzug gegen den türkischen Sultan gewährten, besonders dann, wenn Gefahr im Verzug war und türkische Truppen sich dem Reich näherten, also Verteidigung geboten war. Karl aber überließ in der Regel seinem Bruder Ferdinand die Führung der Reichskriege gegen die Türken. Für seine anderen Unternehmungen aber blieb das Mittel des Reichskriegs stumpf. Jenseits der Belange der Türkenabwehr jedoch blieb Karl auf drei Finanzquellen beschränkt: die Einkünfte aus den Niederlanden, über die er als Titularherzog von Burgund gebot, die Einkünfte aus den spanischen Landen, einschließlich der seit den 1530er Jahren in Amerika geraubten Edelmetalle, sowie den internationalen Kapitalmarkt. Alle drei Finanzquellen erwiesen sich als unzureichend für Karl Kriegspläne.

Die Niederlande besaßen zwar beträchtliche, aber keineswegs für Karls Unternehmungen hinreichende Finanzkraft. Karls Schwester Maria musste ihm immer wieder klar machen, dass auch in den Niederlanden die Stände das Steuerbewilligungsrecht hatten und wenig Bereitschaft zeigten, für Kriege Kontributionen zu leisten, am wenigsten für Kriege, von denen die Niederlande selbst nicht betroffen waren. Karl zwang seine Schwester oft genug, gegen ihre eigenen Grundsätze zu handeln und wider die politische Vernunft Steuererhebungen durchzudrücken. Im Jahr 1545 kam es darüber in Gent zu einem gefährlichen Aufstand, der Karl dazu nötigte, eigens in die Niederlande zu eilen, nachdem es Maria gelungen war, den Aufstand niederzuschlagen. Karl verfolgte die Aufständischen mit unnach giebiger Härte, ließ Köpfe rollen und kassierte Freiheiten der Stadt Gent[46]. Die

[46] Zur Protestbewegung in Gent in Jahr 1540 vgl.: Relations des troubles de Gand sous Charles-Quint. Hg. von Louis Prosper Gachard. Brüssel 1846. S. 62-6, 87-90, 98-134, 368-70. Discourse des troubles advenuz en la ville de Gand. Hg. von Cornelius *Hoynck van Papendrecht*, Den Haag 1743. S. 487-517.- Coutume de la ville de Gand. Hg. von Louis *de Hondt* und Adolphe *du Bois*, Bd. 2, Brüssel 1887. S. 140-83.- Zu frühen Machtdemonstrationen der burgundischen Herzöge Philips den Guten und Karls des Kühnen in Gent

Folge jedoch war, dass die Niederlande als Geldquelle für Karls Unternehmungen nur noch wenig Bedeutung hatten.

In Spanien war es ähnlich. Karls Finanzverwaltung für die spanischen Lande und die transozeanischen Kolonien gelang es nicht, einen Überblick über das reguläre Steueraufkommen zu gewinnen und so wurden in der Regel für kriegerische Unternehmungen dem König Mittel zugesagt, die es gar nicht gab. Das führte zu Verschuldung und mehrfachem faktischen Bankrott der herrscherlichen Verwaltung. Oft genug musste Karls Finanzchef für Spanien zugeben, dass kein Geld verfügbar sei, auch und gerade angesichts der aus Amerika kommenden Gold- und Silbereinfuhren. Denn sie waren bereits im voraus verplant und als Deckung für aufgenommene Kredite verpfändet. Zwar blieben die spanische Lande ab 1521/22 ruhig, aber Karl war zunehmend weniger in der Lage, seinen steigenden Finanzbedarf aus spanischen Mitteln zu decken. Seine Finanzbedarf stieg nicht nur in Folge der militärischen Unternehmungen, sondern mehr noch wegen der zunehmenden Lasten aus Zinsen und Tilgung der zuvor aufgenommenen Kredite.

Die Kredite kamen in der Regel vom internationalen Finanzmarkt, der im wesentlichen von oberitalienischen und oberdeutschen Bankiers und Kaufleuten kontrolliert wurde. Karl geriet also in immer stärkere Abhängigkeit von denjenigen Kreisen innerhalb des Reichs und in Italien, die für ihn am schwierigsten zu beherrschen waren, nämlich die mehrheitlich zum Luthertum neigenden städtischen Oberschichten im Reich. Karl konnte seine universalen Pläne im Verlauf seiner langen Herrschaft immer seltener aus eigener Machtbefugnis in praktische Politik umsetzen, da er zunehmend auf das Wohlwollen der städtischen Finanziers angewiesen war. Diese lokalen Eliten in der oberitalienischen und oberdeutschen Städten machten, ob sie wollten oder nicht, mit Karl als römischem Kaiser und spanischem König Weltpolitik.

Das war keineswegs selbstverständlich. Denn die städtischen Kaufleute hatten zwar die Welt im Visier, handelten aber nicht notwendig global und nicht unbedingt auf Befehl des Kaisers. Sie waren also schwierige Partner, zu deren Vermögen der Kaiser sich nur mit manifesten Gegenleistungen Zugang verschaffen konnte. Hinzu kam, dass Karl, anders als sein Großvater Maximilian[47], die

---

vgl. Kronyk van Vlaenderen, Bd. 2. Hg. von Philips *Blommaert* und C. P. *Serrure*. Gent 1840. S. 212-255.- Georges *Chastellain*: Oeuvres, Bd. 5. Hg. von H. Kervyn de *Lettenhove*. Brüssel 1866. S. 249-280.- Philippe *de Commynes:* Mémoires, Bd. 1. Hg. von Joseph *Calmette*. Paris 1964, S. 119-121.

[47] Zu Maximilian und der von ihm geförderten portugiesischen Expedition von 1505 vgl. Marino *Sanudo d.J.:* Diarii. Hg. von Guglielmo *Berchet*, Bd. 6, Venedig, 1881, Sp. 28 (Brief von Juan Francesco de la Faitada an den venezianischen Gesandten in Spanien, datiert Lissabon, den 7. April 1504).- Hans *Mayr*: Viagem e cousas de D. Francisco Visorey de India. Hs. München, Bayerische Staatsbibliothek chm 27, fol. 2-14.- Hg. u.d.T. Reisebericht, portugiesisch mit deutscher Übersetzung von Franz *Hümmerich*: Quellen und Untersuchungen zur Fahrt der ersten Deutschen nach dem portugiesischen Indien. München 1918, S. 127-149 (Abhandlungen der Bayerischen Akademie der Wissenschaften, Philos.-Philol.-Hist. Kl. 30,3.) (Die Autorschaft Mayrs ist umstritten.).- Balthasar Springer: Die Merfart vnd erfarung nüwer Schiffung vnd Wege zuo viln onerkanten Inseln vnd Künigreichen. 1509. Hs. Gießen, Universitätsbibliothek, cod. CCXIX, Erstdruck 1509.- Nachdruck: Hg. von Franz *Schulze*: Balthasar Springers Indienfahrt. Straßburg 1902, Drucke und Holzschnitte des XV. und XVI. Jahrhunderts in getreuer Nachbildung 8.- Die Handschrift wurde zudem herausgegeben u.d.T. Iter Indicum von Edmond *Martène*: Voyage littéraire de deux religieux Bénédictines de la congrégation de S. Maur. Paris 1724. S. 361-378.- Weitere Ausgaben in: Franz *Hümmerich*, Quellen (wie oben), S. 104-126, und in: Die Meerfahrt. Balthasar Springers Reise zur Pfefferküste. Hg. von Andreas *Erhard* und Eva *Ramminger*, Innsbruck 1998, S. 8-51).- Eine Kurzfassung des Reiseberichts von Anton *Welser*, die sich im Nachlass Conrad Peutingers in der Staats- und Stadtbibliothek Augsburg erhalten

Handelsinteressen vernachlässigte und sich aufs Militärische konzentrierte. Seine spanischen Berater rieten ihm zu, nicht nur die transozeanischen Kolonien im Auge zu behalten, sondern auch die zwischen diesen und Asien gelegenen Gewässer und die darin eingestreuten Inseln, auf die es schon Kolumbus abgesehen hatte. Doch Karl entschied im Jahr 1529, seinen portugiesischen Verwandten den Großteil dieser Gewässer zu überlassen gegen eine beträchtliche Summe, die er zur Deckung seiner Kriegskosten einsetzen wollte[48]. Die unter spanischer Kontrolle verbliebenen Gewässer und Inseln wurden den transozeanischen Kolonien zugeschlagen, von dort aus erobert und verwaltet. Seit den 1540er Jahren sind sie unter dem Namen von Karls Sohn Philipp als die Philippinen bekannt. Vertreter der Interessen spanischer Kaufleute in der Umgebung Karls erzwangen zwar den Vorbehalt eines Rückkaufrechts der den Portugiesen überlassenen Gebiete, aber Karl verbot nach einigen Jahren sogar, diesen Vorbehalt ihm gegenüber auch nur zu erwähnen.

Immerhin betrieb Karl in bezug auf die transozeanischen Kolonien und Inselwelten eine Art Handelspolitik. Sie hatte das Ziel, Karls Gläubigern Pfründen zu verschaffen. Denn Gläubiger hatte er seit seiner Wahl zum römischen Kaiser viele. Die Kaiserwahl kostete ihn ein Vermögen, das im wesentlichen oberdeutsche Kaufleute aufbrachten[49]. Sie spekulierten, dass der junge Habsburger ihnen eher gewogen sein werde als sein wichtigster Rivale Franz I. Doch die Kaufleute überschätzten Karls finanzielle Leistungsfähigkeit. Statt die gewährten Kredite vereinbarungsgemäß zu tilgen, verpfändete Karl eigene Rechte und, als diese Quelle erschöpft war, Handelsrechte in den Kolonien. Doch diese Gegenden mussten für den Handel erst erschlossen werden, was Karl den Kaufleuten überlassen zu können glaubte. Diese aber erwarteten in der ersten Hälfte des 16. Jahrhunderts keinen so hohen Gewinn, dass sich die Erschließung gelohnt hätte, und verzichteten.

Das Hauptinteresse der oberdeutschen und oberitalienischen Kaufleute lag also in der ersten Hälfte des 16. Jahrhunderts in Europa, wobei die Ausbeutung der dort vorhandenen Bodenschätze, die Beschaffung anderer wichtiger Rohstoffe sowie die Beibringung gewinnträchtiger Konsumguter Vorzug hatten. Karls Aussicht, mit dem städtischen Kaufmannspatriziat Geschäfte machen zu können, um seine Universalherrschaftspläne finanziert zu erhalten, war daher gering. Je länger er herrschte, desto öfter erhielt er aus dem internationalen Kapitalmarkt nur noch diejenigen Mittel, die erforderlich waren, um in der Sicht der Kaufleute seine Kreditwürdigkeit zu sichern und zu verhindern, dass alle zuvor gegebenen Kredite abgeschrieben werden mussten. Das war für einzelne Kreditgeber ohnehin schon

---

hat, wurde herausgegeben von Bernhard *Greiff*: Bericht einer Reise vom Jahr 1505 unter Franciscus Almeida, Vice-Re. In: Jahresbericht des Historischen Kreis-Vereins im Regierungsbezirk Schwaben und Neuburg 26 (1861) S. 167-170. European Expansion 1494 – 1518.- The Voyages of Discovery in the Bratislava Lyc. 515/8 (Codex Bratislavensis). Hg. von Miloslav *Krása*, Josef *Polišensky* und Peter *Ratkoš*. Prag 1986.

[48] Der Vertrag von Zaragossa von 22. April 1529 ist abgedruckt in: European Treaties Bearing on the History of the United States and Its Dependencies to 1648, Bd. 1. Hg. von Frances Gardiner *Davenport*. Washington 1971. S. 171-184.- Fontes Historiae Iuris Gentium. Hg. von Wilhelm Georg Carl Grewe. Bd. 2. Berlin und New York 1988, S. 120-122.

[49] Lukas *Rem*: Tagebuch des Lucas Rem aus den Jahren 1494 – 1541. Hg. von Bernhard *Greiff*. In: Jahresbericht des Historischen Kreisvereins im Regierungsbezirk Schwaben und Neuburg 26 (1861) S. 112, 165.- Wilhelm *Rem*, Cronica alter und newer geschichten. Hg. von Friedrich *Roth*: Die Chroniken der schwäbischen Städte. Augsburg, Bd. 5, Leipzig 1896. S. 277-279 (Chroniken deutscher Städte. 25.) (Nachdruck, Göttingen 1966).

oft genug der Fall und konnte deren finanziellen Ruin bedeuten. Hinzutrat der konfessionelle Gegensatz, der Karl von den der "lutherischen Ketzerei" zuneigenden städtischen Oberschichten politisch entfremdete. So verwundert es nicht, dass Karls Universalherrschaftsstreben und sein Bemühen um Unterwerfung der transozeanischen Gebiete in den oberdeutschen wie auch in den oberitalienischen Städten nur begrenzt auf Widerhall stießen. Zwar nahmen die Kaufleute das neue, globale Weltbild zur Kenntnis, aber die Handelsnetzwerke blieben in der Herrschaftszeit Karls V. im wesentlichen in den mittelalterlichen Traditionen gegründet. Zu wenig Konkretes war bekannt, das Aussichten aus gewinnträchtigem Handel begründen konnte, und zu sehr war Karl als spanischer König bemüht, den transozeanischen Handel im vermeintlichen spanischen Binnenmeer durch seine Beamten privilegieren und überwachen sowie entstehende Gewinne abschöpfen zu lassen, als dass ihm in den Städten verlässliche Partner erwachsen konnten. Das Ergebnis für die kaiserlich-römische und königlich-spanische Finanzverwaltung war katastrophal. Immer öfter musste Karl gerade laufende militärische Unternehmungen aus Geldnot abblasen oder auf neue Kriege aus demselben Grund verzichten. Karls Ehre und Macht als Kriegsherr wurden Opfer einer unsoliden Finanzverwaltung[50].

Karls Interessen als Universalherrscher standen somit im Widerspruch zu den auf Bewahrung des Status quo zielenden Bemühungen der oberdeutschen und oberitalienischen Kaufleute. Sie nahmen die Veränderungen im Weltkartenbild zunächst zögerlich, dann begierig auf und internalisierten sie, wenn die Herrscher bereit waren, ihnen die Kontrolle der Märkte zu überlassen und auf die Durchsetzung herrscherlicher Monopole zu verzichten. In der Herrschaftszeit Karls blieb die Neue Welt für die oberdeutschen und die oberitalienischen Städte von begrenztem praktischen Interesse, da der Handel nicht frei war und ein Großteil der Gewinne von der spanischen Krone vereinnahmt wurden. Es verwundert daher nicht, dass die Neue Welt in Fischers Erklärung von Karls Devise nicht aufschien. Vor der Folie des neuen globalen Weltkartenbilds als Gemengelage aus Land und Meer verfestigte sich die begriffliche wie auch pragmatische Trennung von Alter und Neuer Welt.

3 Die Stadt und die Welt: Kontinuität und Wandel der Wahrnehmung der Welt in Erziehung und Wissenschaft

Schon spätmittelalterliche Theoretiker hatten Kenntnis von der Komplexität der Beziehungen zwischen Stadt und Welt. Sie verorteten diese Beziehungen in der Theorie der wechselseitigen Bezogenheit von Mikrokosmos und Makrokosmos[51]. Die Theorie behauptete die strukturelle Identität von Mikro- und Makrokosmos und begründete die Erwartung, dass die Ordnungen, die für den Mikrokosmos galten, auch für den Makrokosmos gültig sein würden und umgekehrt. Folglich

[50] In seiner Abschiedsansprache an die niederländischen Generalstände in Brüssel am 25. Oktober 1555 erklärte er sein Bedauern darüber, dass er den großen Kreuzzug nicht habe führen können, da ihm die Anhänger der "Lutherischen Sekte" die Gefolgschaft verweigert hätten und er nicht genug Finanzmittel zur Verfügung gehabt habe. Vgl. William *Stirling*: Das Klosterleben Karls des Fünften. 2. Aufl., Dresden 1858. S. 322 (zuerst: London 1852).

[51] Bernardus *Silvestris*: Über die allumfassende Einheit der Welt. Makrokosmos und Mikrokosmos. Hg. von Wilhelm *Rath*. Stuttgart o.J.

durfte die Stadt als die Welt im kleinen betrachtet werden, wie auch umgekehrt die Welt nach dem Bild der Stadt geformt zu sein schien. Die Theorie der strukturellen Identität von Mikro- und Makrokosmos schien durch manche empirische Beobachtungen untermauert werden zu können. Die Stadt konnte als Prototyp menschengemachter Ordnungen aufgefasst werden[52].

Auch politischen und sozialen Ordnungen der Stadt wurden auf menschliches Handeln zurückgeführt. Auch wenn die Welt als ganze ihre für die gesamte Menschheit gültigen Ordnungen aus dem Ratschluss der Gottheit erhalten hatte, so wurden doch die Ordnungen der Stadt von Menschen gesetzt. Diese Satzungen waren seit dem 12. Jahrhundert in geschriebenen Stadtrechten manifest, die auf unbefristete Zeit galten, das heißt, solange die Welt nach göttlichem Ratschluss Bestand haben sollte. Die Stadtrechte konstituierten nicht allein politische und soziale Ordnungen, sondern gaben auch Auskünfte über das Entstehen der Stadt. Oft fand die Stadtentstehung ihre Erklärung aus Einungsbeschlüssen, das heißt vertraglichen Vereinbarungen, die Städte als Schwurgemeinschaften ihrer rechtmäßigen Bewohner bestimmten[53].

Die Tatsache, dass menschliche Siedlungsgemeinschaften aus freiem Vertrag entstehen konnten, widersprach der sich um die Jahrtausendwende verfestigenden theologischen Lehre, dass die Gottheit menschliche Gesellungen in der Form von drei Ständen als Bestandteile der Schöpfung eingerichtet habe und dass die Einzelnen ihre Mitgliedschaft in diesen Gesellungen durch Geburt für alle Zeit erwürben. Obzwar diese theologische Lehre keineswegs auf alle Formen menschlicher Gesellungen Anwendung fand, stand ihr doch der Umstand entgegen, dass Menschen faktisch in den Städten ihre eigenen Gesellungsformen und die dazu gehörigen politischen und sozialen Ordnungen schufen. Die städtische Freiheit schien dem Glauben zu widersprechen, dass die Welt aus göttlichem Willen unabänderlich geschaffen sei. Überdies folgte die theologische Ständelehre einem tiefer in patristischen Lehren verwurzelten Grundsatz. Dieser, maßgeblich vom hl. Augustinus formulierte Grundsatz bestimmte weltliche Herrschaft als Bestandteil der gottgegebenen Weltordnung und begründete die Forderung, dass rechtmäßige Herrschaft als Resultat göttlichen Willens anzuerkennen sei[54]. Augustin hatte diesen Grundsatz zur Anwendung gebracht im Kontext der spätantiken Kontroversen über die rechtliche Pflicht der Christen zur Anerkennung der Herrschaft des römischen Kaisers und hatte damit den wohl wichtigsten Bestandteil der mittelalterlichen Herrschaftsideologie geschaffen, die römisch-kaiserliche Universalherrschaft als unabänderlichen Bestandteil der göttlichen Weltordnung ausgab. Im Bann dieses Grundsatzes unterschied im 14. Jahrhundert der gelehrte Jurist Bartolus von Sassoferato vier Typen politischer Gruppen: Leute, die unter der Herrschaft des römischen Kaisers und nach römischem Recht lebten; Leute, die zwar nach römischem Recht, aber nicht unter der Herrschaft des römischen

[52] Johann *von Soest:* 'Bürgerspiegel', cap. I, in Johann *von Soest:* Wie man wol eyn statt regyrn sol. Didaktische Literatur und berufliche Schreiben des Johann von Soest gen. Steinwart. Hg. von Heinz-Dieter *Heimann*. Soest 1986. S. 23 (Soester Forschungen. 48.)

[53] Vgl. dazu die Gründungsprivilegien einiger Städte, beispielsweise Freiburgs im Breisgau. Hg. von Friedrich *Keutgen*: Urkunden zur städtischen Verfassungsgeschichte, No. 133. Berlin 1901 (Nachdruck, Aalen, 1965).- Vgl. auch: Nürnberger Polizeiordnungen aus dem XIII. bis XV. Jahrhundert. Hg. von Joseph *Baader*, Tübingen 1861 (Nachdruck, Amsterdam und Atlanta, 1966).

[54] *Augustin* (wie Anm. 39), cap. XIX/14, S. 680-682.

Kaisers lebten; Leute, die zwar unter römischer Herrschaft, aber nicht nach römischem Recht lebten; und Leute, die weder nach römischem Recht noch unter römischer Herrschaft lebten. Das Entstehen der letzten Gruppe führte Bartolus hypothetisch auf die Gewährung eines Freiheitsprivilegs durch einen früheren römischen Kaiser zurück[55]. Mit diesem Schema glaubte Bartolus, die ihm erkennbare Vielheit der politischen Ordnungen seiner Zeit mit dem theologischen Postulat der gottgewollten Universalherrschaft des römischen Kaisers vereinbaren zu können. Bartolus' Adaptation des augustinischen Grundsatzes fand breite Anwendung in der politischen Theorie bis ins 16. Jahrhundert. Noch Hernán Cortés berief sich auf sie, als er seine Eroberung des Aztekenreichs als Akt des Restitution römischer Universalherrschaft in der von Kolumbus besuchten Inselwelt rechtfertigte[56]. Aber die städtische Freiheit konnte mit diesem Schema weder erklärt noch gerechtfertigt werden.

Jedwede theologische Begründung von Universalherrschaft war also unvereinbar mit städtischer Freiheit und den sie begründenden Selbstorganisationsprivilegien. Man konnte es drehen wie man wollte: die Freiheit der Städte war in der christlichen Herrschaftstheologie nicht vorgesehen. Dass Städte tatsächlich als Schwurgemeinschaften aus freiem menschlichen Willen entstanden, schien die politische Theorie des Aristoteles gegen alle Dogmen des Christentums zu bestätigen, der behauptet hatte, nur diejenige Herrschaft von Menschen über Menschen könne legitim sein, die aus freiwilliger Unterwerfung unter das Recht hervorgegangen sei[57]. Nach Aristoteles waren nur Sklaven gezwungen, andere Menschen als ihre Herren bedingungslos anzuerkennen. Die politische Theorie des Aristoteles bekämpfte also in diesem zentralen Punkt Augustins Rückführung der kaiserlichen Universalherrschaft auf göttlichen Ratschluss. Nichts war für den Bestand der Universalherrschaft gefährlicher als der politische Aristotelismus, der seit dem Wende zum 14. Jahrhundert immer mehr städtische Bewohner in den Bann zog.

Bemüht darum, die Grundfesten des römischen Kaisertums als Universalherrschaft zu retten, ersann im frühen 14. Jahrhundert der gelehrte Abt Engelbert des steirischen Klosters Admont einen Weg, wie er den politischen Aristotelismus in die christliche Weltherrschaftsideologie integrieren konnte. Er verfuhr als Theologe dabei weniger kasuistisch als kurz nach ihm der Jurist Bartolus, argumentierte aber in dieselbe Richtung. War Bartolus geneigt, Selbstorganisation auf hypothetische kaiserliche Freiheitsprivilegien zurückzuführen, so ließ Engelbert die menschliche Vertragsfreiheit unmittelbar aus göttlichem Ratschluss entspringen. Engelbert zufolge hatte die Gottheit zwar das römische Kaisertum als Universalherrschaft gesetzt, zugleich aber die Menschen mit der Fähigkeit ausgestattet, in bezug auf bestimmte Gruppen und in definierbaren Räumen durch freien Vertrag ihre politischen Ordnungen selbst zu schaffen, wenn sie es wollten[58]. Engelbert

[55] Bartolus *von Sassoferato:* In secvndvm Digesti noui partem commentaria, ad dig. XLIX/15,22. In: *Ders.*: Opera. Bd. 6, Venedig 1570-1571. S. 227-228.- Ebenso: Juan *de Torquemada:* Opusculum ad honorem Romani imperii et dominorum Romanorum (1467/68). Hg. von Hubert *Jedin*: Juan de Torquemada und das Imperium Romanum. In: Archivum Fratrum Praedicatorum 12 (1942) S. 275-276.

[56] Hernán *Cortés*: Segunda Carta. In: *Ders.*: Cartas y documentos. Hg. von Mario Hernández *Sanchez-Barba*, Mexiko 1963, S. 58-60, 68-69.

[57] *Aristoteles*, Politik, 1252a-1255b.

[58] Engelbert *von Admont:* De ortu et fine Romani imperii, cap. 2. Hg. von Melchior *Goldast von Haiminsfeld:* Politica imperialia. Frankfurt 1614. S. 755.

nahm damit dem politischen Aristotelismus die gegen die etablierte Ordnung gerichtete Spitze, indem er ihn als Bestandteil der gottgegebenen Weltordnung anerkannte. Die Bürger der Städte, die ihre Freiheit geltend machten, handelten also nicht revolutionär gegen die ihnen gegebene göttliche Weltordnung, sondern nutzten die verfügbaren Möglichkeiten aus. Im Heiligen Römischen Reich fand nach dieser Theorie die Freiheit der Städte ihre Grenzen in der Herrschaft des Kaisers, die die Befugnis zur Aufsicht über die keinem Territorialherren unterstehenden Reichsstädte einschloss. Der Kaiser nahm seine Befugnis in der Regel durch Reiseherrschaft wahr, indem er zeitlich begrenzte Aufenthalte in jeweils einer Stadt nutzte, um in die dortigen politischen Verhältnisse regulierend einzugreifen und finanzielle Unterstützung einzufordern. Mit dieser Schlussfolgerung konnten die Städte wie auch die Kaiser bis zu Karl V. leben. Außerhalb des Römischen Reichs blieb dem Kaiser hingegen jegliche Befugnis zum legitimen Eingreifen in die inneren Angelegenheiten der ihm nicht unterstehenden Bevölkerungsgruppen versagt. Engelbert wurde mit diesen Überlegungen zum Mitbegründer der Lehre vom Herrschaftsvertrag. Seine politische Theorie steht am Beginn der wohl bis heute wichtigsten abendländischen Theorie legitimer Herrschaft.

In den Städten diente der Vertragsgedanke nicht nur als Theorie zur Begründung der Herrschaft von Menschen über Menschen, sondern auch der politischen Gestaltung der Beziehungen der Städte untereinander. Seit dem 13. Jahrhundert schlossen die Räte einiger Städte Bünde auf der Basis vertraglicher Vereinbarungen, die zunehmend oft in Schriftform niedergelegt wurden. Die Bünde hatten unterschiedliche Reichweite und konnten aus konkretem Anlass geschlossen oder auf unbestimmte Zeit verabschiedet werden. Häufig, aber nicht ausschließlich, waren die städtischen Bünde gegen adlige Herren über die zwischen den Städten liegenden Territorien gerichtet. Die Bünde erlaubten den Städten die Zusammenführung ihrer wirtschaftlichen, militärischen und politischen Macht und sicherten einen strategischen Vorteil gegen die zumeist auf sich gestellten weltlichen oder kirchlichen Herren kleinerer Territorien[59]. Auch hier setzte sich in der Praxis der Politik der Grundsatz durch, dass Menschen ihre Ordnungen selbst schaffen konnten. Die Stadt wurde so zum Modell der von Menschen nach ihrem Willen gestalteten Welt.

Umgekehrt fand die Welt ihren Platz in der Stadt. Das Buch diente als Medium, das die Welt in die Stadt brachte. Seit dem 14. Jahrhundert mehrten sich enzyklopädische Schriften, die für das in den Städten größer werdende Laienpublikum verfasst wurden. Anders als zuvor im Mittelalter, als Schreiben und Lesen als Kommunikationsweisen der Geistlichen untereinander vorherrschte, entstand im späten Mittelalter im Umkreis der Universitäten ein gelehrtes Laienpublikum, das nicht nur Produkte der fiktiven Literatur nachfragte, sondern auch handhabbares Wissen über die Welt. Dieses wurde in Lexika ausgebreitet, die, anders als ihre Vorläufer im 12. und 13. Jahrhundert, keine systematischen Übersichten über die Welt als göttliche Schöpfung insgesamt, sondern jeweils einzelne ihrer Teile enthielten. Darunter waren Kompendien zur Geografie oder ihrer Teilbereiche, beispielsweise Listen der damals bekannten Inseln in alphabetischer Reihenfol-

[59] Zur Geschichte der Bünde in der Zeit Karls V. vgl.: Horst *Carl*: Der Schwäbische Bund 1488–1534. Landfrieden und Genossenschaft im Übergang vom Spätmittelalter zur Reformation. Leinfelden-Echterdingen 2000.

ge[60]. Auch Routensammlungen für fernreisende Kaufleute wurden hin und wieder in Büchern niedergelegt, letztere freilich nicht für den offenen Markt, sondern für den internen Gebrauch von Handelsgesellschaften[61]. Mit der Erfahrung der Enge der Stadt war das Wissen um die Weite der Welt durchaus vereinbar. Mikrokosmos und Makrokosmos spiegelten sich nicht nur, sondern ergänzten einander auf vielfältige Weise.

Diese enzyklopädische Tradition des Mittelalters wurde im 16. Jahrhundert fortgesetzt, unter Ausnutzung der Drucktechnik ausgebaut und fand in vier Schrifttums-Kategorien ihren Niederschlag: den Reiseberichten, Kosmografien, Globen und Weltkarten sowie der Welthistoriographie. Schon in den ersten Jahren des 16. Jahrhunderts begannen Gelehrte damit, Reiseberichte systematisch zu sammeln und für den Druck vorzubereiten. Es entstanden umfangreiche und aufwendig ausgeführte Kompendien, in denen die von Europäern erfahrene Welt vor den Augen des zumeist städtischen Publikums in Wort und Bild ausgebreitet wurde. Gelehrte von Rang wie der Venezianer Alessandro Zorzi übernahmen die Aufgaben der Herausgeber. Später folgte der Diplomat und Geograf Giovanni Battista Ramusio aus Treviso. Reisen und das Anfertigen von Reiseberichten wurden verwissenschaftlicht, bis schließlich die akademische Reisekunde (Apodemik) universitäres Studienfach wurde[62]. Die Reisenden wurden angehalten, ihre Erfahrungen in genormten Berichten niederzulegen, damit die in der Stadt Gebliebenen vergleichen und aus ihren Vergleichen Erkenntnisse über die Welt gewinnen konnten. Außerdem entstanden in den Städten Sammlungen von aller-

[60] Isolarien (inselkundliche Übersichten) sind erhalten in: Isidor *von Sevilla:* Etymologiarvm sive originvm libri XX, lib. XIV, cap. 6. Hg. von William M. *Lindsay*, Oxford 1911 (Nachdruck, Oxford 1985) .- Die Kosmographie des Aethicus (Isther). Hg. von Otto *Prinz*, München 1993, S. 111-112 (Monumenta Germaniae Historica. Quellen zur Geistesgeschichte des Mittelalters 14).- Honorius *Augustodunensis,* "Imago mundi", cap. 33. Hg. von Valerie Irene Jean *Flint*. In: Archives d'histoire doctrinale et littéraire du Moyen Age 49 (1982) S. 64-65.- Situs orbis terrae vel regionum, cap. IX. Hg. von Patrick Gautier *Dalché*. In: Revue d'histoire des textes 12/13 (1983) S. 173-176. [Hugo *von Saint-Victor*]: Descriptio mappe mundi, cap. 2-4, 6.- Hg. von Patrick Gautier *Dalché*: La 'Descriptio Mappae Mundi' de Hugues de Saint-Victor. Texte inédit avec introduction et commentaire. Paris 1988. S. 134-137.- Patrick Gautier *Dalché*: 'La Mesure du Monde', selon Julius Honorius. In: Claude *Nicolet* und Patrick Gautier *Dalché:* Les ‚quatre sages' de Jules César et la 'Mesure du Monde', selon Julius Honorius. Réalité antique et tradition médiévale. In: Journal des Savants (1986) S. 209.- Domenico *di Bandino*: Fons memorabilium rerum, part III, Hs. Florenz, Biblioteca Medicea Laurenziana, Ms. Gadd reliq. 126. Libro del Conoscimiento de todos los reynos y tierras y senorios que son por el mundo y de las senales y armas que han cada tierra y senorio por sy de los reyes señores que los proueen escrito por un franciscano español á mediados del siglo XIV. Hg. von Marcos Jiménez *de la Espada*, Madrid 1877. S. 72ff. (Nachdruck, Barcelona 1980).- Der deutsche Lucidarius, cap. I/61, Bd. 1. Hg. von D. *Gottschall* und G. *Steer*. Tübingen 1994, S. 8.- Domenico *Silvestri*: De insulis et earum proprietatibus. Hg. von Caruela *Pecoraro*. In: Atti della Accademia di Scienze, Lettere ed Arti di Palermo, Serie IV, vol. 14 (1954) S. 5-319.- Cristoforo *Buondelmonti*, Isolaria [c. 1465], Hs. Berlin, Staatsbibliothek zu Berlin, Hamilton 108.- Henricus *Martellus*, Insularum illustratum liber [1489], Hs. London, British Library, Add. Ms. 15760.- Niccolò *Scillacio*, De insulis meridiani atque Indici Maris nuper inventis. Hg. von John *Mulligan*. New York 1859. S. 42.

[61] Als Beispiel aus dem 14. Jahrhundert vgl. die Schrift von Francesco Balducci *Pegolotti*: La pratica della mercatura. Hg. von Allan Evans, Cambridge, MA 1936 (Nachdruck, New York 1970).

[62] Zu den Sammlungen von Reiseberichten aus dem früheren 16. Jahrhundert vgl.: Alessandro *Zorzi*, Miscellanea, Hs. Florenz, Biblioteca Nazionale Centrale, B. Rari 234, olim Magliab. XIII, 81.- Giovanni Battista *Ramusio*: Navigationi et viaggi. Vendig 1563-1606 (Nachdruck, hg. von Raleigh Ashlin *Skelton* und George Bruner *Parks*, Amsterdam 1962-1970, Mundus Novus. Ser. 1. Bd. 2-4). Zur Apodemik vgl.: Justus *Lipsius*: De ratione cum fructu peregrinandi et praesertim in Italia. Epistola ad Ph. Lanoyum. In: *Ders*.: Epistolarum selectarum tres centuriae. Antwerpen 1691, Nr XXII, S. 23-29 (zuerst, Antwerpen 1581); englische Fassung. Hg. von John *Stradling*, London 1592 (Nachdruck, Amsterdam und New York1977; The English Experience. 878).- Jörg *Gail*: Ein newes nützliches Raissbüchlein. Augsburg 1563 (Neudruck, hg. von Herbert *Krüger*: Das älteste deutsche Routenhandbuch. Graz 1974).

lei Gegenständen, die die Reisenden als Souvernirs erworben oder als Geschenke erhalten hatten. Im Jahr 1521 erregte die Präsentation von Schätzen aus dem eben zerstörten Aztekenreich großes Aufsehen, die im Brüsselerer Stadtpalais gezeigt wurden, das damals in der Obhut Karls V. stand. Albrecht Dürer, der gerade in den Niederlanden weilte, ließ es sich nicht nehmen, die Schätze zu besichtigen und zeigte sich tief beeindruckt von deren Ästhetik[63]. Ein besonderes Schicksal widerfuhr einem Geschenk des Herrschers von Cambay, der seinen portugiesischen Kollegen mit einem Rhinozerus bereicherte. Das arme Tier reiste per Schiff nach Portugal und traf wohlbehalten als das erste seiner Spezies in Europa ein. Es erregte ungläubiges Erstaunen, insbesondere als es in Lissabon einen Elefanten in Rage versetzte, der aus seinem Gehege ausbrach und durch die Stadt stürmte. Der portugiesische Hof hielt das Geschöpf dennoch für so wertvoll, dass er es an den Papst in Rom weitergab. Noch einmal wurde es daher auf ein Schiff verladen und trat die Reise über das Mittelmeer an. Doch das Schiff versank samt Ladung vor der italienischen Küste. Der Kadaver des Rhinozerus wurde an Land geschwemmt und dort noch einmal bestaunt, solange es möglich war. Noch zu seinen Lebzeiten wurde das Tier eingehend beschrieben. Aufgrund einer der Beschreibungen fertigte Dürer ein Bild an[64], und Kaiser Maximilian nahm es in seine Wappensammlung auf[65].

Das Erfahrene und Mitgebrachte gab seinerseits die Grundlage ab für vergleichende und systematische Darstellungen der politischen Institutionen, wirtschaftlichen Verhältnisse und kulturellen Besonderheiten in den über den Globus verstreuten Reichen und Territorien der Welt. Für diese Darstellungen fanden zwei Medien Anwendung, einerseits das gedruckte Buch aus geschriebenem Text und oft mit Bildern ausgeschmückt, andererseits Karten im rechteckigen oder Globusformat als Abbilder der Welt, die um Textbeiträge ergänzt wurden. In der ersten Kategorie erschienen dickleibige Werke, die bisweilen den anspruchsvollen Titel Kosmografie trugen und die Welt als Summe der in ihr vorhandenen politischen Einheiten (oder Politien) beschrieben. Viele dieser Kosmographien waren kommerziell erfolgreich und erreichten viele Auflagen. Kaum einer jedoch übertraf die Kompilation des Basler Theologen und Humanisten Sebastian Münster,

[63] Albrecht *Dürer*: "Tagebuch". In: *Ders.*: Schriftlicher Nachlaß. Hg. von Hans *Rupprich*, Bd. 1, Berlin 1956, S. 155 (auch in: *Ders.*: Schriften und Briefe. Hg. von Ernst *Ullmann*, 6. Aufl., Leipzig 1993, S. 31).- Eine Liste der frühneuzeitlichen Sammlungen bietet: Johann Daniel *Meyer*: Unvorgreiffliche Bedencken von Kunst- und Naturalien-Kammern ins gemein. 4 Theile, Kiel 1674-1675.

[64] Dürer scheint von der Körperform des Tiers Kunde erhalten zu haben, bevor es starb. Eine frühe bildliche Darstellungen neben derjenigen Dürers und in der Ehrenpforte ist nachgewiesen in Forma e natura e costumi de lo Rinoceronte, Rom, 1515. Der Druck ist jetzt in der Kathedralbibliothek von Sevilla erhalten, der es Fernando Colombo hinterließ. Weitere Zeichnungen des Tiers sind überliefert von Hans Burgkmair (Wien, Graphische Sammlung Albertina) und wahrscheinlich von Albrecht Altdorfer (Bibliothèque Municipale de Besançon), beide aus dem Jahr 1515.- Zu Berichten über die Reise des Rhinozerusses vgl. Cartas de Afonso de Albuquerque, Bd. 2. Hg. von R. A. *Bulhão Pato*, Lissabon 1898, S. 32-48.- João *de Barros*: Da Asia. Dec. I, lib. I X. Hg. von Antonio *Baião*, Coimbra 1932.- Gaspar *Correia*: Lendas da India, Bd. 2. Hg. von Manuel *Lopes de Almeida*, Porto 1975, S. 373-374.- Fernão *Lopes de Castanheda*: História do descobrimento e conquista da India pelos Portugueses [1551]. lib. III, cap. 100. Hg. von Pedro *de Azavedo*, Coimbra 1924, S. 133-134 [weitere Ausg. von Manuel Lopes de Almeida, Bd. 1 (Porto 1979)].- Valentim *Fernandes*, 'Lettera [June 1515]'. In Angelo *de Gubernatis*: Storia dei viaggiatori Italiani nelle Indie Orientali. Leghorn 1875, S. 289-292.- Paolo *Giovio*: Elogia virorum bellica virtue illustrium veris imaginibus supposita, lib. IV, Florenz 1551, S. 207.- Damião *de Gões*: Chronica do Serenissismo Senhor Rei Dom Manoel. Part III, cap. 64. Teil IV, cap. 18, Lissabon 1749, S. 406-409, 491.- Vgl. dazu: Ernst *Rebel*: Albrecht Dürer. München 1999. S. 317-318

[65] Abdruck in: Eduard *Chmelarz* (wie Anm. 2) fol. 31.

die zuerst im Jahr 1544 erschien, bis 1628 28 Auflagen erreichte und in viele Sprachen übersetzt wurde[66]. Zumeist nach Kontinenten geordnet, boten die Kosmografien für jede Politie Abrisse der physischen Geographie einschließlich einer Übersicht über die Bodenschätze, der Herrschaftsform einschließlich der Beschreibung wichtiger Verwaltungseinheiten, der Wirtschaftsweisen einschließlich verschiedener Humanressourcen, der Streitkräfte, der Religion und Kirchenorganisation sowie verschiedener vermeintlich typischer Verhaltensweisen der Bevölkerungen. Beigeschlossen war mitunter eine Zusammenfassung einiger Ereignisse der politischen und Kriegsgeschichte. Die Einzelabrisse fügten sich so zusammen zu einem Bild von der Welt als statischem Gefüge von Polititen, von denen jede vorgestellt wurde, als sei sie ein Fels in der politischen Landschaft und unveränderbares göttliches Geschöpf. Das statische Weltbild ähnelte dem des Mittelalters, wies aber zwei wesentliche Unterschiede auf. Zum einen bildete die Welt keine begehbare, zusammenhängende Landmasse mehr, sondern musste aus den gleichsam auseinanderdriftenden Kontinenten, dazwischen liegenden Wasserflächen und in sie eingestreuten Inselwelten durch menschliches Beobachten zusammengefügt werden. Die Welt verlor also auch im Bild ihre einheitliche Gestalt. An die Stelle des mittelalterlichen Universalismus traten Vorläufer der modernen Staatenwelt. Zum zweiten nahm die Bedeutung der menschengemachten Grenzen zu. Denn die einzelnen Politien wurden in ihren Verwaltungsgrenzen beschrieben, die Binnengliederungen definierten, wie auch jede Politie gegen ihre Nachbarn abgegrenzt sein musste. Karl V. stand mit seinem Versuch, sein kaiserliches Amt auf die Welt als ganze zu beziehen, gegen den in den Städten stärker werdenden Trend der Definition von Herrschaft als territorial begrenzter Ordnung. Die Bürger der Städte, in denen die Kosmographien und Weltkarten guten Absatz fanden, waren der wesentliche Motor der Aufteilung der Welt in Politien, die neben einander bestanden und auf einander wirkten wie Teile einer Maschine.

Neben den Kosmographien und Weltkarten bestand als vierte Kategorie der Weltbeschreibungen die Welthistoriografie. Auch hier zeigten sich dieselben Veränderungen wie bei den anderen Textsorten. An die Stelle der mittelalterlichen Darstellung der Weltgeschichte als unilineare Abfolge der Ereignisse der Heilsgeschichte von der Schöpfung bis zum Jüngsten Gericht trat die Beschreibung der Vielheit der Einzelgeschichten der jeweiligen Politien, wiederum zumeist nach Kontinenten geordnet. Wohingegen die mittelalterlichen Universalgeschichten alle drei Zeitdimensionen von Vergangenheit, Gegenwart und Zukunft zur Darstellung brachten, blieb seit dem 14. Jahrhundert die Zukunft immer öfter offen. Geschichte sollte bis zur Gegenwart reichen, Spekulationen über die Zukunft der Theologie vorbehalten bleiben. Der Verlust der Zukunft erlaubte es, die Welt in ihrem Geteiltsein sowie ihrem Gestaltetsein durch den Menschen zu beschreiben, ohne die Vielheit der Politien auf einen und denselben Schlusspunkt zuführen zu müssen. Im Vergleich zu den Kosmografien hielten die Ozeane und die in sie eingestreuten Inselwelten jedoch nur sehr zögerlich Einzug in die Welthistoriografie. In dem großen, gedruckten Weltgeschichtskompendium des Nürnberger Arzts Hartmann Schedel vom Jahr 1493 fand die "Neue Welt" noch keinen Platz, nicht allein, da Kolumbus erst in diesem Jahr von seiner ersten Fahrt zurückkehrte, sondern auch weil Schedel die Heilsgeschichte auf die drei Kontinente der Alten

[66] Sebastian *Münster*: Cosmographia. 2 Bde, Basel 1628 (zuerst, Basel 1544).

Welt begrenzen musste[67]. Ebenso war in den Kompendien der in Frankfurt und Ulm tätigen Drucker Christoph Egenolph und Sebastian Franck aus dem 1530er Jahren von der "Neuen Welt" kaum die Rede[68].

Karls Großvater Maximilian versuchte, sich der komplizierter werdenden Weltgeschichte zu bemächtigen. Dazu beschäftigte er seit Beginn des 16. Jahrhunderts eine Gruppe professioneller Historiker, deren Aufgabe es war, das aus dem Mittelalter überkommene Geschichtsbild in das neue Weltbild einzubauen. Besonders der Oberösterreicher Johannes Stabius und der Freiburger Jakob Mennel, beide Rivalen um Anerkennung ihrer Professionalität, traten als Historiografen in Maximilians Dienst hervor. Sie versuchten, das überlieferte historische Wissen der Antike und des Mittelalters mit den Umbrüchen des Weltbilds und ihren eigenen Quellenforschungen zu vereinbaren. Maximilian schickte sie auf Reisen, damit sie in Bibliotheken nach alten Texten, auf Kirchhöfen nach alten Inschriften und in der Landschaft nach alten Ortsnamen suchen konnten. Maximilian schätzte Mennels Werk so sehr, dass er sich aus ihm vorlesen ließ, als er schwerkrank in Wels auf den Tod wartete[69].

Dennoch gelang die Integration des tradierten Geschichtsbilds in das neue Weltbild nur in bescheidenen Ansätzen. Denn das Weltgeschichtsbild des Mittelalters erwies sich als bestandsfähig und bestimmte über das ganze 16. und 17. Jahrhundert immer wieder den Ordnungsrahmen für die Welthistoriografie. Noch am Ende des 17. Jahrhunderts differenzierte beispielsweise der Leidener Historiker Georg Horn in seiner Einführung in das Studium der Weltgeschichte zwischen der vorsintflutlichen und der nachsintflutlichen Heilsgeschichte, stand also noch ganz im Bann der alttestamentlichen Zeitrechnung. Innerhalb der nachsintflutlichen Epoche unterschied er zwischen alter und neuer Geschichte. Die alte Geschichte war die Geschichte der Teile der trikontinentalen Alten Welt, und nur die neue Geschichte vollzog sich auf dem Schauplatz des neuen Weltbilds als Geschichte der in Politien geteilten Welt. Nur in der neuen Geschichte fand Amerika Erwähnung[70]. Noch in Horns historischem Weltbild hatte die Neue Welt

---

[67] Hartmann *Schedel* (wie Anm. 20). Auch hg. u.d.T..: Hartmann *Schedel*: Weltchronik. Kolorierte Gesamtausgabe von 1493 [Faksimileausg. des Drucks Inc. 119 der Herzogin Anna Amalia Bibliothek Weimar]. Hg. von Stephan *Füssel*, Köln, London, Madrid, New York, Paris und Tokyo 2001.

[68] Christoph *Egenolf*: Chronica. Beschreibung vng gemeyne anzeyge Vonn aller Welt herkommen, Frankfurt 1535). Sebastian Franck, Weltbuch, Tübingen 1534.

[69] *Maximilian*, Instruktion an Mennel, um 1515, Hs. Wien, Österreichische Nationalbibliothek, Cod. 2834, fol. 1r-v. In den Einleitungen zu der handschriftlichen Fassung sowie zum Druck seiner Chronik erwähnte Mennel den Auftrag Maximilians zur Abfassung des Werks. Vgl. Hs., Wien, Österreichische Nationalbibliothek, Cod. 3072*, fol. 1r-2v. Druck in: Joseph *Chmel*: Die Handschriften der k.k. Hofbibliothek in Wien im Interesse der Geschichte, besonders der österreichischen. Bd. 1, Wien 1840, S. 1.- Jacob *Mennel*: Ain hüpsche Chronick von Heidnischen vnd Christenkunigen der Teutschen vnnd Welschen Franken. Freiburg i. Br. 1523, fol. A IIr-v. Neudruck in: Jahrbuch der Kunsthistorschen Sammlungen des Allerhöchsten Kaiserhauses 3 (1885), Reg. 2977, S. XCI-XCII. Im Jahr 1515 verfasste Stabius eine kritische Replik auf Mennels Forschungsmethode u.d.T. Scriptum Joannis Stabii super conclusionibus genealogie illustrissime Austrie. Der Text ist erhalten in Hs. Wien, Österreichische Nationalbibliothek, Cod. 3327, insbes. fol. 15. Stabius beklagte, Mennels Rekonstruktionen seien nicht auf Quellen gegründet und müssten folglich zurückgewiesen werden. Vgl. *Chmel*, Handschriften (wie oben), Bd. 1, S. 487.- Simon *Laschitzer* (wie Anm. 15) S. 21-24. Maximilian forderte danach von der Theologischen Fakultät der Wiener Universität ein Zusatzgutachten an. Das Gutachten datiert vom Jahr 1518 und ist erhalten in Hs. Wien Österreichische Nationalbibliothek, Cod. 10298. Das Gutachten bestätigte Mennels Arbeit in der Hauptsache, fol. 1v, 3v, 7r, 12v.- Auch Wolfgang *Laz [Lazius]*: Commentariorum in genealogiam Austriacam libri duo. Basel 1564. S. 6-7, pries Mennels Werk zusammen mit dem des Stabius und meinte, es sei auf Quellen gegründet.

[70] Georg *Horn*: Introductio ad historiam universalem. Leiden 1699, tabellarisches Inhaltsverzeichnis.

also keine alte Geschichte. Sebastian Fischer war keiner von gestern, als der die Neue Welt in seiner Erklärung von Karls Devise PLUS ULTRA nicht erwähnte.

Die Wirkmacht der Traditionen zeigte sich auch in anderen Einzelheiten. Beispielsweise waren im Weltkartenbild des Mittelalters Indien und Äthiopien Nachbarn, die der Nil trennte. Indien, der damalige abendländische Sammelbegriff für Süd-, Südost- und Ostasien, und Äthiopien, als "Land der Schwarzen" Synonym für das subsaharische Afrika, konnten Nachbarn in dem mittelalterlich-abendländischen Weltkartenbild sein, da darin der Indische Ozean fehlte. So konnten die Namen der beiden Weltteile und Legenden über sie austauschbar werden. Noch in der Mitte des 17. Jahrhunderts beschwerte sich der Äthiopist Job Leutholf darüber, dass viele seiner Zeitgenossen immer noch nicht begriffen hätten, dass Indien und Äthiopien in verschiedenen Kontinenten lägen[71]. Fischer stand mit seiner Lokalisierung Äthiopiens in Afrika also auf der Höhe der Kenntnisse seiner Zeit. Angesichts der Gemengelage aus altem Wissen und neuen Erfahrungen war es kein Zeichen der Unbildung oder Weltfremdheit, wenn Sebastian Fischer in seiner Erklärung der Devise Karls V. die Tradition des trikontinentalen Weltbilds des Mittelalters in das neue, vielgestaltige Weltbild einbezog. Globalität und Universalität schlossen sich in der Zeit Karls V. noch nicht gegenseitig aus.

In seinen Beziehungen zu den Städten hatte es Karl also nicht nur mit finanziell unabhängigen, sondern mit weltkundigen und im Wortsinn erfahrenen Partnern zu tun. Sie handelten in dem aus dem Mittelalter überkommenen Bewusstsein, dass die durch göttlichen Willen geordnete Welt einerseits der Spiegel der Stadt, andererseits aus der Stadt auf Reisen erfahrbar und in der Stadt im Medium des Buchs und der Karte greifbar sei. Die Bürger der Stadt nahmen die Welt in ihrem scheinbaren Geordnetsein und in ihrer vorgeblichen Erfahrbarkeit als Stadt im Großen wahr. Der Buchdruck garantierte die papierne Präsenz der Welt in der Stadt und verbreitete in Wort und Bild die Kenntnis der zahlreicher werdenden und sich verdichtenden Inselwelten. Ebenso aus dem Mittelalter ererbten die Bürger der Städte des 16. Jahrhunderts das Bewusstsein ihrer Freiheit. Wie seine Vorgänger war Karl bei seinen Aufenthalten im Reich gehalten,. Immer wieder neu und auf jeweils andere Weise in die innerstädtischen Verhältnisse einzuwirken und dadurch die städtische Freiheit zu beeinträchtigen. Den daraus entstehenden Konflikten gingen weder er selbst noch die Bürger aus dem Weg, auch wenn letztere sich im Ernstfall dem kaiserlichen Willen beugten. Die feierlichen Einritte in die Städte waren das wohl wichtigste Mittel, die kaiserliche Herrschaft sinnfällig zum Ausdruck zu bringen. Wie sein Großvater und die ferneren burgundischen Vorfahren bediente sich Karl dieses Mittels oft und mit beträchtlichem Erfolg.

Maximilian war Großmeister in seiner Inszenierung als Oberherr der Welt gewesen. Seine drucktechnischen Großprojekte, die seinen Einzug in eine irgendwo oder überall liegende Phantasiestadt durch einen mehrgeschossigen Triumphbo-

---

[71] Zur Nähe Äthiopiens und Indiens vgl.: Fra Niccolò *da Poggibonsi:* Libro d'oltre mare. Hg. von Alberto *Bacchi della Lega*. Bd. 2, Bologna 1881. S. 209.- Fra Niccolò brachte eine Geschichte über äthiopische Christen, die das Heilige Land besuchen, und fügte sie ein in ein Kapitel, das "Delli Indiani e di quelli di Tiopia" überschrieben ist.- Johannes *Boemus* [Johann Böhm]: Omnium gentium mores, leges et ritus. Augsburg 1520, fol. VIIIv, definierte "Aethiopia" als "duplex regio ... Asiae et Aphricae: altera quae et hodie India dicitur: ad rientem solem Rubo et Barbarico mari alluitur". Hiob Ludolf [i. e. Job Leutholf (1624-1704)], Iobi Lvdolfi alias Leutholf dicti ad suam Historiam ethiopicam antehac editam commentarivs. Frankfurt 1681. S. 66.

gen auf Papier bannen sollten, visualisierten angeblich unterworfene Länder und Völker. Für die Projekte ließ er zunächst Kartons als Vorlagen bemalen, die dann in Holzschnitte umgesetzt werden sollten. Das dazu passende Weltbild lieferten Dürer und Stabius in der Form einer Globuskarte im Jahr 1512, in der die Welt zwar als Gemengelage aus Land und Meer, aber doch überwiegend zusammenhängend, das heißt begehbar und folglich beherrschbar abgebildet wurde[72].

Derlei Megalomanie war unpraktisch, denn sie gestattete keinen Gesamtblick auf das Ensemble der Bildwerke. Aber sie waren imposant. Maximilian brach mit ihnen die Dimensionen alles Bekannten und setzte in der Drucktechnik neue Maßstäbe. Es braucht nicht eigens erklärt zu werden, dass ein Triumphzug der im Bild vorliegenden Größe tatsächlich niemals stattfand. Aber auch in der realen Welt suchte Maximilian Pomp zu demonstrieren. Beim Einritt in Worms aus Anlass des Reichstags von 1509 ließ er sich von tausend Reitern begleiten[73], und der Einritt nach Konstanz zur Eröffnung des Reichtags von 1507 geriet zum prächtigen Spektakel[74]. Aber bei Maximilian überwog die Schau die Demonstration der Macht. Er hatte mit den aufmüpfigen Bürgern anderer Städte schlechte Erfahrungen gemacht. In Brügge hatte ihn der Rat der Stadt im Jahr 1488 für einige Wochen gefangen setzen lassen, da die von Maximilian kommandierten Landsknechte sich in der Stadt scheinbar unbotmäßig verhalten hatten[75].

Karl verhielt sich den Einritten und den Städten gegenüber seltsam reserviert und kehrte, wenn er mit Vertretern der Städte zu tun hatte, gern seine Position als ranghöchster Monarch des Abendlands, wenn nicht gleich der Welt insgesamt, hervor. Maximilians propagandistische Druckwerke übereignete er hingegen seinem Bruder Ferdinand. Der ließ die Bilder einmal drucken und die Druckstöcke dann in seinem Kuriositätenkabinett ablegen. Karl verzichtete jedoch auf die Einritte nicht ganz, sondern gestaltete sie in Unterwerfungszeremonien um. Bereits im Jahr 1515 war er als eben mündig gewordener Herzog von Burgund feierlich in Brügge eingeritten und hatte so die Übernahme der Herrschaft über die Stadt vollzogen In Gent hielt er 1516 Einzug und verband damit den Erlass einer Satzung für die Stadt. Die Genter nannten die Satzung wegen ihres edlen Beschreibstoffs spöttisch Kalbsfell. Auch die Bürger von Gent waren bekannt für Starrsinn und Unbeugsamkeit. Gegen sie hatten Maximilians burgundische Vorfahren Philipp der Gute und Karl der Kühne hin und wieder sogar Krieg geführt, ehe ihnen die Unterwerfung der Stadt gelang. Ähnlich wie in Brügge und Gent verfuhr Karl bei seinem Eintreffen in Kastilien und Aragon in den Jahren 1517 und 1518. Gab es aber keine Herrschaftsübernahme zu inszenieren, verzichtete Karl auf Pomp. So ließ er für seinen zweiten Besuch bei seinem Jugendfreund König Heinrich VIII. In England im Jahr 1522 – dessen Ehe mit Karls Tante Katharina von Aragon galt zu diesem Zeitpunkt noch als gute Beziehung – einen Vertrag schließen, demzufolge auf jegliches Einrittsritual verzichtet werden sollte, damit Kosten gespart werden konnten und das Treffen der beiden Herrscher wie

[72] Druck in: Peter *Whitfield*: The Image of the World. London 1994, S. 52-53 (Nachdruck, London, 1997).

[73] Druck in: Frankfurts Reichscorrespondenz nebst verwandten Aktenstücken von 1376-1519. Bd. 2. 2. Hg. von Johannes *Janssen*, Freiburg 1872, S. 750-751, Nr. 952.

[74] Vgl. Burkhard Georg *Spalatin*, Historischer Nachlaß und Briefe. Hg. von Christian Gotthelf *Neudecker* und Ludwig *Preller*. Bd. 1. Jena 1851, S. 204-220.

[75] Jean *Molient*: Chroniques, s.a. 1488. Hg. von Jean-Alexandre *Buchon*. Bd. 2, Paris 1828. S. 207-208; kritische Ausgabe von Georges *Doutrepont*, Bd. 1. Brüssel 1935, S. 587-588.

ein Familienbesuch erschien[76].

Das niederländische Beispiel machte im Reich Schule. Waren die niederländischen Städte auch bisweilen rebellisch, so blieben sie doch, solange Karl herrschte, wenigstens katholisch. In den Reichsstädten war das anders, in denen sich seit den späten 1520er Jahren die "lutherische Ketzerei" schnell ausbreitete. Das führte zunächst zu ganz praktischen Problemen. Als Verteidiger der katholischen Kirche konnte Karl selbstverständlich nicht im Haus eines lutheranischen Bürgers wohnen, wenn er eine Reichsstadt mit seinem Besuch beehrte. Aber die Zahl derjenigen Bürger, die katholisch blieben und dazu wohlhabend genug waren, um den Kaiser beherbergen zu können, schrumpfte schnell. Dies zwang den Kaiser, immer wieder bei denselben Gastgebern zu nächtigen, was zwar peinlich, aber zunehmend seltener vermeidbar war. Wichtiger aber war, dass Karl sich immer öfter auch der katholischen Stadtbevölkerung entfremdete. Grund dafür war nicht allein seine mangelnde Fähigkeit und sein mangelnder Wille, seine Schulden bei den städtischen Finanziers zu tilgen, sondern auch sein unbedingte Entschlossenheit, Herrschaft über die Reichsstädte in der Form auszuüben, die er aus den Niederlanden gewöhnt war. Das bedeutete aus Karls Sicht, dass die Bürger der Reichsstädte sich dem kaiserlichen Willen zu fügen hatten, wenn sie nicht mit Krieg überzogen werden wollten.

Des Kaisers Entschlossenheit erfuhren insbesondere die katholisch gebliebenen Kölner. Sie erhielten im Jahr 1547 das Ersuchen des eben neugewählten Erzbischofs Adolf III. von Schaumburg, förmlich in die Stadt einreiten zu dürfen. Der Kölner Rat war von dem Ansinnen des neuen Erzbischofs überrascht und forschte in seinem Archiv nach, wann zuvor Einritte stattgefunden hatten. Man fand heraus, dass es unter den vermeintlich 65 Kölner Erzbischöfen nur vier gegeben habe, die Einritte vollzogen hätten, und dass zwischen ihnen und der Stadt schwerer Streit bestanden habe und sogar Krieg geführt worden sei. Der Rat stellte daher dem neuen Erzbischof anheim, auf den Einritt zu verzichten, und versicherte, der Erzbischof habe alle seine Rechte über die Stadt auch ohne Einritt. Doch der Erzbischof blieb hart und bestand auf der Zeremonie. Der Rat blieb ebenso hart, da er nicht ganz zu Unrecht vermutete, der Erzbischof wolle den Einritt als Akt der Unterwerfung der Stadt unter seine Kontrolle benutzen. Der Erzbischof zog vor den Kaiser, den er anlässlich des Reichtags in Augsburg 1548 traf, und bat um kaiserliche Unterstützung in dem Streit. Karl entschied, die Sache bei seinem anstehenden Besuch in Köln zu regeln. Aber der Rat blieb auch dann noch störrisch, als Karl schließlich 1549 in der Stadt weilte. Es kam bei Karls Einritt sogar zu einem peinlichen Zwischenfall, als sich die Erregung der Bürger in Schmährufen auf den Kaiser entlud. Der Kaiser zog daher unverrichteter Dinge weiter nach Brüssel, verlangte aber, dass der Kölner Rat nach dorthin eine Delegation entsenden solle, um die Verhandlungen weiterzuführen. Mehrmals gingen Gesandtschaften nach Brüssel und versuchten, den Kaiser auf die Seite der Stadt zu ziehen. Zwei "Unparteiische" wurden berufen, einen Schlichtungsvorschlag

[76] Remi *du Puys* : La tryumphante entree de Charles prince des Espagnes ... en Bruges 1515 (Faksimileausg.. Hg. von Sydney *Anglo*, Amsterdam 1973, fol. D Iv.. Wie der allerdeurchleuchtigste grossmechtgte etc. künig Karl von Hispanien ... erstlich geschifft nac Engellandt, nachmaln fürterhin auffs Niderlandt gen Flyssingen etc. mit was triumphierung und freuden yr Kay[serliche] Ma[jestät] empfangen worden. Druck (s.l.et.a.) Calendar of State Papers and Manuscripts, Relating to English Affairs, Existing in the Archives and Collections of Venice and Other Libraries of Northern Italy. Hg. von Rawdon *Brown*, Bd. 3, S. 50, 53.

auszuarbeiten. Doch deren Vorschlag bestand in der Empfehlung, der Rat möge dem Erzbischof den Einritt gestatten. Karl entschied letztendlich zugunsten des Erzbischofs, und die Kölner fügten sich[77].

Die Alternative Krieg oder Unterwerfung war durchaus konkret. Gestärkt durch die Demonstration seiner Fähigkeit, die rebellischen Genter zur Räson zu bringen, schritt Karl zum Krieg gegen die Lutheraner im Reich mit dem Ziel, deren "Ketzerei" den Garaus zu machen. Einige oberdeutsche Reichsstädte, darunter Ulm und Augsburg, unterstützten die Sache der Lutheraner und schlossen sich dem Schmalkaldischen Bund des protestierenden Reichsstände an. Karl blieb unbeeindruckt von der Vielzahl seiner Gegner im Reich und entschlossen, die Lutheraner mit Krieg zu überziehen. Nach langem Zögern trug er schließlich im Jahr 1547 den Krieg nach Sachsen und konnte mit etwas Glück den sächsischen Kurfürsten Johann Georg in der Schlacht bei Mühlberg gefangen nehmen. Die Schlacht wurde als großer Sieg gefeiert, Karl von Tizian als Georgsritter verewigt, der gegen Ketzer stritt. Im Augenblick der Gefangennahme des Kurfürsten stand Karl auf dem Höhepunkt seiner kaiserlichen Macht und konnte es sich leisten, den Kurfürsten abzusetzen. Zwar konnte Karl die Räte der Städte, die sich gegen ihn gestellt hatten, nicht gefangen nehmen und wie Johann Georg von Sachsen vor sich herlaufen lassen. Aber er konnte sie zwingen, sich ihm förmlich bei Einritten zu unterwerfen. Das geschah exemplarisch in Augsburg und Ulm im Jahr 1548 im Zusammenhang mit dem Augsburger Reichstag, dessen Ziel die Beendigung der "lutherischen Ketzerei" war. Dieser Reichstag ist als der "geharnischte" in die Geschichte eingegangen, da Karl einige für die Reichsverfassung wesentliche Grundordnungen ausarbeiten und verkünden ließ. Darunter war das Interim das umstrittenste Dokument. Es schrieb den Lutheranern eine Frist vor, innerhalb deren sie ihre aus der Sicht des Kaisers und seiner Theologen "ketzerischen" Lehren zu widerrufen hatten[78]. Das Interim sollte in den Städten öffentlich verkündet werden. Es führte zu Verhaftung und Ausweisung lutherischer Prediger aus den Reichsstädten. Augsburg war ein besonders komplizierter Fall. Hier bestand eine lutherische Gemeinde, aber die Stadt war auch Sitz eines katholischen Bistums. Beide Konfessionen mussten also miteinander gedeihlich auskommen. Karls Einritt in Augsburg verdeutlichte, wie Karl sich die Kohabitation vorstellte, nämlich als Akt der Unterwerfung der Lutheraner unter die Altgläubigen. In die Stadt eingeritten, zitierte er den Rat zu sich, entließ den Rat, verkündete die Kassierung der Augsburgischen Zunftverfassung und setzte nach Nürnberger Vorbild einen vom Patriziat dominierten neuen Rat ein. Am 15. August traf er, wie gesagt, aus Augsburg kommend in Ulm ein und wiederholte dort seine Eingriffe in die städtische Freiheit. Der Große Schwörbrief wurde außer Kraft gesetzt, die politische Beteiligung der Zünfte am Stadtregiment beendet und ein patrizischer Rat oktroyiert. Sebastian Fischer gedachte dieser Vorkommnisse mit Schaudern und klagte, wie auch andere Zeitgenossen[79], dass Ulm als Gemeinde stets wohl geord-

[77] Beschlüsse des Rates der Stadt Köln. 1320–1550, 5. Juni 1548, 27. Aug. 1548, 7. Sept. 1548, 12. Sept. 1548, 6. April 1549. Hg. von Manfred *Groten*. Bd. 3 (Publikationen der Gesellschaft für Rheinische Geschichtskunde. 65,3.). Düsseldorf 1988. S. 595, 616f., 621f., 671f.

[78] Gustav *Bossert*: Das Interim in Württemberg. Halle 1895.- Dazu auch: Abschied der Rom[isch] Keys[erlichen] Maiest[at] vnd gemeyner Stend / vff den Reichstag zu Augspurg vffgericht / Anno Domini M.D.XLVIII. Mainz 1548; Historisches Archiv der Stadt Köln, Bestand 50, no 105, fols 91r-133v.

[79] Der 'Neue Schwörbrief', datiert vom 22. August 1558, In: Juristisches Magazin für die deutschen Reichs-

net gewesen sei und nie ohne Zwang Krieg geführt habe. Deswegen verdiene die Stadt die schroffe Behandlung durch den Kaiser keineswegs.

Die Augsburger beließen es bei Karls Oktroi und arrangierten sich mit der neuen Ordnung[80]. Die Ulmer blieben unzufrieden und versuchten, die alte Ordnung wiederherzustellen. In Ulm errang die städtische Freiheit einen Teilsieg über den Willen des Kaisers, obschon die Stadt kaisertreu blieb, wie Fischer hervorzuheben sich beeilte.

Als Karl sich im Jahr 1555, gealtert und entkräftet, aus allen Ämter zurückzog, ohne die "lutherische Ketzerei" ausgerottet zu haben, war er mit seinem Bestreben gescheitert, die Einheit der Welt als Gemengelage von Land und Meer zu wahren und als Bestandteil seiner Herrschaft auszugeben. Er scheiterte am zunehmenden Bewusstsein der Vielgestaltigkeit der Welt und ihrer politischen Ordnungen. Der in den Städten ausformulierte und in die Praxis der Politik umgesetzte Grundsatz, dass Menschen ihre Ordnungen selbst setzen könnten und sollten, setzte sich gegen den von Karl vertretenen Anspruch durch, Universalherrscher von Gnaden Gottes zu sein. PLUS ULTRA blieb eine Devise, mit der, wer es wollte, den Genozid an der amerikanischen Urbevölkerung rechtfertigen, aber nicht die Hoffnung auf den Weltfrieden begründen konnte. Indem Sebastian Fischer Karls Devise als Ausdruck des kaiserlichen Willens deutete, Herrschaft über Gebiete jenseits des Mittelmeers ergreifen zu wollen, zeigte er tiefe Einsicht in die militärisch-politische Komponente der Kaiseridee, die, als Karl in Ulm einritt, kaum mehr als die Erinnerung an die Friedenslehren des späteren Mittelalters umschloss.

Gab es Globalisierung im 16. Jahrhundert? Die Antwort auf die Frage hängt davon ab, wie Globalität bestimmt wird. Im Voraufgehenden wurde Globalität als kulturelles Konstrukt beschrieben, das in Weltbildern sichtbar und in das praktische wirtschaftliche und politische Handeln umgesetzt wird. Dieses Konstrukt kann sich wandeln. Im Übergang vom 15. in das 16. Jahrhundert fand in Europa ein solcher Wandel statt, in dessen Folge das mittelalterliche Weltbild zu Bruch ging und verworfen wurde. Dieses ruhte in der naturwissenschaftlichen Erkenntnis der Kugelgestalt des Planeten Erde, verband damit aber die Vorstellung eines einheitlichen, begehbaren und in drei Kontinente geteilten Siedlungsraums, der nach außen von einem Ozean umschlossen war. Globalität als bildlich-sprachlicher Ausdruck der Vorstellung von der Kugelgestalt des Planeten Erde und Universalität als Herrschaftsbegriff mussten nicht auf dieselben Räume bezogen sein. Es gab innerhalb der Alten Welt konkurrierende universale Herrschaftsbegriffe, die nur Teile des Planeten Erde erfassten. Dieser Siedlungsraum galt im Abend-

städte. Hg. von Tobias Ludwig Ulrich *Jäger*. Bd. 2. Ulm 1791. S. 329-43.- Dazu: Georg Sigismund *Seld*: Kurze anzaig Welchermassen, auch auß was ursachen, die Rö[misch] Kay[serliche] May[estät] Verenderung Regiments der Statt Ulm ... furgenommen, 19. August 1548; StadtA Ulm, A 3409.- Sebastian *Fischers* Chronik (wie Anm. 1) S. 139-44.- Vgl. auch: Wolfgang *Glockengiesser*: Von alten geschichten so zu Vlm vnnd anderen Orhten firgangen; StadtA Ulm, Bestand G 3, fol. 20v-22v.- Vgl. dazu: Eberhard *Naujoks*: Kaiser Karl V. und die Zunftverfassung. Ausgewählte Aktenstücke zu den Verfassungsänderungen in den oberdeutschen Reichsstädten (1547–1556) (Veröffentlichungen der Kommission für geschichtliche Landeskunde in Baden-Württemberg. Reihe A, vol. 36.). Stuttgart 1985. S. 72-77 und S. 86-91.

[80] Paul Hector *Mair*: Chronica, angefangen nach Christi, unnsers lieben herrn und haylandts geburt, als man zelt M.D.XLVII. In: Die Chroniken der schwäbischen Städte. Augsburg. Bd. 7 (Die Chroniken der deutschen Städte 32). Leipzig 1917. S. 23-24, 25-57.- Nikolaus *Mameranus*: Caroli V Rom[ani] Imp[eratoris] Aug[usti] iter ex inferiore Germania ab anno 1545 usque in cometia apud Augustam Rhetian indicta anni 1547. Augsburg 1548. fol. B [XXX]r.

Abb. 2 - Apotheose Karls V., von unbekanntem Maler, 1593/94.
Museum Nordico, Linz.

land als Basis der in den Händen des römischen Kaisers vereinigten gottgewollten Universalherrschaft. Diese Theorie widersprach aber der allgegenwärtigen praktischen Erfahrung der Vielheit von abgegrenzten politischen Ordnungen. Die Diskrepanz zwischen der politischen Theorie des Universalismus und der praktischen Erfahrung des Partikularismus musste folglich begründet werden. Unter den Begründungen war diejenige die folgenreichste, die den Menschen die Fähigkeit zur Satzung ihrer eigenen politischen Ordnungen zuerkannte. Diese Erklärung half zwar, den Widerspruch zwischen der theoretisch postulierten Universalherrschaft und dem empirisch gegebenen Pluralismus politischer Ordnungen aufzulösen, legitimierte aber damit die Vielgestaltigkeit eben dieser Ordnungen. Die Universalität von Herrschaft über den als einheitlich ausgegebenen begehbaren Siedlungsraum wurde damit selbst zum Problem.

Das Problem wurde aber erst virulent, als in Folge der Änderungen des Weltkartenbilds die Vorstellung der Erdoberfläche neu konstruiert werden musste. Das Bild vom zusammenhängenden Siedlungsraum musste aufgegeben und durch das Bild der Gemengelage von Land und Meer, nicht zusammenhängenden Kontinenten sowie in die Meere eingestreuten Inselwelten ersetzt werden. Da nunmehr Universalherrschaft nicht mehr auf den Planeten Erde als zusammenhängenden Siedlungsraum bezogen werden konnte, traten in bezug auf die Bestimmung von Herrschaft Universalität und Globalität auseinander. Globalität konnte nur sinnvoll erscheinen als Bezeichnung und Begriff, wenn sie den Planeten als ganzen erfasste. Diese Forderung konnte für die Bestimmung der Universalität von Herrschaft weder möglich nich sinnvoll erscheinen. Herrschaft über Meer war schwer vorstellbar, denn jede Herrschaft musste irgendwo siedelnde Leute betreffen, aber im Wasser konnte niemand siedeln. Herrschaft über das Meer konnte also nur in der Befugnis bestehen, Zugänge zu überseeischen Siedlungsräumen zu begrenzen und Normen des Seeverkehrs zu setzen. Beide Ausprägungen eines Seerechts konnten und können nicht aus Universalherrschaft abgeleitet werden. Denn Rechte des Zugangs zum Meer können als Ausflüsse der universalen Ordnung nicht begrenzt, sondern bestenfalls für alle in gleicher Weise geöffnet werden. Universale Herrschaft könnte also den Zugang zum Meer nicht restriktiv regeln, sondern bestenfalls deregulieren. Andererseits könnten Normen des Seeverkehrs aus der Willkür eines universalen Herrschers nur unter der Bedingung abgeleitet werden, dass sie als Bestandteile der gottgewollten Weltordnung, also nicht als menschliche Satzungen ausgegeben werden. Herrschaftsrechte über das Meer und die in es eingestreuten Inselwelten konnten also nur aus dem Willen eines über begrenzte politische Ordnungen, deren Territorien und Bewohner gebietenden Herrschers folgen oder aus Vereinbarungen zwischen mehreren dieser Territorialherrscher.

Die Frage, ob im 16. Jahrhundert Globalisierung stattfand, muss also für die Weltbildgeschichte und die Geschichte der politischen Ordnungen getrennt beantwortet werden. Globalisierung als Prozess der Erfassung der Globalität des Planeten Erde fand in der raschen Veränderung des in Karten niedergelegten Weltbilds statt. Aber dies war ein Wandel der Theorie. Er förderte die theoretische Bestimmung der Welt als vielgestaltiges Ensemble partikularer Siedlungsräume zutage, die unter einander unverbunden, nicht mehr insgesamt begehbar, also nur durch Befahrung von Meeren erreichbar waren. Die Vielzahl der ins Blickfeld der Europäer tretenden tatsächlichen oder vermeintlichen Inselwelten untermauerte diese Bestimmung. Globalisierung bedeutete also zunehmende Erkenntnis der Vielgestaltigkeit des Planeten Erde. Oder, schärfer und negativ ausgedrückt: die Zerstörung des Bewusstseins der Einheit der Welt. Globalisierung in diesem Sinn war ein Vorgang, der im wesentlichen in den Städten ablief und von verschiedenen Bürgergruppen wie Kaufleute und Intellektuellen getragen und gefördert wurde.

In der Geschichte der politischen Ordnungen vollzog sich derselbe Vorgang in umgekehrter Richtung. Bis an das Ende des 15. Jahrhunderts hatten die Befürworter von Universalherrschaftsplänen stets auf das Einheit und Begehbarkeit suggerierende Weltkartenbild als Basis für ihre Forderung bauen können, die Errichtung einer Universalherrschaft sei für alle nützlich. Mit dem um 1500 einsetzenden Weltbildwandel entfiel diese Möglichkeit, der zunehmenden Territorialisierung von Herrschaft ein ideologisches Gegengewicht entgegenzustellen. Karl V. hatte keine Mittel, mit denen er der Territorialisierung im Römischen Reich und um es herum auf Dauer entgegenwirken konnte. Im Gegenteil, unter seiner Herrschaft vollzog sich der Wandel des Römischen Reichs in eine zentraleuropäische territoriale Politie. Karl selbst hielt zwar an dem Anspruch, Herr über die Welt zu sein, fest, knüpfte diesen Anspruch aber an sein spanisches Königtum und nicht an sein römisches Kaisertum. Damit setzte Karl die Entpolitisierung des Universalismus in Gang, der sich von einem politischen in ein ethisches Normensystem wandelte.

Die Antwort auf die Frage, ob es im 16. Jahrhundert Globalisierung gab, lautet also: ja in bezug auf die das Weltbild begründende Theorie, nein in bezug auf das praktische Verhalten der Menschen. Vielleicht verhält es sich mit der Globalisierung von heute nicht anders.

Jodocus Müller (1594-1654). Eine Fallstudie aus dem reichsstädtischen Ulm

Kaiser Karl V., die Stadt und die Welt

Ulrich Siegele

Warum eine Studie über Jodocus Müller?

Ein Handwerker, der sein erlerntes Gewerbe betrieb, ein Bediensteter der städtischen Verwaltung, der straffällig wurde, ein Kirchendiener, dessen Vorstrafe die Geistlichkeit erregte und der trotzdem bis an sein Lebensende amtierte – das ist die berufliche Karriere von Jodocus Müller, alias Joß Miller. Ihre überraschenden Wendungen offenbaren, bisweilen detailgenau, Bedingungen und Möglichkeiten eines Lebenslaufs in Ulm während der ersten Hälfte des 17. Jahrhunderts, dazu Verknüpfungen mit dem realen und geistigen Leben der Stadt, selbst mit einer so herausragenden Persönlichkeit wie Johann Faulhaber; überdies treten Strukturen und Maximen des administrativen Handelns der Reichsstadt hervor – alles zusammen Grund genug, das Leben dieses Mannes in einer Fallstudie erneut zum Leben zu erwecken.

Zum ersten Mal stieß ich auf den Namen, als ich mich mit der "Ricercar Tabulatura" des Stuttgarter Stifts- und späteren Hoforganisten Johann Ulrich Steigleder (1593-1635) beschäftigte, des Sohns des Ulmer Münsterorganisten Adam Steigleder (1561-1633)[1]. Der Titel des Notendrucks nennt das Erscheinungsjahr 1624. Er sagt außerdem, dass das Werk auf des Verfassers Kosten und mit eigener Hand in Kupfer gestochen und gedruckt ist und der Verfasser erster Organist der Stuttgarter Kirche sei[2]. Aus der Tatsache des Selbstverlags ist, in Verbindung mit der Angabe der Dienststellung, auf Stuttgart als Druck- und Verlagsort geschlossen worden, obwohl der Titel darüber streng genommen keine Auskunft gibt[3]. Demgegenüber notieren die Frankfurter und Leipziger Messkataloge vom Herbst 1624: Ulmae ap[ud] Jodocum Müller – Ulm an der Donau bei Jodocus Müller[4].

---

[1] Vgl. Ulrich *Siegele*: Steigleder, Familie. In: Die Musik in Geschichte und Gegenwart, 2. Ausgabe, Personenteil 15 (2006) Sp. 1382-1384.

[2] Vgl. Johann Ulrich *Steigleder*: Sämtliche Orgel- und Clavierwerke. I: Ricercar Tabulatura (1624). Hg. von Ulrich *Siegele* (in Vorbereitung).

[3] So z. B. Répertoire International des Sources Musicales A/I/8. Kassel 1980. S. 215 (S 5708).

[4] Albert *Göhler*: Verzeichnis der in den Frankfurter und Leipziger Messkatalogen der Jahre 1564 bis 1759 angezeigten Musikalien. Leipzig 1902 und Hilversum 1965. Zweiter Teil: 17. Jahrhundert. S. 84, Nr. 1497.

Als ich dann schließlich wusste, dass es diesen Jodocus Müller tatsächlich gegeben hat und er für den Vertrieb des Notendrucks in Frage kommt, hatte ich sehr viel mehr über ihn erfahren, als ich zur Beantwortung meiner Ausgangsfrage brauchte. Zugleich hat sich als wahrscheinlich herausgestellt, dass der Notendruck nicht nur von Ulm aus vertrieben, sondern dort auch hergestellt worden ist, und zwar veranlasst durch den Superintendenten Dr. Chunrad Dieterich, der Johann Ulrich Steigleder, allerdings erfolglos, als Nachfolger seines Vaters Adam auf der Stelle des Münsterorganisten favorisierte. Aus dem abgeleiteten Interesse an Jodocus Müller aber war inzwischen ein kleines Projekt eigenen Rechts geworden. Darüber möchte ich nun berichten[5].

Zur Familiengeschichte

Die Familiengeschichte gibt einen Rahmen. Jodocus Müller wurde am 23. März 1594 in Geislingen an der Steige, das damals zum Ulmischen Herrschaftsgebiet gehörte, getauft[6]. Die Namensform Jodocus Müller findet sich übereinstimmend im Taufeintrag und in den Messkatalogen; sie darf deshalb als maßgebend betrachtet werden. Jedoch gibt es für den Vornamen eine Reihe von Kurzformen wie Joos, Jobst, Jost und, französisch, Josse. In Ulm scheint die Form Joß verbreitet gewesen zu sein. Außerdem variiert die Schreibung des Nachnamens. Deshalb erscheint Jodocus Müller in den Ulmer Akten häufig als Joß Miller.

Sein Vater Onophrius Müller war 1555 als Sohn des gleichnamigen Tuchscherers (der 1581 starb) in Ulm geboren worden[7]. Auf der Wanderschaft kam er 1575 nach Linz, ohne dass sein Beruf bekannt wäre. 1589 wurde er Gegenschreiber am Ulmischen Hauptzoll in Geislingen. Nachdem der bisherige Zoller Georg Rau (seit 1588 im Amt, zuvor Schulmeister in Ulm) verstorben war, erhielten am 9. Mai 1606 Onophrius Müller die Stelle des Zollers, der Goldschmied Hans Ulrich Schmalvogel die Stelle des Gegenschreibers. Onophrius Müller verwaltete das Amt bis zu seinem Tod in den ersten Tagen des Jahres 1626.

Er war drei Mal verheiratet. Am 22. September 1578 ging er die erste Ehe ein mit Ursula Graf, die 1588 starb; von den jährlich geborenen Kindern blieben drei am Leben[8]. Am 29. Juli 1589 schloss er in Ulm eine zweite Ehe mit Ursula Klein[9]. Aus dieser Ehe wurden 1590 in Ulm das erste, von 1592 bis 1609 in Geislingen das zweite bis dreizehnte Kind geboren; von diesen dreizehn Kindern war Jodocus

[5] Für zuvorkommend gewährte Hilfe bei den Nachforschungen über Jodocus Müller danke ich dem Stadtarchiv Ulm (Dr. Gebhard Weig und Susanne Rott) und dem Landeskirchlichen Archiv Stuttgart (Dr. Hermann Ehmer und Dorothea Reuter). Der usuelle Charakter der Quellen bringt Unsicherheiten der Lesung, insbesondere hinsichtlich Orthographie und Interpunktion, mit sich, ohne dass dadurch das Verständnis nennenswert beeinträchtigt wäre.

[6] Landeskirchliches Archiv (künftig LKA) Stuttgart, Kirchenbücher Geislingen Bd. 3: Taufbuch 1584-1636, fol. 169r.

[7] Zu Onophrius Müller vgl. Kurt *Hawlitschek*: Johann Faulhaber 1580-1635. Eine Blütezeit der mathematischen Wissenschaften in Ulm (Veröffentlichungen der Stadtbilbiothek Ulm 18). Ulm 1995. S. 198f.

[8] *Ebda.*

[9] LKA Stuttgart, Kirchenbücher Ulm, Ehenindex 1561-1666, L-R. Der Vorname des Vaters von Ursula Klein wird im Ehenindex mit Johann angegeben. Doch findet sich im Taufindex 1561-1614, G-K, kein Vater Johann Klein, und unter den zwei Vätern Hans Klein keiner mit einer Tochter Ursula. Dagegen erscheint als drittes der (seit 1561 verzeichneten) sechs Kinder des Ehepaars Jobst Klein und Katharina Reißer eine Tochter Ursula, deren Taufe am 25. Mai 1565 stattfand. Möglicherweise handelt es sich hierbei um die zweite Ehefrau von Onophrius Müller.

das vierte und der zweite Sohn[10]. Diese Ehefrau starb am 10. Juli 1610[11]. Danach heiratete Onophrius ein drittes Mal. Von 1612 bis 1616 folgten nämlich drei weitere Kinder; der Vorname der Mutter lautet Barbara, ihr Nachname in den drei Taufeinträgen nacheinander Geßler, Gußler, Goßler. Vermutlich verbirgt sich dahinter ihr Geburtsname. Denn sie war eine Witwe aus Geislingen, als deren Name Barbara Kräutlein, wohl der Name ihres verstorbenen Ehemanns, genannt wird.

Onophrius Müller war in Geislingen in der Verwaltung tätig; dieser Bezug zeigt sich, soweit dokumentiert, auch an den Paten und den Ehemännern der Patinnen der dort geborenen Kinder: Helfer, Visierer, Pfleger. Außerdem hatte er, neben literarischen, pädagogische Interessen; sie betrafen Lesen, Schreiben und Rechnen und kamen anscheinend auch der Erziehung seiner eigenen Kinder zugute[12].

Das Schema für die Wahl der Paten der in Geislingen geborenen Kinder ist bemerkenswert. Jedes Kind, gleichgültig welchen Geschlechts, hatte einen Paten und eine Patin, die nach Möglichkeit von Kind zu Kind beibehalten wurden; diese Festlegung überbrückte sogar den Tod der zweiten Ehefrau und die dritte Heirat. So blieben Pate und Patin für das 2. bis 8. Kind und dann wieder für das 9. bis 15. Kind konstant; beim 16. Kind wechselte der Pate, nicht dagegen die Patin. Zwar ist für die Patin beim 11. und 13. Kind der gleiche abweichende Nachname (vielleicht der Mädchenname) eingetragen; da jedoch der Vorname und vor allem die Angabe des Berufs ihres Ehemanns konstant bleiben, dürfte es sich um ein und dieselbe Person handeln.

Das Ziel dieses Schemas der Patenwahl war es, neben den Eltern eindeutige Bezugspersonen zu gewinnen, die die Kinder oder Gruppen der Kinder einer Familie zusammenhielten, wenn infolge des Tods der Eltern die sozialen Verpflichtungen der Patenschaft zu greifen hatten. Ein Wechsel erfolgte jeweils nach sieben Geburten; vielleicht sollte dadurch ein Ausgleich hergestellt werden zwischen der Absicht des Schemas, möglichst große Gruppen von Kindern zusammenzuhalten, und der Notwendigkeit, den Umfang der sozialen Verpflichtungen, die daraus erwachsen konnten, zu begrenzen. An einem reichhaltigeren Material wäre zu prüfen, inwieweit dieses Schema in Ulm und dem Ulmischen Herrschaftsgebiet Geltung hatte[13].

---

[10] LKA Stuttgart, Kirchenbücher Ulm, Taufindex 1561-1614, L-R, und Kirchenbücher Geislingen Bd. 3: Taufbuch 1584-1636, fol. 169r-v. Die in der vorhergehenden Anmerkung gegebene Annahme über die Abstammung von Ursula Klein wird dadurch gestützt, dass für ihr viertes Kind und ihren zweiten Sohn Jodocus ihr Vater, der Großvater mütterlicherseits des Kindes, Jobst Klein namengebend gewesen wäre, während für ihr zweites Kind und ihren ersten Sohn Onophrius ihr Ehemann, der Vater des Kindes, namengebend war (der wiederum selbst seinen Namen von seinem Vater erhalten hatte).

[11] LKA Stuttgart, Kirchenbücher Geislingen Bd. 3: Sterberegister 1604-1619, fol. 245.

[12] StadtA Ulm, Repertorium H: Handschriften und Nachlässe, fol. 39r unter Miller, Onophrius. Vgl. dazu Johannes *Greiner*: Des Onophrius Miller Lobspruch auf die Stadt Ulm. 1593. In: UO 13-15 (1908 und 1909) S. 143-165 (auch selbstständig u. d. T.: Onophrius Millers Lobspruch auf Ulm 1593 nach der auf der Kgl. Staatsbibliothek in München befindlichen Handschrift mitgeteilt. Ulm 1909).

[13] Zu solchen Schemata der Patenwahl vgl. Ulrich *Siegele*: Im Blick von Bach auf Telemann: Arten, ein Leben zu betrachten. Mit einem Anhang von Roman *Fischer* und Ulrich *Siegele*: Maria Catharina Textor. Georg Philipp Telemanns zweite Frau und ihre Familie. In: Biographie und Kunst als historiographisches Problem. Hg. von Joachim *Kremer*, Wolf *Hobohm* und Wolfgang *Ruf* (Telemann-Konferenzberichte 14). Hildesheim 2004. S. 46-89, besonders S. 70-79 und 87f. Unter den hier obwaltenden Umständen hatten Pate und Patin nur einen begrenzten Einfluss auf die Namengebung, wie am Beispiel der Kinder von Onophrius Müller zu sehen ist. Ferner zeigt sich, dass nach dem Tod eines Kindes dessen Name, sobald das Geschlecht es erlaubte, erneut vergeben wurde: Das 5. und 7. Kind hießen Rosina, das 6., 8., 10. und 11. Kind Johannes. Hinter die-

Buchbinder als Beruf und erste Heirat

Jodocus Müller wuchs in seiner Geburtsstadt Geislingen auf[14]. 1607, im Alter von 13 Jahren, kam er nach Ulm zu einem Buchbinder in die Lehre; sie dauerte vermutlich vier Jahre. Daran schloss sich eine siebenjährige Wanderschaft an. Nach der Rückkehr 1618 ließ er sich in Ulm nieder, erwarb das Bürgerrecht, eröffnete einen eigenen Buchbinderladen und heiratete. Die Hochzeit fand am 28. Juli 1618 statt mit Katharina Wagner, einer Tochter des verstorbenen Goldadlerwirts Martin Wagner[15]. Aus dessen am 22. August 1578 geschlossener Ehe mit Barbara Winter gingen von 1580 bis 1602, in ziemlich genau 22 Jahren, 20 Kinder hervor. Am 28. Februar 1595 wurde als 14. Kind eine Tochter Katharina getauft, die anscheinend bald starb. Auf sie folgte als 15. Kind erneut eine Tochter Katharina; sie wurde am 8. Februar 1596 getauft, überlebte und heiratete nun Joß Miller[16].

Am Hochzeitstag genehmigte der Regierende Bürgermeister Daniel Schad, dass der Ratsbuchdrucker Johann Meder *Johann Faulhabers sonderbare Rechnung deß Alters biß vff 100 Jar so Er Joß Millern Buchbindern zue Ehrn gestelt*, also offensichtlich eine Dedikation zur Hochzeit, druckt[17]. Hierbei handelt es sich um die folgende Publikation[18]: *Newe Arithmetische Proportiones. | Der Zenßde-Zenß Cossischen Quantiteten, gegen | den Cörperlichen Numeris Columnarum | von Polygonalibus. | Neben einem Leichten Rätzel. | Vff den Hochzeittlichen Ehrentag. | Deß Ehrngeachten/ | Jodoci Müllern Buchbinders vnnd | Burgers alhie zu Vlm/ deß Ehrnhafften vnd Für- | nemmen Herrn Onophrij Müllers/ Eines Ehrsamen | Raths besagter Statt Vlm/ Zollers | zu Geißlingen Ehelichen Ehrn Sohn. | Vnd dann auch | Der Ern- vnd Tugentsamen Jung- | frawen Catharinæ Wagnerin/ weylund deß Ern- | hafften vnd Fürnemmen/ Martin Wagners Burgers vnd | Gastgebens zum Gulden Adler/ alhie/ seeligen hin- | derlassenen Ehelichen Ehrn Dochter/ | Als Hochzeiterin. | So den 28. Julij Anno 1618. gehalten[.] | Zur Hochzeitlichen verehrung Præsentiert vnd Calculiert. | Durch | Johannem Faulhabern/ bestelten Rechenmeistern | vnd Modisten zu Vlm. | Gedruckt zu Vlm/ durch Johann Medern/ | M DC XVIII.*

Der Verfasser, Johann Faulhaber, 1580 in Ulm geboren und 1635 daselbst an der Pest gestorben, war eine erstaunliche Persönlichkeit[19]. Er begann als Rechen-

sem Brauch scheint das Aufbegehren zu stehen, dem Tod doch noch ein weiterlebendes Kind dieses Namens abzutrotzen, obwohl auch die gegenteilige Reaktion vorstellbar wäre, diesen Namen als schlechtes Omen zu deuten und deshalb fernerhin zu vermeiden.

[14] Zu Jodocus Müller vgl. *Hawlitschek* (wie Anm. 7) S. 198f.

[15] LKA Stuttgart, Kirchenbücher Ulm, Ehenindex 1561-1666, L-R.

[16] LKA Stuttgart, Kirchenbücher Ulm, Taufindex 1561-1614, S-Z.

[17] StadtA Ulm, Pfarrkirchenbaupflegamtsprotokolle (künftig BP) A [6847], fol. 437 (28. Juli 1618). Zu Johann Meder vgl. Elmar *Schmitt* / Bernhard *Appenzeller*: Balthasar Kühn. Buchdruckerei und Verlag Kühn, Ulm 1637-1736. Bibliographie. Mit einer Geschichte des Ulmer Buchdrucks von 1571-1781 und einer Darstellung der reichsstädtischen Bücher- und Zeitungszensur (Veröffentlichungen der Stadtbibliothek Ulm 16). Weißenhorn 1992. S. 13f.

[18] Ivo *Schneider*: Johannes Faulhaber 1580-1635. Rechenmeister in einer Welt des Umbruchs (Vita Mathematica 7). Basel 1993. S. 234. *Hawlitschek* (wie Anm. 7) S. 165f.

[19] Innerhalb kurzer Frist sind während des vergangenen Jahrzehnts die beiden in der vorhergehenden Anmerkung genannten einschlägigen Monographien erschienen. Um Faulhabers Stellung in der Geschichte der Mathematik zu bestimmen, stützen sich die beiden Autoren, auch infolge gegenseitigen Austauschs, in großem Umfang auf dasselbe Material. Indessen verfolgen sie unterschiedliche Ansätze. Während Hawlitschek die Stadt- und Personengeschichte betont, bringt Schneider Gesichtspunkte der Sozialgeschichte, insbesondere des Kommunikationsverhaltens, des Publikationswesens und des Wettbewerbs zur Geltung. Vgl.

meister, wuchs jedoch rasch über dieses Berufsfeld hinaus und beschäftigte sich mit Mathematik und deren Anwendung auf die Verbesserung und Erfindung von Instrumenten ebenso wie auf das Artillerie- und Ingenieurwesen, wandte sich dem perspektivischen Zeichnen, dem Vermessungswesen und dem Festungsbaubau zu, zeigte Neigung zu Mystik und Kabbala, trachtete nämlich zahlhafte Strukturen in der Heiligen Schrift und Gottes Schöpfung zu erkennen. Von 1604 bis 1633 war er auf diesen Gebieten publizistisch tätig, "nicht nur einer der vielseitigsten und am besten informierten Rechenmeister seiner Zeit, sondern auch einer der ganz wenigen, die auf eigenständige mathematische Leistungen von Bestand Anspruch erheben konnten"[20]. Er arbeitete in Ulm mit Johannes Kepler zusammen und vermittelte René Descartes, ob persönlich oder über Publikationen, informative Anregungen für seine mathematische Arbeit.

Nachdem er 1604 in die Gesellschaft der Meistersinger zu Ulm aufgenommen worden war und fünf neue Weisen erfunden hatte, wurde er bereits 1606 als einer der drei deputierten Aufseher gewählt[21]. Im Appendix seiner "Academia Algebrae", Augsburg und Ulm 1631, beschäftigte er sich mit *einer Melodey aller Melodeyen, die die Eigenschaft hatte, dass ich alle maisterliche Melodeyen und gemeß welche dise 600 Jar über vom Anfang des Maistergesangs gemacht worden, alle in solchem Thon gleich singen kan*[22]; der Denkform des Mathematikers entsprang die Zielvorstellung einer verallgemeinerten Weise[23].

Onophrius Müller und Johann Faulhaber waren befreundet. In den ausgewählten Briefen Johann Faulhabers an den Nürnberger Rechenmeister Sebastian Kurz[24] wird er von 1606 bis zu seinem Tod immer wieder erwähnt; von den 91 Briefen, die er selbst zwischen 1606 und 1621 an Sebastian Kurz richtet und die oft auf Faulhaber Bezug nehmen[25], sind drei in der Auswahl enthalten. Onophrius Müller wird zum Essen gastlich in Faulhabers Haus aufgenommen[26]. Er besucht ihn, als dieser unter Hausarrest und Kontaktsperre steht, *vertrawlich* [also heimlich] *bey der Nacht ein klein Viertel Stundlin*, um ihn und seine Frau zu trösten und den beiden Mut zuzusprechen[27]. Er stellt Faulhaber eine neue Rechenaufgabe,

außerdem Gottlob *Kirschmer*: Faulhaber, Johannes. In: Neue Deutsche Biographie 5 (1961) S. 31 (S. 29-31 über die Nachkommen), und Paul A. *Kirchvogel*: Faulhaber, Johann. In: Dictionary of Scientific Biography, hg. von Charles Coulston *Gillispie*, 4 (1971) S. 549-553.

[20] *Schneider* (wie Anm. 18) S. 171.

[21] Vgl. zu diesem Tätigkeitsbereich Faulhabers *Hawlitschek* (wie Anm. 7) S. 23-27, und Simon *Rettelbach*: Faulhaber, Johannes. In: Die Musik in Geschichte und Gegenwart, 2. Ausgabe, Personenteil 6 (2001) Sp. 788f. Außerdem Horst *Brunner* / Johannes *Rettelbach*: Die Töne der Meistersinger. Die Handschriften der Stadtbibliothek Nürnberg Will III. 792, 793, 794, 795, 796, (Litterae. Göppinger Beiträge zur Textgeschichte 47). Göppingen 1980. S. 14 und 21.

[22] *Schneider* (wie Anm. 18) S. 3f.- *Hawlitschek* (wie Anm. 7) S. 177-179, 326 und 328.

[23] Johann Faulhabers Wirken erstreckte sich auf unterschiedliche Bereiche. Seine Verdienste können von den betreffenden Fachwissenschaften beschrieben und gewürdigt werden (obwohl sich etwa die Kirchengeschichte bislang nicht speziell um ihn bemüht hat). Wie aber die verschiedenen Bereiche in seinem Denken und Handeln aufeinander eingewirkt haben, was ein Bereich für die anderen bedeutet hat und wo vielleicht das Zentrum lag, lässt sich auf diese Weise nur schwer fassen und darstellen; denn eine in Disziplinen geteilte Wissenschaft vermag einem derart mannigfaltigen Wirkungsfeld kaum gerecht zu werden. In dem immanenten Anspruch auf mehrfache Interdisziplinarität liegt die Herausforderung der historischen Persönlichkeit Johann Faulhabers an eine kulturgeschichtlich orientierte Biographie.

[24] *Hawlitschek* (wie Anm. 7) S. 257-318.

[25] *Schneider* (wie Anm. 18) S. 239.

[26] *Hawlitschek* (wie Anm. 7) S. 104 und 282.

[27] *Ebda.*, S. 29.

die dieser in seinen "Lustgarten" von 1604 aufnimmt[28], und erhält auf seine Bitte hin von Faulhaber unentgeltlich die Lösungen aller 160 Aufgaben dieser Publikation, eine persönliche Vergünstigung, die außer ihm nur noch Sebastian Kurz zuteil wird[29]. Johann Faulhaber übertrug die Freundschaft mit Onophrius Müller auf dessen Sohn Jodocus, zumal er von 1617 bis 1623 Onophrius, den zweieinhalb Jahre älteren Bruder von Jodocus, als Provisor in seiner Schule beschäftigte[30]. So kam es zu der Dedikation anlässlich der ersten Eheschließung von Jodocus, bei deren Feier Faulhaber vermutlich anwesend war und seine Gabe überreichte.

Ein Exemplar des Drucks befindet sich auf der Stadtbibliothek Ulm unter der Signatur 46021[31]. Der Druck im Quart-Format scheint einen Folio-Bogen zu umfassen. Das innere Blatt enthält die vier Seiten des Texts, das äußere Blatt dient als Umschlag; es enthält allein den Titel, während die Rückseite des Titels ebenso unbedruckt ist wie wohl auch die beiden letzten Seiten. Die ersten drei Seiten des inneren Blatts bieten den mathematischen Traktat; er ist überschrieben: *Erstlich/ Jst nachvolgendes dem Kunstliebenden Alten Herrn Schweher/ Onophrio Müllern Zollern/ meinem vertrauten als Brudern/ vnd andern Hochzeit Gästen/ Auch allen Kunstliebhabern zur belustigung hieher gesetzt.* Die vierte Seite bietet das Rätsel und darunter einen Glück vnnd Heylwunsch von zehn Zeilen; sie ist überschrieben: *Aber es folget für dißmahl nur ein gar leichtes Hochzeit Rätzel/ welches auffzulösen keiner sondern Kunst bedarff/ &c.*

Während sich der mathematische Traktat an den alten Schwäher (den 63-jährigen Vater des Bräutigams) und kundigen Freund Onophrius Müller richtet, ist das Rätsel (die *sonderbare Rechnung deß Alters biß vff 100 Jar,* von der das Protokoll anlässlich der Genehmigung des Drucks spricht) für die ganze Gesellschaft gedacht; es verschlüsselt das tatsächliche und umkreist das angewünschte Alter von einhundert Jahren: *Namblich: Der Bräutigam ist so Alt/ wann er were noch halb so Alt/ Jtem noch Zweymal: deßgleichen ein drittheil vnd ein viertheil so Alt/ als er ist/ so were er nur Zwey Jahr Jünger als Einhundert Jahr. Deßgleichen die Hochzeiterin ist so Alt/ wann sie auch were noch halb so Alt/ Jtem noch zweymal so Alt sampt den Jahren jhres Bräutigams/ so were sie ein Jahr älter als Einhundert Jahr. Jst nun die Frag/ wie Alt ein jedes in sonderheit seye?* Die Hochzeitsgäste wussten die Antwort wahrscheinlich ohnedies und konnten in Kenntnis der bekannten Unbekannten die Rechnung umso leichter nachvollziehen – ein Gesellschaftsspiel, bei dem das Brautpaar mit 24 und 22 Jahren im Mittelpunkt stand und zu dessen Beschluss der Gratulant seinen *Glück vnnd Heylwunsch, vielleicht sogar gesungen, vortrug*[32]*:*

Gott der Herr wöll dise Eheleuth
Segnen/ auch Glück vnd Heyl allzeit
Verleihen/ daß sie werden Alt.
Welches geschicht/ wann sie fein bald

[28] *Schneider* (wie Anm. 18) S. 69.
[29] *Ebda.*, S. 85.
[30] *Hawlitschek* (wie Anm. 7) S. 37, 91f., 198.
[31] Ich danke Bibliotheksoberamtsrat Bernhard Appenzeller für das freundliche Entgegenkommen, mir eine Kopie dieses Exemplars zur Verfügung zu stellen.
[32] Der Aufgesang besteht aus den beiden Stollen zu je zwei Versen mit 8 Silben, der Abgesang aus sechs Versen mit 9 Silben, durchgängig in Paarreimen; *Ehe* in *Eheleuth* (Vers 1) und *Ehestand* (Vers 8) zählt als eine Silbe.

Gottsförchtig sein vnd fleissig betten
Von deß Herren Weg nicht abtretten
Vnd miteinander vnderschidlich
Allzeit im Ehestand leben fridlich.
Das wünsch ich Jhnen beydensamen
Nach disem auch das Ewig/ Amen.

Vom Pfarrkirchenbaupflegamt bekam Joß Miller einen Laden auf dem Kirchhof, also an der Südseite des Münsters zwischen zwei Strebepfeilern, zur Miete. Das wird anlässlich der Aufgabe des Ladens bezeugt[33]. Die Verleihung des Ladens bleibt, vermutlich infolge der lückenhaften Überlieferung der Pfarrkirchenbaupflegamtsprotokolle, undokumentiert. Doch liegt die Annahme einer Verleihung im Umkreis der Heirat nahe. Die Buchbinder betätigten sich damals in der Regel zugleich als Buchführer, nämlich als Buchhändler[34]. So nimmt es nicht wunder, dass Joß Miller gelegentlich als Buchführer bezeichnet wird[35] oder als Vermittler auftritt, wenn er das Manuskript eines auswärtigen Verfassers, der es in Ulm drucken lassen will, dem Pfarrkirchenbaupflegamt zur Einholung der Zensur übergibt[36].

In diesem Laden überreichte Johann Faulhaber im Oktober 1625 dem Fürsten Wratislaus von Fürstenberg (1584-1631) drei seiner Traktate[37]. Joß Miller hatte also Schriften von Johann Faulhaber, darunter eine in Augsburg gedruckte, auf Lager und vertrieb sie vermutlich auch. Wenn er Johann Faulhabers Publikationen vertrieb, war er qualifiziert, zur selben Zeit auch Johann Ulrich Steigleders "Ricercar Tabulatura" zu vertreiben. Jodocus Müller, der Buchbinder, war tatsächlich zugleich als Buchhändler tätig.

Zollgegenschreiber und Straffälligkeit

An den Mauern des Ulmer Münsters betrieb Joß Miller sein Geschäft; dort ging er seinem Handwerk als Buchbinder nach, betätigte sich aber auch auf anderen Gebieten des Buchwesens, insbesondere im Buchhandel. Diese Tätigkeit währte bis an den Beginn des Jahres 1626. Denn damals wurde er als Zollgegenschreiber nach Geislingen berufen, also in städtische Dienste übernommen[38]. Nachdem der

[33] Vgl. die in Anm. 38 nachgewiesenen Belege aus StadtA Ulm, BP A [6848].
[34] *Schmitt / Appenzeller* (wie Anm. 17) S. 14, auch 16 und 17.
[35] StadtA Ulm, Ratsprotokolle (künftig RP) A [3530], Bd. 75, fol. 190r (6. Juli 1625).
[36] StadtA Ulm, BP [6848], fol. 165 (10. Juni 1624). Wer den Druck übernehmen sollte, wird nicht gesagt; immerhin ist zu erwägen, ob der Überbringer des Manuskripts selbst es war.
[37] *Hawlitschek* (wie Anm. 7) S. 96 und 197.
[38] Die Tatsache der Berufung und der Zeitpunkt des Wechsels sind belegt durch die Verhandlungen, die das Pfarrkirchenbaupflegamt über die Nachfolge in dem bisher von Joß Miller gemieteten Laden führte. Ein erster Antragsteller wird am 12. Januar 1626 abgewiesen (StadtA Ulm, BP A [6848], fol. 311). Am 7. Februar 1626 gibt Joß Miller seinen Laden auf (*ebda.*, fol. 317). Am 21. und 25. Februar 1626 finden die Verhandlungen zur Übergabe an den Sohn Ludovicus des Magisters Ludovicus Bischoff, eines Predigers am Münster, statt (*ebda.*, fol. 325 und 326). Der jährliche Zins beträgt 5 fl.; Kündigung von halbem zu halbem Jahr. Die Kosten für den Einbau von Fenstern und Buchgestellen gehen zu Lasten des Mieters, während die Stadt für die Reparatur von Dach, Fallläden und Tür einsteht. Obwohl Joß Miller den Laden bis auf Ostern (9. April) verzinst hat, bekäme der Nachfolger den Schlüssel gern vor der Frankfurter Fastenmesse ausgehändigt. Am 28. Februar 1626 übergibt ein Bevollmächtigter von Joß Miller, der also selbst schon nicht mehr in Ulm weilt, die Schlüssel, verbunden mit dem Angebot Millers, die Fenster und Buchgestelle, die er hatte einbauen lassen, dem Nachfolger nebst einer kleinen Leiter um 6 fl. zu überlassen (ebda., fol. 327).

Zoller Onophrius Müller in den ersten Tagen des Jahres 1626 gestorben war[39], rückte auf seine Stelle der bisherige Gegenschreiber Hans Ulrich Schmalvogel vor. Auf die Stelle des Gegenschreibers aber wurde Joß Miller eingewiesen; er hatte nun die Aussicht, nach dem künftigen Ausscheiden Schmalvogels auf dessen Stelle als Zoller vorzurücken. Die Absicht der Stadtverwaltung ging also dahin, mit der Zeit Joß Miller zum übernächsten Nachfolger seines Vaters Onophrius zu machen. Es wird erlaubt sein, darin eine charakteristische Form reichsstädtischer Fürsorge zu erblicken.

Doch es kam ganz anders. Bereits im nächsten Jahr, am 8. Juni 1627, ergeht im Anschluss an einen Bericht des Pflegers zu Geislingen die Anordnung des Rats: *Sollen beede der Zoller vnd Gegenschreiber zu Geißlingen gefenglich alher Jn thurn geliefert, fragstuckh vff Sie gestellt, vnd Jre vssagen daruber bey Einem Ers: Rath, angebracht werden*[40]. Der Zoller Hans Ulrich Schmalvogel und der Gegenschreiber Joß Miller wurden also in Untersuchungshaft genommen. Der Vorwurf lautete auf Unterschlagung. Der Gegenschreiber und das von ihm geführte Gegenbuch waren als Kontrolle des Zollers gedacht; wenn indessen beide unter einer Decke steckten oder auch nur der Gegenschreiber sich dem Zoller untergeben fühlte, versagte das System. Der Rat war mit dieser Sache in insgesamt neun aufeinander folgenden Sitzungen befasst, bis er seine Entscheidung traf. Da seine Sitzungen am Montag, Mittwoch und Freitag stattfanden (während das Pfarrkirchenbaupflegamt vorzugsweise dienstags und donnerstags zu tagen pflegte), nahm die Behandlung der Affäre drei Wochen in Anspruch[41].

Die Ratsprotokolle notieren nur die vorgesehenen Untersuchungsmethoden und die Gegenstände, über die die Inhaftierten zu befragen waren, nicht dagegen deren Aussagen und *Vhrgichten* oder Geständnisse. Es fällt auf, dass der Zoller mit größerer Härte behandelt wurde als der Gegenschreiber, der Zoller anscheinend als die treibende Kraft und der Hauptschuldige betrachtet wurde. Die Schärfe der Untersuchungsmethoden steigerte sich. Zunächst wurden beide zwar in den Keller hinabgeführt, aber nur bedroht und geschreckt, ohne dass tätlich etwas gegen sie unternommen wurde (13. Juni). Zwei Tage später wurden sie erneut in den Keller hinabgeführt und *iezo mit gebundener Streng examinirt* (15. Juni). Eine Woche später wird der Zoller mit *Beinschrauffen*, mit Beinschrauben, vernommen, *weiln Er, Ein arbeitseeliger Mann* (das meint, ein Mann, der anderen Arbeit und Mühe macht, der sperrig und nicht kooperativ ist). Der Gegenschreiber dagegen wird *Jn der güette angesprochen*; allerdings bleibt offen, auch *ihn mit*

[39] Am 13. Januar 1626 wird seine dritte Ehefrau Barbara als Witwe bezeichnet: *Barbarae Onophrij Millers deß gewesenen Zollers zu Geißlingen wittib, gebettene Prouision* [nämlich Pension], *hat Ein Ersamer Rath abgeschlagen Aber Jr sollen zwelff gulden verEhrung darfür zugestelt werden* (StadtA Ulm, RP A [3530], Bd. 76, fol. 11v). Am 25. und 27. Januar desselben Jahres geht es um ihre Pflegschaft (*ebda*., fol. 28r und 30r), die der Rat am 1. Februar konfirmiert: *Dieweiln sich befindt, das Onophrius Miller [...] Anno 1611. Jn die alhiesige beywohnung* [Wohnrecht, ohne das Bürgerrecht zu besitzen] *kommen, vnd denn Beywohner Ayden geschworen* (ebda., fol. 36v). Seiner Witwe allerdings, der Stiefmutter von Joß Miller, *deß zolls gegenschreibers zu Geißlingen*, wird die erbetene Beiwohnung am 8. Dezember 1626 abgeschlagen, *weiln Sie Einem Ers: Rath, mit der Leibaigenschafft zugethan* (*ebda*., fol. 369r; vgl. ergänzend das Register des Bands).

[40] StadtA Ulm, RP A [3530], Bd. 77, fol. 74r.

[41] Auf die Sitzung am Freitag, dem 8. Juni 1627 (RP A [3530], Bd. 77, fol. 74r), folgten die Sitzungen am Montag, dem 11. (fol. 75r), Mittwoch, dem 13. (fol. 77v-78r), Freitag, dem 15. (fol. 79r-80r), Montag, dem 18. (fol. 80r), Mittwoch, dem 20. (fol. 83r), Freitag, dem 22. (fol. 86r), Montag, dem 25. (fol. 87v), und Mittwoch, dem 27. (fol. 188r-v). Die Quelle versieht das eröffnende v des Ausdrucks vberflüßiges Zöhren mit einem Trema, das in der Umschrift typographisch nicht wiedergegeben werden kann.

der Tortur zu verhören (22. Juni). Bereits zuvor war der Pfleger zu Geislingen angewiesen worden, auch die beiden Ehefrauen zu verhören, aber nur die Zollerin nach Ulm zu schicken (15. Juni), wo sie denn auch drei Tage später *gefenglich eingezogen* wird (18. Juni).

Die Sache war anscheinend durch *vberflüßiges* Zöhren, also durch üppige Zechgelage in dem *Zollhauß* aufgeflogen, woran außer dem Zoller und dem Gegenschreiber auch die Zollerin, nicht dagegen die Gegenschreiberin teilgenommen hatten. Den Rat interessierte natürlich am meisten, *wohin Sie das abgetragene geltt gethon haben*. Am 15. Juni wurde der Gegenschreiber gefragt, *ob sein weib, die Zollerin nicht gewarnet habe, Solch vberflüßiges Zöhren in dem Zollhauß abzuschaffen, vnd daß mann Jhne, alls ihren Ehemann, nicht also hinein sezen därffe, Jtem wohin er solch gellt verwendet, ob Er nicht waß darvon an seinen schulden abbezallt, oder ob ers nicht wider liederlicher weiß verzört, weiln solches in sein haußwesen, nicht gebraucht worden.* Am 20. Juni wird konkret nachgehakt, *wie er seine schulden die er nach Nürmberg vnd Augspurg wie auch, dem J*[unckher] *Pfleger zu Geißlingen an Eines Ers: Raths gefäll, alhie, vff das Steurhauß, vnd dem Ludwig Bischoffen zu thun, bezalen wolle*. Schulden also scheinen der Grund für die Unterschlagung gewesen zu sein, und zwar nicht nur für den Gegenschreiber, sondern auch für den Zoller. Wenigstens hatte Hans Ulrich Schmalvogel drei Jahre zuvor den Rat um ein anlehen gebeten, das bewilligt wurde; das deutet darauf hin, dass er ebenfalls mit finanziellen Schwierigkeiten zu kämpfen hatte[42].

Der 27. Juni bringt, zugleich mit der Aufhebung der Haft, die Entscheidung über die Bestrafung, nämlich Entlassung aus dem Dienst, vorläufiger Hausarrest und Erstattung des unterschlagenen Betrags: *Vnd dann Sollen Hannß Vlrich Schmalvogel Zoller vnd Joß Miller Gegenschreiber zu Geißlingen, der verhafft vff vhr pheden, der Zoller, weiln er mit der Streng gefragt worden, ohne ! Aber der Gegenschreiber, mit bezalung der Atzung, widerumben erlassen, [...] vnd [...] Jnen vfferlegt werden, von Jren diensten fürderlich abzuziehen, Jn Jrn behaußungen, biß vff Eines Ers: Raths wider begnadigen zuuerbleiben, vnd den abtrag, vnd Einem Ers: Rath zugefuegten schaden, Jnnerhalb Eines vierthl Jars, wider zuerstatten.*

Bereits einen Monat später, am 27. Juli, heißt es: *Dem gewesnen Gegenschreibern, Joßen Millern dem buchbinder, Seind funff Jar vsserhalb der Statt, vnd zu Geißlingen zuwohnen, deß gleichen, das er seine schulden vff dem Land ein bringen mag, hiemit bewilligt, doch das er der Ordnung vff dem Steurhauß, ein genüegen laiste*[43]. Bald auch wird für den Zoller Hans Ulrich Schmalvogel, ebenso wie für dessen Frau, der Hausarrest gemildert, ihm schließlich zugelassen, *zu Verrichtung seiner geschefft, nacher Geißlingen zuziehen, Aber Sein vberig begeren, [...] Jst Jme abgeschlagen, vnd solle er noch lenger Jn seiner straff verbleiben*[44] . Der Vollzug der Strafe ist also von dem Interesse des Rats bestimmt, an sein Geld zu kommen.

---

[42] StadtA Ulm, RP A [3530], Bd. 74, fol. 70 (24. März 1624).

[43] RP A [3530], Bd. 77, fol. 214r (*vff dem Land* meint: außerhalb der Stadt im Ulmischen Herrschaftsgebiet, wozu auch Geislingen gehörte).

[44] RP A [3530], Bd. 77, fol. 226r zweimal und fol. 268r (8. und 10. August, 1. Oktober 1627).

Wiedereingliederung als Münstermesner

Joß Miller war im Juli 1627 bewilligt worden, auf fünf Jahre außerhalb der Stadt in seinem Geburtsort Geislingen wohnen zu dürfen. Nach Ablauf dieser Frist tritt er wieder in Ulm selbst ans Licht. Am 18. September 1632 steht beim Pfarrkirchenbaupflegamt ein Laden auf dem Kirchhof zur Verhandlung[45]. Der Mesner Hans Georg Oßwaldt, der ihn mit Joß Miller gemeinsam gemietet hatte, will seine Hälfte aufgeben. Hierauf wird der ganze Laden Joß Miller allein verliehen. Der jährliche Mietzins, der für beide zusammen 9 Gulden (fl.) betragen hatte, scheint dem Amt im Vergleich mit anderen Buchbinderläden überhöht; er wird deshalb nun auf 6 Gulden ermäßigt, damit Müller *den zinnß desto beßer erschwingen, könde*. Hans Georg Oßwaldt hatte sich aus seiner Hälfte des Ladens offensichtlich wegen Krankheit oder Alter zurückgezogen; denn wenige Monate später war er gestorben. Jetzt wandelte sich Joß Millers private Anwesenheit in Ulm zu einer öffentlichen Anwesenheit an prominenter Stelle der Stadt: Am 4. Juli 1633 wird er vom Pfarrkirchenbaupflegamt zum Münstermesner angenommen[46]. Das aufschlussreiche Protokoll berichtet:

Obwoln vnder den anhaltenden Personen vmb den vacirenden Meßmer dienst, Veit Müller Ziegler Jezo Soldat vnder der Statt guardj alhie, deß Alten Meßmers Georg Müllers seeligen Sohn, für den tauglichsten gehalten, Jn ansehung Er hiebevor gemelten seinen Vatter seel: den dienst Jn die 2 Jahrlang vnklagbar versehen, vnd Jhme also die verrichtungen vnd anders noch wol bekhandt were, Dieweil Er aber weder schreiben noch lesen kan:

So ist Joß Müller Buchbinder, vf sein trunglich bitten, vnd für Jhne eingewandte starke Jntereceßiones, weil Er deß schreibens vnd lesens wol bericht, zue einem Meßmer g: vff: vnd angenommen, das w: Hannß Georg Oßwaldts seeligen Wittib, die Besoldung vnd accidentien, von dato an bis vf pr: Augustj, geraicht, vnd Er allererst hernach den dienst völlig antretten, die Ampts behaußung beziehen, vnd sein besoldung angehen, Er aber entzwischen neben den andern Meßmer Daniel Degelin, vnd Hüttenknecht Hieronymo Steürern, aufwarten, sich von Jhme Meßmer vnderweisen laßen, vnd das werckhglögglin leitten lernen solle p
Welches Daniel Degelin angezaigt, [...]

Das Übliche wäre also gewesen, dem Sohn Veit des früheren Mesners Georg Müller – von Beruf Ziegler und derzeit Soldat bei der Stadtgarde, somit bereits in städtischem Dienst – die Stelle zu übertragen, zumal er einst seinen Vater vertreten und sich dabei bewährt hatte. Eine derartige Abweichung vom Brauch bedurfte einer Begründung: *Dieweil Er aber weder schreiben noch lesen kan*. Diese Begründung ist zwar im Hinblick auf die Erfordernisse der Stelle triftig, aber doch auch insoweit *vorgeblich, als der Sohn trotz seiner mangelnden Fertigkeit zuvor den Dienst Jn die 2 Jahrlang vnklagbar versehen* hatte.

So scheint die Begründung auf den vorliegenden Fall zugeschnitten; Joß Miller verdankte die Stelle gewiss auch seiner Fertigkeit des Schreibens und Lesens (die vermutlich von seinem pädagogisch interessierten Vater Onophrius angeregt und

[45] StadtA Ulm, BP [6849], fol. 86f.
[46] StadtA Ulm, BP [6849], fol. 180. Die Quelle versieht das zweite *e* des Wortes *seelig*, außerdem das eröffnende *v* der Wörter *vbel, vber* und *vberflüßig* mit einem Trema, das in der Umschrift typographisch nicht wiedergegeben werden kann.

gefördert worden war), entscheidend aber den starke[n] Jnterceßiones, der Fürsprache von einflussreicher Seite. Außerdem kann auch ihm der Dienst nicht ganz unvertraut gewesen sein; hatte er doch jahrelang an den Mauern des Münsters seinen Beruf als Buchbinder ausgeübt und sogar mit einem der beiden Mesner einen Laden geteilt. Der Dienstantritt wird auf den 1. August festgesetzt; im laufenden Monat Juli behält die Witwe des Vorgängers noch die Bezüge und die Dienstwohnung, während Joß Miller diese Zeit zur Einarbeitung nutzen soll.

Die Übertragung der Stelle und die Vereidigung erfolgen alsbald. Dabei werden Joß Miller die Wohltaten, die die Stadt ihm bisher zugewandt hat, verdeutlicht. Die Stelle des Gegenschreibers beim Geislinger Zoll mit der prospektiven Nachfolge seines Vaters hatte er verspielt. Trotzdem erhielt er vor wenigen Jahren einen neuen Laden (doch wohl: erneut einen Laden, zunächst gemeinsam mit dem Mesner Hans Georg Oßwaldt) auf dem Kirchhof verliehen. Anscheinend war Joß Miller bereits vor Ablauf der Fünfjahresfrist in die Stadt zurückgekehrt, die durch die Verleihung des Ladens seine Wiedereingliederung unterstützen wollte: *da man verhofft, Er solte sich wol betragen, vnd hinbringen könden*. Offenbar hatte er die Bewährungsprobe bestanden. Deshalb steigert die Stadt ihre Unterstützung und gewährt ihm, auf anhaltende Besserung, eine weitere Chance; sie übernimmt ihn wieder in ihren Dienst, *weil [...] man sich zu Jhm versehen, das Er hinfüro sich Beßer verhalten werde, auch was hievor fürgangen, sein lebtag ein wahrnung sein laßen*. Der Zusammenhang des Protokolls lautet:

[...] auch Joß Müller gleich darauf beschickht, vnd Jhme gesagt, Er habe vor disem beym Geyßlinger zoll, ein guten dienst gehabt, sich aber bey demselben vbel verhalten, das Er bald mit vngunsten wider davon kommen, vber diß Er ein Ehrlich handwerckh, vnd Jhme bey wenig Jahrn ein newer Laden vfm Kyrchhofe zuegerichtet, vnd verlihen, da man verhofft, Er solte sich wol betragen, vnd hinbringen könden p

Jedoch aber, vf sein Jnständig anhalten, vnd für Jhn gethone Jnterceßion, weil Er wol schreiben vnd lesen könde, vnd man sich zu Jhm versehen, das Er hinfüro sich Beßer verhalten werde, auch was hievor fürgangen, sein lebtag ein wahrnung sein laßen, zue einem Meßmer angenommen haben, Auch Jhme der gewohnlich Ayden, vnd geschwohren, vnd darbey ernstlich vferlegt, das Er sich deß vberflüßigen wein trinckhens enthalten, vnd sonsten Jn verrichtung seines diensts ab Jhme kein klag erscheinen laßen solle p

Der thut sich diser g: Befürderung vnderthenig bedanckhen, verspricht allen getrewen fleiß anzuwenden, vnd sich vnklagbar zueverhalten ./.

Die Einstellung von Joß Miller als Münstermesner provozierte einen geharnischten Protest des Ministeriums, der Geistlichkeit, die offensichtlich einen anderen Kandidaten, vielleicht Veit Müller, bevorzugt hätte. Die vierseitige Beschwerdeschrift ist bereits zwei Tage später, am 6. Juli 1633, ausgefertigt und vom Superintendenten Chunrad Dieterich nebst den fünf Predigern am Münster unterzeichnet[47]. Zwar hatte das Ministerium kein Mitwirkungsrecht an der Besetzung, die in die Zuständigkeit des Pfarrkirchenbaupflegamts, der obersten Kirchen- und Kultusbehörde der Stadt, fiel. Jedoch sollte Miller als Diener und Aufwärter des Ministeriums amtieren, das sein Interesse durch dessen Person berührt sah; gestützt auf theologische Erwägungen nach 1. Timotheus 3, 8-10, bezeichnete es

[47] StadtA Ulm, A [1523], Nr. 6.

ihn als untragbar. Denn ein wegen Unterschlagung vorbestrafter Mesner sei eine Missachtung des Ministeriums und ein öffentliches Ärgernis für die ganze christliche Gemeinde, denen es nicht zuzumuten sei, dass ein solcher Mann bei Taufen, beim Abendmahl und bei der Einsegnung der Ehen seinen Dienst versehe. Wenn die Stadt Miller etwas Gutes tun wolle, solle sie ihn in politische, also weltliche Dienste übernehmen; das Ministerium aber möge seiner enthoben sein.

Mit dieser unmissverständlichen Aufforderung, Joß Miller als Mesner unverzüglich wieder zu entlassen, befasste sich das Pfarrkirchenbaupflegamt in seiner nächsten Sitzung am 9. Juli[48]. Es bittet den Ratsälteren Daniel Schad, der die Empfehlung für Joß Miller ausgesprochen hatte, sich zu dem Fall zu äußern. Der Angesprochene zeigt sich indigniert. Aufgrund der Erfahrung seiner langjährigen Amtstätigkeit müsse er bemerken, dass bei dem Superintendenten Dr. Dieterich ein besonderer *affect fürlauffe*. Joß Miller sei wegen seines Vergehens (das dem Ministerium viel schärfer vorkomme, als es tatsächlich sei) vom Rat abgestraft worden, habe sich seither bei seinem Beichtvater eingestellt und mit der Kirche versöhnt; das Handwerk habe ihn passieren lassen. Er, Schad, habe sich allein für Miller eingesetzt; im Übrigen falle die Verleihung des Diensts in die Zuständigkeit des Pfarrkirchenbaupflegamts. Mit dieser Sache wolle er künftig nicht mehr befasst sein, noch sich mit dem Ministerium in einen weiteren Disput einlassen.

Hierauf entsenden die Baupfleger den Schreiber, also den Sekretär des Amts zu den fünf Predigern und lassen ihnen Folgendes mitteilen: *Man hette mit sonderm befrembden vnd verwundern vernommen, das sie solche schrifft an das Ampt abgehen laßen, vnd ob sie Alle solche guetwillig vnderschrieben, wer sie gestelt, auch ob eines Jeden begehren seye, das man Jhne Müller beurlauben solle, auch wer sie hierzue veranlaßt habe*. Man habe Müllers Vergehen gebührend berücksichtigt. Da das Amt den Mesnerdienst seit 100 Jahren vergebe und Müller den Amtseid schon geschworen habe, gedenke man ihn vf sein wolhalten dabei zu lassen. Auch andere Personen, bei denen ein Exceß vorgekommen sei, seien wieder in Dienst genommen worden. Zum Beschluss kontern die gewitzten Baupfleger mit einem theologischen Argument: *Petrus, Paulus, Matthæus, Zachæus etc. seyen auch gefallen, aber dannoch zu gnaden aufgenommen, vnd wider zum Apostelat angenommen worden.*

Die Prediger stehen zwar zu dem von ihnen unterzeichneten Schreiben, ziehen sich dann aber dadurch aus der Affäre, dass sie über Müllers Vergehen nicht hinreichend unterrichtet seien und dem Amt nichts vorschreiben wollten; sie hätten *allein was vom gemeinen Mann an sie kommen, zu Jhrer entschuldigung berichtet.* Die Beschwerdeschrift habe Dr. Dieterich aufgesetzt und mit *sonderm movirten gemueth vorgelesen, woraus man habe entnehmen können, dass ein affect mit vnderlauffe.* Tatsächlich seien Dieterich und Müller in eine persönliche Kontroverse verwickelt gewesen, da Müller gegenüber Dieterich mit der Begleichung von Schulden in Verzug geraten sei. Darüber habe Dieterich Müller *ein schelmen vnd dieb gescholten*, wohingegen Müller, dessen Frau deshalb einen Rock verkaufen musste, Dieterich ein *vmbarmherziglichen Mann gehaißen* habe. Nur einer der Prediger stellt sich entschieden hinter den Superintendenten. Hierauf wird noch einmal mit dem Ratsälteren Daniel Schad Rücksprache genommen. Wie bereits beschlossen, bleibt Müller im Dienst.

[48] StadtA Ulm, BP A [6849], fol. 182f.

Die Behandlung dieser Sache zeigt, dass zwischen Rat und Pfarrkirchenbaupflegamt auf der einen, Ministerium oder zumindest Superintendent Dr. Dieterich auf der anderen Seite nicht das beste Einvernehmen bestand. Wie in einem Brennspiegel werden an diesem Einzelfall die diametral entgegengesetzten allgemeinen Grundsätze des Superintendenten und der reichsstädtischen Administration sichtbar. Die kontroverse Situation stand den handelnden Personen klar vor Augen und wurde offen benannt. Der Superintendent fährt den Kurs der Ausgrenzung und Stigmatisierung, während die Administration auf Integration und Rehabilitation bedacht ist. Moralischer Rigorismus und sozialer Pragmatismus stehen gegeneinander. Da der Superintendent der Administration unterstand, setzte sich die Stadt durch.

Für die Administration ist mit der Verbüßung der Strafe die Sache erledigt; sie gewährt Joß Miller eine gestufte Bewährungshilfe. Dieser Gesichtspunkt hat für sie sogar Vorrang vor dem sozusagen natürlichen Brauch, dem Sohn ein Wirken im Beruf des Vaters, Veit Müller ein Wirken als Mesner im Beruf seines Vaters Georg zu ermöglichen. Denn Veit Müller hatte als Soldat der Stadtgarde eine Stelle und war von der Stadt versorgt, während Joß Miller der Stütze durch ein gesichertes berufliches Umfeld bedurfte[49]. Ein fundamentaler Gegensatz zwischen Superintendent und Pfarrkirchenbaupflegamt spielt auch in der Biographie Johann Ulrich Steigleders eine entscheidende Rolle.

Die Stadt bekam Recht; denn ihre positive Prognose erfüllte sich: Joß Miller versah seinen Dienst noch über 20 Jahre. Die Protokolle des Pfarrkirchenbaupflegamts geben einen gewiss begrenzten, aber farbigen Einblick in seine Tätigkeit. Mit der Witwe seines Vorgängers trifft er eine faire, wie es scheint, sogar großzügige finanzielle Übergangsregelung[50]. Sonst geht es in erster Linie um die Wahrung der Ordnung: um Fahren und Reiten auf dem Kirchhof, unbefugtes Betreten des Münsters, Verschließen und Benutzung der verschiedenen Kirchentüren, Unzuträglichkeiten beim Läuten, das Bellen der Hunde, die trotz eines Verbots ins Münster gebracht werden und Prediger wie Zuhörer am Predigen und Zuhören hindern. Nebenbei wird bekannt, dass die Mesner die ausgemusterten Glockenseile zum Aufhängen der Wäsche auf dem Kirchhof weiter nutzen, dass Bettgewand, Leintücher und Bettbezüge, worauf die beiden Mesner, der Hüttenknecht und ein vierter Mann in der Sakristei liegen, ausgebessert und eventuell ersetzt werden sollen, dass also, außer den Turmwächtern für die Stadt, ein Nachtwachdienst fürs Münster bestand. Gelegentlich werden außerordentliche Reinigungsarbeiten angeordnet, gibt es einen Verweis wegen des Läutens, das zu spät oder mit einer falschen Glocke erfolgte, oder wegen ungebührlicher Nutzung der Amtsbehausung, für die immer wieder Reparaturen anfallen[51].

Der Mesner war weiterhin als Buchbinder tätig, hat also vermutlich auch seinen Laden beibehalten. Beides, der Dienst als Mesner und die Ausübung des Be-

[49] Allerdings bedeutete diese Entscheidung zugunsten von Joß Miller nicht, dass Veit Müller aus der weiteren Fürsorge der Stadt herausgefallen wäre. Zu einem späteren Zeitpunkt wird er neben den beiden Mesnern als Hüttenknecht am Münster erwähnt (BP A [6850], fol. 176; 11. Februar 1645).

[50] StadtA Ulm, BP A [6849], fol. 207 (12. September 1633).

[51] Hier die chronologisch gereihten Nachweise in StadtA Ulm, BP, zunächst für die Amtstätigkeit als Mesner: A [6849], fol. 207, 210, 218, 259 (1633 und 1634), A [6850], fol. 33f., 176, 187, 214 (1644 und 1645), A [6851], fol. 151, 200f. (1648); nun für die Amtsbehausung: A [6849], fol. 188, 264 (1633 und 1634), A [6850], fol. 80f., 134, 233 (1644 und 1645), A [6851], fol. 85, 132, 225 (1647 und 1648).

rufs als Buchbinder, ließen sich ohne weiteres miteinander vereinigen, da sich der Laden ebenso wie die Amtsbehausung auf dem Kirchhof, also unmittelbar bei der Dienststelle, befanden. Joß Miller lebte am, im und mit dem Münster. Bald nach Dienstantritt erhält er die Erlaubnis, dass zwei junge Adlige, Adam von Senes und Wolfgang Andreas von Herberstein, bei ihm das Buchbinderhandwerk erlernen mögen, jedoch mit der Einschränkung, dass *von Jr der Herrn gesind, sonsten niemand darzu komme, vnd dasselbige lerne*[52]. Das deutet darauf hin, dass Joß Miller über eine besondere berufliche Qualifikation und soziale Kompetenz verfügte. Gelegentlich sind Aufträge des Pfarrkirchenbaupflegamts notiert[53].

Am 22. März 1636 (vielleicht seinem Geburtstag) heiratete Joß Miller ein zweites Mal[54]. Seine erste Frau muss zuvor verstorben sein – vielleicht ein Opfer der Pest. Jedoch war sie drei Jahre früher noch am Leben; denn am 18. Januar 1633 entschied der Rat: *Deß Joßen Millers buchbinders vnd seines weibs obligation vnd schuldverschreibung, vmb Funffhundert vier und zweinzig gulden, gegen den Millerischen Erben zu Augspurg, Solle mit befolhner verbösserung Jrn fürgang haben, weiln Sie beede Ehegemecht selbsten, darmit zu frieden*[55]. Was es mit diesem Vorgang und dem Millerischen Erben zu Augspurg auf sich hat, ist derzeit nicht zu klären. Jedoch belegt die Notiz, dass die Stadt Joß Miller auch bei der Regelung seiner finanziellen Verhältnisse Unterstützung gewährte; denn sie ordnete eine Verbesserung der Schuldverschreibung an. Schon früher hatte sie ihm eine zinslose Ratenzahlung gewährt für *die Sibenundzweinzig gulden, die er wegen Seines Vattern Onophrii Millers gewesnen Zollers zu Geißlingen, Einem Ers: Rath, noch zu bezalen* hatte[56]. Barbara, die zweite Frau von Joß Miller, war als siebtes Kind des Bartholomä Unseld und der Sabine Spitzweck am 29. Dezember 1606 zu Ulm getauft worden[57] und hatte am 4. Februar 1634 daselbst Jörg Eckstein von Biberach geheiratet[58], der inzwischen verstorben war – auch er vielleicht ein Opfer der Pest[59]. Die Leichenpredigten wurden dem Buchbinder und Münstermesner am 21. Mai 1654, seiner Witwe am 5. Dezember 1681 gehalten[60].

Die Frage, die die Nachforschungen über Joß Miller veranlasst hat, ob er nämlich die Voraussetzungen für den Vertrieb von Steigleders "Ricercar Tabulatura" besaß, kann bejaht werden. Der Angabe der Messkataloge, dass der Notendruck bei Jodocus Müller in Ulm zu beziehen sei, ist Glauben zu schenken. Joß Miller war nur ein Jahr und einen Tag nach Johann Ulrich Steigleder getauft worden, also fast gleichen Alters. Die beiden können sich bereits während der Zeit, als Joß

[52] StadtA Ulm, RP A [3530], Bd. 83, fol. 286 (21. Oktober 1633). Vielleicht ist dieser Ratsentscheid, der auf der *buchbinder Einred* zurückgeht, so zu verstehen, dass Joß Miller nicht zur Ausbildung berechtigt war; das spielte zwar im Fall der beiden Adligen, die die Buchbinderei nicht als Handwerk ausüben würden, keine Rolle, wohl aber bei deren Gesinde, dem es auf den Erwerb einer regulären Qualifikation angekommen sein könnte.

[53] StadtA Ulm, BP A [6850], fol. 74 und 200, sowie A [6851], fol. 167 (1644, 1645 und 1646).

[54] LKA Stuttgart, Kirchenbücher Ulm, Ehenindex 1561-1666, L-R.

[55] StadtA Ulm, RP A [3530], Bd. 83, fol. 14.

[56] StadtA Ulm, RP A [3530], Bd. 77, fol. 150v (21. November 1627). Siehe auch ebda., fol. 144v (12. November 1627).

[57] LKA Stuttgart, Kirchenbücher Ulm, Taufindex 1561-1614, S-Z.

[58] LKA Stuttgart, Kirchenbücher Ulm, Ehenindex 1561-1666, A-F.

[59] Weder für die erste noch für die zweite Ehe von Joß Miller sind derzeit Kinder nachgewiesen. Jedenfalls verzeichnet der Taufindex 1614-1666, L-R (LKA Stuttgart, Kirchenbücher Ulm), unter dem Namen Joß Miller keine Ehen mit Katharina Wagner oder Barbara Unseld-Eckstein.

[60] LKA Stuttgart, Kirchenbücher Ulm, Index Leichenpredigten 1561-1803, I-Q.

Miller seine Lehre in Ulm absolvierte, kennen gelernt haben. In jedem Fall betrieb Joß Miller zur Zeit des Erscheinens der "Ricercar Tabulatura" im Herbst 1624 sein Geschäft in einem Laden auf dem Kirchhof am Ulmer Münster, in dem Johann Ulrich Steigleders Vater Adam seit beinahe 30 Jahren als Organist amtierte. Joß Miller war dort nicht nur als Buchbinder, sondern auch als Buchhändler tätig, konnte lesen und schreiben, hatte, wie seine Schulden nahe legen, Geschäftsverbindungen zumindest nach Nürnberg (während die Schulden in Augsburg eher auf einer privaten Beziehung beruhten), war, wie es scheint, überhaupt ein wendiger Mann und eine gewinnende Persönlichkeit. Vielleicht hat er sogar, wie sein Nachfolger im ersten Laden, wenigstens die Frankfurter Messen selbst besucht. Allerdings brach Steigleders Vertriebssystem mit Joß Millers Wechsel von Ulm nach Geislingen binnen wenig mehr als Jahresfrist zusammen.

Der Lebenslauf von Joß Miller verleiht dem geistigen Klima Ulms in der ersten Hälfte des 17. Jahrhunderts weitere Kontur. Seine Beziehung zu Johann Faulhaber mag auch Johann Ulrich Steigleder zugute gekommen sein (wenn er nicht überhaupt dessen Schule besucht hat). Denn Faulhabers Wirken könnte einen konkreten Hintergrund bilden für die Proportionierung der einzelnen Stücke und die Struktur des Werkplans der "Ricercar Tabulatura"[61].

[61] Vgl. Ulrich *Siegele*: Johann Ulrich Steigleders "Ricercar Tabulatura" (1624) als Kunstbuch. In: Schütz-Jahrbuch 28 (2006) (in Vorbereitung).- *Ders.*: Die organistischen Musterbücher von Samuel Scheidt und Johann Ulrich Steigleder. In: Samuel Scheidt (1587-1654) – Werk und Wirkung [...]. Hg. [...] durch Konstanze *Musketa* / Wolfgang *Ruf* [...] (Schriften des Händel-Hauses in Halle 20). Halle an der Saale 2006. S. 261-268.

Der Zensurfall Bartholomäi.

Die Buchhinrichtung der ‚Spanisch-Jesuitischen Anekdoten' in Ulm 1768

Marie-Kirstin Hauke

Am Nachmittag des 13. Januar 1768 wurden auf dem Ulmer Marktplatz zwischen Galgen und Pranger 1.260 Exemplare des Buches 'Spanisch-Jesuitische Anekdoten oder aufgefangene Briefe einer Spanischen Privatperson an seine vertraute Freundin die Frau von L.*** in T.***'[1] durch den Scharfrichter Johann Michael Hartmann verbrannt. Die vom Rat der Stadt kurzfristig anberaumte Buchhinrichtung sorgte für einen ungeheuren Menschenauflauf. *Auf dem Rathaus war schier der ganze Magistrat, der Markt und alle Häuser waren mit Leut angefüllet, disem besonderen actus zuzusehen*[2], berichtet die Geigersche Chronik. Albrecht Friedrich Bartholomäi, Verleger der 1767 erschienenen 'Spanisch-Jesuitischen Anekdoten' und Ulmer Buchhändler, wurde gezwungen, dem Spektakel von der Unteren Stube am Ulmer Marktplatz aus zu zusehen[3].

Die Ulmer Buchhinrichtung sorgte im Reich für Aufsehen, war doch die Hochzeit der Bücherverbrennungen längst vorbei[4]. Die überlieferten Berichte widersprechen sich jedoch teilweise. Mal wurde der Fall durch die Augsburger Jesuiten ins Rollen gebracht[5], mal durch den kaiserlichen Gesandten beim Schwäbischen Kreis[6], mal durch die Kaiserliche Bücherkommission in Frankfurt[7]. Die Spannbreite der am Ende des Prozesses verhängten Geldbuße lag zwischen

[1] Spanisch-Jesuitische Anecdoten oder aufgefangene Briefe einer Spanischen Privatperson an seine vertraute Freundin die Frau von L.*** in T.*** übersetzt von M. J. H. Med. Doct. Straßburg 1767; benütztes Exemplar: StadtB Ulm 6849-1-3.

[2] StadtA Ulm G 1 1768 (Geigersche Chronik), S. 590.

[3] Handschriftliche Notiz im Exemplar der 'Spanisch-Jesuitischen Anekdoten'; StadtB Ulm 6849–1: [...] *durch den Henker neben dem Pranger verbrannt, wobey Bartholomäi von der sog. Unteren Stube aus zusehen mußte.*

[4] Zur Geschichte der Buchhinrichtungen vgl. ausführlich Hermann *Rafetseder*: Bücherverbrennungen. Die öffentliche Hinrichtung von Schriften im historischen Wandel. Wien 1988.

[5] Handschriftliche Notiz im Exemplar der 'Spanisch-Jesuitischen Anekdoten' der Ulmer Stadtbibliothek (wie Anm. 3): *Die Jesuiten in Augsburg brachten es durch das Generalvikariat daselbst zuwege, daß der Magistrat zu Ulm alle noch übrigen Exemplare [...] verbrennen ließ.*

[6] Vgl. Ulmer Bilder-Chronik. Bd. 1. Ulm 1929. S. 316.

[7] Handschriftliche Notiz im Exemplar der 'Spanisch-Jesuitischen Anekdoten' der Ulmer Stadtbibliothek (wie Anm. 3): *Verlegt v. dem Buchhändler Bartholomäi in Ulm und daselbst auf Befehl des Kaiserl. Bücherfiscals in Frankfurt [...] verbrant.*

500 fl.[8] und 2.000 fl.[9] Mal floh der Autor[10], mal der Verleger in die Schweiz[11]. Die meisten Widersprüche lassen sich durch einen Blick in die Originalakten des Ulmer Stadtarchivs klären, die erstmals von Elmar Schmitt für seine Arbeiten zur Ulmer Zensur- und Buchdruckergeschichte ausgewertet wurden[12]. Der Fall ist es aber wert, noch einmal im Detail beleuchtet zu werden, da er nicht nur in Hinsicht auf den technischen Ablauf eines Zensurverfahrens und einer Buchhinrichtung in der zweiten Hälfte des 18. Jahrhunderts von Interesse ist, sondern auch was den Buchhandelsbetrieb der Zeit betrifft. Nicht zuletzt gibt er jedoch einen Einblick, wie sehr die Persönlichkeit der in den Zensurfall verwickelten Protagonisten eine Rolle beim Fortgang eines Zensurprozesses spielen konnte.

Der Fall Bartholomäi war auf den ersten Blick eher untypisch für das Vorgehen der Ulmer Zensurverantwortlichen. Die Aufsicht der Reichsstadt Ulm galt nicht als übermäßig streng. Bis 1792 existierte nicht einmal eine eigene Zensurverfassung. Der Rat orientierte sich an der Reichsgesetzgebung und entschied von Fall zu Fall[13]. Einschlägig waren dabei die Bestimmungen der Reichsabschiede von 1521, 1524, 1529, 1530 und 1570. Dazu kamen die Details der Reichspolizeiordnung von 1577, des Augsburger Religionsfriedens von 1555, des Westfälischen Friedens von 1648 sowie eines kaiserlichen Edikts von 1715. Im Reich galt prinzipiell die Vorzensur. Alle Manuskripte mussten vor der Drucklegung den Behörden zur Prüfung vorgelegt werden. Ferner musste jeder Druck mit dem Namen des Autors und des Druckers, dem Erscheinungsort und dem Erscheinungsjahr versehen werden. Verboten waren Schmähschriften, Schriften gegen die christliche Religion und insbesondere Schriften, die gegen die Bestimmungen des Augsburger Religionsfriedens verstießen. Bei Verstößen gegen die Zensurgesetze wurden sowohl Drucker, Verleger, Verkäufer als auch die Käufer bestraft. Belangt wurden auch die örtlichen und territorialen Behörden, wenn sie die Gesetze nicht oder nur teilweise befolgten. Die Oberaufsicht über das Druckgewerbe lag beim Kaiser selbst. Die oberste Zensurbehörde war der Reichshofrat in Wien, der alle anderen Behörden kontrollierte. Die Kaiserliche Bücherkommission in Frankfurt war für die Messepolizei zuständig und überwachte die Einhaltung der Zensurvorschriften, das Reichskammergericht ahndete Verstöße[14].

In Ulm lag die Aufsicht beim Pfarrkirchenbaupflegamt, der obersten Kirchen- und Kultusbehörde, die von drei Ratsmitgliedern (zwei patrizischen und einem zünftischen) verwaltet wurde. Beteiligt war auch das Religionsamt, dessen Verwalter – ebenfalls drei an der Zahl – gleichzeitig Mitglieder des Geheimen Rates waren. Die eigens bestellten Zensoren waren hauptsächlich Theologen, Ratskonsulenten, Professoren des Ulmer Gymnasiums oder Mitglieder der Ulmer Ärzteschaft. Sie wurden primär für die Literatur ihres eigenen Fachgebietes eingesetzt, außer

[8] Vgl. Albrecht *Weyermann*: Neue historisch-biographisch-artistische Nachrichten von Gelehrten und Künstlern. Ulm 1829. S. 15.
[9] Vgl. StadtA Ulm G 1 1768 (wie Anm. 2) S. 591.
[10] Vgl. *Weyermann* (wie Anm. 8) S. 15.
[11] Vgl. Ulmer Bilderchronik (wie Anm. 6) S. 316.
[12] Vgl. Elmar *Schmitt*: Die Ulmer Bücherzensur. In: Buchhandelsgeschichte (1994/4) B 138–B 150.- Elmar *Schmitt*: Die Drucke der Wagnerschen Buchdruckerei in Ulm 1677–1804. Bd. 1. Konstanz 1984. S. 57f.
[13] Vgl. *Schmitt*, Bücherzensur (wie Anm. 12) B 139.
[14] Zu den ausführlichen reichsrechtlichen Bestimmungen vgl. Ulrich *Eisenhardt*: Die kaiserliche Aufsicht über Buchdruck, Buchhandel und Presse im Heiligen Römischen Reich Deutscher Nation 1496–1806. Karlsruhe 1970.

sie hatten sich auch in anderen Fächern entsprechende Kenntnisse angeeignet. Um einen Eindruck von den importierten Büchern zu bekommen, waren die Buchhändler verpflichtet, ihre aktuellen Kataloge, die regelmäßig nach der Leipziger Oster- und Michaelismesse erschienen, den Behörden vorzulegen. Der Maßstab, nach dem die Bücher geprüft wurden, war die Wahrung des Religionsfriedens, die Aufrechterhaltung der guten Sitten, die Verteidigung der Reichsverfassung und die Vermeidung von unangenehmen Folgen für die Stadt. Nur selten wurde die Druckerlaubnis völlig verweigert. Zwischen 1707 und 1744 waren es bei 1066 umfangreicheren Schriften nur drei Prozent. Oft beschränkten sich die Zensoren darauf, einzelne Passagen abzuändern oder erklärende Anmerkungen und Vorworte zu fordern[15]. Die meisten Beanstandungen gab es bei den theologischen Werken. Schließlich war Ulm als Tagungsort des Schwäbischen Reichskreises, in dem die verschiedenen Konfessionen regelmäßig aufeinandertrafen, bemüht, den Abgesandten keinen Anlass zur Klage bei den kaiserlichen Behörden zu liefern[16]. Auf spektakuläre, öffentliche Bücherverbrennungen scheint der Rat weitestgehend verzichtet zu haben. Selbst in Zusammenhang mit den großen Ulmer Zensurfällen, wie Sebastian Franck im 16. Jahrhundert und Daniel Speer im 17. Jahrhundert, sind keine Bücherhinrichtungen explizit erwähnt. Die letzte Bücherverbrennung vor den 'Spanisch-Jesuitischen Anekdoten' – ein Pasquill – lag nach Aussage des Ulmer Einungsschreibers Heinz bereits etwa 10 Jahre zurück[17].

Warum kam es nun zu so einer heftigen Reaktion des Ulmer Rats? Die Entstehungsgeschichte der 'Spanisch-Jesuitischen Anekdoten' zeigt, welche große Rolle äußere, vom Rat zunächst nicht beeinflussbare Faktoren bei diesem Zensurfall spielten. Im Sommer 1767 hatte der junge Ulmer Buchhändler und Verleger Albrecht Friedrich Bartholomäi (geb. 26. Oktober 1739) beim Nürnberger Rats- und Kanzleibuchdrucker Johann Joseph Fleischmann nach und nach drei Teile der ‚Spanisch-Jesuitischen Anekdoten' entgegen den Zensurbestimmungen ohne Nennung von Verfasser, Drucker und Verleger, dafür aber mit dem falschen Impressum 'Straßburg 1767' drucken lassen. Bartholomäi hatte vier Jahre zuvor[18] im Alter von knapp 24 Jahren das väterliche Geschäft in der dritten Generation übernommen[19]. Die Firma Bartholomäi zählte zu den renommiertesten Buchhandlungen Süddeutschlands, die gleichermaßen zu protestantischen wie katholischen Territorien und Städten beste Beziehungen pflegte. Bartholomäi unterhielt 'Niederlagen' in Leipzig, Regensburg, Salzburg und Wien[20] und verkehrte mit allen wichtigen Buchhändlern im Reich. Das

[15] Vgl. dazu ausführlich *Schmitt*, Bücherzensur (wie Anm. 12) B 139ff.

[16] Vor allem die Konstanzer Gesandtschaft drohte gern und schnell mit einer Intervention beim Kaiser, wenn sie glaubte, eine Schmähschrift gegen die katholische Kirche entdeckt zu haben. Vgl. das Verfahren gegen den Buchhändler Johann Paul Roth 1736; StadtA Ulm A [3203].

[17] Vgl. StadtA Ulm A [3202] Nr. 8/13.1.1768: Bericht des Einungsschreibers Heinz über die Verbrennung der ‚Spanisch-Jesuitischen Anekdoten'.

[18] Vgl. Deutsche Nationalbibliothek Leipzig, Deutsches Buch- und Schriftmuseum, Buchhändlerische Geschäftsrundschreiben Bö–GR/B/341: Geschäftsrundschreiben Daniel Bartholomäis vom 20.9.1763.

[19] Sein Großvater Daniel Bartholomäi (1674–1761), Sohn eines Wittenberger Süßbäckers und gelernter Buchhändler, war 1703 gegen die Zahlung von 12 Goldgulden ins Ulmer Bürgerrecht aufgenommen worden und hatte noch im selben Jahr in die Ulmer Buchdruckerfamilie Wagner eingeheiratet. Dort hatte er die Buchhandelsgeschäfte übernommen und zusammen mit seinem gleichnamigen Sohn Daniel (1705–1764) die Buchhandlung zu einer der führenden Firmen Süddeutschlands ausgebaut. Vgl. StadtA Ulm H Schwaiger Nr. 91/3, Daniel Bartholomäi alt, fol. 7ff.- Vgl. *Schmitt*, Wagnersche Buchdruckerei (wie Anm. 12) S. 27f.

[20] Vgl. StadtA Ulm A 3530, RP Bd. 225 (1774), fol. 312 (10.6.).

Manuskript der 'Anekdoten' hatte ihm ein Bekannter, Johann Georg Gesler (1734-1789), verschafft, mit dem Bartholomäi schon einmal problemlos zusammen gearbeitet hatte[21]. Auf den ersten Blick waren die 'Anekdoten' eine Gelegenheitsschrift zu einem Modethema, waren doch die Jesuiten 1767 nach Portugal (1759) und Frankreich (1762) auch in Spanien verboten worden. Das erste Stück der 'Anekdoten' erreichte pünktlich zur Herbstmesse Leipzig und wurde von dort aus wie üblich an Bartholomäis Handelspartner weitergeleitet[22]. Schwierigkeiten gab es erst, als sich die kaiserliche Bücherkommission in Frankfurt einschaltete, die bei der Wahrnehmung ihres Rechts auf Nachzensur bei dem Frankfurter Buchhändler Esslinger[23] auf den Titel gestoßen war. Am 24. Dezember 1767 wurden die 'Anekdoten' auf kaiserlichen Befehl beschlagnahmt und am 30. Dezember in Frankfurt und Mainz durch den Scharfrichter öffentlich zerrissen und verbrannt[24].

Bartholomäi erfuhr nach eigenen Angaben von einem Freund von diesem Vorfall und bemühte sich umgehend um Schadensbegrenzung. Er sagte den Druck des vierten Teils bei Fleischmann auf eigene Kosten ab, packte die in Ulm verbliebenen Exemplare[25] zusammen und brachte sie mitsamt dem Manuskript des noch ungedruckten vierten Teils sowie einem Bittschreiben am 8. Januar 1768 auf das Ulmer Rathaus. In seinem Memorial gab er an, von Gesler hereingelegt worden zu sein. Dieser habe ihm die 'Spanisch-Jesuitischen Anekdoten' als Übersetzung angeboten. Es seien *satyrische Anmerkungen über das System der Jesuiten, historische Erzählungen von verschiedenen interessanten Gegenständen und moralische Abhandlungen über die wahre und allgemeine Religion aller Menschen [...] welche vielleicht bey denen gegenwärtigen Umständen der Jesuiten Vertreibung viel Liebhaber finden würde[n]*[26]. Auf seine Nachfrage habe Gesler versichert, nicht selbst der Autor zu sein und sogar angeboten, einen Originaldruck zu übersenden[27]. Er, Bartholomäi, habe den ersten Teil gelesen und *nichts anstösiges und Religion widriges darinnen* gefunden. Im übrigen habe er sich darauf verlassen, dass ein Kandidat der Theologie und Privatlehrer beim angesehenen Bankier Johann Ulrich von Zollern in Arbon nichts Gotteslästerliches übersetzen würde. Deshalb habe er auch *bona fide* den zweiten

[21] Vgl. Johann Georg *Gesler*: Satyrisch-Moralisches Allerley. Ulm: Albrecht Friedrich Bartholomäi 1764.

[22] Zu den Buchhandelsgepflogenheiten des 18. Jahrhunderts vgl. ausführlich Reinhard *Wittmann*: Geschichte des deutschen Buchhandels. Ein Überblick. München 1991. S. 111ff.

[23] Esslinger gehörte zu den umtriebigsten süddeutschen Buchhändlern, der insbesondere französische Aufklärungsliteratur vertrieb. Er geriet immer wieder in Konflikt mit der in Frankfurt ansässigen Kaiserlichen Bücherkommission, die ein wachsames Auge auf ihn hatte. Dies gilt vor allem für die Zeit nach dem großen Zensurprozess gegen den Abbé Laurens, den Autor der ,L' Imirce' und der ,Chandelle d'Arras', in den Esslinger maßgeblich verwickelt war. Vgl. Kurt *Schnelle*: Aufklärung und klerikale Reaktion. Der Prozeß gegen den Abbé Henri-Joseph Laurens. Ein Beitrag zur deutschen und französischen Aufklärung. Berlin 1963.

[24] Vgl. StadtA Ulm A 3530 RP Bd. 219 (1768), fol. 316 (11.5.).- *Ebda.*, A [3202] Nr. 44/6.5.1768: Antwortschreiben der Stadt Frankfurt an den Rat der Stadt Ulm.

[25] Laut Übersicht lieferte Bartholomäi vom 1. Stück 412 Exemplare, vom 2. Stück 360 Exemplare und vom 3. Stück 445 Exemplare aus. Dazu kamen 40 komplette Exemplare, die aus allen drei Stücken bestanden. Vgl. StadtA Ulm A [3202] Nr. 2/8.1.1768: Spezifikation der ausgelieferten Exemplare der ,Spanisch-Jesuitischen Anekdoten'.

[26] *Ebda.*, Nr. 2/8.1.1768 Brief Geslers an Bartholomäi vom 13.6.1767.

[27] Tatsächlich liefert Gesler allerdings sofort eine Ausrede, warum er das Original doch nicht schicken könne: [...] *daß es aber eine Uibersezung und keine eigene Arbeit könte ich Ihnen mit Einsendung eines Originals bezeugen, wenn ich nicht verbunden wäre, alle [Hervorhebung laut Original] gleich ohne Verzug wieder zurückzusenden.* StadtA Ulm A [3202] Nr. 2/8.1.1768 Brief Geslers an Bartholomäi vom 10.7.1767.

und dritten Teil in den Druck gegeben, die – wie er nun entsetzt erfahren habe – *viel bedenkliches in sich enthalten*. Er habe Druck und Vertrieb sofort gestoppt, alle bei ihm vorrätigen Exemplare zusammengepackt und bitte nun den Rat, *zu desto gewieserer gänzl. Unterdruckung dieses Impressi diese* Exemplare sowie das Manuskript zum vierten Teil in Gewahrsam zu nehmen und *authoritate publica zu supprimiren*. Ferner erbitte der den Schutz des Rats, falls er Probleme mit den Reichsinstanzen bekomme, schließlich sei er der *unschuldige theil*, der bereits jetzt einen *nahmhafften Verlust*[28] erlitten habe. Zum Beweis seiner Behauptungen fügte Bartholomäi mehrere Briefe Geslers bei[29].

Der Rat reagierte prompt. Noch am selben Tag wurden die beiden Ratskonsulenten Ludwig Albrecht Häckhel und Johann Christoph Schleich als Gutachter benannt[30]. Am 12. Januar 1768 lag das Gutachten vor, das für Bartholomäi vernichtend ausfiel. Bartholomäi habe von Anfang an als Verleger *verdekt* bleiben wollen, schließlich habe er schon das Vorwort zum ersten Teil nicht mit eigenem Namen unterzeichnet, sondern nur als gut *catholischer Christ*. Auch habe er bislang nicht angegeben, bei wem er *auswärts* die Schrift habe drucken lassen. Im zweiten und dritten Stück fanden die Gutachter *solcherley gegen Gott, die heilige Schrift sonderlich des alten Testaments und gegen die allgemeine christliche Glaubenssätze ohnmittelbar gerichtete Abhandlungen [...], die nicht anderst als mit grösten Abscheu und Entsezen gelesen werden können*. In Ulm hätte nicht einmal der erste Teil die Zensur passiert. Häckhel und Schleich wiesen den Rat auch auf die politische Dimension des Falls hin. Die Reichsvorschriften waren streng bei Verstößen gegen die Zensurgesetze. Die Obrigkeit stand dem Kaiser gegenüber in der Pflicht, wenn sie nicht handelte. Durch das Eingreifen der kaiserlichen Bücherkommission, die öffentliche Verbrennung der Bücher in Mainz und Frankfurt durch den Scharfrichter und die Bezeichnung der Schrift als Druck aus Ulm in der 'Mainzer privilegierten Zeitung' war bereits ein zu großer Schaden entstanden, der sicherlich Beschwerden gegen den Ulmer Rat nach sich ziehen würde. Die Gutachter schlugen daher einen sofortigen Hausarrest für Bartholomäi vor, gefolgt von einer weiteren Befragung. Die Schrift sollte durch den Scharfrichter *an den in solchen Fällen gewöhnlichen Ort*[31] verbrannt und durch den Einungsschreiber öffentlich der Grund für diese Maßnahme verkündet werden. Anschließend sollte das Publikum in den örtlichen Zeitungen über den Vorgang informiert werden, unter besonderer Betonung, dass das Buch nicht in Ulm gedruckt worden sei. Sobald Bartholomäi eine Aussage zu Drucker und Druckort machen würde, sollten außerdem die zuständigen Behörden umgehend informiert werden.

Die Reaktion des Ulmer Rats auf dieses Gutachten einen Tag später war heftig. Bartholomäi wurde noch während der laufenden Ratssitzung vom Einungsschreiber unter Hausarrest gestellt und sollte umgehend weiter befragt werden. Bereits für die Mittagszeit wurde die öffentliche Verbrennung durch den Scharfrichter auf dem Marktplatz am Hochgericht zwischen Pranger und Galgen

[28] *Ebda.*, Nr. 1/8.1.1768 Memorial A. F. Bartholomäis.
[29] Vgl. *ebda.*, Nr. 2/8.1.1768: Briefe Geslers an Bartholomäi vom 30.5.1767, 13.6.1767, 28.6.1767, 10.7.1767, 14.7.1767.
[30] Vgl. *ebda.*, Nr. 2/8.1.1768 Ratsbeschluss.
[31] *Ebda.*, Nr. 3/12.1.1768: Gutachten der Ratskonsulenten.

angeordnet. *Zu abwöhrung eines allenfalstigen Unfugs*[32] durch das Publikum wurde eigens ein militärisches Kommando abgestellt. Das Feuerholz sollte das Bauamt beisteuern und nach Abschluß der Verbrennung eine entsprechende Nachricht an die Zeitungen gegeben werden. Ausschlaggebend für diese heftige Reaktion dürften nicht nur die von den Gutachtern genannten Gründe gewesen sein, sondern auch das Argument, das wenig später in einem Schreiben an die Stadt Nürnberg auftauchte. Diese *höchst ärgerliche und religionswidrige lästerschrifft sei* unbedingt dem Publikum zu entziehen, da *solche in deutscher Sprache zum Vorschein gekommen, mithin alle Eigenschaften hatte, das darinnen enthaltene gift auf eine so allgemeine Weise zu verbreiten, daß davon die betrübtesten folgen*[33] zu erwarten seien.

Den genauen Ablauf der Bücherhinrichtung kennen wir aus dem Bericht des Einungsschreibers Heinz[34]. Es war ein feierliches Ritual, das der Öffentlichkeit geboten wurde. Der Wahl des Ortes (zwischen Galgen und Pranger) kam dabei ebenso große Bedeutung zu wie der militärischen Absicherung des Schauplatzes, der öffentlichen Verkündung der Sentenz, dem Zerreissen der Schriften oder der Entsorgung der Asche[35]: Um ein Uhr mittags holte Heinz mit drei Knechten auf der Ratskanzlei die beschlagnahmten Bücherballen ab und brachte sie auf den Markt, wo sie vor der Wache abgestellt wurden. Dort traf Heinz auch den Scharfrichter Johann Michael Hartmann mit seinem Knecht, die ihre eigenen Vorbereitungen trafen. Danach traten Heinz und der Scharfrichter vor das vor der Wache angetretene militärische Kommando. Die 24 Soldaten mitsamt ihrem Vorgesetzten mussten das Gewehr *scharpf Schulter tragen*, während Heinz *gegen die sich eingefundene ungemein viele Zuschauerer* öffentlich das Ratsdekret zu verkünden begann, dass *ein Hochlöbl. Magistrat zu gerechtester Verabscheuung und Vertilgung der unter dem Titul Spanisch-Jesuitische Anekdoten auswärts gedruckten höchstärgerlichen gegen das geoffenbahrte heylige Wort Gottes und die christliche Glaubens Lehren verdammten Sätze enthaltend und ausbreitenden Schrifft, die davon zu gerichtlichen handen gekommen gedruckte Exemplarien und Manuscripten zum feuer verdammet und solches anjetzo durch den Nachrichter öffentlich geschehen werde*[36]. Danach trat der Scharfrichter vor und entzündete das Feuer. Heinz nahm zunächst das Manuskript und warf die Blätter dem Scharfrichter einzeln vor die Füße, der sie *zum feür verdammete*. Anschließend wurden die gedruckten Exemplare stückweise verbrannt. Von halb zwei bis halb fünf Uhr nachmittags brannten die 'Spanisch-Jesuitischen Anekdoten' auf dem Ulmer Markt. Aufruhr unter dem Publikum gab es offenbar nicht. *Nicht der geringste excess* trug sich nach Aussage Heinzes zu, *ohngeachtet den tausend nach Menschen dem ganzen actus in der nhe und ferne zugesehen und angewohnt haben*. Die abgekühlte Asche wurde vom Knecht des Scharfrichters *in einem*

---

[32] *Ebda.*, Nr. 4/13.1.1768: Ratsbeschluss. Tatsächlich erschien am 16.1.1768 eine entsprechende Notiz in der 'Ulmischen Extraordinaire Friedens- Kriegs- und Siegs-Zeitung'. Vgl. ebda., Nr. 9/16.1.1768.

[33] *Ebda.*, Nr. 13/18.1.1768: Schreiben an den Rat der Stadt Nürnberg.

[34] Vgl. *ebda.*, Nr. 8/13.1.1768 (wie Anm. 17). Die Geigersche Chronik berichtet über die Verbrennung aus der Publikumsperspektive und ist wesentlich allgemeiner gehalten; vgl. StadtA Ulm G 1 1768 (wie Anm. 2) S. 590f.

[35] Zu den rituellen Elementen bei der Vorbereitung und Durchführung von Bücherverbrennungen vgl. *Rafetseder* (wie Anm. 4) S. 111ff.

[36] StadtA Ulm A [3202] Nr. 4/13.1.1768: Ratsbeschluss.

großen Schaff auf der Stadtmaur beym Profosen in die Donau geschmissen[37].

Noch am selben Tag vielleicht sogar noch während der Verbrennung wurde Bartholomäi von einer vierköpfigen Kommission verhört[38]. Bartholomäi bekannte sich dabei noch einmal dazu, der Verleger der 'Spanisch-Jesuitischen Anekdoten' zu sein. Als Drucker nannte er Johann Joseph Fleischmann in Nürnberg, dem er auch die Schuld an der versäumten Zensur gab: [...] *hab ihm nur geschrieben, weil es hier schehr halten werde mit der Censur, so überlasse er ihm die desfahltige besorgnus von selbsten*[39]. Auf die Frage, warum er das Manuskript nicht in Ulm in die Zensur gegeben habe, antwortete Bartholomäi *weil er geglaubt, er sey dazu nicht verbunden, indem er etwas in Druck befördern laßen könne, wo er wolle.* Die Unterschrift als *gut catholischer Christ* erklärte er als *fingirte[n]* Bericht – und: *Die Buchhändler fingieren allerley, er hab eben nicht mögen unter beeden Religionen sich verhasst machen.* Was die Unterschlagung des Verlagsnamens auf dem Titelblatt betraf, musste Bartholomäi zugeben, dass *das eine ungewöhnliche Sache [sey], doch sey es ohne alle böse Absicht geschehen.* Die Auflage der einzelnen Teile bezifferte er auf jeweils 2.000 Exemplare, wobei vom 2. und 3. Stück noch 1.000 Exemplare bei Fleischmann in Nürnberg verwahrt würden. Über den bisherigen Vertrieb der Schrift ließ sich Bartholomäi nur sehr vage aus. Nach Frankfurt, Stuttgart und Nürnberg seien etliche Exemplare gegangen, an die Ulmer Kollegen sowie einige Privatleute. Genaue Zahlen habe er allerdings nicht im Kopf. Nach Leipzig und Berlin sei allerdings noch kein einziges Stück geschickt worden. Dafür, so berichtete Bartholomäi nicht ohne Stolz, sei ihm die Schrift in München bereits nachgedruckt worden. Und ja, er habe noch einige Exemplare der ‚Anekdoten', die in den letzten Tagen als Remittenden zurückgekommen seien, die er aber gerne ausliefern wolle.

Bereits einen Tag später relativierte Bartholomäi einige seiner Aussagen in einem erneuten Memoriale an den Rat der Stadt. Ausschlaggebend dafür war offenbar ein Brief Fleischmanns vom 10. Januar 1768, der Bartholomäi zwar bescheinigte, nichts über Schwierigkeiten der Ulmer Zensur gesagt zu haben, aber ihn auch mit dem Satz zitierte: *Ich hätte zu ihnen das Zutrauen, daß er verschwiegen sein würdt. Sollte er also verschwiegen sein*, so verteidigte sich Fleischmann, *so folge draus, daß er es in keine Censur geben sollte*[40]. *Bartholomäi widersprach dem in seinem Brief energisch: Das Verschwiegen seyn ist alleinig dahin zu erklähren, daß er mich als den Verleger niemand declariren soll, weil die Materie von nicht der Beschaffenheit war meinen Nahmen selbst drauf zu sezen, wie solches mit viel tausend Büchern, sie mögen in Reichsstädten oder andern Orten gedrukt werden zu geschehen pfleget.* Auf den Vorwurf Bartholomäis, warum er ihm nichts von dem bößen Inhalt des 2. und 3. Stücks berichtet habe, gab Fleischmann zu, nur das erste Stück gelesen zu haben, das ihm unverdächtig schien. Die von Posttag zu Posttag eintreffenden Manuskriptseiten habe er unverzüglich in die Druckerei weitergeleitet. Auch von seinem Korrektor habe er keine Warnung erhalten. Bartholomäi zog aus diesen Aussagen Fleischmanns seine eigenen Schlüsse und präsentierte sich als Opfer eines betrügerischen Autors und *unbesonnenen*

[37] *Ebda.*, Nr. 8/13.1.1768 (wie Anm. 17).
[38] Vgl. *ebda.*, Nr. 5/13.1.1768: Fragen der Untersuchungskommission.
[39] *Ebda.*, Nr.6/13.1.1768: Verhör A. F. Bartholomäis (dort auch die folgenden Zitate).
[40] *Ebda.*, Nr.7/14.1.1768: Memorial A. F. Bartholomäis (dort auch die folgenden Zitate).

Correctors, dessen *entweder hirnloses oder boshaftes Stillschweigen* ihn in *Unglück, Schaden und Nachtheil* gestürzt habe. Am Ende seines Schreibens beschwerte sich Bartholomäi noch darüber, dass Fleischmann am 9. Januar 1768 die bei ihm verbliebenen 1.000 Exemplare des 2. und 3. Stücks der 'Anekdoten' auf seine, Bartholomäis Kosten, dem Ordinari-Fuhrmann nach Ulm mitgegeben habe. Bartholomäi war nicht gewillt, diese Kosten zu tragen, *indem solche so viel als weggeworfen wären.* Stattdessen bat er den Rat, nach eigenem Gutdünken mit den Ballen zu verfahren oder diese auf Kosten Fleischmanns wieder nach Nürnberg zurückzuschicken.

Der Rat beschloss in seinen Sitzungen vom 15. und 18. Januar 1768 Bartholomäis Memorial zunächst an die Gutachter weiterzuleiten sowie die Behörden von Arbon und Nürnberg über den Fall zu informieren und um eine Untersuchung ihrerseits zu bitten[41]. Am 20. Januar wurde entschieden, die restlichen Ausgaben – vermutlich die von Fleischmann übersandten Exemplare – des 2. und 3. Teils zu versiegeln und ins Archiv zu bringen[42].

Erst am 13. Februar ging das Antwortschreiben der Stadt Nürnberg ein. Fleischmann habe zugegeben, das Manuskript nicht der Zensur übergeben zu haben, er habe aber auch keinen Auftrag des Verlegers dazu gehabt. Die Auflage gab Fleischmann mit 2.000 Exemplaren an. 1.000 Exemplare des ersten Teils seien an Bartholomäi gegangen, weitere 1.000 auf dessen Order nach Leipzig. Alle weiteren Exemplare des zweiten und dritten Teils samt der Makulaturbögen habe er direkt an Bartholomäi geschickt[43].

Einige Tage später erreichten die Kopien zweier Bittschreiben des Nürnberger Druckers den Ulmer Rat. Fleischmann gestand Fehler ein, die er jedoch *nicht aus Absicht und bösen Willen sondern aus Eiligkeit*[44] gemacht habe. Nach einer ersten, unverfänglichen Leseprobe habe er das Manuskript unbesehen in seine Offizin gegeben, da Bartholomäi den Druck eilig gemacht habe und auch sein Korrektor – ein ehemaliger Prediger – kein Wort verloren habe. In seinem zweiten Schreiben betonte er noch einmal die Verantwortung des Verlegers, nichts gegen das Gesetz in Verlag zu nehmen und bat um die Aufhebung seines Hausarrests, der ihm schweren wirtschaftlichen Schaden verursache. Die restlichen Teile des Manuskripts könne er leider nicht schicken, da die Setzer die Vorlagen in Einzelblätter zerlegen und hinterher unter die Makulatur werfen würden[45].

Der Rat entschied sich, beide Briefe Fleischmanns an Bartholomäi zur Stellungnahme weiterzureichen[46]. Bartholomäi reagierte schnell und beharrte auf seiner Meinung, dass es *des Buchdrucker Pflicht ist, das ihm von dem Buchhändler übergebene Manuscript censiren zu lassen und wann es die Censur nicht passirt, solches denen Verlegern zu wissen zu machen und zu remittiren.* Ein Buchhändler habe gar nicht die Zeit, alle Schriften, die er in Verlag nehmen wolle, gründlich durchzulesen: *Wann aber ein Buchhändler ein drucken lassen wollendes Mst. [Manuscript] höflichst durchblättert, (welches ich mit dem ersten Stück gethan), so geschiehet es gewiß allein deßwegen, weil Er nach seiner Einsicht untersuchen*

---

[41] Vgl. StadtA Ulm A 3530 RP Bd. 219 (1768), fol. 27–28 und fol. 34–34v (15.–18.1.).
[42] Vgl. *ebda.*, RP Bd. 219 (1768), fol. 47v–48 (20.1.).
[43] Vgl. *ebda.*, A [3202] Nr. 17/13.2.1768: Antwortschreiben des Nürnberger Rats.
[44] *Ebda.*, Nr. 18/19.2.1768: Memorial J. J. Fleischmanns.
[45] Vgl. *ebda.*, Nr. 19/19.2.1768 Memorial J. J. Fleischmanns.
[46] Vgl. *ebda.*, A 3530 RP Bd. 219 (1768), fol. 116 (22.2.).

will ob die Materie, der Stil von solcher Beschaffenheit sey, daß Er sich einen Debit davon versprechen kan, dann wann Er Maculatur druckt, so ist der Schade ohnehin seiner, aber sein freywilliges Durchlesen geht nicht dahin, daß man es zu einer PrivatCensur machen müste[47]. Bartholomäi gab ferner zu, beim Druck gedrängelt zu haben, da er das politische Tagesthema 'Jesuiten' aus absatzstrategischen Gründen habe ausnutzen wollen. Er stimmte sogar der Argumentation Fleischmanns zu, dass man von einem *Typographus illiteratus nicht erwarten könne, dass er die Realia eines dogmatisch geschriebenen Buches [...] penetriren und das darinn befindl. unter mühsam ausgekünstelten Allegorien verstelte Gift einer irrig Lehre ausfindig [mache]*[48]. Alles, was man erwarten könne, sei die Weitergabe der Schrift an einen in der einschlägigen Wissenschaft bewanderten Korrektor. Die eigentliche Schuld, so Bartholomäis Schlussfolgerung, liege also beim Nürnberger Korrektor, einem *angesehenen und im predigtamt stehenden wohl ordinirten Geistlichen*, der ihn und Fleischmann über den brisanten Inhalt der 'Anekdoten' nicht informiert habe, obwohl er doch gut für seine Arbeit bezahlt worden sei.

Als weiteres Argument zu seiner Entlastung führte Bartholomäi an, dass er die Schrift ganz offen in seinem Messkatalog angeboten[49] und sie *ohne Verschweigung meines Nahmens [und] ohne auferlegte Praecaution im Verkaufen* an seine Buchhandelskollegen versandt habe, *welches wann das Gegentheil zu vermuthen von jedem vernünftigen Manne gewiß nicht geschehen wäre.* Am Ende seines Briefes bat Bartholomäi um die Beendigung seines mittlerweile sechswöchigen Hausarrests angesichts der bevorstehenden Messgeschäfte.

Dieser Bitte kam der Rat am 29. Februar unter Vorbehalt nach[50]. Bartholomäi wurde jedoch aufgefordert, seine Korrespondenz offen zulegen und Auskunft über den Versand der ‚Anekdoten' zu geben. Außerdem erwartete man eine Erklärung dafür, warum Bartholomäi in seiner ersten Aussage die Lieferung von 1.000 Exemplaren an den Messeplatz Leipzig unterschlagen hatte[51].

Nach einer Woche traf die Rechtfertigung Bartholomäis auf dem Ulmer Rathaus ein. Bartholomäi entschuldigte sich dafür, dass er nicht sagen könne, an wen seine Korrespondenten die Bücher weitergeben hätten, *weil bekandlich kein Kaufmann dem andern seine Kunden decouvrirt*[52]. In Sachen Leipzig gab er sich unschuldig. Er habe nie behaupten wollen, dass er nicht über Leipzig gehandelt hätte. Die am ersten Verhör Beteiligten müssten dies doch bezeugen können. Er habe allerdings von Leipzig und Brandenburg Nachricht erhalten, dass das Buch kaum Absatz fände. Und er bot an, die zur anstehenden Leipziger Ostermesse remittierten Exemplare auf eigene Kosten nach Ulm zu bringen und sie dem Rat zu übergeben. Falls gewünscht, würde er auch die übrigen Kollegen darum bitten,

[47] *Ebda.*, A [3202] Nr. 21/23.2.1768: Verteidigungsschreiben A. F. Bartholomäi.
[48] *Ebda.*
[49] Die Buchhändler veröffentlichten in der Regel nach jeder Frühjahrs- und Herbstmesse einen sog. Messsortimentskatalog, der der Absatzwerbung diente. Die Behörden nutzten die Kataloge gleichzeitig als wichtiges Informationsmittel über die ins Land gebrachte Literatur. Die Kataloge mussten daher vor der Drucklegung ebenfalls die örtliche Zensur passieren. Vgl. dazu Marie-Kristin *Hauke*: "In allen guten Buchhandlungen ist zu haben ...". Buchwerbung in Deutschland im 17. und 18. Jahrhundert. Univ. Diss. Erlangen 1999. (www.opus.ub.uni-erlangen.de/opus/volltexte/2005/130.)
[50] Vgl. StadtA Ulm A [3202] Nr. 23/29.2.1768: Ratsbeschluss.
[51] Vgl. *ebda.*, Nr. 22/27.2.1768: Gutachten der Ratskonsulenten.
[52] *Ebda.*, Nr. 24/6.3.1768: Verteidigungsschreiben A. F. Bartholomäis.

ihm die nicht verkauften Exemplare zurückzuschicken.

Die beigelegte Übersicht, an welche Buchhandlungen wie viele Exemplare der 'Spanisch-Jesuitischen Anekdoten' verschickt worden waren[53], widerlegte jedoch Bartholomäis erste abwiegelnde Aussage vollständig. Über den Messeplatz Leipzig waren 977 Exemplare des ersten Stücks der 'Anekdoten' an 39 Buchhandlungen im Norden und Osten des Reichs ausgegeben worden. Darunter waren fast alle bedeutenden Buchhändler der Zeit vertreten: Haude und Spener (24 Exemplare), Mylius (25), Nicolai (28), Pauli (50), Rüdiger (25), Voss (50) und Wever (25) in Berlin, die Korns (25 bzw. 50) in Breslau, Walter (30) in Dresden, Vandenhoecks Witwe (25) in Göttingen, Brand (25) und Herold (50) in Hamburg, Förster (25) in Hannover, Fritsch (50), Heinsius (30), Junius (30) sowie Weidmanns Erben und Reich (50) in Leipzig oder Meyer (30) in Lemgo.

Den süddeutschen Raum bediente Bartholomäi offenbar von Ulm aus. Hier gingen insgesamt 500 Exemplare aller drei Stücke der 'Anekdoten' an 31 Buchhandlungen in 13 Städten. An Frankfurt (134 Exemplare), Augsburg (115), München (62) und Nürnberg (60) wurden die meisten Exemplare geliefert. Seine wichtigsten Abnehmer waren Crätz in München (62 Exemplare), Stage (60) und Kletts Witwe (35) in Augsburg, Esslinger (50) und Brönner (24) in Frankfurt, Felsseckers Witwe (24) in Nürnberg und Metzler (24) in Stuttgart. Seine Ulmer Kollegen Wohler und Stettin hatten jeweils sechs bzw. sieben Exemplare erhalten[54]. Der Rat forderte sie daher – wie auch noch einmal Bartholomäi – auf, alle noch vorhandenen Exemplare der 'Anekdoten' in der Kanzlei abzugeben[55].

Die von Bartholomäi vorgelegte Liste brachte im ganzen Reich die Verwaltungsap-parate der einzelnen Städte und Territorien in Bewegung, denn der Rat beschloss, alle von Bartholomäi genannten Städte über das Zensurverfahren zu unterrichten[56]. Die Antworten ließen allerdings unterschiedlich lange auf sich warten. München, Regensburg, Straßburg, Breslau und Halle meldeten die Konfiskation der noch vorhandenen Exemplare[57]. In Nördlingen bei Beck war dagegen schon alles verkauft[58]. Berlin schrieb, dass man das Buch mittlerweile ebenfalls verboten habe und fügte – wie Halle und Rostock[59] – eine Rechnung für Aufwandsentschädigung und Postgebühren bei, die Bartholomäi begleichen

---

[53] Vgl. *ebda.*, Nr. 25/9.3.1768 Spezifikation der versandten Exemplare der ‚Spanisch-Jesuitischen Anekdoten'.

[54] Die Liste nennt weitere Buchhandlungen in Augsburg (Lotter, Merz), Berlin (Birnstiel, Lange, Schulz) Braunschweig (Meier, Schröder, Waisenhausbuchhandlung), Breslau (Gampert, Meier), Dresden (Gerlach und Sohn), Frankfurt (Andreä, Fleischer, Kasper, Keßler, Kochendörffer), Gießen (Krieger), Göttingen (Bossiegel), Goslar (Martins Witwe), Halle (Hemmerde), Hamburg (Hertels Witwe und Gleditsch), Hannover (Schmid), Karlsruhe (Macklot), Leipzig (Hilscher), Liegnitz (Siegert), Nördlingen (Beck), Nürnberg (Lochner, Monath, Riegel, Schwarzkopf), Regensburg (Montag, Peez und Bader), Rostock (Koppe), Schwabach (Mitzler), Straßburg (Dulssecker, König), Stuttgart (Erhardt), Tübingen (Berger, Cotta) und Züllichau (Frommann).

[55] Vgl. StadtA Ulm A [3202] Nr. 26/9.3.1768: Ratsbeschluss. Wohler und Stettin zeigten sich allerdings nicht kooperativ. Der Bericht vermerkt: *Herr Wohler hat gar keines, H. Stettin aber allein 4 Stück empfangen und schon fortgeschickt;* Stadt A Ulm A [3202] Nr. 27/ [undat.] 1768.

[56] Vgl. *ebda.*, Nr. 26/9.3.1768: Ratsbeschluss.

[57] StadtA Ulm A [3202] Nr. 31/25.3.1768: Antwortschreiben München.- Vgl. *ebda.*, Nr. 33/7.4.1768: Antwortschreiben Regensburg.- Vgl. *ebda.*, Nr. 37/21.4.1768: Antwortschreiben Straßburg.- Vgl. *ebda.*, Nr. 40/8.4.1768 Antwortschreiben Breslau.- Vgl. *ebda.*, Nr. 41/1.4.1768: Antwortschreiben Halle.

[58] Vgl. *ebda.*, Nr. 32/28.3.1768: Antwortschreiben Nördlingen.

[59] Vgl. *ebda.*, Nr. 46/27.4.1768: Antwortschreiben Rostock.

sollte[60]. Die Messestadt Leipzig meldete, dass fast alle Exemplare unwiderruflich verkauft seien und erinnerte den Rat daran, dass ein strenges Verbot die Schrift nur interessanter mache[61]. Empört reagierte dagegen die Stadt Straßburg. Sie meldete nicht nur die Konfiskation der ‚Anekdoten', sondern auch die Bestrafung des Buchhändlers Dulssecker mit 100 Pfund Pfennig und forderte ein hartes Vorgehen gegen Bartholomäi, der es gewagt hatte, Straßburg als Druckort anzugeben und damit der Stadt schweren Schaden zugefügt habe[62].

Mit diesen Ergebnissen konnte der Ulmer Rat vorerst zufrieden sein, brachten sie die Stadt gegenüber den kaiserlichen Behörden doch in eine günstige Ausgangssituation. Die Wogen schienen sich in Ulm allmählich zu glätten. Bartholomäi durfte sogar wieder seinen Buchhandelsgeschäften nachgehen und reiste nach Wien und Leipzig, was in Nürnberg nicht unbemerkt blieb und den Rat der Stadt veranlasste, eine Anfrage an Ulm zu richten, ob das Verfahren gegen Bartholomäi bereits abgeschlossen sei[63].

Weniger Glück war in der Zwischenzeit Johann Joseph Fleischmann beschieden, wie aus einem dem Ulmer Rat Anfang Juni übersandten Memorial des Nürnberger Druckers hervorgeht. Wie Bartholomäi hatte auch er die Vorgänge um die ‚Spanisch-Jesuitischen' den Behörden freiwillig angezeigt. Das Nürnberger Vormundamt verhängte daraufhin umgehend eine viertägige Turmstrafe, der eine zwölftägige Gefängnisstrafe folgte. In dieser Zeit blieb in seiner Offizin ein wichtiger Auftrag des Wiener Verlegers Johann Paul Krauß liegen, der eigentlich bis zur Leipziger Ostermesse hätte fertiggestellt werden müssen. Der anschließend verhängte sechswöchige Hausarrest hinderte Fleischmann außerdem daran, der Bitte eben jenes Verlegers nachzukommen, *eine beträchtliche Anzahl Bücher von seinem Verlag, welche in dem hiesigen Spital-Hofe in einem Gewölbe verwahrlich liegen, bey dem Winter-Weege und wohlfeiler Fracht zeitlich nach Leipzig zu senden. Da ich aber nicht in das Gewölbe gehen durfte, so muste die Absendung unterbleiben*[64]. Die folgende Umwandlung des Haus- in einen Stadtarrest hielt Fleischmann davon ab, selbst die wichtige Leipziger Ostermesse zu besuchen, um dort die Kommissionen seines Wiener Partners zu erledigen und wie üblich *so viele Manuscripta einzusammeln, daß ich meine Officin nach meiner Retour auf ein ganzes Jahr mit Arbeit versehen könnte*. Es war ihm nicht einmal möglich, die Papiermühlen rund um Nürnberg persönlich aufzusuchen oder den feuerpolizeilichen Auflagen gemäß seine Druckerschwärze außerhalb der Stadt zu sieden. Angesichts dieser Auswirkungen auf sein Geschäft ist es nur verständlich, dass Fleischmann im selben Schreiben die Hauptverantwortung für die versäumte Zensur und die Veröffentlichung als solche an Bartholomäi zurückverweist. Bartholomäi sei selbst schuld, wenn er sich vorher nicht den Rat Verständiger einhole und sich auf das Wort eines Candidatus Theologiae verlasse, *anerwogen dieser Cand. Geßler in republica litteraria schon lange vor Edirung seiner ärgerlichen Anneckdoten als ein Subject bekannt gewesen ist, das in Religions- und Glaubens-Sachen gar kein zutrauen verdiene.*

---

[60] Vgl. *ebda.*, Nr. 35/11.4.1768: Antwortschreiben Berlin.
[61] Vgl. *ebda.*, Nr. 34/24.3.1768: Antwortschreiben Leipzig.
[62] Vgl. *ebda.*, Nr. 37/21.4.1768: Antwortschreiben Straßburg.
[63] Vgl. *ebda.*, Nr. 49/30.5.1768: Anfrage der Stadt Nürnberg an den Ulmer Rat.
[64] *Ebda.*, Nr. 50/6.6.1768: Memorial J. J. Fleischmanns (dort auch die folgenden Zitate).

Ende Juni 1768 erhielt das Zensurverfahren in Ulm neuen Schwung. Am 27. Juni traf offiziell das auf den 22. März datierte kaiserliche Reskript Kaiser Josephs II., der von der kaiserlichen Bücherkommission über den Fall der ‚Spanisch-Jesuitischen Anekdoten' informiert worden war, ein. Der kaiserliche Befehl lautete, alle Buchläden und Gewölbe in Ulm nach den ‚Anekdoten' oder anderen schändlichen, gottlosen Schriften zu durchsuchen und diese zu konfiszieren. Vom 1. Stück sollten zwei Exemplare unverzüglich nach Wien gesandt werden, das 2. und 3. Stück aber bis auf sechs Exemplare zerrissen und verbrannt werden. Gegen andere möglicherweise gefundenen Schriften sollte mit aller Härte des Gesetzes vorgegangen werden. Gegen Bartholomäi erhob der Kaiser den Vorwurf der vorsätzlichen Blasphemie und verfügte eine erneute Vernehmung des Verdächtigen. Im Falle seines Geständnisses, dass er der Verleger der 'Anekdoten' sei, sollte er sofort in *gefängliche verhafft* gebracht, sein Handlungsgewölbe gesperrt und gegen ihn nach Vorschrift der Reichsgesetze, wenn nötig auch unter Anwendung der peinlichen Halsgerichtsordnung mit der *Special Inquisition* vorgegangen werden. Vor Verhängung der Strafe sollte Bartholomäi jedoch das Recht auf eine persönliche Verteidigung eingeräumt werden. Was den Autor der 'Anekdoten' betraf, so forderte der Kaiser die sofortige Verhaftung Geslers, sobald er Ulmer Gebiet erreichte bzw. die umgehende Benachrichtigung der zuständigen örtlichen Behörde, sobald dieser Reichsboden betreten würde. Auch sollte Bartholomäi noch einmal zu Person und Aufenthaltsort Geslers vernommen werden. Für den Fall, dass die 'Anekdoten' auch bei anderen Buchhändlern gefunden würden, so sollte auch gegen sie mit Befragung, Anhörung und *civilem Verhaft* vorgegangen werden. Nach Abschluss der Vernehmungen sollten alle Akten zusammengestellt und ein Urteil von unparteiischer Seite eingeholt werden, das dann auch entsprechend vom Rat umgesetzt werden sollte. Abschließend wurde dem Ulmer Rat aufgetragen, binnen zwei Monaten einen Bericht zur Umsetzung dieser kaiserlichen Forderungen dem Reichshofrat zu übersenden[65].

Der Ulmer Rat zögerte auch diesmal nicht lange. Noch während der Ratssitzung wurden die Buchhändler Bartholomäi, Wohler und Stettin erneut verhört. Bartholomäi erklärte an Eides statt, alle Exemplare angegeben zu haben bis auf zwei, die er *zum ewigen andencken wegen der ihm zugestoßenen fatalität aufbehalten wolle*[66]. Er zeigte sich allerdings bereit, diese sowie alle übrigen mittlerweile remittierten Exemplare an die Ratskanzlei zu übersenden[67]. Der Buchhändler Wohler konnte sich nur noch daran erinnern, dass er das Buch zur Anzeige in seinem Wochenblatt erhalten hatte, wusste aber nicht mehr, an wen genau er es verkauft hatte. Dasselbe galt für Stettin, der noch anmerkte, dass eine solch *kleine Piece für 8 kr.*[68] gar nicht verzeichnet würde.

Mit diesen Aussagen hätte sich der Rat sicherlich vorläufig zufrieden gegeben, wenn Bartholomäi nicht den Fehler begangen und am 11. Juli 1768 darum gebeten hätte, das Verfahren doch endlich abzuschließen. Sieben Wochen Hausarrest und

---

[65] Vgl. *ebda.*, Nr. 53/22.3.1768: Reskript Kaiser Josephs II.

[66] *Ebda.*, Nr. 57/27.6.1768: Bericht über die Vernehmung A. F. Bartholomäis.

[67] Laut Auflistung vom 27.6.1768 waren dies 18 versiegelte vollständige Exemplare, 28 rohe und zwei gebundene vollständige Exemplare, 2 Exemplare des 2. Stücks sowie 319 Exemplare des ersten Stücks. Vgl. StadtA Ulm A [3202] Nr. 58/27.6.1768: Spezifikation der restlichen ausgelieferten Exemplare der 'Spanisch-Jesuitischen Anekdoten'.

[68] StadtA Ulm A [3202] Nr. 57/27.6.1768 (wie Anm. 69).

ein Schaden in Höhe von 2.000 fl. empfand Bartholomäi als ausreichende Strafe[69]. Die Gutachter, denen Bartholomäis Bittschreiben vorgelegt wurde, waren empört. Sie empfanden es als Frechheit, dass Bartholomäi ihnen vorschreiben wollte, wann sie ihre Untersuchung abzuschließen hätten. Deshalb empfahlen sie dem Rat eine schnelle, unangekündigte Durchsuchung aller drei Ulmer Buchläden auf verdächtige Bücher hin und eine Anfrage an Nürnberg, wie man sich bezüglich des kaiserlichen Reskripts abstimmen wolle[70]. Der Rat folgte in seiner Sitzung vom 15. Juli 1768 den Gutachtern. Man entschied sich dafür, Bartholomäi persönlich vorzuladen und ihm eine offizielle Rüge zu erteilen und benannte als Visitatoren je drei Ratskonsulenten und Münsterprediger[71]. Noch am selben Morgen um zehn Uhr wurden zeitgleich alle drei Buchhandlungen nach verdächtigen Schriften durchsucht. Das Ergebnis war negativ[72].

Da der Rat der Stadt Nürnberg mit Schreiben vom 29. Juli 1768 Ulm mitteilen ließ, dass das kaiserliche Reskript bei ihnen noch nicht eingetroffen sei[73], beschloss der Rat am 12. August einen Bericht über den aktuellen Stand der Ermittlungen an den Kaiser zu schicken. Dabei schlug man sich nun eher auf Seiten Bartholomäis und führte als strafmildernd an, dass er Selbstanzeige beim Ulmer Rat erstattet und freiwillig die Exemplare und das Manuskript ausgeliefert habe. Auch die Aufnahme des Titels in die offiziellen Kataloge, die offene Werbung mit Anzeigen in Zeitungen und Intelligenzblättern sowie der Verzicht auf überhöhte Preise – *wie sonsten bey denen verdächtigen Impressis geschiehet*[74] – ließen nach Meinung des Rats darauf schließen, dass Bartholomäi sich einfach vom *curios machenden Titul deß Buchs, das ganz nach dem geschmack der neugihrige[n] Welt eingerichtet* sei, einen raschen Absatz und entsprechend guten Umsatz versprochen habe. Sein nachlässiger Umgang mit dem Inhalt der Schrift, *das er nicht, wie vorsichtigere Buchhändler thun den ganzen Context selbsten durchgesehen oder von einem anständigeren beurtheilen lassen sei als culpose* [schuldhaft], aber nicht *dolose* [betrügerisch] einzustufen. Auch seien die ergebnislosen Visitationen von Laden und Gewölbe Bartholomäis zu berücksichtigen. Der Rat hielt daher eine Strafe von 200 fl. für angemessen.

Da es der ausdrückliche Wunsch des Kaisers war, dass alle Akten zum Fall inklusive einer Stellungnahme der Betroffenen an eine unparteiische Schiedsstelle geschickt werden sollten, entschied sich der Rat in derselben Sitzung dazu, durch die beiden Ratsälteren[75] eine geeignete Universität benennen zu lassen. Bartholomäi sollte zudem darauf verpflichtet werden, sich jede Reise vom Rat genehmigen zu lassen[76].

Am 2. September 1768 bestätigte der Reichshofrat von Moll den Eingang des Schreibens in Wien und teilte mit, dass das Verfahren vorerst ruhen

[69] Vgl. *ebda.*, Nr. 59/11.7.1768: Memorial A. F. Bartholomäis.
[70] Vgl. *ebda.*, Nr. 60/13.7.1768: Gutachten der Ratskonsulenten.
[71] Vgl. *ebda.*, A 3530 RP Bd. 219 (1768), fol. 454v-455 (15.7.).
[72] Vgl. *ebda.*, A [3202] Nr. 62/15.7.1768: Durchsuchungsbericht Wohler; *ebda.*, Nr. 63/17.7.1768: Durchsuchungsbericht Bartholomäi; ebda., Nr. 64/19.7.1768: Durchsuchungsbericht Stettin.
[73] Vgl. *ebda.*, Nr. 64b/29.7.1768: Antwortschreiben der Stadt Nürnberg.
[74] *Ebda.*, Nr. 65/12.8.1768 Bericht des Ulmer Rats an Kaiser Joseph II. (dort auch die folgenden Zitate).
[75] In einer späteren Sitzung wurde entschieden, die Benennung einer passenden juristischen Fakultät dem Geheimen Rat zu überlassen. Vgl. StadtA Ulm A 3530 RP Bd. 219 (1768), fol. 698 (17.10.).
[76] Vgl. *ebda.*, RP Bd. 219 (1768), fol. 522–523 (12.8.).

könne[77]. Inzwischen wartete man in der Ulmer Kanzlei auf die vom Kaiser geforderte Verteidigungsschrift Bartholomäis, die zusammen mit den anderen Akten weitergeleitet werden sollte. Doch Bartholomäi ließ sich damit Zeit, trat Mitte August noch eine Reise an[78] und ignorierte auch eine vom Rat gewährte vierwöchige Fristverlängerung[79]. Ende September – das Protokoll des Reichshofratsconclusums vom 22. März war gerade vom Reichshofrat von Moll übersandt worden[80] – begann der Rat ungeduldig zu werden und forderte Bartholomäi zur sofortigen Abgabe seiner Verteidigungsschrift auf[81]. Als am 5. Oktober die Unterlagen endlich auf der Kanzlei waren, waren sie nur von Bartholomäis Handlungsdiener unterzeichnet, da Bartholomäi geschäftlich unterwegs war[82]. Erst eine Woche später lag das eigenhändig unterzeichnete Dokument vor und konnte mit den anderen Unterlagen an die juristische Fakultät der Universität Marburg geschickt werden, mit der Bitte um ein Gutachten zum Vorgang und *wie der Verleger disfalls sträflich anzusehen und was weiters in Sache zu verfügen seyn möchte*[83].

In seiner abschließenden Verteidigungsschrift wiederholte Bartholomäi noch einmal seine Argumente und stellte sich als Unschuldigen dar, der gutgläubig von Gesler hereingelegt worden sei. Die Schuld an der versäumten Zensur schob er allein auf den Drucker Fleischmann, der seine Pflicht vernachlässigt habe. Als Entlastung dafür, dass er das Buch in Nürnberg in Auftrag gegeben habe, fügte er eine schriftliche Bestätigung Christian Ulrich Wagners II. bei, dass die Wagnersche Druckerei in Ulm von Ostern 1767 bis Ostern 1768 so mit Arbeit überhäuft gewesen sei, dass er Bartholomäis Anfrage habe ablehnen müssen[84]. Das Verschweigen seines Namens und die Angabe eines falschen Druckorts begründete Bartholomäi mit den Gegebenheiten des Buchmarktes. Die falsche Religionszugehörigkeit eines Verlegers reiche schon, um den Absatz eines Buches zu behindern. Zudem kämpfe der Literaturbetrieb mit der *noeterischen Art der critischen Beurtheilung*, die so tue als ob *alle Gelehrsamkeit allein in gewisen Gegenden Deutschlands ihren Sitz hätte und, daß andere Bücher ausser denjenigen, die in diesen Orthschafften zum Vorschein kommen, auf das beissenste durch die Hechel laufen müssen*[85]. Einem Verleger sei es daher nicht zu verdenken, wenn er seinen und den Namen des Autors geheim zu halten versuche. Darüber hinaus verwies Bartholomäi auf seinen bisherigen ordentlichen Lebenswandel, seine Herkunft aus einer gläubigen, christlichen Familie, seine Jugend, die ihn zu einem unbeabsichtigten Fehler verleitet habe, und nicht zuletzt auf die Tatsache, dass er sich freiwillig den Behörden gestellt habe.

Die Marburger Juristen ließen sich drei Monate Zeit, um Bartholomäis Argumentation und die anderen Akten zu prüfen. Am 23. Januar 1769 erreichte

---

[77] Vgl. *ebda.*, A [3202] Nr. 70/2.9.1768: Schreiben des RHR von Moll.
[78] Vgl. *ebda.*, Nr. 64a/19.7.1768: Bittschreiben A. F. Bartholomäis.
[79] Vgl. *ebda.*, A 3530 RP Bd. 219 (1768), fol. 542 (19.8.).
[80] Vgl. *ebda.*, A [3202] Nr. 71/28.9.1768: Schreiben des RHR von Moll.
[81] Vgl. *ebda.*, A 3530 RP Bd. 219 (1768), fol. 649v (28.9.).
[82] Vgl. *ebda.*, RP Bd. 219 (1768), fol. 667 (5.10.).
[83] *Ebda.*, A [3202] Nr. 78/24.10.1768: Anfrage des Ulmer Rats an die juristische Fakultät der Universität Marburg.- Vgl. *ebda.*, Nr. 82/8.11.1768: Anfrage des Ulmer Rats an den Dekan der juristischen Fakultät der Universität Marburg.
[84] Vgl. *ebda.*, Nr. 76/[undat.] 1768: Schreiben Chr. U. Wagners II.
[85] *Ebda.*, Nr. 74/75/5.10.1768: Defensionsschrift A. F. Bartholomäi.

ihr Gutachten den Ulmer Rat. Sie empfahlen Hausarrest unter soldatischer Bewachung, eine Geldbuße, die sich am Vermögen Bartholomäis bemessen sollte, die Begleichung der Verfahrenskosten sowie Nachhilfestunden in Religion und Lebensführung *bei einem in diesem stücke am besten geübeten pfarrer*[86]. Diese Empfehlungen griffen die Gutachter des Ulmer Rats auf und plädierten neben dem Hausarrest für eine Strafe in Höhe von 200 fl. zur Warnung anderer, für die Übernahme aller Kosten durch Bartholomäi (Porto, Fracht, Bücherverbrennung, Trinkgeld für den Einungsschreiber Heinz und Scharfrichtergebühren)[87]. Während sich Bartholomäi noch in Messegeschäften in Ludwigsburg aufhielt[88], stellte der Rat bereits Überlegungen an, wo die Schildwachen im und vor dem Haus Bartholomäis postiert werden könnten[89].

Am 17. Februar 1769 um zwei Uhr nachmittags erging das offizielle Urteil des Ulmer Rats. Bartholomäi wurde *in Betreff der Sache Gottes im belange deß Verlags und eines wider das Christenthum sehr lauffendes Büchleins unterm Titul: Spanisch Jesuitische Anecdoten in drey Bändgen 8. auch ohnanständigen ausdrücken wieder große Könige und StaatsRäthe*[90] zu einem fünfwöchigen Hausarrest verurteilt, die erste Woche davon unter Bewachung. Die Wache hatte den Auftrag, Bartholomäi seinen Degen abzunehmen, ihn innerhalb des Hauses und des Ladens ständig zu begleiten, dafür zu sorgen, dass ein zweiter Ausgang des Schlafzimmers verschlossen blieb und für die nächtlichen, zweistündigen Wachwechsel den Haustürschlüssel einzufordern. Bartholomäi verpflichtete sich dafür, sich *deß öffentlichen Stellens unter seine Buchladen Thür zu enthalten* und den Wachen ausreichend Kerzen zur Verfügung zu stellen. Eine Geldstrafe in Höhe von 500 fl. war binnen drei Monaten ohne Nachlass an die Schatzkammer zu zahlen. Auch musste Bartholomäi, wie im Gutachterentwurf vorgesehen, sämtliche Kosten des Verfahrens tragen. Selbst den Münsterprediger, der ihn während des Hausarrests unterrichten sollte, musste Bartholomäi selbst entlohnen.

Dieser Unterricht fand Anfang März 1769 statt. Dem auserwählten Münsterprediger Johann Michael Miller war nicht ganz wohl bei dieser Aufgabe, da er mit Bartholomäi schon seit einigen Jahren als Visitator der deutschen Schulen zusammengearbeitet und *sichere Proben seiner christl. und vor den reinen Unterricht der Jugend in der Religion, redlichen Gesinnungen abzunemen öffters Gelegenheit gehabt*[91] hatte, wie er dem Rat schrieb. Dennoch unterhielt er sich auftragsgemäß mit Bartholomäi über Glaubensfragen und darüber, *wie ein Buchhändler sich zu verhalten habe, wenn er in seinem Geschäfte ein gewißenhaffter Christ, ein guter Bürger und ein kluger Handtierer sein wil.* Bartholomäi bekannte sich vergnügt zu allen besprochenen Fragen und hatte damit der Pflicht genüge getan. Die Geldbuße in Höhe von 500 fl. zahlte er nicht. Stattdessen bat er den Rat mehr als drei Wochen nach Ablauf der Frist um einen Zahlungsaufschub mit der Begründung, er wolle erst einen kaiserlichen Bescheid abwarten, da er bei der Kaiserlichen Bücherkommission um eine Minderung des Geldbetrags gebeten habe. Bei Zahlung der vollen Summe brächte er seine Handlung in ernsthafte finanzielle

[86] *Ebda.*, Nr. 85/23.1.1769: Urteil der juristischen Fakultät der Universität Marburg.
[87] Vgl. *ebda.*, Nr. 89/ [Datum unleserlich] 1769: Urteilsentwurf der Ulmer Gutachter.
[88] Vgl. *ebda.*, Nr. 92/3.2.1769: Schreiben A. F. Bartholomäis an Ulmer Rat.
[89] Vgl. *ebda.*, Nr. 91/5.2.1769: Gutachten zur Schildwache.
[90] *Ebda.*, Nr. 96/17.2.1769: Ratsbeschluss.
[91] Vgl. *ebda.*, Nr. 108/5.3.1769: Bericht des Münsterpredigers J. M. Miller.

Schwierigkeiten[92]. Der Agent von Moll bestätigte Bartholomäis Antrag in Wien[93], was den Rat in höchstem Maße ärgerte. Der Kaiser hatte dem Rat zugestanden, selbst zu urteilen. Daher, so argumentierte man in Ulm, dürfe auch nur der Rat das Strafmaß verändern. Bartholomäi habe sich nicht an den Rechtsweg gehalten und solle binnen drei Wochen seine Schuld in voller Höhe begleichen[94]. Auf die Bitte des Rats, Bartholomäi an den Rat zurückzuverweisen[95], reagierte von Moll in Wien empört und erinnerte an das Recht jedes Reichsbewohners, sich direkt an den Kaiser zu wenden (Ius aggratiandi)[96]. Tatsächlich aber verwies die Kaiserliche Bücherkommission Mitte November 1769 Bartholomäi wieder an den Ulmer Rat als Zuständigem zurück[97]. Der Rat war hocherfreut, zumal die kaiserliche Behörde lobende Worte für das Vorgehen der Stadt in diesem Zensurfall fand, und beschloss, sobald Bartholomäi von seiner Reise zurückkäme, noch einmal die 500 fl. einzufordern. Sollte er sich dann noch einmal mit der Bitte um eine Moderation der Strafe an den Rat wenden, könnte man sich noch einmal bedenken[98]. Am 29. November 1769 bat Bartholomäi von Wien aus den Rat um eine Erlassung der Schuld oder zumindest um die Begleichung seiner Schuld in Form von Büchern für die Stadtbibliothek[99]. Nun zeigte sich der Rat generös. Die Geldstrafe wurde auf 100 fl. reduziert, da Bartholomäi schon genug Schaden erlitten und auch mit Hausarrest gebüßt habe. Er erhielt aber einen offiziellen Verweis wegen seiner *ubergehung diesseitiger Instanz*[100]. Auch Kaiser Joseph II. zeigte sich zufrieden mit dem Ausgang des Verfahrens, bat allerdings darum, die Verfolgung des nach wie vor flüchtigen Autors nicht zu vernachlässigen[101].

Fast auf den Tag genau zwei Jahre nach der publikumswirksamen öffentlichen Verbrennung der 'Spanisch-Jesuitischen Anekdoten' wurden die letzten versiegelten Exemplare am 16. und 18. Januar 1770 vom Stadtschreiber Laib in Gegenwart des Zeugwarts Kräuter in *aller Stille und ohne alles aufsehen*[102] in einer Kasematte verbrannt.

Was wurde aus Albrecht Friedrich Bartholomäi? Die nächsten zwei Jahre blieb es still um ihn. Anfang 1773 waren er und der Nürnberger Drucker Fleischmann erneut in ein Zensurverfahren verwickelt, das diesmal offenbar von Nürnberger Seite aus ins Rollen gebracht wurde[103]. Im Mai 1774 ging die Bartholomäische Buchhandlung in Konkurs[104]. Nach einem abenteuerlichen Konkursverfahren, dem sich Bartholomäi phasenweise durch Flucht entzog, bat Bartholomäi am 13. September 1776 um Entlassung aus dem Ulmer Bürgerrecht[105], um fortan

[92] Vgl. *ebda.*, Nr. 113/9.6.1769: Bitte A. F. Bartholomäis um Zahlungsaufschub.
[93] Vgl. *ebda.*, Nr. 116/15.7.1769: Schreiben des RHR von Moll.
[94] Vgl. *ebda.*, Nr. 118/15.7.1769: Gutachten der Ratskonsulenten.- Vgl. *ebda.*, Nr.119/17.7.1769: Ratsbeschluss.
[95] Vgl. *ebda.*, Nr. 120/4.8.1769: Schreiben des Ulmer Rats an RHR von Moll.
[96] Vgl. *ebda.*, Nr. 121/11.9.1769: Antwortschreiben des RHR von Moll.
[97] Vgl. *ebda.*, Nr. 124/17.11.1769: Schreiben des RHR von Moll.
[98] Vgl. *ebda.*, Nr. 128/23.11.1769: Gutachten der Ratskonsulenten.- Vgl. ebda., Nr. 129/ 24.11.1769: Ratsbeschluss.
[99] Vgl. *ebda.*, Nr. 130/29.11.1769: Bitte A. F. Bartholomäis um Erlassung der Schuld.
[100] *Ebda.*, Nr. 133/11.12.1769: Ratsbeschluss.
[101] Vgl. *ebda.*, Nr. 136/16.1.1770: Reskript Kaiser Josephs II.
[102] *Ebda.*, Nr. 134/18.12.1769: Ratsbeschluss.
[103] Vgl. *ebda.*, A 3530 RP Bd. 224 (1773), fol. 80v (8.2.), fol. 99 (17.2.), fol. 107-107v (22.2.).
[104] Vgl. *ebda.*, RP Bd. 225 (1774), fol. 292 (30.5.).
[105] Vgl. *ebda.*, RP Bd. 228 (1777), fol. 532v (13.9.).

sein Glück als Buchhändler in Augsburg, der Heimatstadt seiner Frau, später dann auch in Straßburg[106] zu versuchen. Wie viel das Zensurverfahren um die ‚Spanisch-Jesuitischen Anekdoten' zum Zusammenbruch der ehemals berühmten Bartholomäischen Buchhandlung beigetragen hat, lässt sich nur schwer abschätzen. Bartholomäi aber verfolgte es noch jahrelang. Zensur und Konkurs fügten dem Ruf Bartholomäis in der Buchbranche schweren Schaden zu und sorgten dafür, dass Bartholomäi zeitlebens nicht mehr gut auf seine Heimatstadt zu sprechen war.

Der Autor der 'Spanisch-Jesuitischen Anekdoten' Johann Georg Gesler blieb auf der Flucht. Von Arbon aus setzte er sich nach Lausanne ab[107], zog dann aber weiter durch die Schweiz bis nach Frankreich, wo er 1789 in einem kleinen Dorf in der Nähe von Paris starb[108]. Seine Heimatstadt Memmingen strich ihn nach Bekanntwerden der Bücherverbrennung aus der Bürgerliste[109].

Die Verbrennung der 'Spanisch-Jesuitischen Anekdoten' gehörte im übrigen zu den letzten Buchhinrichtungen im Reich auf Betreiben der Kaiserlichen Bücherkommission. Ihr Einfluss schwand in den folgenden Jahren im Zuge der liberaler werdenden Zensurpolitik Kaiser Josephs II. deutlich. Zudem setzte sich in den Territorien mehr und mehr die Erkenntnis durch, dass die stillschweigende Unterdrückung eines Buches sich als effektiver erwies als demonstrative Hinrichtungen, die das Interesse des Publikums erst recht weckten[110]. Dieser Meinung scheint sich auch der Ulmer Rat angeschlossen zu haben.

Hinweise auf eine weitere Bücherhinrichtung im Stil der 'Spanisch-Jesuitischen Anekdoten' bis zum Ende des 18. Jahrhunderts gibt es jedenfalls nicht.

---

[106] Vgl. Deutsche Nationalbibliothek Leipzig, Deutsches Buch- und Schriftmuseum, Buchhändlerische Geschäftsrundschreiben Bö–GR/B/2345: Geschäftsrundschreiben A. F. Bartholomäis und Friedrich Rudolph Salzmanns zur Eröffnung der Akademischen Buchhandlung Straßburg (1783).- Vgl. *ebda.*, Bö–GR/B/341 Geschäftsrundschreiben A. F. Bartholomäis zur Eröffnung der Bartholomäischen Buchhandlung Straßburg (1785).

[107] Vgl. StadtA Ulm A [3202] Nr. 14/2.3.1768: Antwortschreiben der Stadt Arbon.

[108] Vgl. ADB 9 (1968) S. 95.

[109] Vgl. StadtA Ulm A [3202] Nr. 100/25.2.1769: Antwortschreiben der Stadt Memmingen.

[110] Vgl. *Rafetseder* (wie Anm. 4) S. 239f.

Die Schlacht von Elchingen 1805. Gewalt, Not und Elend in den Bürgerhäusern

*Das sind die Schreknisse des Krieges**

Ingrun Klaiber

Mit kindlichem Vertrauen flehen wir dich, liebevoller Vater der Menschen, um den Frieden an, den die Menschheit, den unser Vaterland so sehr bedarf. – Millionen seufzen unter dem Elende des Krieges; tröste du sie in ihrem Kummer! – Tausende sehen mit Thränen ihre Güter zerstört, ihre Habe weggenommen und ihr Gewerbe gehemmt; erweke du ihnen wohlwollende Herzen, die ihnen ihre Liebe durch ihre Werke beweisen, und lehre sie Güter kennen, schäzen und suchen, die kein Feind zerstören kann [...][1].

Diese wenigen Zeilen bezeugen, dass die Sehnsucht nach Frieden in der schwäbischen Stadt Ulm am Ende des Jahres 1805 stärker war denn je. Die Umbruchszeit um 1800 war gekennzeichnet von zwischenstaatlichen Konflikten, die unter anderem im süddeutschen Raum ausgetragen wurden. Im Herbst 1805 machten die beiden Kriegsparteien Österreich und Frankreich Ulm für kurze Zeit zum Schauplatz ihrer Auseinandersetzungen. Österreichische Truppen besetzten die ehemalige Reichsstadt in der Absicht, das Vordringen der französischen Armee in ihre Heimat zu verhindern. Die Armee unter Napoleon marschierte daraufhin nach Süddeutschland und traf bei Ulm auf die angriffsbereiten Österreicher. In der Schlacht von Elchingen und während der Belagerung Ulms bewiesen die Franzosen ihre militärisch-taktische Überlegenheit und zwangen den Gegner zur Kapitulation.

* Beim vorliegenden Aufsatz handelt es sich um die ausgearbeitete und leicht abgeänderte Fassung eines Vortrags, den die Autorin am 5. Oktober 2005 in Ulm vor dem Verein für Kunst und Altertum in Ulm und Oberschwaben unter gleichnamigem Titel gehalten hat. Das 200-jährige Jubiläum der Schlacht von Elchingen bot Anlass, des Schicksals der Ulmer und Elchinger Zivilbevölkerung während des napoleonischen Krieges von 1805 zu gedenken. Dieser Beitrag präsentiert Ergebnisse, die aus der Auswertung von Zeitzeugenberichten hervorgehen und die ausführlich in der Forschungsarbeit zum Thema 'Krieg in der Stadt: Das Schicksal der Ulmer Bevölkerung im Feldzug von 1805' (vgl. unten Anm. 9) festgehalten sind.

[1] StadtA Ulm G 1 1808–3 (von 1802 bis 1808) S. 552.

Der Anfang des zitierten Gebets lässt erkennen, wie stark die Zivilbevölkerung der destruktiven und antizivilisatorischen Komponente von Krieg ausgesetzt war. Raub, Verwüstung und Unsicherheit über die zukünftige Situation gehörten zu den tief greifenden Einwirkungen auf den gewohnten Gang des Lebens. Dennoch interessierte sich die Forschung bislang überwiegend für die militärischen Aspekte des Krieges von 1805. Die Historiker beschäftigten sich vorrangig mit Truppenbewegungen, Schlachtenordnungen und diplomatischen Verhandlungen. Zahlreiche Lokalstudien behandeln hauptsächlich Vorgeschichte, Hintergründe und Verlauf der Schlacht bei Elchingen[2]. Lenkt man jedoch den Blick hinter die militärischen Kulissen, bestimmten Hunger, Zerstörung und Not das Leben der Zivilbevölkerung. Die aus jener Zeit überlieferten Quellen berichten über das im Krieg erlittene Leid, über das Schicksal von Bauern und Handwerkern, Stadtbewohnern und Geistlichen, von Männern, Frauen und Kindern. Mit der Ankunft der Soldaten brach damals der Krieg über die gesamte Umgebung Ulms herein. Er verschonte weder Menschen noch Gebäude noch Landstriche. Nach ihrem Abzug hinterließen die Armeen ein Bild der Verwüstung und des Elends. Der kriegerische Ausnahmezustand veranlasste viele Zeitzeugen dazu, die Feder zu ergreifen und Außergewöhnliches niederzuschreiben. Diese Aufzeichnungen zeigen, wie sehr die Menschen vor 200 Jahren unter den Auswirkungen des napoleonischen Krieges gelitten haben. Ihre Kriegserfahrungen sollen nun näher beleuchtet werden.

Um das Schicksal der Zivilbevölkerung nachzuvollziehen, ist es notwendig, die militärischen Operationen des Feldzuges und die territorialpolitische Entwicklung Ulms zu skizzieren. Diese Ausführungen liefern Hintergrundinformationen, die helfen, die Erfahrungen der Zeitgenossen von 1805 (besser) zu verstehen. Im Vordergrund der Untersuchung stehen allerdings die Schicksale der Menschen, die den Krieg am eigenen Leibe erfahren haben. Sie sahen mit an, wie fremde Truppen ihre Häuser und Ländereien besetzten und zerstörten. Sie wurden gezwungen, ihre Lebensmittelvorräte, ihre Tiere, ja selbst ihre Arbeitskraft dem Militär zur Verfügung zu stellen. Außerdem befanden sie sich in großer Gefahr, wenn militärische Auseinandersetzungen in unmittelbarer Nähe stattfanden.

Unter dem Banner der 'neuen Militärgeschichte' sollen nun die Auswirkungen des Krieges von 1805 auf den 'kleinen Mann' in Ulm und Elchingen dargestellt werden. Dies geschieht in drei Schritten: Zuerst am Beispiel der Stadt Ulm, die für mehrere Wochen von den Österreichern besetzt wurde, dann am Schicksal des Dorfes Elchingen, bei welchem die gegnerischen Armeen aufeinander trafen, und schließlich anhand der Erfahrungen, die die Ulmer während der Kanonade auf ihre Stadt machten. Das dafür notwendige Hintergrundwissen liefern die nachfolgenden Ausführungen über die Epoche der Revolutions- und napoleonischen Kriege.

[2] Vgl. dazu Franz *Willbold*: Napoleons Feldzug um Ulm. Die Schlacht von Elchingen 14. Oktober 1805 mit der Belagerung und Kapitulation von Ulm. Ulm [3]2005.- Eugen *Erbelding*: Ulm – Elchingen 1805. Ulm 1925.- Alfred *Krauss*: 1805. Der Feldzug von Ulm. Wien 1912.- Leopold Peter *Schaeben*: Der Feldzug um Ulm im Jahre 1805. Bonn 1910.- Ferdinand *Zenetti*: Ulm – Elchingen. Entscheidung 1805. Neu-Ulm o. J.

Koalitionskriege, Festungsbau und territoriale Revolution

Die Französische Revolution von 1789 konfrontierte die absolutistischen Staaten Europas mit modernen Idealen, die die herkömmliche Ordnung bedrohten. Als drei Jahre später (1792) die Revolution in den Krieg nach außen umschlug, prallten traditionelle und revolutionäre Ideen aufeinander und lösten eine Reihe von Kriegen aus, die zwei Jahrzehnte andauern sollten, die so genannten Koalitionskriege. Fünf Mal vereinten sich unterschiedliche europäische Mächte mit dem Ziel, die französischen Expansionsbestrebungen in die Schranken zu weisen. Jedes Mal gelang es Frankreich aber, seinen Einflussbereich zu vergrößern und in den eroberten Ländern gleichzeitig Neuerungen im gesellschaftlichen, politischen und territorialen Bereich durchzusetzen[3].

Durch die geographische Nähe zu Frankreich hatte Süddeutschland ein besonderes Verhältnis zur benachbarten Großmacht. Die neuen Ideen von Freiheit, Gleichheit und Brüderlichkeit setzten sich rasch auf der linken Rheinseite durch. Allerdings erreichte die Französische Revolution den deutschen Südwesten nicht als Befreiung, sondern als Krieg. So gehörte die Reichsstadt Ulm und ihr Territorium zum militärischen Aufmarsch- und Operationsgebiet. Die Bevölkerung sah sich wiederholten Truppendurchzügen, unbequemen Einquartierungen, belastenden Requisitionen und zeitweilig sogar konkreten Kriegshandlungen ausgesetzt. Als Teil des Heiligen Römischen Reiches Deutscher Nation war Ulm dazu verpflichtet, Truppenkontingente zum Reichsheer zu stellen[4]. Außerdem war die Stadt selbst dazu auserkoren, eine entscheidende Rolle in den Defensionsplänen Österreichs zu spielen. Feldmarschall-Leutnant Mack hatte die strategisch wichtige Lage Ulms für die Sicherung der Donaumonarchie erkannt. Um Ulm als Stützpunkt für die Operationen in Süddeutschland zu nutzen, beabsichtigte er, die Stadt zu einem großen verschanzten Lager auszubauen. Zwischen 1797 und 1800 ließ Mack daher die bestehenden Festungsanlagen in Ulm verbessern und neue Schanzen anlegen[5].

Trotz der guten defensiven Dienste blieb die Ulmer Festung nicht in österreichischer Hand. Am Ende des zweiten Koalitionskrieges handelte Frankreich die Übergabe der Stadt aus. Der Französische General Moreau ordnete daraufhin die Schleifung der Festungswerke an. Seit Oktober 1800 riss man die Mauern ein, so dass Ulm immer mehr einer offenen Stadt glich. Als die Franzosen im darauf folgenden April abzogen, übernahm der Magistrat die Koordinierung und Finanzierung der Demolierungsarbeiten. Obwohl die Bürger sich in Form von Arbeitsdiensten und finanziellen Beiträgen an der Schleifung beteiligen mussten[6], hofften sie, die kriegerische Vergangenheit nunmehr hinter sich zu lassen und ei-

[3] Zu den Koalitionskriegen vgl. Elisabeth *Fehrenbach*: Vom Ancien Régime zum Wiener Kongress. München [4]2001. S. 42–54.- Jacques *Godechot*: La Grande Nation. L'expansion révolutionnaire de la France dans le monde 1789–1799. Paris [2]1983.- Zu den militärischen Aktionen an den Grenzen Frankreichs vgl. Jean-Pierre *Jessenne*: Histoire de la France. Révolution et Empire 1783–1815. Paris 1993. S. 140–144.

[4] Zu Ulm während der Revolutions- und napoleonischen Kriege vgl. Emil von *Loeffler*: Geschichte der Festung Ulm. Ulm [2]1883. S. 356–538.- Hans Eugen *Specker*: Ulm. Stadtgeschichte. Ulm 1977. S. 214–224.

[5] Loeffler beschäftigt sich ausführlich mit der Ulmer Befestigungsgeschichte im Allgemeinen. Dabei geht er detailliert auf die (Um-)Bauarbeiten um 1800 ein; vgl. *Loeffler*, Festung Ulm (wie Anm. 4) S. 356–539.

[6] Vgl. StadtA Ulm G 1 1808/1-3 Nachträge (1801) S. 17v-21 (08.06.-05.08.1801).

ner friedlichen Zukunft entgegenzusehen. *[A]uf Wunsch der Bürgerschaft*[7] sollten daher die Plätze, auf denen die Festungswerker standen, urbar gemacht werden, um Gärten und Alleen ringsum die Stadt anzulegen[8].

In den Jahren um 1800 wurde die Donaustadt nicht nur den militärischen Bedürfnissen entsprechend umgebaut, sondern bekam auch die Auswirkungen der territorialen Umwälzungen jener Zeit zu spüren. Gebietsverschiebungen stellten während der Epoche der Koalitionskriege keine Seltenheit dar – im Gegenteil: Die geschlossenen Friedensverträge sahen meist territorialpolitische Veränderungen vor, die zu einem entscheidenden Teil den Süden Deutschlands betrafen. Frankreich forderte eroberte linksrheinische Gebiete ein und machte den Rhein zur natürlichen Grenze. Die deutschen Fürsten wurden mit rechtsrheinischen Territorien entschädigt. Dies geschah über Mediatisierung und Säkularisierung, also über die Integration reichsunmittelbarer Stände und kirchlicher Gebiete in ein größeres, weltliches Territorium. Die so genannte territoriale Revolution lässt sich jedoch nicht einfach auf den kompensatorischen Austausch von Ländereien reduzieren. Dahinter stand ein klares politisches Neuordnungskonzept, mit welchem Frankreich beabsichtigte, den Rhein als neue Grenze abzusichern und eine überschaubare Zahl deutscher Mittelstaaten zu schaffen. Diese Mittelstaaten sollten einerseits stark genug sein, um wertvolle Verbündete gegen die Großreiche Österreich und Preußen zu werden, andererseits aber schwach genug, um keine von Frankreich unabhängige Politik betreiben zu können. Fast alle geistlichen, reichsstädtischen und reichsritterschaftlichen Gebiete wurden 1803 im Reichsdeputationshauptschluss und 1805/06 nach dem Frieden von Pressburg den größeren, weltlichen Staaten zugeteilt. Diese konnten dadurch ihre flächenstaatliche Gebietshoheit durchsetzen und ihren Besitz arrondieren. Meist erfolgte die Entschädigung zugunsten der Territorialstaaten, d. h. sie erhielten rechtsrheinisch mehr Gebiete, als sie linksrheinisch verloren hatten. Am deutlichsten konnten Bayern, Württemberg und Baden von den territorialen Umverteilungen profitieren. Im Gegenzug mussten sie sich dazu verpflichten, Frankreich Waffenhilfe zu leisten[9].

Die Reichsstadt Ulm und das Reichsstift Elchingen fielen im Herbst des Jahres 1802 der territorialen Revolution zum Opfer. Mit der Mediatisierung hörte Ulm auf, eine Freie Reichsstadt zu sein, ihr Territorium wurde bayerisch. In Ulm erfuhr das städtische Leben eine vollständige Umgestaltung. Administration, Gerichtsbarkeit und Ämterhierarchie mussten sich in das bayerische Staatssystem einfügen. Ulm übernahm für die kommenden Jahre die Funktion einer

---

[7] *Loeffler*, Festung Ulm (wie Anm. 4), S. 475.

[8] Vgl. *ebda*. S. 418–479.- *Specker*, Stadtgeschichte (wie Anm. 4) S. 214–217.

[9] Zu Verlauf und Hintergründe der territorialen Revolution in Süddeutschland vgl. *Fehrenbach*, Vom Ancien Régime zum Wiener Kongress (wie Anm. 3) S. 71–81.- *Dies*.: Die territoriale Neuordnung des Südwestens. In: Reiner *Rinker*/Winfried *Setzler* (Hg.): Die Geschichte Baden-Württembergs. Stuttgart 1986. S. 211–219.- Volker *Press*: Südwestdeutschland im Zeitalter der Französischen Revolution. In: Baden und Württemberg im Zeitalter Napoleons. Bd. 2. Stuttgart 1987. S. 9–24.- Hermann *Schmid*: Die Säkularisation und Mediatisation in Baden und Württemberg. In: Baden und Württemberg im Zeitalter Napoleons. Bd. 2. Stuttgart 1987. S. 135–156.- Karl Siegfried *Bader*: Der deutsche Südwesten in seiner territorialstaatlichen Entwicklung. Sigmaringen ²1978.

bayerischen Hauptstadt in der Provinz Schwaben[10]. Während die Stadtbewohner einer Zukunft unter der Herrschaft des Kurfürsten Max IV. Joseph äußerst wohlwollend entgegensahen[11], hatte die Säkularisierung für den nordöstlich von Ulm gelegenen Wallfahrtsort Elchingen äußerst gravierende Folgen. Das geistliche Territorium wurde säkularisiert und nach Bayern eingegliedert. Die Auflösung des Klosterbesitzes beendete die jahrhundertlange Geschichte des Elchinger Benediktinerstifts. Zwar hielten sich vereinzelte Mönche noch für mehrere Jahre in den verlassenen Gebäuden auf, um dort die gewohnten Ordensregeln zu praktizieren, dennoch war das Schicksal des Klosters besiegelt. Als im März 1805 die Gesänge und Gebete der Mönche endgültig verstummten, war Elchingen – so der damalige Klosterchronist – nur noch *ein simples Bauernnest*[12].

Die österreichische Armee in Ulm: Überfüllte Häuser und kampierende Soldaten

Etwa zur gleichen Zeit im Frühjahr 1805 machten sich erste Anzeichen bemerkbar, dass Europa kein dauerhafter Friede beschieden sein sollte. England und Russland rüsteten erneut gegen Napoleon, inzwischen Kaiser der Franzosen. Der dritten anti-französischen Koalition traten wenig später Österreich, Schweden und Neapel bei[13]. Die alliierten Mächte planten, auf deutschem Boden Fuß zu fassen, die süddeutschen Staaten für ihre Zwecke zu gewinnen und gemeinsam das napoleonische Frankreich niederzuwerfen. Ende August reagierte Napoleon auf die Pläne der Offensivallianz mit dem Abbruch der geplanten Invasion Englands. Im Eiltempo marschierte er mit seiner Armee vom Lager an der nordfranzösischen Atlantikküste in Richtung Süddeutschland. Erneute Gebietsversprechungen sicherten dem französischen Kaiser die militärische Unterstützung der süddeutschen Staaten.

Schon am 8. September 1805 überschritten österreichische Heere den Inn und drangen in das mit Frankreich alliierte Bayern ein. Dem Kurfürsten Max IV. Joseph gelang es durch seine präventive Flucht, die bayerischen Heereskontingente rechtzeitig nach Franken zurückzuziehen. Auch die schwäbische Brigade sammelte sich und zog von Ulm Richtung Würzburg. Am 18. September 1805 trafen die ersten österreichischen Truppen in der schwäbischen Stadt an der Donau ein, wo Feldmarschall-Leutnant Mack das Hauptquartier am 21. September aufschlug[14]. Die Ankunft der Besatzungsmacht leitete für die kommenden Wochen kontinuierliche Präsenz fremden Militärs und permanente Truppendurchzüge ein. Die Zivilbevölkerung hatte die ankommenden Truppen einzuquartieren

[10] Vgl. dazu Stefan J. *Dietrich*: Ulms bayerische Zeit 1802–1810. In: Hans Eugen *Specker* (Hg.): Die Ulmer Bürgerschaft auf dem Weg zur Demokratie. Zum 600. Jahrestag des Großen Schwörbriefs. Begleitband zur Ausstellung. Ulm 1997. S. 249–275.- *Specker* (wie Anm. 4) S. 217–221.- Josef *Rottenkolber*: Die Stadt Ulm unter bayerischer Herrschaft. In: WVjH, N. F. 34 (1928) S. 257–326.

[11] Vgl. Ingrun *Klaiber*: Krieg in der Stadt: Das Schicksal der Ulmer Bevölkerung im Feldzug von 1805. Unveröffentlichte Magisterarbeit. Tübingen 2005. S. 25–27.

[12] Zit. nach *Willbold* (wie Anm. 2) S. 13.

[13] Zur Einbettung des dritten Koalitionskrieges in den Kontext des europäischen Mächtespiels um 1800 vgl. *Fehrenbach* (wie Anm. 3) S. 42–54.

[14] Vgl. dazu *Specker* (wie Anm. 4) S. 221–224.- *Loeffler* (wie Anm. 4) S. 480–533.- *Ders.*: Das Treffen bei Elchingen und die Katastrophe von Ulm im Jahre 1805. In: UO 11 (1904) S. 3–36.- *Schaeben* (wie Anm. 2).- *Krauss* (wie Anm. 2).

und mit dem Lebensnotwendigsten zu versorgen[15]. Der Ulmer Chronist Albrecht Bacher berichtet, *daß jeder Einwohner der Stadt auf einige Tage seine Speise und Trank, seine Wohnung und sein Bettgeräthe*[16] mit den Soldaten teilen musste. Allerdings trafen tagtäglich neue Regimenter ein, die bei den Bürgern einquartiert wurden. Schon bald sprengte die extrem hohe Anzahl der ankommenden Truppen die Aufnahmekapazität der städtischen Kasernen und Bürgerhäuser. Man sah sich genötigt, einen Teil der Soldaten in den benachbarten Dörfern unterzubringen. Laut Pfarrer Albrecht Weyermann teilten sich die Ulmer allein in der Nacht vom 4. auf den 5. Oktober ihre vier Wände mit 25.000 fremden Menschen[17]. Die Einwohnerzahl Ulms hatte sich innerhalb kürzester Zeit verdreifacht[18]. Die Bürgerwohnungen platzten aus allen Nähten: Der Bürger Johannes Trostel berichtet, dass in den kleinen Häusern bis zu 30 Mann, in den größeren sogar bis zu 100 Mann untergebracht waren. Man erzählt, dass selbst Wöchnerinnen und Kranke sich den militärischen Befehlen unterzuordnen hatten und ihre geheizten Zimmer räumen mussten[19].

Da die enorme Anzahl der Soldaten die zur Verfügung stehenden Quartiere überstieg, war ein beträchtlicher Teil des Militärs gezwungen, die Nächte unter freiem Himmel zu verbringen. Dort waren sie den Launen einer abscheulichen Witterung ausgesetzt. Es herrschte eisige Kälte. Tagelange Regenschauer durchnässten die Kleider und Uniformen. Meist reichten nicht einmal die Wachfeuer aus, die durchtränkte Kleidung zu trocknen und die erschöpften Körper zu erwärmen. Schließlich biwakierten die Soldaten zusammen mit unzähligen Reit- und Zugpferden auf den Straßen und Gassen von Ulm. So ist es kein Wunder, dass Trostel die Stadt in diesen Tagen mit einer Ansammlung von lauter kleinen Kasernen und Pferdeställen vergleicht[20].

Da die kampierenden Soldaten kein Brennholz zur Verfügung gestellt bekamen, nahmen sie es, wo sie nur konnten. Sie rissen Fensterläden von den Häusern und hoben Türen aus den Angeln. Sie demontierten das Gebälk der Dachstühle und ließen hölzerne Möbelstücke in Flammen aufgehen. Auf diese Weise verunstalteten sie die Häuser ganzer Straßenzüge[21]. Sie gingen sogar soweit, dass sie das Kind des Bauern Oswald aus der Wiege warfen, nur um diese zu verbrennen[22]. Auch die mühevoll angelegten Gärten vor den Stadttoren wurden stark in Mitleidenschaft gezogen, wie Albrecht Weyermann bezeugt: *Alle bäume um die Stadt, alle Gartenville[n], alle Gartenhäuschen waren zu Wachtfeuern gebraucht. Die ganze Gegend um die Stadt war kaum kennbar, alle Gärten [...] waren auf die scheuslichste Art verwüstet*[23].

---

[15] Vgl. dazu und zum Folgenden *Klaiber* (wie Anm. 9) S. 74–84.
[16] StadtA Ulm G 1 1808–3 (von 1802 bis 1808) S. 448 (15.10.1805).
[17] Albrecht Weyermann spricht von *20.000 österreichischen Soldaten*; StadtA Ulm G 1 1813–5 (von 1799 bis 1813) S. 351 (4. und 5.10.1805). Dazu sind weitere *4.000 fremde Persohnen* hinzuzuzählen, die für Schanzarbeiten nach Ulm gekommen sind; StadtA Ulm G 1 1808–3 (von 1802–1808) S. 442v (6.10.1805).
[18] Specker geht davon aus, dass Ulm um 1800 ungefähr 11.500 Einwohner besaß. Vgl. *Specker* (wie Anm. 4) S. 230.
[19] Vgl. StadtA Ulm Chr. Beil. G 4 1850.9.0 (von 1805) S. 29f.
[20] Vgl. *ebda.*
[21] Vgl. *ebda.* S. 30.- StadtA Ulm G 1 1808–3 (von 1802 bis 1808) S. 457v (18.10.1805).
[22] Vgl. StadtA Ulm G 1 1812/1–3 (von 1797 bis 1812) S. 536 (11.10.1805).
[23] Stadt A Ulm G 1 1813–5 (von 1799 bis 1813) S. 361.

Lebensmittelknappheit und Hungersnot in Ulm: *Ein gänzlicher Mangel an Fleisch, Brod, Wein, Bier, Brandtwein rieß ein [...]*

Im Vergleich zur Unterbringung entpuppte sich die Versorgung der zahlreichen Menschen mit Nahrungsmitteln schon bald als das größere Problem. Während der Revolutions- und der napoleonischen Kriege gewann das Requisitionssystem im Gegensatz zum Magazinsystem aus pragmatischen Gründen an Bedeutung. Noch im 18. Jahrhundert zeichnete sich die Durchführung militärischer Operationen gerade durch ihre Unabhängigkeit von der ansässigen Bevölkerung aus. Gebiete, in welchen sich Truppen aufhielten, waren mit einem Netz von Magazinen überzogen, das die Versorgung der Soldaten garantierte. Obwohl der Bevölkerung ein Beitrag für die Errichtung von Lebensmittelvorräten abverlangt werden konnte, bewahrte sie das Etappensystem vor ausufernden Plünderungen. Aufgrund der unbeweglichen Versorgungslager war dieses System jedoch starr, unflexibel und für den Feind durchschaubar[24]. Der zentral geregelten Versorgung entzogen sich nur die leichten Truppen. Ihre selbständige Kampfweise zwang sie zu einem Leben aus dem Lande. Da sie sich unabhängig vom Gros des Heeres bewegten, kümmerten sie sich selbst um Quartier und Verpflegung. Gewaltanwendung war dabei durchaus an der Tagesordnung[25].

Das Requisitions- und Raubsystem der leichten Truppen verweist auf das logistische Verfahren der Massenheere im Zeitalter der Französischen Revolution. Um 1800 versorgten sich die Heere nicht mehr ausschließlich anhand von Lebensmittelvorräten, die an strategischen Punkten in Form von Etappenstationen angelegt waren. In den Revolutionskriegen war man vielmehr dazu übergegangen, das Land und seine Bewohner auszubeuten. Die Truppen lebten sozusagen *aus und von dem Land, durch das sie zogen*[26]. Ortschaften und Städte hatten durchziehende Regimenter mit Nahrung, Kleidung, Zugtieren, Gespannen und gegebenenfalls Waffen zu versorgen. Dennoch verloren die Magazine nicht völlig ihre Bedeutung. Die absolutistisch geprägten Staaten organisierten in der Regel auch weiterhin die Versorgung ihrer Truppen mit Hilfe von Magazinen. In der napoleonischen Ära griff man auf französischer Seite sogar wieder bewusst auf das im 18. Jahrhundert praktizierte Etappensystem zurück. Allerdings spielte nun der Beitrag der zivilen Seite eine entscheidende Rolle: Wenn Lebensmittelvorräte anzulegen waren, kümmerte sich die nahe Umgebung um deren Beschaffung. Auf diese Weise entstand ein Versorgungssystem, welches das Anlegen von Magazinen mit dem Eintreiben von Requisitionen vor Ort kombinierte. Da die ansässige Bevölkerung die durchziehenden Soldaten mit dem Lebensnotwendigsten zu versorgen hatte, wurde sie im Zeitalter der Revolutions- und napoleonischen Kriege in die militärischen Aktionen auf eine bisher unbewohnte Art und Weise einbezogen. Dabei war die Grenze zwischen Beschlagnahmung und Plünderung

---

[24] Vgl. Ute *Planert*: Der Mythos vom Befreiungskrieg: Frankreichs Kriege und der deutsche Süden. Alltag – Wahrnehmung – Deutung 1792–1841. Paderborn 2007. S. 96-108.- Henri de *Nanteuil*: Logistische Probleme der napoleonischen Kriegführung. In: Wolfgang von *Groote*/Klaus-Jürgen *Müller* (Hg.): Napoleon I. und das Militärwesen seiner Zeit. Freiburg 1968. S. 65–74, hier S. 65f.

[25] Vgl. Martin *Rink*: Die noch ungezähmte Bellona – der kleine Krieg und die Landbevölkerung in der frühen Neuzeit. In: Stefan *Kroll*/Kersten *Krüger* (Hg.): Militär und ländliche Gesellschaft in der frühen Neuzeit. Hamburg 2000. S. 165–190, Zitat auf S. 175.

[26] *Planert* (wie Anm. 24) S. 106.

fließend. Häufig arteten Requisitionen in Raub, mutwillige Zerstörungen und Misshandlungen aus[27].

Als die österreichischen Truppen im Herbst 1805 nach Ulm kamen, trafen sie ohne nennenswerte Lebensmittelvorräte ein. Da die Franzosen jederzeit vor Ulm stehen konnten, hatte die Fortifikation der Stadt oberste Priorität. Obwohl die Österreicher in der Regel Etappenstationen anlegten und Versorgungstrosse mit sich führten, blieb dieses Mal keine Zeit für die üblichen Vorbereitungen. Die Versorgung erfolgte daher spontan und vor Ort. Mit dem Eintreffen der österreichischen Armee wurde das Schanzen sofort in Angriff genommen. Erst als die Festungsarbeiten vorangingen, kümmerte man sich um die Verpflegung. Der Großteil der Soldaten war bei Bürgern einquartiert, wo sie zu Essen und zu Trinken bekamen. Um für den Aufenthalt der zahlreichen Regimenter vorzusorgen, legte man vor Ort zudem Magazine an. Bauern aus der Region wurden entschädigungslos zu deren Ausstattung verpflichtet. In großen Mengen mussten sie Lebensmittel und Futter für die Tiere herbeischaffen. Tag und Nacht brachten sie ununterbrochen Getreide-, Heu- und Strohlieferungen in die Stadt. Unzählige Wagen standen zum Abladen bereit und blockierten die Straßen innerhalb der Stadtmauern. Die Vorräte lagerte man in öffentlichen Gebäuden wie Zeughaus oder *Kirchlein* (ehemalige Barfüßerkirche am Münsterplatz), die als Magazine zweckentfremdet wurden[28]. Im Vergleich zu den riesigen Mengen an Naturalien, die die Ulmer Umgebung für die militärische Bedürfnisse zur Verfügung stellen musste, war der relativ spät ankommende und eher spärlich ausgestattete österreichische Depot kaum erwähnenswert[29].

Über mehrere Wochen musste die Ulmer Einwohnerschaft die österreichische Besatzungsmacht einquartieren und verpflegen. Schon bald empfand die ansässige Bevölkerung die große Menge an eingeforderten Requisitionen als Belastung[30]. Den in und um Ulm herum gelegenen Österreichern musste man pro Tag mehrere hunderttausend Portionen Brot und Fleisch liefern[31]. Auch benachbarte Gemeinden waren aufgefordert, alles Brot und Mehl nach Ulm zu schaffen. Ochsen und Stiere wurden herdenweise eingefordert, Kühe und Pferde einfach abgeführt und einbehalten[32]. Das örtliche Gewerbe produzierte ab Anfang Oktober ausschließlich für die soldatischen Bedürfnisse: [D]*ie Bäkker* [durften] *nur für das Militär bakken, die Müller nur für das Militär mahlen, die Schuhmacher nur für das Militär arbeiten.* Kamen die Einwohner den Requisitionsansprüchen nicht nach, musste – wie der Zeitzeuge Trostel formuliert – *fast immer Exekution dem guten Willen aushelfen*[33].

Die Eintreibung der geforderten Naturalien und Dienstleistungen erfolgte stets *mit grosser Strenge*[34]. In manchen Fällen erzwangen die Österreicher sie sogar mit unlauteren Mitteln wie Geiselnahmen, Erpressung, exemplarischer Be-

---

[27] Vgl. *Nanteuil* (wie Anm. 24) S. 66–74.- *Planert* (wie Anm. 24) S. 106-108.- *Klaiber* (wie Anm. 9) S. 18–20.

[28] Vgl. StadtA Ulm G 1 1808–3 (von 1802 bis 1808) S. 433v (21.9.1805).

[29] Vgl. *ebda.*, S. 436v (26.09.1805).

[30] Vgl. *Klaiber* (wie Anm. 9) S. 83.

[31] Vgl. StadtA Ulm G 1 1812/1–3 (von 1797 bis 1812) S. 484 (22.10.1805).

[32] Vgl. *ebda.*, S. 460 (14.10.1805).- StadtA Ulm Chr. Beil. G 4 1850.9.0 (von 1805) S. 10 und 29.

[33] *Ebda.*, S. 11. Dort auch das vorherige Zitat.

[34] *Ebda.*, S. 10.

strafung und Androhung von Plünderungen. Gewalttätige Ausschreitungen gegenüber der städtischen Einwohnerschaft waren in Ulm aber eher die Ausnahme. Der Chronist Wilhelm Friedrich Burger wundert sich sogar über das vorbildliche Verhalten der österreichischen Besatzer: *Indeß muß jedermann der KriegsZucht der K. K. Truppen die Gerechtigkeit widerfahren lassen, zu gestehen, daß schwerlich von einer europäischen Armee eine solche Masse in einer Stadt zusammen gedrängt seyn könnte, ohne daß man von weit mehrere Excessen hören würde. Die Truppen benahmen sich im Ganzen sehr exemplarisch*[35]. Das Einschränken der Gewaltanwendung ist als strategisches Vorgehen zu werten: Die österreichische Armee drang ins bayerische Territorium ein und besetzte die ehemalige Reichsstadt. Das inzwischen bayerische Ulm stand bündnispolitisch nun aber auf Seiten Frankreichs. Für die ansässige Bevölkerung kamen die Österreicher 1805 also als Feinde, die zudem Requisitionen erhoben und Kosten verursachten. Dies war den Österreichern bewusst. Mit der Taktik des guten Benehmens beabsichtigten sie, die Ulmer wohlwollend zu stimmen und so die erhobenen Lebensmittelforderungen widerstandslos zu erhalten. Je mehr sich die militärische Situation zuspitzte und die Menge an verfügbaren Nahrungsmitteln abnahm, kam es dann doch vor, dass die österreichische Generalität ihren Forderungen mit Gewaltandrohungen Nachdruck verlieh. Die Österreicher bedienten sich dann der Angst vor Raub, Plünderung und Misshandlung, um ihre Requisitionen durchzusetzen[36].

Bereits Ende September hatten die zahlreichen Soldaten die Nahrungsmittel weitgehend aufgebraucht. Trostel berichtet: *Ein gänzlicher Mangel an Fleisch, Brod, Wein, Bier, Brandtwein rieß ein, da diese Lebensmittel in grosser Menge an das Militär abgeliefert werden mußten*[37]. Innerhalb von zwei Wochen verringerte sich die Menge der verfügbaren Grundnahrungsmittel drastisch und trieb die Preise in die Höhe. Die Versorgungslage war dadurch sehr angespannt. Der Mangel grenzte letztendlich an Hungersnot. Angesichts der ernsten Lage waren die Stadtbewohner darauf angewiesen, alle essbaren Naturalien zu verzehren – auch die ungesündesten, solange sie nur den Hunger stillten[38]. Allerdings kam es nicht soweit, dass die Ulmer Pferdefleisch essen mussten, wie Feldmarschall-Leutnant Mack es ihnen als letzten Ausweg vorgeschlagen hatte[39].

Wie extrem diese Erfahrung für die Ulmer Einwohnerschaft war, zeigen Aufzeichnungen des Leichenbestatters Albrecht Bacher. Zwei Monate später, als die militärischen Ereignisse sich bereits weiter nach Osten verlagert hatten, zogen unzählige Kolonnen mit Kriegsgefangenen auf ihrem Weg nach Frankreich durch Ulm. Die Einwohnerschaft hatte auf Anordnung des kurfürstlichen Generalkommissariats die müden, ausgehungerten Soldaten mit warmen Speisen zu versorgen. Da sich die schreckliche Erfahrung der Hungersnot tief in das Gedächtnis der Menschen gebrannt hatte, nährte die Furcht vor einem erneuten Aufbrauchen der Vorräte bei Einzelnen den Groll gegenüber den verköstigten Gefangenen. So kommentiert Bacher die Essensverteilung an die Gefangenen mit einem zynischen Unterton: *Es wurde von den Bürgern und der Einwohnerschaft sehr viel und fast*

[35] StadtA Ulm G 1 1812/1–3 (von 1797 bis 1812) S. 444f (4. und 5.10.1805).
[36] Vgl. *Klaiber* (wie Anm. 9) S. 80–89 und 127–129.
[37] StadtA Ulm Chr. Beil. G 4 1850.9.0 (von 1805) S. 10.
[38] Vgl. *ebda.*, S. 28f.
[39] Vgl. StadtA Ulm G 1 1808–3 (von 1802 bis 1808) S. 447 (15.10.1805).

ja gar mehr als zuviel, und nach rechter genüge von guten Speißen zugebracht, daß sich einige zu Tod gefressen [haben][40].

Ausbau der ulmischen Festung:
Was wir befürchteten, traf auch wirklich bald ein.

Der Unmut der Bevölkerung richtete sich nicht allein gegen die extreme Überfüllung der Stadt Ulm und die übertriebenen Requisitionen, sondern auch und im Besonderen gegen die Wiederaufnahme des Festungsbaus. Wie im Jahre 1797 kam Feldmarschall-Leutnant Mack 1805 nach Ulm, um die bereits demolierten Stadtmauern und Schanzen aufzubauen. Er plante dieses Mal den Ausbau einer Verteidigungslinie zwischen Ulm und Memmingen, um dort die Franzosen auf ihrem Weg von Straßburg durch den Schwarzwald nach Österreich aufzuhalten. Zu diesem Zweck sollten die Städte Ulm und Memmingen größere Verschanzungen erhalten und entlang der Iller Feldschanzen aufgeworfen werden. Die Wiederaufnahme der Festungsarbeiten ließ die Ulmer vermuten, dass der Atem des Krieges ihre Stadt erneut streifen würde[41]. *Was wir befürchteten*, so die Worte eines Zeitgenossen, *traf auch wirklich bald ein*[42]. Der 'kleine Mann' war den Kriegsplänen der großen Mächte ausgeliefert. Zum wiederholten Mal nutzten die Österreicher die Arbeitskräfte vor Ort, um die zerstörten Festungswerke innerhalb kürzester Zeit in Verteidigungszustand zu setzen. Die Stadtbewohner waren aufgefordert, Werkzeuge, wie Schubkarren, Pickel und Hammer zur Verfügung zu stellen. Außerdem wurde die Bürgerschaft zwangsverpflichtet, sich entweder selbst an den Schanzarbeiten zu beteiligen oder durch einen *Fröhner* vertreten zu lassen. Da man für dessen Bezahlung selbst aufkommen musste, blieb die Möglichkeit, sich von der körperlichen Arbeit freizukaufen, ein Privileg der wohlhabenden Bürger[43]. Um mit den Bauarbeiten zügig voranzukommen, forderte man zusätzlich zu den Soldaten und Bürgern auch Bauern aus der gesamten schwäbischen Provinz an. Alle arbeiteten Tag und Nacht, sieben Tage die Woche an der Fortifikation der Stadt[44]. Nichtsdestotrotz blieben die Außenwerke zu einem großen Teil unvollendet, als die napoleonischen Heere in der Ulmer Region eintrafen.

14. Oktober 1805 – Die Schlacht bei Elchingen:
[U]nd man las auf jedes Stirne Tod!

Mack hatte seine Armee an der Iller, auf einer Linie zwischen Ulm und Memmingen positioniert, um so ein Vordringen der Franzosen vom Schwarzwald her zu verhindern. Dem Feldmarschall-Leutnant entging jedoch, dass der Feind dieses Mal Ulm im Norden umging, die Donau weiter östlich überquerte und der österreichischen Armee in den Rücken fiel. Anfang Oktober kam es zu ersten kleineren Gefechten bei Wertingen, Günzburg und Haslach bzw. Jungingen. Während Napoleon seine Truppen auf dem rechten Donauufer zwischen Leibi

[40] *Ebda.*, S. 528 (27.12.1805).
[41] Vgl. *Klaiber* (wie Anm. 9) S. 89–94.
[42] StadtA Ulm Chr. Beil. G 4 1850.9.0 (von 1805) S. 8.
[43] Vgl. Stadt A Ulm G 1 1808–3 (von 1802 bis 1808) S. 437f (28.9.1805). Zitat auf S. 437.
[44] Vgl. StadtA Ulm Chr. Beil. G 4 1850.9.0 (von 1805) S. 7f.- StadtA Ulm G 1 1812/1–3 (von 1797 bis 1812) S. 437 (25.9.1805).- Stadt A Ulm G 1 1808–3 (von 1802 bis 1808) S. 436v (28. und 29.9.1805).

und Illertissen für den Angriff auf Ulm versammelte, ließ Mack seine Soldaten auf der anderen, linken Uferseite Richtung Osten ziehen, um die Versorgungswege des Feindes abzuschneiden[45].

Am 13. Oktober marschierten österreichische Truppen von Ulm Richtung Dillingen. Heftige Regengüsse und schlammige, morastreiche Wege verzögerten das Vorankommen der Soldaten erheblich. Schließlich konnten sie nur bis Oberelchingen vorstoßen. Die Ankunft von ca. 25.000 Soldaten und fünf Generälen versprachen den Ortsbewohnern nichts Gutes. Das Geplänkel der vergangenen Tage war in den Augen des damaligen Gemeindepfarrers Martin *der traurige Vorbothe* [...] *schauervollester Scenen, die in dem guten Elchingen sollten aufgeführt werden*[46]. Am Abend vor der Schlacht nahm der Ortsgeistliche aus der erhöhten Lage des Klosters eine überaus starke Truppenkonzentration südöstlich von Ulm wahr. Die auflodernden Wachfeuer der Franzosen bildeten am Horizont ein beeindruckendes und zugleich erschreckendes Lichtermeer[47]. Die bösen Vorahnungen sollten sich am darauf folgenden Tag bewahrheiten.

Am Morgen des 14. Oktobers griffen die französischen Truppen die Österreicher in Elchingen an. Die dortigen Einwohner hörten, wie die Franzosen *mit Ungestüm und grossem Geschrey* die Donaubrücke erstürmten. Kurz darauf drängten sie die zwischen der Brücke und dem Dorf positionierten Österreicher nach Elchingen zurück. Ein Beobachter dokumentiert wie folgt: *Bomben und Haubizzen zerschmetterten unter den Haufen der Oesterreicher, und erreichten wirklich schon die Häuser der Einwohner Elchingens*[48].

In den vorherigen Kriegen hatte die Zivilbevölkerung ausreichend Erfahrung damit gemacht, dass Krieg führende Armeen weder Rücksicht auf Zivilisten noch auf Bauwerke und Landstriche nahmen. So fürchteten die Menschen damals nichts mehr als zwischen die Fronten zu geraten. Als Elchingen Opfer einer heftigen Kanonade wurde, zählte daher nur noch die Rettung des eigenen Lebens. Die Dorfbewohner brachten sich vor einfallenden Soldaten und einschlagenden Kanonenkugeln in Sicherheit. Einige versteckten sich in Kellern und Gewölben, die meisten aber erhofften sich Schutz hinter den dicken Klostermauern[49]. Einen Eindruck von Panik und Chaos auf Elchingens Straßen und im Kloster vermittelt eine Passage aus dem Augenzeugenbericht Pfarrer Martins:

Der Klosterberg wimmelte von Menschen, die sich in das Stift [...] begaben, um eine Schutzwehre vor dem Tode zu suchen. – Greise und Weiber, durch Alter und Schwachheit zu Boden gedrückt, krochen an ihren Stäben fort, oder lehnten sich auf den Arm ihrer Söhne und Töchter, die grosse Bündel trugen und selbst kaum fortkonnten. Mütter, von ihrer Kindheit an mit allen Gemächlichkeiten des Lebens versehen, durchwadeten den Morast mit ihren Säuglingen an der Brust, und seufzten zum Himmel! Man sah Frauenzimmer von feineren Sitten, wie die Last Thiere bepackt. Die Schwächlichen und Kranken wurden auf Schubkarren gefahren. Alle Begriffe des Schicklichen und Anständigen hörten in diesen schreck-

[45] Vgl. dazu und zum Folgenden *Löffler* (wie Anm. 4) S. 480–509.- *Specker* (wie Anm. 4) S. 221–224.
[46] August *Birle*: Bericht über die Schlacht von Elchingen den 14. October 1805. Nach dem Manuscript eines Augenzeugen. In: Zeitschrift des Historischen Vereins für Schwaben und Neuburg 6 (1879) S. 51–69, hier S. 53.
[47] Vgl. *ebda.*, S. 58.
[48] *Ebda.*, S. 60. Dort auch das vorherige Zitat.
[49] Vgl. *Klaiber* (wie Anm. 9) S. 99–102.

lichen Stunden auf, alle Verhältnisse des bürgerlichen Lebens wurden geschwächt, oder aufgelöst.
Das Zuströmen von Menschen war so stark, dass sie den Abtei-Trakt gänzlich ausfüllten. Er schien einem Aufenthalt von Gespenstern ähnlich, keiner kannte den andern mehr, und man las auf jedes Stirne Tod!!! Greise, Weiber, und Kinder baten und schrien um Rettung [...][50].

Rettung erhoffte sich die Bevölkerung bei den Mächten des Himmels. Während die dicken Klostermauern Schutz vor existenziellen Gefahren bieten sollten, halfen die Nähe zu Gott und das gemeinsame Gebet, die Todesängste zu ertragen. In der Kirche flehten die Menschen unter Aussetzung des Allerheiligsten Gott um Gnade und Barmherzigkeit[51]. Dass die Bewohner Elchingens die Eucharistieverehrung praktizierten, also eine der tiefsten Frömmigkeitsformen, die die katholische Religion kennt, zeigt, wie bedrohlich sie die Situation für ihren persönlichen Lebensbereich einschätzten. Das Bitten hatte in erster Linie zum Gegenstand, die Betenden vor der sich öffnenden Kriegshölle zu bewahren, deren Augenzeugen sie werden sollten. Eine weitere Steigerung ihrer Angst um Leib und Leben erfuhren die Elchinger, als der Schlachtenlärm näher kam und sich die Attacken auch gegen ihren Zufluchtsort richteten.

Mit offensivem Kampfgeist und kühner Angriffslust hatten die französischen Soldaten das heutige Oberelchingen über Klostersteige und -garten und von Osten her über Unterelchingen erstürmt. Da die österreichischen Soldaten sich immer mehr auf das Klostergelände zurückzogen, feuerten die Angreifer ihre Artilleriegeschosse auf die Stiftsgebäude. Wenn Geschosse abgefeuert wurden und einschlugen, hörten die hilflosen Menschen das Donnern der Kanonen und spürten das Beben der Erde. Die Elchinger selbst waren Zielscheibe der kriegerischen Grausamkeit geworden und bangten um ihr Leben. Der Ortsgeistliche glaubte schließlich, dass der Weltuntergang sich nicht schrecklicher gestalten könne als das erlebte Bombardement:
Es entstund eine Kanonande, die noch nie auf dem Element der Erde erlebt worden war. Die Feuer Schlünde sprühenten unaufhörlich Tod und Verderben. Es war ein Bild der Hölle, die sich zu öffnen schien ihren Raub zu empfangen. [...] das entsetzliche unaufhörliche Feuer der Franzosen aus grobem Geschütz und Musketten waren wie Posaunen des Todes, und fiel wie Todesregen auf die Oesterreicher, schmetterte alles zu Boden, und was nicht Menschen traf, durchlöcherte Fenster und Gebäude, jeder Schuss war Todes Angst[52].

Als die Franzosen die Klostermauern überwältigt hatten, spielten sich grausame Szenen in unmittelbarer Nähe der im Abteigebäude versteckten Elchinger ab. Die französischen Soldaten erstürmten den Klostergarten und drängten die Österreicher in den Klosterhof zurück. Die Angreifer kletterten dabei [v]*oll kriegerischer Wut* [...] *über die Leichenhügel der Erschlagenen, als ob es Erdhaufen wären.* Man erzählt, dass die Österreicher sich wie Löwen gegen den Angriff wehrten. Da die meisten von ihnen bereits alle ihre Patronen verschossen hatten, waren sie gezwungen, sich mit den bloßen Händen und Gewehrkolben zu verteidigen. Sie gingen *mit gefälltem Bajonet auf die strümenden Feinde los, und*

[50] *Birle* (wie Anm. 44) S. 60f.
[51] *Ebda.*, S. 61.
[52] *Ebda.*, S. 61f.

schlugen mit den Kolben wie mit Keulen um sich herum[53]. Angeblich fand man nach dem Kampf kaum eine Muskete, die nicht beschädigt war.

Inzwischen hatten sich die Österreicher auf der Anhöhe nördlich des Klosters in Schlachtordnung positioniert. Ein schreckliches Gemetzel fand nun auf den Feldern, die als '15 Jauchert' bekannt sind, statt. Obwohl die Österreicher ihre Stellungen auf das Hartnäckigste verteidigten, mussten sie letztendlich ihren Rückzug nach Ulm antreten.

Französische Soldaten in Elchingen: *Raub war die Losung.*

Die Elchinger sahen sich nunmehr mit den Folgen der Schlacht konfrontiert. Die Gebäude wiesen große Zerstörungen durch die eingeschlagenen Artilleriegeschosse auf. In und um die Ortschaft herum hatten die Gefechte ein Blutbad hinterlassen. Die Dorfbewohner begegneten nun herumirrenden *Verwundeten, deren Zustand es nur einigermassen erlaubte [...] die nächst gelegenen Dörfer zu erreichen*[54]. Unzählige Leichname bedeckten den Boden, bei vielen dauerte der Todeskampf noch an. Als Pfarrer Martin über das Schlachtfeld ging, stellte er mit Schrecken fest, dass die Verwundeten *durch ihr trauriges Loos am Boden des Schlacht-Feldes gefesselt [waren]. Hier von Kälte erstarrt, mit zerschmetterten Gliedern, abgerissenen Knochen, in ihrem Blute schwimmend, und aller Hilfe beraubt, wünschten sich diese Unglücklichen einen schleunigen Tod. Vielen hunderten aber waren noch vorher grössere Martern vorbehalten.* Die Überlebenden der Schlacht wurden schließlich in einem provisorisch eingerichteten Lazarett in den Klostergebäuden untergebracht. Dort warteten sie auf *Genesung oder Tod*[55]. Da die Anzahl an Verstorbenen sehr groß war, konnten sie erst nach und nach begraben werden.

Während der Schlacht hatte die Elchinger Einwohnerschaft hauptsächlich Ängste um das eigene Leben ausgestanden. Danach waren sie nur froh, dass sie mit dem Leben davon gekommen waren. Der Angriff auf ihre 'kleine Welt', ihr Eigentum und ihr Dasein musste sie zutiefst schockiert haben, zumal die Bedrohung nach der Schlacht weiterhin andauerte. Neueste Forschungen zeigen, dass weniger die Kampfhandlungen, sondern vielmehr die Begleiterscheinungen der kriegerischen Auseinandersetzungen gravierende Folgen für die Bevölkerung hatten[56]. In Elchingen gehörten zu den Folgeerscheinungen die anschließende Einquartierung und Versorgung der französischen Armee. Für eine ganze Woche quartierten sich die Franzosen in den Bauernhäusern ein oder zelteten in den Straßen und auf den Feldern Elchingens. Sie zehrten die Lebensmittelvorräte, die die kurz zuvor dort einquartierten Österreicher übrig gelassen hatten, gänzlich auf.

Aber damit nicht genug. Auf der Suche nach Nahrung trieben die Soldaten ihr Unwesen im ohnehin schon gezeichneten Ort. Als Belohnung für ihre Leistungen im Kampf nahmen sie sich Wert- und Gebrauchsgegenstände aller Art. Sie erpressten Geld, Kleidungsstücke und raubten alles, was mit Händen fort zu schaf-

---

[53] *Ebda.*, S. 62. Dort auch die Zitate.

[54] *Ebda.*, S. 66.

[55] *Ebda.*, S. 67.

[56] Vgl. *Klaiber* (wie Anm. 9) S. 99–105.- *Planert* (wie Anm. 24) S. 192-200.

fen war. Was sie nicht zu tragen vermochten, zerstörten sie mutwillig. Wer sich ihnen in den Weg stellte, bekam ihre Gewalt zu spüren. Pfarrer Martin weiß davon zu berichten:
Elchingen wurde auf einmal der Tummelplatz von Vendeer und Hussaren, die bei hellem Tage in den Häussern, wo sie nur hinkamen, raubten, die Menschen prügelten und verwundeten. Da war kein Kasten, keine Kiste, keine Truche, kein Verschlag, Kammer oder Boden, der nicht aufgebrochen durchsucht, aufgeschlagen, oder aufgesprengt worden wäre. Was sie dann fanden, es mochte Geld, Weiszeug, Kleider, Handwerkszeuge, oder sonst irgend etwas brauchbares seyn, war für sie Beute. Raub war die Losung. – Wie Rasende drangen sie in die Städel und Ställe, die Garben wurden herausgerissen im Morast zertrümmert, das Vieh fortgeschleppt, und die sich noch wiedersezten, durch Schläge misshandelt[57].

Die Zerstörungswut richtete sich ebenfalls gegen die Klosteranlage. Die Soldaten drangen wütend in die einzelnen Gebäude ein, brachen die Türen auf, zerschlugen und zerstörten alles, was sie in die Hände bekamen. Mit Beilen hauten sie auf Fußböden und Seitenwände ein. Bei Tag und bei Nacht bezeugte tobendes Geschrei das Andauern der barbarischen Handlungen. Archiv- und Bibliotheksräume wurden gewaltsam aufgesprengt. Die Bücher und Dokumente *herausgerissen, mit Füssen zertretten, zerrissen. Die einzelnen Blätter waren dann zum unanständigsten Gebrauche bestimmt*[58]. Die Soldaten machten aus der Klosterkirche, die Napoleon angeblich wegen ihrer Schönheit so bewundert hat[59], einen stinkenden Pferdestall. Überall waren Heu und Stroh auf dem Boden verstreut, Pferde standen dort, wo einst Gläubige ihr Gebet zum Himmel geschickt hatten, und Exkremente verwandelten den heiligen Ort in eine Kloake.

Neben dem disziplinlosen Auftreten der Soldaten beunruhigten auch die im Dorf ausgebrochenen Feuersbrünste die Einwohnerschaft. Pfarrer Martins Aufzeichnungen zufolge waren die Feuer zum Teil aus Unachtsamkeit, zum Teil aus Mutwillen entstanden. Während die Soldaten sich in Elchingen aufhielten, brannte es in mehreren Bauernhäusern und allein in den Konventsgebäuden ganze elf Mal. Dabei wurden drei Gebäude gänzlich zerstört. Das Feuer raubte dem Bauern Ruchti und seiner Familie das Dach über dem Kopf und verwandelte den Heustadel mitsamt den kürzlich erst geernteten Futtervorräten zu Asche. Für die Betroffenen bedeutete dies, dass sie all ihre Habseligkeiten verloren und der Kälte des bevorstehenden Winters ausgesetzt waren. In den Kriegen um 1800 waren Brände besonders wegen ihrer Folgen gefürchtet. Aus diesem Grund versuchte man die Ausbreitung der Flammen schnell einzudämmen. Dies erwies sich in Elchingen jedoch als schwierig: Die Soldaten betätigten sich dort mehrmals als Brandstifter und erfreuten sich schadenfrohlächelnd an den emporlodernden Flammen. Nur mit Gewalt konnten sich die herbeieilenden Männer durch die Menge der schaulustigen Soldaten zum Brandherd durchkämpfen, um der Löscharbeit nachzukommen und so den schlimmsten Verheerungen vorzubeugen[60].

Die betroffenen Ortsansässigen versuchten dem Grauen ein Ende zu setzen, indem sie sich an die französischen Generäle wandten, die im Elchinger Kloster

---

[57] *Birle* (wie Anm. 44) S. 64.
[58] *Ebda.*, S. 65. Dort auch das vorherige Zitat.
[59] Vgl. *Willbold* (wie Anm. 2) S. 94.
[60] Vgl. *ebda.*, S. 65f, Zitat auf S. 66.

ihr Hauptquartier aufgeschlagen hatten. Doch diese Hoffnung wurde enttäuscht. Anstatt sich für ordentliches Verhalten einzusetzen, vergaßen die Offiziere in diesen Tagen ihre disziplinierende Funktion. Sie begegneten den Plünderungen mit achselzuckender Indifferenz, ja sie beteiligten sich sogar daran. Die Klagen der Elchinger beantworteten sie mit den Worten: *Das sind die Schreknisse des Kriegs; die Leute müssen zu leben haben*[61]. Dieses Zitat zeigt deutlich, dass die Militärs ihre Konsequenzen aus den Mängeln des Versorgungssystems gezogen hatten. Aus pragmatischen Gründen hatte das revolutionäre Frankreich die geregelte Verpflegung mittels traditioneller Etappenstationen aufgegeben und ihre Logistik den Massenheeren[62] angepasst. Zur Versorgung der zahlenmäßig großen Heere bildete sich ein Mischsystem aus Magazinen und Requisitionen vor Ort heraus[63]. Im Herbst 1805 konnte die Militärorganisation auf französischer Seite aber keine reguläre Versorgung mehr gewährleisten. Die entschlossene Verfolgung des militärischen Hauptziels, nämlich die Vernichtung des Feindes, stand an oberster Stelle. Als Reaktion auf die offensive Politik der Koalitionsmitglieder brach Napoleon daher die geplante Invasion Englands ab, verließ die französische Atlantikküste und ließ seine Truppen innerhalb kürzester Zeit nach Süddeutschland marschieren. Bei einem solch spontanen Strategiewechsel geriet die Verpflegung ins Hintertreffen. In der Kürze der Zeit konnte die Heeresorganisation keine Magazin- und Feldversorgung mehr sicherstellen. Auch der Nachschub an Verpflegung blieb aus. Die rückhaltlose Einbeziehung der Zivilbevölkerung trat schließlich an die Stelle des fehlenden Versorgungssystems. Daher waren die Soldaten auf ihrem Marsch durch Europa gezwungen, sich selbst um das Lebensnotwendigste zu kümmern. Die Ausbeutung der ansässigen Bevölkerung gehörte nun zur gängigen Praxis. Die französischen Soldaten waren somit stärker – als z. B. die österreichischen – auf die Ausbeutung des Landes und seiner Bewohner angewiesen.

Die französischen Armeen kamen mit nichts, also nahmen sie alles, was sie brauchten[64]. Das Stillen der natürlichsten Bedürfnisse, wie Hunger und Durst, aber auch die Gier nach Beute zogen Plünderungen und Gewaltanwendungen nach sich. Der Elchinger Pfarrer sprach den Franzosen schließlich jegliche Art von zivilisiertem Verhalten ab. Seines Erachtens befleckten sie ihren Sieg durch das barbarische Mittel der Plünderung[65]. Aufgrund des maßlosen, enttabuisierten Verhaltens behielten die Dorfbewohner ein äußerst negatives Bild vom franzö-

---

[61] *Ebda.*, S. 65

[62] Die Französische Revolution hatte entscheidenden Einfluss auf die militärische Situation in Frankreich. Die Proklamation des Volkskrieges und die damit verbundene Einführung der Wehrpflicht führten Neuerungen im Militärwesen herbei. Der französische Bürger war nun zum Dienst am Vaterland und zur Bekämpfung der Revolutionsfeinde verpflichtet. Die ideologisch motivierte Aushebung ermöglichte es, weite Teile der Bevölkerung zu mobilisieren. Für künftige militärische Auseinandersetzungen nutzte die französische Regierung auf diese Weise das riesige Reservoir an Menschen im eigenen Land. Damit verfügte Frankreich über ein neuartiges Kriegsinstrument, das der traditionellen Kriegsführung der alten Mächte überlegen war. Mit dem Auftreten der ersten Massenheere änderten sich schließlich auch Strategie, Taktik und Logistik der Kriegführung. Vgl. *Planert* (wie Anm. 24) S. 105-108.- *Klaiber* (wie Anm. 9) S. 13–16.

[63] Vgl. *Nanteuil* (wie Anm. 24) S. 66–74.- *Planert* (wie Anm. 24) S. 106-108.- *Klaiber* (wie Anm. 9) S. 17–20.

[64] Timothy C. W. *Blanning*: Die Französischen Revolutionsarmeen in Deutschland. Der Feldzug von 1796. In: Ralph *Melville* u. a. (Hg.): Deutschland und Europa in der Neuzeit. Festschrift für Karl Otmar Freiherr von Aretin. Stuttgart 1988. S. 489–504, Zitat auf S. 492.

[65] Vgl. *Birle* (wie Anm. 44) S. 63ff, Zitat auf S. 64.

sischen Heer in Erinnerung. Allerdings hatten die Elchinger die durch die Österreicher bedingten Zerstörungen und deren Gewaltanwendungen nicht erlebt und somit kein Vergleichsmoment. Die Kriegssituation führte 1805 dazu, dass der Hauptanteil an Österreichern sich in der Stadt Ulm befand und die Franzosen sie dort einkreisten. Diese dagegen hielten sich eher in der ländlichen Region um Ulm herum auf. Da das konkrete Verhalten der Soldaten vor Ort ausschlaggebend für die Wahrnehmung der jeweiligen Truppen war[66], hielten die Elchinger allein das Treiben der Franzosen für unzivilisiert. Dabei wussten sie nicht, dass die Ulmer auf ähnliche Weise über die Österreicher klagten. Das eigene Los erschien jedem als das härteste.

Die Elchinger waren ihrem Schicksal schließlich selbst überlassen. Während einer ganzen Woche hielt die Angst vor Raub, Misshandlung und mutwilliger Zerstörung an. Am 21. Oktober, als die französische Armee weiter Richtung Osten zog, atmete die Einwohnerschaft erleichtert auf. Bis es aber so weit war, sollten sich noch weitere kriegerische Szenen im Ulmer Raum ereignen.

Ulm unter Beschuss:
Schrekken und Verwirrung war allgemein

Die in der Schlacht siegreichen Franzosen hatten den Gegner in die städtische Festung zurückgedrängt und näherten sich nun Ulm von allen Seiten. Nach der Auseinandersetzung bei Elchingen hatte es Gefechte in der Nähe von Offenhausen gegeben. Aber erst tags darauf (15. Oktober 1805), als die Franzosen die Schanzen auf dem Michelsberg erstürmten, galt der Angriff der Stadt selbst.

In Ulm hörte man das Trommeln und Geschrei der attackierenden napoleonischen Soldaten. Die Ulmer wurden Zeugen, wie die Österreicher von den Außenwerken vertrieben wurden und nun Schutz hinter den Stadtmauern suchten. Dicht vor den Toren lieferten sich die Kriegsparteien ein *fürchterliches Kartätschenfeuer*[67]. Erste Kugeln flogen durch die Stadt. Der Sturm auf die Festung rief chaotische Zustände hervor. Die Straßen füllten sich mit Fliehenden, Verwundeten, Wagen, Kanonen und Pferden. Kurzum: *Schrekken und Verwirrung war allgemein*[68].

Das Schließen der Tore und Abbrechen der Brücken leitete den Belagerungszustand ein. Die gesamte österreichische Armee drängte sich nunmehr innerhalb der Befestigungsanlagen. Die Österreicher brachten Ulm sofort in Verteidigungszustand[69]. Erst am darauf folgenden Tag (16. Oktober 1805) geriet Ulm schließlich unter direkten Beschuss. Die französische Artillerie feuerte von den eingenommenen Höhen rings um Ulm auf Festung und Bürgerhäuser. In zwei fürchter-

[66] Vgl. *Klaiber* (wie Anm. 9) S. 127–136.

[67] StadtA Ulm G 1 1812/1–3 (von 1797 bis 1812) S. 461 (15.10.1805).

[68] StadtA Ulm Chr. Beil. G 4 1850.9.0 (von 1805) S. 14.

[69] Zum Schutz vor den herbeistürmenden Franzosen verbarrikadierten die Österreicher auch das Frauentor. Dazu nahmen sie Fässer und Wagen, die zu einem Teil den Ulmer Einwohnern gehörten. Der Hahnenwirt bangte daraufhin um seinen Besitz, wurde ihm doch genau das Faß 'entliehen', in welchem er sein Geld versteckt hatte. Zum Glück entdeckte niemand den Schatz und so erhielt der Wirt das Fass zusammen mit dem kostbaren Inhalt wieder zurück. Vgl. StadtA Ulm G 1 1813–5 (von 1799 bis 1813) S. 353 (15.10.1805).

lichen Bombardements erging ein *Kugel- und Granatregen*[70] über die Stadt. Die Aufzeichnungen eines Ulmer Bürgers beschreiben den Feuerregen folgendermaßen: *Zerspringende Kugeln und Haubizen, wurden von den Franzosen heftig und viel herein geschossen, [sie] zersprungen auf den gassen*[71]. Auf den Straßen war man seines Lebens nicht mehr sicher. Dies beweist ein Vorfall auf dem Münsterplatz. Ein Artilleriegeschoss traf dort einen österreichischen Soldaten, der sofort tot umfiel. Um das eigene Leben zu retten, zogen sich die Einwohner entweder in ihre Häuser zurück und schlossen die Fensterläden oder sie suchten Zuflucht in Kellern und Gewölben von massiven Großbauten. Viele Menschen strömten in die Münsterkirche und baten dort um göttlichen Beistand. Die österreichischen Offiziere suchten Schutz hinter den dicken Mauern des Neuen Baus[72].

Das Artilleriefeuer durchlöcherte die Bürgerhäuser regelrecht. Der unter Beschuss geratene Turm des Frauentors und die benachbarten Häuser erlitten starke Zerstörungen[73]. Eine Haubitzengranante traf das Wengenkloster, welches damals als Lazarett genutzt wurde. Richtete die Granate zwar kaum erwähnenswerte Zerstörungen an, verwundete sie jedoch die Blessierten aufs Neue[74]. Die Angreifer nahmen also auf niemanden Rücksicht, weder auf die Zivilisten noch auf die vom Krieg sowieso schon gezeichneten Soldaten. Jeder, der sich in Ulm aufhielt, war in Lebensgefahr. Auch der Chronist Bacher und sein Haus wurden Opfer des Kanonenhagels, wie er selbst beschrieb:

Selbst in meine untere Stube, Schlug eine solche grosse Haubiz Kugel, durch die Zugemachte FensterLäden und scheiben herein, fiel auf den boden, Sprang in etliche 10. Stuck;

ein solches Stuck von der Kugel, sprung meines Schwagers Tochter Veronicka Bräumeyerin, in den obern Theil des Linken Schenkel, daß sie nicht nur zu Boden gefallen, sondern auch, daß das Stuck in dem fleisch stecken geblieben, und von dern Mutter heraus gerissen worden, sich heftig erblutet, sehr gejammert, und so fort, von denen umkehrer in Hospital getragen worden. In der Stuben waren durch die zersprungene Kugel und Kugel Stücke, der Boden zerrissen, der Ofen, das getäfer, und alle 4. fenster Scheiben, und das fenster bley alles gänzlich zerschmettert, und entzwey gerissen.

Ja ein solch Haubizen Stuck, blieb so gar in der Büher stecken. und es waren alßo der Vatter die Tochter, mit dem Kind auf dem arm auch die Mutter alle miteinander durch den Knall und Schröcken zu Boden gefallen. die Tochter aber musste auf dem Boden liegen Bleiben, biß sie in Hospital fortgetragen wurd[75].

Neun Tage später erlag die Nichte des Chronisten den Folgen ihrer Verletzung. Veronikas Schicksal ist vermutlich kein Einzelfall. Bacher selbst bezeugt, dass weitere Personen dem Artilleriefeuer zum Opfer fielen und derart schwere Verletzungen davontrugen, dass sie medizinischer Versorgung bedurften: *auch wurd allda Mann und Weib hart Beschädiget [...] Auch viel im Hospital nebst*

[70] StadtA Ulm G 1 1812/1–3 (von 1797 bis 1812) S. 463 (16. und 17.10.1805).
[71] StadtA Ulm G 1 1808–3 (von 1802 bis 1808) S. 453 (16.10.1805).
[72] Vgl. StadtA Ulm G 1 1812/1–3 (von 1797 bis 1812) S. 463 (16. und 17.10.1805).- StadtA Ulm G 1 1813–5 (von 1799 bis 1813) S. 354–356.
[73] Vgl. StadtA Ulm G 1 1808–3 (von 1802 bis 1808) S. 454 (16.10.1805).
[74] Vgl. StadtA Ulm G 1 1812/1–3 (von 1797 bis 1812) S. 463f (16. und 17.10.1805).
[75] StadtA Ulm G 1 1808–3 (von 1802 bis 1808) S. 453f (16.10.1805).

andern mehr[76]. Ein Artilleriegeschoss traf auch einen Kollegen und Freund Bachers in seinen eigenen vier Wänden. Eine Kanonenkugel flog in das Haus und schlug ihm die Hand ab, so dass er seiner Tätigkeit als Totengräber nicht mehr nachgehen konnte[77]. Inwieweit die Verwundeten das gleiche Los ereilte wie das der kleinen Veronika ist ungewiss. In vielen Fällen reichte jedoch die damalige medizinische Versorgung und Hygiene nicht aus, um Folgekrankheiten von Kriegsverletzungen zu vermeiden bzw. zu bekämpfen. Die stark überfüllten und provisorisch ausgestatteten Hospitäler waren keine Garantie für die Genesung, im Gegenteil: Sie waren vielmehr Brutstätten von Infektionskrankheiten, die die Patienten befielen und dahinrafften. So führten die meisten Blessuren früher oder später zum Tod.

Darüber hinaus bedrohte der Artilleriebeschuss das Leben der Stadtbewohner noch auf eine ganz andere Art und Weise. Die Kanonenkugeln schlugen Löcher in die Hauswände und zerstörten Inneneinrichtungen. Besonders waren sie aber gefürchtet wegen ihrer Brandwirkung, die sie beim Einschlag entfalten konnten. Die Flammen breiteten sich nämlich rapide auf die eng aneinander stehenden Nachbarhäuser aus und bildeten rasch ein regelrechtes Lauffeuer, das ganze Stadtviertel mit allem Hab und Gut einäschern konnte. Viele Existenzen waren dann bedroht. Der Einschlag einer Granate wog daher viel schwerer, wenn sie mit Brennstoff gefüllt war[78]. Obwohl in Ulm manche Häuser zu brennen begannen, konnte durch schnelles Löschen der Flammen ein größerer Brandschaden verhindert werden. Die Ulmer Einwohnerschaft konnte von Glück sprechen, dass keine Feuersbrunst entstanden war, denn dann – so ein Ulmer Bürger – *wären wir in der elendesten Lage gewesen*[79].

Das nüchterne Ergebnis der Kanonade lautete schließlich – wie ein Zeitgenosse konstatierte – folgendermaßen: *Eine Menge Häuser wurde theils durch Kanonenkugeln, theils durch Haubizgranaden […] beschädigt, mehrere Einwohner wurden verwundet und ein österreichischer Soldat auf der Straße getödtet*[80]. Man könnte also sagen, den Ulmern ist nicht wirklich ein großer Schaden zugefügt worden. Beachtet man aber, dass die Ulmer Einwohnerschaft sich während einiger Stunden in Lebensgefahr befand und um ihr Hab und Gut bangte, versteht man, dass der 16. Oktober 1805 – wie Bacher formuliert – der *allerschröcklichste und jammervolleste Tag* für die *unschuldig*[e][81] Stadt Ulm war.

Die Kapitulationsverhandlungen zwischen den beiden Kriegsparteien ließen keine weiteren Feindseligkeiten mehr aufkommen. Die Übereinkunft vom 17. Oktober 1805 sah das Einrücken französischer Truppen in die Stadt vor. Am 20. des Monats wurde die Übergabe der Festung vollzogen. Die gesamte anwesende österreichische Armee defilierte vor Napoleon und dessen Truppen am südlichen Hang des Michelsbergs und legte die Waffen nieder. Während die Soldaten zu Kriegsgefangenen wurden, zogen die österreichischen Offiziere tags darauf Richtung Tirol ab[82]. Nun hieß es, die Kriegsfolgen innerhalb und außerhalb der Stadt

[76] *Ebda.*, S. 454 (16.10.1805).
[77] Vgl. *ebda.*, S. 453 (16.10.1805) und 470v (17.11.1805).
[78] Vgl. *Planert* (wie Anm. 24) S. 192-200.- *Klaiber* (wie Anm. 9) S. 111f.
[79] StadtA Ulm Chr. Beil. G 4 1850.9.0 (von 1805) S. 15.
[80] *Ebda.*
[81] StadtA Ulm G 1 1808–3 (von 1802 bis 1808) S. 456 (16.10.1805).
[82] Vgl. *Loeffler* (wie Anm. 4) S. 509–529.

zu beseitigen. Die Totengräber sammelten die herumliegenden Leichname und Pferdekadaver ein. Die Bürger waren aufgefordert, Verbandsmaterialien für die Verwundeten in den Lazaretten zur Verfügung zu stellen. Rasch nahm man wieder die Schleifung der soeben errichteten Festungswerke in Angriff. Der Wiederaufbau der zerstörten Häuser und Landstriche begann. Die Auswirkungen des napoleonischen Feldzuges, der mit der Schlacht von Austerlitz (2. Dezember 1805) ein Ende fand, spürte Ulm anhand zahlreicher Truppendurchzüge noch bis zum Jahresende[83].

Zwischen Kriegsschrecken und Friedenssehnsucht: [Wir] *bitten und flehen* [...] *dass die grimmige Wuth deß Schiessens und grossen Jammers doch ein Ende nehmen* [...] *werde.*

Die Ehre einige Wochen lang die Aufmerksamkeit von ganz Europa zu fixieren, ist der Stadt Ulm sehr theuer zu stehen gekommen[84]. Mit diesen Worten fasste der Zeitzeuge Weyermann sein Fazit über die Ereignisse im Herbst 1805 zusammen. Während der Monate September und Oktober erduldeten Ulm und Umgebung permanente militärische Präsenz, ständige Kriegsvorbereitungen und fürchterliche Gefechte. Zweifelsohne empfanden die Bewohner unangenehme Einquartierungen und die grenzenlose Ausbeutung ihrer Region als Belastung. Zumeist wurden sie auch Opfer von kriegerischen Auseinandersetzungen, willkürlichen Misshandlungen und Existenz bedrohenden Plünderungen. Der Krieg brachte ihnen Hungersnot, Zerstörung und Tod.

Die Kampfhandlungen wurden von den Menschen als Bedrohung des eigenen Lebens wahrgenommen. Sie flohen in Schutz versprechende Gebäude und suchten Zuflucht im Gebet. Doch die militärischen Aktionen, wie das Artilleriefeuer oder das Schlachtengeschehen selbst, gehörten nicht zu den grausamsten Ereignissen, mit welchen die Zivilbevölkerung im Krieg konfrontiert wurde. Schlimmer waren die über längere Zeit anhaltenden Begleit- und Folgeerscheinungen von Krieg, die die zum Überleben notwendigen Ressourcen aufzehrten und Plünderung, Zerstörung und Gewalt mit sich brachten. Erst der Abzug der Armeen stellte ein baldiges Ende der Belastungen, der Entbehrungen und der erlebten Grausamkeit in Aussicht. Die ansässige Bevölkerung hoffte auf die Wiederaufnahme des alltäglichen Lebens und auf das Ende des Krieges. In Anbetracht der unsicheren Zukunft wünschten sich die Menschen nichts sehnlicher als Gottes Hilfe und langen Frieden: *Ach grosser Gott! Erhöre doch, das seufzen, bitten und flehen, aller Christen Menschen Herzen, regiere die grosse Krieger, durch deine Allmächtige hülffe, dass die grimmige Wuth deß Schiessens und grossen Jammers doch ein Ende nehmen, und Friede bescheeret werde*[85].

[83] Vgl. *Klaiber* (wie Anm. 9) S. 113–119.
[84] StadtA Ulm G 1 1813–5 (von 1799 bis 1813) S. 361.
[85] StadtA Ulm G 1 1808–3 (von 1802 bis 1808) S. 453v.

Die Inbesitznahme der Landvogtei Schwaben 1806

Oberschwaben zwischen Bayern und Württemberg

Gregor Maier

In den vergangenen Jahren wurde in Oberschwaben mit zwei aufwendigen, großen Ausstellungen der im Reichsdeputationshauptschluss 1803 sanktionierten Säkularisation und der Mediatisierung von 1806 als zwei Marksteinen im Übergang vom Alten Reich in die Moderne gedacht[1]. Im Vergleich zu diesen großen Ereignissen stand ein zeitlich dazwischen liegendes Jubiläum deutlich im Hintergrund, obgleich es für die Geschichte Oberschwabens nicht minder bedeutsam sein dürfte: Der Pressburger Frieden von 1805 und die damit verbundenen Gebietsabtretungen Österreichs an Baden, Bayern und Württemberg[2]. Der Pressburger Frieden wurde in der Erinnerungskultur des Jahres 2006 insofern wahrgenommen, als er die Erhebung Bayerns und Württembergs zu Königreichen bewirkte, was in Stuttgart und München ebenfalls zum Anlass großer Ausstellungen genommen wurde[3]; die damit einhergegangenen territorialen Veränderungen spielten dabei jedoch allenfalls am Rande eine Rolle. Im Vergleich zu den tiefen Einschnitten der Säkularisation und der Mediatisierung erscheinen die Gebietsabtretungen Österreichs an die Verbündeten Napoleons wenig spektakulär. Sie markieren jedoch mit der Herausdrängung Österreichs aus Südwestdeutschland eine bedeutende Weichenstellung für die territoriale Entwicklung, die schließlich zu den heutigen Landes- und Staatsgrenzen geführt hat[4].

---

[1] Alte Klöster. Neue Herren. Die Säkularisation im deutschen Südwesten 1803. Große Landesausstellung Baden-Württemberg 2003 in Bad Schussenried vom 12. April bis 5. Oktober 2003. Begleitbücher. Hg. von Volker *Himmelein*/Hans Ulrich *Rudolf*. 2 Bde. Ostfildern 2003. – Casimir *Bumiller* (Hg.): Adel im Wandel. 200 Jahre Mediatisierung in Oberschwaben. Katalog zur Ausstellung in Sigmaringen vom 13. Mai bis 29. Oktober 2006. Ostfildern 2006. – Mark *Hengerer*/Elmar L. *Kuhn* (Hg.): Adel im Wandel. Oberschwaben von der Frühen Neuzeit bis zur Gegenwart. 2 Bde. Ostfildern 2006.

[2] Rudolfine *Freiin von Oer*: Der Friede von Pressburg. Ein Beitrag zur Diplomatiegeschichte des napoleonischen Zeitalters (Neue Münstersche Beiträge zur Geschichtsforschung 8). Münster i.W. 1965.

[3] Das Königreich Württemberg 1806–1918. Monarchie und Moderne. Ostfildern 2006. – Johannes *Erichsen*/Katharina *Heinemann* (Hg.): Bayerns Krone 1806. 200 Jahre Königreich Bayern. München 2006.

[4] Walter *Grube*/Hans *Haller*: Württemberg in napoleonischer Zeit. Beiwort zur Karte VII,2 (HABW). Stuttgart 1975. – Eberhard *Weis*: Die Begründung des modernen bayerischen Staates unter König Max I. (1799–1825). In: Max *Spindler* (Hg.): Handbuch der bayerischen Geschichte. Bd. 4: Das neue Bayern 1800–1970, Teilbd. 1. München ²2003. S. 3–126. – Bernhard *Mann*: Württemberg 1800 bis 1866. In: Hansmartin *Schwarzmaier* (Hg.): Handbuch der baden-württembergischen Geschichte. Bd. 3: Vom Ende des Alten

Im Folgenden soll die Landvogtei Schwaben als eine Kerninstitution Oberschwabens im Mittelpunkt stehen, die sich nach dem Untergang des staufischen Herzogtums Schwaben als "zwischen Bodensee und oberer Donau gelegenes Sammelsurium unterschiedlichster Hoheitsrechte und Besitztümer", seit 1486 in kontinuierlichem habsburgischem Besitz, herausgebildet hatte[5]. Im Zuge der Verwaltungsreformen Maria Theresias ging die Landvogtei Schwaben 1750 im neu geschaffenen Oberamt Altdorf auf[6]. Der Titel, unter dem die Herrschaft im Pressburger Frieden dem König von Württemberg zugesprochen wurde, lautete dementsprechend: *la préfecture d'Altorff avec leurs dépendances*[7].

Die österreichische Herrschaft in der *préfecture d'Altorff* stand am Ende des 18. Jahrhunderts im Wesentlichen auf zwei Säulen. Zum einen war dies die eigentliche österreichische Territorialherrschaft zu beiden Seiten der Schussen in einem nur ansatzweise geschlossenen, überwiegend kleinteilig zerstreuten Herrschaftsgebiet, das in einzelne Ämter unterteilt war: Altdorf, Baienfurt, Bergatreute, Bodnegg, Boschen, Dürnast, Eschach, Fischbach, Geigelbach, Grünkraut, Gebrazhofen, Pfärrich, Schindelbach, Schussen, Wolketsweiler und Zogenweiler. Das größte und bedeutendste Amt war dasjenige um Gebrazhofen. Es umfasste das Gebiet der "Freien auf Leutkircher Heide", die Österreich bereits im Lauf des 15. Jahrhunderts unter seine Herrschaft hatte bringen und in die Landvogtei Schwaben integrieren können. Aufgrund seiner Lage abseits der übrigen Ämter wurde das Gebrazhofer Amt im 18. Jahrhundert auch kurz als "Obere Landvogtei" bezeichnet.

Die zweite Säule waren die verschiedenen, mit dem Oberamt verbundenen Rechte, Hoheitstitel und Ansprüche, die dem Haus Habsburg einen Einflussraum bescherten, der weit über den engeren Raum der landvogteilichen Ämter hinausreichte. So konnte die Landvogtei die Landeshoheit über eine Reihe kleinerer, meist ritterschaftlicher Herrschaften zwischen Donau und Bodensee beanspruchen, besaß ausgedehnte Forst- und Zollrechte, bezog jährliche Abgaben aus zahlreichen Reichsstädten und -abteien und war verbunden mit dem kaiserlichen Landgericht in Schwaben.

In den letzten Jahren vor dem Pressburger Frieden hatte Habsburg die Dynamik, die Napoleon in die Territorialgliederung Südwestdeutschlands gebracht hatte, geschickt genutzt, um seine Herrschaft in der Region weiter auszubauen und zu verdichten[8]. 1803 erwarb Österreich Stadt und Stift Lindau, die bedeutende Reichsgrafschaft Rothenfels, die Herrschaft Staufen und das Rittergut Werdenstein sowie die Herrschaft Neuravensburg. 1804 schloss es einen Tauschver-

---

Reiches bis zum Ende der Monarchien. Stuttgart 1992. S. 235–331, hier S. 239–262.

[5] Eberhard *Gönner*/Max *Miller*: Die Landvogtei Schwaben. In: Friedrich Metz (Hg.):Vorderösterreich. Eine geschichtliche Landeskunde. Freiburg i.B. [2]1967. S. 683–704. – Hans-Georg *Hofacker*: Die Landvogtei Schwaben. In: Hans *Maier*/Volker *Press*(Hg.): Vorderösterreich in der frühen Neuzeit. Sigmaringen 1989. S. 57–74. –Peter *Steuer*: Der Oberamtsbezirk Altdorf. Territorial- und Verwaltungsgeschichte. In: Schriften des Vereins für die Geschichte des Bodensees und seiner Umgebung 114 (1996) S. 17–48, Zitat: S. 17.

[6] Franz *Quarthal*/Georg *Wieland*/Birgit *Dürr*: Die Behördenorganisation Vorderösterreichs von 1753 bis 1805 und die Beamten in Verwaltung, Justiz und Unterrichtswesen. Bühl 1977.

[7] Art. 8 Pressburger Frieden, zitiert nach *Freiin von Oer* (wie Anm. 2) S. 273.

[8] Franz *Quarthal*: Vorderösterreich in der Geschichte Südwestdeutschlands. In: Vorderösterreich nur die Schwanzfeder des Kaiseradlers? Die Habsburger im deutschen Südwesten. Ulm 1999. S. 14–59. – *Ders.*: Vorderösterreich. In: Meinrad *Schaab*/Hansmartin *Schwarzmaier* (Hg.): Handbuch der baden-württembergischen Geschichte. Bd. 1, T. 2: Vom Spätmittelalter bis zum Ende des Alten Reiches. Stuttgart 2000. S. 587–780, hier S. 774–779.

trag mit dem Fürsten von Nassau-Oranien als dem neuen Herrn der ehemaligen Reichsabtei Weingarten, in dem Österreich für einige eigene Güter und Gefälle die einstigen Klosterherrschaften Ausnang, Hofen, Blumenegg und St. Gerold anheimfielen, wobei die beiden Ersteren der Landvogtei als neue Ämter einverleibt wurden. Schwäbisch-Österreich entwickelte sich in den letzten Jahren seiner Existenz hin zu einem geschlossenen Territorium, Österreich war auf dem besten Wege, seine Position als bestimmende Macht in Südwestdeutschland nicht nur zu festigen, sondern weiter auszubauen.

Diese sich abzeichnende Entwicklungslinie wurde jedoch abrupt wieder abgebrochen, als im Sommer 1805 der Dritte Koalitionskrieg ausbrach. In der militärischen Konfrontation zunächst bei Ulm bzw. Elchingen, am 2. Dezember dann in der Dreikaiserschlacht bei Austerlitz erwies sich Frankreich unter Napoleon als weit überlegen, sodass sich Kaiser Franz II. in den Friedensverhandlungen die Bedingungen des Siegers diktieren lassen musste. Die vernichtende Niederlage Österreichs schlug sich im Friedensvertrag von Pressburg entsprechend nieder: Die Donaumonarchie verlor nicht nur ihre schwäbischen Gebiete, sondern vor allem Venetien, Dalmatien, Istrien, Vorarlberg, Tirol und den Breisgau.

Die Nutznießer waren die Verbündeten Napoleons: Baden, Bayern und Württemberg, die im Krieg mehr oder weniger freiwillig auf seiner Seite gestanden hatten. Kurfürst Friedrich II. von Württemberg, der nachmalige König, hatte besonders lange gezögert, sich auf Napoleons Seite zu stellen[9]. Das lange Zaudern des Kurfürsten mag einer der Gründe dafür gewesen sein, weshalb Württemberg bei der Verteilung der Länderbeute im Pressburger Frieden relativ spärlich bedacht wurde. Baden erhielt immerhin den Breisgau, was eine enorme Vergrößerung für das kleine Land bedeutete. Den größten Gewinn machte jedoch Bayern, das sich vor allem Vorarlberg und Tirol einverleiben konnte. Dazu traten Erwerbungen in Südwestdeutschland: die Markgrafschaft Burgau um Günzburg, die Grafschaft Königsegg-Rothenfels, die Grafschaft Tettnang sowie Stadt und Landgebiet Lindau.

Für Oberschwaben bedeutete diese Umverteilung neben der Verdrängung Österreichs erstmals die Präsenz Württembergs als neuen Landesherrn in dem Gebiet zwischen Donau und Bodensee; Baden und Bayern hatten dagegen bereits im Reichsdeputationshauptschluss beispielsweise mit Biberach, Überlingen und Salem beziehungsweise mit Buchhorn, Leutkirch, Ravensburg und Wangen in der Region Fuß gefasst[10]. In dieser neuen Konstellation lieferten sich vor allem

[9] Eugen *Schneider*, Württemberg und der Pressburger Friede. In: WVjH N.F. 15 (1906) S. 387–410. – *Ders.*: Die Annahme der Königswürde. In: *Ders.*, Aus der württembergischen Geschichte. Vorträge und Abhandlungen. Stuttgart 1926. S. 67–89. – Paul *Sauer*: Der schwäbische Zar. Friedrich – Württembergs erster König. Stuttgart 1984. S. 214–237.

[10] Volker *Press*: Die Reichsstädte des Schwäbischen Reichskreises zwischen Revolution und Mediatisierung. In: Baden und Württemberg im Zeitalter Napoleons. Bd. 2: Aufsätze. Stuttgart 1987. S. 121–133. – Andrea *Riotte*: Die paritätische Stadt: Biberach 1649–1806. In: Dieter *Stievermann* (Hg.): Geschichte der Stadt Biberach. Stuttgart 1991. S. 309–366, hier S. 363ff. – Daniel *Hohrath*/Gebhard *Weig*/Michael *Wettengel*(Hg.): Das Ende reichsstädtischer Freiheit 1802. Zum Übergang schwäbischer Reichsstädte vom Kaiser zum Landesherrn. Begleitband zur Ausstellung "Kronenwechsel". Das Ende reichsstädtischer Freiheit 1802 (Forschungen zur Geschichte der Stadt Ulm. Reihe Dokumentation 12). Ulm/Stuttgart 2002. – Klaus-Peter *Schroeder*: "Moderate et prudenter...". Die Markgrafschaft Baden und die Mediatisierung der Reichsstädte 1802/03. In: Alte Klöster (wie Anm. 1). Bd. 2.2: Aufsätze. S. 737–748. – Ulrich *Knapp*: Salem und Petershausen. Zum Schicksal zweier Reichsabteien nach der Säkularisation. In: Ebda. S. 1119–1134, hier S. 1123–1127. – Alfred Lutz: Die Reichsstadt Ravensburg am Ende des Alten Reiches. In: *Ebda*. S. 759–778, hier S. 773–776.

Bayern und Württemberg einen harten Konkurrenzkampf um den Status der bestimmenden Macht in Oberschwaben in der Nachfolge Österreichs.

Die Umsetzung der im Text des Friedensvertrages vermeintlich eindeutigen Zuweisung der *préfecture d'Altorff* an Württemberg erwies sich nämlich in der Praxis vielfach als kompliziertes, konfliktbeladenes Geschäft[11]. Dies begann bereits mit der ersten militärischen Besetzung des Territoriums. Wie üblich wurde damit nicht erst bis zur endgültigen Ratifizierung des Friedensvertrages gewartet, sondern das Gebiet der Landvogtei Schwaben bereits um Weihnachten 1805 besetzt – allerdings nicht durch Württemberg, sondern durch Bayern. Entweder hatte der präsumtive König Maximilian I. die Hoffnung gehegt, dass das Oberamt Altdorf ihm zufallen würde, oder er wollte sich für die zu erwartenden Nachbarschaftsstreitigkeiten bei der Trennung der bis dahin in der Provinz Schwäbisch-Österreich vereinten Gebiete unter die neuen Herren eine günstige Ausgangslage verschaffen. Vollzogen wurde die militärische Besetzung durch ein Bataillon leichter Infanterie, das sich über das weitläufige Gebiet verstreute. Im Hauptort Altdorf selbst nahmen zwölf Soldaten unter dem Kommando eines Hauptmanns Quartier. Die geografische Nähe des bisherigen bayerischen Territoriums zu Oberschwaben begünstigte die schnelle Besetzung, wohingegen das entferntere Württemberg deutlich langsamer war.

Um dieselbe Zeit, als Bayern die Landvogtei Schwaben militärisch besetzte, wurde der gerade 22-jährige Jurist Eugen von Maucler zum Landeskommissär für die Landvogtei Ober- und Niederschwaben bestellt und mit der Aufgabe der Inbesitznahme für Württemberg betraut. Wie fern für Maucler, der bereits in Ellwangen Erfahrungen mit der Organisation und Verwaltung neu erworbener Gebiete gesammelt hatte, Oberschwaben nicht nur geografisch, sondern auch mental war, belegt sein rückblickendes Fazit: *Wir waren über unsere Nachbarn in Schwaben so unwissend, daß, als ich den Generalkommissär über die Lage von Altdorf befragte, er mir antwortete, ich sollte einmal nach Ulm fahren, dort würde ich schon Näheres erfahren. Weiter angestellte Nachforschungen brachten mir nur zur Kenntnis, daß Altdorf jenseits Biberach liege und nicht entfernt vom Bodensee sei*[12].

Die Württemberger kamen erst rund 14 Tage nach den Bayern in Oberschwaben an. Am Morgen des 4. Januar 1806 marschierten die ersten württembergischen Soldaten, von Saulgau kommend, in Altdorf ein und besetzten im Handstreich einige Straßenzüge, bevor Landeskommissär Maucler am Nachmittag eintraf[13].

– Peter *Eitel*: Segnungen und Grausamkeiten des aufgeklärten Absolutismus. Die Reichsstadt Ravensburg unter bayerischer und dann württembergischer Herrschaft. In: *Ebda*. S. 779–790, hier S. 779–782. – *Ders.*: Ravensburg im 19. und 20. Jahrhundert. Politik – Wirtschaft – Bevölkerung – Kirche – Kultur – Alltag. Ostfildern 2004. S. 5–25. – Rainer *Jensch*: "Auslöschung der zwey Adler an dem Lindauer und Leitkircherthurm". Die Mediatisierung der Reichsstadt Wangen im Allgäu 1802/1810. In: *Ebda*. S. 817–828. – *Ders.*: Reichsstadt am Ende: Die Mediatisierung der Reichsstadt Wangen im Allgäu. In: Neujahrsblatt des Museumsvereins Lindau 46 (2006). S. 108–127.

[11] Gregor *Maier*: 200 Jahre Pressburger Frieden – Bayern und Württemberg im Zentrum Oberschwabens. In: Im Oberland 17 (2006) H. 1. S. 24–31.

[12] Im Dienst des Fürstenhauses und des Landes Württemberg. Die Lebenserinnerungen der Freiherren Friedrich und Eugen von Maucler (1735–1816), Bearb. von Paul *Sauer* (Lebendige Vergangenheit 9). Stuttgart 1985. S. 120.

[13] StA Ludwigsburg D 21 Bü 130 (4.–9. Jan. 1806). – Adalbert *Nagel*: Altdorf-Weingarten im Wandel der Zeiten. In: Altdorf Weingarten. Ein Heimatbuch. o.O. 1960. S. 49–123, hier S. 104–108. – Jürgen *Hohl*: Weingarten. In: Chronik des Kreises Ravensburg. Landschaft – Geschichte – Brauchtum – Kunst,

Die überraschten Bayern dachten zunächst aber keineswegs daran, ihre Stellung aufzugeben. Offenbar waren die bayerischen Truppen in Oberschwaben noch nicht über die Bestimmungen des Friedensschlusses informiert worden und beorderten daher sicherheitshalber sofort Verstärkungen nach Altdorf. Schon tags darauf standen den Württembergern nicht mehr nur zwölf, sondern bereits 250 Bayern nebst zwei Kanonen gegenüber, schließlich wurden es sogar 500 Mann. Dagegen belief sich die württembergische Truppenstärke lediglich auf ungefähr 200 Mann. Beide Parteien lagen sich ungeduldig gegenüber, bis ein nach München geschickter Kurier zurückkehrte und dem bayerischen Kommandeur den Befehl zum Rückzug übermittelte. Am 10. Januar zogen die Bayern davon.

Nach dem Abzug der Bayern konnte der Freiherr von Maucler mit dem Besitzergreifungsgeschäft beginnen, nachdem er sich während der angespannten Ruhe der letzten Tage bereits ein erstes Bild von Altdorf als *ein offener, ziemlich hübscher Marktflecken von ca. 2000 Einwohnern, die wie es scheint nicht zu den Reichen gehören*, gemacht hatte[14]. Die Zivilbesitzergreifung erfolgte entsprechend dem üblichen Muster dieser Zeit[15]: Dazu wurden die österreichischen Bediensteten in das Kanzleigebäude der Landvogtei beordert, wo sie ein Treuegelöbnis auf König Friedrich als ihren neuen Herrn abzulegen hatten. Der Landvogteiverweser Franz Ferdinand von Schwender verweigerte den Eid zunächst unter dem Hinweis darauf, dass er erst vonseiten Österreichs von seinem bisherigen Diensteid entbunden werden müsste, gab dem Druck Mauclers dann jedoch ebenfalls nach. Vor dem Gebäude, wo das württembergische Militär paradierte, versammelte sich die Bürgerschaft. Ihr wurde eine Proklamation zur Besitzergreifung verlesen und ein dreimaliges Vivat auf den König angestimmt. Danach ließ Maucler die neue Herrschaft auch dauerhaft sichtbar machen: Der Doppeladler wurde vom Gebäude der Landvogtei entfernt und durch das württembergische Wappen ersetzt, an die Tür wurde das zuvor verlesene Besitzergreifungspatent angeschlagen. Während bei den anderen öffentlichen Gebäuden des Ortes entsprechend verfahren wurde, begab sich der Kommissär ins Rathaus, wo er Bürgermeister und Rat des Fleckens Altdorf ebenfalls auf Württemberg verpflichtete.

An den hoheitlichen Verwaltungsakt der Zivilbesitzergreifung schloss sich am darauffolgenden Sonntag eine Feier für die Einwohnerschaft an, über deren Verlauf Maucler in einer zur Veröffentlichung bestimmten regelrechten Pressemeldung wie folgt berichtete: *Nach 8 Uhr fing der feyerliche Gottesdienst an, zu dem eine unzählige Menge von Menschen hinzuströmte, und welchem das hier angestellte Personal der königlichen Diener, das hier stationierte königl. Militär nebst der königl. Landescommission beywohnten. Vor der Kirche paradierte die bürgerliche Compagnie, die sich in ihrer gut gewählten Grenadiers-Uniform recht hübsch ausnahm. Der Ortspfarrer Gramm sprach von den Pflichten guter Kinder gegen liebreiche Eltern und fand hierin die sich selbst darbietende Gelegenheit von den Verhältnissen zu reden, die uns an den besten Monarchen in Zukunft ketten sollten. Ein feierliches Hochamt erfolgte hierauf, welches durch ein sehr gut beseztes Orchester unterstüzt war, wozu die PP. Benediktiner des über dem Orte*

Hinterzarten 1975. S. 885–964, hier S. 923ff. –Im Dienst (wie Anm. 12) S. 120–124. – Norbert *Kruse* (Hg.): Weingarten. Von den Anfängen bis zur Gegenwart. u.a. Biberach a.d.R. 1992. S. 279–284.

[14] StA Ludwigsburg D 21 Bü 130 (6. Jan. 1806).

[15] *Ebda.* (13. Jan. 1806).

gelegenen ehmaligen Stifts Weingarten sehr vieles beitrugen. Herr Gott Dich loben wir! ertönte am Ende vom Chore herab, und aller Herzen stimmten freudig mit ein, während die Pöller und verschiedene Salven im Einklange jenen Gesang begleiteten. Den Abend brachte die Bürgerschaft mit fröhlichen Tänzen an mehrern öffentlichen Orten zu. Uiberall waren Heiterkeit und glückliche Zufriedenheit sichtbar. In allen Straßen ließ sich Musick hören, die nur durch lautes Vivatrufen gestört wurde. So schloss sich ein Tag, der mit so vielem Rechte der reinsten Freude gehörte. Gott segne unsern König[16]*!*

Deutlich fällt der integrative Grundton des Berichtes ins Auge: Die Altdorfer Einwohnerschaft, Besucher aus der Umgebung, die frisch auf Württemberg verpflichtete Beamtenschaft, die Bürgerwehr, die Ortsgeistlichkeit, sogar die verbliebenen Benediktinermönche feiern gemeinsam mit württembergischem Militär und der Landeskommission den Akt der Besitzergreifung. Der Übergang an Württemberg erscheint als ein Ereignis, das alle gesellschaftlichen Gruppen vereint begrüßen. Ob der Enthusiasmus des Berichtes die tatsächlich vorherrschende Stimmung der Altdorfer Bevölkerung wiederspiegelt, muss dahingestellt bleiben. Die zunächst dominierende Gefühlslage war wohl vor allem das Bedauern über die zu Ende gegangene habsburgische Herrschaft, das aus dem Eintrag des Altdorfer Bürgermeisters ins Ratsprotokoll spricht, die *milde allerhöchste Regierung des allerdurchlauchtigsten Erzhauses sei zur unaussprechlichen Betrübnis aller Bürger und Inwohner dahier durch die Schicksale der Zeit zu Ende gegangen*[17]. Ende Januar kam es zweimal zu Schmierereien an angeschlagenen Patenten und Wappenblechen, ohne dass ein Täter dingfest gemacht werden konnte[18]. Dies scheint jedoch ein Einzelfall geblieben zu sein, jedenfalls fanden keine weitergehenden Akte von Widersetzlichkeit einen Niederschlag in den Quellen. Vielmehr beobachtete Maucler in seinen Lageberichten immer wieder, dass die Haltung der Bevölkerung im Zweifelsfall eher zu Württemberg als zu Bayern tendiere.

Auf die Zivilbesitzergreifung im Januar folgte Anfang Juni eine noch festlichere Übergabefeier. Dazu bemühte sich der Baron von Reischach als Präsident der Landesorganisationskommission ebenso nach Altdorf wie der französische General Joseph Mathieu Fririon, der im Namen Napoleons die neuen Territorien offiziell an Württemberg übergab. Von dieser Übergabefeier sind mehrere Huldigungsgedichte erhalten, die Reischach vorgetragen beziehungsweise ausgehändigt wurden[19]. Mit 28 Strophen am ausführlichsten sind die als Broschüre im Druck erschienenen *Empfindungen* des in Altdorf ansässigen Arztes Benedikt von Wagenmann, der auch als Autor mindestens eines weiteren der überlieferten Huldigungstexte in Erscheinung tritt[20]. Wagenmann beginnt mit der Begrü-

[16] *Ebda.*

[17] Uwe *Lohmann*: Gesucht: Mann mit langem Überrock, Modehut und Stock. In: Schwäbische Zeitung. Ausgabe Ravensburg. 22. Aug. 1992. S. 5.

[18] *Ebda.*

[19] StA Ludwigsburg D 22 Bü 48. Neben dem im folgenden besprochenen Text handelt es sich um einen Prolog der Irene von Benedikt von Wagenmann, welcher der zur Feier des Tages gegebenen Oper vorangestellt wurden, um ein kalligraphisch gestaltetes Schmuckblatt, dessen Text vermutlich ebenfalls von Wagenmann stammt, sowie um den Druck Empfindungen der Frauen des Klosters Löwenthal am Tage der Uebergabe der vormals österreichischen Landvogtey Altdorf an Ihro Majestät den König von Würtemberg, Friderich I. o.O. 1806.

[20] Benedikt *von Wagenmann*: Empfindungen bey Gelegenheit, der, von einer hochlöblichen königlich württembergischen Hofcommission geschehenen feyerlichen Besitznahme der vormals österreichischen Landvogtey Altdorf. Ravensburg: J.A. Gradmann 1806. Benutztes Exemplar: StA Ludwigsburg D 22 Bü 48.

ßung des langersehnten Friedens: *Verschwunden von des Vaterlandes Bühne / Ist nun Enyos schreckende Gestalt: / Irene lächelt uns mit holder Miene, / Da vom Olymp das Wörtchen Friede schallt. [...] Wer ist der Held, der Sueviens Gefilde / So schnell entlud vom eilenden Ruin? / Vor dessen Arm, gestählt mit heil'gem Schilde, / Wenn er gebeut, selbst Hannibale fliehn? [...] Es ist – o wer von euch soll Ihn nicht kennen, / Den Einzigen, den ersten Erdensohn? / Es ist – last feyerlich den Namen nennen! – / Der unerreichbare Napoleon.* Napoleon als Kriegsheld, Staatsmann und Friedensbringer gebühren Dank und Verehrung[21]. Vom Kaiser der Franzosen schlägt Wagenmann nun den Bogen jedoch nicht unmittelbar zu Friedrich als neuem Herrn, sondern blickt zunächst zurück: *Allein so süß uns diese Gabe [der von Napoleon gespendete Friede] schmecket, / So inniglich wir fühlen ihren Werth, / Ist dennoch Sie nicht volles Glück, und wecket / Ein leises Ach, das unsre Freude stört. [...] Denn, ach! wie Kinder waren wir ergeben / Dem guten Franz, den uns der Friede nahm; / Jahrhunderte sah man hier glücklich leben, / Indem nur Menschenwohl aus Habsburg kam.* Nach einem wehmütigen Rückblick auf die Habsburgerherrschaft in Schwaben wendet sich Wagenmann dem neuen Herrscher zu: *Halt ein, o Phantasie, uns zu verwunden! / Das Schicksal wills, wir fügen uns darein: / Seht! Friderich verheißt uns frohe Stunden, / Er wird wie Franz auch unser Vater seyn.* In der Parallelisierung von König Friedrich mit Kaiser Franz wird der Text über reine Panegyrik hinaus zum Ausdruck einer Erwartungshaltung an den neuen Herrscher, nahtlos an den bisherigen Landesvater anzuknüpfen. Dementsprechend ist die erste Eigenschaft, mit der Friedrich von Württemberg in dem jetzt anhebenden Herrscherlob charakterisiert wird, die *väterliche[r] Milde* und die Liebe zu den Untertanen – Attribute, die zuvor ebenso Franz zugeschrieben worden waren. Es folgen Weisheit, persönliche Regentschaft, Arbeitseifer, Zugänglichkeit für die Anliegen der Untertanen, Gerechtigkeit, Hebung des Wohlstandes, Recht und Gesetz, Kunst, Wissenschaft und Handel. Der Dreiklang von Napoleon, Franz II. und Friedrich wirft ein bezeichnendes Licht auf die Wahrnehmung der Ereignisse und die damit verbundenen Erwartungshaltungen in Oberschwaben.

Wiederum im Abstand von einigen Monaten fand im Herbst schließlich ein dritter feierlicher Akt statt: die Erbhuldigung der Untertanen, zu der am 20. Oktober alle Männer ab 16 Jahren aus dem Oberamtsbezirk vorgeladen waren. Im äußeren Klosterhof in Weingarten – kurz zuvor war die Herrschaft Weingarten von Württemberg mediatisiert worden – war eine Bühne aufgestellt, von der aus die Huldigungszeremonie vorgenommen wurde. Auch dieser feierliche Akt wurde durch Lustbarkeiten – einen Ball der Honoratioren im ehemaligen Kloster sowie Festtafeln in den Altdorfer Gastwirtschaften – begleitet[22].

Die feierlichen Akte der Besitzergreifung – Zivilbesitzergreifung im Januar, Übergabefeier im Juni und Erbhuldigung im Oktober – waren willkommene Gelegenheiten für Württemberg, in Oberschwaben als neuer Landesherr aufzutreten und seinen Anspruch auf die Landvogtei Schwaben zu dokumentieren. Allerdings war außerhalb des Kernterritoriums der landvogteilichen Ämter links und rechts der Schussen die württembergische Herrschaft vielfach noch keineswegs durch-

---

[21] Vgl. Wolfram *Siemann*: Propaganda um Napoleon in Württemberg. Die Rheinbundära unter König Friedrich I. (1806–1813). In: ZWLG 47 (1988) S. 359–380.

[22] StadtA Weingarten Nr. 109.

gesetzt, was sich bei näherem Hinsehen auch bei den Feierlichkeiten bemerkbar machte. Beispielsweise wurde es den örtlichen Amtsträgern in Schelklingen und Gebrazhofen durch die dortige bayerische Besatzung verwehrt, zur Übergabefeier in Altdorf zu erscheinen[23].

Hintergrund waren die komplizierten, vielfach verwickelten und unklaren Besitz- und Rechtsverhältnisse in der Landvogtei Schwaben, die dazu führten, dass württembergische und bayerische Ansprüche in Konkurrenz zueinander traten. Wie sich schon bei der Besetzung Altdorfs gezeigt hatte, besaß Bayern im Zweifelsfall die weitaus größeren militärischen Machtmittel, um das Recht des Stärkeren geltend machen zu können und sich so einen möglichst großen Teil aus der österreichischen Hinterlassenschaft in Schwaben zu sichern. Die Konflikte spielten sich dabei auf zwei Ebenen ab: einerseits im Hinblick auf den Umfang des unmittelbaren landvogteilichen Territoriums, andererseits auf die von ihr bisher beanspruchten Rechte.

In der Territorialfrage ging es unter anderem um solche Gebiete, bei denen die Zugehörigkeit zur jetzt württembergischen Landvogtei Schwaben oder zu den jetzt bayerischen Teilen Schwäbisch-Österreichs strittig war. Da etwa die beiden vormaligen Klosterherrschaften Blumenegg und St. Gerold 1804 im Tausch gegen Güter aus der Landvogtei erworben worden waren, vertrat Maucler die Meinung, die beiden Herrschaften stünden der Landvogtei und somit Württemberg zu. Da die Territorien jedoch als Enklaven im bayerischen Vorarlberg lagen, sah Württemberg keine Chance, seine Ansprüche auch durchzusetzen, und ließ sie denn auch rasch fallen[24]. Unklar war auch, ob die Graf- und Herrschaften Kirchberg, Weißenhorn, Erbach, Wullenstetten, Marstetten, Pfaffenhofen, Donaurieden, das Kloster Wiblingen und die Stadt Ehingen zur Markgrafschaft Burgau oder zur Landvogtei Schwaben zu zählen seien[25].

Der wesentliche bayerisch-württembergische Zankapfel war jedoch das Amt Gebrazhofen, die sogenannte Obere Landvogtei. Im Reichsdeputationshauptschluss war das Gebiet der Freien Bauern auf der Leutkircher Heide zusammen mit der Reichsstadt Leutkirch bereits Bayern zugeteilt worden, das es im Dezember 1802 mit Beschlag belegt hatte[26]. Den Unterhändlern in Regensburg war dabei jedoch offenbar nicht bewusst gewesen, dass die eigene Territorialherrschaft der Freien Bauern faktisch nicht mehr existierte, sondern bereits seit dem 15. Jahrhundert in der Landvogtei Schwaben aufgegangen war[27]. Das Oberamt in Altdorf hatte demzufolge sofort protestiert, und tatsächlich musste Bayern dem österreichischen Druck nachgeben und sich aus der Oberen Landvogtei wieder zurück-

---

[23] StA Ludwigsburg D 21 Bü 84 (30. Mai 1806, 8. Juni 1806).

[24] StA Ludwigsburg D 21 Bü 1 [30. Jan. 1806].

[25] *Ebda.* – Ludwig *Ohngemach*: "Mit allen Oberlehenherrlichkeits- als Eigenthums- und Souveränitäts-Rechten..." Der Übergang Ehingens an das Königreich Württemberg 1805. In: Alte Klöster. Bd. 2.2 (wie Anm. 10) S. 959–976.

[26] Ernst Rudolf *Huber*(Hg.): Dokumente zur deutschen Verfassungsgeschichte. Bd. 1: Deutsche Verfassungsdokumente 1803–1850. Stuttgart ^{3}1978. S. 1–28, hier S. 2f. (Art. 2).

[27] *Gönner/Miller* (wie Anm. 5). – Adolf *Diehl*: Die Freien auf Leutkircher Heide. In: ZWLG 4 (1940) S. 257–341. – *Steuer* (wie Anm. 5) S. 32. – Catherine *De Kegel-Schorer*: Bauern als Republikaner. Die Freien auf Leutkircher Heide. In: Peter *Blickle* (Hg.): Politische Kultur in Oberschwaben. Tübingen 1993. S. 97–117. – *Dies.*: Die Freien auf Leutkircher Heide. Zum Scheitern der Kommunalisierung einer freibäuerlichen Genossenschaft. In: Peter *Blickle* (Hg.): Verborgene republikanische Traditionen in Oberschwaben. (Oberschwaben – Geschichte und Kultur 4). Tübingen 1998. S. 145–158.

ziehen[28].

Drei Jahre später, jetzt nicht mehr mit Österreich, sondern dem schwachen Württemberg als Gegner, versuchte Bayern erneut, seine Ansprüche auf die Obere Landvogtei mit Nachdruck durchzusetzen. Mitte Januar lagen 1500 bis 2000 bayerische Soldaten in dem Gebiet rund um Leutkirch. Die württembergische Abordnung von rund 100 Mann, die am 15. Januar zur Besitzergreifung nach Gebrazhofen kam, musste unverrichteter Dinge wieder abziehen. Der Bericht Mauclers über die *Nekkereyen von Bayern*, angesichts dessen erdrückender militärischer Übermacht ihm die Hände gebunden waren, wurde dem König vorgelegt[29]. Friedrich dekretierte am 16. Januar, *daß bis zur Rückkehr allerhöchstIhrer Truppen gegen die [...] baierischen Eingriffe protestirt und [...] eine ernstliche Note nach München gesandt werden müsse. So bald aber das königliche Truppencorps eintrifft, so wird mit den Waffen sich Recht verschafft werden müssen*[30]. Der König war also sogar zu einer militärischen Auseinandersetzung mit seinem bisherigen Alliierten bereit, um die Obere Landvogtei für Württemberg zu sichern. Die Härte dieser Reaktion zeigt die große Bedeutung, die dem Amt Gebrazhofen zugemessen wurde – eine Bedeutung, die der Freiherr von Maucler treffend charakterisierte: *Wenn die Landvogtey in manigfaltigen Hinsichten eine der schätzbarsten Besitzungen ist, die das königliche Haus hat und je machen konnte, so ist die obere Landvogtey die Perle davon. Nicht allein, daß der Zoll zu Gebrazhofen in manchen Jahren 20–30.000 fl eingetragen hat, sondern durch ihn ist für den Handel mit der Schweitz, für den wir den herrlich gelegenen Ort Hofen am Bodensee requirirt haben, eine unschätzbare CommercialStraße in unsern Händen. [...] Auch in TerritorialRücksichten ist diese Besitzung wichtig. Sie ist unstreitig der beste Theil der Landvogtey, enthält über 30 Dörfer, Höfe u. Weiler und verbindet mit ihrem Besitze beträchtliche Hoheits u. andere Rechte. Leutkirch ist ohne sie für Bayern beinahe nichts werth – so wie Ravenspurg ohne Altdorf und Buchhorn ohne Hofen*[31]. Neben der Territorialherrschaft über ein beträchtliches Gebiet ging es also in dem Konflikt um das Amt Gebrazhofen vor allem auch um die Kontrolle des wichtigen Verkehrsweges von Ulm über Memmingen nach Lindau und die damit verbundenen Zolleinnahmen sowie um die strategisch-wirtschaftliche Bedeutung des Amtes als für die Stadt Leutkirch lebensnotwendiges Umland.

Die angedrohte militärische Konfrontation blieb angesichts des notorischen württembergischen Truppenmangels aus. Dennoch gestaltete sich auch für Bayern die Besitzergreifung der Oberen Landvogtei alles andere als einfach, da ihm zwar keine württembergischen Truppen, wohl aber die renitenten Einwohner des Gebietes zu schaffen machten. Ende Januar sollten die Ortsvorsteher der einzelnen Ortschaften in der Oberen Landvogtei von bayerischen Soldaten nach Leutkirch zur Vereidigung auf Bayern abgeführt werden. Sie unterliefen diese Maßnahme jedoch, indem sie geschlossen von ihren Ämtern zurücktraten; der Gebrazhofer Ammann entzog sich seiner Verhaftung durch Flucht nach Altdorf[32]. Dennoch vollzog der bayerische Kommissär Preuß in Leutkirch die Zivilbesitzergreifung der Oberen Landvogtei. Es gelang ihm jedoch nicht, die Kommunikation der

[28] StA Ludwigsburg D 21 Bü 130 (19. Jan. 1806/2. Dez. 1802).
[29] *Ebda.* (15. Jan. 1806).
[30] StA Ludwigsburg D 21 Bü 140 (16. Jan. 1806).
[31] StA Ludwigsburg D 21 Bü 130 (19. Jan. 1806).
[32] StA Ludwigsburg D 21 Bü 130 (26. Jan. 1806, 27. Jan. 1806).

dortigen Amtsträger mit Altdorf zu unterbinden, sodass die württembergische Kommission stets gut über die Vorgänge im Amt Gebrazhofen unterrichtet war[33]. Der Freiherr von Maucler rühmte in seinen Lageberichten die Treue, Festigkeit und Anhänglichkeit der Allgäuer an Württemberg und schlug den Gebrazhofer Gerichtsamman Schneider für eine Auszeichnung vor[34]. Das antibayerische, prowürttembergische Verhalten der Bevölkerung im Amt Gebrazhofen dürfte seine Wurzeln in der selben Hoffnung auf Kontinuität gehabt haben, wie sie auch in den Altdorfer Huldigungstexten zum Ausdruck kommt – die Anhänglichkeit an Württemberg lässt sich also auch als ein Festhalten an den gewohnten Strukturen und Bindungen, mithin als Anhänglichkeit an Altdorf interpretieren.

An der militärischen Übermacht Bayerns vor Ort und dem Recht des Stärkeren war jedoch nicht zu rütteln; einstweilen blieb es also bei den Versuchen Bayerns, vollendete Tatsachen zu schaffen, und den Protestnoten Württembergs, die diese Aktivitäten begleiteten. Definitiv geklärt werden konnte die Zugehörigkeit der Oberen Landvogtei erst im Zuge der bayerisch-württembergischen Grenzbereinigung 1810, als auch die Stadt Leutkirch an Württemberg abgetreten wurde.

Zu den strittigen Territorien sind schließlich auch die reichsritterschaftlichen Herrschaften zu zählen, deren Aufteilung Napoleon seinen Verbündeten zugesagt hatte[35]. Mit der Landvogtei reklamierte Württemberg auch die Landeshoheit über zahlreiche Ritterherrschaften für sich; problematisch wurde es überall dort, wo die betreffenden Orte sowohl an bayerisches wie an württembergisches Herrschaftsgebiet angrenzten und daher von beiden Mächten für sich beansprucht wurden. Exemplarisch seien hier die Ereignisse in der zum Ritterbezirk Allgäu-Bodensee zählenden Herrschaft Amtzell skizziert, die unter der Landeshoheit der Landvogtei Schwaben stand. Am 15. Januar erschien der bayerische Kommissär Wirt aus Wangen in Amtzell, nahm den Ort für Bayern in Besitz und vereidigte den herrschaftlichen Ammann, der zugleich landvogteilicher Zolleinnehmer war. Zwei Tage später kam eine Abordnung württembergischer Soldaten aus Altdorf, um den Ort für Württemberg in Beschlag zu nehmen. Der Ammann alarmierte umgehend Kommissär Wirt in Wangen, der seinerseits sofort Soldaten nach Amtzell marschieren ließ, vor deren Übermacht sich die Württemberger wieder zurückziehen mussten. Die Proteste Mauclers, der Amtzell als Dependenz der Landvogtei Schwaben für Württemberg reklamierte, blieben zunächst angesichts der militärischen Präsenz Bayerns fruchtlos[36]. Der ritterschaftliche Amtzeller Ammann bildete mit seinem probayerischen Verhalten einen Gegenpol zu Gebrazhofen. Im Herbst 1806, als sich Württemberg in Amtzell schließlich hatte durchsetzen können, schrieb er: *Höchst unangenehm war mir die soeben erhaltene Nachricht, dass nämlich der hiesige Ort an die Krone Württemberg falle. Schon in seine [= des bayerischen Königs] Regierungsform gewöhnt, sehen wir uns eines Landesfürsten beraubt, der für das Glück und die Wohlfahrt seiner Unter-*

[33] *Ebda.* passim. – D 21 Bü 84 (30. Mai 1806).
[34] StA Ludwigsburg D 21 Bü 130 (21. Jan. 1806, 26. Jan. 1806 (Zitat), 27. Jan. 1806).
[35] Gerrit *Walther*: Treue und Globalisierung. Die Mediatisierung der Reichsritterschaft im deutschen Südwesten. In: Alte Klöster. Bd. 2.2 (wie Anm. 10) S. 857–872. – Michael *Puchta*: "Indessen tritt hier der Fall ein, wo Gewalt vor Recht gehet." Die Mediatisierung der schwäbischen Reichsritterschaft des Bezirks Allgäu-Bodensee. In: Adel im Wandel. Oberschwaben (wie Anm. 1). Bd. 2. S. 591–604.
[36] StA Ludwigsburg D 21 Bü 130 (20. Jan. 1806). – Gemeindearchiv Amtzell Sammlung Frisch 1.15.

tanen besorgt ist[37]. Ein Motiv für die bayerische Option des Amtzeller Ammanns könnte gleichwohl analog zu dem vorigen Fall im Festhalten an hergebrachten, vertrauten Bindungen gesucht werden. Schließlich war der überwiegende Teil des Ritterbezirks Allgäu-Bodensee von Bayern in Beschlag genommen worden, die Ritterkanzlei befand sich in der jetzt bayerischen ehemaligen Reichsstadt Wangen, und zu guter Letzt hatte auch der bisherige Ortsherr, Freiherr Reichlin von Meldegg, seinen Wohnsitz im nunmehr bayerischen Dillingen.

Das zweite bayerisch-württembergische Konfliktfeld betraf die Hoheitsrechte, welche die Landvogtei außerhalb ihres eigenen Territoriums beansprucht hatte und die Württemberg zusammen mit dem Territorium der Landvogtei für sich reklamierte. Dies betraf beispielsweise die zahlreichen Zölle, die der Kasse in Altdorf erhebliche Einnahmen bescherten, wie beim Streit um die Obere Landvogtei bereits deutlich wurde. Umgekehrt bemühte sich Bayern, ebendiese Zölle in seinem Staatsgebiet abzuschütteln – neben dem strittigen Gebrazhofen etwa in den bayerischen Städten Buchhorn und Ravensburg[38].

Ähnlich gelagert waren die Auseinandersetzungen um Forstrechte, die Württemberg als Inhaber der Landvogtei beispielsweise im Gebiet des Ravensburger Stadtwaldes für sich geltend machte – ein Konflikt, der im Winter 1806/1807 eskalierte[39]. Im Februar 1807 arretierten zwei württembergische Jäger einen Ravensburger Bannwart, als dieser im Ravensburger Stadtwald einem Untertanen Brennholz zuwies, und legten ihn drei Tage in Altdorf in den Kerker. Bayern reagierte auf diese Provokation, die nicht die erste war, mit einer militärischen Drohgeste: Es verlegte 28 Soldaten unter dem Kommando eines Offiziers zur Beschützung der Souveränitätsrechte nach Ravensburg. Diese, von Lindau kommend, nahmen eigens einen Umweg, um unangekündigt durch Altdorf zu marschieren – ein Bruch des Völkerrechts, der den württembergischen Beamten nachdrücklich Stärke demonstrierte. Als sich wenig später erneut ein württembergischer Jäger im Ravensburger Stadtwald zu schaffen machte, reagierten die Bayern mit der unverzüglichen militärischen Besetzung des Waldes. Zwei württembergische Jäger, welche die Lage auskundschaften wollten, wurden auch tatsächlich angegriffen, konnten jedoch unverletzt entkommen. Angesichts dieser Demonstration der Gewaltbereitschaft blieb den württembergischen Beamten nichts anderes übrig, als von weiteren Versuchen, Rechte im Territorium der bayerischen Stadt Ravensburg geltend zu machen, Abstand zu nehmen.

Der vornehmste mit der Landvogtei verbunden gewesene Rechtstitel war zweifellos derjenige des Kaiserlichen Landgerichts gewesen[40]. Tatsächlich unternahm der letzte österreichische Landgerichtsverweser, der jetzt württembergische Oberamtsrat Johann Baptist Martin von Arand, gleich im Februar 1806 den Versuch, die Tätigkeit als Landrichter wieder aufzunehmen, da das Landgericht ebenso wie die Landvogtei im Pressburger Frieden von Österreich an Württemberg übergegangen sei[41]. Arand hatte bereits an die Zeitungen in Kempten und

[37] StA Ludwigsburg D 136 Bü 57, zitiert nach Berthold *Büchele*: Ratzenried. Eine Allgäuer Heimatgeschichte. Bd. 2. Ratzenried 1988. S. 478f.
[38] StA Ludwigsburg D 21 Bü 130 (16. Feb. 1806). – *Eitel*, Ravensburg (wie Anm. 10) S. 23.
[39] Kreisarchiv Ravensburg B.O.AD 002.00 Bü Y 2107. – *Maier* (wie Anm. 11).
[40] *Steuer* (wie Anm. 5) S. 42–46. – Joachim *Fischer*, Das Kaiserliche Landgericht Schwaben in der Neuzeit. In: ZWLG 43 (1984). S. 237–286.
[41] StA Ludwigsburg D 21 Bü 130 (13. Feb. 1806/12. Feb. 1806, 6. März 1806). – Zur Person Arands: In Vor-

Augsburg eine entsprechende Verlautbarung zur Veröffentlichung geschickt. Das Vorhaben wurde jedoch von Stuttgart aus unterbunden: Sei es, um den Eklat, den der Plan vor allem bei den Bayern sicher ausgelöst hätte, zu vermeiden, sei es, dass von württembergischer Seite bereits an eine Aufhebung des Gerichtes, das "in den letzten zwanzig Jahren seines Bestehens nur noch ein Schattendasein" führte, gedacht wurde[42].

Erschwert wurden die Auseinandersetzungen über den Umfang und die Rechtstitel der Landvogtei durch die vielfach verworrene und unklare Aktenlage, die es Kommissär Maucler schwer machten, eigene Ansprüche juristisch gegenüber Bayern zu untermauern: *Hiebey kan ich Euer Excellenz [Baron Reischach] die Verwirrung nicht groß genug beschreiben, welche in den hiesigen Archiven und Registraturen herrscht. Die benachbarten Grafen von Königsek, welche durch eine lange Reihe von Jahren Landvögte in Ober- und Niederschwaben waren, eigneten sich im Geringsten nicht zu der Bekleidung eines so schwierigen Posten. [...] Die wichtigsten Actenstükke, besonders was Territorial- und Lehens-hoheitliche- und herrlichen Verhältnisse anbelangt, lagen bey der Regierung zu Costanz, welche die sonderbare Politik hatte, die betreffenden Kreis- und OberÄemter über die – in ihrem Bezirke vorwaltenden Gerechtsame absichtlich im Dunkeln zu lassen. [...] Das lebendige Archiv über die hiesigen Verhältnisse ist der Oberamtsrath und provisorische Landrichter von Arand [...]. [O]hne ihn stehe ich verlassen da*[43].

Während die bayerischen und württembergischen Beamten in Oberschwaben fortwährend damit befasst waren, eigene Ansprüche auf Kosten der Gegenseite durchzusetzen, nahmen bereits Ende Januar Abgesandte der beiden Höfe in München Verhandlungen über die strittigen Punkte auf. Währenddessen kursierten in Oberschwaben hartnäckige Gerüchte, die gesamte Landvogtei würde an Bayern abgetreten, verkauft oder eingetauscht werden[44]. Die Verhandlungen mündeten schließlich am 3. Juni 1806 in einen Staatsvertrag, der den Gordischen Knoten der komplizierten staatsrechtlichen Verhältnisse mittels einer Demarkationslinie zu lösen versuchte[45]. Zu beiden Seiten dieser Linie sollten nicht nur die im Pressburger Frieden zur Disposition gestellten Territorien jeweils dem einen oder dem anderen Staat zufallen. Auch die zur Debatte stehenden Hoheits- und anderen Rechte sollten entlang dieser Grenzlinie geschieden werden, sodass für Württemberg und Bayern zwei voneinander getrennte Einflussräume entstanden. Diese neue bayerisch-württembergische Grenzlinie nahm ihren Anfang an der Grenze zwischen der früheren Fürstpropstei Ellwangen und der Grafschaft Öttingen-Spielberg, von wo sie sich nach Süden zog. Südlich der Donau bildete zunächst *der Lauf der Riß [...] die Scheidung, doch so, dass das Churbaden zugehörige, ehemals Biberach[ische] Gebiet außer aller Berührung bleibt, [...] so daß sich das Territorium von Bayern östlich – das Territorium von Württemberg aber westlich um dasselbe herumzieht [...]. Oberhalb des Biberacher Gebiets theilt sodann die Scheidungs-Linie das Gräflich Waldseeische Gebiet, samt dem dazu gehörigen Gericht Schwarzach auf die Württembergische Seite und zieht sich [–] Wolfegg*

derösterreichs Amt und Würden. Die Selbstbiographie des Johann Baptist Martin von Arand (1743–1821), Bearb. von Hellmut *Waller* (Lebendige Vergangenheit 19). Stuttgart 1996.

[42] *Steuer* (wie Anm. 5) S. 46.

[43] StA Ludwigsburg D 21 Bü 130 (19. Jan. 1806).

[44] StA Ludwigsburg D 21 Bü 130 (26. Jan. 1806, 2. März 1806).

[45] StA Ludwigsburg D 21 Bü 1 (3. Juni 1806).

auf Bayerischer Seite lassend – an der Grenze der Landvogtei Altdorf bis Berg herab. Von Berg scheidet die Linie Altdorf mit allen Bestandtheilen dieses Amts für Württemberg ab, und geht in schiefer Richtung, Unter- und Ober-Ankenreute, Zundelbach, Lachen und Burach, diese Orte für Württemberg nördlich lassend, bis an die nordöstliche Seite der Markung von Ravensburg, sodann die nördliche Seite dieser Markung fort über die Schussen, und dann die Schussen herunter bis Oberbaumgarten, dieses Bayern zutheilend, alsdann bis an die St. Jergen Kapelle, solche nördlich auf Württembergischer Seite lassend, über die Achbach bis an die StadtMarkung von Buchhorn, welche ganz auf Baierische Seite fällt, und von da an den Bodensee[46]. Diese Grenzziehung bedeutete für die politische Landkarte Oberschwabens also die Abtretung der rechts der Schussen liegenden Gebietsteile der Stadt Ravensburg von Bayern an Württemberg; umgekehrt verzichtete Württemberg auf die Ämter Ausnang, Gebrazhofen, Boschen, Pfärrich, Grünkraut, Bodnegg und Eschach sowie die Hoheitsansprüche über die Herrschaften Neuravensburg, Busmannshausen, Orsenhausen und Amtzell. Der vorgesehene Rückzug Württembergs hinter Riss und Schussen hätte insbesondere zur Folge gehabt, dass die vier bayerischen Städte Buchhorn, Leutkirch, Ravensburg und Wangen von ihrer Insellage befreit und mit ihrem Umland in einem geschlossenen bayerischen Staatsgebiet verbunden gewesen wären. Zugleich zeigt dieses Verhandlungsergebnis nochmals die schwache Position, die Württemberg in Oberschwaben zu diesem Zeitpunkt innehatte.

Dass die Bestimmungen des Münchener Staatsvertrages nicht umgesetzt wurden, sondern dass der Vertrag kurz nach seiner Ratifizierung bereits wieder Makulatur wurde, lag an den Entwicklungen auf der europäischen Bühne. So wie der Pressburger Frieden als Grundlage der dargestellten territorialen Umverteilungen von Napoleon ausgegangen war, so setzte der Kaiser der Franzosen nun mit dem Rheinbundvertrag abermals neue Rahmenbedingungen. Bei den Verhandlungen in Paris, die am 12. Juli 1806 zur Gründung des Rheinbundes und der damit verbundenen Mediatisierung führten, hatte Württemberg offenbar bessere Karten und konnte sich in Oberschwaben vor allem das Fürstentum Waldburg sichern[47]. Mit diesem großen neuen Besitz im Rücken hatte sich die Position der Krone Württemberg südlich der Donau schlagartig zu ihren Gunsten geändert. Vor diesem Hintergrund musste das Grenzbereinigungsgeschäft mit Bayern noch einmal neu aufgerollt werden, was schließlich um 1810 zu den Gebietsarrondierungen führte, welche die bis zum Ende des Zweiten Weltkriegs bestehenden württembergischen Landesgrenzen zur Folge hatten.

In der Nahsicht auf die Ereignisse der ersten Jahreshälfte 1806 in Oberschwaben lassen sich vier charakteristische Merkmale herausarbeiten, welche die Politik Württembergs in Bezug auf die neuerworbenen oberschwäbischen Territorien bestimmten: Die strategisch-fiskalische wie symbolische Bedeutung der Landvogtei für das neue Königreich, die Diskrepanz zwischen Ansprüchen und den Mitteln, diese durchzusetzen, die Verfolgung eines konservativen Souveränitätsbegriffes und daraus resultierend das Bemühen um staatsrechtlich-administrative Kontinuität.

---

[46] *Ebda*. Art. 3.

[47] *Huber* (wie Anm. 26). S. 28–34, hier S. 31f. (Art. 24). – Rudolf *Beck*: "... als unschuldiges Staatsopfer hingeschlachtet...". Die Mediatisierung des Hauses Waldburg. In: Adel im Wandel. Oberschwaben (wie Anm. 1). Bd. 1. S. 265–286.

1. Dem Erwerb der Landvogtei Schwaben wurde vonseiten Württembergs eine große Bedeutung beigemessen. Im Zusammenhang mit seiner Inbesitznahme erscheint Oberschwaben nicht etwa als ungeliebte Provinz an der Peripherie, sondern tatsächlich *als eine der schätzbarsten Besitzungen, die das königliche Haus hat und je machen konnte*[48]. Diese Bedeutung resultierte zum einen aus dem territorialen Umfang der Landvogtei, der Württemberg neben einem beträchtlichen Zuwachs an Einwohnern und Agrarflächen den Weg nach Hofen an den Bodensee und damit zum wichtigen Handel mit der Schweiz erschloss. Als ebenso bedeutsam sind jedoch die zahlreichen Rechtstitel und -ansprüche zu werten, die in der Landvogtei als einstiger Reichsinstitution vereinigt waren. Württemberg übernahm von Österreich mit der Landvogtei nicht nur den Anspruch, die dominierende Macht in Oberschwaben zu sein, sondern erkannte in ihr auch *eine Gelegenheit zur indirekten Vergrößerung [...], die man nicht überall so gelegen wie hier findet*[49]. Man sah also die Möglichkeit, an die von Österreich verfolgte Politik, die Landvogtei Schwaben als Instrument zum weiteren Ausbau der eigenen Machtposition in der Region zu benutzen, anzuknüpfen. Mit der Landvogtei hatte der König von Württemberg die Reste des alten staufischen Herzogtums Schwaben an sich gebracht[50]. Der Stellenwert dieser Erwerbung schlug sich dementsprechend auch symbolisch nieder. So fügte Friedrich im Manifest zur Annahme der Königswürde am 1. Januar 1806 seinem Titel ein auf die Landvogtei bezogenes *Fürst zu Schwaben ein: Wir Friderich, von Gottes Gnaden König von Württemberg, des heil. Römischen Reiches Erz-Panner und Churfürst, Herzog von Teck, Fürst zu Schwaben, Landgraf zu Tübingen und Nellenburg, Fürst zu Ellwangen und Zwiefalten [...]* [51]. Nach dem Ende des Heiligen Römischen Reiches wurde im August 1806 die Titulatur revidiert, wobei der Begriff Schwaben noch weiter nach oben rückte und nun, nach der Mediatisierung, sogar noch vor dem traditionsreichen Tecker Titel platziert wurde. Der sogenannte kleinere Titel des Königs lautete nun *Friederich von Gottes Gnaden, König von Württemberg, Souverainer Herzog in Schwaben und von Teck*[52]. Analog zur prominenten Stellung des Begriffes Schwaben im Titel ließ Friedrich auch das neue Wappen des Königreiches gestalten, in dessen zweigeteiltem Herzschild neben dem württembergischen Stammwappen die drei staufischen Löwen zu stehen kamen, welche über die Landvogtei den Bezug zum mittelalterlichen Herzogtum Schwaben herstellten[53]. In der Frage nach dem Verhältnis der Begriffe "Württemberg" und "Schwaben" nimmt die württembergische Inbesitznahme der Landvogtei Schwaben als Nachfolgeinstitution des gleichnamigen Herzogtums einen wich-

---

[48] StA Ludwigsburg D 21 Bü 130 (19. Jan. 1806).

[49] StA Ludwigsburg D 21 Bü 130 (26. Jan. 1806).

[50] Hans-Georg *Hofacker*: Die schwäbische Herzogswürde. Untersuchungen zur landesfürstlichen und kaiserlichen Politik im deutschen Südwesten im Spätmittelalter und in der frühen Neuzeit. In: ZWLG 47 (1988) S. 71–148.

[51] August Ludwig *Reyscher (Hg.)*: Vollständige, historisch und kritisch bearbeitete Sammlung der württembergischen Gesetze. Bd. 3, T. 3: Staats-Grund-Gesetze vom Jahre 1806 bis Ende des Jahres 1828. Stuttgart/Tübingen 1830. Nr. 109 (S. 239f., hier S. 239).

[52] *Ebda*. Nr. 117 (S. 263f., hier S. 263).

[53] *Lebret*: Ueber Farben und Wappen des Hauses Württemberg. In: WJb 1 (1818) S. 167–191, hier S. 188: *In dem Mittelschilde trat das Stammwappen in seine alte Rechte ein; es erhielt den Ehrenplatz. Neben ihm kamen durch ein wunderbares Verhängniß im zweyten goldenen Felde wegen der durch den Preßburger Frieden erhaltenen östreichischen Landvogtey in Schwaben oder eigentlich wegen des alten schwäbischen Herzogthums die drey schwarzen Löwen des Hohenstaufischen Hauses [...] zu stehen.*

tigen, bislang wenig beachteten Platz ein. Der hohe symbolische, fiskalische und machtpolitische Stellenwert der Landvogtei Schwaben für Württemberg erklärt die Bereitschaft König Friedrichs, zur Durchsetzung seiner Ansprüche auch einen bewaffneten Konflikt mit Bayern zu riskieren.

2. Das grundlegende Problem Württembergs bei der Beanspruchung der Landvogtei Schwaben waren jedoch seine mangelhaften militärischen Machtmittel. In den zahlreichen Zweifelsfällen gab vor Ort die erdrückende militärische Überlegenheit Bayerns den Ausschlag. Maucler forderte nach seinem Eintreffen in Altdorf unermüdlich zusätzliche Soldaten an – stets erfolglos. Schon Ende Januar schrieb er resigniert nach Stuttgart, dass eine Verstärkung inzwischen keinen Sinn mehr machen würde, weil man den Bayern ohnehin nie Paroli werde bieten können[54]. Zu diesem Zeitpunkt lagen an bayerischen Truppen in Schwaben drei Linien-Infanterie-Regimenter, zwei Bataillone leichter Infanterie, anderthalb Regimenter leichter Reiterei, ein Dragoner-Regiment, ein freiwilliges Jäger-Korps zu Pferd und zu Fuß sowie die zugehörige Artillerie. Der hohe militärische Druck Bayerns in Oberschwaben schlug sich zuletzt entsprechend in dem für Bayern günstigen Staatsvertrag vom 3. Juni nieder. Die Bereitschaft, die eigenen Interessen mit militärischer Gewalt durchzusetzen, ist bezeichnend für die Situation im Zusammenbruch des Heiligen Römischen Reiches Deutscher Nation. Die Rechtsansprüche der alten Landvogtei Schwaben hatten schon seit jeher erhebliches Konfliktpotential beinhaltet und zu langwierigen, erbitterten Streitereien mit ihren Nachbarn geführt[55]. Solange das Heilige Römische Reich Deutscher Nation funktionierte, konnten solche Streitfälle auf juristischem Wege vor den Reichsgerichten ausgetragen werden. Jetzt war jedoch eine neue Situation eingetreten: Mit Bayern und Württemberg standen sich zwei souveräne Staaten gegenüber, die nicht mehr ohne Weiteres bereit waren, eine übergeordnete Instanz als Richter über die eigenen Angelegenheiten anzuerkennen. Auch wenn das Reich noch existierte, waren die neuen Staaten zur Durchsetzung ihrer Rechtsansprüche doch prinzipiell auf sich allein und auf ihre eigenen Machtmittel gestellt – was stets die Gefahr militärischer Eskalation in sich barg. Die württembergische Herrschaft in weiten Teilen Oberschwabens stand angesichts dieser Situation zunächst also auf durchaus tönernen Füßen.

3. In den Konflikten zwischen Bayern und Württemberg um die mit der Landvogtei Schwaben verbundenen Hoheitsrechte prallten zwei Rechtsauffassungen aufeinander, die sich mit den Etiketten "reichsrechtlich-konservativ" und "einzelstaatlich-revolutionär" bezeichnen ließen. Angelpunkt des Problems war dabei die Bestimmung des Pressburger Friedens, *LL. MM. les Rois de Bayière et de Wurtemberg, et S.A.S. l'Electeur de Bade jouiront sur les territoires à Eux cédés, comme aussi sur Leurs anciens états, de la plénitude de la souveraineté et de tous les droits qui en dérivent [...]*[56]. Auf diesen Artikel rekurrierte Bayern, um landvogteiliche Rechte wie Forstrecht oder Zölle in seinem Territorium abzuschütteln. So argumentierte der Ravensburger Landrichter Kutter, *daß durch die seinem Könige ertheilte Souverainité alle Staatsrechtsdienstbarkeiten aufgehoben seyen, und er deshalb nie das Wappen eines fremden Herrn im bairischen territorio dulden*

[54] StA Ludwigsburg D 21 Bü 130 (26. Jan. 1806).
[55] *Steuer* (wie Anm. 5) S. 29–33.
[56] Art. 14 Pressburger Frieden, zitiert nach *Freiin von Oer* (wie Anm. 2) S. 275.

werde[57] – eine moderne Auffassung des Begriffes, die unter Souveränität wesentlich die rechtliche Autarkie eines geschlossenen Staatsgebietes verstand, innerhalb dessen sämtliche hoheitlichen Rechte bei der Person des Königs lagen[58]. Dem stand ein württembergischer Souveränitätsbegriff gegenüber, der sich lediglich als nach innen gewandt verstand, ohne Auswirkungen auf die staatsrechtlichen Verbindungen zu den Nachbarstaaten zu haben. So erwiderte Maucler seinem bayerischen Gegenüber: *Schon nach der ganzen Fassung des Friedensschlusses geht das Princip der Souverainität nur auf die Verhältnisse zwischen Herrn und Unterthanen und nicht gegen Dritte. Nach dem Wortlaut des Friedens besäßen die drei Staaten die neuen Länder, so wie Östreich solche besessen hatte, mithin alle Rechte, welche dieser Staat ausübte, sind als ein RealRecht mit dem Land auf den Besitzer übergegangen*[59]. Diese Behauptung eines nur die inneren Verhältnisse eines Staates betreffenden Souveränitätsanspruches entsprach dem für Württemberg zentralen inneren Konflikt zwischen Herrscher und Ständen, der in der Aufhebung der Landstände zum Jahreswechsel 1805/1806 gipfelte[60]. Mit dem Verweis auf die *ganze[n] Fassung des Friedensschlusses* ist auf die Bestimmung des Vertrages angespielt, der zufolge die neuen Königreiche nach wie vor der Confédération Germanique angehören sollten[61]. Die unterschiedlichen Auslegungen der Souveränität entsprachen dabei natürlich auch der jeweiligen Interessenlage in Oberschwaben: Während Bayern sich bemühte, bisherige landvogteiliche Rechte abzuschütteln, versuchte Württemberg, diese als Hebel für eigene Expansionspläne weiter zu behaupten. Durchaus weitsichtig hielt dabei der württembergische Kommissär dem bayerischen Ravensburger Landrichter nicht ohne drohenden Unterton vor, *daß bei einer gänzlichen Umwälzung der bisher bestandenen Verhältnisse, Ravensburg (welches ganz von der Landvogtei umschlossen ist und seine gewöhnliche Bedürfnisse nur daher bezieht, dessen corpora überdiß eine Menge Rechte und Gefälle in der Landvogtei haben) wohl am meisten leiden würde*[62]; eine Prognose, die sich in den folgenden Jahren bis zum Übergang Ravensburgs an Württemberg 1810 durchaus bewahrheiten sollte[63].

4. Im Vergleich der württembergischen und bayerischen Souveränitätspolitik in Oberschwaben wird die Bandbreite der Möglichkeiten politischen Handelns in der Endphase des Heiligen Römischen Reiches deutlich. Während die bayerische Souveränitätspolitik mit der Kappung der bisherigen staatsrechtlichen Verflechtungen den Weg hinaus aus dem Heiligen Römischen Reich wies, lässt sich die württembergische Politik aus einer Position der Kontinuität heraus verstehen. Wenn Württemberg die Landvogtei Schwaben als Ausgangspunkt für den Ausbau der eigenen Machtstellung in Oberschwaben nutzen wollte, war dies angesichts der Struktur der Rechtsverhältnisse konsequent nur im Rahmen eines fortbeste-

[57] StA Ludwigsburg D 21 Bü 130 (16. Feb. 1806).

[58] Hans *Boldt* u.a.: Staat und Souveränität. In: Geschichtliche Grundbegriffe. Bd. 6. Stuttgart 1990. S. 1–154. – Helmut *Quaritsch*: Souveränität. In: Handwörterbuch zur deutschen Rechtsgeschichte. Bd. 4. Berlin 1990. Sp. 1714–1725.

[59] StA Ludwigsburg D 21 Bü 130 (16. Feb. 1806).

[60] Walter *Grube*: Der Stuttgarter Landtag 1457–1957. Von den Landständen zum demokratischen Parlament. Stuttgart 1957. S. 469–486. – Volker *Press*: Der württembergische Landtag im Zeitalter des Umbruchs 1770–1830. In: ZWLG 42 (1983) S. 256–281.

[61] Art. 7 Pressburger Frieden, zitiert nach *Freiin von Oer* (wie Anm. 2) S. 273.

[62] StA Ludwigsburg D 21 Bü 130 (16. Feb. 1806).

[63] *Eitel* (wie Anm. 10). – *Ders.* (wie Anm. 10) S. 22ff.

henden Reichsverbandes denkbar. Württemberg bemühte sich, möglichst nahtlos die Stelle Österreichs als Landesherr und Inhaber der Reichslandvogtei Schwaben einzunehmen. Die in Oberschwaben zu beobachtende Hoffnung auf Kontinuität fand somit tatsächlich eine Entsprechung in der württembergischen Politik – zumindest in dem halben Jahr, solange das Reich noch fortbestand. Die württembergische Kontinuitätspolitik in Oberschwaben passt zu der vielfach gemachten Beobachtung, dass sich Friedrich von Württemberg durchaus als Reichsfürst begriff und nur widerwillig den Weg hinaus aus dem Reich beschritt[64]. Dass diese Kontinuitätspolitik in Oberschwaben auch entsprechend wahrgenommen und geschätzt wurde, zeigt ein Brief des Oberamtsrates Arand an Baron Reischach im Zuge der Vorbereitungen zur Übergabefeier der Landvogtei. Arand klagt darin über den schweren Stand Württembergs gegen Bayern und über die pikante u. niedrige Gesinnung der anwesenden französischen Offiziere gegen den König. *Warum? [...] Vielleicht, weil Er mehr fühlt, d[a]ß Er Deutscher Fürst ist, als ein Anderer? U[nd] deswegen verehrt man diesen Monarchen allgemein desto tiefer*[65]! Der Begriff Deutscher Fürst ist dabei zweifellos auch, wenn nicht ausschließlich, im Sinne eines frühneuzeitlichen Reichspatriotismus zu verstehen[66]. Die in der Forschung beobachtete personelle Kontinuität in den Verwaltungsbehörden vor Ort, die noch bis in die Zwanziger Jahre des 19. Jahrhunderts die Beamtenschaft in Oberschwaben prägte, hatte, wenn auch nur kurzzeitig, zum Beginn der württembergischen Herrschaft auch eine Entsprechung im tatsächlichen politischen Handeln[67]. Mit dem Zusammenbruch des Reiches und der Bildung der Rheinbundstaaten verlor die württembergische Kontinuitätspolitik in Oberschwaben nach dem Pressburger Frieden ihren Sinn. Äußeres Zeichen dafür war die Auflösung der Landvogtei Schwaben als eigenständige Verwaltungseinheit und ihre Überführung in das neue System der württembergischen Oberämter[68]. Die Bereitschaft Württembergs, die österreichische Position in Oberschwaben unverändert zu übernehmen, zeigt jedoch eindrucksvoll, wie wenig zwangsläufig das Ende des Alten Reiches noch in der ersten Jahreshälfte 1806 – zumindest im Blick auf Oberschwaben – erscheinen musste.

[64] *Schneider* (wie Anm. 9). – Volker *Press*: König Friedrich I. – der Begründer des modernen Württemberg. In: Baden und Württemberg (wie Anm. 10) S. 25–40. – *Sauer* (wie Anm. 9).

[65] StA Ludwigsburg D 21 Bü 84 (28. Mai 1806).

[66] Georg *Schmidt*: Geschichte des Alten Reiches. Staat und Nation in der Frühen Neuzeit 1495–1806. München 1999. – *Ders.*: Die frühneuzeitliche Idee "deutsche Nation": Mehrkonfessionalität und säkulare Werte. In: Heinz-Gerhard *Haupt*/Dieter *Langewiesche* (Hg.): Nation und Religion in der deutschen Geschichte. Frankfurt/New York 2001. S. 33–67.

[67] Vadim *Oswalt*: Staat und ländliche Lebenswelt in Oberschwaben 1810–1871. (K)ein Kapitel im Zivilisationsprozess? (Schriften zur südwestdeutschen Landeskunde 29) Leinfelden-Echterdingen 2000. S. 59–64.

[68] Vogteien, Ämter, Landkreise in Baden-Württemberg, Bd. 1, Bearb. von Walter *Grube* (Geschichtliche Grundlagen). Stuttgart 1975. S. 71–98.

Gottlieb Pfeilsticker (1811-1866) - Wegbereiter der historistischen Architektur in Oberschwaben

Alfred Lutz

Ausbildung und Werdegang bis 1840

Gottlieb Pfeilsticker wurde am 29. September 1811 im oberschwäbischen Rot an der Rot als Sohn eines Amtmanns geboren, entstammt aber einer protestantischen altwürttembergischen Familie. Bis zurück in die Reformationszeit finden sich seine Vorfahren in lückenloser Folge auf Beamtenpositionen: als Verwalter, Bürgermeister oder Amtmänner. Sein Vater Gottlieb Friedrich Pfeilsticker (1770-1847) war Amtsnotar und später Gerichtsnotar. Die in Tübingen geborene Mutter Juliane Friederike (1782-1855), geb. Hebsacker, kam ebenfalls aus einer angesehenen altwürttembergischen Familie, die Pfarrer und Lehrer, aber auch Handwerker hervorgebracht hatte. Wie bei der Familie Pfeilsticker waren jedoch bislang keine Baumeister darunter gewesen[1].

1813 wurde Gottlieb Pfeilstickers Vater nach Reutlingen versetzt, wo er den Beruf eines Gerichtsnotars ausübte. Dort besuchte der junge Gottlieb Pfeilsticker zunächst die Lateinschule, um 1826 im Alter von 15 Jahren in die von In- und Ausländern besuchte private Bauschule des bekannten Architekten und Architekturtheoretikers Karl Marcell Heigelin[2] in Tübingen[3] einzutreten. Nach eigenen Angaben erwarb er dort die *nöthigen Vorkenntnisse* und hörte die öffentlichen Vorlesungen Heigelins *über bürgerliche und ökonomische Baukunst, Kunstgeschichte, Aesthetik*[4]. In Heigelins Tübinger Bauschule wurde das Neben-

[1] Vgl. Heinrich *Wurm*: Zwei königliche Bauten am Bodensee und ihre Baumeister. Domäne Mooswald (1830), Villa Argena – Schloß Montfort (1861-1867). Maschinenschriftl. Manuskript Ravensburg 1976 (in Privatbesitz und StadtA Ravensburg, Kt 230). S. 25.

[2] Zu Heigelin: Allgemeine Bauzeitung V. Wien 1840. S. 62-66; Hans *Vollmer* (Hg.): Allgemeines Lexikon der bildenden Künstler. Bd. 16. S. 268f.; Neue Deutsche Biographie, Bd. 8. Berlin 1969. S. 255f.; Paul *Gehring*: Dr. Karl Marcell Heigelin. In: Tübinger Forschungen 46/47 /1969) S. 1-7; Eva-Maria *Seng*: Der evangelische Kirchenbau im 19. Jahrhundert. Die Eisenacher Bewegung und der Architekt Christian Friedrich von Leins (= Tübinger Studien zur Archäologie und Kunstgeschichte. Bd. 15). Tübingen 1995. S. 21-44.

[3] Die Bauschule befand sich in einem Nebengebäude des 1826 von Heigelin in schlichten Formen in der Tübinger Gartenstraße in Pisébauart (gestampfte Lehmbauweise) errichteten Wohnhauses; vgl. Udo *Rauch* (Hg.): Zwischen Ammer und Neckar. Das Tübinger Stadtbild im Wandel. Tübingen 1994. S. 108f.

[4] HStA Stuttgart E 143 Bü 560; Gesuch Pfeilstickers um Zulassung zur Dienstprüfung im Baufach v. 1.5. 1834.

einander von Theorie und Praxis realisiert; neben dem Besuch der Vorlesungen konnten die Schüler an Arbeiten mitwirken, die Heigelin seinerzeit plante oder ausführte. Eine derartige Verknüpfung von Theorie und Praxis forderte Heigelin später auch für die Gewerbeschule in Stuttgart und propagierte sie in seinem "Lehrbuch der Höheren Baukunde für Deutsche" als sinnvoll für die Ausbildung der Architekten[5]. Als Heigelin 1829 im Alter von 31 Jahren einen Ruf an die neu eröffnete Gewerbeschule Stuttgart erhielt – er vertrat die Fächer deskriptive Geometrie, konstruierende Technologie, Kunstgeschichte und Kunstkritik bzw. Geschmacksbildung[6] - folgte ihm Pfeilsticker mit einem Großteil der Tübinger Schüler dorthin, um "das Studium der höheren Baukunst"[7] fortzusetzen. Unter anderem unterrichtete an der Gewerbeschule auch der einflussreiche ehemalige Hofbaumeister Nikolaus Friedrich von Thouret[8]. Auf Initiative seines Lehrers Heigelin, der rasch zu einer prägenden Zentralfigur der Gewerbeschule geworden war, bekam Pfeilsticker Gelegenheit zu vielseitigen *practischen Beschäftigungen*[9]. So hatte er, gerade einmal 19 Jahre alt, 1830/31 die Leitung beim Bau eines neuen Ökonomiegebäudes auf dem Staatsgut Mooswald bei Friedrichshafen inne; König Wilhelm I. hatte diese neue Domäne auf einem hierfür gerodeten Areal des Seewaldes als landwirtschaftliches Mustergut anlegen lassen und Heigelin mit dem Bau der hierzu nötigen Gebäude beauftragt[10]. 1832 oblag dem jungen Pfeilsticker die Bauleitung bei der Erweiterung der Gewerbeschule in Stuttgart. 1833 errichtete Heigelin am Esslinger Marktplatz ein dreistöckiges Wohnhaus in einfachen, aber noblen Formen für den damaligen Stadtpfleger Dr. Nagel, des Weiteren, ebenfalls in Esslingen, Gebäude für die Firma Deffner[11] und die neue Textilfabrik von Merkel und Wolf[12]; Bauführer bei diesen Projekten war wiederum Pfeilsticker[13]. An der Stuttgarter Bauschule zählten zu Pfeilstickers Mitstudenten unter anderem Karl Etzel (1812-1865), Ludwig Elsässer (1811-1837) und der später berühmte Christian Friedrich Leins (1814-1892)[14]. Am 4. August 1833 starb der rastlos tätige Architekt und Lehrer Heigelin, erst 35 Jahre alt, an einem Nervenfieber. Zunächst kümmerte sich der Architekt Karl Ludwig Zanth um die nach dem Tode seines Freundes Heigelin verlassenen Schüler wie Pfeilsticker, Elsässer, Etzel und Leins[15]. Während die letzteren drei – wie es für viele deutsche Architekten dieser Zeit durchaus üblich war - in Paris, überwiegend in renommierten Ateliers, ihre Ausbildung fortsetzten und ihre Kenntnisse vervollkommneten[16], blieb Pfeilsticker im Land und übernahm, nachdem er 1834 die Staatsdienstprü-

---

[5] Vgl. *Seng* (wie Anm. 2) S. 22.
[6] Vgl. *ebda.*, S. 7.
[7] *Ebda.*
[8] Vgl. *ebda.*, S. 9.
[9] HStA Stuttgart E 143 Bü 560.
[10] Vgl. *Wurm* (wie Anm.1), S. 1.
[11] Vgl. Felix *Burkhardt*: Carl Christian Ulrich Deffner und sein Sohn Karl Ludwig Deffner. In: Robert *Uhland* (Hg.): Lebensbilder aus Schwaben und Franken. Bd. 14. Stuttgart 1980. S. 166-191.
[12] Vgl. zu dieser Firma: Ein Jahrhundert Arbeit und Erfolg. Zum hundertjährigen Jubiläum der Firma Merkel & Kienlin G.M.B.H. Esslingen o. J. (1930).
[13] Vgl. StA Ludwigsburg E 143 Bü 560.
[14] Vgl. Oberbaurath [Joseph] von *Egle*: Beiträge zur Geschichte der neueren Architektur in Württemberg. In: Verein für Baukunde in Stuttgart, Sitzungsprotokolle 1. Halbjahr 1879, Beil. 5. Stuttgart 1879. S. 40-43; hier S. 42.
[15] Vgl. *Seng* (wie Anm. 2) S. 45.
[16] Vgl. *ebda.*, S. 61.

fung abgelegt hatte[17], Bauaufträge. Im Sommer 1835 leitete er die Bauten für die staatliche Brauerei und das ehemalige Kloster Heiligkreuztal im Auftrag des dortigen Kameralamtes, im Sommer 1836 dann die ausgedehnten Bauarbeiten in den Staatsbädern Teinach und Wildbad.

Spätklassizistische Bauwerke in Wildbad und Tübingen

Der 28-jährige Bauassistent Pfeilsticker kam offenbar durch diese Tätigkeit in Kontakt mit dem in der Nähe von Wildbad ansässigen jüngeren Grafen von Dillen und erhielt von diesem den Großauftrag zum Bau des neuen Hotels "Bellevue"[18]. Von Dillen hatte hierfür ein verhältnismäßig großes, in der Nähe der Bäder gelegenes Gelände am Eingang der Kuranlagen erworben, auf dem bislang das Gasthaus "Zum Badischen Hof" gestanden hatte. Um dem stark aufstrebenden Kurbetrieb in Wildbad zu entsprechen, errichtete Pfeilsticker ein lang gestrecktes Hotel mit vornehmer Fassade an der Enzpromenade; dieses Gebäude für anspruchsvollere Kurgäste war sein erster großer Auftrag. Das in sehr kurzer Bauzeit 1839/40 erstellte Hotel zählte ursprünglich 67 Salons und Gästezimmer auf drei Stockwerken und besaß modernsten Komfort; dazu trugen nicht zuletzt Porzellanöfen, Satintapeten, edle Möbel und französische Lüster bei; des Weiteren waren etwa "die Abtritte doppelt gegen die Korridors abgeschlossen" und besaßen "englische Einrichtung mit Wasser-Reservoirs"[19]. Der links des Hotels stehende Restauranttrakt sollte ursprünglich als Bindeglied zu einer spiegelbildlichen Erweiterung fungieren, die jedoch nicht zustande kam. Die symmetrische, 13-achsige und dreistöckige Fassade des Hauptbaus mit zentral angeordnetem Eingangsportikus, Eckrisaliten und flachem Walmdach war gut proportioniert; sie stand in klassizistischer Tradition, war aber auch von der Formgebung italienischer Renaissancepaläste beeinflusst. Die Mitte des Gebäudes erfuhr eine besondere Akzentuierung durch den Eingangsportikus mit vier dorischen Säulen, die einen Balkon trugen. In der darüberliegenden Zone waren zur Steigerung der Mittelbetonung die Hochrechteckfenster des ersten Obergeschosses zusammengezogen und mit einem gemeinsamen Gesims abgeschlossen, im zweiten Obergeschoss war der Abstand der drei zentralen Fenster reduziert. Um die Bauzeit zu verkürzen waren lediglich der durchgehende bossierte Sockel und das erhöht gelegene Erdgeschoss in massiver Bauweise, die Obergeschosse hingegen als verputzte Fachwerkkonstruktion errichtet worden. Die sparsam verwendeten dekorativen Elemente – die Füllungen der Lisenen, der Palmettenfries unter der Dachtraufe und die Rosetten über den Fenstern des ersten Obergeschosses – bestanden aus "Wetterstuck"; farblich wurde er dem beim Sockel und den sonstigen Gliederungselementen verwendeten rötlichen Sandstein der Umgebung angeglichen. Die Terrassen- und Balkongeländer sowie die Fenstervorsätze des ersten

[17] Vgl. Richard *Fellinger*/Peter *Goeßler*: Zur Geschichte eines alten Tübinger Professorenhauses. In: Tübinger Blätter 35 (1946/47) S. 48-56; hier S. 55.

[18] Zu diesem Abschnitt vgl. Thomas Eckard *Föhl*: Wildbad. Die Chronik einer Kurstadt als Baugeschichte. Hg. vom Staatsbad Wildbad. Neuenbürg 1988. S. 40-44. HStA Stuttgart Q 3/8 Bü 123; Pläne für das von Carl Graf von Dillen neu zu erbauende Hotel "Bellevue" in Wildbad 1839-1842.

[19] Auch zum Folgenden Gottlieb *Pfeilsticker*: Hotel belle vue in Wildbad in Würtemberg. In: Allgemeine Bauzeitung 7. Wien 1842. S. 52-65; hier S. 63; Tafeln 441f. Vgl. auch Johannes *Wilhelm*: Bad Wildbad: Städtebauliches Beispiel einer Bäderstadt. In: Denkmalpflege in Baden-Württemberg 25. Jg., 1/1996. S. 30-38; hier S. 34.

Obergeschosses bestanden aus Eisenguss. Der separat stehende, einstöckige Restauranttrakt besaß fünf hohe, vom Renaissancestil inspirierte Rundbogenöffnungen und wie der Hauptbau eine bossierte Sockelzone, verzierte Seitenlisenen und ein Walmdach über verziertem Traufgesims. Das nach einem Besitzerwechsel 1906 in "Klumpps Quellenhof" umbenannte Hotel wurde zugleich erweitert und erhöht, wobei nur das Erdgeschoss und erste Obergeschoss unverändert blieben. 1913/14 schließlich wurde der alte Restauranttrakt wie auch das Hintergebäude dreistöckig überbaut und durch optische Angleichung an das Hauptgebäude völlig verändert.

1840 wurde Pfeilsticker als provisorischer Bauinspektor nach Tübingen berufen und hatte damit alle staatlichen Bauten in der Stadt zu betreuen. Er entwarf 1842 einen Stadterweiterungsplan für Tübingen, der konkret die Anlage und den Bau neuer Straßen, Häuser und Universitätsgebäude vor dem Lustnauer Tor und dem Schmiedtor vorsah[20]. Ab 1841 leitete Pfeilsticker den von Gottlob Georg Barth konzipierten Bau der klassizistischen Neuen Aula. Die unabhängig stehenden zweigeschossigen und lang gestreckten Flügelbauten, deren nüchtern-klassizistische Fassaden nach dem Vorbild der Neuen Aula[21] gestaltet wurden, errichtete Albert Barth 1846 nach einem Entwurf Gottlieb Pfeilstickers[22].

Der in Theorie und Praxis sorgfältig ausgebildete und durch seine Reisen in Deutschland, Frankreich und Italien auch mit dem neuesten baulichen Schaffen bestens vertraute Pfeilsticker erhielt von dem jungen Tübinger Rechtsprofessor und Dichter Dr. Christian Reinhold Köstlin (1813-1856) den privaten Auftrag zum Bau seines Wohnhauses (heute Rümelinstr. 27). Als "zweistöckiges Wohnhaus mit zwei gewölbten Kellern, massiv, unter einem Ziegeldach"[23] wurde es 1842/43 für 15 000 Gulden gebaut und 1843 von Köstlin und seiner Frau Josefine, geb. Lang, bezogen. Nicht zuletzt die Gesimsbänder, die im Sockelbereich, zwischen den Geschossen und unter der Dachtraufe um das große verputzte Wohnhaus herumgeführt sind, bezeugen die stilistische Verwandtschaft mit der kurz zuvor begonnenen Neuen Aula in der Tübinger Wilhelmstraße. Allerdings besitzt die Villa Köstlin mit dem in Sgraffitotechnik ausgeführten Palmettenfries unter dem Dachansatz und den kleinen Zierrosetten über den Fenstern des Obergeschosses etwas mehr dekorativen Schmuck.

Josefine Köstlin, einer Münchner Musiker- und Schauspielerfamilie entstammend, war eine bekannte Sängerin und Liederkomponistin, ausgebildet unter anderem von Felix Mendelssohn Bartholdy, der auch die Patenschaft über das erste von sechs Kindern des Ehepaares Köstlin übernahm[24]. Justinus Kerner und Nikolaus Lenau waren begeisterte Verehrer ihrer Lieder, von denen mehrere Gedichte der beiden als Textgrundlage hatten. Das neue, von Pfeilsticker erbaute Köstlin´sche Haus in Tübingen wurde zu einer anregenden Heimstatt der Musik und Kunst, in dem unter anderem Ludwig Uhland, Gustav Schwab, Emanuel

---

[20] Vgl. Plan im StadtA Tübingen D 30 K 357.

[21] Vgl. Peter *Goeßler*: Aus der Geschichte unserer Universität vor etwa hundert Jahren: Gründung der Neuen Aula und ihrer Nachbarbauten. In: Tübinger Blätter 32 (1941) S. 35-39.

[22] Vgl. Georg *Dehio*: Handbuch der Deutschen Kunstdenkmäler. Baden-Württemberg II. Bearb. von Dagmar Zimdars u.a. München/Berlin 1997. S. 726.

[23] Zitiert nach *Fellinger/Goeßler* (wie Anm. 17) S. 49. Zur Villa Köstlin ferner: StadtA Tübingen ZGS 2 Rü; Tübinger Chronik v. 24.9. 1943; Südwestpresse (Ausgabe Tübingen) v. 2.4. 1977, 3.5. 2005.

[24] Auch zum folgenden *Fellinger/Goeßler* (wie Anm. 17) S. 48-56.

Geibel, Hans Christian Andersen, Carl Spitzweg, Wilhelm von Kaulbach, Friedrich Silcher, Ottilie Wildermuth und Friedrich Theodor Vischer zu Gast waren. Nach dem frühen Tod ihres Ehemannes widmete sich Josefine Köstlin wieder stärker dem Komponieren und dem Musikunterricht, wobei unter anderem der spätere König Wilhelm II. von Württemberg und sein Vetter Herzog Eugen zu ihren Schülern zählten.

Von Sommer 1842 an war Pfeilsticker außerdem Dozent für Baukunde an der Staatswissenschaftlichen Fakultät der Universität Tübingen, wo er wöchentlich eine dreistündige Vorlesung über Landbaukunde zu halten hatte[25]. Schließlich entwarf er die Pläne zu einem neuen Brunnen vor dem Tübinger Neckartor, der 1843 errichtet wurde[26].

Bezirksbauinspektor in Ravensburg 1843-1866

Am 6. Juni 1843 wurde der 31 jährige Gottlieb Pfeilsticker als Nachfolger Johann Georg Büchlers (1800-1869), der seit 1829 dieses Amt innegehabt hatte und nun auf einen vergleichbaren Posten nach Stuttgart wechselte, zum Bezirksbauinspektor in Ravensburg ernannt. Aufgrund einer Verordnung vom 30. März 1819 waren für das vom Finanzministerium abhängige staatliche Bauwesen 13 Bezirksbauinspektorbezirke neu eingeteilt und für jeden der vier württembergischen Kreise zwei bis drei Bauinspektorstellen geschaffen worden[27]. Pfeilsticker leitete nun eines der wichtigsten und geographisch ausgedehntesten Bauinspektorate des ganzen Königreichs, hatte er doch die staatseigenen Bauten in nicht weniger als sieben Kameralamtsbezirken, die den größten Teil Oberschwabens abdeckten – Heiligkreuztal, Ochsenhausen, Schussenried, Tettnang, Waldsee, Wangen und Altdorf (Weingarten) – und dazuhin auch das Bauwesen des Hüttenwerks Wilhelmshütte in Schussenried zu betreuen. Zu seinem sehr ausgedehnten Aufgabenbereich gehörten vor allem auch die Planung und Ausführung von Neubauten; darunter waren viele Kirchen, bei denen der Staat noch die Baulast trug, aber zum Beispiel auch Oberamtsgebäude, Forstämter, Gefängnisse, Pfarrhäuser, Friedhöfe oder Lagerschuppen[28]. 1857 zum Beispiel konzipierte er den Bau eines neuen Dampfkesselhauses mit hohem Schornstein sowie einer zweiten "Laughaus-Einrichtung" für die staatliche Bleich- und Appreturanstalt in Weißenau bei Ravensburg[29].

Jährlich war in allen Staatsgebäuden eine allgemeine Bauschau durchzuführen, des Weiteren waren aus diesem Anlass die notwendigen Bauarbeiten zu verzeichnen, Voranschläge anzufertigen und an die vorgesetzte Finanzkammer einzusenden[30]. Die anfallenden Reparaturarbeiten an staatlichen Bauwerken (neben den Gebäuden zählten dazu auch viele Brücken und Uferbefestigungen an Flüssen, ja selbst die Anbringung von Blitzableitern) und die damit verbundenen Dienstrei-

[25] Vgl. *Wurm* (wie Anm. 1) S. 27.

[26] Vgl. StadtA Tübingen A 70 Bü 3269. Rauch (wie Anm. 3) S. 95.

[27] Vgl. Alfred *Dehlinger*: Württembergs Staatswesen in seiner geschichtlichen Entwicklung bis heute. Bd. 2. Stuttgart 1953. S. 772.

[28] Vgl. StA Ludwigsburg E 234 Bü 214; Nachweis der Dienstreisen und sonstigen Tätigkeiten Pfeilstickers für die Jahre 1843-1847.

[29] Vgl. StA Sigmaringen Wü 128/3 T. 1 Bü 178 Nr. 8.

[30] Vgl. *Dehlinger* (wie Anm. 27) S. 772.

sen waren überaus zahlreich.

Das jährliche "Normalgehalt" Pfeilstickers wurde 1852 von 800 auf 1000 Gulden erhöht, dazu kam noch eine Reisekostenentschädigung von 600, eine Zugabe für ein "Amtslocal" von 100 und für Schreibmaterialien von 100 Gulden. 1864 wurde sein "Normalgehalt" auf 1300 Gulden erhöht[31]. Anlässlich des 82. Geburtstags König Wilhelms I. am 27. September 1863 erhielt Pfeilsticker den Titel Baurat zuerkannt[32], 1865 wurde er mit dem Friedrichs-Orden geehrt[33].

Der evangelische Pfeilsticker hatte am 21. Oktober 1845 in Ulm Susanne Karoline Schuster (1812-1868), eine Tochter des Ulmer Richters August Ludwig Schuster, geheiratet; Pfeilsticker brachte Vermögenswerte in Höhe von 5819 Gulden in die Ehe ein, seine Gemahlin jedoch in Höhe von 16 567 Gulden[34]; die zehntägige Hochzeitsreise führte in die Schweiz[35]. Aus der Ehe gingen vier Töchter und ein Sohn hervor. 1857 erwarb Pfeilsticker aus der Erbmasse seines im Jahr zuvor verstorbenen Schwagers, des Ravensburger Rechtsanwalts Dr. August Schuster, ein dreistöckiges, massiv gemauertes Wohnhaus in der Ravensburger Herrengasse[36]. Hier starb Pfeilsticker erst 55-jährig am 9. Dezember 1866 an einem Herzschlag; seiner Frau und seinen Kindern hinterließ er ein Gesamtvermögen in Höhe von 45 000 Gulden[37]. Bedauerlicherweise sind offenbar in Zeitungen und Fachzeitschriften keine Nachrufe und Würdigungen seines architektonischen Schaffens erschienen. Lediglich im "Oberschwäbischen Anzeiger" erschien am 16. Dezember 1866 eine Anzeige, in der "die tieftrauernden Hinterbliebenen für die allseitige Teilnahme am Tod des unvergesslichen treuen Gatten, treu besorgten Vaters, Bruders, Schwagers und Onkels, Baurat Pfeilstiker und für den schönen Beweis treuer Anhänglichkeit von Seiten seiner Handwerksleute danken, die den Verstorbenen zu Grabe trugen"[38].

In den Jahren vor Pfeilstickers Amtsantritt als Bezirksbauinspektor waren auch im neuwürttembergischen Oberschwaben vor allem Kirchenneubauten im äußerst nüchternen, zweckbetonten "Kameralamtsstil" (auch "Finanzkammerstil" genannt) errichtet worden, so zum Beispiel in Ebenweiler (1830/31), Zogenweiler (1831), Schlier (1831), Vogt (1834), Fischbach (1834/35), Merazhofen (1841), Roggenzell (1841/43) und Grünkraut (1843)[39]; diese Kirchen waren ein-

---

[31] Vgl. StA Sigmaringen Wü 125/33 Nr. 21; HStA Stuttgart E 222 Bü 255. Zusammen mit 14 weiteren württembergischen Bauinspektoren hatte Pfeilsticker am 11.4. 1852 beim Finanzministerium *um gnädigste Ertheilung einer höheren Besoldungs-Klasse, sowie um Vorrücken in eine entsprechende Rangstufe gebeten: Zur Zeit als die Besoldungen der Bau-Inspektoren festgesetzt wurden, ist man ohne Zweifel davon ausgegangen, dass ihr Einkommen durch Nebenverdienste in eine ihren Dienstleistungen entsprechende Höhe gebracht werde. Nachdem nun aber seit einer Reihe von Jahren nicht allein diese Voraussetzung nicht mehr zutrifft – indem die wenigen PrivatBauten in der Regel durch die zahlreichen im Staatsdienste nicht angestellten Techniker besorgt werden – sondern auch die Leistungen der Bau-Beamten einen größeren Umfang erhalten, und sich in neuerer Zeit die Ansprüche an die zu Besetzung von StaatsbauAemtern tauglichen Individuen vermehrt haben, indem sowohl eine höhere Vorbildung als auch kostspielige Reisen zu erfolgreicher Erstehung der hiefür angeordneten StaatsPrüfung erforderlich sind* (HStA Stuttgart E 222 Bü 255).

[32] Vgl. *Wurm* (wie Anm. 1) S. 71.

[33] Vgl. Hof- und Staats-Handbuch des Königreichs Württemberg. Hrsg. vom königl. Statistisch-topographischen Bureau. Stuttgart 1866. S. 73.

[34] Vgl. StadtA Ravensburg Bü 2641a 73 ½ (Ehevertrag); Bü 2658A.

[35] Vgl. StA Ludwigsburg E 234 Bü 215 Nr. 4.

[36] Vgl. StadtA Ravensburg Gebäudekataster. Heute Herrenstraße 38.

[37] Vgl. StadtA Ravensburg Bü 2756 A 1649/67 (Eventualteilungsurkunde).

[38] Oberschwäbischer Anzeiger (Ausgabe Ravensburg) v. 16.12. 1866.

[39] Vgl. hierzu auch Siegwart *Rupp*: Kirchenbauten im württembergischen Kameralamtsstil. In: Schwäbische Heimat 23 (1972/3) S. 178-196; Leopold *Neff*/Hans *Mikusch*: St. Vitus, ein Schmuckstück für Fischbach,

fache Saalbauten (teils mit Emporen), sie besaßen zumeist ein geräumiges, rechteckiges Langhaus und einen halbrunden Chorabschluss, teils Westfassadentürme. Mit Pfeilstickers Wirken brach sich schließlich auch in Oberschwaben die historisierende Stilrichtung Bahn, mit seinem Namen verbindet sich ein Wendepunkt in der Baukunst dieser Region. Der Baumeister, der in den ersten Jahren und wenn gefordert auch später noch - gerade bei öffentlichen Staatsbauten - den nüchternen "Finanzkammerstil" anwandte, beherrschte die Klaviatur der historistischen Stile und war nicht dogmatisch auf eine Richtung festgelegt: Er baute, wandlungsfähig und vielseitig, jeweils nach Umgebung, Verwendungszweck, vorhandenen Finanzmitteln oder Wunsch des Bauherrn, sowohl im neugotischen wie im – nicht zuletzt von den Staatsbehörden aus Kostengründen ab Ende der 1850er-Jahre oft propagierten - romanisierenden Rundbogenstil (der sich an Kirchenbauten z. B. von Heinrich Hübsch[40] oder Friedrich von Gärtner[41] orientierte), schließlich – im Falle des Schlosses Montfort ("Villa Argena") in Langenargen – auf Wunsch König Wilhelms I. von Württemberg - auch im maurischen Stil. Was die Wendung Pfeilstickers hin zu historistischen Bauformen, d. h. zunächst zum neugotischen Stil, im Einzelnen bewirkt hat, ist aufgrund des Fehlens autobiografischer schriftlicher Zeugnisse nicht zu belegen. Man darf jedoch annehmen, dass folgende Ereignisse mehr oder minder großen Einfluss auf ihn hatten: die Grundsteinlegung zum Weiterbau des Kölner Domes (1842), der 1844 eingeleitete Weiterbau des Ulmer Münsters, der Sieg des Entwurfes des englischen Neugotikers George Gilbert Scott im Wettbewerb um den Neubau der Hamburger Nikolaikirche (1844) oder auch die Veröffentlichung der Schrift "Die christlich-germanische Baukunst und ihr Verhältnis zur Gegenwart" von August Reichensperger, der darin klar Partei für den gotischen Stil ergriff; auch die gotischen Musterbücher wie die Sammelwerke Carl Alexander von Heideloffs, die 1838 erschienene "Ornamentik des Mittelalters" sowie Hoffstadts Gotisches A-B-C Buch von 1840 mögen nicht ohne Wirkung gewesen sein[42]. Neben dem gründlichen Studium der baugeschichtlichen Literatur bildete sich Pfeilsticker immer wieder auch auf ausgedehnten Besichtigungseisen fort. Hatte er bereits in den Jahren 1839 und 1840 Paris, Wien, Venedig, Padua, Vicenza, Verona, Mailand, Innsbruck und München besucht[43] - dabei wurde bei dem bislang fast ausschließlich vom Klassizismus beeinflussten Architekten wohl auch bereits Begeisterung für die mittelalterliche Architektur geweckt - und 1849 eine drei Wochen dauernde Studienreise in die belgischen Städte Lüttich, Löwen, Brüssel, Gent und Brügge unternommen[44], so führte ihn zum Beispiel 1863 eine fünfwöchige Exkursion wiederum nach Österreich (vor allem Wien) und Italien[45].

Stadt Friedrichshafen. In: Denkmalpflege in Baden-Württemberg 15 (Okt.-Dez. 1986) S. 158-161; Nikolaus *Back*: Die Kirche von Harthausen und der württembergische "Kameralamtsstil". In: Stadt Filderstadt und Heimatverein Filderstadt e. V. (Hg.): Filderstädter Schriftenreihe zur Heimat- und Landeskunde. Bd. 1. Filderstadt 1988. S. 71-79; Heinz Georg *Tiefenbacher*/Wolfgang *Urban*/Egon *Reiner*: Raum schaffen für Gott. Kirchenbau und religiöse Kunst in der Diözese Rottenburg-Stuttgart. Ulm 1992. S. 24f.

[40] Vgl. Heinrich *Hübsch* 1795-1863. Der große badische Baumeister der Romantik. Hrsg. von der Stadt Karlsruhe. Karlsruhe 1983.

[41] Vgl. Winfried *Nerdinger* (Hg.): Friedrich von Gärtner. Ein Architektenleben 1791-1847. München 1992.

[42] Vgl. etwa Christian *Baur*: Neugotik. München 1981. S. 107.

[43] Vgl. *Fellinger/Goeßler* (wie Anm. 17) S. 55.

[44] Vgl. StA Ludwigsburg E 234 Bü 215 Nr. 7.

[45] Vgl. *Wurm* (wie Anm. 1) S. 62.

Pfeilstickers bauliches Wirken in Oberschwaben ist noch längst nicht vollständig erfasst. Nicht zuletzt im Bereich des Profanbaus muss in der Zukunft noch mit einigen Ergänzungen gerechnet werden. In diesem knappen Überblick kann es nur darum gehen, die wichtigsten Bauwerke Pfeilstickers, von dem bislang kein Nachlass, keine Tagebücher, Skizzenbücher oder Privatakten bekannt geworden sind, in einem knappen Überblick zu behandeln. Nachfolgend werden die bisher bekannten bedeutenderen Arbeiten des Baumeisters in Oberschwaben in einer chronologisch geordneten und kommentierten Werkliste vorgestellt.

Nicht zuletzt die lange Zeit währende Geringschätzung der historistischen Architektur führte zu zahlreichen Verlusten von Bauwerken Pfeilstickers; so ist neben Abbrüchen in den 1950er- und 1960er-Jahren (z. B. Pfarrkirchen in Eisenharz und Kehlen, Totalumbau der Pfarrkirche in Tettnang, Beseitigung der neugotischen Innenausstattung der evangelischen Kirchen in Ravensburg und Leutkirch) keine einzige originale Innenausstattung einer Pfeilsticker-Kirche komplett erhalten geblieben. Der mittlerweile eingetretene Wandel in der Einschätzung zeigt sich nicht zuletzt darin, dass zahlreiche Pfeilsticker-Bauten heute unter Denkmalschutz stehen[46] und zum Beispiel im "Dehio-Handbuch" Baden-Württemberg II (1997) immerhin acht Werke des Architekten genannt werden[47].

In den ersten Jahren seiner Amtszeit hatte Pfeilsticker noch zahlreiche, von seinem Amtsvorgänger Johann Georg Büchler begonnene Bauvorhaben zu Ende zu führen[48]. Dazu zählten etwa die Vollendung der Kirchen in Grünkraut[49] und Roggenzell[50], die Fertigstellung des neuen evangelischen Dekanatshauses in Ravensburg[51] und des neuen Pfarrhauses in Oberzell[52] sowie die Einrichtung der neuen Ackerbauschule in Ochsenhausen.

Die wichtigsten Werke Pfeilstickers 1843-1866 in chronologischer Reihenfolge

Ravensburg, Oberamtsgebäude

Im November 1846 klagte Pfeilsticker darüber, die Fülle von Amtsgeschäften *allein und ohne die Unterstützung eines Gehülfen* nicht mehr bewältigen zu können; nicht zuletzt mit *Rücksicht auf seine Gesundheit* bat er darum, *ihm über den bevorstehenden Winter* einen *Gehülfen beizugeben.* Er fügte hinzu, dass ihm

[46] Vgl. Verzeichnis der Bau- und Kunstdenkmale des Regierungsbezirks Tübingen, Referat 25 – Denkmalpflege.

[47] Vgl. *Dehio* (wie Anm. 22) S. 166 (Katholische Pfarrkirche Ellwangen), S. 310 (Katholische Pfarrkirche Hohentengen), S. 405 (Schloss Montfort, Langenargen), S. 418 (Evangelische Stadtpfarrkirche Leutkirch, Umbau), S. 553 (Evangelische Stadtkirche Ravensburg, Umbau), S. 703 (Katholische Stadtpfarrkirche Tettnang), S. 726 (Flügelbauten der Neuen Aula in Tübingen), S. 837 (Welfengruft in Weingarten); der Eintrag für das Schloss Montfort in Langenargen ist fälschlicherweise mit "Pfeilsticker, Ludwig" bezeichnet.
In der vorangegangenen Auflage des Dehio-Handbuchs "Baden-Württemberg" war Pfeilsticker kein einziges Mal erwähnt worden. Vgl. Georg *Dehio*: Handbuch der Deutschen Kunstdenkmäler: Baden-Württemberg. Bearb. von Friedrich Piel. München/Berlin 1964.

[48] Vgl. StA Ludwigsburg E 234 Bü 214.

[49] Vgl. StA Sigmaringen Wü 128/3 T. 1 Bü 153; Pläne der neuen Pfarrkirche in Grünkraut, gezeichnet von Bauführer Hirscher.

[50] Vgl. StA Sigmaringen Wü 125/32 Bü 389.

[51] Vgl. StadtA Ravensburg Gemeinderatsprotokoll (im Folgenden abgekürzt RPr.) v. 31.7. 1843. Baupläne von Johann Georg Büchler im StadtA Ravensburg.

[52] Vgl. StA Sigmaringen Wü 128/3 T. 1 Bü 309.

Abb. 1 - Ravensburg, ehemaliges Oberamtsgebäude (links). Zusammen mit dem einstigen Gasthof zum Kronprinzen (rechts) bildet das Gebäude den repräsentativen Auftakt der ab 1845 angelegten und in Richtung Süden führenden Seestraße. Teil eines Sammelbildes von Joseph Bayer, 1849. Kolorierte Lithographie. Privatbesitz.

sein Bruder, dermal Bauführer bei dem Gefängnisbau in Biberach, als Gehülfe am nützlichsten wäre, weil dieser mehrere Winter schon bei ihm gearbeitet habe und einigermaßen mit den vorkommenden Geschäften schon bekannt sey[53]. Diese Bitte wurde ihm von der Finanzkammer des Donaukreises in Ulm bewilligt und einige Monate unterstützte ihn nun sein drei Jahre jüngerer Bruder, der Architekt Albert Pfeilsticker (1814-1879), insbesondere bei der Planung und beim Bau des neuen Oberamtsgebäudes in Ravensburg[54]. Bereits 1840 hatte sich der Ravensburger Oberamtmann Heinrich Schneider bei der Kreisregierung über die bauliche Unzulänglichkeit des in nächster Nähe zum Rathaus gelegenen Oberamtsgebäudes (Kirchstraße 5) beschwert. Es sei *im Verhältnis zu seiner Bestimmung das schlechteste öffentliche Gebäude, das gefunden werden könne.* Die zu kleinen Amtszimmer seien *finster, kalt und feucht, sodass eine Luft eingeatmet werden muss, wie sie in keiner Strafanstalt gefunden wird*[55]. Der Staat entschloss sich schließlich nach einigem Hin und Her, auf dem Gelände südlich des 1842 abgebrochenen Kästlinstores, in der sogenannten Seevorstadt und am Beginn der neu angelegten Hauptstraße in Richtung Friedrichshafen, ein neues Oberamtsgebäude zu errichten. Der nüchterne, im Kameralamtsstil gehaltene Behördensitz wurde 1847/48 erbaut[56]. Zur Seestraße hin hatte das dreistöckige, verputzte, 17 Meter lange Gebäude mit Walmdach fünf, an den gut 13 Meter messenden Schmalseiten drei Achsen; Gliederungselemente waren der niedrige Sockel, die durchlaufenden Nutenlinien im Erdgeschossbereich und ein kräftiges Gesims als Zäsur zum ersten Obergeschoss; über dem rundbogigen Eingang an der nördlichen Schmalseite prangte das württembergische Wappen[57]. Im erhöhten Erdgeschossbereich befanden sich die Arbeitsräume des Oberamtmanns und des Aktuars, im ersten Obergeschoss der Wohnbereich des Oberamtmanns und im zweiten Obergeschoss vor allem die Wohnräume des Aktuars und des *Gehilfen*[58]. Der von Pfeilsticker ursprünglich vorgesehene reichere Fassadenschmuck - so sollten die Ecklisenen und die Gesimsfriese mit Ornamenten der Ravensburger Firma Staib-Wasserott geschmückt werden – war von der "Königlichen Finanzkammer für den Donaukreis" aus Kostengründen abgelehnt worden[59]. 1914 wurde das Gebäude an der Längsseite um zwei Achsen verlängert, in

[53] HStA Stuttgart E 222 Bü 235.
[54] Vgl. *ebda.* und Bü 257a. Pläne für das neu zu erbauende Oberamtsgebäude in Ravensburg von Albert Pfeilsticker in: KreisA Ravensburg B. I. RV-043.1-Y2040.
[55] KreisA Ravensburg (wie Anm. 54).
[56] StA Sigmaringen Wü 125/33 T. 1 Bü 558. Heute Seestraße 1.
[57] Abbildungen des ursprünglichen Zustands bei: Alfred *Lutz*: Zwischen Beharrung und Aufbruch. Ravensburg in den Jahren 1810 bis 1847. Münster 2005. S. 56; Werner *Heinz*: Der Lithograph Joseph Bayer und seine Zeit (1820-1879). Bergatreute 1993. S. 132f., 136, 161-163.
[58] Vgl. Pläne im StA Sigmaringen Wü 125/33 T. 1 Bü 489.
[59] HStA Stuttgart E 222 Bü 257a Nr. 50; Schreiben vom 1.12. 1846.

der Mitte dieser Längsseite ein neuer Haupteingang geschaffen und das räumlich nun genutzte erhöhte Walmdach mit mächtigen Dachgauben versehen. 1939/40 wurde ein zweistöckiger, lang gestreckter Anbau in Richtung Osten angefügt[60]. Das Gebäude beherbergte noch bis 1964 das Landratsamt Ravensburg und ist heute Sitz der Staatsanwaltschaft Ravensburg.

Ravensburg, Oberamtsgericht (Umbau)

Die Räumlichkeiten des Ravensburger Amtsgerichtsgebäudes in der Herrengasse[61] bezeichnete Pfeilsticker in einem Bericht vom 27. Juni 1844 als *für das große Amt an Zahl und Größe zu klein, besonders aber dumpf, feucht und schwer zu heizen, daher ungesund zum Aufenthalt*. Der Architekt baute das zweistöckige Gebäude im Inneren um und schuf im Zusammenhang mit dem Ausbau der oberen Geschosse an der Straßenseite einen lang gestreckten, dominierenden Dachstockaufbau mit Walmdach[62]. Äußerlich ist dieser Zustand erhalten geblieben.

Abb. 2 - Oberteuringen, Turm der Katholischen Pfarrkirche St. Martin. Foto um 1980. (Joachim Feist, Pliezhausen).

Leutkirch, Oberamtsgebäude

1845/46 errichtete Pfeilsticker in Leutkirch ein neues Oberamtsgebäude[63]. Der über einer Sockelzone ursprünglich zweistöckige, später um ein Stockwerk erhöhte Putzbau (Längsseite fünf, Schmalseite drei Achsen) besitzt ein ziegelgedecktes Walmdach und ein einstöckiges Hintergebäude. Der Haupteingang mit dem württembergischen Wappen als Abschluss befand sich an der nördlichen Schmalseite, erreichbar über eine kleine Freitreppe. Der Bau dient heute als staatliches Gesundheitsamt[64].

Oberteuringen, Katholische Pfarrkirche St. Martin, Erhöhung des Kirchturms

1845/46 erhöhte Pfeilsticker den im unteren Teil spätmittelalterlichen Turm (schmale spitzbogige Fenster, Eckquaderung) der katholischen Pfarrkirche St. Martin in Oberteurin-

[60] Vgl. Bauakte Seestraße 1 im StadtA Ravensburg.
[61] Heute Herrenstraße 42; westlicher Gebäudeteil.
[62] Vgl. StA Sigmaringen Wü 128/3 T. 1 Bü 86, 489; Wü 125/33 T. 1 Bü 559.
[63] Vgl. StA Ludwigsburg E 234 Bü 214; StA Sigmaringen Wü 125/32 Bü 381, 381a.
[64] Heute Wangener Straße 12.

gen[65] sehr stark bis auf 61 Meter und brachte ihn damit zu landschaftsprägender Wirkung. Er wurde durch diese Aufstockung zu einem der höchsten Kirchtürme Oberschwabens, allerdings wirkt er nun im Verhältnis zu der eher zierlichen spätgotischen Kirche sehr dominant. Pfeilsticker wollte *statt des Satteldachs dem Thurm ein schlankes, in schönem Verhältnis aufstrebendes schlankes Spitzhelmdach geben, als dem gothischen Style der Kirche am besten entsprechend*[66]. Über einem mächtigen Gesims mit feingliedrigem, wohl neugotischem Spitzbogenfries zeigt der neue, wie der Unterbau quadratische Turmaufbau Ecklisenen und an jeder Seite ein großes neugotisches spitzbogiges Schallfenster mit Maßwerk, in der Zone darüber jeweils ein Uhrengeschoss. An den vier hohen Spitzgiebeln, die von Kreuzblumen bekrönt sind, zeigen die Lisenen jeweils einen Treppenfries; in den Giebelspitzen befinden sich Kreuzöffnungen. Der achtseitige hohe Spitzhelm ist mit verschiedenfarbigen, glasierten und in Rhombenmustern angeordneten Ziegeln gedeckt. Die Gesamtkosten der Turmerhöhung beliefen sich auf rund 7200 Gulden[67].

Fulgenstadt (Stadt Saulgau), Kath. Pfarrkirche St. Ulrich und Konrad

Nachdem die alte Dorfkirche von Fulgenstadt 1844 wegen Baufälligkeit des Turmes und des Chorgewölbes auf oberamtlichen Erlass hin gesperrt wurde[68], errichtete Pfeilsticker[69] bei nur bescheidenen zur Verfügung stehenden Finanzmitteln von 1846 bis 1848 einen Neubau anstelle der abgebrochenen Vorgängerkirche; die Kosten beliefen sich insgesamt auf 24 473 Gulden[70]. Die Kirche in Fulgenstadt, mit der Pfeilstickers sehr umfangreiche Kirchenbautätigkeit in Oberschwaben einsetzt, ist ein Bauwerk im Übergang, das sowohl Einflüsse des Finanzkammerstils wie auch – noch zaghaft - historistische und in diesem Fall vor allem romanisierende Formen zeigt. Das sechsachsige Langhaus und der eingezogene, nied-

Abb. 3 - Fulgenstadt, Katholische Pfarrkirche St. Ulrich und Konrad von Osten. Foto um 1990.

[65] Vgl. StA Sigmaringen Wü 65/35 Bü 5440; Wü 125/21 Bü 570/175.
[66] DiözesanA Rottenburg FIIa (Oberteuringen) Nr. 118/13; "Note des Bischöflichen Ordinariats an den Königl. Kath. Kirchenrat in Stuttgart betr. Die Erhöhung des Kirchenthurms in Obertheuringen, Dekanats Tettnang".
[67] Vgl. ebd.
[68] Vgl. StA Sigmaringen Wü 65/31 T. 1 Bü 149. Bereits 1834 hatte Bauinspektor Carl Christian Nieffer aus Balingen Pläne zum Bau einer neuen Kirche in Fulgenstadt vorgelegt, die jedoch nicht realisiert wurden; vgl. StA Ludwigsburg E 179 II Bü 1185.
[69] Die Errichtung der Kirche in Fulgenstadt durch Pfeilsticker geht hervor aus: StA Sigmaringen Wü 65/31 T. 1 Bü 150; "Erwiderung des Bauinspektors Pfeilsticker" v. 2.3. 1847.
[70] Vgl. PfarrA Fulgenstadt "Beschreibung der kathol. Pfarrstelle Fulgenstadt, gefertigt im Jahre 1877".

rige und halbrund geschlossene Chor sind mit recht flacher Dachneigung und Rundbogenfenstern noch weitgehend im Finanzkammerstil gehalten. Die einzelnen Achsen des Langhauses und Chores sind allerdings durch – nicht statisch bedingte, sondern lediglich dekorativ eingesetzte – abgetreppte Strebepfeiler voneinander getrennt. Die symmetrisch gestaltete, dreiachsige Westfassade wird vom Eingangsturm beherrscht, der – leicht vortretend - über einen rechteckigen Unterbau in ein in die Breite gedrücktes Oktogon übergeht. Er ist dekorativ mit antikisierenden bzw. gotisierenden Zierfriesen sowohl horizontal wie – an den Schmalseiten des Aufsatzes – vertikal geschmückt, verfügt über vier große, rundbogige Maßwerk-Schallfenster und darüber über ein Uhrengeschoss und klingt schließlich über einem kräftig akzentuierten Konsolgesims mit einem Spitzhelm aus. Der Westturm ist – wie zuvor bereits der 57 Meter hohe, von 1842 bis 1844 erbaute neue Glockenturm der evangelischen Stadtkirche in Ravensburg - trotz seiner viel einfacheren Ausführung nicht zuletzt von den Türmen der Münchner Ludwigskirche beeinflusst, die 1829-44 von Friedrich von Gärtner in romanisierenden und trecentistischen Formen errichtet worden war; Pfeilsticker kannte diese Kirche mit Sicherheit aus eigener Anschauung durch seine Studienreise nach München 1839. Auch der nach einem Brand 1842 wieder aufgebaute Bockturm in Leutkirch, ein ehemaliger Teil der dortigen Stadtbefestigung, besaß über dem längsrechteckigen, spätmittelalterlichen Unterbau ein ähnlich gestaltetes Oktogon mit spitz zulaufendem, ziegelgedecktem Helm[71].

Die sich von den hellen Putzflächen der Fulgenstädter Kirche wirkungsvoll abhebenden Friese und Ornamente bestehen aus rotbraunen Terrakotta-Teilen, die von der Ravensburger Bauornamentefabrik Staib-Wasserott bezogen wurden. Ein durchgehend umlaufender Fries in derselben Machart ziert sowohl Langhaus wie Chor in der Zone unterhalb der Dachtraufe. Im Bereich unter den Fenstern ist ein Sandsteingesims um die Wandflächen und Strebepfeiler von Langhaus und Chor geführt. An der Ostseite des Langhauses, über den Seiteneingängen am Langhaus und am Chorscheitel befinden sich – heute vermauerte – Kreisöffnungen. Die Dächer von Langhaus und Chor kragen charakteristisch vor. Das zentrale, ebenfalls mit Friesen verzierte Turmportal (in der Zone darüber ein Kreisfenster) führt zunächst in eine kleine, kreuzgratgewölbte Vorhalle (mit seitlichen Aufgängen zur Orgelempore), durch die man schließlich in den flach gedeckten Saal gelangt; auch der Chor besitzt eine flache Decke. Teile der originalen Ausstattung, darunter die Kanzel, die auf zwei polygonalen Pfeilern ruhende westliche Orgelempore und Teile des Altars haben sich, im Detail jedoch verändert, erhalten. An den Längsseiten ist jeweils am vierten Joch (von Westen) ein rundbogiger Seiteneingang vorhanden. Die Sakristei ist südlich an den Chor angebaut.

Hohentengen, Katholische Pfarrkirche St. Michael

Als frühestes historistisches Großbauwerk Pfeilstickers entstand von 1848 bis 1852 der aufwendige Neubau der katholischen Pfarrkirche St. Michael in Hohentengen

[71] 1957 wurde der oktogonale Aufbau des Bockturms zugunsten einer Wiederherstellung des originalen Zustandes nach dem Vorbild des Merian-Stiches von 1643 (Satteldach mit Dachreiter) beseitigt; vgl. *Dehio* (wie Anm. 22) S. 418.

als Ersatz für eine zu klein gewordene und auch baufällige spätgotische Kirche[72]. Um den nötigen Bauplatz zu gewinnen, war der um die Vorgängerkirche gelegene Friedhof 1843 verlegt worden[73]. Von einer ursprünglich diskutierten Erweiterung durch einen Querflügel anstelle des Chores[74] hatte Pfeilsticker in einem Gutachten vom 18. Februar 1846 wegen des schlechten Bauzustandes der alten Kirche, der schlechten Sicht vieler Kirchenbesucher auf den Pfarrer und auch wegen der Tatsache, dass selbst dann nur ein Drittel des erforderlichen Kirchenraumes zur Verfügung stünde, abgeraten. Er riet zu einem Neubau *im gothischen Style, der in außerordentlichen Fällen* bis zu 3153 Personen (Sitz- und Stehplätze) fassen könne und berechnete die voraussichtlichen Kosten für diese dann *größte Dorfkirche des Landes* auf 426 Gulden. *Daß in neuerer Zeit überall und besonders in dem benachbarten Baden die Kirchen in edlerem, dem Zwecke würdigen Style gebaut werden, als es so lange Zeit her geschehen, dürfte die Wahl des obenbezeichneten Styles für diese Kirche mit dem damit in Verbindung stehenden größeren Aufwand hinlänglich rechtfertigen,* so Pfeilsticker in demselben Gutachten[75]. Allerdings, so der Architekt 1847 an die Kritiker des Bauaufwandes gewandt, *soll der Entwurf überhaupt keinen Anspruch auf eine strenge Durchführung des gewählten Styles machen, in welchem Falle u. vorausgesetzt, dass er mit den üblichen Materialien ausgeführt werden wollte, er freilich zu den allerkostspieligsten Bausausführungen gehören würde. Ich wählte nur für die Fenster u. Thüren die Spitzbogenform mit einfachen Verzierungen, aber mit Enthaltung aller kostspieligen Gesimse, Gewölbe etc., weil diese Formen unbestritten am meisten vor allen anderen den kirchlichen Charakter tragen*[76].

Abb. 4 - Hohentengen, Katholische Pfarrkirche St. Michael von Nordwesten. Foto um 1970.

Aufgrund der Tatsache, dass es die Ziegel- und Bauornamentefabrik Staib-Wasserott in Ravensburg, damals der einzige derartige Betrieb in Oberschwaben, möglich machte, *alles anstatt mit kostspieligen Hausteinen in gebrannter Erde auf die wohlfeilste und doch ebenso dauerhafte Weise als mit Hausteinen unter specieller Aufsicht fertigen lassen zu können,* sah sich Pfeilsticker in der Lage, *in aller Bescheidenheit wenigstens in so weit die Kirche in gothischem Style zu hal-*

[72] Vgl. StA Sigmaringen Wü 65/31 T. 1 Bü 150. Die Diskussionen und Verhandlungen um einen Kirchenneubau in Hohentengen dauerten 30 Jahre; vgl. StA Ludwigsburg E 179 II Bü 2613.
[73] Vgl. StA Sigmaringen Wü 65/31 T. 1 Bü 150 Nr. 104 1/2.
[74] Vgl. StA Sigmaringen Wü 125/21 Bü 570 (mit Plan von 1834).
[75] StA Sigmaringen Wü 65/31 T. 1 Nr. 142.
[76] StA Sigmaringen Wü 65/31 T. 1 Nr. 150. "Erwiderung des Bauinspektors Pfeilsticker" v. 2.9.1847.

ten, wie im Risse gezeigt u. im Überschlage berechnet ist[77]. Man irre, wenn man meine, *durch die Wahl eines anderen Baustyles einen Minder-Aufwand von 10-12 000 f. [Gulden] bewirken zu können. Die für eine Dorfkirche als groß erscheinen mögende Bau-Summe von 43 000 f. ist nicht in der Wahl des Baustyles zu suchen, sondern in den ungewöhnlichen Dimensionen. Diese sind aber durch das Bedürfniß bedingt, indem die Kirche für den dermaligen Kirchenverband von über 3100 Seelen mehr als 2000 Sizplätze fassen soll*, so Pfeilsticker[78]. Die alte Kirche hatte lediglich etwa 500 Besuchern Platz geboten[79].

Die Pfarrkirche von Hohentengen, mit deren Bau im Januar 1848 begonnen wurde, zählt zu den frühesten neugotischen Sakralbauten im Königreich Württemberg, wenngleich eine klassizistische Prägung, etwa in den klaren, blockhaftgeschlossenen Formen, dem flachen Satteldach und der sparsamen Verwendung von gotisierendem Zierat (Strebepfeiler, Maßwerkfenster und Portale), noch unverkennbar ist. Mit anderen Worten: Der Bau zeigt wie etwa auch die Kirchen Carl Alexander von Heideloffs[80] "eine klassizistische Grundkonzeption in gotischem Gewand"[81]. Die auf einer Anhöhe stehende, weithin sichtbare, landschaftsprägende Kirche besitzt ein Langhaus von beachtlichen Dimensionen und einen hohen, wie in Fulgenstadt in der symmetrischen Westfassade leicht vortretenden beherrschenden Turm, der zugleich den Haupteingang bildet. Sein unterer, für diesen Zweck durchbrochener Teil wurde von der Vorgängerkirche übernommen; dort hatte er allerdings an der südlichen Ecke gestanden. Auf dem quadratischen, verputzten und Eckquaderung aufweisenden Turmschaft sitzt als selbstständiger Baukörper – oberhalb des Dachfirstes des Kirchenschiffes beginnend – ein neues, hohes und steinsichtiges Oktogon auf. Alle acht Seiten dieses zurückspringenden Aufbaus besitzen Ecklisenen und hohe spitzbogige Schallfenster mit Maßwerk, darüber folgen im Wechsel Maßwerkrosetten und Uhren, schließlich allseitig spitze Giebel, die mit Kreuzöffnungen, Treppenfriesen und Kreuzblumenaufsätzen geschmückt sind. Der achtseitige, sehr hohe Spitzhelm ist nach dem Vorbild des Kirchturms in Oberteuringen mit farbig-gemusterten, weißen, braunen und grünen glasierten Ziegeln gedeckt. *Das Achteck des Thurmes dient als Glocken- [wie] als Uhren-Haus*", führte Pfeilsticker 1847 aus: *Von ihm aus soll das Geläute weithin schallen, die Uhr die Zeit zeigen; es ist der wesentliche Theil des Thurmes, folgerichtig gebührt ihm auch in Absicht auf seine Dimensionen sowohl, als auf sonstige Ausstattung die distinguirteste Behandlung*[82].

Die dreiachsige, symmetrisch gegliederte, vertikal betonte Westfassade weist im Zentrum die spitzbogige Turmportalanlage mit Blendmaßwerkabschluss, darüber ein großes dreibahniges Spitzbogenfenster und eine Fensterrose auf. Die Seitenachsen besitzen jeweils ein niedrigeres Spitzbogenportal mit Blendmaßwerkabschluss und sind durch steinsichtige, übergiebelte Strebepfeiler eingefasst.

Das zehn Achsen zählende, verputzte Langhaus wird – über einem Sockel - zum einen durch steinsichtige, abgetreppte Strebepfeiler gegliedert. Gegen Kri-

[77] *Ebda.*
[78] *Ebda.*
[79] Vgl. StA Sigmaringen Wü 65/31 T. 1 Nr. 150.
[80] Vgl. Urs *Boeck*: Karl Alexander von Heideloff. In: Mitteilungen des Vereins für Geschichte der Stadt Nürnberg. Bd. 48. Nürnberg 1958.
[81] Vgl. Seng (wie Anm. 2) S. 131
[82] StA Sigmaringen Wü 65/31 T. 1 Bü 150; "Erwiderung des Bauinspektors Pfeilsticker" v. 2.9. 1847.

tiker hatte Pfeilsticker diese in erster Linie dekorativ eingesetzten, unter anderem aus Kalkstein der Gegend errichteten Strebepfeiler erfolgreich verteidigt: Sie erhöhten den Bauaufwand in keiner Weise, *vielmehr wird durch sie für das Gebäude eine ungleich größere Festigkeit erzielt, als dies durch irgend eine andere Anlage der Mauer möglich wäre*; zudem wirke eine so ausgedehnte Kirchenfassade *durch Pfeiler abgetheilt, ungleich vortheilhafter, schöner als eine platte Mauer ohne Pfeilervorsprünge*, so der Architekt 1847[83]. Während das Baumaterial überwiegend aus den Steinbrüchen in Siessen, Heudorf, Ursendorf und Seebronn bei Rottenburg bezogen wurde, lieferte die Ravensburger Firma Staib-Wasserott zahlreiche Schmuckelemente wie Gesimsverzierungen, Fenstermaßwerk, Rosetten und Bodenplatten[84].

Ein umlaufendes Gesims trennt das Langhaus in zwei Zonen, die in erster Linie durch den Einbau von Emporen im Inneren bedingt waren: In der unteren besitzen die Joche Kreisfenster mit Maßwerk (Zone unter den Seitenemporen), in der oberen, über den Emporen gelegenen, prägen Spitzbogenfenster mit Maßwerk das Bild. Das sechste Joch weist an der Nord- und Südseite jeweils einen Seiteneingang mit Blendmaßwerkabschluss auf.

Der recht niedrige, dreiseitig geschlossene, eingezogene und mit Strebepfeilern versehene Chor besitzt in seiner ersten Achse im Norden und Süden jeweils niedrigere Anbauten (Sakristei und Paramentenkammer), die beide Dreiergruppen von Spitzbogenfenstern aufweisen. Zwei polygonale Treppentürmchen mit starker spitzbogiger Durchfensterung, verschiedenen Friesen und spitzen Helmen mit farbig-gemusterter Ziegeldeckung flankieren daraufhin den Choransatz; sie dienten als Zugänge zu den beiden Seitenemporen und bilden ein optisches Gegengewicht zur symmetrischen Einturmfassade im Westen.

Die Anlage der dreischiffigen Halle mit Frontturm (damit wird auch das Schema der Kameralamtskirchen der ersten Jahrhunderthälfte aufgegriffen), die Art, wie das Oktogon als selbstständiger Baukörper auf dem Turmsockel sitzt, aber auch – bei aller schon aus Kostengründen notwendigen Vereinfachung – die Details des Turmes wie die Rosetten, die hohen Spitzbogenfenster und der Giebelkranz lassen das wirkungsmächtige Vorbild der Mariahilfkirche (1831-1839) in der Au bei München von Daniel Joseph Ohlmüller erkennen, die ihrerseits wiederum vom gotischen Freiburger Münsterturm inspiriert war[85]. Pfeilsticker hatte diese erste neugotische Kirche Süddeutschlands, ursprünglich eine dreischiffige Hallenkirche mit Chorumgang und Sterngewölbe in Form eines Backsteinbaus mit Hausteingliederungen, bei seinem Studienaufenthalt in München 1839 mit Sicherheit besichtigt. Auch die Esslinger Frauenkirche, eine dreischiffige Hallenkirche mit in der Mitte der Westfassade eingestelltem Turm, mag als Vorbild infrage kommen. Ferner war etwa der Turm der Pfarrkirche St. Nikolaus im badischen Markdorf nach einem Brand 1842 über dem alten, quadratischen Turmstumpf in Formen früher Neugotik mit hohem Oktogon, lang gestreckten spitzbogigen Schallfenstern und Uhren bzw. Rosetten im Geschoss darüber, Spitzbogen-Maßwerkfries, umlaufender Steinbrüstung und Spitzhelm (allerdings ohne Giebel-

[83] *Ebda.*
[84] Vgl. StA Sigmaringen Wü 125/21 Bü 570 Nr. 22; Bü 571 Nr. 205.
[85] Zur Mariahilfkirche in der Au vgl. z.B. Winfried *Nerdinger* (Hg.): Romantik und Restauration. Architektur in Bayern zur Zeit Ludwigs I. 1825-1848. München 1987. S. 269-276 (Beitrag Gabriele *Schickel*).

kranz) wiederaufgebaut worden; die farbig glasierten Ziegel des Turmdaches zeigten Rhombenmuster[86]. Auch zahlreiche Kirchtürme des Architekten Karl Alexander von Heideloff[87], etwa bei den evangelischen Kirchen in Mergelstetten bei Heidenheim (1842/43) und Sonneberg in Thüringen (1843-45) oder bei der katholischen Kirche St. Trinitatis in Leipzig (1847), zeigten oktogonale Aufbauten. Die Chorflankentürmchen der Hohentengener Kirche sind möglicherweise vom Vorbild des Freiburger Münsters angeregt worden.

Das im Vorfeld des Baues von manchen kritisierte recht flache Satteldach des Langhauses, das aus deren Sicht *nicht im Einklang mit dem Thurmdache* stand, verteidigte Pfeilsticker ebenfalls, wenngleich er den Kritikern in der Ausführung der Kirche durch eine leichte Erhöhung etwas entgegenkam: Dieses Argument *finde ich einzig u. allein von Erheblichkeit, insoferne man bei uns an hohe Dächer gewohnt ist, zumal beim Spitzbogenstyl. Bei Kirchen in Italien, die ebenfalls in dem Spitzbogenstyle behandelt sind, sieht man übrigens noch flachere Dächer. Auf mich wirken solche Dächer immer besser, als die zwecklosen Colosse von Dächern auf unseren Kirchen, weshalb ich, u. weil sie auch wohlfeiler kommen, ein flaches Dach wählte*[88].

Das Innere der Hohentengener Kirche war im Gegensatz zum Äußeren – wohl nicht zuletzt aus Kostengründen - noch stark spätklassizistisch geprägt; es war eine dreischiffige Halle, unterteilt durch zwei Reihen von (Holz?)Pfeilern mit Rundbogenarkaden; dazwischen waren die Emporen mit Figurenkonsolen angeordnet; auch die mächtige hölzerne Kassettendecke mit bemalten quadratischen Feldern besaß spätklassizistischen Charakter. Der Chor war ebenfalls flach gedeckt; die Kirche war mit mehreren Altären ausgestattet (1885 fast gänzlich erneuert), wobei insbesondere der große Choraltar aufwendig in neugotischem Stil gestaltet war. Im Inneren wurde die Kirche 1920 durch Otto Linder/Stuttgart und 1972 durch Gisberth Hülsmann/Bonn völlig umgebaut[89]; durch Entfernung der Pfeilerreihen und Emporen sowie die Aufstellung eines zentralen Zelebrationsaltares wurde sie im Zuge des letzteren Umbaus in einen mächtigen Saalbau verwandelt. Nach einer weiteren Umgestaltung in neuester Zeit präsentiert sich die Kirche mit wiederum erneuerter Ausstattung.

Auch das nahe der Kirche stehende Alte Kaplaneihaus, ein zweistöckiger, drei- bzw. an der Schmalseite zweiachsiger Bau mit flachbogigen Fenstern, Fries unterhalb des Obergeschosses und stark vorkragendem Walmdach wurde von Pfeilsticker errichtet[90].

Ertingen, Katholische Pfarrkirche St. Georg, Wiederaufbau des Kirchturms

Wegen Baufälligkeit musste 1836 die knapp 30 Meter hohe Spitze des Turms der katholischen Pfarrkirche abgetragen werden; die vier Giebel blieben jedoch zu-

[86] 1968 wurde der Turm der Pfarrkirche St. Nikolaus in Markdorf nach dem auf historischen Ansichten überlieferten spätgotischen Erscheinungsbild (vor dem Brand von 1842) rekonstruiert. Vgl. *Dehio* (wie Anm. 22) S. 438.

[87] Vgl. *Boeck* (wie Anm. 80).

[88] StA Sigmaringen Wü 65/31 T. 1 Bü 150; "Erwiderung des Bauinspektors Pfeilsticker" v. 2.9. 1847.

[89] Vgl. Wurm (wie Anm. 1) S. 28.

[90] Vgl. StA Sigmaringen Wü 65/31 T. 1 Bü 150. Heutige Adresse: Steige 2.

nächst stehen und wurden durch ein hölzernes Notdach geschützt[91]. 1850 erlitt der Turm bei einem Brand weitere gravierende Schäden. In einem Schreiben an Pfeilsticker vom 2. Oktober 1850 wies das Kameralamt Heiligkreuztal darauf hin, *dass in Ertingen viel Schönheits-Sinn u. noch die lebhafteste Erinnerung an den alten Turm, der recht schön gewesen sein muß*, herrsche[92]. Der wiederherzustellende Turm solle deswegen wiederum *hehr und schön* gestaltet werden. Das Kameralamt sandte einige Ansichten und Aufrisse des alten Kirchturms mit, die der Ertinger Bürger Georg Müller angefertigt hatte, des Weiteren einen 1811 entstandenen Plan des Kirchturms der katholischen Stadtpfarrkirche St. Johannes im nahe gelegenen Saulgau[93]. Am 22. November 1850 veranschlagte Pfeilsticker die Kosten des Wiederaufbaus des Turmes nach seinen Plänen auf 4548 Gulden[94]. Er lehnte sich bei seinen Planungen an den alten Ertinger und mehr noch an den Saulgauer Kirchturm an. Über dem mit einem profilierten Fries geschmückten und darüber stark vorkragenden mittelalterlichen Unterbau errichtete Pfeilsticker das Glocken- und Uhrengeschoss sowie die vier Spitzgiebel neu, nach Saulgauer Vorbild nun mit jeweils einer großen neugotisch-spitzbogigen Schallarkade mit Sandstein-Maßwerk statt der zwei kleineren rundbogigen Fenster an jeder der vier Seiten vor der Zerstörung. Wie auch bei zahlreichen seiner späteren Kirchtürme schmückte er die vier Spitzgiebel mit Putzbändern, Treppenfriesen und Knopfaufsätzen. Darüber erhebt sich, wiederum nach Saulgauer Vorbild, der hohe achtseitige Spitzhelm. Beim weitgehenden Neubau der Kirche nach Plänen von Joseph Cades 1899 im neuromanischen Stil blieb der Turm im neugotischen Gewand von 1850 unverändert erhalten; des Weiteren wurde auch der 1771 erbaute Chor in den Neubau einbezogen[95].

Eisenharz (Gde. Argenbühl), Katholische Pfarrkirche St. Benedikt

In Eisenharz im Allgäu erwies sich die alte Pfarrkirche St. Benedikt bereits in den 1830er-Jahren als baufällig und zu klein. Der seit 1840 als Pfarrer in Eisenharz wirkende Ottmar Schobinger gründete deshalb bald nach seinem Amtsantritt einen Kirchenbauverein. Aufgrund von "Vermächtnissen, Opfern und Umlagen" hatte der Baufonds 1850 bereits einen Umfang von 4077 Gulden erreicht[96]. Im selben Jahr beschlossen der Eisenharzer Stiftungsrat und Bürgerausschuss *eine Reparatur und Vergrößerung* der Kirche nach Plänen des Werkmeisters Hänsler aus Wangen. Das Gemeinschaftliche Oberamt Wangen legte die Pläne dem Bauinspektor Pfeilsticker vor, der den Kostenvoranschlag auf 5430 Gulden bezifferte. Durch diese geplante Vergrößerung wären 120 neue Sitzplätze gewonnen und die Gesamtzahl derselben in der Kirche auf 455 erhöht worden. Pfeilsticker schlug nun vor, die alte Kirche abzubrechen und lediglich den Chor beizubehalten, um so eine künftige Zunahme der Einwohner bzw. Gottesdienstbesucher

[91] Vgl. StA Sigmaringen Wü 125/21 T. 1 Bü 562 Nr. 231.
[92] *Ebda.*, Nr. 255.
[93] Der Kirchturm der katholischen Stadtpfarrkirche St. Johannes d. T. in Saulgau stammt im unteren Teil aus der Zeit um 1270/80, ab der Glockenstube mit ihren großen Fischblasenmaßwerkfenstern von 1402; vgl. Dehio (wie Anm. 22) S. 643.
[94] Vgl. StA Sigmaringen Wü 125/21 T. 1 Bü 562.
[95] Vgl. KB Biberach. Bd. 2. Sigmaringen 1990. S. 6.
[96] Vgl. DiözesanA Rottenburg F IIa (Eisenharz) Nr. 488 Nr. 11/1.

einzuplanen. Der örtliche Stiftungsrat lehnte jedoch diesen Vorschlag ab; auch teilte er nicht die Prognose Pfeilstickers hinsichtlich des künftigen Wachstums der Gemeinde: *Die Lage* [der Gemeinde Eisenharz] *ist eine sehr raue und die Bevölkerung ist im Verhältnis zu anderen Gemeinden des Landes in einer sehr spärlichen Zunahme*[97]. Des Weiteren würden *durch einen Abbruch der Kirche und vergrößerten Wiederaufbau derselben die Kosten wegen der dadurch veranlassten Verlegung der Straße, wegen der Erwerbung von Grundstücken, wegen Herstellung eines neuen Hochaltars, Anschaffung einer neuen Orgel und von Gemälden, Reparatur und neuer Herstellung der Kirchhofmauer etc. um vieles höher – als der Techniker berechnet – zu stehen* kommen[98]. Diese Haltung wurde auch vom Gemeinschaftlichen Oberamt geteilt. Am 4. April 1851 beschloss der Stiftungsrat - zu diesem Zeitpunkt hatte der Baufonds durch zahlreiche freiwillige Beiträge bedingt bereits eine Stärke von 5300 Gulden erreicht – den Umbau der Kirche nach den Plänen des Werkmeisters Hänsler auszuführen[99]. Am 24. September 1851 bekräftigte der Stiftungsrat seinen Beschluss und führte gegen den Pfeilstickerschen Vorschlag nun auch noch an, dass durch einen vergrößerten Neubau des Langhauses der schmale Chor in ein *Missverhältnis* gebracht würde und der Kirchturm *nach seinem ganzen Umfang in die Kirche hinein zu stehen* käme; zudem würden die Mehrkosten den von Pfeilsticker angegebenen Betrag von 1800 Gulden bei Weitem übersteigen; die finanziell *sehr erschöpfte Gemeinde* [müsste] *darüber gänzlich zu Grunde gehen*. Im März 1852 wurde dann aber doch nach Plänen Pfeilstickers offensichtlich mit einem weitgehenden Neubau der Kirche begonnen[100]. Bereits am 12. September desselben Jahres wurde das neue Gotteshaus von Pfarrer Schobinger benediziert und von nun an zum Gottesdienst benützt. Die Fertigstellung der Ausstattung zog sich aber noch viele Jahre hin (u. a. 1853 neue Seitenaltäre von Metz/Gebrazhofen, 1855 neue Orgel, 1861 Aufstellung des neugotischen Hochaltars von Metz/Gebrazhofen); die Baukosten betrugen bis 1858 insgesamt rund 13 000 Gulden.

Baulich handelte es sich um einen fünfachsigen, verputzten und längsrechteckigen Saalbau mit neugotischen Spitzbogenfenstern und dreiseitig geschlossenem, eingezogenem Chor (bei dem Teile des Vorgängerbaus verwendet wurden). Langhaus und Chor besaßen flache Gipsdecken. Vom Vorgängerbau blieb der im Kern wohl mittelalterliche Glockenturm (tonnengewölbtes Erdgeschoss, unregelmäßig angeordnete Lichtschlitze) an der Chornordseite bis auf eine Höhe von 16 Metern erhalten. Die neugotische Glockenstube von 1852 weist schöne gekuppelte spitzbogige Schallfenster mit Maßwerk und polygonalen Teilungspfeilerchen auf. Darüber schließt der Kirchturm mit vier kreuzblumenbekrönten Giebeln und einem spitzen polygonalen Helm ab.

Pläne des damals in Friedrichshafen ansässigen Architekten Wilhelm Friedrich Laur, wohl aus den frühen 1920er-Jahren, zur Umgestaltung und Erweiterung der Kirche (Querschiff) in neubarock-moderner Formensprache wurden nicht realisiert; 1926 schmückte der Kunstmaler und Adolf Hölzel-Schüler August Blepp

---

97 *Ebda.*
98 *Ebda.*
99 Vgl. *ebda.*
100 Vgl. auch zum Folgenden: Kath. PfarrA Eisenharz Akten unverzeichnet; Die Kunstdenkmäler des ehemaligen Kreises Wangen. Hrsg. vom Württ. Landesamt für Denkmalpflege. Stuttgart 1954. S. 120; P. Dr. Reinhart *Kempter* SDS: Geschichte der Pfarrei Eisenharz im Allgäu. Kempten 1966.

Chordecke, Chorbogenzwickel und Kanzelwand der Kirche mit modernen Malereien aus[101]. Schließlich kam es 1956 zum faktischen Neubau der Kirche in vergrößerten Dimensionen nach Plänen des Wangener Architekten Anton Zembrot. Lediglich der Turm und – im Kern - der Chor blieben erhalten; letzterer wurde aber mit modernen Hochrechteckfenstern dem Charakter des neuen Schiffes angeglichen. Die weitgehend abgebrochene Eisenharzer Pfarrkirche von Pfeilsticker war nach der 1846 errichteten Pfarrkirche in Diepoldshofen[102] der zweitälteste neugotische Kirchenbau im württembergischen Allgäu. Unweit von Eisenharz, im bayerisch-schwäbischen Allgäu, waren bereits früher, zum Beispiel 1841 in Wengen (Lkr. Oberallgäu) und 1844/46 durch den Baumeister Franz Xaver Ohmayer in Heimenkirch (Lkr. Lindau), neugotische katholische Pfarrkirchen errichtet worden[103]. Die Pfarrkirche in Heimenkirch ist ein geräumiger, fünfachsiger und flachgedeckter Saalbau mit eingezogenem, dreiseitig geschlossenem und ebenfalls flachgedecktem Chor und Spitzbogenfenstern; Chor und Langhaus sind durch abgetreppte Strebepfeiler gegliedert. Der im Unterbau mittelalterliche Turm im südöstlichen Winkel der Kirche wurde wohl im Zuge des Neubaus der Kirche mit Dreiecksgiebeln und Spitzhelm erhöht.

Binzwangen (Gde. Ertingen), Katholische Pfarrkirche St. Lambertus

Die alte Pfarrkirche von Binzwangen, ein kleiner, im Kern wohl noch mittelalterlicher, aber stark barockisierter Bau, wurde wegen Baufälligkeit 1847 geschlossen, sodass die Gläubigen gezwungen waren, die einige Kilometer entfernte ehemalige Klosterkirche in Heiligkreuztal zu besuchen[104]. Der Kirchenneubau in Binzwangen verzögerte sich jedoch aufgrund eines jahrelangen Rechtsstreits mit dem württembergischen Staat über die Frage der Baulast; erst 1852 wurde das alte Gotteshaus abgerissen[105]. Etwas oberhalb der alten Kirche, in wirkungsvoller, malerischer Lage auf dem ansteigenden Friedhof am Rande des Dorfes, wurde nach Plänen Pfeilstickers von 1852 bis 1854 die neue Pfarrkirche in romantisch-klassizistischer Neugotik erbaut; sie ist deutlich, obwohl von kleineren Dimensionen, vom kurz zuvor errichteten großen Kirchenbau in Hohentengen inspiriert.

Die sechs Achsen des verputzten Langhauses mit recht flacher Dachneigung und spitzbogigen Maßwerkfenstern werden von in erster Linie dekorativ eingesetzten, abgetreppten und übergiebelten Strebepfeilern getrennt. Ein umlaufendes

---

[101] Vgl. Archiv für christliche Kunst 41 (1926) S. 17-24; hier S. 20f.

[102] Die katholische Pfarrkirche in Diepoldshofen (heute Ortsteil von Leutkirch) war 1846 nach von Bezirksbauinspektor Pfeilsticker gutgeheißenen Plänen des Leutkircher Baumeisters Grauer errichtet worden; sie ersetzte einen um 1650 errichteten und baufällig gewordenen Vorgängerbau, von dem der im Kern noch spätmittelalterliche Satteldachturm erhalten blieb. Der neugotische Bau von 1846 stößt auf eigenwillige Weise mit der Stirnseite des dreiseitig geschlossenen Chores an den östlich stehenden Kirchturm. Das fünfachsige Langhaus mit Spitzbogenfenstern ist schmucklos und besitzt auch keine Strebepfeiler. Der nur wenig eingezogene Chor, ebenfalls mit Spitzbogenfenstern, besitzt dieselbe Höhe wie das Langhaus und ist mit diesem unter einem gemeinsamen Satteldach vereinigt. Langhaus und Chor sind flach gedeckt. Von der in den darauf folgenden Jahrzehnten entstandenen neugotischen Ausstattung haben sich Teile erhalten, so der Hauptaltar (von Metz aus Gebrazhofen), der Taufstein und die zweistöckige, mit Schnitzereien verzierte Orgelempore. Der Architekt der Kirche, Grauer aus Leutkirch, ist genannt in DiözesanA Rottenburg, G IIa (Diepoldshofen) Bü 209.

[103] Vgl. Georg *Dehio*: Handbuch der Deutschen Kunstdenkmäler. Bayern III: Schwaben. Bearb. von Bruno Bushart und Georg Paula. München/Berlin 1989. S. 432, 1073f.

[104] Vgl. DiözesanA Rottenburg F IIa (Binzwangen) Bü 230 Nr.3.

[105] Vgl. StA Sigmaringen Wü 125/21 Nr. 558.

Abb. 5 - Binzwangen, Katholische Pfarrkirche St. Lambertus von Südosten. Foto um 1980.

Gesims gliedert das knapp 30 Meter messende Langhaus in zwei Zonen, von denen aber nur die obere und höhere Zone Öffnungen – in Gestalt von Spitzbogenfenstern – aufweist[106]. Der untere Bereich besitzt nur in der westlichsten Achse nach Norden und Süden jeweils einen spitzbogigen Eingang mit Blendmaßwerkabschluss. Die östliche, einst mit einem Kreuz bekrönte Giebelseite des Langhauses weist drei Rosetten mit Maßwerk auf. Auch der niedrige, eingezogene, dreiseitig geschlossene Chor besitzt Strebepfeiler. An den gut zehn Meter langen Chor ist nördlich die Paramentenkammer, südlich die Sakristei angebaut, beide in der Breite des Langhauses, jedoch deutlich niedriger.

Der leicht aus der Westfassade heraustretende, geschickt durch Putzbänder bzw. Lisenen gegliederte, 41 Meter hohe, formschöne Turm ist – wie in Hohentengen - im unteren Teil ein Viereckbau; über dem Uhrengeschoss bzw. auf Höhe des Dachfirstes des Langhauses wird er – eleganter als in Hohentengen - mit abgeschrägten Ecken ins Oktogon übergeleitet; an jeder Seite dieses Aufbaus besitzt er schöne hohe Maßwerkschallfenster, darüber jeweils einen Spitzgiebel mit schlitzartigen Maueröffnungen und Treppenfries; alle acht Giebel sind mit *gothischen Knöpfen*[107] bekrönt. Der spitze Turmhelm besitzt farbig-gemusterte Ziegel und als Abschluss eine mächtige, steinerne Kreuzblume. Ähnlich wie in Hohentengen befindet sich das Hauptportal im Erdgeschoss des Westturmes - mit Blendmaßwerk und der auf den Bau bezogenen Jahreszahl 1853. Ebenfalls ist darüber ein lang gestrecktes Spitzbogenfenster angeordnet, das an den Seitenachsen jeweils von einem kleineren Spitzbogenfenster flankiert wird. Seitenportale an der Westseite gibt es in Binzwangen jedoch im Gegensatz zu Hohentengen nicht. Schräg gestellte Strebepfeiler gliedern diese westliche, symmetrische, vom

[106] Baupläne der Pfarrkirche von Binzwangen (Außenansichten, Grundriss) in: *Ebda.*
[107] StA Sigmaringen Wü 125/21 Nr. 558/130.

Turm beherrschte Giebelfassade in drei Achsen. Die Maßwerke der Fenster und die Portalfüllungen aus "doppelt gebrannter Erde"[108] wurden wie schon in Hohentengen von der renommierten Ravensburger Firma Staib-Wasserott geliefert[109]. Jeweils ein spitzbogiger Seiteneingang ist im Norden und Süden der westlichsten Langhausachse mit einem Rundfenster in der darüberliegenden Zone angeordnet. Die Baukosten der Kirche in Binzwangen betrugen 32 952 Gulden[110].

Der Saalbau besitzt eine flache bemalte Holzdecke; möglicherweise besaß auch der Chor ursprünglich eine flache Bretterdecke und wurde erst nachträglich eingewölbt. Von der einstigen neugotischen Ausstattung sind nach einer purifizierenden Renovierung von 1952 nur wenige Teile, darunter der Taufstein, erhalten. Eine weitere Außen- und Innenrenovierung wurde 1981 abgeschlossen (u. a. Neuverputz bzw. Wiederherstellung der Farbfassung der Fassaden nach Originalbefunden, Neubemalung der Holzdecke)[111].

Wolfartsweiler (Stadt Saulgau), Katholische Kapelle St. Leonhard, Umbau (gemeinsam mit Werkmeister Redle)

Die im 18. Jahrhundert erbaute, verputzte Kapelle mit rechteckigem, von rundbogigen Fenstern belichtetem Schiff und eingezogenem, halbrund schließenden Chor erhielt 1854 im Zuge einer Verlängerung eine neugotische Westfront nach Plänen Pfeilstickers und des Saulgauer Werkmeisters Redle[112]. Die Eckkanten dieser Seite zeigen ähnlich wie in Binzwangen über Eck gestellte, abgetreppte Strebepfeilerchen, während der Spitzgiebel durch einen Treppenfries akzentuiert wird. In der Mitte der Westfassade erhebt sich ein aus Naturstein errichtetes Türmchen, das auf Giebelhöhe über einem Rundbogenfenster und zwei mächtigen Konsolen vortritt. Über der Firsthöhe des Satteldachs besitzt dieses Türmchen ein quadratisches Uhrengeschoss und geht dann mit abgeschrägten Eckkanten ins Oktogon über; alle acht Seiten besitzen schlanke rundbogige Schallarkaden und abschließend Dreiecksgiebelchen. Darüber erhebt sich ein achtseitiger Spitzhelm. Überdeutlich zeigt sich hier das Vorbild der wenige Jahre zuvor erbauten Kirchtürme von Hohentengen und vor allem von Binzwangen.

---

[108] Württembergs's kirchliche Kunstalterthümer. Bearb. von Paul Keppler. Rottenburg am Neckar 1888. S. 42.

[109] Vgl. StA Sigmaringen Wü 125/21 Nr. 558. Die 1843 gegründete Ravensburger Ziegel- und Bauornamentefirma Staib-Wasserott wurde für ihre Erzeugnisse vielfach ausgezeichnet, so etwa 1851 mit einer Medaille der Industrie-Ausstellung aller Nationen in London, 1854 mit der Medaille der Industrie-Ausstellung in München, 1853 vom württembergischen König mit der goldenen Medaille für Industrie und Wissenschaft und 1859 von der königlichen Zentralstelle für Gewerbe und Handel in Stuttgart mit einem Diplom und der Medaille zur Anerkennung des Fortschritts im Gewerbe und Handel; vgl. hierzu *Wurm* (wie Anm. 1) S. 47f. Zur Frühzeit der Firma auch: *Lutz* (wie Anm. 57) S. 671-674.

[110] Vgl. StA Sigmaringen Wü 125/21 Nr. 558/122.

[111] Vgl. StA Sigmaringen Wü 65/28 T. 1 Bü 36; Die Kunst- und Altertums-Denkmale im ehemaligen Donaukreis. Kreis Riedlingen. Bearb. von W. v. *Matthey* und H. *Klaiber*. Stuttgart/Berlin 1936. S. 53 (Ansicht der alten, 1852 abgebrochenen Kirche auf einer Prozessionsfahne, S. 54); Emil Eder/Carl Gregor Herzog zu Mecklenburg: St. Lambertus in Binzwangen: In: Heilige Kunst 1981. S. 87-92; Otto *Beck*: Kunst und Geschichte im Landkreis Biberach. Sigmaringen 1983. S. 274; KB Biberach (wie Anm. 95) S. 7.

[112] Vgl. StA Sigmaringen Wü 65/31 T. 1 Bü 151. Daraus geht hervor, dass die Rechnungen Pfeilstickers und Redles von der Stiftungspflege bezahlt wurden; Schreiben v. 3.6. 1854.

Langenargen, Umbau des Zoll- und Lagerhauses (gemeinsam mit Architekt Schurr)

Das 1823 direkt am Langenargener Bodenseehafen erbaute Zollamt und Lagerhaus[113] war ursprünglich ein eingeschossiger, noch spätbarock geprägter Bau mit mittlerer, flachbogiger Durchfahrt. 1855 wurde der bis zur Dachtraufe 4,3 Meter hohe Bau zur Unterbringung von Wohnungen für den Zollverwalter und den Grenzkontrolleur in historisierenden Formen um ein Stockwerk erhöht. Die Mittelachse des offenbar nach Plänen Pfeilstickers und des Architekten Schurr aufgestockten Gebäudes wurde durch einen verhältnismäßig schmalen Risalit hervorgehoben und mit einem spitzgiebelig abschließenden Zwerchhaus mit Drillingsfenster und Treppenfries abgeschlossen[114]. Das rund drei Meter hohe neue Obergeschoss wurde mit Lisenen in Felder gegliedert, die unter der Traufe jeweils einen Zinnenfries besitzen; direkt unterhalb der Dachtraufe verläuft ein – durch den Mittelrisalit unterbrochener - Zahnschnittfries. Auf den Dreiecksgiebel des Zwerchhauses wurde – basierend auf zwei abgetreppten Konsolen - ein bekrönendes Türmchen aus Schweizer Sandstein gesetzt. Von einem ursprünglich mit Maßwerkkreuz verzierten Viereck wurde dieses Türmchen mit abgeschrägten Ecken in ein allseitig mit spitzbogigen Öffnungen versehenes, übergiebeltes Achteck übergeleitet und klang mit achtseitigem Spitzhelm sowie kupferner Kreuzblume und Windfahne aus. Dieser im oberen Teil nicht erhaltene Aufbau wirkte wie eine Miniaturausgabe des kurz zuvor errichteten Kirchturms von Binzwangen. Das aufgestockte Zollhaus wurde wie der niedrigere Bau zuvor mit einem ziegelgedeckten Walmdach versehen.

Bad Waldsee, Fassade des Spitals

Das im Kern wohl noch spätmittelalterliche, 1659 zum Teil neu errichtete Spital in Waldsee ist ein zweigeschossiger, lang gestreckter, rechteckiger Bau, der die Spitalräume und die Kapelle unter einem Satteldach vereint. Mitte des 19. Jahrhunderts plante der Stiftungsrat, das Gebäude mit einer neuen Schaufassade zu schmücken. Damit sollte das Spital seiner Tradition und geschichtlichen Bedeutung entsprechend neben den markanten, staffelgiebelbekrönten, spätgotischen Profanbauten wie Rathaus und Kornhaus im Stadtbild aufgewertet und besser zur Geltung gebracht werden.

Abb. 6 - Bad Waldsee, Spital. Entwurf Pfeilstickers für die Neugestaltung der Fassade vom Dezember 1855 (Stadtarchiv Bad Waldsee).

[113] Heute Obere Seestraße 2/1.

[114] Vgl. StA Sigmaringen Wü 125/27 Bü 283, 351.

Am 9. Juli 1855 stellte der Stiftungsrat fest, dass die Spitalfassade (insbesondere das Türmchen und das Portal) nach ersten Untersuchungen derart baufällig sei, dass ein Neubau dieses Gebäudeteils notwendig sei. Der ortsansässige Werkmeister Hildenbrand wurde mit der Ausarbeitung eines Bauplanes und Kostenvoranschlags beauftragt[115]. Nachdem der Plan Hildenbrands dem Waldseer Architekten Stiefel zur Prüfung übergeben worden war, legte dieser am 3. August 1855 sein Gutachten und einen weiteren Bauplan vor. Stiefel kritisierte, dass Hildenbrand die Baukosten deutlich zu niedrig angesetzt hätte und schlug mehrere Vereinfachungen der Fassade vor. Sein im Stadtarchiv Bad Waldsee erhaltener, von der Neugotik geprägter Bauplan sah unter anderem bereits vor: einen Staffelgiebel, am Ansatz des Giebels jeweils ein Polygonaltürmchen mit stumpfem Helm, als Giebelbekrönung ein unten quadratisches, oben ins Achteck übergeleitetes Türmchen mit spitzem Faltdach, ein Spitzbogenportal mit Umrahmung sowie seitlich davon jeweils eine Maßwerkrosette[116]. Da dieser Entwurf *nicht nur der gewünschten Einfachheit und dem von dem Stiftungsrathe für das Bauwesen ausgewiesenen Aufwand entspricht und den Beifall anderer Sachverständiger findet*, wurde er vom Stiftungsrat am 14. August 1855 zur Ausführung bestimmt[117]. Schließlich trat aber Pfeilsticker mit einem weiteren, wesentlich reicher ausgestalteten Plan in Erscheinung. Sein im Dezember 1855 vorgelegter Entwurf[118], der die zentralen Elemente des Stiefel'schen Planes berücksichtigte, bekam nach einigem Hin und Her im September 1856 endgültig den Zuschlag; einige Fassadendetails wurden jedoch noch überarbeitet[119].

Die neugotische Schaufassade wird dominiert von einem breit gelagerten Staffelgiebel mit Blendmaßwerkgliederung. Zwei schlanke, fialen- und kreuzblumenbekrönte Strebepfeiler, auf Konsolen ruhende, krabbenbesetzte und ebenfalls mit Spitzhelmen und Kreuzblumen bekrönte Ecktürmchen und nicht zuletzt der polygonale Turmaufsatz mit Spitzbogenöffnungen und durchbrochenem, ebenfalls krabben- und kreuzblumenbesetzten Helm sorgten für eine prononcierte Vertikalgliederung. Der in der Mitte des Erdgeschosses gelegene, von den beiden Strebepfeilern gerahmte Zugang zur Kapelle wurde als gedrücktes Spitzbogenportal mit profilierten Gewänden gestaltet und durch einen kleinteiligen, spitzbogigplastischen Blendmaßwerkfries vom darüber liegenden Geschoss abgegrenzt. Die Kapellenfenster seitlich des Eingangs sind als Rundfenster mit Maßwerk ausgeführt - ein bei zahlreichen Pfeilsticker-Bauten wiederkehrendes Motiv; diese Anordnung wiederholt sich an den Seitenachsen des zweiten Obergeschosses. Von der gotischen Profanarchitektur inspiriert sind hingegen die Zweier- bzw. Vierer-

[115] StA Bad Waldsee Stiftungsratsprot. v. 9.7. 1855. Dieser erste Plan Hildenbrands ist offensichtlich nicht erhalten geblieben.
[116] Kolorierter Bauplan im StadtA Bad Waldsee.
[117] StadtA Bad Waldsee Stiftungsratsprot. v. 3.8. 1855.
[118] StadtA Bad Waldsee. Weitere, nicht realisierte Pläne wurden vorgelegt von Hildenbrand (dat. 20.2. 1856), der unter anderem Pfeilstickers Fassadenkonzept variierte, und von Pfeilsticker selbst (dat. März 1856), der in diesem vereinfachten Projekt unter anderem die Strebepfeiler wegließ. Vgl. Eberhard *Grunsky*: Zur Geschichte der neugotischen Spitalfassade in Bad Waldsee. In: Denkmalpflege in Baden-Württemberg 8 (Okt.-Dez. 1979) S. 139-147; hier S. 140f.
[119] Vgl. auch StA Sigmaringen Wü 128/3 Bü 342. So beschloss der Stiftungsrat z.B. am 5. März 1857, um *die glatten Felder an der Mauerfläche mit einigen passenden Ornamenten zu besezen*, noch zwei Wappenschilde aus Ton (Stadt- und Stiftungswappen) in der Zone unter dem Giebelrondell anbringen zu lassen; diese dekorativen Elemente wurden von der Ravensburger Firma Staib-Wasserott geliefert; vgl. StadtA Bad Waldsee Stiftungsratsprot. v. 5.3. 1857.

Abb. 7 - Bad Waldsee, Hauptfassade des Spitals. Foto um 2000.

gruppen von Hochrechteckfenstern im ersten und zweiten Obergeschoss. Das runde Bildfeld in der Mitte des Giebels wurde zunächst durch ein nicht näher beschriebenes Ölgemälde auf Leinwand ausgefüllt; schließlich realisierte der Maler Hans Kolb (1845-1928), Professor an der Stuttgarter Kunstgewerbeschule, 1885 im Auftrag des Stiftungsrates für dieses "Rondell" ein vielfiguriges Bild mit dem segnenden Christus im Zentrum. Das darunter liegende Schriftband "Kommet Alle zu Mir die ihr mühselig seid und beladen Ich will euch erquicken" nimmt auf diese Darstellung Bezug. In den beiden Nischen seitlich des Mittelfensterpaares im ersten Obergeschoss wurden Maria und die Mystikern Elisabeth Achler von Reute, die "gute Beth", dargestellt. Dazuhin steigerte Kolb mit weiteren Fassadenmalereien ganz wesentlich Pfeilstickers architektonische Gliederung der Schaufassade; gleichzeitig schwächte er die ausgeprägt vertikalen Tendenzen ab, unter anderem durch vorgeblendete Sockelfugen, Quaderung, Horizontalbänder und aufgemalte Blendmaßwerkfriese. An den Staffeln des Giebels führte Kolb unter anderem die zwölf Tierkreiszeichen aus. Durch die Verbindung von Elementen "aus gotischer Profan- und Sakralarchitektur", die Pfeilsticker hier "zu einer durchaus eigenständigen schöpferischen Leistung verarbeitet hat", macht dieser neugotische Schaugiebel des Waldseer Spitals "die Funktion des Gebäudes anschaulich"[120] (Eberhard Grunsky).

War die instandsetzungsbedürftige Fassadenbemalung bereits 1932 nur in Teilen erneuert worden, so wurden der Turmaufbau und die Fialenbekrönungen 1965 wegen schwerer Bauschäden abgetragen[121]. Eine neuerliche Renovierung 1978/79 näherte die Schaufassade wieder dem Zustand des 19. Jahrhunderts an. Nun "traf sich der Bürgerwille, die alte Spitalfassade als ein Stück Heimat zu erhalten, mit der denkmalpflegerischen Intention, eines der frühesten Zeugnisse neugotischer Architektur in Oberschwaben wiederherzustellen" (Eberhard Grunsky)[122]. Vor allem aus Kostengründen wurde allerdings der Turmaufbau nicht mehr mit einem

---

[120] *Grunsky* (wie Anm. 118) S. 142f. Grunsky bietet in seinem Aufsatz eine gründliche Abhandlung der Entstehungsgeschichte und eine Baubeschreibung.

[121] Im Gegensatz zum Staatlichen Amt für Denkmalpflege, das die Spitalfassade 1958 als "kein großer Wurf" charakterisiert und für eine "radikale Umgestaltung" in Richtung eines vermeintlich bescheideneren früheren Zustands plädiert hatte– noch war die denkmalpflegerische Beurteilung historistischer Architektur sehr kritisch – beschloss der Waldseer Gemeinderat im selben Jahr einstimmig die Instandsetzung des neugotischen Turmaufbaus. Allerdings erwies sich die angewandte Restaurierungsmethode mit einem Zementmörtel-Kunstharz-Gemisch als nur sehr wenig dauerhaft; 1965 erfolgte schließlich doch der Abbruch. Vgl. *Grunsky* (wie Anm. 118) S. 145f.

[122] *Ebda.*, S. 147.

durchbrochenen Maßwerkhelm, sondern – in vereinfachter Form und ähnlich wie beim Kirchturm in Binzwangen - mit einem Dach aus glasierten Biberschwanzziegeln ausgeführt; an den wiederhergestellten Fialenaufsätzen wurden zudem die Krabben weggelassen.

Leutkirch, Oberamtsgerichtsgefängnis

In einem an das Kameralamt Wangen gerichteten Schreiben vom 20. November 1856 riet Pfeilsticker zum Neubau eines Oberamtsgerichtsgefängnisses in Leutkirch; die alten, unter anderem im Bockturm, einem im unteren Teil mittelalterlichen, ehemaligen Teil der Stadtbefestigung, untergebrachten Gefängnisräume seien *von einer solchen Beschaffenheit, dass jede Verbesserung an ihnen* [lediglich] *als ein Palliationsmittel wirken könne*[123]. Die zuständigen staatlichen Behörden zeigten sich mit diesem Vorschlag einverstanden. Am 2. Juni 1857 legte Pfeilsticker der Bauabteilung der Königlichen Oberfinanzkammer die Baupläne für ein neues Gefängnisgebäude zur Prüfung vor. Demnach zeigte der fast quadratische und unverputzt vorgesehene Bau, der gewissermaßen ein neuzeitlicher *Gefängnisthurm*[124] (Pfeilsticker) sein sollte, über einem Sockel drei Stockwerke sowie unter dem Satteldach schließlich ein weiteres Giebelgeschoss. Die Längsseite zeigte in jedem Stockwerk drei Fenster. Im Parterre waren ein zentrales Portal und zwei flankierende Fenster angeordnet; während dort die Fenster rundbogig mit Überfangbögen gestaltet waren, zeigten sie in den darüber liegenden Zonen flachbogige Abschlüsse, ebenfalls mit Überfangbögen. Den Vorschriften gemäß wies der Bau *im Parterre 2 Strafarreste für 3-4 Personen, 2 Untersuchungsgefängnisse je für 2-3 Personen und 6 Einzelarreste, im ganzen 10*, auf, so Pfeilsticker in seiner Baubeschreibung. Im vierten Stockwerk war ein weiterer Raum eingerichtet, der *zunächst als Fourniturkammer zu verwenden seyn dürfte und der als ein 4tes Gefängnis einzurichten wäre, wenn sich das Bedürfnis als solches später herausstellen sollte*[125]. In einem Anbau war die Wohnung des Gefangenenwärters untergebracht. Ferner riet Pfeilsticker zum Bau *eines abgesonderten Hintergebäudes für die Aufbewahrung des Holzes und Torfes, zumal da der Gefangenenwärter auch einen Platz zur Aufbewahrung des Strohs haben muss, das er zum Füllen der Strohsäcke im Vorrate haben muss.* Dort solle auch eine Waschküche untergebracht werden, *da die Feuersicherheit für das Hauptgebäude dadurch erhöht und damit also Gründe dafür sprechen, dass die schmuzige Wäsche von häufig lausigen u. krägigen Gefangenen nicht in derselben Küche ausgekocht, geräuchert u. gewaschen wird, in welcher für die Gefangenen, für den Gefangenenwärter u. seine Familie die Speisen gekocht u. zubereitet werden*[126]. Die voraussichtlichen Kosten für den Neubau bezifferte Pfeilsticker am 20. Oktober 1857 auf 19 402 Gulden[127]. Der hinter dem Oberamtsgebäude errichtete dreistöckige Gefängnisbau besitzt eine schmückende Eckquaderung und über dem Erdgeschossbereich ein umlaufendes Sandsteingesims; anders als ursprünglich vorgesehen wurde der Bau mit dreiachsiger Hauptfront und zweiachsigen Schmalseiten sowie mit Walmdach ausgeführt.

[123] StA Sigmaringen Wü 128/3 T. 1 Bü 178 Nr. 3.
[124] *Ebda.*, Nr. 6.
[125] *Ebda.*
[126] *Ebda.*
[127] Vgl. *ebda.*, Nr. 7.

Das Gebäude[128] beherbergt heute die Geschäftsstelle des Landesbauernverbandes und eine Arztpraxis.

Abb. 8 - Leutkirch, Evangelische Stadtpfarrkirche. Innenraum nach Norden mit der durch alle drei Schiffe reichenden Orgelempore. Foto vor der Umgestaltung 1972/73.

Leutkirch, Evangelische Stadtpfarrkirche (Umbau)

Die evangelische Stadtpfarrkirche (Dreifaltigkeitskirche) in Leutkirch war von 1613 bis 1615 nach Plänen von Daniel Schopf aus Isny in dem neuen, von Heinrich Schickhardt begründeten Typus einer Predigtsaalkirche ohne Chor erbaut worden. Der Neubau sollte den Anforderungen der lutherischen Lehre Rechnung tragen. Das Mittelschiff war etwas breiter als die Seitenschiffe, an der Nordseite befand sich die Gemeindeempore, an der Südseite über dem Altar eine Empore für die Orgel. Der Innenraum besaß eine flache Kassettendecke[129].

1856 untersuchte Pfeilsticker auf Bitte des evangelischen Stiftungsrats in Leutkirch den offensichtlich bedenklich gewordenen baulichen Zustand der Kirche. Er erklärte daraufhin, *daß die Herstellung der Kirche im Inneren durch Weichung der schon im vorigen Jahre gesprießten 2 Säulen und Abnahme des sehr großen und an den Mauerlatten theils abgefaulten, theils von Fäulnis angegriffenen Dachstuhls absolut geboten sey und die Benuzung der Kirche durch den außerordentlichen Druck des Dachstuhls in kurzer Zeit unmöglich werde*[130]. Pfeilsticker schlug die möglichst rasche Erneuerung des Dachstuhls und die Neuerrichtung

[128] Heute Wangener Straße 12/1.

[129] Zur Baugeschichte vgl. Rudolf *Roth*: Geschichte der ehemaligen Reichsstadt Leutkirch und der Leutkircher Heide. 2. Theil. Leutkirch 1872. S. 163-165; Hans *Raithelhuber*: Dreifaltigkeitskirche Leutkirch (Kirchenführer). o.O., o.J. (1974); Mathias *Koz*: Die Dreifaltigkeitskirche in Leutkirch. Die Geschichte eines Gebäudes. Ungedr. Studienarbeit für das Institut für Baugeschichte und Bauaufnahme an der Universität Stuttgart. Stuttgart 1977.

[130] StadtA Leutkirch Bü 1161; Auszug aus dem ev. Stiftungsratsprot. v. 12.2. 1856; Bl. 61b.

der genannten beiden Säulen aus Backsteinen vor. *Mittelst Bohlen* solle *der Kirche eine Art Gewölbe-Aussehen* verliehen werden[131]. Die Folgen eines leichteren Erdbebens führten dann zur Schließung der Kirche aus Sicherheitsgründen.

Zwischen 1857 und 1860 realisierte Pfeilsticker schließlich eine umfassende, "gotisierende" Erneuerung der Kirche. Der alte Dachstuhl und die Stützenreihen wurden abgetragen, die Längsseiten um rund zwei Meter erhöht, somit Platz für das Gewölbe und die neuen, hohen Spitzbogenfenster (mit Maßwerk aus Molassesandstein) geschaffen, auch wurde die Dachneigung flacher gestaltet. Die Pfeiler, die zwei Stützarkadenreihen trugen, wurden in massiverer Ausführung wieder aufgeführt. In den drei Schiffen der neugotisch gestalteten, nun wesentlich höheren, lichten und gut proportionierten Halle wurden jeweils fünf gleich aussehende Sterngewölbe aus Putz auf einer Holzunterkonstruktion errichtet. Das ursprüngliche Vorhaben, ein Massivgewölbe über den Stützenreihen einzuziehen, konnte wegen der fehlenden Aussteifung der Kirche (keine Strebepfeiler) und aus Kostengründen nicht durchgeführt werden. Die alte Orgelempore über dem Altar wurde entfernt und die vergrößerte, durch alle drei Schiffe reichende Nordempore zur Aufstellung der Orgel bestimmt. Der bereits 1845 mit einem Spitzhelm versehene alte Turm blieb unverändert erhalten. Von der neugotischen Ausstattung verdienten besonders die Kanzel, der Orgelprospekt und die von Ludwig Mittermaier aus Lauingen/Donau geschaffene Farbverglasung einiger Fenster Erwähnung. Der Pfeilsticker´sche Umbau der Leutkircher Dreifaltigkeitskirche stellte "eine frühe und bedeutende Leistung der Neugotik in Württemberg"[132] dar.

Seit 1963 bereitete der schlechte Bauzustand der Kirche Sorgen: Undichte Stellen im Dachbereich hatten zu schweren Schäden im Holz-Gips-Gewölbe geführt, Teile des Außenputzes und der Ziegel fielen ab, Maßwerke und Gewände zeigten starke Verwitterungserscheinungen. Hinzu kam, dass die Kirche den aktuellen gottesdienstlichen Anforderungen in vielen Punkten nicht mehr genügte: Zu nennen waren akustische Mängel und die Tatsache, dass die angeblich schlecht beheizbare Kirche für die Zahl der Gottesdienstbesucher mit fast 1000 Sitzplätzen mittlerweile zu groß dimensioniert war. Auch gab es von zahlreichen Plätzen – bedingt vor allem durch die zahlreichen Pfeiler - keine Sichtbeziehung zum Altar und zur Kanzel. Da der Synodalausschuss der Evangelischen Landeskirche nur für einen Neubau größere Zuschüsse in Aussicht stellte und zudem das Landesdenkmalamt 1963 bei einem ersten Gespräch über eine künftige Renovierung noch Desinteresse an der Erhaltung des neugotischen Innenraumes signalisiert hatte, beschloss der Kirchengemeinderat im Januar 1968 ohne weitere Unterredungen mit dem Landesdenkmalamt, einen beschränkten Wettbewerb für einen Neubau durchzuführen. Auf der Grundlage eines Gutachtens des Bauberaters des Evangelischen Oberkirchenrats, Oberbaurat Ehrlich, argumentierten die kirchlichen Stellen, dass ein kleiner dimensionierter Neubau etwa ein Drittel weniger kosten würde als eine Renovierung. Sofort nach Bekanntwerden dieser Entscheidung flammten heftige Diskussionen für und gegen einen Neubau auf. Zahlreiche kritische Stimmen aus der Bürgerschaft, Stellungnahmen des Bürgermeisteramtes und schließlich auch des Landesdenkmalamtes, welches nun die besondere Bedeu-

[131] *Ebda.*

[132] Hubert *Krins*: Die evangelische Dreifaltigkeitskirche in Leutkirch. Nachruf auf einen Innenraum des 19. Jahrhunderts. In: Denkmalpflege in Baden-Württemberg 1 (2/1972). S. 41f.; hier S. 42.

tung des Gotteshauses als erstem evangelischen Kirchenneubau in Oberschwaben und – in den überkommenen baulichen Proportionen - im Leutkircher Stadtbild betonte und die Gründe für einen Neubau nicht akzeptierte, führten schließlich zur Ausschreibung eines erweiterten Wettbewerbs unter fünf im Kirchenbau erfahrenen Architekten. Jeder sollte jeweils einen Entwurf für einen Neubau (unter Beibehaltung des historischen Turmes) wie für eine Renovierung (unter Beibehaltung des Äußeren) ausarbeiten. Dem Umbauentwurf des Stuttgarter Architekten Heinz Rall wurde schließlich der 1. Preis zuerkannt; während hier das äußere Erscheinungsbild weitgehend bewahrt wurde, sollte das Innere völlig neu ausgebaut, die neugotische Architektur und Ausstattung Pfeilstickers – genauso radikal wie einige Jahre zuvor in der Ravensburger Evangelischen Stadtkirche - beseitigt werden. Es war dies offensichtlich ein Kompromiss, um kirchliche und denkmalpflegerische Anliegen zu berücksichtigen. Hubert Krins wertete im Nachrichtenblatt des Landesdenkmalamtes bereits 1972 die "Zerstörung der Architektur Pfeilstickers" als einen "schwerwiegenden Verlust"[133]. Nach einer weiteren Überarbeitung des Entwurfs von Heinz Rall wurde im Januar 1972 mit dem Umbau begonnen und die modernisierte Kirche am 3. Dezember 1973 eingeweiht.

Durch die Entfernung der beiden Pfeilerreihen und des Holz-Putz-Gewölbes entstand ein völlig stützenfreier Innenraum, dessen Höhe durch das Einziehen einer Zwischendecke verringert wurde. Durch die Einfügung einer Betondecke wurde an der Südseite eine Empore geschaffen, die seitlich durch zwei abgeschlossene Räume flankiert wird. Auch an der Nordseite entstanden Räume für die diakonische Bezirksstelle sowie für die Sakristei und für eine Küche. Das Kircheninnere wurde durch den Umbau in fünf Ebenen gegliedert, wodurch ein Mehrzweckraum entstand, der den Gottesdienst, aber etwa auch ein Gemeindefest möglich machte (u. a. beweglich aufgestellter Altar, mobile Bestuhlung). Nur das neugotische Maßwerk der beiden alten Eingänge wurde belassen, die Fenster ansonsten völlig erneuert und nach unten verlängert, auf der Südseite ein neuer Haupteingang geschaffen. Von der ursprünglichen Ausstattung wurden nur wenige Teile, darunter der Taufstein, übernommen.

Ravensburg, Evangelische Stadtkirche (Umbau)

Die Evangelische Stadtkirche in Ravensburg war ursprünglich die Klosterkirche des ortsansässigen Karmeliterordens; 1349 geweiht, wurde sie im typischen Stil einer Bettelordenskirche in einfachen und monumentalen Formen, als dreischiffige Säulenbasilika mit flachen Holzbalkendecken und ohne Kirchturm (nur Dachreiter) erbaut. Im 14. und 15. Jahrhundert wurde die Kirche mehrfach erweitert, unter anderem durch die Möttelin-Kapelle (1448) und die St. Anna-Kapelle (1508), die sich an das südliche Seitenschiff anschließen und beide eingewölbt sind. Während das Langhaus, abgesehen von kurzen Unterbrechungen, seit 1544/49 evangelisch war, wurde der hohe, gerade schließende Chor mit seinen langen gotischen Fensterbahnen noch bis 1810/11 als Mönchskirche genutzt. Danach diente der Bau zur Gänze als evangelische Kirche und wurde von 1842 bis 1845 durch einen schlanken, 57 Meter hohen Kirchturm an der Südseite des Chores ergänzt, der in einer Verbindung von klassizistischen und neugotischen Formen nach Plänen des

[133] *Ebda.*

Ravensburger Bauinspektors Johann Georg Büchler und unter Mitwirkung seines Nachfolgers Gottlieb Pfeilsticker ausgeführt wurde[134].

Abb. 9 - Ravensburg, Evangelische Stadtkirche. Blick von Westen in Richtung Chor mit den Wandmalereien Rudolf Schäfers (1921). Foto um 1930.

Der evangelische Stiftungsrat in Ravensburg beschloss angesichts gravierender Bauschäden am 12. Februar 1856, Pfeilsticker mit einer genauen Untersuchung des Bauzustandes der Evangelischen Stadtkirche zu beauftragen[135]. Am 20. November 1856 legte er einen ersten Kostenvoranschlag in Höhe von 16 732 Gulden hinsichtlich der *beabsichtigten Restauration* vor. Im Einzelnen schlug Pfeilsticker eine *Herstellung der Decke* mit Einwölbung, die Totalerneuerung des schadhaften Daches, die Schaffung einer neuen Orgel, die Erneuerung von Bodenbelag und Gestühl sowie die Herstellung einer neuen Kanzel in *gothischem Styl* vor; Letztere sollte noch um eine Säule vorgerückt werden, damit *Alle dem Geistlichen ins Gesicht sehen können*[136]. Stiftungsrat und Bürgerausschuss hießen die Pläne Pfeilstickers gut. Er schilderte am 24. September 1856, *dass die Deken der Kirche und des Chores ein an die Dachbalken genageltes und mit Leimfarbe angestrichenes Täferwerk* seien. Dies mache auf alle Kirchenbesucher einen *widerlichen, störenden Eindruck*. Er empfahl nun konkret den *Einbau von Kreuz-Gewölbe in Spitzbogenform aus Bohlenconstruction*, zum einen aus statischen Gründen, vor allem aber, weil dadurch *das Innere der Kirche eine Gestalt bekäme, die zweifellos von solch erhabender Wirkung wäre, wie* [es] *zumal einer 'Stadtpfarrkirche' geziemt und wodurch es in Harmonie mit den schon bestehenden schön gewölbten Seitenkapellen und Sakristeien, sowie mit den übrigen schönen gothischen Formen der Kirche gebracht würde*[137]; damit müsse eine *Fensterverrückung* bzw. Fenstererneuerung einhergehen. Auch eine neue Orgelempore und ein neues Orgelgehäuse seien zur Wiederherstellung des gotischen Gesamteindrucks notwendig. Im Chor seien *an die Stelle des entbehrlichen Hochaltars ein angemessener erhöhter Predigerstuhl und längs der Wände Sitzpläze für die Comunicanden* zu schaffen. Schließlich wären ein neues Altargeländer und ein neuer Taufstein erforderlich. Pfeilsticker befürwortete eine Kirchenrenovierung in einem Zuge, die dann solider und kostengünstiger über die Bühne gehen könne. Schließlich stiegen die Kosten für den zwischen 1859 und 1862 erfolgten

[134] Vgl. StadtA Ravensburg Bd. 2227, Ev. Stiftungsratsprot. v. 20.6. 1844; Peter *Eitel*: "Zur Erhöhung der Würde des Kultus". Baugeschichte des Kirchturms der Evangelischen Stadtkirche Ravensburg. In: Festschrift zur Turmsanierung der Evangelischen Stadtkirche Ravensburg. Ravensburg 1998.
[135] Vgl. StadtA Ravensburg B. 2/434.
[136] *Ebda.*
[137] *Ebda.*

Kirchenumbau (mitsamt der aufwendigen Neuausstattung) auf insgesamt rund 90 000 Gulden[138], wobei auch ein eigens gegründeter "Kirchenbauverein" Gelder sammelte und verschiedene Mäzene Glasfenster und andere Ausstattungsstücke stifteten[139].

"Im Sinne der zeitgenössischen Bestrebung, durch eine Wiederbelebung der Gotik eine spezifisch christliche Kunst zu erneuern – die Gotik galt als der christliche Stil schlechthin"[140] - wurde die gesamte, in Teilen barocke Ausstattung (z.B. Hochaltar) entfernt. Pfeilsticker zog im Langhaus und im höher gelegenen Chor ein verputztes, aus Holz und Gips bestehendes Kreuzrippengewölbe mit stuckierten Rippen ein. Die Fenster des Mittelschiffs wurden zugemauert und durch Kreisfenster mit Maßwerk (von der Ravensburger Firma Staib-Wasserott) – ein bei Pfeilstickers Bauten häufig wiederkehrendes Motiv – ersetzt. Auch im Chor musste der Scheitel der Fenster deutlich tiefer gelegt werden, um Platz für das Gewölbe zu schaffen. Die Ausstattung mit einem prächtigen Chorgestühl in spätgotischen Formen an den beiden Längsseiten sollte an die ursprüngliche Funktion des Baus als Klosterkirche der Karmeliter erinnern; zudem wurde ein neugotischer Predigtstuhl mit Doppeltreppenaufgang errichtet. Der Chor wurde zum separaten Andachtsraum. Zum Teil nach Entwürfen Pfeilstickers wurde die Ausstattung von Künstlern der Region ausgeführt[141]: Chorausstattung, Kanzel, Gestühl und Orgelgehäuse von Kunstschreiner Mathias Brechtel aus Leutkirch, das Altarkreuz von dem Stuttgarter Bildhauer Zaiser, der Altar von Landthaler aus Kappel bei Buchau, der Zyklus figürlicher Glasmalereien von Ludwig Mittermaier aus Lauingen an der Donau nach Entwürfen von Carl Andreä aus Dresden und Gustav König aus München[142]. Das Lutherfenster stiftete übrigens Pfeilsticker selbst[143], der sich darauf in einer Inschrift als "Nachkömmling Dr. M. Luthers" verewigen ließ. Die neue Orgel mit 132 Registern stammte von der Firma Walker in Ludwigsburg. Die feierliche Einweihung der umgebauten Kirche fand am 10. August 1862 in Anwesenheit der württembergischen Königin Pauline, des Kronprinzenpaares Karl und Olga und des Prinzen Wilhelm (später König Wilhelm II.) statt[144].

Ähnlich radikal wie hundert Jahre zuvor verfuhr man bei der letzten Kirchenrenovierung 1964/66. Nach Plänen von Klaus Ehrlich (Stuttgart) und des Architekturbüros Wurm (Ravensburg) wurden die nun als störend empfundenen neugotischen Einbauten und Ausstattungsstücke (übrigens auch die 1921 entstandenen Wandbilder Rudolf Schäfers) entfernt und der vermeintlich "originale" Bestand und Raumeindruck der spätmittelalterlichen Bettelordenskirche wiederhergestellt. Die neugotischen Holzgewölbe wurden beseitigt, die Chorfenster erhielten ihre ursprüngliche Länge zurück, die Rundbogenöffnungen des Mittelschiffes wurden durch neue spitzbogige Fenster ersetzt. Die neugotischen

[138] Vgl. Tobias *Hafner*: Die evang. Kirche in Ravensburg. Ravensburg 1884. S. 110.
[139] Vgl. M. E. *Eggel*: Die evangelische Kirche in Ravensburg (ehemalige Carmeliter-Kirche). Ravensburg 1871. S. 4.
[140] Eberhard *Grunsky*: Restaurierung: Eine Frage der Konzeption. Zur Restaurierungspraxis und ihren Maßgaben. In: Denkmalpflege in Baden-Württemberg 14 (Januar-März 1985). S. 49-59; hier S. 49.
[141] Vgl. LandeskirchlichesA Stuttgart A 26/1459; Ev. Dekanatsamt Ravensburg Nr. 217.
[142] Vgl. hierzu auch Alfred *Lutz*: "Evangelische Stadtkirche: Die Fenster zeigen große Persönlichkeiten". In: Schwäbische Zeitung (Ausgabe Ravensburg) v. 30.6. 2005.
[143] Vgl. StadtA Ravensburg B. 2/434; *Eggel* (wie Anm. 139) S. 10.
[144] Vgl. Tobias *Hafner*: Geschichte der Stadt Ravensburg. Ravensburg 1887. S. 688.

Ausstattungsstücke wurden ebenso wie die Orgelempore beseitigt; lediglich die 1861 von Ludwig Mittermaier geschaffenen Fürsten- und Reformatorenfenster in den beiden südlich an das Langhaus angebauten Kapellen blieben erhalten. Nach der Restaurierung zeigt der Innenraum mit seinen flachen Holzbalkendecken und freigelegten Fragmenten spätgotischer Fresken wieder "die asketische Strenge mittelalterlicher Bettelordensarchitektur. Der Eindruck von karger Nüchternheit wird durch die neue Ausstattung noch verstärkt"[145].

Friedrichshafen, Katholische Pfarrkirche St. Nikolaus, Projekt einer Turmerhöhung

Angesichts des baufälligen Zustandes der Giebel und des Satteldachs des Kirchturms von St. Nikolaus legte Pfeilsticker dem Stadtschultheißenamt Friedrichshafen am 25. Januar 1858 Pläne zum *Bau einer neuen Spitze und Glockenetage mit* einem Kostenvoranschlag in Höhe von 12 250 Gulden vor. *Er argumentierte, dass es der Wunsch u. Wille der Stadtgemeinde seyn werde, dem Thurme anstatt des schadhaften Mauerwerks u. der Schallöffnungen der Glockenetage u. der Giebel u. des hässlichen Satteldachs eine Form zu geben, welche der Stadt und Umgegend weit hin zur Zierde diene u. zugleich den vielen Fremden, die Friedrichshafen besuchen u. passieren, eine Gelegenheit zu bieten, die schöne Gegend nach allen Richtungen übersehen zu können, und sich hierdurch ein Denkmal auf die kommenden Generationen zu sezen*[146]. Konkret sahen seine Planungen *eine achteckige Glockenetage mit einer Gallerie zur unbeschränkten Beschauung der Gegend und mit einem aus einer Giebelbekrönung wachsenden Spitzdache in gotischen Formen* vor; die Wahl dieses Stiles sei umso gerechtfertigter, *als der Unterbau des Thurmes aus gotischer Zeit stammt.* Der untere Turmteil sollte bis zu einer Höhe von 27 Metern übernommen werden; durch den neuen Aufbau mit abschließendem Spitzhelm sollte der Turm insgesamt 63 Meter hoch werden. Bauliche Details wie die Schallöffnungen mit Maßwerk und die Kreuzblumen auf den acht Spitzgiebeln sollten aus *gebranntem Thon* der Ravensburger Firma Staib-Wasserott gestaltet, das spitze Turmdach mit *glasierten Dach-, Grat- und Kehlziegeln in verschiedenen Farben* gedeckt werden. Während das Architekturmotiv des oktogonalen Aufbaus auf dem rechteckigen Turmunterbau mit acht Dreiecksgiebelchen und einem spitzen Turmhelm schon von Pfeilstickers Kirchenbauten in Hohentengen und Binzwangen bekannt ist, wäre die Aussichtsgalerie ein Novum gewesen. Dieser Umbauplan Pfeilstickers kam jedoch nicht zur Ausführung. Seit einem Umbau 1862/63 präsentiert sich der obere Teil des Kirchturms in Neurenaissanceformen; die beiden Giebel des Satteldachs wurden mit Gesimsen und Fialenaufsätzen verziert, das Dach mit zwei Zwerchhäusern und einem sehr hohen Dachreiter mit Spitzdach versehen, sodass die Turmhöhe 61 Meter erreichte. Ob Pfeilsticker die Pläne auch zu dieser wohl wesentlich kostengünstigeren Variante geliefert hat, muss angesichts der problematischen Quellenlage vorerst offenblei-

[145] Vgl. *Grunsky* (wie Anm. 140) S. 53.
[146] Auch zum Folgenden StA Sigmaringen Wü 128/3 T. 1 Bü 135.

ben. Nach Kriegszerstörung 1944 wurde der Neurenaissanceaufsatz 1949 originalgetreu rekonstruiert[147].

Abb. 10 - Tettnang, Katholische Pfarrkirche St. Gallus von Südwesten. Foto um 1930.

Tettnang, Katholische Pfarrkirche St. Gallus

Bereits im März 1852 baten der Tettnanger Stiftungsrat und Bürgerausschuss das Oberamt und das Finanzministerium darum, bald eine Erneuerung der Pfarrkirche vorzunehmen, da von der schadhaften Decke im Langhaus und Chor Gefahr drohe[148].

In einem ersten Gutachten betonte Pfeilsticker am 12. September 1852, dass die Stadtpfarrkirche zu engräumig für die Zahl der Kirchenbesucher und infolge der *schlechten Dachconstruction* auch *baufällig* sei[149]. In einem Schreiben vom 13. Februar 1853 berichtete er weiter, dass die vom Stadtpfarramt gewünschte Vergrößerung der Kirche nur durch eine Verlängerung und Anfügung eines Querschiffes zu erreichen sei. Die Akustik, aber auch die Sichtverhältnisse auf den Altar müssten bei einer solchen Erweiterung in Kreuzform aber leiden, die Kirche würde durch den Einbau von Emporen eventuell *entstellt*. Pfeilsticker konstatierte, dass die Kosten einer Erweiterung fast denen eines Neubaus gleichkämen[150]. Die katholische Kirchengemeinde Tettnang bat am 31. August 1854 den König mit drastischen Worten um einen baldigen Neubau: *Der Zustand unserer Stadtpfarrkirche für eine Gemeinde von mehr als 3000 Seelen ist nach allen Theilen so verwahrlost und verkommen, wie man wohl nirgends eine Pfarrkirche tref-*

[147] Vgl. Georg *Wieland*: Katholische Pfarreien, Kirchenstellen und Kirchengebäude im heutigen Friedrichshafen. In: Kirchen in Friedrichshafen. Geschichte und Kunst. Hg. von Siegfried *Tann* und Bernd *Wiedmann*. Friedrichshafen 1989. S. 231-367; hier S. 263, 267.
[148] Vgl. Kath. PfarrA Tettnang A 108; Schreiben des Stiftungsrats und Bürgerausschusses an das Oberamt v. Sept. 1852.
[149] StA Sigmaringen Wü 128/3 T. 1 Bü 312 Nr. 4.
[150] Vgl. *ebda.*, Nr.6.

fen wird[151]. Die königliche Oberfinanzkammerabteilung für Bauten in Stuttgart, das höchste Baukollegium Württembergs, wies das Bezirksbauamt schließlich am 18. Oktober 1854 an, anstelle der zuvor erwogenen Erweiterung der alten Kirche einen Neubauplan (für rund 1800 Kirchenbesucher) unter Beibehaltung des alten Turmes auszuarbeiten[152].

Ein erster, von Pfeilsticker vorgelegter Plan entsprach nach Meinung der Oberfinanzkammerabteilung für Bauten vom 4. April 1855 aber *weder in der ganzen Anlage, noch in der gewählten reichen architektonischen Ausstattung der bei Kirchenbauten bisher in der Regel eingehaltenen Einfachheit*[153]. *Die fragliche Kirche* müsse *bei gegenwärtiger Finanzlage, welche keine Prachtbauten gestatte, möglichst einfach gehalten werden*. Der Bau eines Querschiffes solle wegen der Akustik und der Wirkung des Hochaltars sowie der Kanzel definitiv wegfallen, die Sakristei solle verkleinert, auf eine steinerne Einwölbung der Kirche mit Ausnahme des Chores zugunsten einer hölzernen Decke verzichtet werden; vor allem aber solle im Sinne der *möglichsten Einfachheit* dem bislang in Aussicht genommenen gotischen Baustil nur dann der Vorzug gegeben werden, wenn dieser nicht wesentlich teurer käme als der *Rundbogenstyl*. Am 11. Oktober 1855 konkretisierte die Oberfinanzkammerabteilung seine Maxime des sparsamen Bauens. Das Bezirksbauamt solle einen Entwurf anfertigen, *nach welchem die Kirche ohne alle architektonische Zierathen mit Socle von Sandsteinen, im Uebrigen aber ganz von Backsteinen, mit einfach von Backsteinen herzustellendem Gesims ohne Pfeiler im Langhaus ..., mit ebener Decke im Langhaus und hölzernem Gewölbe im Chor, Emporen mit Holzunterstützung*[154] errichtet wird.

Am 7. August 1856 genehmigte die Oberfinanzkammerabteilung für Bauten in einem Schreiben an das Kameralamt Tettnang und das Bezirksbauamt Ravensburg den vorgelegten Neubauplan. Er sah einen Kirchenbau im *Rundbogenstyl* an der Stelle der alten Kirche vor, unter Beibehaltung des alten Turmes und mit *Sitz- und Knieplätzen* für rund 1600 Personen. Diese Größe reiche aus, *da in Tettnang 4 Geistliche angestellt sind, und die dortige Georgskapelle sowie die Spitalkirche, in welchen auch Gottesdienste gehalten werden, etwa 400 Kirchengänger aufnehmen können*[155]. Die Baukosten wurden auf 42 000 Gulden veranschlagt.

Der Neubau[156], bei dem die gewünschte große Zahl von Sitzplätzen, gute akustische Bedingungen und überschaubare Kosten im Vordergrund standen, wurde schließlich von 1858 bis 1860 – Pfeilsticker wurde dabei von Assessor Linck unterstützt - als weiträumige, dreischiffige, flachgedeckte Halle mit niedrigerem, eingezogenem und dreiseitig geschlossenem Chor anstelle der alten Kirche im spätklassizistisch-neuromanischen Rundbogenstil errichtet. Über einem Sandsteinsockel war es ein unverputzter Backsteinbau, dessen große Wandflächen offenbar nach dem Vorbild mittelalterlicher italienischer Kirchen oder zum Beispiel auch Georg Friedrich Zieblands St. Bonifazkirche (1835-50) in München durch

---

151 Katholisches PfarrA Tettnang A 108 Nr. 36.
152 Vgl. StA Sigmaringen Wü 128/3 T.1 Bü 312 Nr. 8.
153 Vgl. *ebda.*, Nr. 9
154 *Ebda.*, Nr. 11.
155 *Ebda.*, Nr. 16.
156 Zur Baubeschreibung: Katholisches PfarrA Tettnang A 108, "Gebäude-Beschreibung"; OAB Tettnang. 2. Bearb. Stuttgart 1915. S. 674; St. Gallus Tettnang. Wegführung durch die Pfarrkirche St. Gallus. Hg. von der Kath. Kirchengemeinde Tettnang. O.O., o.J.

Lisenen und Zahnschnittfriese gegliedert wurden, sodass sich an den Langhausseiten und am Chor hochrechteckige Felder ergaben. An der westlichen Giebelseite besaß die Kirche ein zentrales Hauptportal und an den Seiten jeweils einen flankierenden weiteren rundbogigen Eingang; über dem mit einem spitzgiebeligen, kreuzbekrönten Vorzeichen geschmückten Haupteingang befand sich ein verhältnismäßig schmales rundbogiges Fensterpaar, über den seitlichen Eingängen jeweils ein großes Rundbogenfenster mit einer darüberliegenden Kreuzverzierung im Mauerwerk; die Mitte des Giebels wurde durch eine große Rosette und wiederum durch ein Kreuzsymbol im Mauerwerk akzentuiert; auf der Giebelspitze schließlich – dasselbe galt für die Ostseite – befand sich ein massives Steinkreuz. Verschiedene Gestaltungselemente der Giebelseite wie das von einem Wimperg bekrönte Mittelportal, das große Rundbogenfenster, die auf die innere Gliederung in drei Schiffe verweisenden vertikalen Wandvorlagen, die Gliederung des Giebels mit einem Stufenfries, die kräftige Akzentuierung der Giebelansätze und das Steinkreuz auf dem First sind wohl nicht zuletzt von Vorbildern wie der zwischen 1828 und 1837 von Leo von Klenze errichteten Allerheiligen-Hofkirche in München inspiriert[157]. Genau in der Mitte des Langhauses, im fünften Joch, besaß die Kirche an der Nord- und Südseite jeweils einen weiteren Eingang mit spitzgiebeligem und kreuzbekröntem Vorzeichen und eine Rosette in der darüberliegenden Zone. Die Längsseiten besaßen jeweils acht, der Chor fünf Rundbogenfenster mit profilierten Überfangbögen. Die Sakristei wurde südlich an den Chor angebaut. Der im Unterbau spätmittelalterliche, 1702 barock erhöhte Turm mit Pilastergliederung und charakteristischer Zwiebelhaube blieb erhalten; südlich stieß er an den Chor, westlich an das Schiff. Im Inneren war die Kirche durch zwei Reihen zu je acht schlanken achteckigen Holzpfeilern mit Würfelkapitellen, die rundbogige Arkaden trugen, dreischiffig unterteilt. Nur die Westseite besaß eine Empore, hinter der sich die Orgel befand. Die flache Holzdecke war mit Durchzugs- und Querbalken gegliedert; Letztere waren mit den Pfeilern verbunden und trugen Zapfen mit vergoldeten Knöpfen. Der Chor besaß ein Holzgewölbe, blau und mit goldenen Sternen bemalt. Der Flügel-Hochaltar, die jeweils zwei Neben- und Seitenaltäre in Chor und Schiff (Entwürfe von Pfeilsticker) sowie die Kanzel stammten von Peter Metz aus Gebrazhofen, die Orgel von Walker aus Ludwigsburg, die bemalten Fenster teils von Ludwig Mittermaier aus Lauingen an der Donau.

Die Beschädigung durch einen Bombentreffer am 16. März 1944 – die Südwestecke des Schiffes wurde dabei aufgerissen und die Orgelempore teilweise zerstört – nahm der Kirchenstiftungsrat am 18. Januar 1946 zum Anlass, die vier Architekten Hugo Schlösser (Stuttgart), Joseph Denzinger (Wernau am Neckar), Hans Lütkemeier (Rottenburg) und Carl Frohn (Friedrichshafen) zur Ausarbeitung von Entwürfen für eine Instandsetzung und Umgestaltung der Stadtpfarrkirche zu bitten. Aus diesem begrenzten Architektenwettbewerb (Prüfungskommission unter dem Vorsitz von Stadtpfarrer Erich Endrich/Buchau) ging Lütkemeier erfolgreich hervor. Nach seinen Plänen wurde die Kirche zwischen 1947 und 1957

[157] Vgl. Adrian von *Buttlar*: Leo von Klenze. Leben – Werk – Vision. München 1999. S. 232-242. Winfried *Nerdinger* (Hg.): Leo von Klenze. Architekt zwischen Kunst und Hof 1784-1864. München/London/New York 2000. S. 381-387.

in mehreren Etappen radikal umgestaltet[158], nachdem auch der damalige Landeskonservator das aus seiner Sicht "sehr wenig schöne Schiff" als "roten Backsteinkasten" bezeichnet hatte[159]. Die differenziert gegliederte Ziegelarchitektur des Äußeren wurde mit einer vereinheitlichenden Putzhaut überzogen. Die bislang ausdrucksstarke Westseite wurde durch die Entfernung des über das Dach hinausragenden Teils der Giebelmauer, das Vermauern der Fenster und die Veränderung des Hauptportals zu einer recht eintönigen Giebelfront; allerdings unterblieb aus finanziellen Gründen die von Lütkemeier zur wirkungsvollen Steigerung der Baumasse ursprünglich vorgesehene Anfügung eines hochragenden Westwerkes mit zwei Türmen[160]. Die Entfernung der nun als störend empfundenen Holzpfeiler verwandelte die dreischiffige Kirche in eine riesige, lichte Halle; dadurch sollte auch die Zahl der Sitzplätze erhöht und die Sicht auf den Altar verbessert werden. Der niedrigere Chor wurde auf das Niveau des Langhauses erhöht, die nunmehrige Eisenbeton-Kassettendecke hochgezogen. Auch der alte Bodenbelag, die Bestuhlung, Empore und Ausstattung samt der Ausmalung von 1894/95 und damit jeglicher neuromanischer Anklang mussten weichen. Das Schiff erhielt eine helle Kassettendecke. Die neue Orgel stammte von der Firma Reiser in Biberach, während die Kanzel und das Kommuniongitter von Hilde Broer und die fünf jeweils elf Meter hohen farbigen Chorfenster von Wilhelm Geyer geschaffen wurden. 1990/91 wurde das Kircheninnere erneut durchgreifend umgestaltet.

Abb. 11 - Tettnang, Katholische Pfarrkirche St. Gallus, Inneres in Richtung Osten. Foto vor Beginn des Umbaus, ca. 1947.

Weingarten, Klosterkirche bzw. Katholische Pfarrkirche St. Martin und Oswald (Welfengruft)

Am 22. Oktober 1852 besichtigte König Georg V. von Hannover die barocke Klosterkirche in Weingarten und besonders auch die unter dem Kreuzaltar des nördlichen Querschiffs befindliche Welfengruft, die Grabstätte seiner Ahnen[161].

[158] Zu Lütkemeier: Heilige Kunst 1959/60. Hg. von Erich *Endrich*. S. 131f.; vgl. auch Katholisches PfarrA Tettnang A 115,116; StadtA Tettnang, Materialsammlung Alex Frick; Schwäbische Zeitung (Landesüberblick) v. 17.8.1957.

[159] Hartwig *Beseler*/Niels *Gutschow*: Kriegsschicksale deutscher Architektur. Bd. II. Neumünster 1988. S. 1290f.

[160] Vgl. Katholisches PfarrA Tettnang A 115, 116.

[161] Der welfische Graf Heinrich "mit dem goldenen Pflug" hatte um 925 das Frauenkloster Altdorf gegründet; von Anbeginn an war es als Grablege der Welfen bestimmt. Nach einem Brand 1053 siedelte Herzog Welf III. das Kloster von der Scherzach (heutiger "Alter Friedhof") auf den Martinsberg um. 1056 verlegte Herzog Welf IV. die Altdorfer Nonnen nach Altomünster (Oberbayern) und berief im Gegenzug die dortigen Benediktinermönche in das Kloster auf dem Martinsberg, das in Weingarten umbenannt wurde. Als Grablege der Welfen und aufgrund der 1094 erfolgten Stiftung einer Heilig-Blut-Reliquie durch Herzogin Judith von Flandern, der Gemahlin Welfs IV., gewann das Kloster große Bedeutung. Endgültig mit dem Tod Welfs VI. 1191 staufisch geworden, gelangte das Kloster nach dem Aussterben der Staufer zur Reichsunmittelbarkeit (spätestens 1274). 1802/03 säkularisiert, wurde es 1922 mit Benediktinermönchen wiederbesiedelt. Neueste Darstellung der Klostergeschichte: Hans Ulrich *Rudolf* (Hg.): Die Benediktinerabtei Weingarten. Zwischen Gründung und Gegenwart 1056-2006. Lindenberg 2006.

Abb. 12 - Weingarten, Klosterkirche bzw. Katholische Pfarrkirche St. Martin und Oswald, Welfengruft. Foto um 1980.

In dieser Gruft waren bei der Einweihung der Klosterkirche 1724 "die Gebeine von 9 Gliedern des Welfenstammes ... nach urkundlicher Bestätigung gewissenhaft gesammelt und in einer gemeinsamen hölzernen Truhe beigesetzt worden"[162]. Da jedoch der unterirdische Grabraum "so sehr aller äußern Ansehnlichkeit" entbehrte und auch die Truhe im Laufe der Zeit wurmstichig geworden war, beschloss König Georg V. noch an Ort und Stelle "seinen Ahnen eine würdigere Ruhestätte bereiten zu lassen"[163]. Bereits acht Tage nach seinem Besuch in Weingarten beauftragte er Pfeilsticker, Pläne zur Umgestaltung der Welfengruft anzufertigen und vorzulegen. Dem Baumeister wurden drei zentrale Punkte als Leitfaden mitgeteilt. Danach sollten *1.) bequeme steinerne Stufen zur Gruft gebaut, 2.) die Wände der Gruft mit Platten bekleidet und 3.) für eine schöne Überdachung der ganzen Gruft gesorgt werden*[164]. Am 23. Januar 1853 übersandte Pfeilsticker dem Oberbibliothekar des Königs seine Umbaupläne[165]. Er hatte *hinter der Balustrade, welche die Altarnische von dem Kirchenschiff abschließt, 2 Treppenarme, je mit 12 Stufen, auf eine Ruhebank ausmündend, disponiert, von welcher aus 3 Stufen in den Vorplatz und von diesem 4 weitere Stufen vollends zur Gruft hinabführen*. Die bislang nur 1,79 Meter betragende Höhe der Gruft sollte auf 3,44 Meter fast verdoppelt werden, was *abgesehen von allen ästhetischen Gründen, schon des Anstandes wegen unumgänglich nothwendig sei*. Durch *Tieferlegung des Bodens und Unterfangen des Mauerwerks* sollte diese Verbesserung erreicht werden. In der Gruft sollten *dem Eingange gegenüber an der hintern Wand der Sarkophag und an den beiden Längenwänden je eine Sizbank mit Candelabern zu beiden Seiten situirt werden. Und weiter: In die RückWand über dem Sarkophag ist eine Nische projectirt, in welcher wohl am passendsten eine betende Figur aufgestellt werden dürfte*. Die Wände sollten mit *edlem, feine haltbare Politur zulassendem Marmor* verkleidet und außerdem *mit den Wappen der Welfen und entsprechenden WappenInschriften geschmückt werden*. Das Gruftgewölbe *wäre zu kassetiren und die Kasseturen reich mit verzirten bronzirten und vergoldeten Rosetten zu versehen. Die Wände des 4 Stufen höher liegenden Vorplatzes wären ebenfalls mit Platten, nur von minder kostbarem Marmor zu bekleiden und mit WaffenTrophäen zu schmücken, und die ebene Decke, ähnlich wie das GruftGewölbe, zu kassetieren und zu armiren, so Pfeilsticker. An die Eingänge beider Gelasse sollten eherne, reich ornamentirte Thüren, und die Stufen und Böden beider Gelasse ebenfalls von Marmor herzustellen angenommen* [werden], *leztere in zweierlei Farben mosaikartig eingelegt*. Von

[162] Schwäbische Kronik Nr. 122 v. 25.5.1869. S. 949.
[163] M. *Grimm*: Versuch einer Geschichte des ehemaligen Reichsfleckens und des jetzt noch so berühmten Wallfahrtsortes Altdorf, gen. Weingarten nebst seiner Umgebung. Ravensburg 1864. S. 54f.
[164] Niedersächsisches HStA Hannover Dep. 103 XX Nr. 410.
[165] Auch zu den folgenden Zitaten ebda.

einer über den Boden der Kirche hinausragenden *Überdachung* der Gruft, wie eigentlich vom Auftraggeber gewünscht, riet Pfeilsticker ab, weil dadurch *nicht nur der Altar, sondern auch diejenige Stelle verbaut würde, von welcher aus der Geistliche an hohen Wallfahrtsfesten den Gläubigen das heilige Blut Christi zum Kuße reicht.* Um die Stelle der Gruft *auch äußerlich auszuzeichnen, so könnte in der Ballustrade ein reich verziertes Epitaphium mit dem Königreich Hannoverschen Wappen und einer Inschrift angebracht werden, welche die Ruhestätte der Welfen und den erhabenen Erneuerer der Gruft bezeichnet.* Gegebenenfalls könnten des Weiteren die Wände *zu beiden Seiten des Altars an die Stellen der Beichtstühle zunächst der Treppen zur Gruft* mit Relieftafeln aus Marmor oder Erz geschmückt werden, auf denen die Porträts Welfs IV.[166], des Stifters des Klosters Weingarten, und seiner Gemahlin Judith, der Stifterin der Heilig-Blut-Reliquie, darzustellen wären. Schließlich sei noch zu erwägen, ob *etwa in der Mitte des großen Chores* [der ehemaligen Klosterkirche] *den Welfen ein Monument gesezt werden wollte oder die Statue eines Welfen etwa auf der hohen Terrasse* [westlich vor der Kirche] *mit herrlicher Aussicht in das liebliche Schussental und in die mit ewigem Schnee bedekten Schweizer Gebirge* aufgestellt werden sollte. Die voraussichtlichen Umbaukosten nach seinen Plänen (der Sarkophag und die Nischenfigur nicht eingerechnet) veranschlagte Pfeilsticker auf 10 633 Gulden.

Anfang Februar 1853 bat König Georg V. zudem den berühmten Münchner Architekten Leo von Klenze um ein Gutachten in dieser Angelegenheit. Zu diesem Schritt veranlasst hatte ihn der hannoversche Gesandte in München und Stuttgart, Ernst Julius von dem Knesebeck, der mit Klenze befreundet war und die Arbeiten in Weingarten koordinierte.

Klenze kritisierte in seiner wenige Tage später erfolgten Stellungnahme unter anderem das Vorhaben Pfeilstickers, die Wände der Gruft mit Marmor zu verkleiden und eine mit vergoldeten Rosetten geschmückte Kassettendecke einzuziehen. Mit stärkerem Bezug auf die Lebenszeit der hier Bestatteten und auch, um Kosten zu sparen, schlug der Münchner Baumeister eine Umgestaltung in schlichten romanischen Formen vor. Nach diesen Vorstellungen Klenzes führte Pfeilsticker dann auch den Umbau der Gruft aus: Die Wände und Gewölbe des kreuzförmigen Raumes mit seinen vier rundbogigen Nischen wurden – über einem Sandsteinsockel mit profiliertem Gesims - aus geschliffenen Ziegelsteinen, die von der Firma Staib-Wasserott in Ravensburg bezogen wurden, gemauert; in rund zwei Metern Höhe sorgt eine allseitig umlaufende "horizontale Arabeskenlinie" (Diamantband-Fries) für eine architektonische Belebung. "Die Gewölbe laufen von den Nischen nach der Mitte in geschmackvollen Linien zu einem schönen gearbeiteten Schlußsteine zusammen. Ein im Schlußstein angebrachtes Rundfenster sorgte ursprünglich [und auch heute noch, d. Verf.] für eine spärliche Beleuchtung der Krypta. Der Fußboden von gebranntem Thon, dessen weiße Quadrate von kleinen schwarzen auf den Ecken unterbrochen werden, macht ganz den Effect von marmornen Platten"[167], so die Neue Hannoversche Zeitung anlässlich der Einweihung der Gruft am 27. Mai 1860. In der Mitte der Gruft nahm ein schlichter, mit Inschriften auf den Längsseiten versehener Sarkophag aus po-

---

[166] Pfeilsticker nannte in seinem Schreiben fälschlicherweise Heinrich IV., meinte aber wohl Welf IV.; vgl. *ebda.*

[167] Neue Hannoversche Zeitung Nr. 245 v. 27.5. 1860. S. 857.

liertem Granitmarmor (Bildhauer Anselm Sickinger aus München nach Entwurf Leo von Klenzes) mit vier doppelten Tragfüßen aus weißem Marmor und postamentartigen Eckaufbauten die Gebeine der Vorfahren des Königs auf[168]. Die Nische gegenüber dem Zugang zur Gruft zeigt eine Kreuzöffnung, im Schlußstein ist ein Bronzeleuchter aufgehängt. Zwei gewundene, spiegelbildlich angeordnete Treppen mit jeweils 17 Stufen führen, von einer Balustrade mit dem welfischen Wappen (rundes Bronzerelief) und der Unterschrift "Welfen-Gruft" bekrönt, von der Ebene der Kirche, unten zusammenlaufend, vor ein in Wasseralfingen gegossenes, durchbrochenes Eisentor (u. a. Stern- und Rankenmotive) mit reicher Goldbronzierung als Zugang zur Gruft; es ist mit zwei Wappen des Königreichs Hannover geschmückt. Das rundbogige, mehrfach gestufte Eingangsportal mit flankierenden, würfelkapitellbekrönten Säulchen ist in aufwendigen, neuromanischen Formen gehalten. Zur Errichtung eines von Pfeilsticker vorgeschlagenen, an das Haus der Welfen erinnernden "Monuments" im Chor der einstigen Klosterkirche kam es jedoch genauso wenig wie zur Aufstellung einer Welfenstatue auf der davor liegenden Terrasse.

Die Einweihungsfeierlichkeiten, deren Programm Pfeilsticker entworfen hatte, fanden am 21. Mai 1860 statt. Bei einem abendlichen Festmahl im Gasthaus Lamm in Ravensburg – übrigens auf Einladung des abwesenden Königs Wilhelm I. von Württemberg – wurde der ausführende Baumeister Pfeilsticker mit dem "Ritterkreuz des Guelphenordens" ausgezeichnet[169].

Schmalegg (Stadt Ravensburg), Katholische Pfarrkirche St. Nikolaus

1860 wurde die 1702 auf Kosten der Ravensburger Nicolai-Stiftung errichtete Pfarrkirche in Schmalegg als für die Zahl der Einwohner *viel zu engräumig* erachtet, sodass der örtliche Stiftungsrat am 2. September dieses Jahres eine Erweiterung beschloss. Das aus dem Oberamtmann und dem katholischen Dekan bestehende "Gemeinschaftliche Oberamt" veranschlagte die Kosten hierfür auf 3972 Gulden. Durch diese vorgesehene Vergrößerung erhalte *zwar die Kirche eine unzweckmässige und unschöne Form, allein es ist nur eine Erweiterung nach der Länge der Kirche möglich, eine Erweiterung nach dem Süden wäre ein völliger Umbau und würde zu viel kosten*[170], so das "Gemeinschaftliche Oberamt". Der Königliche Katholische Kirchenrat genehmigte in einem Schreiben an das "Gemeinschaftliche Oberamt" Ravensburg am 10. Juni 1861 großzügigere, zwei Monate zuvor auf rund 12 000 Gulden[171] veranschlagte Umbaupläne Pfeilstickers, allerdings unter der vom Bischöflichen Ordinariat empfohlenen Bedingung, *daß der Thurm, dessen projectirte Stellung an der südwestlichen Ecke der Kirche nicht als angemessen erscheint, an die Stelle zwischen den Chor und das Langhaus*

[168] Vgl. Niedersächsisches HStA Hannover Dep. 103 XX Nr. 410; HStA Stuttgart E 40/74 Bü 210; StA Sigmaringen Wü 125/33 Bü 498-499; Schwäbische Kronik Nr. 122 v. 25. Mai 1860. S. 949; Neue Hannoversche Zeitung Nr. 245 v. 27. Mai 1860. S. 857; Gebhard *Spahr*: Hundert Jahre Welfengruft. In: Schwäbische Zeitung v. 21.6. 1960; *Ders.:* Die Basilika Weingarten. Ein Barockjuwel in Oberschwaben. Sigmaringen 1974. S. 170-172, Winfried *Nerdinger* (wie Anm. 157) S. 481f.

[169] Vgl. HStA Stuttgart E 40/74 Bü 210; Schwäbische Kronik Nr. 122 v. 25.5. 1860. S. 949; *Grimm* (wie Anm. 163). S. 56-60.

[170] Vgl. DiözesanA Rottenburg F IIa (Schmalegg) Nr. 14/1.

[171] Vgl. DiözesanA Rottenburg M 129 (Pfarrarchiv Schmalegg) Bü 44; Schreiben v. 24.4. 1861.

verlegt werde[172]. Das "Gemeinschaftliche Oberamt" forderte den Schmalegger Stiftungsrat auf, die Pläne dementsprechend ändern zu lassen. Aus optischen Gründen wurde ein Turmbau an der Seite des Chores empfohlen[173].

Abb. 13 - Schmalegg, Katholische Pfarrkirche St. Nikolaus. Foto um 1955.

Schließlich wurde die alte Kirche 1861 zu großen Teilen abgebrochen und ein weitgehender Neubau errichtet. Die kleine, verputzte Dorfkirche im romanisierenden Rundbogenstil besitzt ein dreiachsiges Schiff mit Rundbogenfenstern sowie einer Gliederung durch Lisenen und Zahnschnittfriese. Charakteristisch sind bei allen Rundbogenfenstern die kräftigen Überfangbögen. Die Giebel des – wie der Chor mit Blech (in rautenförmiger Musterung) gedeckten - Langhauses sind mit Treppenfriesen verziert und jeweils mit einem mächtigen Steinkreuz bekrönt. Eine ursprünglich vorhandene Dreiergruppe von Rundbogenfenstern an der westlichen Giebelseite ist heute vermauert. Die ehedem mit spitzgiebeligen Vorhäuschen versehenen Eingänge an der westlichen Giebelseite und in der Mitte der nördlichen Längsseite (darüber ein Kreisfenster) sind modern verändert. Der halbrund schließende, niedrigere Chor ist eingezogen; in Teilen stammt er offenbar noch vom Vorgängerbau. An der Südseite ist eine Sakristei angebaut. Der an der Nordseite des Chores stehende, fünfgeschossige Turm besitzt ein in Rechteckformen um die vier Uhren geführtes Gesims, darüber Ecklisenen, große rundbogige Schallfenster, vier Spitzgiebel mit Zahnschnittfriesen, Kreuzöffnungen und jeweils einem bekrönenden steinernen Knopf sowie einen spitzen Turmhelm, der mit glasierten, in Rhombenmustern verlegten Ziegeln (ursprünglich in den Farben weiß, rot und grün) gedeckt ist[174]. Ursprünglich war der Turm oberhalb des Uhrengeschosses steinsichtig; heute ist er auch dort verputzt. Das Innere ist ein Saal. Ursprünglich besaß er eine der Dachneigung folgende bemalte Holzbretterdecke. Die einst rundbogig zulaufenden Querverstrebungen ruhen auf profilierten, halbrunden, in die Wandflächen eingelassenen Steinkonsolen. Zwischen die Querverstrebungen bzw. Konsolen eingespannte flache Rundbögen gliedern die Längswände. Die jetzige, eigenwillig sargdeckelartig geformte Decke mit ihrer kassettenartigen Gliederung stammt vom Umbau des Jahres 1940. Die Malereien am halbrunden Chorbogen schuf die Malerin Maria Eberhard aus Weingarten

---

[172] *Ebda.*
[173] Vgl. *ebda.*, Schreiben v. 13.6. 1861.
[174] Die insgesamt 6150 Ziegelstücke wurden von dem Ravensburger Hafnermeister Johann Georg Huber geliefert; vgl. *ebda.*

ebenfalls im Zuge dieser Innenrenovierung. Der Chor ist mit einem original erhaltenen hölzernen Rippengewölbe versehen, das - wie die Querverstrebungen im Langhaus - auf profilierten, halbrunden Steinkonsolen aufruht[175].

Die historistische Ausstattung wurde – vor allem Zuge der Innenrenovierung von 1967/68[176] - weitgehend durch eine moderne ersetzt (u. a. Ambo und Tabernakel von Josef Henger/Ravensburg, Glasfenster nach Entwurf von Wilhelm Geyer von der Firma Bernhardt/Ravensburg). Allerdings sind die originale hölzerne Orgelempore mit ihren verschiedenartig gestalteten Blendmaßwerkverzierungen und weitgehend auch die Orgel der Gebr. Link (Giengen/Brenz) von 1864 erhalten geblieben; sie wurden im Rahmen der Innenrestaurierung des Jahres 2006 von späteren Veränderungen befreit.

Ellwangen (Gde. Rot an der Rot), Katholische Pfarrkirche St. Kilian und Ursula

Bereits 1854 bat der Stiftungsrat von Ellwangen um eine Vergrößerung der zu kleinen Pfarrkirche durch eine Erweiterung des Schiffes auf der Nord- und Südseite und durch den Einbau einer weiteren Empore. Bezirksbauinspektor Pfeilsticker bestätigte in einem Gutachten, dass das in den Jahren nach 1675 barockisierte oder neu errichtete Kirchenschiff[177](mit Flachbogen- bzw. Kreisfenstern, Chor und Westturm im Kern spätmittelalterlich) nur für etwa die Hälfte der Kirchenbesucher Sitzplätze bieten könne. Abhilfe sei nur durch einen größeren Neubau zu schaffen; der Bauzustand von Turm und Chor sei gut, doch sollte *ersterer anstatt seines hässlichen Satteldachs ein Helmdach und der Chor neue Fenster u. eine dem neuen Kirchenschiff entsprechende Höhe erhalten*. Spitzhelme galten in jener Zeit als modern und Pfeilsticker realisierte sie, wo es ihm möglich war. Der Kostenaufwand für all diese Baumaßnahmen sei auf rund 18 000 Gulden zu veranschlagen, so Pfeilsticker[178]. 1856 beauftragte die "Königliche Ober-Finanzkammer Abtheilung für Bauten" das Bezirksbauamt, einen Plan zur Erweiterung der Pfarrkirche in Ellwangen vorzulegen. Dabei sei jedoch *auf die Beibehaltung des Chors und des Kirchthurms in seinem gegenwärtigen Zustande ohne Abänderung des Thurmdachs Rücksicht zu nehmen und die Erweiterung so zu bemessen, dass für die Aufstellung von zusammen 675 Sitzplätzen der erforderliche Raum gewonnen wird*[179].

Ein Jahr später legte Pfeilsticker Pläne zur Erweiterung der Kirche mit dem gewünschten Platzangebot vor. Die "Königliche Domänen-Direction" trug ihm am 22. Oktober 1860 auf, *die Anbringung von Seitenemporen* zur Erhöhung des Platzangebots zu berücksichtigen und grundsätzlich *die Pläne mit möglichster Einfachheit in den Formen zu entwerfen, wobei sich der Styl der neuen Bautheile dem des Chors und Thurms, welche beibehalten werden, möglichst anzuschließen*

[175] Vgl. Württemberg's kirchliche Kunstalterthümer (wie Anm. 108). S. 41; Die Kunst- und Altertumsdenkmale in Württemberg: Oberamt Ravensburg. Bearb. von Richard *Schmidt* und Hans *Buchheit*. Stuttgart/Berlin 1931. S. 132; "Bestandsaufnahme und Schadenserfassung sowie Erstellung eines vorläufigen Restaurierungskonzeptes für Raumschale und Ausstattung des Kirchenraumes" von Restaurator H. Eninger v. 8.8. 2003; frdl. Mitteilung von Architekt R. Ecker, Aulendorf, v. 17.9. 2007.

[176] Vgl. Schwäbische Zeitung (Ausgabe Ravensburg) v. 2.2. 2007.

[177] Vgl. StA Sigmaringen Wü 128/3 T. 1 Nr. 125; Pläne der alten Kirche.

[178] *Ebda.*

[179] *Ebda.*

hat[180]. Zudem solle er prüfen, *ob die erforderliche Erweiterung der Kirche nicht durch Anbauung entsprechender Kreuzflügel an das gegenwärtige, und in diesem Fall beizubehaltende Kirchenschiff, mit Anbringung von Emporen in demselben, auf minder kostspielige Weise zu erreichen sein wird.* In seinem Gutachten riet Pfeilsticker vom Anbau von Kreuzarmen an das alte Langhaus ab; dies würde vom Pfarrer und von der Kirchengemeinde abgelehnt, *einem großen Theil der Kirchgänger würde der Blick auf den Hochaltar entzogen und die Kosten kämen ganz nahe denen des projectirten Neubaues eines Langhauses* für 689 Sitzplätze. Im Auftrag der "Königlichen Domänen-Direction" legte Pfeilsticker am 12. Juli 1861 einen Kostenvoranschlag für die Erweiterung der Pfarrkirche in Ellwangen in Höhe von 19 300 Gulden (Neuausstattung zusätzlich ca. 4000 Gulden) vor[181].

Abb. 14 - Ellwangen, Katholische Pfarrkirche St. Kilian und Ursula von Südwesten. Foto von 1958.

Zwischen 1862 und 1864 entstand schließlich der Neubau des Langhauses im romanisierenden Rundbogenstil; er zählt fünf Achsen und ist durch Rundbogenfenster mit ausgeprägten Überfangbögen, Lisenen und Rundbogenfriesen unterhalb der Dachtraufe und an den Giebelseiten (hier in gestufter Form) geprägt[182]. Der Ostgiebel besitzt eine Fensterrose und ein – heute fehlendes - Steinkreuz auf dem First. Der in den Neubau einbezogene massige spätgotische Westturm mit teils dreifach gekuppelten rundbogigen Schallfenstern, Satteldach und Dreiecksgiebel wurde von Pfeilsticker auf geschickte Weise zum leicht vortretenden Zentrum der symmetrisch gegliederten Westfassade gemacht; im Erdgeschoss wurde ein neuromanischer Haupteingang mit Vorzeichen geschaffen. Auf der Südseite des Langhauses wurde im ersten Joch (von Westen) ein weiterer neuromanischer Eingang mit Vorzeichen realisiert (darüber ein Kreisfenster). Das Langhaus war ursprünglich ein Blankziegelbau; erst 1960 wurde es verputzt[183]. Der dreiseitig geschlossene, niedrige und eingezogene Chor mit abgetreppten Strebepfeilern (im Inneren jedoch Flachdecke), 1864 dem Langhaus angeglichenen Rundbogenfenstern und altem Rundbogenfries stammt im Kern wohl noch aus der Spätgotik; er wurde aber beim Umbau im 17. Jahrhundert verändert. Südlich des Chores wurde von Pfeilsticker eine Sakristei, nördlich eine Paramentenkammer angebaut, beide mit gekuppelten Rundbogenfenstern. Im flach gedeckten Inneren haben sich

---

[180] *Ebda.*

[181] Vgl. *ebda.*

[182] Vgl. *ebda.*, Pläne der teilweise neu gebauten Kirche.

[183] Frdl. Mitteilung Katholisches Pfarramt Ellwangen v. 17.1. 2007.

Teile der ursprünglichen neuromanischen Innenausstattung[184] von 1864 (Kanzel und Beichtstuhl von Landthaler/Kappel, Orgelempore) erhalten; die Ausmalung der Kirche erfolgte 1935 durch den Hölzel-Schüler August Blepp (1884-1949)[185].

Langenargen, Schloss Montfort – das Hauptwerk Pfeilstickers

Im Sommer 1858 erwarb König Wilhelm I. von Württemberg das nach einem Brand 1662 von den Grafen von Montfort wieder aufgebaute, aber seit Anfang

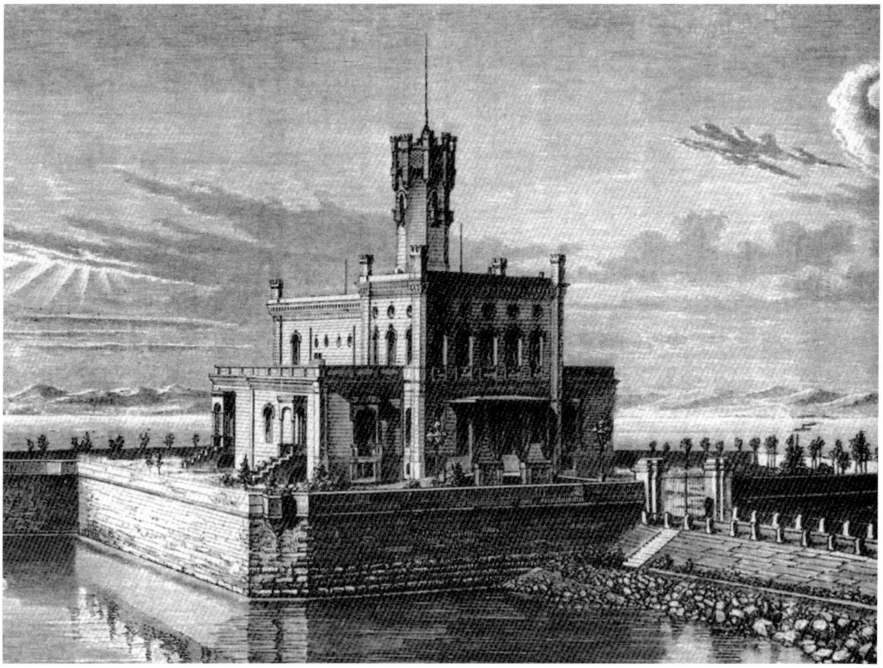

Abb. 15 - Langenargen, Schloss Montfort. Holzstich um 1870.

des 19. Jahrhunderts zur Ruine verfallene Schloss in Langenargen am Bodensee, unweit des offiziellen Sommersitzes der königlichen Familie in Friedrichshafen gelegen, samt umgebenden Ländereien und Gärten (insgesamt ca. 3 Morgen) für 3000 Gulden von der Staatsfinanzverwaltung[186]. Der ursprünglich ebenfalls vorgesehene Kauf eines nahe gelegenen Waldstückes oder Hofes zum Aufbau eines landwirtschaftlichen Mustergutes unterblieb hingegen. Erst im August 1861 jedoch wurde die Absicht des Königs publik gemacht, auf seine Kosten die exponiert auf einer Insel gelegene Schlossruine abbrechen, deren Grundmauern neu befestigen und durch Pfeilsticker einen Neubau erstellen zu lassen[187].

Das Vorbild für diese neue königliche "Villa Argena" sollte nach dem Willen Wilhelms I. die "Villa Avigdor" im mondänen Nizza sein, die er in jenen Jahren

[184] Vgl. StA Sigmaringen Wü 125/31 T. 1 Nr. 350.
[185] Vgl. *Beck* (wie Anm. 111) S. 152.
[186] Vgl. HStAS E 14 IV Nr. 33/3.
[187] *Ebda.*, Nr. 33/11.

teilweise während der kühleren Jahreszeit, von Oktober bis April, bewohnte; an dieser Entscheidung war möglicherweise auch die Hofschauspielerin Amalie Stubenrauch, die Geliebte des Königs, beteiligt. In Gesamtform und Größenverhältnissen gab sie tatsächlich – wie eine zeitgenössische Lithografie der nicht mehr erhaltenen, im palladianischen Typus gehaltenen Nizzaer Villa zeigt[188] – das Vorbild für die "Villa Argena" ab, wenngleich Letztere sich durch einen Turmaufbau und vor allem durch die vom König gewünschten maurischen Details unterscheiden sollte[189]. Außer vom schließlich engagierten Pfeilsticker ließ sich Wilhelm aber offenbar noch von weiteren Architekten Entwürfe für den Neubau einer Villa anstelle der Langenargener Schlossruine vorlegen, wie zwei Aquarelle des königlichen Bauinspektors Beger aus Ulm belegen[190].

Bereits am 8. September 1861 legte Pfeilsticker Entwurfsskizzen zum Baugelände und zur Villa nebst Kostenvoranschlägen vor und bat darum, "zum genauen Studium des Baustyles" unter anderem ein Buch über das königliche Wohn- und Badehaus "Wilhelma", das von 1841 bis 1852 von Karl Ludwig Zanth auf besonderen Wunsch des Monarchen in maurischem Stil erbaut worden war[191], aus der königlichen Bibliothek ausleihen zu dürfen. In seinen Erläuterungen zu den Bauskizzen schilderte Pfeilsticker unter anderem seinen Leitgedanken, *soviel wie möglich die ursprünglichen Grenzen des castellartigen Schlosses u. Platzes wieder zu beschaffen, dem Platze seinen inselartigen Charakter möglichst zu wahren, und zur Ersparung an Kosten die alten, zu einer durch mehrere Jahrhunderte hindurch erhärteten Masse zusammengewachsenen Grund- und Anhaltmauern, insoweit nur thunlich, zum Neubau zu erhalten*[192]; ferner wäre es gut, *um die Monotonie des Mauerwerks des Plateaus zu brechen und mehr Bewegung in die Mauerflächen und ihre Brüstungslinien zu bringen, wenn an die 4 Ecken des Plateaus Rondelle und vor dem Esszimmer eine Terrasse in halber Achtecksform aufgebaut werden dürften, indem sie wesentlich zur Verschönerung der Ansicht des Plateaus durch Erstellung von Pavillons und offenen Sitzplätzen darauf beitragen würden*[193]. *Die Entwurfskizze der Facade gegen*

Abb. 16 - Langenargen, Mittelteil des Schlosses Montfort von Norden. Foto von 1972.

[188] Vgl. Martina *Goerlich*: Ein Hauch von Orient am Bodensee – der "maurische Stil" der Villa Argena. In: Langenargener Geschichte(n) 7. Das Schloß Montfort. Hg. von der Gemeinde Langenargen. Tettnang 1993. S. 50-97; hier S. 54.
[189] Vgl. *Wurm* (wie Anm. 1) S. 39f.
[190] Vgl. Peter *Bohl*: Villa Argena – Schloß Montfort. In: Langenargener Geschichte(n) 7 (wie Anm. 188) S. 35-49; hier S. 38.
[191] Vgl. Elke von *Schulz*: Die Wilhelma in Stuttgart. Ein Beispiel orientalisierender Architektur im 19. Jahrhundert und ihr Architekt Karl Ludwig Zanth. Diss. Tübingen 1976.
[192] StA Ludwigsburg E 19 Bü 635.
[193] *Ebda.*

den See sei der allerhöchsten Intention gemäß, den Zeichnungen der Villa in Nizza entsprechend gefertigt, so Pfeilsticker. Er legte auch seine Vorschläge zur inneren Raumaufteilung der Villa dar und schlug *allerhöchster Intention gemäß vor, dass das ganze Gebäude von Material aus gebranntem Thon mit Vormauerung von besonders geformten geglätteten und gebrannten Steinen zur Ausführung komme.* Dieses *Material in gebranntem Ton* könne in bester Qualität von der Ravensburger Ziegel- und Bauornamentefabrik Staib-Wasserott bezogen werden; die Firma bekam schließlich auch den Zuschlag für die Lieferung der Tonornamente für die Konsolen, Brüstungsplatten, Rosetten, Palmetten, Pfeiler- und Bogenfüllungen, Tür- und Fensterverzierungen. Vorbild für die Terrakotten sollten die Formen der Wilhelma sein. Auch die roten und gelben "Verblendsteine" für die Fassaden (insgesamt fast 100 000 Stück) wurden von Staib-Wasserott bezogen[194].

In einem Schreiben vom 22. September 1861 wurde Pfeilsticker die vom König festgelegte Obergrenze der Baukosten von 40 000 Gulden (ohne Inneneinrichtung) mitgeteilt; aufgrund dessen waren unter anderem zwei der drei geplanten Terrassen, Pavillons, die steinernen Rondelle, das Badhaus, *holländische Kästen zur Aufbewahrung und Überwinterung der Topfpflanzen* und auch der im zweiten Plan Pfeilstickers vorgesehene *erhöhte Turm* wegzulassen[195]. In neun Punkten legte der Monarch die Innenaufteilung der Villa fest, die in ihren Größenverhältnissen kein Schloss für eine repräsentative, fürstliche Hofhaltung werden sollte[196]. Pfeilsticker scheiterte mit seinem Versuch, den König von der aus seiner Sicht störenden Wirkung des Turmes in der Mitte des Gebäudes zu überzeugen; er hätte ihn lieber außen an der Westfront aufgeführt[197]. Im Februar 1862 konnte der Architekt den Abbruch der Schlossruine melden[198]. Die von Pfeilsticker schließlich angesichts der gestiegenen Material- und Lohnkosten auf 93 320 Gulden nach oben korrigierten voraussichtlichen Baukosten (dazu noch 17 563 Gulden für Hafen und Terrassenanlagen)[199] wurden vom 81-jährigen König Anfang 1863 ebenso wie die Baupläne (Ausnahme: die Gestaltung der Turmkuppel) akzeptiert. Der beim Besuch des greisen Monarchen auf der Baustelle im Oktober 1862 ins Auge gefasste Bau eines Bootshafens an der Südwestecke des Areals wurde hingegen fallen gelassen. Immer wieder kritisierte Wilhelm I. in der Folgezeit die Kostenvoranschläge; er betrieb den Bau der "Villa Argena" eher lustlos und schleppend. Bei einem weiteren Besuch in Langenargen im August 1863 fand der recht ungehaltene König den Bau der Villa *viel zu luxuriös, zudem mache das kastellartige Aussehen derselben einen störenden Eindruck.* Pfeilsticker solle darauf achten, dass beim Weiterbau der neuen Villa *dieser schwerfällige Charakter* vermieden und der insgesamt nun bereits auf 140 000 Gulden berechnete Gesamtaufwand bedeutend verringert werde[200].

---

[194] Vgl. StA Ludwigsburg E 19 Bü 634.
[195] Vgl. StA Ludwigsburg E 19 Bü 635.
[196] Vgl. *ebda.* Der König legte folgendes Raumprogramm fest: *1.) Eine Halle für den Eingang; 2.) Rechts und links Bedientenzimmer; 3.) Auf beiden Seiten Schlafzimmer; 4.) Arbeitszimmer; 5.) Auf beiden Seiten des mittleren Salons und Eßzimmers kleine Salons; 6.) Eßzimmer gegen den See; 7.) In den Souterrains: Küche und weitere Räume für Bediente; 8.) Von der linken Seite Ausgang aus dem Arbeitszimmer auf die Terrasse; 9.) Vom Thurm aus Ausgänge auf die beiden oberen Terrassen.*
[197] Vgl. *Wurm* (wie Anm. 1) S. 50.
[198] Vgl. *ebda.*, S. 53.
[199] Vgl. StA Ludwigsburg E 19 Bü 635.
[200] Vgl. HStA Stuttgart E 14 IV Nr. 33/31.

Doch konnten die Baumaßnahmen schließlich wie geplant weitergeführt werden. Am 12. Mai 1864, kurz vor seinem Tod, genehmigte der König die von Pfeilsticker vorgeschlagene Innenausstattung mit "Holzfournieren" für 6886 Gulden: Die "Villa Argena" wäre dann das *erste und einzige Gebäude Württembergs, das in seinem Äußeren mit Terracotten, fabriziert in einem vaterländischen Etablissement, aufgeführt wird und welches in seinem Inneren in ausgedehnter Weise mit der schönen Erfindung der Anwendung von Holzfournieren zur Bekleidung von Wänden, Decken, Thüren, Lambrien etc., ebenfalls aus einer würtembergischen Fabrik hervorgehend, ausgestaltet* wird, so der begeisterte Architekt[201]. Auf Pfeilstickers Vorschlag hin wurden zudem die Fenster der Hauptetagen mit *Crystal-Spiegelglas* versehen.

Nach dem Tod Wilhelms I. (25.6.1864) und dem Regierungsantritt König Karls gingen die Bauarbeiten weiter; die Mittel flossen nun reibungsloser und auch reichlicher als in der Zeit zuvor. Am 4. Juni 1865 wurden die von Pfeilsticker erbetenen 20 000 Gulden für *Carton pièse, Stukkatur, Maler- und Vergoldungsarbeiten* genehmigt[202]. In der Nähe der Villa konnte Pfeilsticker ein Ökonomiegebäude für 19 000 Gulden errichten, ferner auch das für die Bediensteten gedachte Kavalierhaus ("Officenhaus") für 14 471 Gulden[203]. Die aufwendig geplante Wasserversorgung hingegen wurde auf eine Trinkwasserleitung in die Küche reduziert. Bereits am 10. September 1864 war die "Villa Argena" auf Weisung König Karls zur Erinnerung an das fast 500 Jahre hier regierende Grafengeschlecht in "Schloß Montfort" umbenannt worden. Nach dem plötzlichen Tod Pfeilstickers im Dezember 1866 führte der Architekt Conrad Dollinger, der ihn schon im Jahr zuvor unterstützt hatte, den Innenausbau weiter; dieser erfolgte jedoch im Neurenaissancestil, orientalische Motive fehlen hier fast völlig. Der Schlussabrechnung vom Juli 1867 zufolge beliefen sich die Kosten für die Baumaßnahmen auf über 261 000 Gulden; Pfeilsticker hatte 12 000 Gulden an Honorar, Diäten und Reisekosten erhalten[204].

Da die Mutter König Karls, Pauline, nur während der Sommermonate des Jahres 1867 im Schloss weilte, bereits im Jahr darauf auf eine weitere Nutzung verzichtete und statt dessen die kleine Villa Seefeld bei Rorschach erwarb, verkaufte König Karl 1873 das Anwesen mit Nebengebäuden für 130 000 Gulden an die Prinzessin Luise von Preußen, eine Nichte Kaiser Wilhelms. I.; alljährlich verbrachte sie hier mit ihrem zahlreichen Personal die Sommermonate[205]. Nach ihrem Tod im Jahre 1901 erbte Prinz Friedrich Karl von Hessen das gesamte Anwesen, verkaufte es aber bereits im Jahr darauf an den Würzburger Arzt und Universitätsprofessor Wilhelm Olivier von Leube. Seine Erben veräußerten den Besitz 1939 an die Deutsche Reichsbahn, die das Schloss zu einem Beamtenerholungsheim umbauen wollte. Der Kriegsbeginn machte diese Pläne jedoch zunichte, so dass sie das Schloss schon 1940 an den Verein "Gemeinschaft für Volkstum Langenargen e. V.", der eng mit der Spitze der Gemeindeverwaltung verbunden

[201] Dokument abgedruckt bei *Wurm* (wie Anm. 1) S. 77f.
[202] Vgl. HStA Stuttgart E 14 IV Nr. 33/50.
[203] Dokumente abgedruckt bei *Wurm* (wie Anm. 1) S. 81, 86.
[204] Vgl. *Bohl* (wie Anm. 190) S. 46.
[205] Zur weiteren Besitz- und Baugeschichte von Schloss Montfort vgl. Langenargener Geschichte(n) (wie Anm. 188); Helmuth und Christel *Voith*: Das Märchenschloss im Bodensee. Schloß Montfort in Langenargen. In: Leben am See. Das Jahrbuch des Bodenseekreises 17(2000). S. 31-38.

war, weiter verkaufte. Als Haus des Gastes ("Kurhaus Schloß Montfort") mit Leseräumen, Café und Räumlichkeiten für kulturelle Veranstaltungen sollte es der Öffentlichkeit zugänglich gemacht werden. Man begann mit den erforderlichen Umbauarbeiten und Reparaturen. In diesem Zusammenhang wurde 1942 im Erdgeschoss ein großer Saal ("Spiegelsaal") geschaffen, indem die Wände zwischen dem seeseitigen Speisezimmer und dem nach innen hin gelegenen Salon entfernt wurden; die Nebenräume wurden als Lesezimmer mit Bücherei und als Gastraum mit Bewirtung genutzt. Infolge des Krieges war der volle Wirtschaftsbetrieb jedoch nicht zu realisieren und ab 1942 musste ein großer Teil des Schlosses der Wehrmacht, 1944/45 ein weiterer Teil der Hauptverwaltung der Zahnradfabrik Friedrichshafen zur Verfügung gestellt werden. Nach Kriegsende war es bis 1950 von der französischen Besatzungsmacht beschlagnahmt. 1951 wurde das Schloss an die "Gemeinschaft für Volkstum Langenargen e. V." zurückgegeben, im Jahr darauf als Kurhaus mit Bewirtschaftung eröffnet und fortan gemeinsam von der Gemeinde und dem jeweiligen Pächter genutzt. Vorausgegangen war ein Innenumbau bzw. eine Renovierung durch den Architekten Alfons Locher (1950/51). Dabei wurde im Erdgeschoss die Möglichkeit geschaffen, den "Spiegelsaal" mit den beiden angrenzenden Räumen bei Bedarf zu einem großen, wenn auch unterteilten Saal zu vereinigen. Im Obergeschoss entstand durch die Entfernung von Zwischenwänden und einer Oberlichtanlage ein benötigter Konferenz- und Tagungsraum; die Saalwände wurden mit stoffbezogenen und durch Wandvorsprünge abgeteilten Feldern mit Wandleuchten gegliedert, während messinggefasste Glasleuchten als Deckenbeleuchtung dienten. Als Wandschmuck brachte man später historische, um 1870 entstandene Veduten (Ansichten von Städten und Landschaften der Bodenseeregion) an, die im obersten Dachraum des Schlosses gefunden worden waren. Von diesem neu geschaffenen Konferenz- und Tagungsraum erfolgte auch der Zugang zur neu geschaffenen Terrasse. Anstelle der für die Nutzung des Konferenzraumes nun nicht mehr zureichenden, vom Erdgeschoss aufwärts führenden Wendeltreppe wurde eine dreiläufige Massivtreppe mit geschmiedetem Geländer und Kronleuchter errichtet. Durch diese Umbaumaßnahme wurde die Eingangshalle automatisch zweigeschossig, da die im Obergeschoss liegenden Diensträume entfernt werden mussten. Seit 1961 ist das Schloss im Besitz der Gemeinde Langenargen.

Die Konturen des kastellartig wirkenden, streng symmetrisch gegliederten Sichtziegelbaus (über einem Sandsteinsockel) auf fast quadratischem Grundriss werden durch filigrane achteckige und zinnenbekrönte Ecktürmchen am Mitteltrakt betont. Dieses wehrhafte, vom mittelalterlichen Burgenbau inspirierte Bild wird durch den schlanken, achteckigen und zinnenbewehrten Treppen- und Aussichtsturm, der sich über dem Zentrum des Mitteltrakts erhebt, noch gesteigert; die ursprünglich vorgesehene Turmkuppel mit der vergoldeten Statue der Seenymphe Argena wurde jedoch nicht realisiert. Der mittlere zweistöckige Bauteil gliedert sich in einen hohen Kubus, ursprünglich mit Eingangshalle, zentralem, von oben beleuchtetem Salon und Speisezimmer zum Land hin, und den etwas niedrigeren Festsaalteil zum See; fast gleich lange, wesentlich schmalere und nur eingeschossige Seitenflügel mit balustradengeschmückten Dachterrassen flankieren diesen Mittelbau; sie beherbergten die privaten Wohnräume (jeweils Arbeitszimmer, Schlafzimmer und zwei Salons). Wirkungsvoll, dekorativ und den ganzen Bau belebend sind insbesondere die abwechselnd rot und gelb gebänderten Ziegelfassaden, geprägt durch *die Verschmelzung des anglisierend-neugotischen Aufrisses mit orientalisierenden Einzelformen wie den Eselsrückenbögen der Fenster oder den Maureskenfüllungen der Pilaster*[206]. Diese maurischen Details orientieren sich am Vorbild der Wilhelma-Bauten in Stuttgart. Okuli mit Rosettenverzierungen beleuchten das Mezzaningeschoss des landseitigen Mitteltraktes. *Die Terrassen- und Dachgesimse, Bogenfriese, Ecklisenen, Eingangsvorbauten und die kielbogigen Fenster und Türen sind mit Flächenornamenten, Rosettenbändern, Hohlkehlen und Rundstabrippen sowie antikisierenden Bekrönungen, allesamt aus Terrakotta geformt, begleitet und gerahmt*[207].

Seitlich des Saales im Erdgeschoss haben sich jeweils mehrere Räume im ursprünglichen Stil der Neurenaissance, unter anderem mit Wandtäferung, Kaminen, Öfen, Stuckverzierungen, Reliefs und Malereien, zweiflügeligen Türen und schmuckreichen Holzböden, erhalten.

Das am nördlichen Rand des Schlossparks gelegene Kavalierhaus[208], ein ebenfalls nach Plänen Pfeilstickers 1866 fertig gestellter zweigeschossiger Steinbau, enthielt im Erdgeschoss Räume für die Hofhaltung und in der Beletage Wohnungen für den Kavalier der Königin Mutter und den des Kronprinzen Wilhelm. Im Gegensatz zum Schloss ist das Kavalierhaus durch wesentlich bescheidenere Architekturformen geprägt. Das Gebäude zeigt über einer Sockelzone eine symmetrische Gliederung der Fensterachsen (vier Fenster je Geschoss an den Längs-, drei Fenster je Geschoss an den Schmalseiten), ein flaches Vollwalmdach über einem leicht vorkragenden, verbretterten Kniestock (mit schmalen, hochrechteckigen Öffnungen) und zur Seeseite der Beletage einen aufwendig verzierten gusseisernen Balkon. Das Gebäude, das in den Räumen der Beletage noch originale Stuckprofile aufweist, ist seit 1961 im Besitz der Gemeinde Langenargen und beherbergt 2007 unter anderem ein Café, eine Galerie, einen Veranstaltungsraum und eine Künstler-Atelierwohnung[209].

Bavendorf (Stadt Ravensburg), Katholische Pfarrkirche St. Columban

Die 1737 erbaute kleine Dorfkirche mit längsrechteckigem Schiff, eingezogenem, dreiseitig geschlossenem Chor und im Unterbau wohl noch mittelalterlichem Turm an der Nordseite des Chores zeigte 1862 eine derart schadhafte Giebelseite, dass das "Gemeinschaftliche Oberamt" Ravensburg einen Abbruch mit anschließendem Neuaufbau dieses Gebäudeteils für zwingend erforderlich erklärte. Diese Baumaßnahme sollte zum Anlass einer Erweiterung des Langhauses nach Westen genommen werden, um mit Blick auf ein zukünftiges Anwachsen der Kirchengemeinde 220 statt wie bisher 165 Sitzplätze in der Kirche unterbringen zu

---

[206] *Dehio* (wie Anm. 22) S. 405.

[207] Hermann *Klos*/Volker *Caesar*: Schloss Montfort in Langenargen am Bodensee. Nach rot jetzt wieder steinfarben – der Umgang mit Fenstern und ihrer bauzeitlichen Farbgebung. In: Denkmalpflege in Baden-Württemberg 32 (4/2003). S. 327-331, hier S. 328.

[208] Heute Untere Seestraße 7.

[209] Zum Kavalierhaus: Regierungspräsidium Tübingen, Referat 25 – Denkmalpflege. Liste der Kulturdenkmale Langenargen; Cosima *Kehle*/Eugen *Hillebrand*: Mägde, Mieter und Maler. Das Kavalierhaus in Langenargen – Geschichte und Gegenwart. In: Leben am See. Das Jahrbuch des Bodenseekreises 17 (2000), S. 39-46; Historischer Führer durch Langenargen. Hg. von der Gemeinde Langenargen. Langenargen 1989. Nr. 2.

können[210]. Das Bischöfliche Ordinariat stimmte diesen Plänen zu[211]. Pfeilsticker verlängerte das Langhaus 1863 um 13 Fuß nach Westen; der Turm wurde 1865 erhöht. Die zuvor stichbogigen Fenster des Saalbaus bekamen beim Umbau ihre heute noch erhaltene einheitliche Rundbogenform mit den prononcierten Überfangbögen. Die neue westliche Giebelseite erhielt einen rundbogigen Haupteingang mit Vorzeichen und Kreuzaufsatz, links und rechts symmetrisch flankiert von jeweils einem niedrigeren und einem darüber liegenden höheren Rundbogenfenster; über dem Vorzeichen wurde ein Kreisfenster und schließlich in der Spitze des von einem kleinteiligen Rundbogenfries geschmückten Giebels eine Kreuzöffnung realisiert. Im Chor wurde ein Kreuzrippengewölbe eingezogen. Die Neuausstattung im neugotischen und neuromanischen Stil zog sich bis in die 1880er-Jahre hin. Der Turm erhielt sein heutiges neuromanisch geprägtes Aussehen und sein hohes vierseitiges Zeltdach aber erst im Zuge einer letzten Erhöhung durch Joseph Cades im Jahre 1890[212].

Bei einer Renovierung – wohl Ende der 1960er-Jahre – wurden Details der Pfeilsticker´schen Renovierung von 1863 beseitigt, so das Maßwerk der Fenster, das neuromanische Vorzeichen sowie die unteren flankierenden Rundbogenfenster und der Rundbogenfries am Westgiebel; erhalten blieben jedoch das Kreisfenster und die Kreuzöffnung im Giebel. Das Innere war bereits in den 1930er-Jahren modernisiert worden und erfuhr Ende der 1960er-Jahre eine neuerliche Umgestaltung mit flacher Holzdecke im Langhaus, moderner Ausstattung und neuen Glasfenstern.

Möhringen (Gde. Unlingen), Katholische Pfarrkirche St. Vitus

Von 1863 bis 1865 erbaute Pfeilsticker die katholische Pfarrkirche St. Vitus in Möhringen am Rande des Bussens; erst wenige Jahre zuvor war Möhringen eine selbstständige Pfarrei geworden. Der kleine neuromanische Bau auf einer Anhöhe südlich des Orts ist aus Muschelkalkquadern bzw. Tuffstein von der Schwäbischen Alb errichtet. Es ist die einzige Kirche Pfeilstickers aus diesem Baumaterial. Sie besitzt ein dreiachsiges Langhaus mit Rundbogenfenstern und Lisenengliederung, die auch den niedrigen, eingezogenen Chor mit Dreiseitschluss prägen. Typisch für die neuromanischen Kirchenbauten Pfeilstickers sind die prononciert über die Firsthöhe des Daches hinaus erhöhten Giebelseiten, die einst auf den Spitzen mit Steinkreuzen bekrönt waren. Der einzige Zugang zum Kircheninneren befindet sich mit Rundbogenabschluss und Vorzeichen an der Westseite; darüber befindet sich eine Gruppe von drei Rundbogenfenstern und im Giebelspitz schließlich ein Kreisfenster. Der schlanke, quadratische Turm ist an die Südwestecke angebaut; er weist in den unteren vier Geschossen - sich nach innen verjüngende - Rundbogenfester auf, dann folgen ein Uhrengeschoss mit umlaufendem Gesims, darü-

---

[210] Schreiben des "Gemeinschaftlichen Oberamts Ravensburg" an den Königlichen Katholischen Kirchenrat v. 31.1.1862; DiözesanA Rottenburg F IIa (Bavendorf) Bü 166/11.

[211] Vgl. Schreiben des Bischöflichen Ordinariats an den Königlichen Katholischen Kirchenrat v. 11.2. und 29.8.1862; DiözesanA Rottenburg F IIa Bü 166/11.

[212] Die Kunst- und Altertumsdenkmale in Württemberg: Oberamt Ravensburg (wie Anm. 175) S. 135; *Wurm* (wie Anm. 1) S. 30; Alfred *Lutz*: Der Architekt Joseph Cades (1855-1943) – Seine Bauten in Ravensburg und Umgebung. In: Altstadtaspekte 7 (2001/2002). Hg. vom Bürgerforum Altstadt Ravensburg. Ravensburg 2001. S. 54-59; hier S. 55.

ber ein Geschoss mit Ecklisenen und nach jeder Seite einem großen rundbogigen Schallfenster mit Maßwerk, schließlich vier Giebel mit Kreuzöffnungen und ein spitzes Zeltdach. Der fünfgeschossige Kirchturm ähnelt stark demjenigen, den Pfeilsticker zwei Jahre zuvor in Schmalegg errichtet hatte. Das Innere besaß ursprünglich eine Holzdecke mit Unterzügen und eisernen Zugstangen, der Chor ein Rippenkreuzgewölbe auf Konsolen. Altäre, Kanzel und Chorgestühl von Mayer/Saulgau waren neuromanisch. Das Innere und die Ausstattung wurden in neuerer Zeit jedoch völlig modernisiert[213].

Das neben der Kirche gelegene Pfarrhaus, ein zweigeschossiger Muschelkalkbau mit Walmdach, wurde ebenfalls zwischen 1863 und 1865 und wohl auch nach Plänen Pfeilstickers erbaut[214].

Kehlen (Gde. Meckenbeuren), Katholische Pfarrkirche St. Verena

Die alte, 1764 renovierte und erweiterte Pfarrkirche von Kehlen stand auf dem Gelände des heutigen alten Friedhofs. Bereits seit den 1830er-Jahren war ihr schlechter Bauzustand offenkundig: Es zeigten sich Mauerrisse, Teile des Verputzes bröckelten ab und 1845 traten auch noch statische Probleme beim Kirchturm auf. Diesem Verfall wurde zunächst nicht gegengesteuert, da sich Staat und Pfarrgemeinde in der Frage der Baulast uneins waren. Erst in einem Prozess wurde geklärt, dass der Staat einen Großteil der Kosten zu übernehmen, aber auch die Gemeinde ihren Teil beizutragen hatte.

Nachdem er die geschätzten Baukosten auf 38 474 Gulden beziffert hatte, errichtete Pfeilsticker - wegen seiner bereits angegriffenen Gesundheit und Arbeitsüberlastung zusammen mit seinem Bruder, dem Tübinger Werkmeister und Architekten Albert Pfeilsticker (1814-1879) – von 1864 bis 1866 einen Kirchenneubau in neuromanischen, italienisierenden Stilformen auf einem anderen, am westlichen Ortsrand gelegenen Standort[215]. Ähnlich wie in Tettnang war es ein roter Blankziegelbau. Der 36 Meter hohe, schlanke Turm war – wie oft bei Pfeilstickers Sakralbauten – symmetrisch und leicht vortretend in die Hauptfassade eingebunden und besaß - wie die nur wenige Jahre zuvor errichteten Kirchtürme in Schmalegg und Möhringen – ein über dem Uhrengeschoss in Rechteckformen geführtes, friesgeschmücktes Gesims, große rundbogige Schallfenster mit Maßwerk sowie Ecklisenen, vier Spitzgiebel mit Kreuzöffnungen und ein spitzes Zeltdach. Wie mehrfach bei Pfeilstickers Kirchenbauten zeigte die Giebelfassade der Pfarrkirche in Kehlen eine Dreiergruppe von – in diesem Falle – Rundbogen-

---

[213] OAB Riedlingen. 2. Bearb. Stuttgart 1923. S. 830; KB Biberach (wie Anm. 95) S. 841.

[214] Vgl. zur Datierung Regierungspräsidium Tübingen, Referat 25 – Denkmalpflege. Liste der Kulturdenkmale Möhringen.

[215] Auch zum Folgenden: StA Sigmaringen Wü 128/3 T. 1 Bü 165; OAB Tettnang (wie Anm. 156) S. 774f.; Festschrift des Musikvereins Kehlen e.V. zum Jubiläum 1983. O. O. 1983. S. 71f., 77f., 88f. (mit einigen Abbildungen der Kirche); Kath. Kirchengemeinde St. Verena Kehlen. Festschrift zur Einweihung des Katholischen Gemeindehauses. Meckenbeuren 2004. S. 19.
In einem von Pfeilsticker mitverfassten Gutachten über die alte Kirche in Kehlen vom 23.6.1861 war ausgeführt worden: *Ein 'Neubau' ist daher ebensosehr durch die große Engräumigkeit der Kirche wie durch ihre Baufälligkeit geboten u. die Wahl einer anderen Baustelle ist bedingt durch den schlechten weichen Grund des dermaligen Kirchenplatzes sowie durch seine Engräumigkeit, da insbesondere westlich Häuser angebaut sind u. der Platz insbes. nordöstl. außerhalb des Kirchhofs abschüssig und … tiefer gelegen ist, weshalb ein hoher u. kostspieliger Unterbau nöthig wäre.* StA Sigmaringen Wü 125/27 T. 1 Bü 347 Nr. 48.

Abb. 17 - Kehlen, Katholische Pfarrkirche St. Verena (abgebrochen 1967). Foto um 1965.

fenstern: ein großes über dem Haupteingang im vortretenden Turm sowie je ein kleineres und tiefer gelegenes in den beiden Seitenflanken. Das Langhaus zählte sechs Achsen und war – sehr ähnlich wie in Tettnang - durch Rundbogenfenster, Lisenen sowie Rundbogenfriese (auch an den beiden Giebeln) in hochrechteckige Felder gegliedert; unterhalb der Dachtraufe verlief ein Zahnschnittfries. Die erste Achse des Langhauses verfügte auf beiden Seiten über einen rundbogigen Eingang mit Vorzeichen und einem darüber liegenden Kreisfenster; der Haupteingang befand sich als Turmportal in der Mitte der Westfassade; das Erdgeschoss des Turmes diente zugleich als Vorhalle. Der Ostgiebel des Langhauses besaß ein Kreisfenster und auf der Spitze – als Gegengewicht zum Turm – ein massives, auf einem Postament stehendes Kreuz. Beide Giebel waren – typisch für Pfeilstickers neuromanische Kirchenbauten – mit profilierten Ansätzen und Firsten über die Dachhöhe hinausgeführt. Der niedrigere, eingezogene Chor war dreiseitig geschlossen und zeigte dieselben neuromanischen Gliederungselemente wie das Langhaus; an seiner Nordseite war eine Sakristei angebaut.

Das Innere war, ähnlich wie in Tettnang, durch Holzarchitektur gegliedert und zeigte zwei Reihen von polygonalen, farblich gefassten Holzpfeilern mit Würfelkapitellen, die durch Rundbögen miteinander verbunden waren, des Weiteren eine im Westen gelegene, auf gleich gestalteten Holzpfeilern ruhende Orgelempore sowie eine sich *in Zeltform*[216] (Pfeilsticker) in den Dachstuhl einfügende Holzdecke mit halbrunden Querverstrebungen. Derartige, auch verhältnismäßig kostengünstige offene Dachstühle waren möglicherweise von englischen Vorbildern inspiriert[217]. Der Chor besaß ein hölzernes Rippengewölbe. Pfeilsticker hatte am 8. Oktober 1863 einem Änderungswunsch des Kehlener Stiftungsrates unter anderem mit dem Argument widersprochen, *daß ein dreyschiffiges Langhaus von besserer Wirkung ist, als ein solches ohne Säulen, zumal, wenn das Mittelschiff höher gehalten ist, als die Seitenschiffe*. Die Höhe der Langhauswände könnte in diesem Fall anders als bei einer *aufgehängten Decke* niedriger gehalten werden. Die Pfeiler sollten sehr schlank und an den Ecken abgeschrägt gestaltet werden, wodurch *die Aussicht auf Kanzel u. Altäre bei nur geringem Wenden des Kopfes*

[216] StA Sigmaringen Wü 128/3 T. 1-2 Bü 178.

[217] Vgl. Karen *David-Sirocko*: Georg Gottlob Ungewitter und die malerische Neugotik in Hessen, Hamburg, Hannover und Leipzig. Petersberg 1997. S. 144.

der Kirchenbesucher nicht genommen ist[218]. Nachdem vor allem der Turm als baufällig erachtet wurde, wurde am 28. März 1967 mit dem Abbruch der Kirche begonnen und mit der Sprengung des Turmes am 14. April 1967 abgeschlossen. Die Entwürfe für den modernen Neubau stammten von den Stuttgarter Architekten Hans Kammerer und Walter Belz[219].

Eriskirch, Katholische Pfarrkirche Unserer Lieben Frau, Erhöhung des Kirchturms

Der spätmittelalterliche Turm der im frühen 15. Jahrhundert erbauten katholischen Pfarrkirche in Eriskirch wurde 1834 durch einen Blitzschlag schwer beschädigt, der Turmhelm zerstört. Wegen der Frage der Baulast an der Kirche begann ein lang andauernder Streit zwischen der Pfarrgemeinde und der württembergischen Staatsfinanzverwaltung. Aufgrund dessen wurde offenbar erst 1869 der an der Chornordseite stehende, durch ein Notdach gesicherte quadratische Turm nach den bereits 1859 vorgestellten Plänen Pfeilstickers († 1866) wiederhergestellt und gegenüber dem früheren Zustand erhöht[220]. Über den vier neu geschaffenen spitzbogigen Schallöffungen mit Sandsteinmaßwerk erhebt sich jeweils ein Dreiecksgiebel mit Uhr, einer darüberliegenden – heute vermauerten - Kreuzöffnung und einem Treppenfries am Dachansatz; die Giebelspitzen wurden mit je einem Knopf aus Sandstein geschmückt. Der achtseitige Spitzhelm wurde mit einer Kreuzblume aus Kupfer und einem vergoldeten Kreuz bekrönt.

Zusammenfassung

Von seinem Amtsantritt als Bezirksbaumeister im Jahre 1843 bis zu seinem frühen Tod 1866 prägte Gottlieb Pfeilsticker das staatliche und kirchliche Baugeschehen in einem großen Teil Oberschwabens. In einer Zeit des Bevölkerungswachstums und des wirtschaftlichen Aufschwungs erstellte der Architekt sakrale wie öffentliche Bauten in zahlreichen Städten und Dörfern dieser Region. Gemäß der in Württemberg bis um 1840 vorherrschenden klassizistischen Stilrichtung errichtete Pfeilsticker seine ersten Werke, das Badhotel in Wildbad, die Flügelbauten der Neuen Aula sowie die Villa Köstlin, beide in Tübingen, in dieser Architekturform. Öffentliche Staatsbauten realisierte der Architekt auch in späteren Jahren zumeist in zurückhaltend spätklassizistischen Formen, in einer Art "Kameralamtsstil", um den geforderten Kriterien der Sparsamkeit, Nüchternheit und Solidität zu entsprechen. Zu seinem bedeutendsten Aufgabenfeld sollten jedoch die Kirchenbauten werden. War Pfeilsticker in Fulgenstadt (1846/48), seinem ersten größeren sakralen Bauwerk, noch stark dem bisher auch in Oberschwaben dominierenden schlichten "Finanzkammerstil" verpflichtet gewesen, den er aber bereits mit einigen historisierenden Details schmückte, so errichtete er ab 1849, beginnend mit der großen Pfarrkirche in Hohentengen, Kirchen ausschließlich in den sogenannten "christlichen Stilen", d. h. in neugotischen oder neuromanischen Formen, wo-

---

[218] StA Sig Wü 128/3 T. 1-2 Bü 178.

[219] Vgl. Michael *Ruhland*: Wie eine Siedlung im Dorf. Die katholische Kirche St. Verena in Meckenbeuren-Kehlen. In: Denkmalpflege in Baden-Württemberg 33 (2/2004). S. 123f.

[220] Vgl. StA Sigmaringen Wü 128/3 T. 1 Bü 127; Wü 65/35 Bü 5440; *Dehio* (wie Anm. 22) S. 178.

bei er nicht dogmatisch festgelegt war. Ausschlaggebend waren die zur Verfügung stehenden Finanzmittel und Baumaterialien, auch der Wunsch des Bauherrn, die jeweils erforderliche Größe und die bauliche Umgebung. Vor allem bei größeren Kirchen wie in Hohentengen und Tettnang, aber auch in Kehlen, unterteilte er die geräumigen Saalbauten durch Holzpfeilerreihen mit Rundbogenarkaden in drei Schiffe. Querhäuser vermied er stets. Kleinere Dorfkirchen wie in Binzwangen, Eisenharz, Schmalegg oder Möhringen wurden als einschiffige Saalbauten ausgeführt. In den Jahren bis 1860 bevorzugte Pfeilsticker fast ausschließlich neugotische Stilformen, so bei den Pfarrkirchen in Hohentengen, Binzwangen und Eisenharz, beim Umbau der evangelischen Stadtkirchen in Leutkirch und Ravensburg sowie bei der Neugestaltung der Spitalfassade in Waldsee. Bei den frühen neugotischen Pfarrkirchen Pfeilstickers, etwa in Hohentengen und Binzwangen, ist eine klassizistische Grundprägung noch unverkennbar; dies bezeugen die blockhaft-geschlossenen Formen, die flachen Satteldächer und die verhältnismäßig sparsame, etwas trocken wirkende Verwendung von gotischem Zierrat. In seiner späteren Schaffenszeit ist, bedingt wohl nicht zuletzt auch durch Kostenvorteile, eine Tendenz hin zu neuromanischen Formen zu konstatieren, zum Beispiel bei den Pfarrkirchen in Tettnang, Schmalegg, Ellwangen, Möhringen und Kehlen. Teilweise konzipierte er die neuromanischen Kirchen, so zum Beispiel in Tettnang, Ellwangen und Kehlen, als Sichtziegelbauten. Häufig errichtete Pfeilsticker Kirchen mit symmetrischer Westfassade, die von einem in der Mitte stehenden, leicht vortretenden und den Haupteingang aufnehmenden Turm dominiert wurde; dafür stehen die Pfarrkirchen in Fulgenstadt, Hohentengen, Binzwangen und Kehlen sowie, durch Einbeziehung des alten Turmes, auch jene in Ellwangen. Fast alle Kirchen Pfeilstickers besaßen flache Holz- oder Gipsdecken; in einigen Fällen wölbte er den Chor ein, so in Tettnang, Schmalegg, Möhringen und Kehlen. In einigen Kirchen, so zum Beispiel in Kehlen, Möhringen und ursprünglich auch in Schmalegg, fügte er die Decke des Schiffes "in Zeltform" in den Dachstuhl ein; diese möglicherweise von englischen Vorbildern inspirierte Lösung bot auch Kostenvorteile. Einen Sonderfall stellen die Umbauten der beiden evangelischen Stadtkirchen in Leutkirch und Ravensburg dar, die zur Gänze mit Holz-Gips-Gewölben ausgestattet wurden und anstelle einer teilweise barocken Ausstattung eine neugotische erhielten. Immer wieder entwarf Pfeilsticker im Zuge seiner Kirchenbauten auch Teile der Ausstattung wie Altäre und Kanzeln selbst. Große Aufmerksamkeit widmete er stets der Gestaltung der Kirchtürme, die nicht selten zu orts- und landschaftsprägenden Wahrzeichen wurden. Erhöhte er in Oberteuringen (Pfeilstickers wohl frühestes neugotisches Werk) und Ertingen die Türme quadratisch mit vier lang gestreckten Dreiecksgiebeln und hoher Turmspitze, so setzte er in Hohentengen und Binzwangen auf den quadratischen Unterbau ein aufwendiges Oktogon, das mit Dreiecksgiebeln und hohen achtseitigen Turmspitzen bekrönt wurde. Beeinflusst waren diese Lösungen nicht zuletzt durch Vorbilder wie den Freiburger Münsterturm, die Münchner Mariahilfkirche Ohlmüllers oder auch durch zahlreiche Kirchturmbauten Karl Alexander von Heideloffs, etwa in Mergelstetten (1842/43), Sonneberg (evangelische Stadtkirche, 1843-45) oder Leipzig (katholische Trinitatiskirche, 1845-47). Pfeilsticker war ein Verfechter spitzer Turmhelme, die er oft mit glasierten, in Mustern verlegten Dachziegeln schmückte. Die in Oberschwaben häufig vorkommenden alten Satteldachtürme disqualifizierte Pfeilsticker hingegen als *hässlich*[221]. Bei der Gestaltung der sich sehr ähnelnden neuromanischen Kirchtürme in Schmalegg, Möhringen und Kehlen ist eine Tendenz hin zum Seriellen allerdings unverkennbar. Nicht unerwähnt bleiben soll eine interessante Beobachtung: Die Tatsache, dass der Protestant Pfeilsticker vor allem auf dem Gebiet des katholischen Kirchenbaus tätig war, hat offensichtlich keine konfessionell motivierten Konflikte oder Unstimmigkeiten zur Folge gehabt, trotz der in jener Zeit in Oberschwaben durchaus spürbaren Spannungen zwischen den Konfessionen.

Besondere Bauaufgaben Pfeilstickers waren die Welfengruft in der ehemaligen Klosterkirche in Weingarten und die "Villa Argena" ("Schloss Montfort") in Langenargen. Die von König Georg V. von Hannover aus dem Adelshaus der Welfen in Auftrag gegebene Neugestaltung der Welfengruft plante Pfeilsticker zunächst in Neurenaissanceformen mit marmorverkleideten Wänden und einer mit vergoldeten Rosetten geschmückten Kassettendecke. Der in dieser Sache um ein Gutachten gebetene berühmte Münchner Architekt Leo von Klenze kritisierte dieses Vorhaben jedoch und schlug eine Umgestaltung in schlichten romanischen Formen vor. Unter Berücksichtigung dieser Vorschläge Klenzes führte Pfeilsticker dann auch 1858/60 den mit geschliffenen Ziegelsteinen verkleideten, kreuzförmigen Gruftraum aus. Vorbild für die an der Stelle eines ruinösen Schlosses der Grafen von Montfort in Langenargen am Bodensee neu zu errichtende "Villa Argena" sollte nach dem 1861 publik gemachten Willen des Bauherrn, König Wilhelm I. von Württemberg, die "Villa Avigdor" in Nizza sein; dort war der Monarch in jenen Jahren zeitweilig abgestiegen. Allerdings sollte ein Turmaufbau hinzukommen und das Äußere, ähnlich wie bei der Wilhelma in Stuttgart, mit maurischen Details geschmückt werden. Pfeilstickers Planungen litten jedoch unter den Launen und der Kostenkritik des greisen Monarchen. Der kastellartige wirkende, symmetrisch gegliederte Sichtbacksteinbau (mit abwechselnd rot und gelb gebänderten Fassadengliederungen) und dem achteckigen und zinnenbekrönten Treppen- und Aussichtsturm über dem Mitteltrakt wurde schließlich erst 1867, drei Jahre nach dem Tod Wilhelms I. und ein Jahr nach dem Tod Pfeilstickers, fertig gestellt. Dieses Hauptwerk des Architekten, eine "Verknüpfung von italienischer Villa, mittelalterlicher Burg bzw. neugotischem Landsitz und orientalischem Palast" steht, was Dimensionen und Bauaufwand anbetrifft, "zwischen königlichem Schloss und großbürgerlicher Villa"[222].

Im Falle der "Villa Argena" ("Schloss Montfort") wie auch bei zahlreichen anderen Bauwerken verwendete Pfeilsticker qualitätvolles, dekoratives "Material aus gebranntem Thon" der Ravensburger Bauornamente- und Ziegelfabrik Staib-Wasserott. Diese dekorativen Ornamente wurden wirkungsvoll zum Beispiel für Tür- und Fensterverzierungen, Friese, Rosetten, Maßwerk-, Pfeiler- und Bogenfüllungen und für Konsolen verwendet.

---

[221] Zum Beispiel im Falle der Kirchtürme in Ellwangen und Friedrichshafen (Projekt); vgl. StA Sigmaringen Wü 128/3 T. 1 Bü 125, Bü 135.

[222] Martina *Goerlich* (wie Anm. 188) S. 57.

[...] einst eine trutzige Feste?

Der Bau der Bundesfestung Ulm zwischen strategischer Bedeutung, politischen Auseinandersetzungen und finanziellen Nöten

Markus Theile

Die Anlagen der Bundesfestung Ulm aus der Mitte des 19. Jahrhunderts sind heute der umfangreichste erhaltene Bestand an Festungsanlagen auf dem Gebiet der Bundesrepublik Deutschland. Bereits zum Zeitpunkt ihrer Erbauung wurde die Bundesfestung nur von wenigen anderen Festungen an Größe und Stärke übertroffen[1]. Es scheint kaum vorstellbar, dass die Ulmer Anlagen nur ein Teil von dem sind, was ursprünglich geplant war; an manchen Stellen sogar nur ein Schatten der einstmaligen Ausführungsvorhaben. Ungenügende finanzielle Mittel, verbunden mit dem sich steigernden Antagonismus zwischen Österreich und Preußen, bedrohten den Festungsbau mehr als einmal. Dieses zentrale Thema endete jedoch nicht mit der Fertigstellung der Festung 1859. Die Finanzierungsproblematik der Bundesfestungen Ulm und Rastatt wurde zu einem Nagel im Sarg des Deutschen Bundes. Zudem stellte die Fortentwicklung der Artillerietechnik um 1860 auch die gerade vollendeten Festungswerke in Frage.

Konnte die Bundesfestung Ulm, 1842 vom Deutschen Bund als Hauptwaffenplatz Süddeutschlands errichtet, die ihr gestellten Aufgaben überhaupt erfüllen? Was führte dazu, von den Planungen abzuweichen und die Festung z. T. stark vereinfacht fertig zu stellen? Waren die Werke stark genug, um ausreichend lange einer Belagerung Stand zu halten und was tat man zu ihrer Verstärkung? Und wo sind die Einsparungen heute noch an den einzelnen Festungswerken abzulesen?

Vorgeschichte des Ulmer Festungsbaus

Napoleons endgültige Niederlage auf dem Schlachtfeld bei Belle Alliance 1815 beendete in Deutschland nicht nur die jahrzehntelangen Revolutions- und Freiheitskriege. Sie bedeutete auch den Beginn einer neuen Friedensordnung, die auf dem Wiener Kongress festgelegt worden war. Mit der Unterzeichnung der Bun-

[1] Paris (ab 1840 befestigt), Köln (1815–1829 und 1841–1847), Königsberg (1843–1873), Posen (1827–1837 und 1839–1872), Nowo Georgiewsk (1831–1840). Königsberg und Posen wurden wegen Geldmangel erst spät vollendet. HStA München Kriegsarchiv MKr 4605/2 .- Rudi *Rolf*: Die Entwicklung des deutschen Festungssystems seit 1870. Neuaufl. Vollst. und bearb. Ausg. des Manuskriptes. Tweede Exlöermond 2000.

desakte und der Wiener Schlussakte am 8./9. Juni 1815 begann für Deutschland die Zeit des Deutschen Bundes. Neben der politischen Vertretung der einzelnen Länder oblag ihm die Sicherung der ehemaligen Antinapoleonischen Allianz. In Deutschland trat ab 1816 die Bundesversammlung als Zentralorgan des Bundes in Frankfurt/Main zusammen. Die Stimmführer waren die größeren deutschen Länder, allen voran Österreich und Preußen, aber auch Sachsen, Hannover, Bayern, Württemberg und Baden. Der sich im Laufe der Zeit steigernde Antagonismus zwischen Preußen und Österreich führte innerhalb des Bundes zu vermehrten Spannungen, die sich auch im Festungsbau sehr deutlich äußerten und schließlich zum Bruch des Bundes und dem Deutschen Krieg von 1866 führte.

Zur militärischen Sicherung seiner Grenzen gegen eine erneute Aggression Frankreichs richtete der Deutschen Bund am 19. März 1819 eine Militärkommission ein. Dieses Gremium bestand aus sechs Offizieren als Militärbevollmächtigte Österreichs, Preußens, Bayerns und der zusammengesetzten gemischten Armeekorps Nr. VIII bis X der anderen Staaten[2]. Neben den Bundesarmeekorps sollte die Militärkommission für den Bau von sog. Bundesfestungen Sorge tragen. Der Finanzierung der Bundesfestungen diente ein Teil der französischen Kriegsentschädigungen von 1815. Der Frieden von Paris sah von diesen 686 Millionen Francs 20 Millionen für preußische und 40 Millionen für Bundesfestungen vor, die sich auf Mainz, Germersheim und eine noch nicht weiter festgelegte Festung am Oberrhein verteilten[3].

Die strategische Lage und die Bedeutung von Ulm

In den Feldzügen der Revolutions- und Befreiungskriege zogen die feindlichen Truppen häufig entlang der alten europäischen Hauptstraße Paris – Straßburg – München – Wien. Die Sicherung der Pfalz geschah durch die Festungen Landau und später Germersheim. Die Sperrung der Schwarzwalddefileen und der Schutz Südwestdeutschlands stand jedoch noch aus. Als künftige vierte Bundesfestung am Oberrhein standen folgende Orte zur Disposition: Rastatt, Donaueschingen und Ulm. Während jedoch das Donaueschinger Projekt bald wieder aufgegeben wurde, galt es, den Wert und die Lage von Rastatt und Ulm in Bezug auf künftige Kriege genau abzuwägen. Für Ulm sprach neben der Donaubrücke der Umstand, dass die Donau ab hier schiffbar wird, aber auch die Einmündung der Iller in die Donau. Eine Festung konnte demnach den Brückenübergang in Nord-Süd-Richtung wie in West-Ost-Richtung sperren. Ulm sollte deshalb nach dem Willen der Militärkommission eine große Festung ersten Ranges und ein großer Waffenplatz werden. Die hier anzuhäufenden Streitmittel dienten zur Aufstellung einer größeren Armee und ermöglichten es dieser, nach verlorener Feldschlacht ihre Bestände in der Festung wieder aufzufüllen. Aus dem verschanzten Lager hätten dann weitere Offensiv- oder Rückzugsbewegungen über die Donau oder Iller hinweg stattfinden können. Diesem Lager kam somit eine besonders hohe Bedeutung zu; seine Ausgestaltung aber erfuhr manche einschneidende Änderung, wie noch zu zeigen sein wird.

---

[2] Österreich stellte das I. bis III. Armeekorps, Preußen das IV. bis VI. und Bayern das VII. Armeekorps.

[3] Weitere 26 Millionen Francs gingen an Festungsbauten in den Niederlanden und Sardinien-Piemont. Vgl. Peter *Galperin*: Deutsche Wehr im Deutschen Bund 1815–1866. Osnabrück 2000. S. 223–224.

Erste Planungen 1819/20 und 1822/23

Zur Untersuchung der Lokalitäten vor Ort, für Geländeaufnahmen und erste Befestigungsprojekte entsandte die Militärkommission ab 1819 Lokalkommissionen u. a. nach Ulm. Für Ulm legte die erste Lokalkommission 1819/20 unter dem Vorsitz des österreichischen Oberstlieutenants von Scholl ein erstes umfangreiches Memoire vor, in dem die wichtigsten zu besetzenden Geländepunkte der künftigen Bundesfestung ausgearbeitet waren[4]. Die wichtigsten Themen waren:

1. Die herausragende Bedeutung des Michelsberges für die Beherrschung der Stadt: In Verbindung mit dem Kienles- und Gaisenberg stellte er den *Schlüssel der Befestigungsanlage*[5] dar. Hier sollte sich die Zitadelle, also das Hauptwerk der gesamten Festung befinden.
2. Zur Sicherung des Donauübergangs mussten der Untere Kuhberg und die Albecker Steige mit in die Befestigung einbezogen werden[6].
3. Der Untere Eselsberg dominierte einen großen Teil der westlichen Hauptumfassung der Festung, konnte aber ohne Befestigung des Oberen Eselsbergs seine Aufgabe nicht hinlänglich erfüllen. Der Eselsberg blieb daher 1819 und 1822 noch unbefestigt.
4. Das rechte, ebene Donauufer sollte keine zusammenhängende Befestigung erhalten, sondern – ähnlich wie in Mainz[7] – eine Kette von Schanzen. Diese sicherten Ausfälle, waren ohne Mauerbauten aber relativ schwach.
5. Um die Iller in den Bereich der Festungsgeschütze zu bringen, schlug man die Verlegung des Flusses in das Bett des "Warmen Wässerle" vor.

Aus diesem Memoire kann entnommen werden, wie militärisch ungünstig sich das Terrain um Ulm gestaltete, da die Stadt von vier Höhen dominiert wird. Zudem steigen diese Höhenrücken (z. B. der Kuhberg) mit zunehmender Entfernung an, so dass die Kuppen der Berge außerhalb der damaligen Kanonenschussweite der Umwallung und der projektierten Forts lagen[8]. Eine Besetzung auch dieser Punkte bedeutete aber eine unverhältnismäßige Verstärkung der Besatzung und eine Verteuerung der Erbauungskosten. Diese Forts hätten – wegen ihrer z. T. nur geringen Ausdehnungsmöglichkeit auf den Kuppen – keine Verstärkung, sondern eher ein Gefahrenpotential dargestellt. Die Besatzung und ihre Verteidigungsmittel wären auf einzelne Geländepunkte zersplittert gewesen, um dort isoliert auf ihre Vernichtung zu warten[9].

Die Arbeit der ersten Lokalkommission stieß in Frankfurt auf wenig Zustimmung; insbesondere die zu hohen Kosten stellten bei dem festgesetzten Rahmen

[4] Vgl. StadtA Ulm C 10 Akten 1: Wilhelm Graf: Allgemeine Militär-Geschichte der Festung Ulm von der Entstehung der Stadt bis 1872.
[5] *Ebda.*
[6] Hier standen bei früheren Belagerungen die Kanonen der Angreifer (z. B. 1704, 1800 und 1805); vgl. *ebda.* - Emil von *Löffler*: Geschichte der Festung Ulm. Ulm 1881.
[7] Es handelt sich hierbei um die Werke Obere, Mittlere und Untere Rheinschanze und das Fort Großherzog von Hessen. Sie sicherten zusammen mit der Befestigung von Mainz-Kastel die Stadt gegen Beschuss. Vgl. Hans-Rudolf *Neumann*: Die Bundesfestung Mainz 1814–1866. Entwicklung und Wandlungen. Von der Blockhausfortifikation zum steinernen Bollwerk Deutschlands. Mainz 1986.
[8] Die Reichweite der Geschütze betrug um 1840 – je nach Schussart und Geschützkaliber – 600-1.200 m. Vgl. Hermann von *Müller*: Geschichte des Festungskrieges seit allgemeiner Einführung der Feuerwaffen bis zum Jahre 1880. Berlin 1880.
[9] Vgl. StadtA Ulm C 10 Akten 30/1: Moritz von Prittwitz und Gaffron: Gehorsamster Bericht des Major von Prittwitz über die Befestigung von Ulm vom 25.06.1841.

von 20 Millionen Francs ein Hindernis dar. Die 1822 eingesetzte zweite Lokalkommission reduzierte lediglich das Befestigungsprojekt der ersten Kommission. Unterschiedliche Sichtweisen über die Kostenberechnungen sorgte für längere Auseinandersetzungen in der Militärkommission, die mit dem Resultat endeten, die Arbeiten der Lokalkommission zu den Akten zu legen[10].

Der Bundesbeschluss vom 26. März 1841 beendete die über 20 Jahre währende Beratungsphase – und einen jahrelangen Streit zwischen Württemberg, Baden, Bayern einerseits und Österreich andererseits um die Wahl des besten Platzes für die vierte Bundesfestung[11]. Der Beschluss legte die Hauptgesichtspunkte und Bedingungen fest, nach denen in Ulm und Rastatt gebaut werden sollte[12].

Ulm wurde dabei zur Festung ersten Ranges und zum süddeutschen Hauptwaffenplatz mit verschanztem Lager erhoben[13] und Rastatt als Grenz- und Verbindungsfestung (zwischen Landau/Germersheim und Ulm) befestigt. In Rastatt sollte darüber hinaus auch das VIII. Bundesarmeekorps aufgestellt werden[14]. Die Befestigungsweise und die Artilleriedotation waren möglichst einfach zu halten[15]. Das so eingesparte Geld konnte in den Ausbau von verschanzten Lagern um beide Festungen und eventuell in Sperrforts an den Schwarzwaldpässen investiert werden. Die Bundesversammlung richtete einen Baufonds für das Geld ein, in den die zusätzlich erhobenen Matrikularbeiträge der einzelnen Staaten einfließen sollten. Der Bau sollte an beiden Orten zu gleicher Zeit beginnen und *in thunlichst kurzer Zeit zu Ende geführt werden*[16].

Der Bau der Bundesfestungen Ulm und Rastatt stand unter der Aufsicht der Militärkommission, die die Befestigungspläne und Artillerie-Dotationsentwürfe genehmigte. Die Leitung des eigentlichen Festungsbaus oblag den von Württemberg und Bayern gestellten Festungsbaudirektoren. Österreich stellte den Artillerie-Ausrüstungsdirektor. Weil Württemberg über kein eigenes Ingenieur-Korps verfügte, erbat sich das Königlich Württembergische Kriegsministerium Unterstützung aus Preußen. Der preußische Ingenieur-Major von Prittwitz und Gaffron wurde daraufhin als Territorialbevollmächtigter für den Festungsbau in württembergische Dienste abkommandiert[17].

Die Prittwitz'schen Denkschriften

Major von Prittwitz erhielt unmittelbar nach seiner Ernennung zum Festungs-

---

[10] Vgl. StadtA Ulm C 10 Akten 1: Graf (wie Anm. 4).

[11] Vgl. HStA München MA 24088, MA 24089 und MA 24090.

[12] Vgl. Separatprotokoll der 7. Sitzung der Bundesversammlung vom 26.03.1841. In: Protokolle der Deutschen Bundesversammlung vom Jahre 1841. Frankfurt 1841. S. 181f–181h.

[13] Im Generalentwurf der Militärkommission wird Ulm auch als "Centralfestung" bezeichnet, was die Bedeutung des Bauprojektes noch unterstreicht.

[14] Als Aufstellungsort des VIII. Armeekorps wurde in neueren Publikationen fälschlicherweise immer wieder Ulm genannt.

[15] In den älteren übernommenen Festungen herrschte oftmals eine große Vielzahl an unterschiedlichen Geschütztypen, deren Munition selten kompatibel war und eine noch größere Menge an Geschützzubehör erforderte – von der differierenden Bedienung ganz abgesehen. Als Beispiel kann hier die Geschützausrüstung der Bastionärbefestigung Ulms von 1772 gelten. Vgl. StadtA Ulm C 10 Akten 1: Graf (wie Anm. 4). Zu den Verhältnissen in Preußen vgl. Hermann von *Müller*: Die Entwickelung der preußischen Festungs- und Belagerungs-Artillerie in Bezug auf Material, Organisation und Ausbildung von 1815–1875. Berlin 1876. S. 5ff.

[16] Separatprotokoll der 7. Sitzung der Bundesversammlung (wie Anm. 12) S. 181h.

[17] Vgl. StadtA Ulm C 10 Akten 1: Graf (wie Anm. 4).

baudirektor 1841 von der Militärkommission den Auftrag, die bislang ausgearbeiteten Entwürfe der ersten beiden Lokalkommissionen zu sichten und einen generellen Befestigungsentwurf aufzustellen. In dieser ersten Denkschrift vom 25. Juni 1841[18] erkannte Prittwitz die wichtigsten Geländepunkte für Festungswerke nach den Projekten von 1819 bzw. 1822 an, verwarf aber die vorgeschlagene Ausführung der Anlagen. Sie waren für ihn zu zergliedert, zu unübersichtlich, zu schwer zu verteidigen und atmeten – da stimmte er den Worten des bayerischen General von Baur zu – einen *passive*[n] *Geist*[19].

Auch Prittwitz sah im Michelsberg die Zentralposition von Ulm, die über den Kienles- und Gaisenberg mit der Donau verbunden werden müsste – jedoch ohne die *Ruinen*[20] der alten Stadtbefestigung mitzuverwenden. Die Mauerzüge sollten vielmehr weit über diese hinausgreifen: Die westliche Umwallung führte vom Kienlesberg gerade nach der Flèche in der Blauniederung und von dort rechtwinklig zur Donau. *Ebenso verlief die östliche Umwallung senkrecht vom Gaisenberg zur Donau. Durch diese Anordnung wäre nicht allein die Vertheidigungsfähigkeit der beiden Linien keineswegs beeinträchtigt, dem Mangel eines beschränkten inneren Raumes u. einer bequemen Communikation hinter den alten Bastionen abgeholfen, sondern es würden auch die Kosten wegen der Verlegung der nicht verlängerten Befestigung auf ein weniger werthvolles Terrain wesentlich vermindert [...] werden*[21]. Doch Prittwitz dachte auch an die Ausdehnung der Stadt, die genau hier im sog. "Boden" stattfand.

Die Befestigung des Unteren Kuhberges und der Albecker Steige waren bereits seit der ersten Lokalkommission unstrittig. Anders sah es hingegen mit den Anlagen auf dem Eselsberg und dem Oberen Kuhberg aus. Beide Lokalkommissionen hatten aufgrund der großen Entfernung auf deren Befestigung verzichtet. Prittwitz hingegen erkannte die Bedeutung des Unteren Eselsbergs für den Nordwestabschnitt der Festung. Ohne dessen Sicherung wären das tief eingeschnittene Lehrer- und Ruhetal nicht einsehbar und damit ein Risikofaktor in der Flanke der Zitadelle auf dem Michelsberg gewesen. Den Oberen Kuhberg und Oberen Eselsberg sah er dagegen als nicht entscheidend für Offensivbewegungen an: zu weit von der Umwallung und den nächstgelegenen Werken entfernt wären seiner Meinung nach diese Forts bald an den Feind gefallen[22]. Gleichzeitig bedingte der Wegfall der Oberen Eselsberg-Befestigung aber den starken Ausbau des Forts auf dem Unteren Eselsberg[23]. Zur Verbindung dieses Forts mit der Zitadelle diente ein Geschützturm über den Ruhetal.

Für Neu-Ulm stimmte Prittwitz den Forderungen der ersten Lokalkommission nach einem größeren Brückenkopf zu. Doch statt mehr oder minder direkt vor der Umwallung liegender Schanzen schlug er eine förmliche Umwallung vor,

---

[18] Vgl. StadtA Ulm C 10 Akten 30/1: Prittwitz, Bericht (wie Anm. 9).
[19] StadtA Ulm C 10 Akten 1: Graf (wie Anm. 4).
[20] StadtA Ulm C 10 Akten 30/1: Prittwitz, Bericht (wie Anm. 9).
[21] StadtA Ulm C 10 Akten 1: Graf (wie Anm. 4). Tatsächlich wurde das Gelände der ehemaligen Bastionärbefestigung seit der Schleifung der Anlagen zwischen 1801 und 1804 als Gärten genutzt – als solche lagen sie sehr nahe zur Stadt und hätten besonders teuer angekauft werden müssen. Der entstandene größere Innenraum der Festung zwischen der Michelsbergposition und Stadt konnte hingegen zur Errichtung von Kasernen, Dotierungsgebäuden und Magazinen verwendet werden.
[22] Vgl. StadtA Ulm C 10 Akten 30/1: Prittwitz, Bericht (wie Anm. 9).
[23] Prittwitz rechnete also tatsächlich mit einem – zumindest unterstützenden – (Neben-)Angriff vom Oberen auf den Unteren Eselsberg, um von dort aus einen Hauptangriff auf die Zitadelle flankieren zu können.

die von einem Fortgürtel umgeben war. Nur aus einem größeren Brückenkopf konnten "schlagfertige Abteilungen" ausbrechen und so dem Zentralwaffenplatz Ulm Bedeutung verleihen. Unterstützung erhielt der Brückenkopf durch die donauaufwärts und -abwärts vorkragende Hauptumwallung auf Ulmer Seite sowie durch ein Werk in der Friedrichsau. Dieses schützte zugleich die dortige untere Umwallung gegen Angriffe von der Albecker Steige her.

Prittwitz äußerte sich in Hinblick auf die Funktion Ulms als doppeltem Brückenkopf noch weiter: Er wollte nicht nur die Donaubrücke, sondern auch den Illerübergang sichern. Dazu schlug er eine Befestigung des südwestlich gelegenen Wiblingens vor. Die Ableitung der Iller in die Nähe der Festung hielt er dagegen für wenig sinnvoll[24].

Das verschanzte Lager – unterschiedliche Ansichtsweisen

Um ein großes Heer unter ihren Wällen aufnehmen zu können, dieses auszurüsten und nach eventuell verlorener Feldschlacht wieder zu sammeln, erhielten Ulm und Rastatt verschanzte Lager. Für Ulm bedeutete dies neben der Errichtung von Kasernen, Lazaretten und Magazinen für Kriegsvorräte auch die Einplanung ausreichender Platzreserven für die lagermäßige Unterkunft der Soldaten in Zelten. Da sich hier sämtliche Streitkräfte Süddeutschlands versammeln sollten, rechnete man in der Militärkommission mit einer Armee von mindestens 100.000 Mann. Diese gewaltige Truppenmasse konnte nicht mehr in dem Raum innerhalb der Hauptumfassung aufgenommen werden, sondern musste davor – aber innerhalb des Fortgürtels – biwakieren. Um nun noch die Truppen für Ausfälle entwickeln (also formieren) zu können, hielt die Kommission den Raum zwischen Unterem Kuhberg, Michelsberg und Albecker Steige für viel zu beschränkt. Auch die vorhandenen engen Defileen des Brückenkopfes, wie er von den ersten beiden Lokalkommissionen vorgesehen war, reichten für Offensivbewegungen großen Stils nicht aus[25]. Abhilfe konnte nur ein weites Vorschieben des Fortgürtels schaffen. Dabei wurde die Linie Oberer Kuhberg – Anhöhe nördlich von Söflingen – Unterer und Oberer Eselsberg vorgeschlagen, die mit permanenten Forts zu besetzen war. Auf dem rechten Ufer sollte ein geräumiger Brückenkopf mit sechs vorgeschobenen Werken entstehen – also ein weiteres verschanztes Lager. Passagere Festungswerke im Sinne von Schanzen und Verbindungslinien in Erde – im Kriegsfall von Truppen in aller Eile aufgeworfen – hielt man für zu wenig widerstandsfähig und zu wenig verlässlich. Und ohne derartige Stützpunkte war schon gar nicht an eine kräftige Verteidigung gegen einen *mächtigen Feind* zu denken[26]. Dieses verschanzte Lager stellte demnach zugleich gesicherten La-

---

[24] *Hinsichtlich des Punktes Wiblingen und des anschließenden Terrain-Abschnittes zwischen Iller und Donau wird der Besitz von Wiblingen zum Zweck der höchst wünschenswerthen Einwirkung auf das Terrain zwischen Iller und Donau für nothwendig angesehen, darum seine Besatzung im Kriegsfalle neben einer gesicherten Verbindung mit Neu-Ulm und eventuell eine Bewässerung des Terrains vor Neu-Ulm durch entsprechende Vorrichtungen an den Brücken* [Inundation des Vorfeldes, ähnlich bewerkstelligt wie an den Durchgängen der Blau durch die westliche Hauptumwallung von Ulm; M. T.] *über die Iller und Donau in Aussicht genommen, eine Ableitung der Iller aber nach dem Warmen Wässerle für eine zwecklose Maßregel erklärt.* StadtA Ulm C 10 Akten 1: Graf (wie Anm. 4).

[25] Vgl. StadtA Ulm C 10 Akten 30/1: Prittwitz, Bericht (wie Anm. 9).

[26] Vgl. Denkschrift über die Festungsbauten von Ulm und Rastatt. Beilage 1 zu dem Separatprotokoll der 11. Sitzung der Deutschen Bundesversammlung. In: Protokolle der Deutschen Bundesversammlung vom

gerplatz wie vorbereitetes Schlachtfeld für offensive Operationen dar. Es diente nur dem Schutz der in ihm untergebrachten Truppen, aber nicht der eigentlichen fortifikatorischen Verteidigung der Festung Ulm[27]. Doch dieses verschanzte Lager war der Grund, *um dessentwillen eigentlich der Platz soll befestigt werden*[28]. Die Militärkommission präzisierte nochmals in ihrem Bericht vom 13. Juni 1842, nach dem *das Lager nicht eine Zugabe zu der Festung [sei], sondern umgekehrt vielmehr [...] das ist, was in Verbindung mit der Lage des Platzes die Festung zum Hauptwaffenplatze macht*[29].

In seiner zweiten Denkschrift an die Militärkommission führte von Prittwitz am 6. August 1841 näher aus, welche Punkte des verschanzten Lagers seiner Meinung nach von Bedeutung waren[30]. Damit widersprach er z. T. deutlich der Mehrheit in der Militärkommission[31]. So lehnte Prittwitz die Anlage eines Lagers auf dem rechten Donauufer grundweg ab. Hier seien die Truppen nicht genügend geschützt, ein weiteres Vorschieben der Forts also unnötig. Was das linke Ufer betraf, warnte er eindringlich vor einer Befestigung des Oberen Eselsberges. Diese bedeutende Vergrößerung des Lagers um etwa eine deutsche Meile brächte keine Vorteile. Es würde vollkommen ausreichen, das verschanzte Lager innerhalb der Linie Oberer Kuhberg – Söflingen – Unterer Eselsberg zu errichten. Der Obere Kuhberg könne als Schutz der neuen Donaubrücke dienen, die zugleich als Stauwehr für die Überschwemmung des Donautals verwendet werden könnte. Ebenso sei der Obere Kuhberg als Debouché aus dem Lager auf das Hochsträß von Nutzen. Den Oberen Eselsberg hingegen wollte Prittwitz höchstens durch passagere Schanzen verteidigen; die Höhe stelle keine Schwächung der Befestigung oder des Lagers dar. Letztendlich – so Prittwitz – sei aber die Frage, ob das verschanzte Lager permanent oder passager zu befestigen sei, vor allem eine Finanzfrage[32].

Von der Genehmigung der Grundlinien der Befestigung bis zum Baubeginn

In ihrer 21. Sitzung vom 11. August 1842 beschloss die Bundesversammlung, die von der Militärkommission vorgeschlagenen Grundlinien der Befestigung von Ulm und Rastatt anzunehmen. Gleichzeitig setzte sie für Ulm als maximale Bausumme 17½ Millionen Gulden fest, die nicht überschritten werden durfte. Die Maximalsumme hatte die Militärkommission festgesetzt – allerdings nur approximativ. Die Zahlen beruhten zum einen auf den früher ausgearbeiteten Befestigungsentwürfen der beiden Lokalkommissionen, zum anderen aber auf den Ko-

Jahre 1853. Frankfurt 1853. S. 7.

[27] *Ebda.*, S. 7.

[28] *Ebda.*, S. 8.

[29] Vgl. den Bericht der Militärcommission vom 13. Junius 1842, enthaltend ihre Anträge für die Grundlinien der Befestigung von Ulm und Rastatt, und für den Beginn und Betrieb des Baues beider Festungen. In: Protokolle der Militärcommission der teutschen Bundesversammlung vom Jahre 1842/43. Frankfurt 1843. S. 20.

[30] Vgl. StadtA Ulm C 10 Akten 30/1: Moritz von Prittwitz: Zweites Promemoire über die Befestigung von Ulm.

[31] Sowohl die Militärbevollmächtigten Österreichs, Preußens und Bayerns als auch diejenigen des 9. und 10. Armeekorps stimmten für eine große Lagerfestung inklusive Oberem Eselsberg und verschanztem Lager auf beiden Ufern. Nur der Bevollmächtigte des 8. Armeekorps, Generalleutnant Frhr. von Weyhers, sprach sich deutlich gegen diese Punkte aus.

[32] Vgl. StadtA Ulm C 10 Akten 30/1: Prittwitz, Promemoire (wie Anm. 30).

sten für Befestigungsarbeiten in Mainz[33]. Diese Berechnungen wurden zu einem Zeitpunkt vorgenommen, wo weder ein ausgearbeiteter Befestigungsentwurf noch ein dazugehöriger aktueller Kostenanschlag der Festungsbaudirektoren vorlag. Darüber hinaus wurden als exakte Kosten die Summe von 17.976.000 Gulden errechnet (einschließlich Grunderwerb, Bauführungskosten und Artillerieausrüstung); die Bundesversammlung strich aber von dieser Summe von vornherein 476.000 Gulden. Die Militärkommission nahm an, *dass man mit Recht voraussetzen* [könne], *dass die Festungsbau-Direction fortwährend aufs sorgsamste werde bedacht und bemüht seyn, durch Einfachheit in der Sache und Wirthschaftlichkeit in dem Betriebe jede mögliche Kostenverminderung zu erwirken*[34].

Verteilung der für die einzelnen Festungsabschnitte vorgesehenen Gelder

Innere Werke der eigentlichen Festung		
Werke des Michels-, Kienles- und Gaisenberges inkl. Kehlabschluss		2.400.000 fl.
Westliche Stadtfronten		2.400.000 fl.
Östliche Stadtfronten		800.000 fl.
Hauptumfassung von Neu-Ulm		2.500.000 fl.
	Summe	**8.500.000 fl.**
Detachierte Werke der eigentlichen Festung		
Turm auf dem Galgenberg		60.000 fl.
Fort auf dem Unteren Kuhberg		700.000 fl.
Turm auf dem Michelsberg		80.000 fl.
Fort auf der Albecker Steige inkl. Turm rechts		700.000 fl.
Turm vor der Friedrichsau		80.000 fl.
6 detachierte Vorwerke auf dem rechten Donauufer		930.000 fl.
	Summe	**2.550.000 fl.**
Feste Punkte des verschanzten Lagers		
Fort auf dem Oberen Kuhberg		300.000 fl.
Turm bei Söflingen		80.000 fl.
Fort auf dem Unteren Eselsberg		150.000 fl.
Fort auf dem Oberen Eselsberg (westlich)		300.000 fl.
Turm auf dem Oberen Eselsberg (östlich)		80.000 fl.
	Summe	**910.000 fl.**
Dotierungsgebäude, Spital, Zeughaus etc.		840.000 fl.
Pulvermagazine, Wasserleitung		360.000 fl.
Utensilien- und Bauführungskosten		658.000 fl.
Grunderwerb		1.000.000 fl.
Artillerieausrüstung		2.500.000 fl.
Extraordinarien		658.000 fl.
	Gesamtsumme	**17.976.000 fl.**

Prittwitz' Aufgabe bestand nun darin, eine Festung zu bauen, deren Hauptidee

[33] Vgl. Protokolle der Militärcommission der teutschen Bundesversammlung vom Jahre 1842/43. Frankfurt 1843. S. 18.
[34] *Ebda.*, S. 20.

als Zentralwaffenplatz zum Ausdruck kommen musste und deren Baukosten zugleich die Maximalsumme nicht überschreiten durften.

Die Organisation des Ulmer Festungsbaues

Durch Übereinkunft vom 6. Februar 1842 zwischen Württemberg und Bayern stellten beide Staaten eine gemeinschaftliche Festungsbaudirektion. Deren Mitglieder waren Major von Prittwitz[35] für das linke und Major von Herdegen[36] für das rechte Donauufer. Beide Direktoren wurden auf den Deutschen Bund vereidigt, dessen Militärkommission sie sich *hinsichtlich der Einleitung, Ausführung, Unterlassung oder des Umfanges des Festungsbaues* verantwortlich zeichneten[37]. Die Baudirektoren bearbeiteten völlig selbständig voneinander die Detailprojekte für die Befestigungen. Um Differenzen in der Ausführung entgegenzuwirken, stand jeweils einer der beiden für 4 Monate der Festungsbaudirektion vor, koordinierte die gemeinsamen Ausführungen, beaufsichtigte die Baukasse und vertrat die Leitung gegenüber der Militärkommission und der Bundesversammlung[38]. Die Baukasse selbst bestand aus zwei getrennten Kassen für beide Ufer. Die Militärkommission überwies auf Antrag der Festungsbaudirektion monatlich Baugelder nach Ulm. Nach der Instruktion der Militärkommission vom 4. Dezember 1841 durften die an einem Festungswerk eingesparten Gelder auch auf andere, einen größeren Aufwand erfordernden Bauwerke übertragen werden. Jedoch legte das bayerische Kriegsministerium in einem Schreiben an Ingenieurmajor Herdegen vom 28. Juni 1842 die Auslegung dieser Bestimmung fest: Demnach durften für das rechte Ufer bestimmte Summen unter keinen Umständen für das linke Ufer verwendet werden[39].

Die Ausführung des Festungsbaus von 1842 bis 1848 auf dem linken Donauufer

In ihrer Instruktion vom 13. Juni 1842 legte die Militärkommission der Festungsbaudirektion die Grundlinien der Befestigung dar. Sie ordnete gleichzeitig an, mit den nötigen Vorarbeiten und Vorbereitungen zu beginnen, um keine Zeit mehr zu verlieren. Prittwitz sollte einen Hauptbefestigungsentwurf und einen allgemeinen Kostenvoranschlag an die Militärkommission zur Genehmigung vorlegen. Diese Instruktion enthielt auch detaillierte Angaben zur Ausführung: So bestimmte sie z. B. die Höhe der Escarpenmauern der wichtigeren Werke der Hauptumfassung

---

35 Die Ernennung von Prittwitz zum Festungsbaudirektor wurde der Bundesversammlung am 21.7.1841 zur Kenntnis gebracht; vgl. StadtA Ulm C 10 Akten 44.

36 Ingenieurmajor von Herdegen erhielt seine Ernennungsurkunde zum bayerischen Baudirektor am 13.8.1841; vgl. StadtA Ulm C 10 Akten 45.

37 Vgl. Entwurf zu einem Reglement für den Geschäftsgang und die Ausführungen bei dem Baue der Bundesfestungen. Beilage zur 223. Sitzung der Militärcommission vom 5.7.1842. In: Protokolle der Militärcommission (wie Anm. 33) S. 6445ff.

38 Vgl. Uebereinkunft über die Constituirung einer Festungsbau-Commission für die Bauführung von Ulm [...]; d.d. Stuttgart den 6.2.1842. In: Protokolle der Deutschen Bundesversammlung vom Jahre 1842. Frankfurt 1842. S. 116c ff.

39 Vgl. HStA München Kriegsarchiv C I–III, 196 a5, III. Abschnitt: Schreiben der Kriegs-Ministeriums an den königlichen Festungsbaudirector, Ingenieur-Major Friedrich Herdegen vom 28.6.1842, Nr. 5974.

auf 24 Fuß[40], sonst auf 22 Fuß[41].

Doch statt einem Hauptbefestigungsentwurf legte Prittwitz am 4. August 1842 nur ein Befestigungsprojekt für den Michels-, Kienles- und Gaisenberg vor – ohne Kostenberechnung. In seinem erläuternden Bericht erklärte er, die Kosten nicht abschätzen zu können, ohne dass bei dem schwierigen Terrain wirklich gearbeitet werde. Es sei nicht bekannt, in welcher Tiefe sich der Felsgrund befinde, ob der Jurakalk für den Festungsbau benutzbar sei und ob abgesprengte Felswände[42] ohne Verkleidung stehen bleiben könnten[43]. Die Escarpenhöhe gab er durchgehend mit 33 Fuß an[44].

Die Festungsbaudirektion unter Major Herdegen hatte sich gegen die instruktionswidrige Ablieferung des unvollständigen Befestigungsentwurfs verwahrt. Die Militärkommission sah es Prittwitz jedoch nach und bemerkte lediglich, dass dieses Teilstück des Entwurfes keinerlei Beurteilung der Gesamtbefestigung zulasse. Außerdem sei ohne einen Voranschlag nicht zu erkennen, ob die festgesetzte Bausumme ausreichen würde. Sie erkannte aber die besondere Geschicklichkeit der Entwurfsbearbeitung an und erklärte sich im Allgemeinen damit einverstanden, mit dem Hauptwerk der Festung, der Wilhelmsburg, zu beginnen. Diese offensichtlichen Mängel der Prittwtz'schen Planung mögen wohl schon deswegen in den Hintergrund getreten sein, weil man in der Militärkommission erleichtert über den unmittelbar bevorstehenden Baubeginn war[45]. Eigentlich hätte der Festungsbau schon einige Monate früher anfangen sollen, um einer Forderung der Bundesversammlung nachzukommen[46].

Am 24. August 1842 legte die Festungsbaudirektion die geforderte vorläufige Kostenberechnung vor, allerdings nur für die Befestigungen des Michels-, Kienles- und Gaisenberges. Die Zahlen beruhten dabei auf in anderen Städten ausgeführten Festungsanlagen wie z. B. Posen, Mainz oder Nowo Georgiewsk. Nach diesen Angaben kam man zu dem Ergebnis, dass die Befestigung der drei Berge mindestens 2.943.450 und höchstens 4.513.290 Gulden erfordern würde. Die Militärkommission erklärte sich erwartungsgemäß mit einer derart ungenauen Angabe nicht einverstanden, da *es keiner Auseinandersetzung bedarf, wie wenig Kostenberechnungen dieser Art geeignet seyn können, einen irgend zuverlässigen Anhalt zu gewähren*[47]. Es wäre ihr nicht möglich, weiter auf Prittwitz' Ausarbeitungen einzugehen, solange diese unvollständig seien und sich die Festungsbaudirektion rechten Ufers dagegen ausspreche. Dennoch genehmigte sie den Bau der Wilhelmsburg, damit in diesem Jahr wenigstens mit einem Festungswerk begonnen werde. Die Militärkommission erhoffte sich von den Ergebnissen der Ausschachtungen nähere Erkenntnisse über den Baugrund, damit Prittwitz eine verlässliche Kostenberechnung vorlegen könne. Sie wies aber neuerlich darauf

[40] 24 Pariser Fuß entsprachen etwa 8 Metern.
[41] Vgl. Denkschrift über die Festungsbauten (wie Anm. 26) S. 12.
[42] Gemeint sind hier die Grabenwände auf Escarpen- und Contrescarpenseite.
[43] Vgl. Protokolle der Militärcommission (wie Anm. 33) S. 6477–6478.
[44] Prittwitz führte als Vorteil an, dass durch tiefere Gräben mehr Steine zum Bau gefördert werden könnten. Gleichzeitig erhöhte sich die Sturmfreiheit bedeutend.
[45] Vgl. Separat-Protokoll der außerordentlichen Sitzung der Militärcommission vom 1.9.1842. In: Protokolle der Militärcommission (wie Anm. 33) S. 6.
[46] Vgl. Separat-Protokoll der 21. Sitzung der Deutschen Bundesversammlung vom 11.8.1842. In: Protokolle der Deutschen Bundesversammlung vom Jahre 1842 S. 408b.
[47] Denkschrift über die Festungsbauten (wie Anm. 26) S. 13.

hin, dass die präliminierte Summe nicht überschritten werden dürfe, anderenfalls der gesamte Hauptbefestigungsentwurf zu modifizieren sei.

Am 18. Oktober 1842, dem Jahrestag der Völkerschlacht bei Leipzig, fand auf dem Gelände der Wilhelmsburg der erste Spatenstich statt[48]. Während die ersten Trace- und Aushubarbeiten begannen, erfolgte im Spätherbst die erste Inspizierung der jungen Festung durch den österreichischen Generalmajor Freiherr von Rodiczky. Der Festungsbaudirektor linken Ufers erklärte neuerlich, dass er keine sicheren Kostenanschläge vorlegen könne – die Arbeiter seien bislang noch nicht auf Felsen gestoßen. Um allen Eventualitäten vorzubeugen, schlug Rodiczky die Reduktion von Mauer- und Gewölbestärken vor, was die Zustimmung der Militärkommission fand[49].

Prittwitz legte am 15. Dezember 1842 drei Entwürfe der Befestigungen des linken Ufers ohne Lagerwerke sowie die allgemeine Baudisposition und einen allgemeinen Kostenschlag vor. Darin berechnete er die Gesamtkosten auf mindestens 7.620.000 Gulden. Die Maximalsumme allerdings setzte er auf 10.207.845 Gulden fest – eine deutliche Überschreitung des genehmigten Betrages von 8.550.000 Gulden. Durch Erlass vom 22. Dezember 1842 genehmigte die Militärkommission trotzdem die Ausführung der Festungsanlagen auf dem Michels-, Kienles- und Gaisenberg in der ganzen Ausdehnung unter der Auflage, Reduktionen vorzunehmen. Wieder machte sie Prittwitz darauf aufmerksam, endlich einen genauen Kostenanschlag vorzulegen. Jetzt erst, im Winter 1842/43 arbeitete dieser an neuen Berechnungen und legte sie zusammen mit völlig neu bearbeiteten Befestigungsprojekten am 13. Juli 1843 in Frankfurt vor[50].

Die nun vorgelegten umgearbeiteten Entwürfe umfassten abermals nur einen Teil des gesamten Befestigungsprojekts, nämlich die gesamte Stadtbefestigung[51] mit den Bergfronten und der Wilhelmsfeste. Prittwitz hatte diesmal drei unterschiedliche Kostenberechnungen ausgearbeitet, die vorsichtshalber aus einem Minimal-, einem mitttleren und einem Höchstpreis für die Ausführung bestanden. Er machte diese Kosten von der Nutzbarkeit des auf den Bergfronten geförderten Süßwasserkalkes abhängig.

Kosten für die Hauptumfassung linken Ufers exkl. Blauflèche[52]:

Minimalpreis	6.219.889	Gulden	
Mittlerer Preis	6.974.065	"	
Höchstpreis	7.337.618	"	
(Festgelegte Bausumme der Militärkommission:	6.600.000	"	!)

Beim Minimalpreis ging er davon aus, dass sämtlicher vorgefundener Kalk als Baumaterial völlig brauchbar und frostbeständig sei. Der mittlere Preis setzte voraus, dass sich mindestens ein großer Teil als brauchbar erwies. In letzterem Fall

48 Beginn der Erdarbeiten mit 50 Mann. Vgl. HStA München Kriegsarchiv A XXI 140.

49 Vgl. Denkschrift über die Festungsbauten (wie Anm. 26) S. 13.

50 Die Allgemeine Baudisposition, also die beabsichtigte Baureihenfolge inklusive gerundeten jährlichen Gelderfordernissen, wurde in der Bundesversammlung bereits am 16.3.1843 beraten – mit z. T. fiktiven Zahlen!

51 Mit Ausnahme der Blauflèche, für die der endgültige Entwurf erst später erfolgen sollte. Zwar arbeitete Prittwitz bereits im Oktober 1842 und Juni 1843 zwei Entwürfe aus, wollte sich aber wegen dieses Werkes noch nicht festlegen, da es ohnehin nur zu den vorgeschobenen Werken der Hauptumfassung zählte.

52 Vgl. Denkschrift über die Festungsbauten (wie Anm. 26) S. 14.

konnte das Kalkgestein aus den Gräben allenfalls zum Hintermauern, als Steinpackung oder als Zementzusatz verwendet werden. Dann wäre der Ankauf von haltbarem Steinmaterial aus externen Brüchen notwendig geworden. Prittwitz erhoffte, in größerer Tiefe bessere Steine zu finden, doch mussten erst Versuche zeigen, ob diese winterfest waren. Diese Versuche fanden im Laufe des Jahres 1843 an der Contrescarpe der Front der Wilhelmsburg und im Bereich der Wilhelmsfeste statt[53].

Der umgearbeitete Entwurf erhielt die Genehmigung der Militärkommission, abermals mit dem Hinweis, die für diese Werke genehmigten Gelder von 6.600.000 Gulden nicht zu überschreiten. Damit konnten die Expropriationen (Grunderwerb) und die Bauarbeiten der restlichen Stadtbefestigung beginnen. Ein Hauptbefestigungsentwurf mit Kostenanschlag fehlte jedoch weiterhin[54].

Bauten der ersten Bauphase (1842–1846) und Charakteristik der Festungswerke

In den Jahren 1843 und 1844 begannen nun nahezu an allen Punkten der Hauptumfassung linken Ufers die Aushubarbeiten[55]. Die geplanten Anlagen bestanden durchweg aus starken Kernwerken, die mittels schwächeren Courtinen verbunden waren. Kasemattengalerien und z. T. gewaltige Reduits verstärkten die Kernwerke der Bergbefestigung, deren Zentralwerk, die Wilhelmsburg, die Festung und die Stadt dominierte. Die vorgelagerte Wilhelmsfeste und die beiden Bergfronten besaßen starke Caponnieren zur Grabenflankierung, tiefe Gräben mit gemauerten Grabenwänden und frei stehende krenelierte Bogenmauern. In den Saillants der Werke lagen große Wurfbatterien für bis zu 10 Mörser (Nordfront der Wilhelmsfeste). In der Ebene traten vor allem die Kernwerke heraus. Im Gegensatz zum ersten Entwurf vom Juli 1842 hatte Prittwitz die Tiefe der Kernwerke der Stadtfronten reduziert und die langen Dechargengalerien weggelassen. Statt dessen übernahmen jetzt Caponnieren die Grabenflankierung. Im Hof der Werke sah er weiterhin relativ große Reduits vor[56]. Vor den Festungstoren der westlichen Stadtfront befanden sich nahezu rechtwinklige Ravelins zu deren Deckung und zur Flankierung des Vorterrains. Die Blauniederung wurde zur Überflutung vorbereitet und in diese Inundation ein vorgeschobenes Werk gelegt. Diese Blauflèche bestrich die unter Wasser setzbare Ebene vom Kienlesberg bis fast zum Galgenberg vom Wall und aus ihren Kasematten heraus.

---

[53] Vgl. StadtA Ulm, C 10 Akten 34 S. 3: Zweiter Jahresbericht der Militärcommission in Betreff der Erbauung der Bundesfestungen Ulm und Rastatt und der Artillerieausrüstung derselben. Bericht vom 18.3.1844 über die betreffenden Einleitungen und Ausführungen des Jahres 1843. – Zeitgleich arbeiteten die Gebrüder Leube eine Untersuchung über die Verwendbarkeit des Steinmaterials um Ulm aus, die sie gegen Ende 1843 fertig stellten. Diese geologische Untersuchung gehört zu den ersten wissenschaftlichen Erforschungen des Ulmer Untergrundes. Mit großer Sicherheit wurde sie von der Festungsbaudirektion in Auftrag gegeben. Vgl. Wilhelm *Leube*/Gustav *Leube*: Untersuchungen über das mineralische Material der Umgegend von Ulm und insbesondere seiner Bedeutung für den Festungsbau. Ulm 1843.

[54] Vgl. Denkschrift über die Festungsbauten (wie Anm. 26) S. 14.

[55] Vgl. StadtA Ulm C 10 Akten 5. Militär-Baugeschichte der Festung Ulm. 2. Spezialgeschichte der einzelnen zur Ausführung gekommenen Bauten linken Ufers von 1842 bis 1874. Wegen fehlender Expropriation konnte erst ab 1845 mit dem Bau der Unteren Stadtbefestigung begonnen werden.

[56] Eine Ausnahme stellte das Reduit der Mittelbastion dar, dass entgegen den ersten Planungen von einem Defensivgebäude auf einen kleinen kasemattierten Turm reduziert worden war. Vgl. hierzu die Pläne im Stadtarchiv Ulm vom Juli 1842 und April 1844; StadtA Ulm C 10 Pläne 107, 108 und 110.

Der Fortgürtel der ersten Planung sah starke Forts auf dem Unteren Kuhberg und der Albecker Steige vor. Sie entsprachen in ihrer sehr langen Ausdehnung und Stärke den Kernwerken der Bergfronten. Die Reduits stellten eigentlich kleine selbständige Forts in den Forts dar, denn sie bestanden aus einem eigenen Wall mit Wurfbatterie, Schartenmauer und davorliegendem sturmfreiem Graben. Zu beiden Seiten des inneren Walles lagen längliche Reduits zur Flankierung des inneren Grabens und Beschießung des äußeren Werkshofes bei eingedrungenem Gegner[57]. Die anderen Forts waren zwar weniger groß, dafür kräftig gehalten mit starken Reduits. Zwischen den größeren und kleineren Forts lagen einzelne Montalembert'sche Türme ohne Wallanlagen.

Insgesamt zeichnete sich dieser Befestigungsentwurf durch seine Ebenmäßigkeit und Klarheit aus – ganz im Gegensatz zu den ersten beiden Entwürfen der Lokalkommission von 1819/20 und 1822/23. Die Militärkommission hatte dies gegenüber der Festungsbaudirektion lobend hervorgehoben. Die stark profilierten Anlagen mit kraftvoller Bestreichung stellten für einen Angreifer ein bedeutendes Hindernis dar. Selbst wenn er den Wall überwunden hätte, wäre die Festung ohne weitere Probleme aus den umfangreichen Reduits heraus mit Kanonen- und Gewehrfeuer zu verteidigen gewesen. In dieser Beziehung weist Ulm gewisse Parallelen zur Festung Posen auf, deren Anlagen vor allem durch ihre reduitartigen Caponnieren dominiert wurden[58]. In der großzügigen Anwendung von Mauerbauten lag aber der Schlüssel zu den im Laufe der Zeit sich immer mehr herausschälenden Problemen beim Festungsbau linken Ufers[59]. Sie gefährdeten mehr als einmal die Finanzierung und schließlich die Fertigstellung der Ulmer Festung überhaupt.

Durch die vermehrten Grabenaushebungen und das Aufführen der ersten Mauerzüge ergab sich im Verlauf der ersten Jahre bis 1845 ein vorläufiges Bild von der Nutzbarkeit des angetroffenen Jurakalks für Mauerbauten. Weniger positiv waren die Ergebnisse bei den Erdanschüttungen auf den Bergfronten. Hier kam es ab 1843 zu regelmäßigen Wallabrutschungen, so z. B. 1844 an der Oberen Gaisenbergbastion, 1845 im unteren Abschnitt der Anschlusslinie XVIII und im rechten Schulterpunkt der Unteren Gaisenbergbastion[60]. Der Festungsbaudirektor hatte nun aus diesen Erfahrungen Schlüsse zu ziehen.

Prittwitz legte aufgrund dessen am 15. August 1845 die ausstehende Kostenberechnung des ganzen Entwurfes vor, wobei er ein Defizit von 1.643.320 Gulden feststellte[61]. Dass an der Richtigkeit dieser Angaben nach drei Jahren Bautätigkeit keinerlei Zweifel bestand, war auch der Militärkommission klar geworden. Gleichzeitig zeigte Prittwitz verschiedene Reduktionsvorschläge für die noch nicht begonnenen Anlagen auf. Diese erstreckten sich auf Verminderung der Escarpenhöhen bei weniger gefährdeten Abschnitten, Verkleinerung von Reduits (Forts Oberer Kuhberg, Unterer Eselsberg, Avancé vor der Wilhelmsfeste, Kienlesbergbastion, Untere Gaisenbergbastion, Untere Donaubastion), Verkleinerung

[57] Vgl. GStA PK Berlin, Plansammlung des Kriegsministeriums, Plan A 71.524.

[58] In Posen gab es allerdings keine Kernwerke – von der Zitadelle (Fort Winiary), der Dombefestigung und der Fort-Befestigung an der Ostfront (Fort Prittwitz, Lünette Aster und Fort Rauch) abgesehen. Vgl. *Müller* (wie Anm. 8) S. 72.

[59] Zur Bedeutung zahlreicher Mauerbauten vgl. *Müller* (wie Anm. 8) S. 73–75.

[60] Vgl. StadtA Ulm C 10 Akten 5. Militär-Baugeschichte (wie Anm. 55).

[61] Vgl. Denkschrift über die Festungsbauten (wie Anm. 26) S. 14.

der beiden Forts Unterer Kuhberg und Albecker Steige bei gleichzeitigem Ersatz der Reduit-Forts durch halbkreisförmige Reduits und weitere, kleinere Maßnahmen. Sollten auch diese Einsparungen nicht genügen, um die Ausführung der Festungswerke sicherzustellen, schlug Prittwitz vor, die Befestigung des Oberen Eselsbergs zu streichen. Er ging sogar so weit, in einem Fall ein Hauptelement der Neuen Deutschen Befestigung ganz aufzugeben, indem er sogar vom Verzicht auf das Reduit der Unteren Donaubastion sprach[62].

Die nun einsetzenden längeren Verhandlungen zwischen dem württembergischen Kriegsministerium (in Vertretung der Festungsbaudirektion linken Ufers), der Baudirektion rechten Ufers und der Militärkommission drehten sich weitgehend um die bislang eingetretenen Probleme des scheinbar ungeeigneten Baumaterials, die daraus abgeleiteten neuen Kostenberechnungen und die weiteren Reduktionsvorschläge[63]. Das Kriegsministerium versuchte dem Verdacht vorzubeugen, Prittwitz habe die Militärkommission über die wahren Kosten bewusst im Unklaren gelassen, um seine hochgesteckten ersten Entwürfe durchzusetzen. Das Ministerium rechnete vor, dass der Kubikklafter auf dem rechten Ufer durch die Verwendung von Backsteinmauern mit Kalksteinfüllung nahezu doppelt so teuer sei wie in Ulm. Hinzu käme die Verwendung von sauber hergestellten Sockelquadern und Sandsteinsohlbänken für die Scharten – ein Luxus in den Augen Württembergs –, denn auf dem linken Ufer würden weitgehend nur grob behauene Portlandkalksteine verwendet. Die württembergische Denkschrift rief die Festungsbaudirektion rechten Ufers auf den Plan, denn die Vorwürfe einer teuren und möglicherweise unsachgemäßen Bauführung konnte ein erfahrener Festungsbauingenieur wie Hildebrandt[64] nicht auf sich sitzen lassen. Er entkräftete die Argumente Schritt um Schritt; doch was blieb, waren deutlich zu hohe Baukosten und eine weiterhin präliminierte Gesamtbausumme[65].

Auch das württembergische Kriegsministerium hatte in seiner Denkschrift vom 18. Dezember 1845 wiederholt den Vorschlag geäußert, das Mehr an Kosten durch Wegfall der Befestigung des Oberen Eselsbergs zu decken[66]. Damit und mit der Umwidmung von Defensivkasernen zu Lazarett- und Proviantzwecken[67]

---

[62] Vgl. StadtA Ulm C 10 Akten 53: Bericht der Kgl. Festungsbaudirektion über die Projekte für die Befestigung von Ulm [an das Kgl. Kriegsministerium in Stuttgart, vom 18.12.1845].

[63] Ein weiteres großes Thema war der Grunderwerb, der ebenfalls die festgesetzten Kosten von 1.000.000 Gulden zu übersteigen drohte. Auf diese Problematik kann hier aber nicht weiter eingegangen werden.

[64] Zur Vita von Hildebrandt vgl. *Löffler* (wie Anm. 6) S. 552.

[65] Vgl. StadtA Ulm C 10 Akten 53: Bemerkungen zu der Denkschrift zur Beleuchtung des Vortrags und Berichts des substituirten K.K. Oestreichischen Bevollmächtigten über die in den Tagen vom 8ten bis 12. Oktb. 1845 vollzogene Inspizirung des Festungsbaues zu Ulm, d. d. Frankfurt a/M. den 31. Dezb. 1845.

[66] Ein Teil des Geldes ließ Prittwitz in die von ihm hartnäckig verteidigten 33 Fuß hohen Escarpenmauern fließen, für die er sogar bereit war, gemauerte Contrescarpen und Minenanlagen zu opfern, wie das Beispiel Fort Unterer Kuhberg deutlich zeigt. Die hohen Escarpen tauchen bei Prittwitz bereits in den ersten Entwürfen auf. Er setzte sich damals gegen die Militärkommission durch, die ursprünglich eine Höhe von 24 Fuß für ausreichend erachtet hatte. Erst im Laufe des ersten Halbjahres 1846 und unter dem Druck, 1,6 Millionen Gulden einsparen zu müssen, schlug Prittwitz u. a. einfache Escarpenmauern von 24 Fuß Höhe an Stelle von Bogenmauern vor.- Vgl. Protokolle der Deutschen Bundesversammlung vom Jahre 1846. Frankfurt 1846. S. 270.

[67] Konkret ging es um den Wegfall der beiden bombensicheren Dotierungsgebäude Proviantmagazin und Lazarett. Das Proviantmagazin sollte demnach im Reduit der Unteren Donaubastion unterkommen und das Kriegslazarett im Reduit der Unteren Gaisenbergbastion. Das Ministerium hielt es im Belagerungsfall für recht unwahrscheinlich, dass ein Angriff über das Fort Albeck in Richtung Untere Gaisenbergbastion erfolgen würde. Sollte dieser Fall dennoch eintreten, war die Verlegung des Lazaretts in das Reduit der Oberen Donaubastion geplant. Aus heutiger Sicht erscheint es jedoch mehr als fraglich, wie man im Kriegsfall

hoffte man, genügend Geld einzusparen, um weiterbauen zu können. Sollte das Geld jedoch auch dann nicht reichen, sollten drastischere Sparmaßnahmen greifen. So wurde für diesen Fall von der Festungsbaudirektion vorgeschlagen, die Contrescarpe vor den Werken XVIII, XIX und XX (linke Hälfte) in Erde zu belassen[68], sämtliche Reduits und Kehlmauern wegzulassen (sogar von den wichtigen Forts Unterer Kuhberg und Albeck!). Als besonders problematisch muss der vorgeschlagene Wegfall einer Reihe von Forts gelten. Betroffen wären hiervon die Forts Unterer Eselsberg und Friedrichsau sowie sämtliche Turmforts gewesen. Eine solche Maßnahme hätte die Widerstandsfähigkeit der gesamten Festung derart vermindert, dass sie den Titel "Centralfestung ersten Ranges" kaum mehr verdiente. Das württembergische Kriegsministerium wollte aber nicht ganz so weit gehen. Dies ist an dem am Schluss der genannten Denkschrift vom Dezember 1845 angehängten Antrag an die Militärkommission zu erkennen, wo erstmals förmlich der Wegfall der Befestigungen am Oberen Eselsberg vorgeschlagen wurde. Die oben genannten Sparmaßnahmen hingegen sollten nur dann Schritt für Schritt eintreten, falls sich die Mauerwerkskosten noch weiter erhöhen sollten.

In der Bundesversammlung spitzte sich die Lage durch die Geldprobleme immer mehr zu. Sie mündete in einen weiteren Streit zwischen dem württembergischen und bayerischen Gesandten, bei dem beide Seiten versuchten, die Festungsbaudirektion ihres Ufers als die wirtschaftlichere darzustellen. Beide Seiten waren sich zwar über die Nichtbefestigung des Oberen Eselsbergs einig; doch was mit dem dann frei werdenden Geld zu geschehen hatte, stellte einen weiteren Konfliktpunkt dar. Der Militärausschuss sah sich schließlich in der Bundestagssitzung vom 1. Juli 1846 gezwungen, darauf hinzuweisen, dass Ulm eine Festung des Bundes, mithin der Bund auch für die Verteilung disponibel werdender Mittel zuständig sei. Die Bundesversammlung beschloss am 20. August 1846 trotz aller Querelen den endgültigen Wegfall des Forts und des Turms auf dem Oberen Eselsberg und deren Ersatz durch 4–5 kasemattierte Blockhäuser. Von den ursprünglich eingeplanten 418.000 Gulden wurden auf diese Weise 318.000 Gulden frei. Sie sollten in erster Linie in den immer noch nicht abgeschlossenen Grunderwerb auf beiden Donauufern fließen. Der Rest kam den Fonds für Kriegspulvermagazine und Erdarbeiten auf dem linken Ufer zugute[69]. Auch in ihren weiteren Entschlüssen folgte die Versammlung den Prittwitz'schen Vorschlägen in dessen Denkschrift an das württembergische Kriegsministerium[70]. Die Bundesversammlung war sich wohl bewusst, dass die oben genannten Einsparungen trotz allem nicht hinreichen würden, um die Ausstände zu decken. Für diesen Fall waren weitere Einsparungen bei Reduits, Escarpenhöhen und dem Trace von Vorwerken vorgesehen[71].

Dass nicht alle Mitgliedsstaaten des Deutschen Bundes mit Kürzungen ein-

ein voll belegtes Lazarett mit den damaligen Möglichkeiten durch die ganze Stadt transportieren wollte – und das noch unter Beschuss! Ein bombensicheres Lazarett wie in der Schwesterfestung Rastatt hätte sich hier daher besser geeignet.

[68] Diese Einsparung wurde später tatsächlich umgesetzt.

[69] Vgl. 'Die Einhaltung des Maximal-Kostenbetrags der Bundesfestung Ulm und die dießfalls erforderlichen Anordnungen hinsichtlich des Festungsbaues betreffend'. In: Protokolle der Deutschen Bundesversammlung vom Jahre 1846 S. 467–188.

[70] Vgl. StadtA Ulm, C 10 Akten 53.

[71] Durch Bundesbeschluss vom 20.8.1846 erhielt beispielsweise das Fort Unterer Kuhberg seine heutige Gestalt. Vgl. 'Die Einhaltung des Maximal-Kostenbetrages' (wie Anm. 69) S. 588–589.

verstanden waren, die die Verteidigungskraft der Festung in einem solchen Maße schwächten, zeigt sich in den Äußerungen des Gesandte eines "norddeutsche[n] Staates"[72]:

[...] daß es Seiner Majestät dem König sehr bedenklich scheine, die Ausführung der früher als nothwendig erachteten Werke lediglich von der Nichtüberschreitung der präliminirten Maximalsumme abhängig zu machen, und da Allerhöchstdieselben dafür halten, daß [...] sich dennoch behaupten lasse, die beabsichtigten Ersparungen müssen wesentlich nachtheilig auf die Vertheidigungsfähigkeit der Festung einwirken, so sehen Seine Majestät Sich veranlaßt, der Erwägung der hohen Bundesversammlung zu verstellen, ob es nicht rathsamer sey, anstatt des unbedingten Festhaltens an der festgestellten Maximal-Bausumme diese letztere um den Betrag der vorgeschlagenen Ersparungen [...] zu erhöhen und dadurch die Gefahr zu beseitigen, einer für die Vertheidigung des südlichen Deutschlands so wichtigen Festung einen geringen Grad von Widerstandsfähigkeit zu geben, als es die Verhältnisse zulassen[73].

Der preußische Gesandte hielt der Bundesversammlung vor, von Anfang an zu wenig Geld für die beiden großen Festungsneubauten bewilligt zu haben, ja sogar im Voraus Gelder gekürzt zu haben, *als die Militärcommission bei Aufstellung der Grundlinien* [1842] *einen Anschlag von 17,976,000 Gulden gemacht*, [die Bundesversammlung] *solchen aber, in Erwartung der Beobachtung der größten Einfachheit und Wirthschaftlichkeit im Baubetriebe, in Bausch und Bogen auf 17,500,000 Gulden reducirt hatte*[74].

Diese Bedenken, vor allem von norddeutscher Seite, bringen das anhaltende Interesse auch bei scheinbar nicht unmittelbar betroffenen Mächten zum Ausdruck. Preußen war sich durchaus bewusst, dass von einem starken Befestigungssystem die Widerstandskraft der militärisch schwächeren süddeutschen Staaten und damit die Sicherung seiner eigenen linken Flanke abhing.

Die genehmigten Reduktionen vom August 1846 machten eine neue Verteilung der den einzelnen Bauobjekten zustehenden Summen und neue Kostenanschläge notwendig. Ein Jahr später, am 3. August 1847, reichte die Festungsbaudirektion die abgeänderten Generalkostenanschläge in Frankfurt ein. Prittwitz hatte darin jedoch einige Änderungen in Bezug auf den Bundesbeschluss des Vorjahres vorgesehen. Entgegen diesem beharrte er auf einer Escarpenhöhe von 33 Fuß für alle vorgeschobenen Werke. Das Geld hierfür sollte aus dem gänzlichen Verzicht auf die kasemattierten Blockhäuser des Oberen Eselsbergs sowie dem Wegfall von Spital und Proviantgebäude kommen[75]. Weiteres Einsparungspotential sah er in der Verkleinerung des Reduits am Kienlesberg und durch Weglassung des Kellergeschosses des Lehrer Turms[76]. Wie der Festungsbaudirektor linken Ufers die Verstärkung der Sturmfreiheit beim Bund durchgesetzt hat, lässt sich aufgrund fehlender Unterlagen nur vermuten. Es ist anzunehmen, dass sturmfreie Escarpen für ihn größere Hindernisse darstellten, als hinter dem Wall gelegene und

[72] Es handelt sich hierbei um Hannover. Dessen Abgeordneter, Frhr. von Lenthe, schlug eine Sonderzahlung und nicht "normale" Matrikularbeiträge vor. Letztere wurden – wie oben geschildert – jährlich für die Dauer des Festungsbaus von den Mitgliedstaaten bezahlt.
[73] Denkschrift über die Festungsbauten (wie Anm. 26) S. 15.
[74] 'Die Einhaltung des Maximal-Kostenbetrages' (wie Anm. 69) S. 474.
[75] Prittwitz griff hier auf seinen Vorschlag in der Denkschrift vom 18.12.1845 zurück.
[76] Denkschrift über die Festungsbauten (wie Anm. 26) S. 16.

damit erst in zweiter Linie in Aktion tretende Reduitgebäude. Die Fortnahme des Werkes und die damit verbundene Einbuße an Offensivkraft konnten auch starke Reduits nicht aufhalten[77]. Jedenfalls gelang es Prittwitz, die Militärkommission von seinen Vorstellungen zu überzeugen; sie genehmigte am 17. März 1848 seinen Antrag. Den Antrag ergänzte eine Übersicht der auf die einzelnen Objekte entfallenden Kosten, aus denen ein Überschuss von 167.000 Gulden hervorging. Prittwitz hatte hier als Berechnungsgrundlage Preise vom Jahresabschluss 1846 verwendet, was zunächst jedoch nicht auffiel[78]. Das böse Erwachen folgte nur wenige Monate später, als sich herausstellte, dass sich die Missernten von 1846 nun auch auf die Löhne und Preise für Baumaterialien auszuwirken begannen. In einem Schreiben an die Militärkommission vom August 1847 sprach Prittwitz von der "Auskömmlichkeit" der Bausumme, die nicht eingehalten werden könnte, *wenn die Preise der Lebensmittel, wie bisher jährlich und in diesem Frühjahre wöchentlich fortdauernd steigen sollten*[79]. Damit war zur Zeit der Bewilligung den gerade erstellten Kostenanschlägen die Basis entzogen. Doch im Folgejahr kam es noch schlimmer: Die Revolution und der Krieg gegen Dänemark führten zu einer bedeutenden Verschärfung der ohnehin schon prekären Finanzsituation.

Der Deutsch-Dänische Krieg, Revolution, Flotten- und Eisenbahnbau bedrohen den Festungsbau: Die Jahre 1848/49

Das Jahr 1848 veränderte den Deutschen Bund in besonderem Maße: Der Deutsch-Dänische Krieg, drohende Kriegsgefahr aus Frankreich und innenpolitische soziale Spannungen traten in den Vordergrund des politischen Geschehens. Als Folge des inneren Drucks wurde der Deutsche Bund umgestaltet. Erstmals erfolgte die Wahl von Nationalvertretern zur Nationalversammlung. Auf Antrag Badens fand eine Revision der Bundesverfassung statt. Doch noch während der Umgestaltung brach die demokratische Revolution in Baden aus. Am 12. Juli 1848 übergab die Bundesversammlung die verfassungsmäßigen Rechte an die provisorische Zentralgewalt. In der Folge wurden die Festungsbehörden auf das Reich vereidigt; Ulm wurde "Reichsfestung".

Außenpolitisch fühlte sich der Bund bedrängt durch die Vertreibung des französischen Königs, verbunden mit Forderungen der neuen Republik nach Verschiebung der Westgrenzen. Der Deutsche Bund reagierte prompt mit der Ver-

[77] Die in der Neuen Deutschen Befestigung erbauten Reduits waren Rückzugsort für die bedrängte Besatzung, mehr aber noch zweite Verteidigungslinie, gegen die eine eigenständige kleine Belagerung durchgeführt werden musste. Die zu diesem Zweck angelegten Geschütz- und Gewehrscharten dienten nach Wegnahme des Werkes vor allem der Eigenverteidigung und der Beschießung des vorgelegten Walles. Von Offensivkraft im Sinne von Vorfeldverteidigung oder Unterstützung anderer bedrängter Werke konnte aber in einem solch späten Stadium der Belagerung nicht mehr gesprochen werden. *Müller* (wie Anm. 8) S. 74 ff.

[78] Warum er das tat, lässt sich nicht genau nachvollziehen. Im Separatprotokoll der außerordentlichen Sitzung der Militärkommission vom 31.8.1847 wird Prittwitz mit der Aussage zitiert, dass er den aus den Baugruben stammenden Süßwasserkalk für durchaus brauchbar hielt und zunächst keinen teureren Portlandkalk anschaffen wollte. Auch bei den Erdarbeiten schien alles auf Besserung in Bezug auf Wallabrutschungen hinauszulaufen – somit stellten sich zwei wesentliche Ausgabefaktoren als berechenbar heraus. Prittwitz ließ offensichtlich wegen der Steigerung der Preise alle Vorsicht schwinden und scheint deshalb keine weiteren Berechnungen angestellt zu haben.

[79] Separatprotokoll der außerordentlichen Sitzung der Militärcommission vom 31.8.1847. In: Protokolle der Militärcommission der teutschen Bundesversammlung vom Jahre 1847. Frankfurt 1847. S. 2.

proviantierung seiner Festungen. Der Militärausschuss empfahl die Mobilisierung des VII. und VIII. Armeekorps. In Ulm sollten davon 10.000 Mann zusammengezogen und die Festungsumwallung schnellstmöglich geschlossen werden[80]. Die westliche Bedrohung blieb zwar aus, dafür begann im Norden des Bundes dänischer Nationalismus Schleswig und Holstein zu dänisieren und aus dem Bund herauszulösen. Die Bundesversammlung beschloss daraufhin die Bundesexekution gegen Dänemark. Der nun folgende viermonatige Krieg war bereits am 26. August 1848 beendet.

Dieser Kriegsschauplatz lag zwar nicht in der strategischen Reichweite der Bundesfestungen, hatte aber trotzdem bedeutende Auswirkungen auf die noch unvollendeten Anlagen: Preußen sensibilisierte die Nationalversammlung, weil die deutschen Küsten nicht unverteidigt bleiben könnten. Die lange vernachlässigte Seegrenze sollte durch Küstenbefestigungen und eine Flotte verteidigt werden können. In der Kürze der Zeit ließ sich freilich keine Flotte mehr bauen, doch bestand die Möglichkeit, im benachbarten Ausland Schiffe kaufen. Das Geld dazu stammte aus den ursprünglich für die Bundesfestungen bestimmten Baufonds. Ebenso floss ein weiterer Teil der beiden Baufonds für Ulm und Rastatt in die Finanzierung der Bundesexekution und der sonstigen Aufgaben der Nationalversammlung[81].

Noch während des Aufbaus der Reichsmarine kündigte Dänemark am 3. April 1849 den Waffenstillstand von Malmö. Wiederum stellte das Reich eine Streitmacht unter Preußens Oberbefehl zusammen. Nahezu zeitgleich brachen in Baden und der Rheinpfalz Revolten aus. Etwa 6.000 Revolutionäre verschanzten sich in der nahezu vollendeten Bundesfestung Rastatt. Preußen belagerte die Stadt, ohne aber die Festung zu beschießen – schließlich durften die teuren Fortifikationen nicht beschädigt werden. Nach drei Wochen kapitulierte Rastatt.

In der Festungsbaudirektion Ulm war man während dieser Zeit höchst beunruhigt – nicht etwa wegen der Gefahr einer Revolte der insgesamt fast 8.000 Festungs- und 2.000 Eisenbahnarbeiter, sondern wegen der stark verringerten Zahlungen aus Frankfurt[82]. Die Zentralgewalt hatte während des Krieges gegen Dänemark kein Interesse an den Bundesfestungen gezeigt. Da die Mittel für Bau und Erhalt der Festungen bereits der Marine zugeflossen waren und der Baufonds ausgeplündert war, wurden nun auch die Bargeldbestände der Festungskassen eingezogen. Der Kassenstand der Reichsfinanzverwaltung vom 10. August 1848 für den Baufonds für Rastatt und Ulm betrug:

Ausgangsbestand:	20.114.882	Gulden
Ausgaben für Rastatt (1842–1848):	8.128.739	"
Ausgaben für Ulm (1842–1848):	10.563.688	"
Kassenbestand:	**1.422.454**	"

Diese Gelder waren im November 1849 verbraucht. Zum Teil war die Festungs-

[80] Vgl. StadtA Ulm C 10 Akten 1: Graf (wie Anm. 4), 4. Abschnitt.

[81] Vgl. *Galperin* (wie Anm. 3) S. 438 ff.

[82] Prittwitz hatte durch seine umsichtige Organisation des Festungsbaus, insbesondere die Vertragsverlängerung von sich gut führenden Arbeitern, erreicht, dass es nahezu keine Ausschreitungen unter den Schanzern gab. Vgl. Moritz von *Prittwitz* und *Gaffron*: Über die Leitung großer Bauten mit besonderer Beziehung auf die Festungsbauten von Posen und Ulm. Berlin 1860. S. 34–36.

baudirektion nicht einmal mehr in der Lage, ihre Lieferschulden zu bezahlen. Württemberg sprang in dieser Situation in die Bresche und streckte 60.000 Gulden vor, um die Einstellung auch der letzten Arbeiten zu vermeiden[83]. Dieses Engagement dürfte weitgehend auf den drastischen Schilderungen Prittwitz' an das Kriegsministerium in Stuttgart beruht haben[84].

Die scheinbare französische Bedrohung[85] hatte darüber hinaus einen beschleunigten Weiterbau mit wesentlich mehr Festungsbauarbeitern notwendig gemacht[86], um wenigstens die Umwallung zu schließen. Dass der schnelle Bau durch den größeren Baustoffbedarf höhere Kosten verursachte, versteht sich von selbst. Hinzu kam noch unerwartete Konkurrenz durch den einsetzenden Eisenbahnbau der Strecke Stuttgart – Ulm – München, der vor allem Erdarbeitern einen guten Verdienst versprach. Um nun die Schanzer in der nötigen Zahl beim Festungsbau zu halten, musste Prittwitz zwangsläufig die Löhne erhöhen[87].

In Frankfurt endete im Dezember 1849 die sogenannte Reichsverwesung. Der Deutsche Bund nahm seine Arbeit in Frankfurt wieder auf. In Ulm musste man deshalb bis zur Rekonsolidierung des Bundes warten, bevor wieder regelmäßige Zahlungen erhofft werden durften. Erst im Sommer 1851 gelang ein langsamer Ausgleich der Kassenverluste. Dabei versuchte der Deutsche Bund den Weiterbau von Ulm und Rastatt zu sichern, der aber wegen der knappen Mittel nur langsam voranschritt.

Im Zeitraum zwischen dem beschleunigten Ausbau der Festung Ulm 1848 (Armierung) und dem Beschluss zum Weiterbau 1852 traten zahlreiche weitere Änderungen an den bisherigen Planungen ein. Zu einem Zeitpunkt, als das Geld für Ulm bereits knapper zu werden drohte, nämlich im Januar 1849, beantragte die Festungsbaudirektion die Erhöhung der Escarpen der Vorwerke Oberer Kuhberg und Avancé von 24 auf 33 Fuß Höhe. Prittwitz stellte sich damit wieder gegen den Bundesbeschluss vom 20. August 1846, begründete dies aber mit dem nun möglichen Einbau von Dechargengalerien in die Facen- und Flankenmauern der beiden Forts[88]. Damit verstärkte er das Widerstandsvermögen der beiden weit vorgeschobenen Werke. Statt dessen sollten beim Fort Unterer Kuhberg die Contrescarpe und das Minensystem weggelassen werden[89]. Weitere Reduktionen drohten für den Fall, dass die Baukosten auch in diesem Jahr deutlich überschritten würden, wie 1848 durch den vermehrten Baubetrieb. Doch die Festungsbaudirektion wollte sich diesbezüglich noch nicht festlegen; sie hoffte, 1849 ein besseres Resultat des Baubetriebs zu erhalten.

---

[83] Vgl. Carl *Reichhard*: Lebenserinnerungen. Ulm 1936. Zit. nach: Otmar *Schäuffelen*: Die Bundesfestung Ulm. Langenau 31989. S. 46.

[84] In einem Schreiben machte er darauf aufmerksam, dass er sämtliche noch beim Festungsbau beschäftigten Arbeiter auf einen Schlag entlassen müsse, wenn nicht bald Geld eintreffe. Besonders wies er auf den Umstand hin, dass er keine Gewähr für eventuelle Aufstände dieses Menschenheeres übernehmen könne. Diese Warnung hatte ihren Zweck nicht verfehlt. HStA München Kriegsarchiv C 196 a5.

[85] *Der sogenannte Franzosenlärm; Löffler* (wie Anm. 6) S. 556.

[86] Die Arbeiterzahl betrug während der Sommermonate durchschnittlich 3.500 Mann. Sie schnellte 1848 aufgrund der Armierung auf angeblich etwa 8.000 Arbeiter hoch. Leider liegen für 1848 keine Angaben zur Verifikation vor. HStA München Kriegsarchiv A XXI 140.

[87] Vgl. Denkschrift über die Festungsbauten (wie Anm. 26) S. 22.

[88] Dechargengalerien dienten der schusssicheren Unterkunft der Besatzung, der Steigerung der Widerstandskraft des Mauerwerks gegen Breschierungsversuche und zur Verstärkung der Verteidigungsfähigkeit durch zusätzliche Schießscharten in den Graben.

[89] Vgl. Denkschrift über die Festungsbauten (wie Anm. 26) S. 16.

Mit ihrem Herbstbericht legte die Direktion das Ergebnis des Baujahres 1849 vor. Wieder war es ihr nicht gelungen, die Kosten in den Griff zu bekommen. Hinzu kam die bereits erwähnte Geldknappheit, die es der Festungsbaudirektion nicht einmal erlaubte, alle offenen Rechnungen zu begleichen. Nach langen Verhandlungen hatte sich die Bundeszentralkommission am 4. August 1850 dazu durchgerungen, weitere Reduktionen vorzunehmen. Diese sollten nach den Vorschlägen des neuen Festungsbaudirektors von Erhardt[90] folgende Anlagen betreffen:

- Vollständiges Weglassen der Reduits des Oberen und Unteren Gaisenbergs, dann derjenigen in den Forts Albeck und Unterer Kuhberg. Das Reduit der Unteren Donaubastion sollte das Spital aufnehmen, das Proviantgebäude fiel ganz weg,
- Wegfall der gemauerten Contrescarpen vor der Courtine XV der Wilhelmsfeste und von der Wilhelmsburg bis zur Mitte der Courtine XX,
- Wegfall der Stadtkehle,
- Wegfall der vier als Stützpunkte des verschanzten Lagers dienenden Türme am Mittleren Kuhberg, bei Söflingen, im Lehrer Tal und rechts der Albecker Steige sowie des Forts in der Friedrichsau[91].

Der Zentralkommission ging dies z. T. zu weit. Sie verständigte sich jedoch darauf, das Fort Friedrichsau vereinfacht zu errichten, da es für die Verteidigung unverzichtbar war. Die Reduits der Forts Albeck und Unterer Kuhberg sollten verkleinert werden; mit dem Bau derjenigen am Gaisenberg musste man jedoch noch so lange warten, bis sich übersehen ließ, wieviel Geld für sie noch übrig sei. Danach besserten sich die allgemeinen Verhältnisse jedoch nicht. Fortgesetzte Teuerungen, hohe Materialpreise und hohe Arbeitslöhne durch den konkurrierenden Eisenbahnbau ließen die Hoffnungen auf ein Auskommen mit den bewilligten Geldern schwinden.

Inzwischen hatte sich herausgestellt, welche bedeutenden Mittel 1848/49 aus dem Festungsbaufonds in andere Fonds umgeleitet worden waren: So hatte die Bundesversammlung 1848 525.000 Gulden aus der Ulmer Festungsbaukasse für den Aufbau der Marine verwendet. Von 1848 bis zum 20. Juni 1851 hatte diese immerhin 6.892.994 Gulden verschlungen[92]. Da mehrere Staaten keine Matrikularbeiträge für die Marine bezahlt hatten, entnahm man weitere 2.226.960 Gulden aus dem Festungsbaufonds. Am 31. Dezember 1849 existierten in Ulm zudem noch ungetilgte Vorschüsse von 19.508 Gulden.

Mit dem Jahr 1851 wendete sich für den Ulmer Festungsbau scheinbar einiges zum Guten: Die Dresdener Konferenzen im Frühjahr regelten u. a. die Finanzierung des Fortbaus an beiden Festungen. Dort setze man die Höhe der Matrikularbeiträge wieder auf 1.812.318 Gulden für Ulm und Rastatt fest[93] und beschloss, davon 910.000 Gulden sofort zur Verfügung zu stellen. Auf der 4. Sitzung der

---

[90] Oberst von Erhardt war zwischen dem 1.1.1851 und dem 1.8.1857 königlich württembergischer Festungsbaudirektor und bis zum 1.8.1862 Geniedirektor der Festung Ulm. Davor hatte er am Bau der Kienlesberg- und Gaisenbergbefestigung sowie der Wilhelmsfeste gearbeitet. Er leitete zudem den Bau der Wilhelmsburg. Vgl. StadtA Ulm C 10 Akten 1: Graf (wie Anm. 4).

[91] Denkschrift über die Festungsbauten (wie Anm. 26) S. 16–18. Es handelt sich also um die Vorgängeranlagen der heutigen Forts Mittlerer Kuhberg (XXXI), Söfinger Turm (XXXIII) und Safranturm (XL). Der Turm XXXV wurde hingegen tatsächlich nicht gebaut; seine Nummer fiel auch nach Vollendung der Festung aus. Erst 1883 ging sie auf das neuerbaute Fort Oberer Eselsberg, Nebenwerk über.

[92] Vgl. Protokolle der Deutschen Bundesversammlung vom Jahre 1851. Frankfurt 1851. S. 121.

[93] Gemäß Bundesbeschluss vom 26.3.1841.

Bundesversammlung vom 28. April 1851 wurden diejenigen Bundesstaaten, die sich mit ihren Beiträgen im Rückstand befanden, zur regelmäßigen Zahlung aufgefordert. Im Juni 1851 erhob der Bund die 8. Matrikularumlage, die allerdings nicht die erhoffte Geldmenge einbrachte. Die schleppende Refundierung des Bundeshaushalts für das Jahr 1851 und die mangelnde Zahlungsmoral einzelner Staaten (besonders Preußens[94]) gefährdete noch in diesem Jahr die weitere Finanzierung des Festungsbaus[95].

In dieser Situation kam der Vorschlag des bayerischen Gesandten vom 30. September 1851 gerade recht, einen Teil der Ausgaben der Dotation zuzuweisen[96]. Er begründete dies damit, dass der größte Teil der Festungswerke von Ulm seit den Jahren 1848/49 vollendet sei. Damit entstünden bereits Ausgaben des laufenden Unterhalts, die aber bislang zu Lasten des Festungsbaufonds gingen. Er errechnete die Kosten seit 1848 auf 69.897 Gulden und empfahl, dieses Geld zusammen mit einem einzurichtenden Dotationsfonds mit 100.000 Gulden Startkapital matrikularmäßig umzulegen. Die Bundesstaaten stimmten diesem Vorhaben am 31. Oktober 1851 zu, so dass die Festungsbaukasse deutlich entlastet werden konnte[97].

Die Einrichtung des Dotationsfonds konnte aber nicht darüber hinwegtäuschen, dass der Ulmer Festungsbau nach wie vor in einer Krise steckte: Der Fortbau der Anlagen hatte mitten in der Hauptbausaison im Sommer 1849 und zur gleichen Zeit 1850 wesentlich eingeschränkt werden müssen. Die Militärkommission bemerkte hierzu, dies müsse sehr nachtheilige ökonomische Folgen haben. Denn die Vollendung der Befestigung, die bundesbeschlussmäßig auf das Jahr 1852 festgesetzt worden war, musste sich somit *unumwendbar in das Jahr 1854 verzögern*[98]. Als Geldbedarf für 1851 errechnete sie 1.089.000 Gulden – ohne Artillerieausrüstung und ohne die Mehrkosten, die im gleichen Jahr durch bedeutende Erdrutsche an den Gaisenbergen und den Forts Unterer und Oberer Kuhberg auftraten.

Bevor wir die Lösung der Finanzproblematik im Jahre 1852 weiter verfolgen, soll zunächst ein Blick auf die Verhältnisse auf dem rechten Ufer geworfen werden.

---

[94] Die Refundierung des Festungsbaufonds stieß auf den Widerstand Preußens, dass überproportionale Lasten für den Bund geltend machte. Im Jahre 1848 hatte Preußen beantragt, Ost- und Westpreußen in das Gebiet des Deutschen Bundes aufzunehmen. Dabei nahm die Zahl der matrikularpflichtigen Bevölkerung Preußens zu, so dass es statt 477.553 Gulden nun 545.658 Gulden jährliche Umlage für die Bundesfestungen zu zahlen hatte. Diese Berechnungsgrundlage erkannte Preußen jedoch nicht an, sondern bestand auf Beibehaltung der am 27.4.1843 beschlossenen Höhe der Bundesfestungs-Matrikularbeiträge. Vgl. Protokolle der Deutschen Bundesversammlung vom Jahre 1852. Frankfurt 1852. S. 1213 ff.– Weil es mit dieser Meinung im Bund allein dastand, boykottierte es bis zur Beilegung der Diskussion 1854 die Festungspolitik des Deutschen Bundes, indem es die Nachzahlungen für die Jahre 1848 bis 1851 verweigerte. *Galperin* (wie Anm. 3) spricht hier gar von einem Bundesfestungskrieg. Nach den Protokollen der Bundesversammlung aus den fraglichen Jahren handelt es sich jedoch längst nicht um einen Krieg wie *Galperin* es vermuten lässt. Preußen – bzw. dessen Vertreter bei der Bundesversammlung, Otto von Bismarck – protestierte sehr lautstark gegen seine wiederholte Überstimmung im Bund durch Österreich und die Mittelstaaten. Vgl. Andreas *Kaernbach*: Bismarcks Konzepte zur Reform des Deutschen Bundes. Göttingen 1991. S. 74 ff.

[95] So hatten die Festungsbaudirektionen vom 1.1.1851 bis 20.6.1851 bereits 545.009 Gulden ausgegeben; es fehlten jedoch von den erhobenen Beiträgen in Höhe von 1.812.318 Gulden noch nahezu 300.000 Gulden. Vgl. Protokolle der Deutschen Bundesversammlung (wie Anm. 92) S. 145.

[96] Vgl. *ebda.*, S. 390–391.

[97] Vgl. *ebda.*, S. 448–451.

[98] Protokoll der Militärcommission der teutschen Bundesversammlung vom Jahre 1851. Frankfurt 1851. S. 28. Damit stiegen z. B. auch die Gesamtkosten für die Bauführung.

Die Ausführung des Festungsbaus auf dem rechten Donauufer (1844–1851)

Die Befestigung auf dem rechten Ufer besaß für einen Brückenkopf eine große Ausdehnung[99]. Sowohl Hauptumwallung wie Fortgürtel zeigten in ihrem ursprünglichen Entwurf von 1844 alle Merkmale eines Offensivbrückenkopfes. Zusammen bildeten sie das zweite verschanzte Lager von Ulm. Ingenieurmajor von Hildebrandt hatte am 31. März 1844 den gesamten Hauptentwurf[100] für die Befestigungen des rechten Ufers mitsamt detaillierten Kostenvoranschlägen vorgelegt – darin waren auch die Forts enthalten. Vier Monate später, am 9. Juli 1844, äußerte sich die Militärkommission zu Hildebrandts Entwurf. Sie erklärte sich mit diesem einverstanden, monierte jedoch noch vor Baubeginn eine Kostenüberschreitung in Höhe von 201.080 Gulden[101]. Die Festungsbaudirektion rechten Ufers erhielt die Weisung, alles in ihrer Macht stehende zu tun und alle Vorkehrungen zu treffen, um die Bausumme einzuhalten. Hildebrandt antwortete, dass Vereinfachungen am Projekt nicht möglich seien, ohne die Widerstandsfähigkeit der Hauptumwallung zu schwächen. Zugleich äußerte er – wie auch vorher schon Prittwitz – die Hoffnung, dass sich mit der Zeit die Material- und Arbeitspreise verringern würden. Mit dieser Hypothek startete der Neu-Ulmer Festungsbau.

1844 wurden neben der Grundsteinlegung nur wenige Baustellen wegen fehlender Geländeerwerbung begonnen[102]. Ein Bericht der Festungsbaudirektion vom 16. Februar 1845 bestimmte die Lage der Vorwerke des verschanzten Lagers näher: Zwei Vorwerke sollten links und rechts von Offenhausen, zwei in der Nähe der Riedhöfe und der Memminger Straße und zwei weitere beiderseits der neuen Iller liegen. Die Lage der Vorwerke wählte man so, dass Nr. XIII als wichtigstes Fort auf der Kapitale der Hauptangriffsfronten der Umwallung zu liegen kam, während Nr. XII und XIV[103] dieses flankierten. Diese drei bildeten mit den beiden Vorwerken X und XI die Sicherung des verschanzten Lagers rechten Ufers. Die Ausführung des Vorwerks XV hing von der Verlegung der Iller in das Bett des "Warmen Wässerle" ab. Da man sich aus technischen und finanziellen Rücksichten aber von der Flussverlegung abgewandt hatte, schien auch kein gewichtiger Grund für die Erbauung dieses Vorwerks mehr zu sprechen[104]. Die Militärkommission verhielt sich den Vorschlägen aus Neu-Ulm gegenüber reserviert. Die Lage der Vorwerke X und XI wurde zwar genehmigt, diejenige der anderen Anlagen aber vom Ergebnis der Begehung während der kommenden Frühjahrsinspektion abhängig gemacht. Als weniger wichtig erachtete sie die Er-

[99] Die Brückenköpfe anderer Festungsstädte waren im Allgemeinen sehr viel kleiner, wie z. B. in Ingolstadt, Thorn, Magdeburg, Minden, Wesel oder Nowo Georgiewsk. In Einzelfällen lagen in ihnen aber auch Stadtteile, wie in Mainz-Kastel oder Köln-Deutz.

[100] Die ersten Entwürfe für den Brückenkopf stammten von Ingenieurmajor von Herdegen. Nach dessen plötzlichem Tod am 12.12.1843 übernahm von Hildebrandt dessen Posten. Er fertigte vollkommen neue, großzügigere Entwürfe von Neu-Ulm an.

[101] Die prämilinierte Summe für die Hauptumwallung betrug 2.500.000 Gulden, für den Fortgürtel 930.000 Gulden Der Kostenanschlag für erstere wies aber 2.833.491 Gulden aus.– Vgl. Denkschrift über die Festungsbauten (wie Anm. 26) S. 18.

[102] Vgl. StadtA Ulm C 10 Akten 11. Militär-Baugeschichte der Festung Ulm. 2. Spezialgeschichte der einzelnen zur Ausführung gekommenen Bauten rechten Ufers von 1844 bis 1874.

[103] Die Vorwerke Neu-Ulms wurden – wie die Hauptumwallung – in der Anfangszeit römisch, dann arabisch numeriert. So hieß die Fronte I–II beispielsweise später 1–3, aus II–III wurde die Fronte 3–5.

[104] Vgl. HStA München Kriegsarchiv Gen 483: Denkschrift über den Befestigungs-Entwurf von Neu-Ulm, o. J. (nach 1855).

bauung des Vorwerks XIV, dessen Aufgabe (Bestreichung der Donau oberstrom) die linke Flanke des Forts Unterer Kuhberg übernehmen konnte.

Bei der Frühjahrsbesichtigung 1845 machten die Inspizierenden den Vorschlag, einen neuen Turm zwischen Ludwigsvorfeste und Turm XIV einzuschieben. Dieses mit der Nummer XIII½ bezeichnete Werk sollte den Übergang über das Warme Wässerle sichern und den Abstand des Vorwerks XIV von der Umwallung verringern. Die Lage der anderen Vorwerke wurde erst im Erlass vom 19. August 1845 bestimmt[105]. Daraufhin fertigte die Festungsbaudirektion Detailpläne an, die am 28. Juni 1846 der Militärkommission vorgelegt und von dieser Anfang November 1846 genehmigt wurden[106].

Vor allem während der Baugrunderwerbung 1846/47 stellten sich die hohen Grundstückskosten als bedeutendes Hindernis heraus. Da vom Bau der Hauptumwallung rechten Ufers keine Gelder erübrigt werden konnten, drohte dem Fortgürtel nun eine Beschränkung seiner Ausbaustärke. Trotzdem hielt man an der Zahl von sechs Vorwerken fest.

Im Revolutions- und Kriegsjahr 1848 war die Hauptumwallung bereits weitgehend fertiggestellt. Um die noch vorhandenen Lücken schließen zu können, bewilligte die Bundesversammlung zusätzliche außerordentliche Mittel, was auch auf diesem Ufer zu einem Anstieg der Material- und Arbeitspreise führte. Die ohnehin schon angespannte finanzielle Lage mit einem Mehrbedarf von über 200.000 Gulden nur für die Hauptumwallung ließ sich ab jetzt nicht mehr verbessern[107]. Hildebrandt blieb nichts anderes übrig, als die obere Etage des Reduits der Ludwigsvorfeste wegzulassen. So konnten immerhin 63.000 Gulden eingespart und zur Deckung eines Teils der Grundstückskosten verwendet werden[108]. Doch bereits im Januar 1849 ließ das frisch eingesetzte Reichskriegsministerium den beginnenden Bau und alle weiteren Planungen für die Vorwerke einstellen. Grundsätzliche Erwägungen über die Lage des Fortgürtels folgten: Nach Ansicht des Ministeriums sollten die Vorwerke XI, XII und XIII vor die Kapitalen II, III und IV gelegt und näher an die Hauptumwallung gezogen werden. Dadurch bestand eine bessere artilleristische Unterstützung der Vorwerke[109]. Die drei Turmforts fielen in diesen Planungen fort. Bereits am 7. Februar 1849 antwortete die Baudirektion mit einer Ablehnung der Vorschläge. Sie fürchtete um das verschanzte Lager und verwies auf die Bestimmungen in der Instruktion vom 13. Juni 1842[110]. Zudem sei das Terrain schon angekauft und mit den ersten Baumaßnahmen begonnen worden[111]. Das neu vorgeschlagene Turmfort XIII½ zog sie mit dem Turm

---

[105] Die 'Denkschrift über die Festungsbauten' (wie Anm. 26) benennt fälschlicherweise als Datum den 9.8.1845. Zur Verifizierung dieses Druckfehlers vgl. Protokolle der Militärcommission der teutschen Bundesversammlung vom Jahre 1845. S. 410.

[106] Vgl. Denkschrift über die Festungsbauten (wie Anm. 26) S. 18.

[107] Vgl. HStA München Kriegsarchiv Gen 483: Bericht der Festungsbaudirektion an die Militärkommission vom 31.7.1848.

[108] Vgl. HStA München Kriegsarchiv Gen 483: Bericht der Festungsbaudirektion an die Militärkommission vom 5. Dezember 1848. Genehmigung durch die Militärkommission am 31.12.1848.

[109] Dieser Vorschlag hatte keine finanziellen Gründe, sondern entsprang rein fortifikatorischen Überlegungen. Nach ähnlichen Ansichten waren in früheren Jahren auch die Fortgürtel von Köln und Ingolstadt (Projekt nicht ausgeführt) sehr nahe vor die Umwallung gelegt worden.

[110] Vgl. Denkschrift über die Festungsbauten (wie Anm. 26) S. 7–8.

[111] Bei Fort XII und XIII hatten ab 1848 erste Vorkehrungen zum Vorbereiten des Bauplatzes stattgefunden (Straßenbau, Abräumen der Humusschicht). Vgl. StadtA Ulm C 10 Akten 11. Militär-Baugeschichte rechten Ufers (wie Anm. 102).

XIV zu einem Fort zusammen. Die somit entstehenden Forts XII, XIII und XIV erfuhren insgesamt eine Vergrößerung und Verstärkung. Dieser Bericht bedeutete die endgültige Abkehr von den bislang aufgestellten Vorwerksentwürfen, die sich durch ihre zahlreichen Turmforts auszeichneten. Gleichzeitig ist er die Geburtsstunde des tatsächlich gebauten Fortgürtels, auch wenn die Pläne erst ein Jahr später genehmigt wurden[112].

Ende Juni 1849 ordnete das Reichskriegsministerium den Bau der drei Forts an[113]. Die Ludwigsvorfeste behielt dabei ihre Lage bei; die Vorwerke 10 [oder X] und 11 fielen definitiv weg. Um die Lücke in der Verteidigung der Ostfront von Neu-Ulm zu schließen, drehte man das Fort 12 mit seiner Spitze nach links. Eine Verlegung fand wegen des bereits erworbenen Baugrundes nicht statt. Der Wegfall der Offenhauser Werke hatte auch Auswirkungen auf das linke Donauufer: Hier musste das Fort in der Friedrichsau eine neue Aufgabe erhalten. Es lag bislang in zweiter Linie hinter den Neu-Ulmer Forts und hatte dort ein nur wenig wahrscheinliches Übersetzen des Feindes über den Fluss zwischen Böfingen und Offenhausen verhindern sollen. Jetzt befand es sich in erster Linie bei einem Angriff auf die Ostfront der Festung. Die Festungsbaudirektion gestaltete das Fort komplett um: Aus dem regelmäßigen Fünfeck wurde eine Lünette mit längeren Facen und kurzen Flanken[114]. Ein kräftiges Reduit sorgte durch sein Haubitzfeuer für zusätzliche Sicherheit gegen Übersetzversuche. Das Fort 14 erhielt wegen Unterstützung durch das Fort Unterer Kuhberg eine runde Form, wobei man den Standort erst Ende November 1849 festlegte[115]. Allen Neuprojekten war eine ausgeprägte Zwischenfeldverteidigung mittels Traditoren gemein. Diese Traditoren wurden durch Zurückverlagerung des Reduits aus dem Forthof gebildet[116].

Ganz unwidersprochen blieb die Reduktion des Neu-Ulmer Fortgürtels nicht – schließlich war damit das Aufgeben des verschanzten Lagers in seiner ursprünglichen Weise verbunden. Am 29. April 1849 legte der bayerische Bevollmächtigte bei der Zentralgewalt, Generalmajor Ritter von Xylander, Verwahrung gegen diese Beschränkung ein. Zwar antwortete das Reichskriegsministerium, dass zur Verstärkung des Brückenkopfs drei Abschnitte in der Hauptumwallung errichtet werden sollten, um den Wegfall der Forts zu kompensieren[117]. Gebaut wurde aber aus Geldmangel nur das Kriegsspital 5 als Reduit hinter Bastion 5[118].

Am 10. Januar 1850 genehmigte die Bundeszentralkommission die Entwürfe für die drei Neu-Ulmer Forts. Damit kamen die langjährigen Verhandlungen über

---

[112] Interessanterweise lässt sich durch die drei Vorwerke rechten Ufers dennoch die ursprüngliche Planung sehr gut erkennen: Das Werk 12 behielt seine Flèchenform, Ludwigsvorfeste war weiterhin das wichtigste und stärkste der drei Forts und auch beim späteren Werk Illerkanal erkennt man durch seine gerundete Form noch gut die ursprüngliche Planung als Turmfort.

[113] Vgl. HStA München Kriegsarchiv Gen 483: Erlass des Reichskriegsministeriums vom 27.6.1849.

[114] Vgl. StadtA Ulm C 10 Pläne 254 (Planung von 1842) mit 255 (Realisierung 1854).

[115] Vgl. HStA München Kriegsarchiv Gen 483: Erlass des Reichskriegsministeriums vom 23.11.1849. - Das Fort 14 trat an die Stelle des früheren Turms XIV, wo es an einen ausspringenden Punkt des Gürtels zu liegen kam. Die Festungsbaudirektion rechten Ufers legte den Entwurf für Fort 14 am 24.12.1849 vor.

[116] Im Fort 12 ist der Traditor besonders deutlich ausgeprägt. Das Werk 14 verfügt zusätzlich über Flankenkasematten an den Kehlpunkten.

[117] Vgl. Denkschrift über die Festungsbauten (wie Anm. 26) S. 20.

[118] Gedacht war eine Verstärkung der Bastionskehlen 3, 5 und 7 nach dem Muster von Ingolstadt oder Germersheim, wo große Defensivkasernen nicht nur eine bombensichere Unterbringung der Besatzung erlaubten, sondern durch die vielen Geschützscharten auch eine bedeutende fortifikatorische Verstärkung erreicht wurde.

den Fortgürtel und das verschanzte Lager rechten Ufers zum Abschluss. Insgesamt verkleinerte sich der Umfang des Fortgürtels um ein Drittel. Vom Ausmaß dieser Reduktion lässt sich die Beschränkung auf drei Forts rechten Ufers nur mit dem Aufgeben der Position auf dem Oberen Eselsberg vergleichen. Dadurch hatte das verschanzte Lager linken Ufers ebenfalls ein Drittel seiner Ausdehnung eingebüßt.

An der Hauptumwallung rechten Ufers traten die Sparmaßnahmen zunächst nicht so deutlich zutage. Zwar fehlte auch hier Geld, weswegen es 1845 z. T. heftige Auseinandersetzungen zwischen dem württembergischen und bayerischen Militärbevollmächtigten wegen angeblicher Geldverschwendung gab (s.o.). Doch hier konnte schneller und ohne größere Zwischenfälle in Gestalt von Erdrutschungen gebaut werden, bevor sich die finanziellen Probleme bedrohlicher auswirkten. Die nicht sehr starke Brückenkopfbefestigung konnte zudem kaum in vertretbarer Weise noch weiter geschwächt werden. Eine Einsparmöglichkeit fand man im Ausbau der bislang fehlenden Blockhäuser an den Ausfällen der ausspringenden Waffenplätze[119].

Betrachtet man die Zeit zwischen 1844 und 1851, so traten auch hier – wie auf dem linken Donauufer – ernste Spannungen zwischen der Festungsbaudirektion rechten Ufers und der Militärkommission auf. Doch diese waren längst nicht von der gleichen Tragweite wie dort, schon aufgrund des geringeren Umfangs der Befestigungen. Die finanziellen Probleme verlagerten sich fast ausschließlich auf die Planung des Fortgürtels, nachdem die Hauptumwallung bereits 1848 vollendet war. Trotzdem hätte die Militärkommission in dieser Phase einiges gegen die davonlaufenden Kosten unternehmen können. Insgesamt dreimal bestand die Möglichkeit, durch Änderung der Projekte das Steuer herumzureißen:

1. Positiv war die rechtzeitige Vorlage des Hauptbefestigungsentwurfs samt Kostenanschlägen durch Ingenieurmajor Hildebrandt 1844. Jedoch monierte die Militärkommission erst drei Monate später die Überschreitung der Baukosten um 6% – und das bei einem ohnehin mehr als knappen Budget für die Gesamtfestung ohne finanzielle Reserven.
2. Als Hildebrandt äußerte, er könne die Hauptumwallung nicht noch mehr vereinfachen, ohne den Brückenkopf weiter zu schwächen, hätte die Kommission die aufgetretene Problematik sofort an die Bundesversammlung weiterleiten müssen, um eventuell die Genehmigung zum Ausarbeiten eines neuen verkleinerten Projekts für die Umwallung einzuholen. Damit wäre der Zweck der Gesamtfestung nicht berührt gewesen; die Hauptumwallung hätte ihre Stärke beibehalten und die eingesparten Gelder wären dem Fortgürtel zu Gute gekommen. Einziges Problem: die nicht bekannte Reaktion Bayerns auf die Verkleinerung[120]. Dies hätte unzweifelhaft zu weiteren Verzögerungen geführt[121].
3. Der dritte Fehler wurde während der Festlegung der Vorwerks-Standorte 1845

[119] Im Jahr 1848 wurden im Zuge der Armierung der Festung in den Waffenplätzen der am meisten bedrohten Fronten 3–5 und 5–7 vier hölzerne Blockhäuser aufgestellt. Nach dem Krieg beließ man diese am Ort, weil die finanziellen Mittel für die Hauptumwallung erschöpft waren. Vgl. StadtA Ulm C 10 Akten 1: Graf (wie Anm. 4), 4. Abschnitt.

[120] Bayern beabsichtigte bereits um 1841, eine Stadt in den Brückenkopf hineinzubauen. Vgl. HStA München Kriegsarchiv A XXI 131.

[121] Die Militärkommission stand 1844 ohnehin schon unter dem Druck, die Grundsteinlegung der Bundesfestungen Ulm und Rastatt noch in diesem Jahr durchzuführen. Ein weiteres Hinausschieben des Baubeginns hätte gegen die Vorgaben der Bundesversammlung verstoßen.

begangen. Anstatt die Lage aller Vorwerke im Gesamtzusammenhang zu diskutieren, genehmigte die Kommission zunächst nur die Vorwerke X und XI der Ostfront, während sie die anderen zurückstellte. Die Festungsbaudirektion kaufte daraufhin die teueren Grundstücke, die in der Folgezeit nicht verwertet werden konnten. Hätte man den Standort der wichtigsten Forts früher festgelegt, hätten die anderen wegfallen können, ohne das verschanzte Lager aufgeben zu müssen. So aber lag das Fort XII nur wenige hundert Meter vor der Bastion 3, wo es deren Feuer kaschierte und es dem Gegner erlaubte, Fort und Umwallung gleichzeitig zu beschießen[122].

Die Denkschrift über die Festungsbauten von Ulm und Rastatt[123]

Zwischen dem 12. August und 21. Oktober 1852 vertagte sich die Bundesversammlung in ihre Sommerpause. Während dieser Zeit legte Österreich der Militärkommission am 18. Oktober eine Denkschrift zum Fortbau der beiden Bundesfestungen vor. In einer kurzen Zusammenfassung beschrieb es die Planungen und eingetretenen Widrigkeiten beim Festungsbau beider Städte und machte Vorschläge zum Weiterbau samt Kostenberechnung für die kommenden Jahre. Die Denkschrift thematisierte auch die Frage nach der Wiederherstellung des fortifikatorischen Gleichgewichts der Festung Ulm, damit diese ihren strategischen Zweck erfüllen konnte. Dem Dokument kam besondere Bedeutung zu, weil es zur Grundlage aller späteren Diskussionen wurde, bis 1854 ein Bundesbeschluss die erforderlichen Mittel zur Vervollständigung der noch ausstehenden Festungswerke bewilligte.

Einen der wichtigsten Punkte stellte das verschanzte Lager dar. Österreich gab zu bedenken, dass durch den Wegfall der Türme bei Söflingen, im Lehrer Tal (Türme XXXIII und XXXV) und der Werke auf dem Oberen Eselsberg das verschanzte Lager in seiner ursprünglichen Form nicht mehr zu halten war – die gesamte Festung hatte damit *an Ausdehnung und Stärke verloren*[124]. An die Herstellung der beiden Eselsberg-Werke war kaum mehr zu denken, sollten sich doch die Kosten dafür auf über eine halbe Million Gulden belaufen – bei einem fest verplanten Festungbaufonds und zahlreichen nicht beendeten Baustellen kaum durchführbar. Die Denkschrift stellte daher in Aussicht, diese Werke zu einem späteren Zeitpunkt oder im Kriegsfall ausführen zu lassen. Für den Oberen Eselsberg erkannte sie jedoch die schwierige Haltbarkeit dieser entlegenen Position an[125].

Die anderen Vorwerke des linken Ufers sah Österreich durch die angedrohten Reduktionen (starke Verkleinerung der Reduits) in einem Maße geschwächt, dass es ihre Verteidigungsfähigkeit anzweifelte. Der unverhältnismäßig starke Ausbau der Nordfront der Festung würde den Gegner förmlich dazu zwingen, Ulm auf

[122] Damit ist dieses Vorwerk das am nächsten der Umwallung gelegene der Bundesfestung.
[123] Denkschrift über die Festungsbauten (wie Anm. 26).
[124] *Ebda.*, S. 24.
[125] Ob im Kriege derartig große Bauten noch ausführbar gewesen wären, mag bezweifelt werden, sofern man den Armierungstruppen diese Arbeit zukommen ließ. Eine Armee hätte solche Verschanzungen ohne weiteres durchführen können, aber sie hätte wohl nicht in Ulm auf einen angreifenden Gegner gewartet, um erst nach vollendeten Arbeiten gegen diesen zu ziehen. Prittwitz wies auf dieses Problem in seinen beiden Denkschriften bereits mehr als 10 Jahre früher hin.

einem der beiden anderen Flügel anzugreifen[126]. Auf der Ostseite hätte der Feind dabei die besten Chancen auf Erfolg, da hier nur das reduzierte Fort Albeck den Angriff auf die Unteren Stadtfronten und den Unteren Gaisenberg verhinderte. Eroberte der Gegner erst diese günstige Position, könnte er von dort aus mit vierfacher Überlegenheit die Untere Gaisenbergbastion in Schutt und Asche schießen. Aus diesen Gründen sei es nicht hinnehmbar, die beiden wichtigen Werke nicht mit Reduits und das Fort Albeck ohne gemauerte Contrescarpe auszustatten. Fort Albeck entbehre zusätzlich noch der Unterstützung durch Wegfall des Turms Nr. XL in dessen rechter Flanke.

Auf der Westseite müsse das Fort Unterer Kuhberg ähnliche Aufgaben übernehmen, wie das Fort Albeck. Ein Reduit und eine gemauerte Contrescarpe stellten ein wesentliches Erfordernis dar. Letzterer käme eine besondere Bedeutung zu, weil die geologische Beschaffenheit des Terrains keine geböschten Erdcontrescarpen zulasse[127]. Dass auch auf der Westfront ein Turm (Nr. XXXI) wegfallen sollte, ist angesichts der oben genannten Einsparungen verständlich – Österreich hoffte aber, diesen zu einem anderen Zeitpunkt doch noch herstellen zu lassen. Auf der östlichen Bergfront bemängelte der Antrag den Verzicht auf Contrescarpenmauern und Reduits beider Bastionen, doch wurde wenigstens für den Oberen Gaisenberg dadurch Ersatz geschaffen, indem an die Stelle des Reduits ein defensibles Kriegspulvermagazin trat[128]. In der Wilhelmsfeste war die Contrescarpe vor dem mittleren Teil der Nordfront in Erde belassen worden. Gerade vor dem wichtigsten Abschnitt sollte aber ebenso eine gemauerte Grabengegenwand entstehen, was mit den verhältnismäßig geringen Kosten begründet wurde. Das Fortbleiben der Stadtkehle empfand man als großen Nachteil und verwies auf andere Festungsstädte mit geschlossener Kehle[129].

Für das rechte Ufer kritisierte Österreich, dass nur drei statt sechs Vorwerke ausgeführt werden sollten, womit die Offensivkraft des Brückenkopfs empfindliche Einbußen erlitten hätte. Von dem einst starken verschanzten Lager sei nicht viel übrig geblieben. Um jedoch ein Mindestmaß an Sicherheit für das Debouchieren ausfallender Truppen zu erlangen, bestand Österreich auf der Ausführung der Vorwerke X und XI vor oder doch mindestens eines Vorwerkes hinter Offenhausen, dadurch sollte *Ulm als Centralwaffenplatz von Süddeutschland seine strategische Wichtigkeit wahren*[130].

Dass die Hauptumfassung von Neu-Ulm nicht genügen konnte, versteht sich für den heutigen Betrachter fast von selbst. So bemängelt die Denkschrift die breiten, trockenen Gräben mit ihren nur 24 Fuß hohen Escarpen und die fehlenden Waffenplatzreduits. Da hier ohnehin nichts mehr zu ändern war, blieb nur noch, den Ersatz der inzwischen verfaulten hölzernen Blockhäuser durch permanente in allen acht Waffenplätzen zu fordern. Eines davon erbaute die Bayerische Ei-

---

126 Zwar wurde von Turm XXXVI eine Etage eingespart, dafür hatte das Fort Avancé 33 Fuß hohe Escarpen mit Dechargengalerien erhalten. Zusammen mit der Wilhelmsfeste sei die Nordfront somit nahezu unangreifbar. Vgl. Denkschrift über die Festungsbauten (wie Anm. 26) S. 25.

127 Dies war eine Erfahrung der zahlreichen Wallabrutschungen in den beiden Kuhberg-Forts. Vgl. StadtA Ulm C 10 Akten 5: Militär-Baugeschichte linken Ufers (wie Anm. 55).

128 Somit erklärt sich auch dessen ungewöhnliche Form, die – bis auf die Scharten – exakt mit derjenigen der Kriegspulvermagazine auf dem linken Ufer übereinstimmt.

129 Eine solche besaßen z. B. Ingolstadt, Germersheim, Mainz, Koblenz und Thorn.

130 Denkschrift über die Festungsbauten (wie Anm. 26) S. 27.

senbahnverwaltung[131].

Zusammengefasst forderte der Antrag die Erbauung der noch ausstehenden Reduits und Contrescarpen der Werke Fort Unterer Kuhberg, Fort Albeck, des Reduits im Unteren Gaisenberg, die Contrescarpe vor der Wilhelmsfeste, der Stadtkehle beider Ufer, von Waffenplatzreduits auf dem rechten Ufer und zweier Forts bzw. wenigstens einem Fort bei Offenhausen. Neben diesen unerläßlichen Bauten blieben noch weitere notwendige Arbeiten zu beantragen. Sie bezogen sich auf den Bau von Kehlmauern, der Sicherung des Stuttgarter Tors und andere kleinere Baumaßnahmen. Die Turmforts sollten späterer Zeit vorbehalten bleiben. Für sämtliche Bauten wurden 1.651.251 Gulden veranschlagt[132]. Zusammen mit den beantragten Geldern für die Vervollständigung von Rastatt belief sich der Nachbewilligungsantrag der beiden Bundesfestungen auf eine Gesamtsumme von rund 3,5 Millionen Gulden[133]. Für 1853 beabsichtigte Österreich zunächst den Rest der ursprünglichen Bewilligung von 27,5 Millionen Gulden aufzubrauchen, der für beide Festungen noch 1.495.828 Gulden betrug (Ulm-Rastatter Baufonds)[134]. Die Arbeiten an den beiden Festungen sollten aber nicht nochmals wegen mangelnder Mittel unterbrochen werden müssen. In diesem Jahr sei aufgrund der vorgerückten Jahreszeit sogar Eile geboten, um genügend Arbeiter zu behalten, damit sich diese nicht nach anderer Arbeit wie dem Eisenbahnbau umsahen. Der Schlussappell Österreichs, in dem die Wichtigkeit der unvollendeten Festungen Süddeutschlands hervorgehoben wurde, richtete sich v.a. an die "Nordstaaten": Frankreich habe über 300 Millionen Francs für die Befestigung von Paris ausgegeben, da werde es den deutschen Staaten nicht zu teuer sein, 31 Millionen Gulden für den *Schutz der verwundbarsten Stelle Deutschlands*[135] auszugeben – auch wenn zur Zeit niemand mit einem Krieg rechne.

Interessanterweise macht die Denkschrift bei all' ihren Erklärungsversuchen zur Finanzproblematik keine Vorwürfe an die Festungsbaudirektion oder die Militärkommission wegen überschrittener Baukosten. Zwar hätte die Militärkommission Konzessionen bei Überschreitungen einzelner Kostenanschläge bewilligt, obwohl sie zur Einhaltung des Bundesbeschlusses vom 11. August 1842 verpflichtet gewesen wäre. Doch als die Militärkommission zu der Ansicht kam, dass die Mittel nicht ausreichen würden, brachte sie dies der Bundesversammlung zur Kenntnis. Daher war nach österreichischer Überzeugung die Hauptverantwortung für die Misere bei der Bundesversammlung zu suchen – und zwar bereits 1842, als diese die Gesamtkosten für die Festungsbauten festlegte, ohne sich vorher mit dem Ausschuss in Militärangelegenheiten[136] abgestimmt zu haben.

---

[131] Das Eisenbahnblockhaus und eine Hohltraverse sicherten die Eisenbahneinmündung in die Fronte 1–3 des Brückenkopfs. Sie waren die Bedingungen, dass die Eisenbahn überhaupt in die Festung eingeführt werden durfte.

[132] Durch Umbuchung von Einsparungen in der Artillerieausrüstung von Ulm hatte sich diese Gesamtsumme bereits um 179.092 Gulden vermindert. Vgl. Denkschrift über die Festungsbauten (wie Anm. 26) S. 66: Unteranlage c.

[133] Für die noch anstehenden Baujahre 1854 und 1855 also je 1.761.649 Gulden. Vgl. Denkschrift über die Festungsbauten (wie Anm. 26) S. 48.

[134] Dieses Geld war bekanntlich z. T. zweckentfremdet worden oder musste noch bei einigen Staaten eingefordert werden, die sich mit ihren Matrikularbeiträgen im Rückstand befanden.

[135] Denkschrift über die Festungsbauten (wie Anm. 26) S. 52.

[136] Der Ausschuss in Militärangelegenheiten war eine Mittelsstelle zwischen Militärkommission und Bundesversammlung. Seine Einwirkungsmöglichkeit war gewöhnlich nur gering, so dass er die Anträge und Anordnungen der beiden Stellen normalerweise unkommentiert weiterleitete.

Den Anträgen auf Fortbau und Finanzierung im geschilderten Rahmen traten die Militärbevollmächtigten des VIII., IX. und X. Armeekorps sowie die Militärbevollmächtigten von Bayern[137] und Württemberg bei. Preußen hingegen protestierte energisch gegen die neue Matrikularumlage von 3,5 Millionen Gulden und legte in der Bundesversammlung ein z. T. recht scharfes Minoritätsgutachten vor. Otto von Bismarck als preußischer Bevollmächtigter argumentierte, es würde auch in Preußen Festungen geben, die auf Bundesterrain lägen und in die noch kein Geld für den Ausbau geflossen sei. Es bestehe keine Notwendigkeit, noch mehr Geld für die beiden Bundesfestungen auszugeben, auch wenn jetzt die Mittel hierfür erschöpft seien. Der militärische Zweck von Ulm und Rastatt ließe sich auch ohne die vorgeschlagenen Erweiterungen erfüllen. Gleichzeitig musste er aber zugeben, über die Festigkeit beider Plätze kein technisches Urteil fällen zu können; Ulm werde aber trotzdem eine der am schwierigsten einzunehmenden Festungen in Europa sein[138]. Er schlug eine sukzessive Verstärkung und Ergänzung der Festungswerke vor, wie dies in Mainz schon seit Jahrzehnten praktiziert worden war[139]. Die Militärkommission solle Vorschläge erarbeiten, wie mit den disponiblen Mitteln ein vernünftiger, *den Ansprüchen der Fortifikation möglichst entsprechender Abschluß*[140] zu finden war.

In der Aussprache vom 2. April 1853 äußerte sich Bismarck kritisch über die Bemerkungen der österreichischen und bayerischen Militärbevollmächtigten[141]. Er betonte, er könne den Anträgen Österreichs nicht zustimmen, weil die zu genehmigenden Matrikularbeiträge die durch den Bundesbeschluss vom 11. August 1842 festgelegten Maximalsummen überstiegen. Ohnehin weise alles darauf hin, dass der Beschluss vom 26. März 1841 für den Bund keine größere Tragweite besitze, wenn man sich vor Augen halte, wie viele Reduktionen im Laufe der Zeit wegen Kostenüberschreitungen bereits vorgenommen wurden. Preußen wollte nur dann neue Bewilligungen akzeptieren, wenn sich herausstellte, dass die bislang investierten Mittel nicht ausreichten, um Ulm und Rastatt in einen verteidigungsfähigen Zustand zu versetzen. Bismarck lehnte jedoch die Aussage ab, dass sich die bislang investierten Mittel als nutzlos erwiesen hätten. Der gegenwärtige Zustand der Anlagen lasse ein baldiges Ende des Festungsbaus erwarten. Bis dahin sollten die Mittel zweckmäßig zur Vollendung der Werke eingesetzt werden und wenn dies nicht reiche, müsse eben die sehr reichlich bemessene Artillerie-Ausrüstungssumme hierfür verwendet werden[142].

Von den noch zu erbauenden Festungswerken bezeichnete Bismarck nur folgende als wichtig:

---

[137] Bayern stellte darüber hinaus den Antrag auf Bau von zwei Vorwerken vor Offenhausen, um das Debouchieren aus dem Brückenkopf zu ermöglichen. Damit solle die strategische Aufgabe Ulms gewahrt werden. Da jedoch die Mittel für die Ausführung von zwei Werken wegen der Preissteigerungen nicht ausreichen würden, sei eine Erhöhung der Bewilligungen um 79.000 Gulden nötig. Abstimmung des Königlich-Bayerischen Militärbevollmächtigten, die Denkschrift des Herrn Präsidirenden der Militärcommission über den Ausbau der Bundesfestungen Ulm und Rastatt betreffend. In: Denkschrift über die Festungsbauten (wie Anm. 26) S. 67.

[138] Vgl. Protokolle der Deutschen Bundesversammlung vom Jahre 1853. Frankfurt 1853. S. 296m: Separatprotokoll der 11. Sitzung der Bundesversammlung.

[139] Zu den sukzessiven Mainzer Verstärkungen vgl. *Neumann* (wie Anm. 7).

[140] Protokolle der Deutschen Bundesversammlung (wie Anm. 138) S. 296m.

[141] *Ebda.*, S. 296i–296n.

[142] Dadurch sollten 264.000 Gulden disponibel werden, da einzelne kleinere Werke mit ihrer Artillerieausrüstung entfielen.

- das Reduit des Forts Albeck,
- ein verkleinertes Reduit für den Unteren und Oberen Kuhberg.

Andere Maßnahmen verwarf er in seinem Gutachten, so auch die beiden Vorwerke bei Offenhausen[143] oder das Reduit des Unteren Gaisenbergs und forderte deren Herstellung auf Dotationskosten. Wegen anderer wichtiger Befestigungsvorhaben[144] könne er nur die noch ausstehenden Restbeträge für abschließende Bauarbeiten genehmigen. Wenn die süddeutschen Festungen für die angrenzenden Bundesstaaten so wichtig seien, sollten diese auch die Mittel für den Ausbau bereitstellen. Anschließend erhob er – im Gegensatz zu Österreich – massive Vorwürfe gegen die Festungsbaudirektion linken Ufers und die Bundesversammlung, weil ein Generalkostenvoranschlag gefehlt habe bzw. nicht angefordert worden sei, bevor die Befestigung angeordnet wurde. Doch auch die Militärkommission hätte die Kostenüberschreitungen bereits 1842 erkennen können. Überhaupt habe die Militärkommission eine bedeutende Teilschuld an der Finanzmisere, denn als die Bundesversammlung 1846[145] eine Escarpenhöhe von 24 Fuß für die Vorwerke bestimmt hatte, setzte sich die Kommission zwei Jahre später glatt über den Bundesbeschluss hinweg[146]. An anderer Stelle warf er einen verschwenderischen Umgang mit Finanzmitteln vor[147]. Der Festungsbaudirektion rechten Ufers hielt er die hohen Bau- und Bauführungskosten vor und entfachte damit eine längere und nicht immer faire Auseinandersetzung zwischen Bayern, Württemberg und Preußen. Prittwitz hingegen bekam von Bismarck ausdrückliches Lob für die exakte Berechnung der Maximalsumme der Bergbefestigungen, die sich jetzt nach der fast vollständigen Beendigung der Werke bewahrheitet hatte[148].

Bei diesen drastischen Vorschlägen und Argumenten wundert es kaum, dass Österreich die preußische Separatabstimmung vom 22. Januar 1853 kommentieren musste. Denn nicht nur Preußen, sondern auch die anderen deutschen Bundesstaaten hatten für den Ausbau des deutschen Festungssystems bedeutende Opfer gebracht; Bayern habe mit Ingolstadt und Germersheim wohl die größten Kosten auf sich geladen. Die finanziellen Überlegungen Preußens seien zudem unhaltbar, denn es waren bereits wieder Rutschungen an einigen Werken eingetreten; somit würden die 264.000 Gulden disponibler Mittel nicht ausreichen, um den Schaden zu reparieren und zugleich die begonnenen Werke fertigzustellen[149]. Zwar hoffe man, durch Verkauf des Oswald'schen Gartens und anderer nicht mehr benötigter Grundstücke an die Stadt Ulm noch einige Einnahmen zu erzielen, aber dennoch bliebe ein größeres Defizit bestehen. Der Artillerieausrüstungsfonds dürfe jedoch nicht für die Deckung fehlender Mittel herangezogen werden, weil hier noch größere Anschaffungen anstünden.

---

[143] Neu-Ulm sei nur Brückenkopf, daher genügten die drei bewilligten Vorwerke des rechten Ufers.

[144] Gemeint sind die Küstenbefestigungen an der Nord- und Ostseeküste, die Preußen fast im Alleingang 1848 hatte finanzieren müssen.

[145] Vgl. Bundesbeschluss vom 20.8.1846. In: Protokolle der Deutschen Bundesversammlung (wie Anm. 66) S. 589.

[146] Genehmigung durch die Militärkommission vom 17.3.1848, als diese bereits von der Finanzknappheit unterrichtet war.

[147] Das Ehinger Tor hielt er für zu stark dimensioniert; einzelne Bauwerke wie der Örlinger Turm hätten unnötige architektonische Ausschmückungen erhalten.

[148] Maximalanschlag 1842: 4.513.290 Gulden, tatsächliche Kosten: 4.379.276 Gulden.

[149] Österreich rechnete mit bis zu 84.000 Gulden Schaden durch Rutschungen.

In der Militärkommission verschärfte sich die Diskussion ebenso, nachdem sich der Bevollmächtigte Bayerns und die Vertreter des VIII. und IX. Armeekorps hinter Österreich gestellt hatten. Preußen beschuldigte die drei Staaten des VIII. Armeekorps, *nicht das Allermindeste aus eigenen Mitteln für die fortificatorische Sicherung der Bundesgrenzen und ihres eigenen Gebietes [geleistet zu haben], sondern diese ganze Sicherung dem gesammten Bunde*[150] zu überlassen und jetzt zusätzlich noch 3,5 Millionen Gulden zu beanspruchen. In Preußen kämen auf eine Million matrikularmäßige Einwohner 2 Festungen (bei fast 8 Millionen Preußen). Auf drei Millionen Bayern umgerechnet ergebe das neun Festungen, was augenscheinlich nicht der Fall sei. Der Bund habe schon früher kein Interesse gehabt, mehr Geld in die Sache zu investieren und Preußen sehe das jetzt immer noch so. Die Festung sei mit den gegenwärtig genehmigten Werken stark genug und wenn das nicht genüge, sollten die Anrainerstaaten in diese finanzielle Bresche springen. Die Übernahme weiterer Kosten für deren Territorialrücksichten durch den Bund sei völlig ungerechtfertigt. Die Fronten innerhalb des Deutschen Bundes lagen damit fest; Preußen wurde trotz heftiger Proteste am 2. Juni 1853 überstimmt und die Gelder genehmigt[151].

Die Finanzierung des Festungsbaues ab 1853

Um einstweilen an das für 1853 noch ausstehende Baugeld heranzukommen, schlug der Gesandte Sachsens am 12. Mai 1853 vor, den Ulm-Rastatter Baufonds durch Liquidation der Marine zu finanzieren[152]. Es lagen dort noch große Ansprüche offen, doch kam man nicht an diese heran, solange die Schiffe dem Bund gehörten. Um der abermaligen Sistierung der Baumaßnahmen in Ulm vorzubeugen, sollten die säumigen Mitgliedsstaaten zunächst ihre Ausstände begleichen, wobei er diese auf eine Summe von nahezu 314.000 Gulden berechnete. Damit sah Sachsen den Fortbau für die nächsten Monate gesichert.

Weitere Gelder flossen dem Baufonds durch Beschluss der Bundesversammlung vom 2. Juni 1853 zu, die eine Bereitstellung von 534.898 Gulden festsetzte[153]. Das Geld dazu stammte aus den 1848/49 zu Gunsten des Zentralverwaltungsfonds geplünderten Fonds der Bundesfestungen. Österreich schlug vor, die dem Festungsbaufonds zustehenden Ansprüche auch tatsächlich nach Ulm und Rastatt zu leiten, was wiederum zu einen deutlichen Protest aus Preußen führte[154].

Einführung einer jährlichen Dotation für Ulm

Am 2. Juni 1853 berichtete der bayerische Gesandte von den Überschwemmungen der Iller, die in der ganzen Umgebung von Neu-Ulm beträchtliche Schäden hervorgerufen hatten. An der Hauptumwallung war ein Teil der Erdcontrescarpe zu-

[150] Vgl. Protokolle der Deutschen Bundesversammlung (wie Anm. 138) S. 153: Gegenbemerkungen des Königlich-Preußischen Militärbevollmächtigten zu den Bemerkungen des Kaiserlich-Königlich-Österreichischen Herrn Militärbevollmächtigten über die Separatabstimmung des Erstgenannten vom 22.1.1853.
[151] Vgl. Protokolle der Deutschen Bundesversammlung (wie Anm. 138) S. 438a–438d: Separatprotokoll der 17. Sitzung der Deutschen Bundesversammlung.
[152] *Ebda.*, S. 378a–378c: Separatprotokoll der 15. Sitzung der Deutschen Bundesversammlung.
[153] *Ebda.*, S. 438a ff.: Separatprotokoll der 17. Sitzung der Deutschen Bundesversammlung.
[154] Preußen sah den Ausbau von Mainz und Luxemburg gefährdet, wenn für diese beiden Festungen keine Baugelder mehr verfügbar wurden.

sammengestürzt. Die Festungsbaudirektion bezifferte diesen Schaden auf 15.524 Gulden. Diese und weitere Kosten (z. B. durch Fundamentsetzungen und andere kleinere Schäden) waren nach dem Vorschlag des bayerischen Gesandten ab jetzt nicht mehr der Festungsbaukasse in Rechnung zu stellen, sondern sollten aus einem einzurichtenden Dotationsfonds fließen. Die Militärkommission hatte den Aufwand an Bauunterhalt des laufenden Jahres 1853 mit 12.648 Gulden angenommen; der außerordentliche Aufwand für die Beseitigung der Hochwasserschäden, den inneren Ausbau und andere kleinere Posten wurde auf 36.033 Gulden festgesetzt[155]. Für das Jahr 1854 und die Folgejahre betrug die jährliche Ulmer Dotation für den laufenden Unterhalt 40.000 Gulden[156].

In Ulm erlaubten die dürftigen Mittel nur die Durchführung der notwendigsten Arbeiten. Um weitere Ersparnisse zu erzielen, verzichtete der Bund auf die Zahlung der Bauzulage für die am Festungsbau beschäftigen Offiziere und Kassenbeamten vom 1. Februar 1854 an[157]. Damit keine weiteren Friedenspulvermagazine erbaut werden mussten, zog die Artillerieausrüstungsdirektion für diesen Zweck mehrere Defensionshohlräume heran, die man wegen der Feuchtigkeit der Räume mit Friedensdächern versah[158]. Es fehlte jedoch weiterhin die Entscheidung des Bundes zum Bau noch nicht begonnener Werke. Die Militärkommission drängte auf eine baldige Beschlussfassung und Mittelzuweisung und begründete dies mit dem inzwischen ausgebrochenen Krimkrieg. Deutschland sei von diesem Krieg zwar nicht unmittelbar bedroht, könne jedoch hineingezogen werden[159].

Insgesamt standen nach diesem Bericht noch folgende Bauwerke aus:
1. zahlreiche Reduits,
2. die Haupttore waren unvollendet,
3. die eingestürzten Contrescarpen waren noch nicht ausgebessert,
4. wegen fehlender Entscheidung von Seiten des Bundes konnte nicht an Kehle und Contrescarpe des Fort Albeck gearbeitet werden.

Genehmigung der für die Fertigstellung benötigten Gelder

Die Bundesversammlung kam 1854 nicht umhin, dem bayerischen Vorschlag zuzustimmen. Damit war die Fertigstellung der Festungswerke Ulms endgültig gesichert. Das Geld stammte – gemäß Antragstellung Sachsens – aus der vorschussweisen Zahlung des im gleichen Jahr endlich unter Dach und Fach gebrachten Verkaufs der ehemaligen deutschen Marine. Das Separatprotokoll vom 22. Juni 1854 legte den Umfang der sogenannten "Verstärkung der Festung" endgültig

[155] Die Festungsbehörden veranschlagten für den laufenden Bauunterhalt 21.062 Gulden und 49.324 Gulden zu Lasten des außerordentlichen Aufwands.

[156] Vgl. Protokolle der Deutschen Bundesversammlung (wie Anm. 138) S. 974–978. Zwar waren die Festungsanlagen von Ulm noch nicht vollendet, doch stellte dies eine Möglichkeit dar, die Festungsbaukasse zu entlasten, ohne den Bundesbeschluss vom 11.8.1842 mit seiner präliminierten Bausumme zu verletzen.

[157] Vgl. Protokolle der Deutschen Bundesversammlung vom Jahre 1854. Frankfurt 1854. S. 99–101: Beschluss der Bundesversammlung vom 16. Februar 1854.

[158] Es handelt sich dabei um das Turmreduit des linken Stützpunkts der Wilhelmsfeste, den Lehrer Turm und später das Reduit des Forts Unterer Eselsberg (Beschluss vom Jahr 1855).

[159] Dieser Krieg sei ein Krieg des Westens gegen den Osten und Deutschland lag nach Ansicht des bayerischen Gesandten in der Bundesversammlung nicht nur geographisch sondern auch politisch in der Mitte. Vgl. Protokolle der Deutschen Bundesversammlung (wie Anm. 157) S. 340–341.

fest[160]. Entgegen den Vorschlägen der Militärkommission erhielten die noch nicht begonnenen Contrescarpen der Werke XV, XXIX, XXXII und XXXIX eine Höhe von 12 Fuß (statt 18–23 Fuß)[161]. Die Reduits der Unteren Gaisenbergbastion sowie der Forts Unterer Kuhberg und Albeck wurden stark verkleinert, wobei das Gaisenberg-Reduit eine Inneneinrichtung als Kriegsspital bekam. Das Stuttgarter Tor mit Wachtgebäude wurde ebenso wie die Obere Stadtkehle genehmigt; jedoch behielt sich die Militärkommission die Herstellung der Unteren Stadtkehle für den Kriegsfall vor. Die eingestürzte linke Flanke des Forts Oberer Kuhberg und einige kleinere Einstürze am Unteren Kuhberg waren ebenfalls mit diesen Geldern zu begleichen[162]. Unberücksichtigt blieben die Kosten für die Wiederherstellung der Erdrutsche an den Gaisenbergen, die die Festungsbaudirektion mit 103.092 Gulden veranschlagte.

Wie der Vergleich mit der österreichischen Denkschrift vom Oktober 1852 zeigt, handelte es sich hierbei keineswegs um Verstärkungsbauten, sondern nur um die Fertigstellung der Festung. Die einzige Verstärkung stellte die Genehmigung zum Bau dreier Turmforts in den Zwischenfeldern dar. Die Kosten wurden auf 35.714 Gulden pro Turmfort festgesetzt. Auch Neu-Ulm profitierte von der Entscheidung aus Frankfurt: Zwar war die Hauptumwallung bereits seit der Armierung 1848 vollendet, jedoch fehlten noch zwei Wachtblockhäuser vor den beiden Toren. Die Bundesversammlung beschloss den Bau dieser und zweier weiterer Blockhäuser im gedeckten Weg für insgesamt 64.000 Gulden, verzichtete hingegen auf die Neu-Ulmer Stadtkehle[163]. Das Gesamterfordernis für alle genannten Arbeiten beliefen sich auf 1.169.741 Gulden. Durch Einsparungen aus der inzwischen weitgehend beendeten Artillerieausrüstung wurden 179.092 Gulden auf den Baufonds umgebucht[164]. Diese Gelder wies man je zur Hälfte den Baujahren 1855 und 1856 zu[165].

Die Festungsbaudirektion wird zur Geniedirektion

Mit sich dem Ende neigendem Baubetrieb an der Bundesfestung Ulm ging die Zusammenführung der württembergischen und bayerischen Festungsbaudirektion in eine gemeinsame Institution einher. Der Bundesbeschluss vom 29. März 1855 bedeutete das Ende der Festungsbaudirektion rechten Ufers aus ökonomischen Rücksichten; sie wurde am 23. April 1855 aufgelöst[166]. Die wenigen noch auszuführenden Baumaßnahmen erledigte der bayerische Oberst Spieß von Ulm aus. Baudirektor von Hildebrandt verließ Ulm bereits am 14. Februar 1855, nachdem

---

[160] Vgl. *ebda.*, S. 568a–568c.
[161] Vgl. *ebda.*, S. 568g–568i: Kosten für die Contrescarpen: Courtine XV: 42.700 Gulden, Fort Unterer Kuhberg: 66.817 Gulden, Fort Oberer Kuhberg: 20.155 Gulden, Fort Albeck (inkl. Kehlmauer): 53.590 Gulden.
[162] Kosten für den Wiederaufbau: 66.964 Gulden.
[163] Bayern bedauerte, dass auf seinem Ufer nicht alle von ihm beantragten Befestigungsanlagen bewilligt wurden. Insbesondere die nicht erfolgte Sicherung Offenhausens durch Vorwerke stieß auf Unverständnis. Trotzdem stimmte Bayern dem Antrag zu.
[164] Damit belief sich die Gesamtsumme für den Ausbau auf nur noch 99.0649 Gulden.
[165] Vgl. Protokolle der Deutschen Bundesversammlung (wie Anm. 157) S. 568e.
[166] Vgl. Protokolle der Deutschen Bundesversammlung vom Jahre 1855. Frankfurt 1855. S. 350–351. Antrag des Großherzogtums Hessen vom 15.3.1855, da die Bauführungskosten auf dem rechten Ufer in keinem richtigen Verhältnis zu den noch ausstehenden Bauten standen. Der Antrag wurde von der Militärkommission unterstützt. Oberst Spieß blieb Leiter der Festungsbauten auf dem rechten Ufer bis zum 1.8.1857.

er vom bayerischen König in den Ruhestand versetzt worden war[167].

Am 1. August 1857 erfolgte die Umbenennung der Festungsbaudirektion in Geniedirektion – ein Zeichen dafür, dass der Festungsbau mit fünfjähriger Verspätung nun als vollendet angesehen wurde[168]. Bayern und Württemberg hatten sich mittlerweile wegen der Personalverhältnisse in der Geniedirektion verständigt. Die Festungsbaukasse erhielt die Bezeichnung "Festungshauptkasse" und die Artillerieausrüstungsdirektion hieß ab jetzt "Artilleriedirektion". Die Dotation betrug nun jährlich 42.000 Gulden, mit der der laufende Unterhalt und kleinere Verbesserungen zu bestreiten waren[169].

Die Fertigstellung der Festung

1855 blieben von den noch nicht vollendeten Werken fünf große Baustellen übrig: Das Reduit der Unteren Gaisenbergbastion stand kurz vor der Vollendung. Am Fort Albeck wurde noch gearbeitet. Größere Probleme bereitete der Wiederaufbau des Unteren und Oberen Kuhbergs. Beim Fort Unterer Kuhberg kam es 1856 zu einem neuerlichen bedeutenden Einsturz der Escarpe, der zusätzlich 70.000–75.000 Gulden erforderte. Eine außerordentliche Bewilligung diente der Fertigstellung der langen in Erde geböschten Gaisenberg-Contrescarpe von der Wilhelmsburg bis zum Eisenbahndurchlass der Stuttgarter Eisenbahn[170].

Die Neu-Ulmer Blockhäuser verlegte man noch vor ihrem Bau 1856 in die Waffenplätze beiderseits der Caponnieren 4 und 6. Aus dem Erlös der Pfuhler Festungsziegelei erbaute man noch ein fünftes Blockhaus[171]. Einsparungen beim Bau dieser Blockhäuser ließen 1857 sogar den Bau eines weiteren Blockhauses zu. Damit war der Brückenkopf Neu-Ulm fertiggestellt.

Im Jahr 1858 folgte die Vollendung nahezu aller verbliebenen Festungswerke mit Ausnahme des Forts Unterer Kuhberg, wo an der eingestürzten rechten Face gearbeitet wurde. Der Festungsbau fand sein Ende, ohne irgendwelche Aufmerksamkeit zu erregen; es gab weder eine Zeremonie in Frankfurt noch eine feierliche Schlusssteinlegung vor den Augen der Ulmer Bevölkerung.

War die Festung Ulm eine "trutzige Feste?"

Betrachtet man die beim Bau der Bundesfestung aufgetretenen finanziellen und politischen Schwierigkeiten, drängt sich die Frage auf: War Ulm eine "trutzige Feste" oder eher ein unfertiges Provisorium? Und führt man die Frage ein Stück weiter: Entsprach die vollendete Festung der ursprünglichen Idee der Bundesversammlung von 1841 als verschanztes Lager und Zentralwaffenplatz?

Die von Prittwitz ursprünglich projektierten Befestigungen aus den Jahren 1842/43 zeichneten sich durch ihre große fortifikatorische Stärke aus, die auf

[167] Vgl. StadtA Ulm C 10 Akten 1: Graf (wie Anm. 4).

[168] Genehmigung dieser Übereinkunft durch die Bundesversammlung auf der 21. Sitzung vom 2.7.1857 mit Wirkung zum 1.8.1857. Vgl. Protokolle der Deutschen Bundesversammlung vom Jahre 1857. Frankfurt 1857. S. 535.

[169] Die Dotation wies Frankfurt zweimal im Jahr an: im Frühjahr und im Herbst.

[170] Es stellte sich als billiger heraus, die Erdcontrescarpe jetzt zu vollenden, als alljährlich Rutschungen zu beseitigen

[171] Dieses entstand im linken Waffenplatz der Fronte 7–9. Vgl. StadtA Ulm C 10 Akten 11. Militär-Baugeschichte rechten Ufers (wie Anm. 102).

zahlreichen kasemattierten Gebäuden beruhte. Nur die Werke auf den Bergfronten und die Zitadelle konnten nach diesem ursprünglichen Entwurf – mit einzelnen Abstrichen – ausgeführt werden. Nachdem sich schnell herausgestellt hatte, dass dieses Projekt an den hohen Kosten scheitern würde, plante Prittwitz deutlich einfachere und etwas kleingliedrigere Anlagen für die Stadtfronten. Die zur Hauptfestung gehörenden Forts Albeck und Unterer Kuhberg waren relativ stark gehalten. Die Forts des verschanzten Lagers, die um einiges kleiner und schwächer waren, besetzten weitere markante Stellen. Die ersten Entwürfe Herdegens zur Hauptumwallung auf dem rechten Donauufer hätten dieser eine so große Mächtigkeit gegeben, dass sie ohne weiteres mit der Stärke der Umwallung auf dem linken Donauufer konkurrieren konnte. Der Entwurf für die eigentliche Hauptfestung besaß damit eine hohe fortifikatorische Widerstandsfähigkeit, die diejenige der anderen Bundesfestungen weit übertroffen hätte.

Die ausgeführten Werke stellen sich z. T. etwas anders dar: Die einsetzenden finanziellen und geologischen Probleme ab 1845/46 und besonders nach 1852 bedeuteten das Aus für einen großen Teil des verschanzten Lagers und bescherten in der Folgezeit vielen Festungswerken z. T. bedeutende Reduktionen, die manchmal bis an den Rand der Sinnhaftigkeit gingen[172]. Die Neuordnung der finanziellen Verhältnisse 1852 brachte zwar eine gewisse Entspannung der Probleme mit sich. An den wichtigsten Stellen erhielten Umwallung und vor allem der Fortgürtel die bislang zurückgestellten Contrescarpenmauern, die jetzt allerdings nur in halber Höhe ausgeführt wurden. Alle Kernwerke und Forts bekamen ein (wenn auch z. T. stark verkleinertes) Reduit. Doch die ursprüngliche Stärke ließ sich durch solche Maßnahmen nicht wiederherstellen[173].

Was dagegen die Höhe der Escarpenmauern auf dem linken Donauufer anbelangt, konnte ursprünglich ohne weiteres von einem hohen Maß an Sturmfreiheit die Rede sein. Die 33 Fuß hohen Mauern finden sich nicht nur an der Hauptumwallung (Ausnahme: Stadtfronten mit ca. 22 Fuß an den Courtinen und 28 Fuß an den Kernwerken), sondern auch an allen Forts mit trockenen Gräben. Die Forderung nach derartiger Höhe stammte nicht von der Militärkommission, sondern von Prittwitz[174]. Er war es auch, der diese Mächtigkeit ebenfalls für die Forts einforderte und lieber bereit war, dafür andere Schwächungen hinzunehmen. Die Escarpenhöhen anderer Festungen des gleichen Erbauungszeitraumes zeigen z. T. deutlich niedrigere Escarpen[175]. Auch in der Literatur dieser Zeit geht man von einer allgemeinen Sturmfreiheit von 24–30 Fuß aus[176]. Interessant scheint in diesem

[172] Erinnert sei hier an den vorgesehenen Wegfall der Contrescarpe des Werkes XV, das als Hauptangriffsfront der Wilhelmsfeste fungierte.

[173] Die halbhoch ausgeführten Contrescarpen rächten sich bereits bei Einführung der gezogenen Geschütze ab 1860, da die Granaten den Fuß der Escarpenmauern erreichten, ohne vorher durch die Contrescarpe und den in diesem Fall näher am Graben befindlichen Glaciskamm aufgehalten zu werden. Einzelne mit hoher Contrescarpe aufgeführte Minenvorhäuser schützten ab 1860 wenigstens die Caponnieren der Forts.

[174] Diese hatte 24 Fuß Höhe für alle gefährdeten Mauern gefordert.

[175] Hauptumfassung von Paris: 31 Fuß (statt der von Carnot geforderten 36 Fuß), Koblenz (Fort Alexander): ca. 30 Fuß, Germersheim: 28 Fuß.

[176] Heinrich *Fogt*: Grundzüge der permanenten Befestigung. Berlin 1859: 18–24 Fuß .- Wilhelm *Rüstow*: Die Lehre vom neueren Festungskrieg. Berlin 1860: 30 Fuß .- H. *Blumhardt*: Die stehende Befestigung. Bd. 1: Die Lehre von den einzelnen Theilen der Befestigung. Darmstadt 1864: 32 Fuß .- Otto *Kleemann*: Die beständige Befestigung und der Festungskrieg. Bd. 2: Moderne Befestigung. München 1867: 30 Fuß, aber bei starker Flankierung genügten ihm auch 24 Fuß für die Hauptumwallung bzw. 16 Fuß (!) für die Forts.

Zusammenhang, dass Prittwitz in einer im Jahr 1836 verfassten Schrift[177] als ausreichende sturmfreie Höhe 24 Fuß angibt, die nicht überschritten werden müsse – der bedeutenden Kosten wegen[178].

Ob die Steigerung der Sturmfreiheit durch hohe Escarpen jeweils die Schwächung der Forts durch fehlende oder halbhoch gemauerte Contrescarpen aufgewogen hätte, muss mit Blick auf die anderen deutschen Festungen neudeutscher Manier angezweifelt werden. Die Escarpen dürfen trotzdem als bedeutendstes Hindernis beim Festungsangriff angesehen werden[179]. Das Fehlen von Carnot'schen Bogenmauern kann bei den meisten Außenforts nicht als Manko angesehen werden. Nur bei den am meisten gefährdeten Forts Unterer Kuhberg und Albeck wäre ihre Anwendung wegen der größeren Stabilität wünschenswert gewesen. Die in den Wall eingebauten Wurfbatterien für Mörser wurden z. T. bedeutend verkleinert[180]. Diese Maßnahme darf dem Festungsbaudirektor zugestanden werden, denn die meisten Mörser feuerten ohnehin häufig aus Stellungen im Hof der Werke, wo sie flexibler richten konnten.

Anders sah es hingegen bei einem Wesensmerkmal der Polygonalbefestigung aus, dass durch die Sparmaßnahmen stark in Mitleidenschaft gezogen wurde: Das Reduit als Angelpunkt der Verteidigung der Kernwerke und Forts schwächte man z. T. so sehr, dass seine Stärke in keinem Verhältnis mehr zur Größe des Kernwerkes stand[181]. Damit verminderte sich gleichzeitig die bombensichere Unterkunft für einen bedeutenden Teil der Besatzung.

Eine versteckte Einsparung stellte die Reduzierung der Mauer- und Gewölbestärken dar. Dass sie sich noch im Rahmen des Akzeptablen bewegte, zeigen Fotos von der Beschießung österreichischer Festungswerke in Oberitalien im Jahr 1866. Die dabei entstandenen Beschädigungen (keine planmäßigen Brescheschüsse!) hatten das Zyklopenmauerwerk meist nur oberflächlich angekratzt, aber nicht durchschlagen. Gegen eine förmliche Belagerung hätten die Ulmer Mauern aber ähnlich mit Breschbögen versehen werden müssen, wie man es heute noch bei den Festungswerken in Koblenz sieht[182].

Die Turmforts XXXI, XXXIII und XL aus den Jahren 1855 bis 1857 waren nur ein Notbehelf. Ihre geringe Geschützarmierung hätte wohl schwerlich die Kampfkraft der ursprünglich von Prittwitz vorgesehenen mehrgeschossigen Geschütztürme aufgewogen. Leider liegen keine Pläne oder näheren Angaben zu den ersten Ideen dieser Türme vor. Als zu klein und zu schwach dimensioniert

---

[177] Vgl. Moritz *von Prittwitz*: Beiträge zur angewandten Befestigungskunst. Berlin 1836. S. 5.

[178] In seinem "Lehrbuch der Befestigungskunst und des Festungskrieges" von 1865 gibt er eine Höhe von mindestens 30 Fuß an. Warum Prittwitz diese empfiehlt, obwohl ein derartiges Profil keine Sicherheit gegen die Wirkung des gezogenen Geschützes mehr bot, konnte leider nicht geklärt werden. Eventuell stammen aber die Angaben aus seinen "Beiträgen" nicht von ihm, sondern entsprachen den im preußischen Ingenieur-Corps gebräuchlichen Escarpenhöhen. In Ulm hatte er jedoch – im Gegensatz zu Posen – völlige gestalterische Freiheit.

[179] Ab 1871 erhielten hohe Contrescarpenmauern den Vorzug vor hohen Escarpen, bis man die inneren Grabenmauern ab 1885 ganz fortfallen ließ und durch eiserne Gitter ersetzte. Vgl. Hermann *Frobenius*: Unsere Festungen. Berlin 1912. S. 150–151.

[180] Die Wurfbatterie der Kienlesbergbastion wurde beispielsweise von 8 auf 2 Mörserstände verkleinert.

[181] Zum Beispiel das kleine Reduit des Forts Unterer Kuhberg, dass das Innere dieses größten Ulmer Forts verteidigen sollte. Das Wachtblockhaus der Kienlesbergbastion besaß nahezu keine Möglichkeit, gegen den Frontwall zu wirken.

[182] Hier in der Feste Ehrenbreitstein oder am Reduit der Feste Franz. Vgl. Rüdiger *Wischemann*: Die Festung Koblenz. Koblenz 1978. S. 106 und 219.

ist auch das Fort Unterer Eselsberg anzusehen. Im Falle eines Angriffs vom Oberen Eselsberg sollte es den Angreifer mit seiner – für diesen Zweck zu kurzen – rechten Face aufhalten. Da ein solcher Angriff von der Zitadelle flankiert werden konnte und der Gegner vom Unteren Eselsberg aus kaum eine erfolgversprechende Chance auf Fortsetzung des Angriffs auf die Obere Stadtbefestigung gehabt hätte[183], ist diese Schwächung des Forts gerade noch tragbar.

Das Weglassen des Turms XXXV im Ruhetal bedrohte die Verteidigung der Nordfront in einem uneinsehbaren Bereich, in den kaum eine Waffenwirkung von den benachbarten Forts oder der Zitadelle möglich war. Der Turm hätte das obere Ruhetal und die Abhänge gegen die Wilhelmsfeste sowie den Oberen Eselsberg bestrichen. An seinem Standort wäre er seit dem Wegfall der Oberen Eselsberg-Befestigung durch die dominierende Höhe gefährdet gewesen.

Die Hauptumwallung Hildebrandts auf dem rechten Ufer wurde schon von den Zeitgenossen als zu schwach in Profil[184] und Grundriß angesehen. Abschnitte im Innern fehlten; das einzige Reduit (das Kriegsspital) verstärkte nur den mittleren von drei Bastionshöfen. An der Schwäche des Brückenkopfs änderten auch die drei Forts nichts, die z. T. verkleinert worden waren. Man sprach beschönigend von einem Offensivbrückenkopf[185], was eine starke Besatzung für Verteidigung und Ausfälle voraussetzte. Dennoch entsprach der Brückenkopf den Vorgaben der Militärkommission, wonach diese Befestigungen lediglich dazu dienten, die Beschießung des linken Ufers zu verhindern.

Der Fortgürtel rechten Ufers kam von seiner Verteidigungskraft längst nicht an die Vorwerke linken Ufers heran. Die Escarpen der Forts waren niedriger, die Gräben deutlich breiter – des hohen Grundwasserstandes wegen. Die Wälle waren sehr kurz und eher auf die Flankierung der Zwischenfelder ausgelegt[186]. Einen Kampf mit der feindlichen Belagerungsartillerie hätten sie durch ihren Grundriss kaum längere Zeit bestehen können. Dagegen vermochten auch die Bonnetbatterien in den Saillants der Forts XII und XIII nichts zu ändern. Glücklicherweise lag der Grundwasserspiegel zur Zeit der Erbauung der Forts noch viel höher als heute. An ausgedehnte, stark profilierte Belagerungsarbeiten war aus diesem Grund nicht zu denken. Dies wurde jedoch nur wenige Jahrzehnte später mit der Illerkorrektur ganz anders.

Heikelster Punkt war aber der Umgang mit dem verschanzten Lager. Ursprünglich bildeten 14 der 20 Außenwerke die beiden verschanzten Lager. Auf dem linken Ufer hätte sich dieses auf dem Kuhberg, dem gesamten Eselsberg und der dazwischen gelegenen Ebene bei Söflingen befunden. Auf dem rechten Ufer war die Gegend von Offenhausen vorgesehen. Der Wegfall der beiden Werke auf dem Oberen Eselsberg (1845/46) und der beiden Forts vor Offenhausen (1849) beschränkten das Lager auf das linke Donauufer. Eine Armee hätte in Ulm zum guten Teil nicht innerhalb der permanenten Werke unterkommen können, sondern wäre auf passagere Schanzen angewiesen gewesen. Im Fall einer deutschen Offensive gegen den vorrückenden Feind am Oberrhein mochte dies genügen.

---

183 Durch Inundation des Geländes vorwärts der Werke V bis VIII hätte sich das Blautal bis Söflingen überfluten lassen.

184 Breite, flache Gräben und eine nur 24 Fuß hohe Escarpenmauer als Hauptsturmhindernis.

185 Vgl. Denkschrift über die Festungsbauten (wie Anm. 26) S. 27.

186 Vgl. die ersten Hildebrandt'schen Planungen des Fortgürtels von 1845, in denen das Vorwerk XII vor die Werke XI und XIII wirken sollte.

Eine zurückgedrängte, geschwächte Armee hätte sich in Ulm jedoch nur anlehnen können, um den Feind abzuschütteln und weiterzuziehen.

Auf dem rechten Donauufer war nach Wegfall des Lagers an keine ausgedehnte Truppenunterkunft außerhalb des Brückenkopfes mehr zu denken. Ein schneller Ausfall durch die engen Tore oder die Ausfalltore der Fronten wäre nur mit kleinen Truppenkontingenten durchführbar gewesen. Spätestens seit Gründung der Stadt und dem damit verbundenen Bau vieler Wohnhäuser konnten im Innern des Brückenkopfes auch keine Truppen mehr biwakieren. Das verschanzte Lager wurde somit am ärgsten von den Einsparungen betroffen, das damit nur noch eingeschränkt seinen Zweck erfüllen konnte. Dabei hätte es in den Jahren nach Fertigstellung der Festung keiner allzu großen Mittel bedurft, um dieses durch Konstruktion einiger Forts zur vollen Stärke auszubauen. Das Ende des Deutschen Bundes 1866, die Erfordernisse aufgrund der Einführung der gezogenen Geschütze und fehlende Finanzmittel der beiden Territorialherren Bayern und Württemberg ließen diese Maßnahmen jedoch nicht mehr zu. Erst das Deutsche Reich beseitigte den dringlichsten Missstand: die unvollkommen gebliebene Sicherung des Eselsberges durch den Bau zweier Forts.

Die Suche nach den Verantwortlichen

Abschließend bleibt noch die Frage nach der Verantwortlichkeit wegen der entstandenen Unzulänglichkeiten zu klären. Waren Militärkommission und Bundesversammlung nicht in der Lage, gegen unvollständige Kostenvoranschläge, allzu großzügige Planungen und explodierende Kosten einzuschreiten?

Dieses Problem beruht auf der Struktur des Bundes selbst: lange Entscheidungswege, landesherrliche Interessen, die Hegemonie Preußens und Österreichs[187] sowie der Wunsch der wenig finanzkräftigen süddeutschen Staaten nach militärischer Sicherheit. Die Militärkommission stand unter dem Druck der Bundesversammlung, die den Baubeginn der Festungen Ulm und Rastatt bereits für das Frühjahr 1842 vorgesehen hatte. Nachdem die Genehmigung der Hauptbestimmungen des Festungsbaus erst im Juni erfolgt war und die Herstellung eines ersten Befestigungsentwurfs sich in den August hinauszögerte, war die günstigste Zeit für Baumaßnahmen für das Jahr 1842 bereits vorbei. Um überhaupt noch mit Bauarbeiten beginnen zu können, kam die Militärkommission nicht umhin, den unvollständigen Bauentwürfen zuzustimmen. In den späteren Jahren hoffte sie auf bessere Baubedingungen, was sich nicht erfüllte. Doch statt die auftretenden finanziellen Löcher zu stopfen, indem sie bei der Bundesversammlung weitere Mittel beantragte, ließ sie die missliche Lage fortdauern und begnügte sich mit Reduktionen. Die Militärkommission versagte an dieser Stelle als Mittelsstelle zwischen Bundesversammlung und Ulm, indem sie sich engherzig an die bewilligte Kostengrenze hielt und diese nicht an die Erfordernisse anpassen ließ. Das Fehlen des Hauptbefestigungsentwurfs und der Kostenanschläge hätte durch Nichtgenehmigen von Prittwitz' Ausarbeitungen gewürdigt werden müssen, anstatt immer wieder in "Salamitaktik" einzelne Bestandteile zur Erbauung

[187] Zu den preußischen Interessen innerhalb des Deutschen Bundes vgl. Kaernbach (wie Anm. 94) S. 28–29 und 68–69. Zur Politik Preußens gegen Österreich und zur "Sonderbundspolitik" Preußens nach 1851 vgl. *ebda.*, S. 81 und 85.

freizugeben. Erst nach umfangreichen geologischen Untersuchungen hätte man den Weiterbau befehlen dürfen – doch für ausgiebige Probebohrungen existierte kein Geld, keine Vorgabe der Bundesversammlung und keine Möglichkeit, den festgeschriebenen jährlichen Geldfluss nach Ulm zu stoppen.

Eine weitere Verteuerung des Festungsbaus bedeutete die doppelte Bauführung mit zwei Festungsbaudirektionen. Dieser früh festgelegte Modus ließ sich der starken territorialherrlichen Interessen Bayerns wegen nicht ändern.

Der Bundesversammlung ist vorzuwerfen, dass sie von sich aus der Militärkommission zu wenig Augenmerk schenkte. Nachdem die zulässige Maximalbausumme einmal festgesetzt war, glaubte sie diese nicht mehr anheben zu dürfen. Erst mit dem Versiegen der letzten Mittel 1849 wurde v. a. den Regierungen Württembergs und Bayerns bewusst, wie ernst es um die Sache stand. Die Refundierung der Festungsbaukasse 1852 scheiterte beinahe an Preußen, das inzwischen andere Interessen als der Bund hatte. Alle weiteren Ausbau- und Verstärkungsprojekte der Festungsbau-/Geniedirektion mussten von nun an einen Spießrutenlauf zwischen den gegenteiligen Ansichten Preußens und der Mehrheit der Bundesversammlung antreten.

Inmitten dieser politischen, materiellen und finanziellen Problematik fand sich der Festungsbaudirektor von Prittwitz wieder. Ihm ist es zu verdanken, dass Ulm überhaupt zu einer klar gegliederten Festung wurde, die darüber hinaus in ihrer ursprünglichen Planung als stark bezeichnet werden durfte. Sein Misstrauen in die Qualität des Kalksteins kann ihm zu Gute gehalten werden, denn ohne geologische Untersuchungen waren keine genauen Kostenberechnungen möglich. Um den vorprogrammierten Spannungen mit der Militärkommission von vornherein zu entgehen, hätte er zu einem frühen Zeitpunkt (spätestens Ende 1842/Anfang 1843) Pläne aller Befestigungsanlagen – also auch des Fortgürtels – vorlegen müssen. Ähnlich wie bei den Anlagen des Michels-, Kienles- und Gaisenberges stand Prittwitz die Möglichkeit der Berechnung dreier Kostenanschläge offen: eines minimalen, mittleren und maximalen Preises. Auf dieser Grundlage hätte die Militärkommission ohne weiteres in diesem frühen Baustadium das Gesamtprojekt umarbeiten lassen können. Dadurch wäre der Festung der ungleichmäßige Ausbau an mancher Stelle erspart worden. Nach den ersten Baujahren, als Erfahrungen zur Haltbarkeit des Kalksteins vorlagen, hätten die dann eingeleiteten Korrekturen auch nicht zu Kostenüberschreitungen dieses Ausmaßes geführt.

Dass Prittwitz dem verschanzten Lager auf dem Oberen Eselsberg skeptisch gegenüber stand, zeigen seine beiden Denkschriften von 1841, deren letztere nur auf besondere Weisung der Militärkommission entstand. Hier musste sich Prittwitz mit dieser ungewollten Position auseinandersetzen. Kein Wunder also, dass die Festungsbaudirektion schon bald nach Bekanntwerden des Defizits um Weglassung der beiden Forts nachsuchte.

Gegen die den Festungsbau stark beeinflussenden Ereignisse wie Hungersnöte, Eisenbahnbau, Flottenbau, Krieg und Revolution hatte Prittwitz nichts entgegenzusetzen. Sein System der Auftragsvergabe an Arbeiterschächte und Zulieferbetriebe, das sich in Posen so glänzend bewährt hatte, musste in diesen ungünstigen Zeiten und bei festgesetzten Baugeldern scheitern. Selbst die "Denkschrift" an die Bundesversammlung lobte Prittwitz' Verhalten in diesen Punkten[188].

[188] *Zur Rechtfertigung des Baudirectors muss jedoch angeführt werden, dass es mit ungeheueren Schwierig-*

Auch sein Kollege auf dem rechten Ufer musste trotz Regiebetrieb mit den starken Teuerungen kämpfen. Der sich 1845 entspinnende unnötige Streit zwischen den beiden Festungsbaudirektoren zeigt deutlich den Rechtfertigungsdruck gegenüber der Militärkommission. Prittwitz' Nachfolger im Amt, Oberst von Erhard, scheint den Weiterbau der Festung ab 1851 ruhiger angegangen zu sein[189], wobei zu berücksichtigen ist, dass ab 1848 die Hauptumwallung beider Ufer weitgehend vollendet war.

Die nach Fertigstellung der Bundesfestung 1859 initiierten Verstärkungsbauten (Blockhäuser während der Armierung 1859 und Minenvorhäuser ab 1860) gaben Ulm einen kleinen Teil seiner fortifikatorischen Kraft zurück, den ihr die gezogenen Geschütze genommen hatten. Das Fehlen eines weit vorgeschobenen Fortgürtels ließ die Festung trotz allem in den Hintergrund treten; Ingolstadt lief Ulm bereits ab 1875 den Rang ab, als dort mit Reichshilfe ein neuer Fortgürtel errichtet wurde.

Fazit

Die Bundesfestung Ulm entstand in Zeiten großer Turbulenzen, die alle Bereiche zivilen und militärischen Lebens erfassten. Die fehlenden Geldmittel ließen von den ursprünglichen großen Planungen nur das unmittelbar Notwendige übrig. Der Zentralwaffenplatz (also das verschanzte Lager) hätte im Ernstfall wohl die Aufstellung deutscher Truppen gesichert; für die Defensive war er im Frieden aber nicht gerüstet.

Das Zusammenbrechen des Deutschen Bundes als Bauherr fiel mit dem beginnenden Niedergang der Festung zusammen. Daran konnte auch die Zustimmung der Bundesversammlung zu den Verstärkungsprojekten 1866 oder die Ausbauten des Deutschen Reichs ab 1875 nichts mehr ändern. Der Deutsch-Französische Krieg verwies Ulm endgültig in die Reihe der minder wichtigen Festungen, was eigentümlicherweise erst durch den Verkauf der Hauptumwallung 1900 etwas relativiert wurde[190].

Anhang 1: Zusammenstellung der Einsparungen

Werk	Einsparungsmaßnahme
X	Reduit fällt weg, zu Wachtblockhaus verkleinert (1847/52)
XV	Contrescarpe nur halbhoch ausgeführt (1852)
XVIII	Contrescarpe nur in Erde geböscht (1849)

keiten verbunden ist, gleich anfangs für einen so großartigen Festungsbau genaue Kostenanschläge auszuarbeiten [...]. Aber selbst wenn derselbe im Stande gewesen wäre, vor Beginn des Baues vollständige Berechnungen aufzustellen, wie wäre es möglich, die Richtigkeit derselben auf zehn Jahre hinaus zu garantieren? Bei einer Summe von 15,000,000 Gulden wird durch die Steigerung der Preise von nur fünf Procent schon ein Ausfall von 750,000 Gulden sich ergeben; wenn nun, wie es der Fall war, zeitweise diese Steigerung bis auf zwanzig Procent zunimmt, so ist es begreiflich, dass bei aller Oekonomie die Grenzen der präliminirten Summe nicht eingehalten werden können. Denkschrift über die Festungsbauten (wie Anm. 26) S. 21.

[189] Leider fehlen über Erhards Geschäftsführung derzeit noch nähere Informationen, so dass kein Vergleich über den Führungsstil der beiden Festungsbaudirektoren linken Ufers gezogen werden kann.

[190] Aus dem Erlös des Verkaufs baute man einen neuen Gürtel von modernen Infanteriestützpunkten. Ulm diente von nun an bis in den Ersten Weltkrieg hinein als rückwärtige Festung.

XIX	Contrescarpe nur in Erde geböscht (1849)
	Reduit als Kriegspulvermagazin gebaut (1852)
XX	Contrescarpe z. T. nur in Erde geböscht (1849)
XXI	Reduit verkleinert (1852)
XXII	Stuttgarter Tor schwach gesichert (1852)
XXVI	Stadtkehle verkürzt (1849)
XXIX	rechte Flanke weggelassen (1846)
	Contrescarpe nur in Erde geböscht (1849/55)
	Reduit stark verkleinert (1851/54)
XXXII	Contrescarpe nur halbhoch ausgeführt (1852)
	Reduit verkleinert (1849)
XXXV	Turm fällt weg (1850)
XXXVI	Turm verliert Kellertage (1847)
XXXVII	Contrescarpe nur in Erde geböscht
XXXIX	Contrescarpe nur halbhoch ausgeführt, linke Flanken-Contreescarpe in Erde geböscht (1851)
	Reduit stark verkleinert (1851)
1–9	Wegfall Stadtkehle (1854)
10	fällt weg (1849)
11	fällt weg (1849)
13	Fort verkleinert (1850)
	Reduit verkleinert (1848)
13½	fällt weg (1849)

Michelsberg-Kehlfront fällt weg (1842)
Fort und Turm auf dem Oberen Eselsberg fallen weg (1846)
Illerverlegung fällt weg (1845)
Bombensicheres Proviantgebäude fällt weg (1849)
Bombensicheres Spital in das Reduit der Unteren Gaisenbergbastion verlegt (1849)

Anhang 2: Zusammenstellung der Verstärkungen

Werk	Verstärkungsmaßnahme
III	Blockhaus (Armierung 1859)
VII	Blockhaus (Armierung 1859)
XIV	Blockhaus (Armierung 1859)
	Minenstollen (1862)
XV	Minenvorhaus (1862)
XVI	Blockhaus (Armierung 1859)
	Minenstollen (1862)
XVIII	Blockhaus (Armierung 1859)
XXII	Blockhaus (Armierung 1859)
XXIX	Minenvorhaus (1861–62)
XXX	Blockhaus (Armierung 1859)
	Minenvorhaus (1860–62)
XXXII	Blockhaus (Armierung 1859)
	2 Minenvorhäuser (1860–62)

XXXVII	2 Minenvorhäuser (1860–61)
XXXIX	3 Blockhäuser (Armierung 1859)
	2 Minenvorhäuser (1860–61)
XLI	Grundriss verändert, verstärkt wegen Wegfall der Werke bei Offenhausen (1852–54)
1–9	7 Blockhäuser (1855–57)
14	vergrößert durch Wegfall von Werk XIII½ (1849)

Exemplarische Zusammenstellung verschiedener Entwurfszeichnungen einer Bastion im Laufe der Bauzeit. Vergleiche auf den Plänen die Anzahl der westlichen gestaffelten Geschützstellungen auf dem Wall, die Zahl der Mörserkasematten im Saillant hinter der Caponniere sowie Reduitform und -größe.

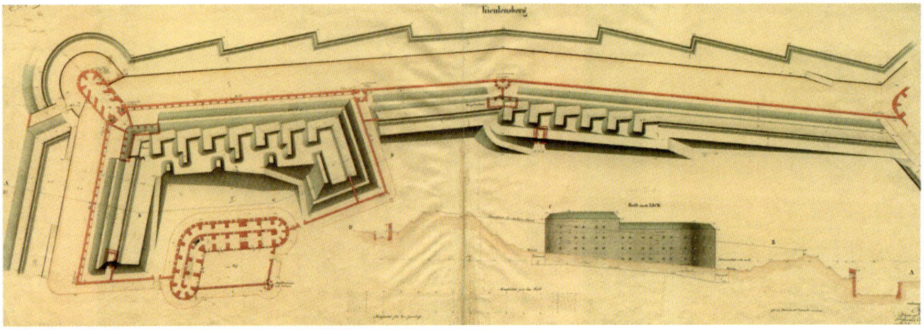

Abb. 1 - Kienlesbergbastion (Werk X). Entwurf vom Juli 1842.
Die Grabenwehr hat nur einen Schenkel, eine große mehrstöckige Defensivkaserne beherrscht den Werkshof. Hinter der Grabenwehr liegt eine starke Wurfbatterie für 9 Mörser.
StadtA Ulm, C 10 Plan 137.

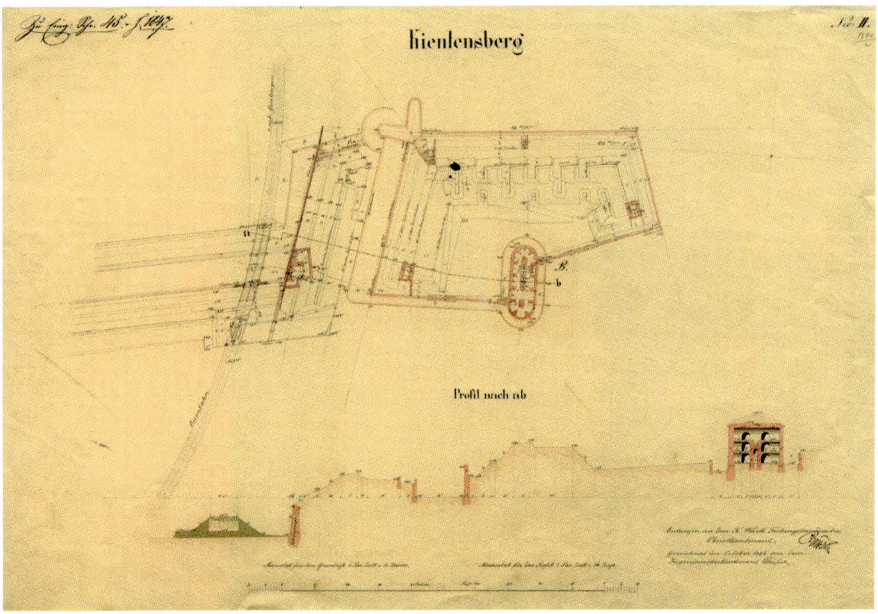

Abb. 2 - Kienlesbergbastion (Werk X). Zweiter Entwurf von 1847.
Die Grabenwehr hat das heutige doppelschenklige Erscheinungsbild. Das Reduit wurde zu einem langovalen Gebäude reduziert. Die Wurfbatterie besitzt nur noch 2 Mörseröffnungen.
StadtA Ulm, C 10 Plan 143.

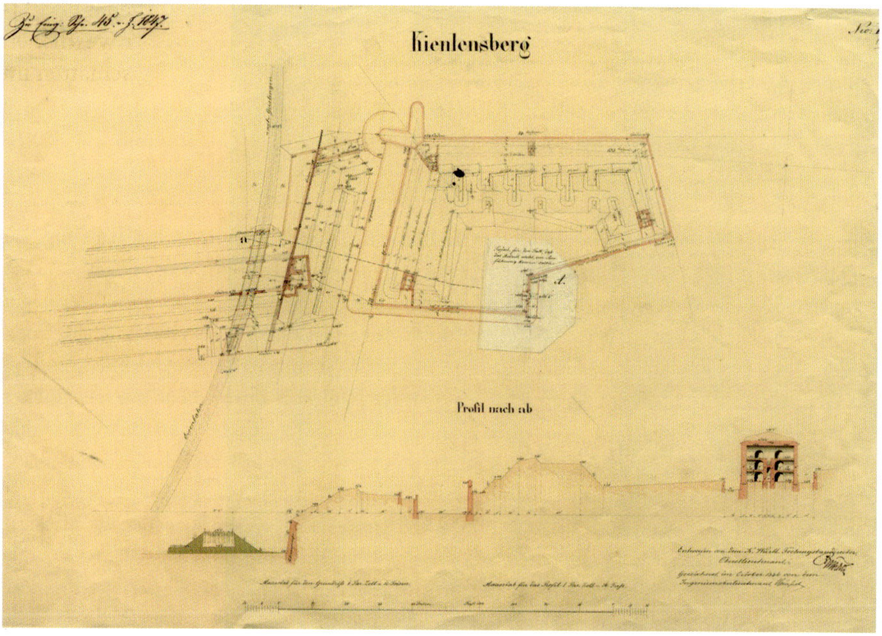

Abb. 3 - Kienlesbergbastion (Werk X). Entwurf II von 1847.
Bei diesem mit Entwurf I identischen Projekt wurde das Reduit vollkommen weggelassen.
StadtA Ulm, C 10 Plan 143.

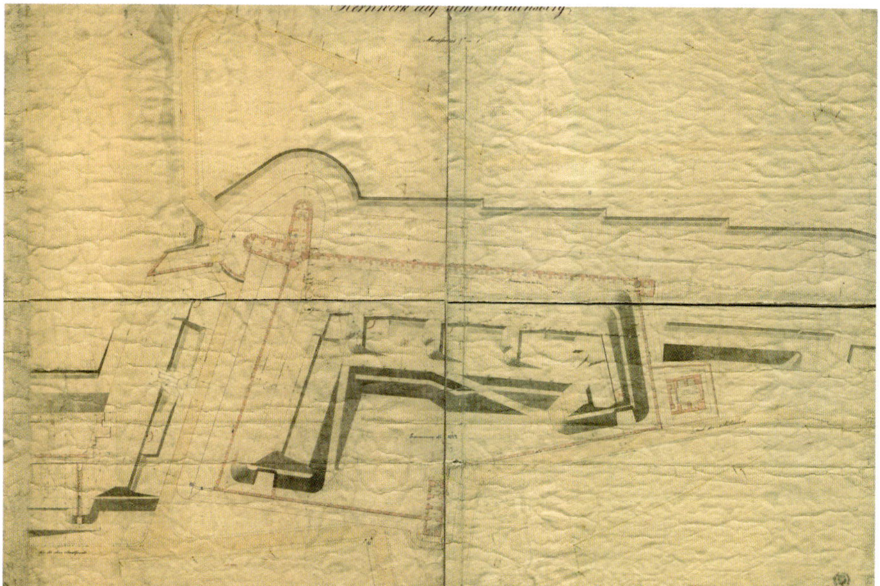

Abb. 4 - Kienlesbergbastion (Werk X). Ausführungsplan von 1851.
Um der wichtigen Bastion die Abschnittsverteidigung zu ermöglichen, wurde an Stelle des Reduits ein kleines Wachtblockhaus in ihrer Kehle erbaut.
StadtA Ulm, C 10 Plan 147.

Matthias Becher (Hg.) unter Mitarbeit von *Florian Hartmann* und *Alheydis Plassmann:* Quellen zur Geschichte der Welfen und die Chronik Burchards von Ursberg. (Ausgewählte Quellen zur Deutschen Geschichte des Mittelalters. Freiherr-vom-Stein-Gedächtnisausgabe; 18b). Darmstadt 2007, 328 S., EURO 99,90.

Historische Jubiläumsausstellungen vermitteln in der Regel auch der Forschung neue Impulse. So fand im Kontext der großen Mittelalterschau "Heinrich der Löwe und seine Zeit" (Braunschweig 1995) die Geschichte der Welfen als einem der bedeutendsten hochmittelalterlichen Adelsgeschlechter wieder stärkeres Interesse. Eine Reihe von Einzelaspekten wurde ganz neu in den Blick genommen und fand Eingang in moderne Gesamtdarstellungen. Nicht zuletzt die Grundlagen unseres Wissens, die Quellen, wurden in diesem Zusammenhang erneut einer kritischen Analyse unterzogen, die neben manchem Forschungsdesiderat die bisweilen noch immer mangelnde Zugänglichkeit der wichtigsten Texte in kritischen Editionen sowie in zeitgemäßen Übersetzungen offenbarte. Letzterem schafft der jüngst erschienene Quellenband des Bonner Mediävisten und ausgewiesenen Welfenspezialisten Matthias Becher insofern Abhilfe, als er auf der Grundlage älterer Editionen in einem Band die bedeutendsten erzählenden Quellen zur Geschichte der Welfen in einer zweisprachigen Ausgabe in der Freiherr-vom-Stein-Gedächtnisausgabe vorlegt; in einer prominenten Reihe also, die ganzen Generationen von Studierenden den Zugang zu zentralen Quellen der Mittelalterlichen Geschichte erleichtert haben dürfte und zukünftig auch wird.

An den Beginn des Bandes stellt Becher die um 1126 in der Umgebung des jungen Welf VI. entstandene Genealogia Welforum als wohl älteste Quelle aus der Reihe der welfischen Hausgeschichtsschreibungen, wenngleich diese frühe Entstehung nicht unumstritten ist und insbesondere von Gerd Althoff in Frage gestellt wird. Darauf folgt die so genannte Sächsische Welfenquelle, die zwischen 1132 und 1137 höchstwahrscheinlich im Kloster St. Michael in Lüneburg zunächst nur als Anhang IV. zu einer sächsischen Weltchronik verfasst wurde. Sie lässt gleichwohl auf eine selbständige Erzählung der welfischen Hausüberlieferung schließen und stellt somit auch als Fragment eine zentrale Quelle zur Geschichte der Welfen dar, das Becher früheren Editionen folgend ebenfalls separiert von seinem Überlieferungszusammenhang in der sächsischen Weltchronik seinem Band einfügt. Mit der Historia Welforum, die in der Rottenbucher Handschrift auch als Chronica Altorfensium bezeichnet wird, präsentiert uns Becher darauf eine der prominentesten Quellen überhaupt für das Selbstverständnis eines hochmittelalterlichen Adelsgeschlechts, deren, wie bei den anderen Quellen ebenfalls anonymer Verfasser die Geschichte des Welfenhauses von den Anfängen im 9. Jahrhundert bis zu seiner eigenen Gegenwart in der zweiten Hälfte des 12. Jahrhunderts schildert bzw. rekonstruiert. Ebenfalls älteren Editionen folgend schließt Becher an die Historia Welforum die im Kloster Steingaden, der Grablege Welf VI., entstandene Fortsetzung der Historia an sowie als ergänzende Quellen zur Geschichte des Welfenhauses die in zwei Handschriften der Historia enthaltenen Annales Welfici mit Nachrichten für die Jahre 1101-1177 bzw. 1184 und schließlich die Weingartner Fortsetzung der Chronik des Hugo von St. Viktor.

Eine Übersetzung der Genealogia Welforum, der Sächsischen Welfenquelle und der Historia Welforum, ihrer Fortsetzungen sowie der Continuatio der Chronik Hugos von St. Viktor wurde bereits 1938 von Erich König besorgt und 1978 in unverändertem Nachdruck bei Thorbecke herausgegeben. Bechers Quellenedition wie auch seine zeitgemäße Übersetzung dieser zentralen Quellen zur Geschichte der Welfen ist jedoch nicht zuletzt durch ein generell neues starkes Interesse der Forschung an den Welfen wie auch vor dem Hintergrund neuerer

Ergebnisse zur Entstehungs- und Verfasserfrage insbesondere der Historia Welforum motiviert, wobei der Herausgeber hier auf eigene Forschungen zurückgreifen kann. So vermutet Becher beispielsweise als Auftraggeber der um 1170 verfassten Historia nun doch wieder eher Heinrich den Löwen und nicht wie bisher vornehmlich angenommen Welf VI., trotz bzw. gerade wegen ihrer Entstehung am süddeutschen Welfenhof durch einen bislang nicht identifizierten Autor aus dem Umfeld Ravensburgs / Weingartens.

Seine Quellenzusammenstellung beschließt Becher mit der Chronik Burchards von Ursberg als einer ebenfalls prominenten bis zum Jahre 1230 reichenden Quelle des Hochmittelalters, die allerdings nicht zu der eigentlichen welfischen Hausüberlieferung zu zählen ist. Gleichwohl beinhaltet die Chronik des um 1177 in Biberach an der Riss geborenen späteren Prämonstratensermönches und Schussenrieder Propstes auch eine längere Passage über die Welfen, die inhaltlich enge Parallelen und demnach auch Abhängigkeiten zur Historia Welforum, daneben aber auch aufschlussreiche textliche Modifikationen und Ergänzungen aufweist, die als eigenständiger Zweig der welfischen Hausüberlieferung angesprochen werden können; sie lassen einen Vergleich der Quellen hinsichtlich der Wahrnehmung der Welfen aus unterschiedlichen Autoren- wie auch zeitlichen Perspektiven besonders reizvoll erscheinen.

Gerade in dieser ergänzenden Aufnahme der Chronik Burchards von Ursberg erweist sich Bechers Quellenband als hilfreich, zumal die Chronik trotz mancher inhaltlicher Irrungen wie auch der dezidiert stauferfreundlichen Perspektive des Autors als eine der wichtigsten Quellen für die Reichsgeschichte des ausgehenden 12. und frühen 13. Jahrhunderts, insbesondere für den welfisch-staufischen Thronstreit gilt und nach ihren mehrfach aufgelegten Übersetzungen des 16. Jhs. hier erstmals überhaupt in einer modernen neuhochdeutschen Übersetzung vorliegt.

Einführende Passagen zu den einzelnen Quellen skizzieren knapp den jeweiligen Entstehungskontext, die spezifischen Interessen und das Umfeld der – soweit möglich – fassbaren Autoren; darüber hinaus werden die wesentlichen Inhalte auf der Folie des aktuellen Forschungsstandes wie auch die inhaltlichen Abhängigkeiten, Parallelen und unterschiedlichen Akzentuierungen der Texte in der Darstellung diverser Schlüsselmomente des Welfenhauses in Kürze thematisiert wie etwa die Rückführung des Geschlechts auf Catilina als mythischen Vorfahren oder das strittige Erbe Welfs III., dessen Mutter Imiza die Schenkung ihres Sohnes an den Altdorfer Frauenkonvent erfolgreich anfocht.

Ein Quellen- und auf die wichtigsten Titel reduziertes, übersichtliches Literaturverzeichnis bietet dem interessierten Leser die Möglichkeit zur Vertiefung der Themen.

Im Vergleich zu früheren Ausgaben der nützlichen Freiherr-vom-Stein-Gedächtnisausgabe hätte man sich gerade in diesen einleitenden Kapiteln manches freilich etwas ausführlicher gewünscht, insbesondere für den mit den Details der Welfenforschung vielleicht noch wenig vertrauten studentischen Leser, den die Reihe ja in gleicher Weise ansprechen soll. Manchen nur knappen Hinweis auf kontrovers diskutierte Fragen wird dieser auch wegen der fehlenden Anmerkungen und konkreten Hinweise auf die entsprechenden Titel nur mit Mehraufwand über den Umweg des Literaturverzeichnisses nachvollziehen können.

Dagegen bereitet die stilistische Qualität der gut verständlichen Übersetzung echte Lektürefreude und dürfte den Zugang zu den nicht immer einfachen lateinischen Texten in Zeiten schwindender Lateinkenntnisse auch bei Studierenden der Geschichte des Mittelalters ebnen, was als besonderes Verdienst Bechers und seiner Mitarbeiter Florian Hartmann und Alheydis Plassmann hervorgehoben werden muss, die mit dem Band zentrale Quellen zur Geschichte der Welfen wie zur mittelalterlichen Geschichte Oberschwabens gleichermaßen einem breiten interessierten Leserkreis zugänglich machen. Ein abschließendes Orts- und Personenregister erleichtert die spezifische Suche. nach einzelnen Themen in den Texten. Kai-Michael Sprenger

Horst Boxler: Die Geschichte der Reichsgrafen zu Königsegg seit dem 15. Jahrhundert, mit Beiträgen von Rudolf Brändle, Bernd Wucherer und Wolfgang Killinger, 2 Bde. Bannholz: Eigenverlag, 2005, 1167 S. mit 288, überwiegend farbigen Abb., EURO 75,00.
Horst Boxler: Die Herren von Entringen und die Frühgeschichte der Grafen von Königsegg. Bannholz: Eigenverlag, 1993, 297 S., EURO 32,00.

Der Verfasser hat 1993 sein erstes Werk zu den Grafen von Königsegg im Eigenverlag erscheinen lassen, dem er jetzt seine abschließende Untersuchung zur Familiengeschichte seit dem 15. Jahrhundert folgen ließ. Der Verfasser wurde zu seiner ersten Arbeit durch seine Familienforschung über die bürgerliche Sippe Entringer angeregt. Da dieser Name relativ selten auftritt, drängte sich dem Verfasser, wie schon vielen vor ihm, der Gedanke einer möglichen Verbindung dieser Sippe zu der ehemals hochfreien Familie von Entringen auf. Ein guter Teil des Bandes von 1993 ist dieser Frage gewidmet. Der Verfasser zeigte die von ihm für die Edelfreien von Entringen vermutete Abkunft von den Etichonen, den Thurgaugrafen und den Vögten der Reichenau ausführlich auf. Dabei trat der Unterschied zwischen Forschungsthesen und historischen Tatsachen zu wenig in den Vordergrund. Auch auf den dazugehörigen Stammtafeln wurde dieser Unterschied zu wenig beachtet. In einer 1245 nachweisbaren Urkunde sind die beiden Brüder Beringer und Albert von Entringen als Zeugen erwähnt, von denen ersterer dabei als hochfrei, letzterer aber als Ministeriale bezeichnet wurde. Der hochfreie Zweig der Familie erlosch im letzten Viertel des 13. Jahrhunderts und vererbte seinen Besitz an die Herren von Gundelfingen. Der niederadelige Zweig erlosch erst am Ende des 14. Jahrhunderts. Der Verfasser sah die Familie mit immer weiter zurückgehender Bedeutung in das Bürgertum der Städte Rottenburg, Rottweil und Straßburg, später vermutlich wohl auch Tübingen überwechseln. Doch konnte er dabei keineswegs nachweisen, ob der 1376 genannte bürgerliche Rottenburger Schultheiß Albrecht der Entringer mit der Ministerialenfamilie verwandtschaftlich verbunden war. Was in gleicher Weise auch für die übrigen Namensträger Entringer gilt. Auch die weiteren Forschungen des Verfassers zu der bürgerlichen Familie der Entringer blieben hier vielfach im thesenhaften Bereich. In einem "zweiten Buch" des Werkes ging er auf die Frühgeschichte der Grafen von Königsegg als politische Nachfolger der Familie von Entringen ein. Er konnte die Reichsministerialen von Fronhofen-Königsegg als Nachfolger der Reichenauer Vögte zeigen und deren Frühgeschichte bis zum Ende des 14. Jahrhunderts verfolgen, wobei er jedoch tatsächlich die Familiengeschichte bis ins 15. Jahrhundert hinein behandelt. Die Angaben hier waren im Gegensatz zu den Aussagen über die Familien Entringer insgesamt überzeugend und vor allem durch Anmerkungen belegt. Dennoch hätte eine Zusammenstellung der Urkunden über die Familie in Form von Regesten der genealogischen Darstellung eine erhöhte Absicherung gegeben. Der Verfasser ging auch den Verbindungen der Familie von Fronhofen-Königsegg mit den Herren von Reute und von Tobel nach, die im Bürgertum von Städten aufgingen, womit er indirekt an die Entringerdiskussion anknüpfte. Zuletzt behandelte der Verfasser die Herren von Berg bis zu ihrem Erlöschen 1591, die mit denen von Fronhofen und von Königsegg stammesverwandt waren. Im Anhang zu diesem Band veröffentlichte er die Notizen des früheren Archivars Wilhelm Paulus von 1967 zu den Stammtafeln des Hauses Königsegg. Im Jahr 2005 erschien der zweite Band des Verfassers zur Geschichte des Hauses Königsegg, der die Forschungen des ersten Bandes fortführte. Er hat seine Untersuchungen in diesem Werk in insgesamt sechs Kapitel eingeteilt. Im ersten "Königsegg" geht er der Entwicklung der Familie zwischen dem 15. und dem 17. Jahrhundert nach. Er bietet, von einer beeindruckenden Anzahl von Farbabbildungen unterstützt, die Geschichte der einzelnen Familienmitglieder. Das zweite Kapitel der Untersuchung "Königsegg zum Königeseggerberg" zeigt den Familienzweig Erhardts I. (1373–1409), der mit Ursula von Reischach verheiratet war. Er geht diesem und seiner Geschichte nach bis zum Erlöschen dieses Zweiges mit Hans Rudolf I. von Königsegg, der als Kind bald nach 1538 gestorben sein dürfte. Im dritten Kapitel zeigt er die Geschichte des Familienzweiges "Königsegg in Preußen". Dieser stammte von dem jüngeren Bruder Eberhard VI. (1361–1416) des in vorigen Kapitel genannten Erhardt I. ab. Durch ihren Dienst für den Deutschen Orden sind seine Nachkommen bald nach 1400 nach Ostpreußen gekommen. Der Familienzweig ist dort heimisch geworden und hat bis ins 20. Jahrhundert fortbestanden, auch wenn das Familiengut bereits kurz vor Ausbruch des Ersten Weltkriegs verkauft werden musste. Durch die Heirat des im Reichsdienst tätigen Harald von Königsegg (1907-1994) mit einer Schwedin kam die Familie nach Schweden, wo sie nicht nur 1955 eingebürgert, sondern auch in den Schwedischen Adelsverband aufgenommen wurde. Die Linie ist bis zur Gegenwart in Schweden verblieben. Der Verfasser geht im vierten Kapitel auf den Familienzweig "Königsegg-Rothenfels" ein, der sich nach Ungarn begab und dort bis heute weiter blüht. Das fünfte Kapitel befasst sich mit dem Familienzweig "Königsegg-Aulendorf", der standesherrlichen Familie im deutschen Südwesten. Der Verfasser berichtet über das Schicksal der einzelnen Angehörigen dieses Familienzweiges bis zur Gegenwart. Das sechste Kapitel erfasst nur kurze Zeit in Straßburg erwähnte Mitglieder der Familie. Der Verfasser hat in seinem Werk die Gesamtfamilie Königsegg bis zu den jüngsten Mitgliedern in der Gegenwart aufgelistet und vorgestellt. Das Werk bietet auch in diesen Kapiteln eine umfassende Bebilderung, die den Text weithin unterstreicht und ergänzt. Der Verfasser hat sich bemüht, seine Angaben in dem Werk weitgehend zu belegen. Wenn man auch mit vielen Einzelheiten in Aufbau und Darbietung des Textes nicht einverstanden ist und die Arbeit die Handschrift eines nicht aus dem Fach herausgewachsenen Autors teilweise deutlich zeigt, so ist durch die Anmerkungen eine Wissenschaftlichkeit des Bandes ebenso gewährleistet, wie durch das Bildmaterial, das einen Gesamteindruck über die Familie Königsegg in den verschiedenen Zeiträumen vermittelt. Zu dem Band tritt ein gesondert gebundener Anhangsband hinzu, der neben dem ersten Anhang mit einem Beitrag von Wolfgang Killinger über die Entringer in Tübingen einen zweiten mit Ergänzungen zur Frühgeschichte der Grafen von Königsegg bietet. Mit diesen beiden Anhängen knüpft der Verfasser ganz bewusst an seinen ersten Band von 1993 an und ergänzt die damaligen Ausführungen. Der Anhangsband bietet auch die Stammtafeln zu der Familie, ein Literaturverzeichnis und ein Namensregister für den Gesamtband. Nur wer selbst, wie der Rezensent, die Geschichte von adeligen Familien im Spätmittelalter- und in der Frühneuzeit untersucht hat, kann ermessen, welchen Aufwand der Verfasser auf sich genommen hat, um das vorliegende Werk zusammenzustellen. Da er eine sehr bedeutsame Familie der oberschwäbischen Landesgeschichte aufgearbeitet und damit ein Desiderat derselben erfüllt hat, ist ihm für seine Bemühungen zu danken.

Immo Eberl

Peter Kissling: Freie Bauern und bäuerliche Bürger. Eglofs im Spätmittelalter und in der Frühneuzeit. (Oberschwaben – Geschichte und Kultur; 14). Epfendorf 2006. 460 Seiten, 5 Abbildungen, 1 Karte. EURO 39,00.

Wer heute nach Eglofs im Allgäu fährt, wird am Ortseingang von einem Schild mit der Aufschrift "Eglofs – Dorf der Freien Bauern" begrüßt. Das Bewusstsein, in der komplexen Verfassungsgeschichte des Heiligen Römischen Reiches Deutscher Nation eine bemerkenswerte Ausnahme, ja einen kuriosen Sonderfall darzustellen, prägt bis zum heutigen Tag die Erinnerungskultur der überaus geschichtsbewussten Gemeinde; der an der Rathausfassade aufgemalte Reichsadler mit einem Lindenzweig im Schnabel verweist auf die Verleihung jener Freiheiten und Rechte am 15. Mai 1282 durch Rudolf von Habsburg, mit denen die Lindauer Bürger kurz zuvor privilegiert worden waren. Doch wer würde vermuten, dass hinter der Rathausfassade in dem kleinen Gemeindearchiv gar eine bemerkenswerte Anzahl an originalen Kaiserurkunden des 14.–18. Jahrhunderts verwahrt wird, die man ansonsten wohl eher in reichstädtischen oder Staatsarchiven antreffen dürfte?

Während diese Erinnerung an die Kuriosität der eigenen historisch-politischen Kultur in Eglofs ungemein lebendig und präsent ist, war die wissenschaftliche Erforschung dieses reichs- und verfassungsgeschichtlichen Phänomens bislang nur in Ansätzen erfolgt. Eine fundierte, modernen geschichtswissenschaftlichen Methoden und Fragestellungen genügende monographische Behandlung der Eglofser Freien fehlte jedoch. Diese Forschungslücke schließt die jüngst erschienene, im Jahre 2002 von der Berner historisch-philosophischen Fakultät angenommene Dissertation Peter Kisslings. Betreut wurde die Studie Kisslings von Peter Blickle, in dessen spezifischen Forschungsfelder des Kommunalismus und Republikanismus in Oberschwaben auch der genossenschaftlich organisierte Gemeindeverband der Eglofser fällt, zu dem Blickle als einer der "staatsrechtlichen Kuriositäten Oberdeutschlands" bereits 1985 einen ersten Beitrag vorgelegt hatte.

Die Studie seines Schülers Kisslings ist das Ergebnis eines langjährigen Forschungsprojektes, zu dem dieser 1998 eine erste Skizze publiziert und seitdem mühe- und verdienstvoll die zum größtenteil unedierte, weitgestreute Überlieferung zu den Eglofser Freien in 15 in- und ausländischen Archiven recherchiert hatte. Auf der Grundlage dieses Quellenmaterials gelingt Kissling in einem zeitlich bemerkenswert weiten Bogenschlag über nahezu sechshundert Jahre eine umfassende Analyse des Eglofser Verbandes vom 13. Jh. bis zum beginnenden 19. Jh.

Dem Phänomen der Eglofser Freien nähert sich Kissling unter folgenden Fragestellungen: Was verbirgt sich hinter dem Namen "Eglofs"? Wie lässt sich in einem verfassunggeschichtlichen Ansatz der Verband in seinen zwei konstituierenden Bestandteilen – den freien Bauern im oberen Allgäu unterteilt in die Bewohner des oberen und unteren Sturzes einerseits und den Bürgern von Eglofs inklusive ihrer Genossen andererseits – in seinen unterschiedlichen Ausformungen und Wurzeln differenzieren? Wer gehörte zur Gruppe der freien Bauern und wer zu den bäuerlichen Bürgern von Eglofs? Wie reagierten beide Teile des Eglofser Verbandes seit ihrer Erstnennung 1243 im Verkauf durch Graf Hartmann von Grüningens an Kaiser Friedrich II. auf die konkurrierende Herrschaftsbildung ihrer seither häufig wechselnden Pfandherren im Spannungfeld zwischen Reichsunmittelbarkeit und Pfandherrschaft in der kontinuierlichen Sorge um den Zusammenhalt angesichts der stets drohenden Verformung der eigenen Verfassung von außen? Welche spezifischen Praktiken, Taktiken und Einstellungen entwickelten die Eglofser im Umgang mit den Vertretern ihrer eigenen politischen Institutionen? Wie lassen sich methodisch die konkreten Auswirkungen und Veränderungen fassen, denen diese "Verfasstheit des Alltags" über den Zeitraum von mehr als sechs Jahrhunderten unterlag, insbesondere wenn sich diese nur in seltensten Fällen in normativen Texten, sondern vielmehr in gewohnheitsrechtlichen oder individuellen situationsbezogenen Praktiken manifestierten, die jeweils im Einzelfall zu analysieren sind? Und schließlich: Welche Bedeutung kam tatsächlich der viel zitierten Freiheit – hier verstanden als individueller Rechtsstatus wie auch als kollektive Privilegierung – während des Spätmittelalters und der Frühneuzeit zu?

Schon mit der letzten Fragestellung und grundsätzlichen zeitlichen thematischen Rahmensetzung setzt sich Kissling bewusst methodisch von älteren Forschungsperspektiven ab, die letztlich erfolglos darum bemüht waren, die früh- oder zumindest hochmittelalterlichen Ursprünge der Eglofser Freien als Gemeinfreie (Baumann), als Rodungs- bzw. Königsfreie

(Weller/Mayer) oder Königzinser (Dannenbauer) für ein freilich erst im Spätmittelalter greifbares Phänomen zu rekonstruieren. Stattdessen betrachtet Kissling in seiner differenzierten Auseinandersetzung mit der bisherigen Forschung die Frage nach der Kontinuität zwischen der im 9. Jh. nachweisbaren Grafschaft im Alpgau und dem Verband von 1243 zu Recht als irrelevant für seine Untersuchung, da sie auf der erhaltenen Quellenbasis letztlich nicht zu beantworten ist. Vielmehr konzentriert sich Kissling auf jene Zeiten, in denen das Selbstverständnis des Verbandes seinen Niederschlag in einer durchaus dichten Quellenüberlieferung gefunden hat.

In einem ersten Hauptteil nimmt er die Anfänge und Entwicklungen des Verbandes im Spätmittelalter in den Blick. In detaillierter Analyse der insgesamt 25 kaiserlichen und königlichen Privilegierungen zwischen 1282 und 1521 und deren jeweiligen Abhängigkeiten und Traditionen gelingt Kissling diese eben vornehmlich spätmittelalterlichen Rechtstraditionen des Verbandes als "geschlossenes Referenzsystem" zu etablieren, auf das sich auch spätere Rechtstraditionen sowie die frühneuzeitliche Privilegierung immer wieder beziehen. Bei allen Schwierigkeiten einer nicht immer eindeutigen Differenzierung der jeweiligen Einzelteile des Verbandes in den Urkundentexten erkennt Kissling hier insbesondere das alte Grafschafts- bzw. Freigericht als entscheidende Klammer, welche die beiden Teilverbände – Eglofser Bürger und Genossen bzw. Eglofser Freie – als rechtliche Einheit zusammenhielt.

Die privilegierten Rechtstitel waren durch die zahlreichen Verpfändungen während des Spätmittelalters stets gefährdet. Kissling problematisiert dies u. a. am Beispiel der Auseinandersetzungen der Bürger von Eglofs mit einzelnen Pfandherren wie etwa den Grafen von Montfort-Tettnang, den Bemühungen der Eglofser, sich z.T. aus eigener Finanzkraft aus der Pfandherrschaft zu lösen wie im Jahre 1332 von Graf Albrecht von Werdenberg-Heiligenberg, oder aber der Möglichkeiten, sich durch Flucht bzw. Aufnahme in nahe gelegenen Reichsstädte (z.B. Wangen und Isny) dem rechtlichen Zugriff der Pfandherren zu entziehen, was wiederum in komplizierten Konfliktkonstellationen letztlich bis zur Entscheidung vor dem Gericht des Kaisers auf dem langen Weg der Instanzen weitergereicht werden konnte.

Eine besondere Bedeutung in dieser grundsätzlichen Konfliktsituation misst Kissling der Pfandherrschaft der Reichsstadt Wangen in den Jahren 1516-1582 bei, die zu einer grundlegenden Änderung der Herrschaftskonstellationen im Allgäu und in Folge zu heftigen Auseinandersetzungen mit den Eglofsern, insbesondere mit den Untertanen der Grafschaft führte, bevor dann gegen Ende des 16. Jahrhunderts nach einem kurzen Zwischenspiel der Freiherren von Ilsung (1582-1593) das Haus Habsburg bis 1656 als neuer Pfandherr den politischen Rahmen setzte, innerhalb dessen sich die Eglofser Privilegien entfalten sollten bzw. durften.

Im 2. Teil seiner breit angelegten Studie behandelt Kissling die Eglofser Freien in der Frühen Neuzeit. Als besonders ergiebige Konflikt-und Forschungsfelder untersucht Kissling hier u.a. die schwierige rechtliche Lage der in fremden Territorien lebenden Eglofeser Freien. Am Beispiel der sich über mehrere Jahrzehnte und letztlich bis vor das Reichskammergericht hinziehenden Auseinandersetzung der in der Grafschaft Staufen und Rotenfels lebenden Eglofser Freien mit der – von Kissling etwas plakativ betitelten – "Tyrannis des bösen Georg" von Königsegg zeigt Kissling, welche Schwierigkeiten, aber auch welche Optionen bestanden, sich in strittigen Fragen zur Wehr zu setzen, wie etwa der Jagdfron, der Türkensteuer oder der grundsätzlichen Frage, welcher Gerichtsbarkeit die dispersim lebenden Freien verantwortlich unterworfen sein sollten. In der detaillierten Analyse verdeutlicht Kissling hierbei auch die Strategien der Eglofser im Konfliktfall, in dem er z.B. plausibel machen kann, dass die Eglofser ihre Weigerung der Jagdfron gegenüber Georg von Königsegg gar mit den Beamten der Landvogtei zuvor abgesprochen hatten, wodurch ein sehr komplexes Rechts- und Konfliktgeflecht greifbar wird, innerhalb dessen es galt, die auf Pergament verschriftlichten Titel auch

Wirklichkeit werden zu lassen.

Weitere konkrete Felder im Spannungsfeld zwischen Theorie und Praxis der Eglofser "Freiheiten" analysiert Kissling am Beispiel der Erhebungspraxis der Türkensteuern im Kontext der Integration der Eglofser Freien in andere Verbände – hier sind die Pfandherrschaft Österreichs, die Landvogtei Schwaben oder die Aufnahme Eglofs als Stand in den Schwäbischen Kreis seit 1662 zu nennen – oder anhand der unterschiedlichen Besteuerungsmodi für beide Verbände und den hieraus resultierenden steuerlichen Vorteilen für die Freien gegenüber den bäuerlichen Bürgern als den Untertanen der Grafschaft.

Probleme der Verbandszugehörigkeit und des Wechsels zwischen zwei Verbänden verdeutlicht Kissling am Beispiel der Herrschaften Rettenberg, Hohenfels und Staufen sowie Bregenz und Hohenegg und deren Intention, die Freien aus ihren Gebieten zu entfernen. Von den gleichsam außenpolitischen Beziehungen lenkt Kissling dann den Blick auf die Aufnahme in die Freischaft qua Heirat wie auch auf die Praktiken des Wechsels zwischen oberem und unteren Sturz, deren grundsätzliche territoriale Zweiteilung er in einem Exkurs zur frühmittelalterlichen politischen Geographie als "Erinnerung" an die Besiedlungsvorgänge im Alpgau zu rekonstruieren versucht.

Besonders hilfreich ist die erstmals in dieser Ausführlichkeit überhaupt von Kissling auf breiter Quellenbasis erarbeitete Prosopographie der Schultheißen des oberen und unteren Sturzes von ca. 1650-1806, was uns einzelne dominierende Familien erkennen bzw. in den signifikant kurzen Amtszeiten um 1700 eine Krise gegenüber älteren Traditionen der internen Ämterbesetzung erkennen lässt. In derselben Gründlichkeit rekonstruiert Kissling auf der Grundlage einer Zusammenstellung der im 17. und 18. Jh. verhandelten politischen und der privaten Fälle die politische und judikative Funktion des Eglofser Freigerichts auf dem Buch bei Schönau, in dem Baumann nur noch einen als Rest des alten fränkischen Centgerichts erkennen wollte.

Der abschließende 3. Teil zur "Politik in der Grafschaft Eglofs" lenkt den Blick von den freien Bauern auf die bäuerlichen Bürger von Eglofs als den Untertanen der Grafschaft Eglofs. Hierin untersucht Kissling die Grundzüge des Gemeindelebens am Beispiel der Aschermittwochswahlen, dem jährlichen Höhepunkt des politischen Lebens. Analog zu den Schultheißen der Freien rekonstruiert er für die Bürger von Eglofs eine Prosopographie der selbstgewählten Ammänner sowie vereinzelt weiterer Funktionsträger (Weibelamt und Holzwartstelle). Schließlich thematisiert Kissling das spezifische Verhältnis der Grafschaft zur Obrigkeit mit Blick auf die Verwalter bzw. Vögte als deren eingesetzte Vertreter und verdeutlicht an Einzelfällen deren Funktion, Einfluss, aber auch deren Anfechtungen sowie die ab 1700 immer virulenter werdenden Eingriffe in die Verfassung der Grafschaft, mit denen gegen Mitte des 17. Jh. – wie Kissling in einem abschließenden Kapitel treffend titelt – "Das Ende der Alternativen" und das Ende der Gemeinde als autonomes bzw. autochtones Gebilde erreicht war.

Mit einer beeindruckenden Material- und Detailfülle hat Kissling Ausprägungen, Funktionieren und die Gefährdung eines genosenschaftlichen Verbandes durchleuchtet, der zu den wohl ungewöhnlichsten verfassungshistorischen Erscheinungen des Alten Reiches zu zählen ist. Wenngleich nicht primär Teil seiner auf das Spätmittelalter und die Frühneuzeit konzentrierten Fragestellung, gelang es Kissling plausibel zu machen, dass "Eglofs" als eine der "staatsrechtlichen Kuriositäten Oberdeutschlands" auf zwei unterschiedliche Wurzeln zurückzuführen ist: die Burg als Zentrum einer Herrschaft einerseits, andererseits auf einen Verband freier Bauern, in dem Kissling das personelle Substrat der frühmittelalterlichen Grafschaft im Alpgau erkennen möchte. Seine Studie überzeugt insbesondere durch die Einzelfallanalsyen der diversen Konfliktsituationen und Konstellationen, denen die wohlfeilen Privilegierungen der Eglofser Sonderstellung seit dem 13. Jh. kontinuierlich ausgesetzt waren und die erst über einen längeren Zeitraum betrachtet grundsätzliche Strukturen in dem überaus komplexen Beziehungsgeflecht erkennen lassen, in dem der Eglofser Verband zwischen Kaiser und den unterschiedlichsten regionalen Pfandherren zu bestehen versuchte.

Die methodisch anspruchsvolle Bewältigung eines derart komplexen, facettenreichen Themas, zumal mit Blick auf einen über 500 Jahre umfassenden Zeitraum, darf als besonderes Verdienst Kisslings gewertet werden, demgegenüber die ob seiner quellengetränkten Detailfreudigkeit nicht immer einfache Leserführung wie auch die bisweilen übermäßig assoziierenden Kapitelüberschriften zwar erwähnt, aber durchaus als cura posterior verstanden werden sollen. Inwieweit die in den Archiven der Grafen von Königsegg-Aulendorf (Königseggwald), vor allem aber im Archiv des Klosters Isny (inkorporiert in das Archiv des Fürsten von Quadt und Wykradt zu Isny) verwahrten, von Kissling indes nicht berücksichtigten Archivalien mit diversen Eglofser Betreffen hier die Details der Studie noch zu ergänzen imstande sind, müsste eigens untersucht werden.

Ein umfangreiches Quellen- und Literaturverzeichnis sowie ein Personen- und Orstregister ergänzen den Band, den zusätzlich die Abbildung eines aus Privatbesitz stammenden, bislang unveröffentlichten Gemäldes von Johann Joseph Wolf von 1777 mit detaillierter Darstellung und Legende der Gebäude im Thal der "hochgräflich-traunischen Reichsgrafschaft Egloffs" ziert.

Kai-Michael Sprenger

Dieter R. Bauer / Klaus Herbers / Elmar L. Kuhn (Hg.): Oberschwaben und Spanien an der Schwelle zur Neuzeit. Einflüsse – Wirkungen – Beziehungen (Oberschwaben – Ansichten und Aussichten 6), Ostfildern: Jan Thorbecke Verlag, 2006, 188 S., EURO 34,90.

Die Beziehungen zwischen Oberschwaben und Spanien an der Wende vom Spätmittelalter zur Neuzeit zu untersuchen, von Oberschwaben aus den Blick nach Spanien zu richten und nach Verbindungen oder Bezugspunkten zu fragen, war Anliegen einer gemeinsamen Tagung der Akademie der Diözese Rottenburg-Stuttgart und dem Kreisarchiv des Bodenseekreises im Jahre 1997.

Dass es sich auf der ganzen Linie gelohnt hat, die Verbindungen zwischen dem zur Weltmacht aufsteigenden Spanien und dem zwar in keiner Weise ebenbürtigen, doch eine Blütezeit erlebenden Oberschwaben einer spezielleren Betrachtung zu unterziehen, zeigen die Beiträge des nun vorliegenden Tagungsbandes.

Klaus Herbers stellt den einzigartigen Bericht des Humanisten Hieronymus Münzer aus den Jahren 1494/95 vor, der deutlich macht, wie fremd und in welch regionaler Vielfalt der süddeutsche Reisende Spanien damals erlebt haben muss. Er klassifiziert den Text nicht nur als kulturhistorische Rarität, sondern kann deutlich machen, wie der Bericht selbst Zeugnis eines persönlichen Austauschprozesses ist, wie häufig Eigenes und Fremdes aufeinander bezogen waren und schließlich Aussagen zu werten sind wie "Madrid ist so groß wie Biberach, aber es hat sehr ausgedehnte Vororte".

Was in den Berichten Münzers bereits angeklungen ist, belegen die beiden folgenden Beiträge auf beeindruckende Weise: Es bestanden vielfältige wirtschaftliche Beziehungen zwischen Spanien und Oberschwaben. Die Humpisgesellschaft aus Ravensburg exportierte im 15. Jh. in großem Stil oberschwäbische Leintücher und Barchent, aber auch Metallwaren nach Spanien, die Gesellschaft verfügte dort über eigene Filialen in Barcelona, Saragossa und Valencia. Aus Spanien brachten die Ravensburger Kaufherren hauptsächlich Safran und Zucker mit, in der Nähe von Valencia unterhielt die Gesellschaft eine eigene Zuckerfabrik. Insgesamt kann Andreas Meyer auf eindrückliche Art und Weise deutlich machen, welch hohen Stellenwert der Spanienhandel bei den Humpis genoss. Ebenso verhielt es sich bei den Augsburger Fuggern, wie der Beitrag von Stephanie Haberer anschaulich zeigt: Die im Vergleich zu den Ravensburgern mehr als doppelt so kapitalkräftige Firma Jakob Fuggers engagierte sich ebenfalls im Warenhandel und exportierte vornehmlich Kupfer, Messingartikel, Waffen und Barchent nach Spanien. Das Hauptaugenmerk galt bis 1630 jedoch Geldgeschäften mit der spanischen Krone und als Folge davon dem Bergbau und dem Einfluss auf die Gefälle aus drei Ritterordensgebieten. Unter anderem unterstützten die Fugger den spanischen König Karl I. (V.) und beteiligten sich an der Finanzierung seiner Wahl zum deutschen Kaiser. Ein eigener Beitrag von Karl Rudolf beschäftigt sich deshalb mit dem Habsburger Karl V., dem Herrscher Spaniens und der habsburgischen Stammlande um den Bodensee und der Bedeutung Süddeutschlands für die Politik des Kaisers.

Die intensiven wirtschaftlichen Beziehungen führten im Spätmittelalter zu einer hohen Pilgerfrequenz vom Bodensee zum Grab des heiligen Jacobus nach Santiago de Compostela und zu einer Blüte des Jacobus-Kultes im Bereich Bodensee/Oberschwaben, wie Robert Pöltz anhand zahlreicher, auch bebilderter Einzelbeispiele belegen kann. Eines seiner Ergebnisse über den Kulturtransfer Oberschwaben – Spanien am Beispiel der Apostelverehrung lautet: "Die Bodenseeregion war im Bereich der Apostelverehrung nicht innovativ tätig, aber sie hat sie verfeinert und intelligent umgesetzt und sich die Primärtugenden des Patrons von Spanien, des heiligen Jacobus, angeeignet".

Auch zwischen den oberschwäbischen Nachbarn Vorderösterreich/Tirol und Spanien bestanden im 16. Jh. zahlreiche dynastische und kulturelle Verbindungen. Der Beitrag von Franz-Heinz von Heye geht auf die Verehrung des Apostels Jacobus und die Wallfahrt nach Santiago ein, beschreibt aber insbesondere die dynastischen Kontakte und damit die Spuren spanischer Habsburger als Landesfürsten von Tirol und Vorderösterreich.

Kriegerische Ereignisse führten 1548 spanische Truppen an den Bodensee. Der protestantischen Reichsstadt Konstanz gelang es, den so genannten Spaniersturm, den Sturmangriff kaiserlicher Truppen als Ausläufer des Schmalkaldischen Krieges abzuwehren. Wie sehr dieses historische Ereignis der reformatorischen Selbstvergewisserung diente und noch im 19. Jh. zur Verankerung nationalliberaler Ziele instrumentalisiert wurde, zeigt der Beitrag von Wolfgang Zimmermann.

Mit dem vorliegenden Band ist eine Facette oberschwäbischer Geschichte beleuchtet worden, wie es in dieser Dichte und Qualität bislang nicht geschehen ist. Es konnte auf beeindruckende Weise gezeigt werden, welch wirtschaftliche Innovationskraft die Handelsgesellschaften der schwäbischen Reichsstädte zu entfalten in der Lage waren, dass sie eine feste Größe im Wirtschaftsleben Spaniens bildeten, dass darüber hinaus vielfältige dynastische und religiös-kulturelle Beziehungen zwischen Oberschwaben und Spanien bestanden. Diese Ergebnisse sagen einiges über den Stellenwert Oberschwabens und seiner Städte im Zentrum des Reiches an der Wende vom Spätmittelalter zur Neuzeit aus. Das ungewöhnliche Experiment der Herausgeber ist gelungen. Ein sehr lesenswerter Band ist entstanden.

Andreas Schmauder

Gesa Ingendahl: Witwen in der Frühen Neuzeit. Eine kulturhistorische Studie. (Geschichte und Geschlechter; 54). Franfurt am Main: Campus-Verlag 2006, 377 Seiten, EURO 39,90.

Mit dieser Fragestellung setzt sich Gesa Ingendahl in ihrer von Christel Köhle-Hezinger (Jena) betreuten Dissertation auseinander. Ausgangsbasis für ihre Arbeit ist schriftliches Quellenmaterial der oberschwäbischen Reichsstadt Ravensburg aus der Zeit des 16. bis 18. Jh. Anhand von Ratsprotokollen, Statuten, Handwerksordnungen, Kirchen- und Steuerbüchern, einer Einwohnerzählung und Heiratsverträgen arbeitet Ingendahl heraus, durch welche Normen, Wertvorstellungen und Handlungsmuster die Lebenswelt der Witwen bestimmt war und wie sie sich im Laufe der Frühen Neuzeit veränderte.

Dabei zeigt Ingendahl, dass das Witwendasein wesentlich durch widersprüchliche Rollenbilder geprägt wurde: Zu Beginn der Frühen Neuzeit erlangte eine Ehefrau einen völlig neuen sozialen Status, wenn sie Witwe wurde. Anstelle des verstorbenen Ernährers fand sich die Witwe in der Position des Haushaltsvorstandes wieder und war für den Lebensunterhalt der Familie verantwortlich. Sie erhielt damit Zugang zu Lebens- und Arbeitsbereichen, die ihr als Ehefrau oder Ledige verschlossen geblieben wären. Andererseits erwartete man von den Witwen aber auch, dass sie ihr Leben zurückgezogen und keusch gestalteten und sich ganz der Trauer und Totensorge widmeten. Ingendahl führt aus, dass die fortwährende Existenz dieser konträren gesellschaftlichen Anforderungen dazu führte, dass der Witwenstand einen enormen Bedeutungszuwachs in der öffentlichen Diskussion erfuhr, den man auch an der umfangreichen schriftlichen Überlieferung zu der Rolle der Witwen festmachen kann. Erklären lässt sich dies nach Ingendahl damit, dass sich in der Frühen Neuzeit die Trennung der gesellschaftlichen Lebensbereiche in eine öffentliche und eine private Sphäre auf der Grundlage der Geschlechtertrennung zu entwickeln begann. Im Kontext der gleichzeitig zunehmenden administrativen Verschriftlichung und Verrechtlichung nimmt es daher nicht Wunder, dass gerade die Witwen besonders im Fokus des Interesses standen. Sie waren schließlich Grenzgängerinnen zwischen den sich konstituierenden männlich-öffentlichen und weiblich-privaten Lebensräumen.

Wie Obrigkeit, Zünfte, Bürgerinnen und Bürger das Leben und Arbeiten verwitweter Frauen gestalteten und veränderten erläutert Ingendahl indem sie z.B. untersucht, unter welchen Voraussetzungen Witwen einen Handwerksbetrieb fortführen konnten, wann die städtische Obrigkeit Almosen gewährte und wie in Heiratsverträgen das zukünftige Erbe verwitweter Ehefrauen ausgehandelt wurde. Methodisch stützt sich Ingendahl in ihrer Quellenanalyse auf die Forschungsmethoden des Ethnologen Clifford Geertz, was ihr eine kontextbezogene Quellenanalyse und Interpretation ermöglicht, mit der sie die gesellschaftlich-kulturellen Veränderungen einfangen und beschreiben kann. Herausragendes Kennzeichen dieser Veränderungen ist die sich allmählich verschlechternde gesellschaftliche Position der Witwen. Die zu Beginn der Frühen Neuzeit bestehende Rollenzuschreibung einer sich öffentlich betätigenden verwitweten Haushaltsvorsteherin wurde am Ende des 18. Jh. durch das Rollenbild einer nichterwerbstätigen Frau abgelöst, deren vorrangigste Aufgabe die emotionale Fürsorge für die Familie war. Dass die städtische Obrigkeit schließlich die Einführung eines männlichen Geschlechtsvormunds für verwitwete Frauen initiierte, ist, mit Ingendahl gesprochen, der offensichtliche Beweis dafür, dass sich gerade am Bild der Witwe die gesellschaftlichen Veränderungen in den öffentlichen und privaten Lebensräumen in der Frühen Neuzeit festmachen lassen.

Im Zusammenhang mit der Arbeit ist zu erwähnen, dass die Stadt Ravensburg es der Autorin mit dem "Projekt Frauengeschichte" ermöglichte, die Basis für ihre Dissertation zu erarbeiten. Gesa Ingendahl wurde außerdem durch ein Stipendium der "Gesellschaft Oberschwaben für Geschichte und Kultur" unterstützt. Deshalb bleibt abschließend der Wunsch auszusprechen, dass diese Institutionen weiterhin aktiv Wissenschaftler fördern. Die hervorragende Dissertation von Gesa Ingendahl zeigt, dass sich dieses Engagement lohnt.

Babette Lang

Dietmar Schiersner: Politik, Konfession und Kommunikation. Studien zur katholischen Konfessionalisierung der Markgrafschaft Burgau 1550-1650. (Colloquia Augustana; 19). Berlin: Akademie Verlag, 2005, 523 S., EURO 59,80.

In seiner bei Rolf Kießling an der Universität Augsburg entstandenen Dissertation geht der Verfasser der Frage nach, inwieweit das namentlich von Heinz Schilling und Wolfgang Reinhard entwickelte Paradigma der Konfessionalisierung auf die habsburgische Markgrafschaft Burgau erkenntnisgewinnend angewandt werden kann. Die Markgrafschaft, seit 1301 als heimgefallenes Reichslehen im Besitz des Hauses Österreich, stellt dabei insofern einen aufschlussreichen Untersuchungsraum dar, als sie verfassungsrechtlich als territorium non clausum zu apostrophieren ist, als Raum also, in dem die – vorwiegend auf die hochgerichtlichen Rechte gestützte – landesfürstliche Obrigkeit gegen Ortsherrschaften, Besitzungen anderer Reichsstände, kirchlichen Gewalten und Insassen behauptet und durchgesetzt werden musste. Die Bedingungen des Augsburger Religionsfriedens von 1555, denen zufolge der Landesherr die Konfession bestimmte (ius reformandi), griffen unter diesen Auspizien nur unzureichend, de facto vermehrten sie das Konfliktpotential zwischen potentiell konkurrierenden Herrschaftsträgern. Deutlich wird dies in den Fallstudien, die den Hauptteil der Arbeit ausmachen (S. 31-432). In ihnen untersucht der Verfasser minutiös das allmähliche Vordringen des Luthertums, das durch die nahen Reichsstädte Ulm und Augsburg, den umfangreichen Landbesitz ihrer städtischen Spitäler, evangelischer Patrizier und neugläubiger Reichsritter (die Familie Schertlin in Burtenbach) befördert wurde, aber auch, wie der burgauische Vorort Günzburg deutlich macht, bei habsburgischen Untertanen auf positive Resonanz stieß, sowie die Reaktionen der habsburgischen Landesherrn, der Augsburger Bischöfe, ihrer Verwaltungen, kommunalen Obrigkeiten und altgläubigem Klerus. Konfessionalisierende Wirkung, dies arbeitet der Verfasser konzise heraus, ging von einer Vielzahl von Akteuren aus, und sie war gerade deshalb erfolgreich, weil sie sich – jedenfalls den Insassen gegenüber – Selbstbeschränkungen auferlegte, konkret: die religiösen Intentionen eben nicht mit dem Ausbau der landesherrlichen auctoritas verknüpfte.

Die Gründe dafür, dass die im "klassischen" Konfessionalisierungsparadigma postulierte Verschränkung von Konfessionalisierung und gesteigerter Staatlichkeit im Falle der Markgrafschaft nicht (oder besser: nur in "Ausnahmefällen") zu beobachten ist, sind nach der überzeugend dargebotenen Analyse des Verfassers zunächst in der Polyfunktionalität der Habsburgerdynastie zu lokalisieren. Dass die Dynastie neben dem Landesherrn auch das Reichsoberhaupt stellte, war, so der Verfasser, dem Prozess der katholischen Konfessionalisierung abträglich. Sowohl Ferdinand I. als auch Rudolf II., die beide (zeitweise) auch die Markgrafschaft regierten (1521/22 bzw. 1558-1564; 1595-1602), vermieden es, konfessionspolitische Akzente als Landesherren zu setzen, weil sie befürchteten, dies könne ihrer Rolle als Reichsoberhaupt abträglich sein, und auch Maximilian der Deutschmeister warnte als Landesherr von Tirol vor einer ohne Rücksicht auf die Reichspolitik betriebenen territorialen Konfessionspolitik. Gerichtet war seine Warnung an Markgraf Karl von Burgau, den illegitimen Sohn Erzherzog Ferdinands II. von Tirol, der die Markgrafschaft 1610 bis 1618 regierte. Unter ihm erreichte die landesherrliche Konfessionspolitik eine neue Qualität: Zwar war die Selbstbeschränkung, die sich noch Erzherzog Ferdinands II. mit Blick auf den hohen Stellenwert des Augsburger Religionsfriedens auferlegt hatte, bereits unter dem Deutschmeister einer offensiveren Konfessionspolitik gewichen, die ihre Kirchenhoheit vornehmlich qua Hochgerichtsbarkeit konsequent wahrzunehmen versuchte und bedeutende Teilerfolge zu erzielen vermochte. So galt Lützelburg am Ende seiner Regentschaft als rekatholisiert, in Burgwalden, Pfersee und Bocksberg waren die Ortsherren in ihre Schranken verwiesen und evangelische Neigungen unter den Untertanen zurückgedrängt worden. Unter Karl von Burgau aber wurde nicht nur die Rekatholisierung der evangelischen Orte (bzw. die Durchsetzung der landesherrlichen Kirchenhoheit) nachdrücklich betrieben, sondern (zumal in den Herrschaftszentren Burgau und Günzburg) auch ein Bündel konfessionspolitischer Maßnahmen ergriffen, die gleichermaßen die katholische Reform befördern wie die Herrschaft des Landesherrn intensivieren sollten (und es berechtigen, für die Zeit seiner Regentschaft von Konfessionalisierung zu sprechen). Als Karl von Burgau 1618 ohne Erben starb, setzten die nunmehr erneut zur Regierung gelangenden Innsbrucker Herrschaft seine Konfessionspolitik nicht fort. Die weiteren Impulse zur katholischen Reform blieben anderen überlassen, "allen voran der geistlichen Gewalt des Bischofs und den kirchlichen Vertretern vor Ort" (S. 440).

Der Verfasser hat fraglos eine sorgfältig erarbeitete Studie vorgelegt, die auch dank ihrer Berücksichtigung der Diskursstrategien, den in subtilen Formen symbolischer Kommunikation gekleideten Herrschaftsinszenierungen der habsburgischen Landesherren und der Konfessionalisierung von Sprache als Medium asymmetrischer Machtverhältnisse Beachtung verdient. Gleichwohl bleiben Fragen offen. Dies gilt insbesondere für das Problem, wie das Faktum der Herrschaftsferne oder besser Herrscherferne für den Verlauf des Konfessionalisierungsprozesses in der Markgrafschaft zu gewichten ist. Immerhin dürfte es doch wohl der Beachtung wert sein, dass der einzige vor Ort präsente Landesherr weitgehend ohne Rücksicht auf die Interessenlage der Dynastie einen politischen Stil praktizierte, der sehr wohl mit Hilfe des Konfessionalisierungsparadigmas beschrieben werden kann. Fraglich scheint (mir) auch, inwieweit von einer "Prävalenz religiöser Motive und Intentionen vor territorialpolitischen Beweggründen und Zielsetzungen" (S. 457) ausgegangen werden muss oder ob nicht eher (im Sinne von Marc Forster) nach den spezifischen Interessen einer relativ autonom agierenden Obrigkeit und ihrer Verwaltung gefragt werden sollte, die sich des konfessionellen Instrumentariums bedienen konnte, aber keineswegs musste.

Norbert Haag

Markwart Herzog / Rolf Kießling / Bernd Roeck (Hg.): Himmel auf Erden oder Teufelsbauwurmb? Wirtschaftliche und soziale Bedingungen des süddeutschen Klosterbarock. (Irseer Schriften N.F. 1) Konstanz: UVK Verlagsgesellschaft mbH, 2002, 352 S., EURO 39,00.

Drei bis vier Jahrzehnte nach dem Ende des Dreißigjährigen Kriegs setzte im gesamten Reich ein einzigartiger, sehr ambitionierter Bauboom ein. Eine Fülle von Architekturtraktaten kam auf den Markt, Bauern, Bürger, geistliche und weltliche Herren ließen je nach Stand und Möglichkeit Bauwerke errichten, deren oft landschaftsprägende Wirkung heute noch beeindruckt.

Der vorliegende Sammelband mit Beiträgen von fünfzehn Autoren geht auf eine Tagung zurück, die in dem ehemaligen, ab 1699 neu gebauten Benediktinerkloster Irsee stattfand. Der Ort war gleichzeitig auch als Programm zu verstehen, da man sich nur auf den monastischen Bereich in Süddeutschland mit Blick auf Österreich konzentrierte. Einleitend gab Bernd Roeck, einer der drei Herausgeber des straff angelegten, sehr themenzentrierten Tagungsbandes, einen ideenreichen Überblick über die neuerdings von mehreren Seiten angestoßene Forschung über den Zusammenhang zwischen Baukonjunktur und Repräsentationsbedürfnis. Die "Baulust der Eliten" war sowohl eine Folge der wiedererstarkten Wirtschaft als auch eines gewandelten religiösen Verständnisses.

Diese Dichotomie wurde der Tagung zugrundegelegt und spiegelte sich auch in der Anlage des Bandes. Bei einer Analyse der ökonomischen Bedingungen am Beispiel nieder- und oberösterreichischer Prälatenklöster ergab sich ein eher diffuses Bild und Herbert Knittler warnte davor, die wirtschaftlichen Auswirkungen zugunsten von Handwerkern und Tagelöhnern zu hoch anzusetzen. Ähnlich wiesen Rolf Kießling und Anke Sczesny in einer sehr differenzierten Untersuchung über Ostschwaben darauf hin, dass neben rascher demographischer Erholung innerhalb von fünfzig Jahren erst die Steigerung des allgemeinen Wirtschaftspotentials die Voraussetzung bildete, manche der klösterlichen Großbauten ins Werk zu setzen. Einer der Gründe dafür lag ganz unverhüllt in ausgesprochenem Prestigestreben, wie Franz Matsche am Beispiel des Kaiser- oder Festsaals in der Variante des Kolonnadensaals in vielen Schlössern, aber auch in zahlreichen Reichsstiften (Ebrach, Salem, Füssen, Ottobeuren) nachgewiesen hat. Dass überraschenderweise auch Bruderschaften, zum Teil in ganz beachtlichem Umfang, zu den Auftraggebern barocker Baukunst gehörten, zeigte Rebekka von Mallinckrodt am Beispiel von Brixen, Berg am Laim, Augsburg sowie Rot an der Rot. Der schon von den Zeitgenossen erhobenen Kritik, es handele sich bei diesen wie anderen repräsentativen Bauten oder den großen Klosterbibliotheken um überflüssigen Luxus, trat Alois Schmid entgegen. Der "Luxus" einer Barockkirche, zu deren Errichtung wesentlich auch die Gläubigen beisteuerten, diente letztlich der Verherrlichung Gottes.

In einem zweiten großen Abschnitt wurde in sieben Beiträgen die Bautätigkeit einzelner Klöster und Stifte in der Barockzeit untersucht. Besonders aus dieser Perspektive zeigte sich die enorme Spannbreite des Tagungsthemas, dem man mit wohltuender Offenheit begegnete.

Auf sparsam wirtschaftende Äbte folgten außergewöhnlich baufreudige, die manches Gotteshaus an den Rand des Ruins führten (Weißenau, Kempten), was selbstverständlich Rückwirkungen auf das Verhältnis zwischen Konvent und Abt (Weißenau) hatte. Man baute mit vollen und mit leeren Kassen, und nur die ganz Klugen waren in der Lage, beides in Einklang zu bringen (Ochsenhausen, Rottenbuch, Irsee). Oft diente Baufälligkeit als vorgeschobenes Argument für mangelnde Modernität, um dem als standesgemäß erachteten Repräsentationsbedürfnis zu huldigen (Kempten, Irsee) oder der frisch errungenen Reichsunmittelbarkeit auch architektonisch Ausdruck zu verleihen (Ottobeuren). So entstand in St. Peter auf dem Schwarzwald bis 1752 eine regelrechte "Show-Bibliothek" (Hans-Otto Mühleisen), doch scheute man andererseits zur gleichen Zeit nicht mehr davor zurück, vom einst gefassten großen Bauplan abzuweichen (Ottobeuren).

Mit dem Beginn der Aufklärung schienen sich die Mönche immer weniger mit den prächtigen Großbauten zu identifizieren.

Peter Fleischmann

Casimir Bumiller (Hg.): Adel im Wandel. 200 Jahre Mediatisierung in Oberschwaben. Katalog zur Ausstellung in Sigmaringen 2006. Ostfildern: Jan Thorbecke Verlag, 2006, 400 S.
Mark Hengerer / Elmar L. Kuhn in Verbindung mit *Peter Blickle* (Hg.): Adel im Wandel. Oberschwaben von der Frühen Neuzeit bis zur Gegenwart. 2 Bde. Ostfildern: Jan Thorbecke Verlag, 2006, zusammen 886 S.; insg. 843 farb. Abb., insg. EURO 39,80.

Den epochalen politischen und gesellschaftlichen Umwälzungen zu Beginn des 19. Jahrhunderts – Säkularisation der Klöster und Mediatisierung des reichsunmittelbaren Adels –, die nicht nur das Gesicht Oberschwabens (dieses aber besonders radikal) verändert haben, galten zwei große Ausstellungen in Bad Schussenried (2003) und Sigmaringen (2006), die für die junge, erst 1996 gegründete "Gesellschaft Oberschwaben für Geschichte und Kultur" eine große Herausforderung darstellten. Während die Gesellschaft an der Landesausstellung "Alte Klöster – Neue Herren" in Bad Schussenried nur als "Juniorpartner" beteiligt war, allerdings sehr intensiv und sowohl ideell wie materiell, zeichnete sie für die Sigmaringer Ausstellung "Adel im Wandel" allein verantwortlich. Zu beiden Ausstellungen erschienen opulent ausgestattete Kataloge und je zwei Begleitbände mit vertiefenden wissenschaftlichen Aufsätzen. Angesichts knapp gewordener öffentlicher Mittel konnten beide Unternehmen nur dank der Hilfe zahlreicher Sponsoren wie der Stiftung Oberschwaben, der Landesbank Baden-Württemberg, der oberschwäbischen Kreissparkassen und des Zweckverbands Oberschwäbische Elektrizitätswerke (OEW) realisiert werden.

Im Gegensatz zu der Landesausstellung in Bad Schussenried, die über die "Klosterlandschaft" Oberschwaben hinausgriff und den revolutionären Prozess der Säkularisation für den gesamten deutschen Südwesten – mit einem Seitenblick auf die mediatisierten Reichsstädte – vor Augen führte, konzentrierte sich die Sigmaringer Ausstellung ganz auf Oberschwaben. Was man unter "Oberschwaben" eigentlich zu verstehen hat, darüber waren sich die Herausgeber der hier zu besprechenden drei Bände allerdings offenbar nicht einig. Denn während der Ausstellungskatalog den im 19. Jh. badisch gewordenen Teil des oberschwäbischen Flickenteppichs mit einbezieht und bis Donaueschingen, der Residenz der Fürsten von Fürstenberg, ausgreift, das bayerisch gewordene Gebiet rechts der Iller aber ohne nähere Begründung außer acht lässt, beschäftigen sich in den beiden Begleitbänden mehrere Beiträge auch mit dem Adel im heutigen Bayerisch-Schwaben.

Der reich illustrierte Katalogband stellt die zum großen Teil aus adligem Besitz stammenden und in Sigmaringen erstmals der Öffentlichkeit zugänglichen Exponate der 16 Abteilungen vor, in die die Ausstellung untergliedert war. Von der vielfältigen Adelslandschaft Oberschwabens im Alten Reich, dem bunten Gemenge von Reichsfürstentümern, Reichsgrafschaften und reichsritterschaftlichen Herrschaften, dem Verhältnis des Adels zu Kultur, Kirche und Religion, führt der Weg über die Erschütterungen der napoleonischen Zeit bis zu den Lebensformen und Interessen des politisch entmachteten Adels im 19. und 20. Jh. Mehrere Karten und zahlreiche genealogische Tafeln erleichtern die Orientierung. Dasselbe gilt für die instruktiven Tabellen über die adligen Familien und den Umfang adligen Besitzes in Oberschwaben.

Wie kam der oberschwäbische Adel, sowohl der alteingesessene wie auch der dank Napoleon 1803 neu ins Land gekommene, mit dem Verlust seiner Souveränität im Jahr 1806 zurecht? Wie hat er Statuseinbußen und Statusverlust kompensiert? Welche Wege fand er, um in der durch die Französische Revolution veränderten Welt des 19. Jh. weiterhin eine dem eigenen Selbstverständnis entsprechende politische und gesellschaftliche Rolle zu spielen? Das sind die zentralen Fragestellungen, die im Mittelpunkt des Ausstellungskatalogs stehen und die sich auch durch viele der insgesamt 57 (!) Beiträge der beiden Begleitbände ziehen. Konkret beantwortet werden sie am Beispiel einer Reihe adliger Familien wie der Fürsten von Fürstenberg, der drei Zweige des Hauses Waldburg und der Grafen von Königsegg.

Nicht zuletzt als Reverenz gegenüber dem Ausstellungsort Sigmaringen wird dem Sonderweg der beiden süddeutschen Fürstenhäuser der Hohenzollern besondere Aufmerksamkeit geschenkt, die dank ihrer verwandtschaftlichen Beziehungen zu Napoleon 1806 von der Mediatisierung verschont blieben, bis sie sich 1849 unter dem Eindruck der 48er-Revolution freiwillig unter den Schutz Preußens begaben. Auch die beiden größten Nutznießer der Mediatisierung, die Häuser Baden und Württemberg, die während der turbulenten Ereignisse der Jahre 1805/06 in Oberschwaben Fuß fassen konnten, sind durch einschlägige Darstellungen vertreten. Während die Sigmaringer Ausstellung nicht ganz der Versuchung widerstand, den oberschwäbischen Adel mit möglichst spektakulären, optisch reizvollen Exponaten eher unkritisch, aber dafür publikumswirksam zu präsentieren, wird in den meisten Beiträgen der Begleitbände stärker differenziert und die Merkmale des oberschwäbischen Landadels in seiner Entwicklung vom 14. bis zum 20. Jh. vor dem Hintergrund der jeweiligen politischen und gesellschaftlichen Rahmenbedingungen herausgearbeitet. So wird deutlich, warum im 19. Jh., insbesondere in Württemberg, die Haltung des Adels gegenüber dem neuen Staat und seiner Gesellschaft zwangsläufig eine so ganz andere war als beispielsweise die des ostelbischen Adels gegenüber dem preußischen Staat.

Viele Beiträge in den aus einer wissenschaftlichen Tagung in Sigmaringen im Oktober 2005 erwachsenen Begleitbänden erschließen wissenschaftliches Neuland, indem sie untersuchen, ob beziehungsweise wie der oberschwäbische Adel im 19. Jh. versucht hat, sich einer zunehmend vom Bürgertum geprägten Welt anzupassen oder ob er sich eher davon abgegrenzt hat, und wie er auf die Revolution von 1848/49, die beginnende Industrialisierung, den Zusammenbruch der Monarchie 1918 und schließlich die Diktatur der Nationalsozialisten reagierte hat. Adlige als Unternehmer, als Förderer der Wissenschaft (vor allem der historischen Forschung), als Bauherren, als Bücher- und Kunstsammler, als Offiziere, als Landtags- und Reichstagsabgeordnete, ihr Weltbild, ihr Familienleben, ihre Haltung gegenüber der katholischen Kirche – das sind spannende Themen, die dem Leser viel Neues bieten.

Dagegen erfährt man leider nur wenig über das für die Sozial- und Wirtschaftsgeschichte Oberschwabens im 19. Jh. so zentrale Thema "Bauernbefreiung", den mühsamen, vom Adel zumeist bewusst verzögerten Prozess der Ablösung der bäuerlichen Abgaben auf Grund der adligen Grund- und Leibherrschaft. Auch zu der Frage, was der Adel mit dem Kapital anfing, das ihm aus der Ablösung zufloss, und inwieweit sich seine materiellen Verhältnisse aufgrund der Ablösung letztlich verbessert oder verschlechtert haben, hätte man sich gerne präzisere Antworten gewünscht.

Ergänzt werden die historischen Beiträge durch Interviews mit den jüngeren Vertretern einiger hochadliger Häuser. Dabei kommt als zentrales Problem durchweg der angemessene Umgang mit dem ererbten Vermögen, Grundbesitz und Kulturgut, zur Sprache: Was darf nach rein betriebswirtschaftlichen Kriterien beurteilt und eventuell verkauft oder vermarktet werden und was ist aus Gründen der Pietät oder aus denkmalpflegerischen Gründen – teils sogar als "nationales Kulturgut" – tabu, und wieweit darf der Staat dabei mitreden? Verständlicherweise gehen hier die Meinungen weit auseinander.

Uneingeschränktes Lob verdient die hervorragende Bildauswahl in allen drei Bänden. Neben Gemälden – Porträts, Familienbilder und Veduten von Schlössern und Dörfern –, Bauwerken, und historischen Karten, Handschriften und anderen schriftlichen Dokumenten, Grabmälern und Wappendarstellungen verdienen hier die Fotos aus der Welt des heutigen Adels Erwähnung. Dank der Bereitschaft der oberschwäbischen Adelshäuser, meist noch nie veröffentlichtes privates Bildmaterial zur Verfügung zu stellen, eröffnen sich Einblicke in eine für viele bisher weitgehend unbekannte, von der Vergangenheit geprägte Lebenswelt und Lebensweise, Einblicke, die ahnen lassen, dass Adel nicht nur Lust ist, sondern auch Last sein kann.

Peter Eitel

Manfred Bosch/Ulrich Gaier/Wolfgang Rapp/Peter Schneider/Wolfgang Schürle (Hg.) im Auftrag der Oberschwäbischen Elektrizitätswerke (OEW): Schwabenspiegel. Literatur vom Neckar bis zum Bodensee 1800-1950. Katalog zur Ausstellung. Oberschwäbische Elektrizitätswerke (OEW) 2006, Bd. 1.1: Katalog 520 S., Bd. 1.2: Autorenlexikon 344 S., insg. 700 Abb., EURO 44,00; Bd. 2,1: Aufsätze, Bd. 2.2: Aufsätze, insg. 1504 S., EURO 37,00.

Die Herausgeber des "Schwabenspiegels. Literatur vom Neckar bis zum Bodensee 1800-1950" haben in Zusammenarbeit mit vielen Autoren einen bunten Bilderbogen oberschwäbischer

Literatur des 19. und frühen 20. Jh. zusammengestellt. Als Begleitpublikation zur Wanderausstellung "Schwabenspiegel. Literatur vom Neckar bis zum Bodensee 1800-1950" sind ein Katalog, ein Autorenlexikon und zwei Aufsatzbände erschienen. Die Konzeption richtet sich weniger nach historischen oder gesellschaftspolitischen Vorgaben, sondern nach pragmatischen. Der Betrachtungsraum ist deckungsgleich mit dem neun Landkreise umfassenden Vertriebsgebiet der Oberschwäbischen Elektrizitätswerke (OEW) und den angrenzenden Städten Ulm und Tübingen. Letztere hatten großen Einfluss auf das literarische Werk vom Neckar bis zum Bodensee.

Im Gegensatz dazu ist der Literaturbegriff sehr weit gefasst: Im Sinne einer regionalen Literaturgeschichte kommen alle zu Wort, die in der Region geboren wurden oder gewirkt haben. Von Friedrich Schiller, über Annette von Droste-Hülshoff, Ernst Jünger und die Geschwister Scholl bis hin zu schwäbischen Soldaten aus drei Kriegen und einer Vielzahl von schreibenden Geistlichen. Das Material ist nicht nach literarischen Begriffen eingeteilt, sondern "nach markanten Gründen für das Schreiben und Lesen" (Vorwort). Die sechs thematischen Kapitel heißen Suevia – Geschichtskultur – Politische Dichtung – Schwaben, die Welt – Aufbruch in die Moderne: Kontinuitäten und Brüche – Literarische Kultur.

Das erste Kapitel "Suevia" ist wiederum unterteilt in die Unterthemen "Mythen – liberal und konservativ" und "Das Land" sowie "Bildermacher und Bilderzerstörer" und "Schwaben, Schwaben, Schwäbisch – literarisch". Hier werden u. a. die Legende vom Stauferkaiser Friedrich I. Barbarossa vorgestellt, der als Friedenskaiser Deutschland einen soll, sowie die Reaktionen darauf von monarchistischer, bürgerlicher und demokratischer Seite und auch die bürgerliche Verehrung Friedrich Schillers in Stuttgart und Marbach. "Das Land" wird anhand von Wanderbüchern und Oberamtsbeschreibungen nahe gebracht und auch durch das Seminar in Blaubeuren mit seiner Geniepromotion 1921-1925, die viele schriftstellerisch Tätige hervorbrachte (David Friedrich Strauß, Friedrich Theodor Vischer, Gustav Pfizer, Carl Weitbrecht, Wilhelm Baltasar Zimmerman und vorher Wilhelm Hauff).

Die Gedenkveranstaltungen zu Ehren von Christoph Martin Wieland 1933 in Biberach an der Riß und von Friedrich Hölderlin 1943 in Tübingen stehen unter der Überschrift "Bilder".

Eine Besonderheit der Literatur ist das Schloss Lichtenstein, das Graf Wilhelm von Württemberg angeregt durch den gleichnamigen Roman von Wilhelm Hauff bauen ließ. Zum Schluss des ersten Kapitels werden noch eine Reihe von Heimat- und Mundartdichtern vorgestellt, darunter Hans Reyhing (Der tausendjährige Acker, 1943), Michel Buck (Bagenga, 1892) und Josef Eberle alias Sebastian Blau (Schwoabaspiagel, 1981).

Das Thema "Geschichtskultur" wird im zweiten Teil anhand vieler Bilder und Zitate erläutert. Wesentliche Themen sind hier das verlorene Herzogtum Schwaben, der Bauernkrieg (Zimmermann, 1858) sowie das "Schwäbische Wörterbuch" in sieben Bänden von Hermann Fischer, 1831. Thematisiert werden auch Schulbücher (für Geschichte), Liederbücher, Trachten und die Fasnet. Wichtige Themen sind die Geschichts-/Geschichtenschreibung im Dienste der Politik, Philosophisches (Hegel und Heidegger) sowie viele verschiedene Vorschläge für eine politische Einigung Schwabens in den 1940 Jahren.

Im nächsten großen Kapitel "Politische Literatur" werden u. a. eine Reihe von volksaufklärerischen Schriften des 19. Jahrhunderts, verfasst zum größten Teil durch Landgeistliche, vorgestellt. Ein weiteres Thema ist das "alte, gute Recht", welches 1514 im Tübinger Vertrag den württembergischen Landständen Einfluss auf die Politik des Landes garantierte. Bei der Aufhebung dieser Privilegien 1806 protestierte Uhland in einer Streitschrift. Auch sonst finden sich viele Schmähschriften, Postillen, Zeitschriften und Karikaturen gegen die Politik und die Politiker. Viel Raum wird dem Thema "Kriegsliteratur" zugemessen. Hier finden sich neben Kriegsromanen (Schenzinger: Hitlerjunge Quex, 1932) und Propaganda- und Durchhalteschriften, Tagebücher, Flugblätter und Feldpost der Soldaten aus drei Kriegen zwischen 1870 und 1945.

"Zwischen Schwaben und die Welt passt höchstens noch ein unscheinbares Komma" (S. 286). So sehen die Autoren die Auswanderungsbewegung des 19. und 20. Jh., im Kapitel "Schwaben, die Welt", wobei anhand von Briefen, Chroniken und amtlichen Berichten der beschwerliche Weg aus Schwaben in die Welt gezeigt wird oder die Reisebegeisterung und Faszination an fremden Erdteilen. Ein literarisches Beispiel soll hier Gustav Heerbrand sein, der 1876 in New York das "Neu-Yorker Schwäbische Wochenblatt" gegründet und herausgegeben hat und damit ungeahnten Erfolg hatte. Ein weiterer Schwabe in der Welt ist Carl Laemmle, Begründer der Universal Studios und somit einer der Urväter Hollywoods.

Das Kapitel "Aufbruch in die Moderne" versammelt neben Technikromanen (Schenzinger: Anillin, 1936; Metall, 1939) und -gedichten (Max Eyth) die amtlichen Aufzeichnungen zur Verwaltungsreform nach 1810, als das Schwäbische Oberland an Altwürttemberg angegliedert wurde, Flugreiseromane von Koenig-Warthausen und wieder die Themen Religion, Räuber und Afrika, die in den vorigen Kapiteln schon eine Rolle gespielt haben.

Im letzten Kapitel "Literarische Kultur" haben wir es dann mit der Literatur im eigentlichen Sinne zu tun: Es wird ein großer Bogen geschlagen von literarischen Lesegesellschaften des 19. Jh., dem Aufstieg des Verlagshauses Cotta, in dem der Verleger Johann Friedrich Cotta die Klassiker Schiller und Goethe und die Zeitschrift "Morgenblätter für gebildete Stände" verlegte, bis zu der nach dem Zweiten Weltkrieg entstandenen Gesellschaft Oberschwaben, die in prominenter Besetzung die Neuordnung nach dem Krieg vorbereiten wollte, dem Ravensburger Kreis, welcher Autorenlesungen veranstaltete, und dem Wangener Kreis, in dem sich die nach Oberschwaben vertriebenen Schlesier zusammentaten.

Im zweiten Band, dem Autorenlexikon, finden sich kurze, informative, reich bebilderte Biografien von 616 Autoren mit weiterführenden Literaturhinweisen, eine Bibliografie für alle vier Bände sowie das Personen- und Ortsregister.

Für die beiden Aufsatzbände konnten 94 Autoren gewonnen werden, die in mehr oder weniger wissenschaftlichen Abhandlungen die einzelnen Themen des Katalogbandes vertiefen. Viele Autoren werden in Ergänzung zum Autorenlexikon mit längeren Abhandlungen bedacht, außerdem einzelne Publikationen, Zeitschriften und Gesellschaften. Sehr häufig werden historisch-gesellschaftliche Themen am Beispiel von Geschriebenem erläutert, z.B. "Dichtung und Wahrheit in der Archäologie. Die Ausgrabungen der 1920er und 1930er Jahre im Federseemoor bei Buchau" von Michael Strobel (S. 257-266), "Narro kugelrund...". Rottweils Fasnet zwischen 1800 und 1950 von Karl Lambrecht (S. 369-376) oder "Der Triumph der Langsamkeit. Oberschwaben in der ersten Hälfte des 20. Jahrhunderts" von Thomas Schnabel (S. 663-702).

Die CD-ROM enthält das gesamte Autorenlexikon, einen AudioGuide zur Ausstellung sowie einige Aufsätze, welche in der Publikation keinen Platz gefunden haben.

Wir haben es hier mit einer gewichtigen, 10 kg schweren Materialsammlung zu tun, die wie ein buntes Kaleidoskop von Geschriebenem in der Region anmutet. Für den interessierten Leser kann der Katalogband eine Fundgrube sein, in der er häppchenweise Informationen finden kann. Der Katalog zeichnet sich durch eine reiche Bebilderung aus. Darstellungen machen in etwa die Hälfte der Seiten aus. Die starke Untergliederung der einzelnen Kapitel in viele Unterkapitel erschwert einen durchgehenden Lesefluss. Der Zusammenhang der einzelnen Kapitel und Unterkapitel ist nicht immer auf den ersten Blick offensichtlich.

Das Autorenlexikon ist eine gelungene Zusammenstellung all jener, die zwischen Neckar und Bodensee im 19. und 20. Jh. mehr oder weniger schriftstellerisch tätig waren, auch wenn die Auswahlkriterien sehr weit gefasst sind und dadurch eine sehr große Zahl von Schreibenden zu Autoren werden.

Die Beiträge in den beiden Aufsatzbänden sind qualitativ und quantitativ sehr inhomogen. Insgesamt haben die Herausgeber eine abwechslungsreiche regionale Literaturgeschichte zusammengestellt, sind aber an einigen Stellen von der schieren Materialfülle und der Problematik, diese nachvollziehbar zu gliedern, ein wenig überrollt worden.

Svenja Hecklau

Alfred Lutz: Zwischen Beharrung und Aufbruch. Ravensburg 1810-1847. Münster: Aschendorff Verlag, 2005, 848 S. Geb. EURO 59,00.

Das Spannungsfeld von Staat und Gesellschaft, städtischer Selbstverwaltung und staatlicher Aufsicht, monarchischer Treue und bürgerschaftlichem Eigensinn, kurz: der Wandel von der korporativen zur bürgerlichen Stadtgesellschaft ist das Thema dieser voluminösen Untersuchung. Tradition und Fortschritt am Beispiel der oberschwäbischen Stadt Ravensburg von 1810 bis 1847.

Wie in anderen Städten auch, brachte der Verlust der Reichsunmittelbarkeit einen erträglichen Bruch im bürgerschaftlichen Selbstverständnis, zumal manch alter Zopf abgeschnitten wurde und die seit 1810 durchgeführte administrative Neuordnung, vor allem mit den Organisationsedikten zur kommunalen Selbstverwaltung 1817/22, Bewegung in die städtische Gesellschaft brachte. Mit der Eingliederung oberschwäbischer Gebiete in das protestantische Königreich Württemberg wuchs der katholische Bevölkerungsteil kräftig an. Ravensburg konnte dabei geradezu als Musterbeispiel für das gute Zusammenleben zweier Konfessionen dienen, pflegte man dort doch, wie in Biberach, die Parität. Aus reichsstädtischer Zeit weitergeführt, war und blieb sie ein stabilisierendes Element des Gemeinwesens, das etwa in der paritätischen Besetzung der bürgerlichen Gremien seinen Ausdruck fand. Erst mit dem Erstarken der ultramontanen Bewegung ab 1840 war das konfessionelle Miteinander doch einigen Belastungen ausgesetzt.

Während sich der neu geschaffene Bürgerausschuss als bescheidenes Kontrollorgan des Gemeinderats zu etablieren suchte, brachte der personelle Wechsel zwischen den beiden Gremien wichtige Erfahrungen, die in der Auseinandersetzung mit den staatlichen Behörden auch freiere Gedanken förderten. Wie die städtische Selbstverwaltung und die Gewerbeordnung von 1828 der Entfaltung einer starken und dynamischen Persönlichkeit förderlich war, zeigt der Verfasser am Beispiel von Franz von Zwerger, der von 1820 bis 1856 als Stadtschultheiß amtierte. Damit nicht genug, war er zeitweilig ein einflussreicher Landtagsabgeordneter, gründete 1823 die erste Oberamtssparkasse im Königreich Württemberg, war erfolgreicher Unternehmer und förderte die wirtschaftliche Entwicklung der Stadt. Als er dann auch noch Kommandant der Bürgerwehr werden wollte, stoppte das Oberamt die nun doch zuviel werdende Ämterhäufung. Der eloquente und liberal denkende Stadtschultheiß hatte aber auch Verständnis für die konservative Haltung der städtischen Handwerker und trat in ihrem Fall für eine behutsame Einführung größerer wirtschaftlicher Freiheiten ein. Im Spannungsfeld karitativer Denkweisen und staatlicher Maßnahmen stand auch das Fürsorgewesen, dessen Neuorientierung im Vormärz einsetzte.

Die Individualisierung und das allmähliche Verschwinden der korporativen Gesellschaftsstruktur führten zu neuen Organisationsformen wie Gesellschaften und Vereine. Der Verfasser stellt diese, auch in Ravensburg, folgenreiche Entwicklung an einer ganzen Reihe von Beispielen dar. Bemerkenswert dabei ist, dass das 1820 gegründete Museum, anders als die beiden heute noch bestehenden Museumsgesellschaften in Tübingen und Ulm, nicht reüssieren konnte, da offenbar die Rekrutierungsbasis des wohlhabenden Bildungs- und Wirtschaftsbürgertums zu schmal war. Großen Einfluss erlangten dagegen, neben anderen Vereinen, der Liederkranz und der Turnverein, die mit der Inszenierung von Festen und Versammlungen nicht nur die städtische Geselligkeitskultur bereicherten, sondern mit der Verbreitung von nationalem und liberalem Gedankengut auch die Politisierung der Öffentlichkeit vorantrieben.

Im wirtschaftlichen Bereich vollzog sich der Übergang von der Zunftverfassung zur freieren Gewerbeordnung besser und nachhaltiger als in vergleichbaren württembergischen Städten, während die im Klagen geübten Handeltreibenden wohl zu Recht auf die geographisch ungünstige Lage der Stadt und die durch Zollschranken abgeschnittenen Absatzgebiete hinwiesen. Hier brachte erst der Zollverein von 1834 eine spürbare Entlastung. Wie der literarisch begabte Wangener Landrat Münch einmal pointiert bemerkte, kam "Steinbeis nur bis Ravensburg". Aber dies, wie Lutz überzeugend darlegt, sehr erfolgreich. Zwar stellten die einst profitablen Ravensburger Papiermühlen zwischen 1850 und 1860 ihren Betrieb ein, aber das Leitprodukt " Textil" sorgte für einen neuen Aufschwung. Erinnert sei an die 1839 von der Schweiz ausgehende Gründung der Bleich- und Appreturanstalt in Weißenau, die 1889 von der Söflinger Firma Steiger und Deschler übernommen wurde. Die traditionell enge Bindung an die Schweiz wird auch durch die Gründung der Maschinenfabrik May und Escher, später Escher und Wyss, dokumentiert. Großen Einfluss erlangte die zugezogene Familie Spohn, die durch kaufmännisches Geschick und ebenso geschickte Heiraten vielfältige unternehmerische Aktivitäten entfaltete.

Mit dem Abbruch der alten Befestigung und dem Bau der Eisenbahn kamen Luft und Leben in die Stadt, die am Vorabend der Revolution von 1848 in vielen Bereichen, wie dem Torsperr- und Pflastergeld oder bei Maßen und Gewichten, zwar noch am Alten hing, aber in unumkehrbarer Weise auf dem Weg zur modernen Stadtgesellschaft Ravensburger Prägung war. Dies hat Alfred Lutz in seiner umfangreichen Untersuchung, auf reicher Quellen- und Literaturgrundlage, detailliert dargelegt. Das von ihm entworfene facettenreiche Bild ist eine Bereicherung der Stadt- und Regionalgeschichte der ersten Hälfte des 19. Jahrhunderts.

Wolf-Dieter Hepach

Gabriele Kersting: Steuerwiderstand und Steuerkultur. Der Kampf gegen das Umgeld im Königreich Württemberg (1819–1871). Stuttgart: W. Kohlhammer Verlag, 2006, 229 S., EURO 22,00.

Das sogenannte "Umgeld" zählte im Königreich Württemberg zu den verhasstesten Steuern und rief immer wieder Widerstände bei den Steuerpflichtigen hervor. Als Konsumabgabe wurde das Umgeld auf alle Getränke erhoben, die in einer Wirtschaft verzehrt wurden. Es bestand außerdem zum geringeren Teil auch aus Lizenzgebühren für den Betrieb einer Wirtschaft oder Brauerei und schließlich aus Fabrikations- und Materialsteuern für die Herstellung von Bier oder Branntwein. Schon seit dem Mittelalter bekannt, wurde das Umgeld im frühen 19. Jahrhundert in Württemberg zu einer ständigen Steuer, da das neu geschaffene Königreich seinen Staatshaushalt sanieren musste und Wirtschaftsabgaben einen wesentlichen Teil der württembergischen Steuereinnahmen bildeten. Schon der Kurfürst und seit 1806 König Friedrich I. hatte daher die Erhebung angeordnet und eine Reform der Finanzverwaltung eingeleitet.

Das Umgeld griff in unmittelbarer Weise in das gesellige und öffentliche Leben der württembergischen Bevölkerung ein, traf sowohl Produzenten als auch Konsumenten und stieß daher auf erheblichen Widerstand. Die vorliegende Kölner Dissertation setzt sich zunächst mit den Begriffen "Steuerwiderstand" und "Steuerkultur" in finanzgeschichtlicher Perspektive auseinander. Dabei umfasst Steuerwiderstand alle Formen widerständigen Verhaltens der Steuerpflichtigen gegenüber der Verwirklichung einer Besteuerung, von einer Umgehung steuerpflichtiger Tatbestände über heimliche Täuschungsversuche bis hin zu offenem Steuerwiderstand, der sich sowohl individuell als auch in öffentlichen und kollektiven Aktionen gegen Steuern, als sogenannter Steuerprotest, äußern kann. Steuerkultur dagegen wird als das "kulturelle Netz" der Beziehungen zwischen der Besteuerung und ihren rechtlichen, wirtschaftlichen und sozialen Rahmenbedingungen verstanden, in dem sich die Akteure bewegen.

Der Widerstand gegen das Umgeld äußerte sich in den unterschiedlichsten Formen. So betrieben Wirte und Bierbrauer Steuertäuschung, indem sie beispielsweise heimlich Wein oder Bier einlagerten bzw. produzierten, sie versuchten aber auch, auf legalem Wege kollektiv vorzugehen, indem sie beispielsweise Petitionen verfassten oder auf Abgeordnete einwirkten. Gelegentlich kam es auch zu weit verbreiteten Steuerverweigerungen, die aber in Württemberg stets mit anderen Formen des Widerstands verknüpft waren.

Die Verfasserin schildert den Verlauf der Auseinandersetzungen um das Umgeld chronologisch. Sie beginnt mit der Bedeutung der Wirtschaftsabgaben in Württemberg, ihrer Erhebung, Verwaltung und ihrem Einzug sowie den Akteuren bei der Besteuerung. Deutlich wird dabei, dass es die einfachen Selbständigen waren, Kleinbauern, Kleinhandwerker und Gewerbetreibende, auf denen der größte Steuerdruck lastete. Zu Beginn der 1830er Jahre verlagerte sich der Widerstand auf die parlamentarische Ebene, und zahlreiche Petitionen wurden an den Landtag gesandt. Die Klagen richteten sich nicht allein gegen die Praxis der Steuererhebung, sondern auch gegen willkürliche Hausdurchsuchungen durch Finanzbeamte. Abgeordnete der Opposition unterstützten die Petitionen, wobei sie das Schwergewicht auf einen Schutz der Konsumenten vor zu hohen Steuern legten, während die Protestierenden auch eine Reform des Einzugs und eine Einschränkung der Kontrollen wünschten. Letztlich konnte aber auf dem parlamentarischen Weg keine Lösung herbeigeführt werden, so dass andere Formen des Widerstandes gegen das Umgeld vor allem seit Mitte der 1830er Jahre stark anstiegen. Delikte gegen Wirtschaftsabgaben machten im gesamten Untersuchungszeitraum mehr als drei Viertel aller Ermittlungen der württembergischen Behörden aus. Während der Revolution von 1848/49 trat die Empörung erneut offen zutage. Das liberale Märzministerium zeigte zwar Verständnis für die Forderungen der Steuerpflichtigen, konnte aber bis zum Ende seiner Amtszeit keine Reform der Wirtschaftsabgaben umsetzen. Statt dessen kam es in den 1850er Jahren zu Abgabenerhöhungen und verstärkten Überwachungs- und Strafbestimmungen.

Das Buch ist solide recherchiert und trotz der nicht einfachen Sachverhalte gut lesbar. Gezeigt wird, wie stark die Besteuerung von äußeren Rahmenbedingungen abhängig war und wie umgekehrt die Finanzverfassung das gesellschaftliche Leben beeinflusste. Die Verfasserin hat mit ihrer Analyse in vielerlei Hinsicht Neuland betreten und einen wichtigen Beitrag zur württembergischen Finanz- und Sozialgeschichte geleistet. Der Fokus ihrer Arbeit liegt dabei auf den Verhandlungen im Landtag und der Steuerpolitik der Regierung. Über die konkreten Manifestationen und Wirkungen des Protests "vor Ort", beispielsweise über regionale Schwerpunkte, die etwa auf Unterschiede zwischen Neu- und Altwürttembergern hinweisen würden, ist hier dagegen wenig zu erfahren. Für solche Untersuchungen, aber auch für die württembergische Landesgeschichte generell wird die Studie von Gabriele Kersting eine wichtige und verlässliche Grundlage darstellen.

Michael Wettengel

Bernhard Mann: Kleine Geschichte des Königreichs Württemberg 1806-1918. DRW-Verlag, 2006, 280 S., EURO 17,90.

Pünktlich zum Jubiläum der Erhebung des Kurfürstentums Württemberg zum Königreich erschien das vorliegende handliche Buch, das knapp aber in dennoch umfassender Weise und in einem gut verständlichen Stil die Geschichte des Königreichs Württemberg von den Anfängen bis zur Ausrufung der Republik erzählt. Das Königreich Württemberg entstand in den Wirren der napoleonischen Kriege. So wie sich Napoleon selbst zum Kaiser krönte, nahm der mit ihm verbündete Kurfürst Friedrich die Würde eines Königs von Württemberg an. Die bedeutenden Gebietserweiterungen durch die Eingliederung vieler geistlicher und weltlicher Herrschaften verdankte er seiner bedingungslosen Gefolgschaft. Sie verdoppelten das Staatsgebiet Württembergs und verwandelten den Territorialstaat im Südwesten des Alten Reiches in eine deutsche Mittelmacht. Den Preis dafür zahlten die württembergischen Soldaten, die auf den Schlachtfeldern Europas zu Tausenden starben.

Als Napoleons Stern zu sinken begann, wechselte Friedrich rechtzeitig die Fronten und sicherte so den Fortbestand seines Staates. Auch Friedrichs Innenpolitik war wenig zimperlich. Mit harter Hand trieb er die Modernisierung und staatliche Integration Württembergs gegen die Widerstände seiner Untertanen voran. Im Gegensatz zu der schon unter Zeitgenossen sehr kritischen Sichtweise des ersten württembergischen Königs als Despot und "schwäbischer Zar", beurteilt der Verfasser ihn freundlich; ihm widmet er besonders viel Raum und betont die Sachzwänge, unter denen er gestanden habe. Sein Sohn Wilhelm habe dagegen den Vorteil besessen, dass sein Vater die meisten "Grausamkeiten" schon begangen hatte. Doch auch für ihn war die Lage alles andere als einfach. Das kleine Königreich war hoch verschuldet, im Vergleich mit anderen Staaten des Deutschen Bundes wirtschaftlich schwach entwickelt und wurde gleich zu Beginn seiner Herrschaft 1816 von einer der schlimmsten Hungersnöte heimgesucht. Zu all dem umfasste das neue Land eine in konfessioneller, sozialer, landsmannschaftlicher und kultureller Hinsicht stark differenzierte Bevölkerung.

Trotz ungünstiger Startbedingungen gelang es den württembergischen Herrschern und ihren Regierungen, Neu- und Altwürttemberger in einem Staat mit einer der liberalsten deutschen Verfassung zusammenzuführen und allmählich ein württembergisches Landesbewusstsein entstehen zu lassen. Die weit verbreitete Armut der napoleonischen Zeit verschwand allmählich und die vom Staat unter erheblichen finanziellen Investitionen gebauten Eisenbahnen und Verkehrswege brachen das "kleinkammerige" Land auf und verbanden es mit der großen Welt. Die Hauptstadt Stuttgart überschritt zu Beginn des Kaiserreichs die 100.000-Einwohner-Marke und wurde zur Großstadt. Bis zum Ende des "langen 19. Jahrhunderts" entwickelten sich Standorte für Industrie und Technik, die langfristig für eine nachhaltige Veränderung der wirtschaftlichen Lage sorgen sollten. Es mag daher kein Zufall sein, dass das Königreich Württemberg ein Land mit auffallend geringer Protestneigung und einer breiten Zustimmung zur heimischen Monarchie auch in kritischen Zeiten war. Im Landtag hatten meist liberale Parteien die Mehrheit, die hier eine ihrer Hochburgen besaßen. 1918 geriet der letzte württembergische "Bürgerkönig" Wilhelm II. zwar in den Strudel des Unterganges seines preußischen Namensvetters und dankte ab, aber selbst viele der oppositionellen Sozialdemokraten im Lande hätten ihn sich weiter als Landesoberhaupt in einer parlamentarischen Monarchie vorstellen können.

Im Mittelpunkt der Darstellung steht die politische Geschichte – die Verfassung und Verwaltung Württembergs, seine Beziehungen zu den umgebenden Mächten und seine Rolle im deutschen Staatensystem, aber auch das Verhältnis zwischen Regierung und Opposition im Lande. Darüber hinaus gibt der Verfasser Einblicke in die sich verändernde Lebenswelt der

Württemberger, ihren wirtschaftlichen und sozialen Verhältnissen, in Religion und Kirche und in Bildung und Kultur im Lande. Auch der Alltag der Bevölkerung und die Rolle der württembergischen Frauen finden Berücksichtigung. Das Buch vermittelt dabei ein gutes Bild vom Umbruch von der ständischen zur bürgerlichen Gesellschaft, von der agrarisch dominierten zur industriellen Wirtschaft und den damit verbundenen Veränderungen von Einstellungen und Rollenzuweisungen. Württemberg gehörte, wie der Verfasser zeigt, nicht zu den dynamischsten Gebieten des Kaiserreichs, vielleicht gelang es aber deshalb hier besser als anderswo, den wirtschaftlichen und gesellschaftlichen Wandel für die Menschen erträglich zu gestalten. Der informative Band ist für historisch interessierte Laien wie für Fachpublikum gleichermaßen geeignet und als Einführung in die württembergische Landesgeschichte des 19. Jahrhunderts zu empfehlen. Das Buch beschließen eine kommentierte Literaturauswahl und eine Zeittafel.

Michael Wettengel

Peter Eitel: Ravensburg im 19. und 20. Jahrhundert. Politik – Wirtschaft – Bevölkerung – Kirche – Kultur – Alltag. Ostfildern: Jan Thorbecke Verlag, ^{2}2005, 429 S., EURO 29,90.

Am Ende des Alten Reiches war die oberschwäbische Reichsstadt Ravensburg an einem Tiefpunkt angelangt. Die Auswirkungen der europäischen Kriege auf den oberschwäbischen Raum, der wirtschaftliche Niedergang und die Verschuldung des städtischen Haushalts führten zu einem Bevölkerungsrückgang, weit verbreiteter Armut unter der Einwohnerschaft und einem dramatischen Bedeutungsverlust von Ravensburg. Die Inbesitznahme der Stadt zunächst durch Bayern 1802, dann 1810 durch Württemberg, stieß vor diesem Hintergrund auf keinerlei Widerstand. Die ehemaligen Reichsstädter fügten sich in ihr Schicksal, auch wenn das Verhältnis zur neuen Herrschaft nicht ohne Spannungen blieb.

In den folgenden Jahrzehnten vollzog sich ein erstaunlicher Wiederaufstieg der Stadt Ravensburg, die sich vor allem aufgrund der seit den 1830er Jahren entfaltenden Textilindustrie zu einem der bedeutendsten Industriestandorte Oberschwabens entwickelte. Parallel dazu wuchs die Bevölkerung und erreichte bis zur Reichsgründung mehr als das Doppelte des Jahres 1800. Der industrielle Wandel ging einher mit tiefgreifenden gesellschaftlichen und kulturellen Veränderungen, gekennzeichnet durch eine Abnahme religiöser Bindungen, zunehmende Mobilität, erweiterte Mitwirkung an politischen Prozessen, veränderte Moralvorstellungen und Rollenverständnisse von Männern und Frauen, einen rasanten technischen Fortschritt und schnellen Zuwachs an Wissen und Informationsvermittlung. Elektrizität, moderne Verkehrsmittel, Hygiene und ein verbessertes Gesundheitswesen hielten Einzug in Ravensburg und prägten die sich verändernde Lebenswelt, die auch gekennzeichnet war durch erweiterte kulturelle Angebote und neue Formen der Vergesellschaftung, wie sie sich beispielsweise in dem sich rasch ausbreitenden Vereinswesen zeigten. Trotz schwierigster Startbedingungen und wiederholter schwerster Rückschläge wurde Ravensburg zum dynamischen wirtschaftlichen und kulturellen Zentrum Oberschwabens.

Der langjährige Leiter des Stadtarchivs und der Städtischen Sammlungen in Ravensburg, Peter Eitel, füllt mit dem vorliegenden Werk ein Desiderat der Stadtgeschichtsforschung Ravensburgs, in der bislang ein Überblickswerk zum 19. und 20. Jh. fehlte. Erstmals wird die gesamte Stadtgeschichte von der Mediatisierung bis in die unmittelbare Gegenwart umfassend und zusammenhängend dargestellt. Dabei geht es dem Verfasser darum, über die herkömmliche Stadtgeschichte hinaus auch den Alltag, Denkweisen und Moralvorstellungen sowie religiöse und kulturelle Traditionen zu beleuchten, um ein möglichst umfassendes Bild der

Geschichte Ravensburgs zu bieten.

Gegliedert ist der Band in acht chronologisch aufeinander folgende Teile: Die Zeit der napoleonischen Kriege bis zum Übergang an Württemberg, die Anfänge der württembergischen Herrschaft bis zur Reichsgründung, die Jahrzehnte des Kaiserreichs, der Erste Weltkrieg, die Zwischenkriegszeit, das Dritte Reich, die Nachkriegszeit, die hier bis zur Großen Koalition reicht, und schließlich das letzte Drittel des 20. Jh., das "Auf dem Weg zur Dienstleistungsgesellschaft" überschrieben ist. Die einzelnen Teile enthalten sachthematische Abschnitte zur politischen und Verwaltungsgeschichte, zu sozialen Fragen, zur wirtschaftlichen, städtebaulichen und Bevölkerungsentwicklung, aber auch zur Alltagsgeschichte, zu Bildung, Kunst und Kultur.

Dem Verfasser gelingt es in vorbildlicher Weise, die allgemeine Geschichte mit der des "Mikrokosmos Ravensburg" zu verbinden und die Stadtgeschichte in die größere historische Entwicklung einzuordnen. Beeindruckend ist aber vor allem die umfassende und zugleich detaillierte Darstellung unterschiedlichster Aspekte der städtischen Geschichte der letzten beiden Jahrhunderte. Trotz des tiefgreifenden Wandels wird dabei das heutige städtische Leben noch immer durch geschichtliche Traditionen geprägt. Die Grundlage des Buches bildet eine gründliche Auswertung archivischer Bestände, aber auch privater Quellen, die die umfassende Vertrautheit des Verfassers mit der Überlieferung zur städtischen Geschichte dokumentieren.

Der Band enthält umfangreiches statistisches Zahlenmaterial zur städtischen Entwicklung, das in ansprechender Weise grafisch aufbereitet wurde. Hervorzuheben ist vor allem auch die reiche, zum Teil farbige und großformatige Bebilderung, die die historischen Sachverhalte lebendig werden lässt. Ein Orts- und Personenindex beschließt dieses gelungene Buch, das zur Lektüre und zum Blättern einlädt, aber auch als Nachschlagewerk genutzt werden kann. Für die neuere Geschichte Ravensburgs liegt nun ein ausgezeichnetes Standardwerk vor, das für künftige Detailstudien und Forschungen zur spannenden städtischen Geschichte des 19. und 20. Jh. unverzichtbar sein wird. Bei aller hohen wissenschaftlichen Qualität ist dieses Buch zugleich gut lesbar geschrieben und daher auch für ein breiteres historisch interessiertes Publikum geeignet, das sich über die Geschichte Ravensburgs in den letzten 200 Jahren informieren möchte.

Michael Wettengel

Frank Brunecker (Hg.): Nationalsozialismus in Biberach. Biberach: Eigenverlag des Braith-Mali-Museums, 2006, 296 S., zahlreiche Abb., EURO 19,80.

In Oberschwaben hat es länger als anderswo gedauert, bis man sich an eine historisch-kritische Aufarbeitung der Geschichte der Jahre 1933-1945 herangewagt hat. Erst seit den 80er Jahren erschienen verschiedene Untersuchungen zu Einzelaspekten dieses Zeitabschnitts, etwa für Friedrichshafen, Weingarten, Ravensburg und nicht zuletzt auch für Ulm. Aber noch die beiden Anfang der 90er Jahre veröffentlichten "offiziellen" Stadtgeschichten von Biberach und Weingarten räumten dem Kapitel Drittes Reich und Zweiter Weltkrieg lediglich 24 bzw. 18 Seiten ein. Der Versuch einer umfassenden Darstellung der Geschichte jener Jahre in Buchform wurde 1997 in Ravensburg (*Peter Eitel* (Hg.): Ravensburg im Dritten Reich. Beiträge zur Geschichte der Stadt. Ravensburg 1997, 2. Aufl. 1998) und zwei Jahre später in Wangen (*Birgit Locher-Dodge*: Verdrängte Jahre? Wangen im Allgäu 1933-1945. Wangen 1999) unternommen. Für Ulm liegt trotz vieler interessanter Einzeluntersuchungen erstaunlicherweise noch kein vergleichbares Werk vor.

Mit dem hier anzuzeigenden Begleitband zu einer Ausstellung des Biberacher Museums im Herbst 2006 besitzt nun auch Biberach eine ausführliche Dokumentation jener Jahre, und zwar eine ganz vortreffliche, herausgegeben vom Leiter des Biberacher Museums Frank Brunecker, dem es gelungen ist, kompetente Mitarbeiter um sich zu scharen, an ihrer Spitze Christian Rak, von dem sieben der insgesamt zwölf Beiträge stammen. Warum er und die anderen Autoren zwar bei ihren Beiträgen, nicht aber im Inhaltsverzeichnis genannt sind, bleibt unerfindlich.

Das Biberacher Museum hat es verstanden, im Lauf der Jahre eine erstaunlich große Zahl signifikanter Zeugnisse aus der Zeit des Dritten Reichs zusammenzutragen, nicht nur "Flachware", sondern auch plastische Gegenstände, vom Handtuch mit eliminiertem Hakenkreuzaufdruck bis zum Kleiderbügel eines jüdischen Textilgeschäfts, vom Parteiabzeichen bis zum Wehrmachtsverbandpäckchen aus den Kriegsjahren, vom Volksempfänger bis zu makabren Spielzeugfigürchen, die SA-Leute, Hitler, Göring und andere Parteigrößen darstellen. Die professionelle grafische Präsentation all dieser Dokumente zeichnet den Biberacher Band vor anderen vergleichbaren aus.

In den Textbeiträgen kommen alle wesentlichen Themen zur Lokalgeschichte in der NS-Zeit zur Sprache: die Vorgeschichte ab 1923, wichtige Wahlergebnisse der Jahre 1928-1933 (wobei aufschlussreiche Unterschiede zu den Wahlergebnissen im benachbarten, mit Biberach in vielem vergleichbaren Ravensburg deutlich werden), Machtergreifung, Gleichschaltung, die führenden Köpfe jener Zeit, unter denen der erst 1937 in die NSDAP eingetretene, von 1923 bis 1945 amtierende Bürgermeister Josef Hammer sicher einer der interessantesten ist, Repressionen und Terror gegen politisch Missliebige, gegen Juden und Zigeuner, Formen des Widerstands, Kriegsjahre, Kriegsende, Entnazifizierung. Ob es sinnvoll war, am Rande kurz auf das Schicksal der großen jüdischen Gemeinden in den beiden zum Kreis Biberach gehörenden Städten Laupheim und Buchau mit ein paar Fotos und knappen Texten einzugehen, ohne dass ein Zusammenhang mit den Geschehnissen in Biberach deutlich wird, sei dahingestellt.

Besonders hervorzuheben sind die umfangreichen Beiträge zum kulturellen Leben in der "Musenstadt" Biberach und seinen politisch bedingten Veränderungen nach 1933 (Musikverein, Kunst- und Altertumsverein, Kunstausstellungen, Theater, Kino), ebenso das Kapitel über Zwangsarbeiter, Kriegsgefangene, deutsche und ausländische Juden aus dem KZ Bergen-Belsen und weitere ausländische Zivilpersonen in dem berüchtigten Internierungslager "Lindele" am Stadtrand von Biberach und über die Reaktionen der Biberacher auf dieses Lager. Der Autor Reinhold Adler, einer der Protagonisten der Biberacher Lokalgeschichtsforschung, hat diesem Thema schon 2002 eine ausführliche Untersuchung gewidmet.

Bedauerlicherweise fehlt ein Personenregister am Ende des ansonsten so wohl gelungenen Werks, das auch denen zu empfehlen ist, die die hochinteressante Biberacher Ausstellung nicht besucht haben.

Peter Eitel

Verzeichnis der Abkürzungen

A	=	Archiv
Anm.	=	Anmerkung
Bd.	=	Band
BWKG	=	Blätter für württ. Kirchengeschichte
DWG	=	Darstellungen aus der Württ. Geschichte, hg. von der Württ. Kommission für Landesgeschichte
ders. / dies.	=	derselbe / dieselbe(n)
ebda.	=	ebenda
erg., erw.	=	ergänzte, erweiterte
f., ff.	=	folgende (eine Seite), folgende (mehrere Seiten)
fol.	=	folio
GLA	=	Generallandesarchiv
GG	=	Geschichte und Gesellschaft
HABW	=	Historischer Atlas von Baden-Württemberg
Hg., hg.	=	Herausgeber, herausgegeben
HStA	=	Hauptstaatsarchiv
HZ	=	Historische Zeitschrift
Jg.	=	Jahrgang
Jh.	=	Jahrhundert
KB	=	Kreisbeschreibung
LB	=	Das Land Baden-Württemberg. Amtliche Beschreibung nach Kreisen und Gemeinden
N.F.	=	Neue Folge
OAB	=	Oberamtsbeschreibung
o.J.	=	ohne Jahr
o.O.	=	ohne Ort
S.	=	Seite
StadtA	=	Stadtarchiv
StA	=	Staatsarchiv
UB	=	Urkundenbuch
UO	=	Ulm und Oberschwaben
vgl.	=	vergleiche
VKfgL	=	Veröffentlichungen der Kommission für geschichtliche Landeskunde in Baden-Württemberg
VSWG	=	Vierteljahrschrift für Sozial- und Wirtschaftsgeschichte
WGQu	=	Württ. Geschichtsquellen, hg. von der Württ. Kommission für Landesgeschichte
WJb	=	Württ. Jahrbücher
WUB	=	Württ. Urkundenbuch
WVjH	=	Württ. Vierteljahrshefte für Landesgeschichte
ZGO	=	Zeitschrift für die Geschichte des Oberrheins
zit.	=	zitiert
ZHF	=	Zeitschrift für historische Forschung
ZWLG	=	Zeitschrift für Württ. Landesgeschichte

Abbildungsnachweise

S. 14: Aus: Historischer Atlas von Bayerisch-Schwaben, V, 1; P. Fried nach H. Schwarzmaier, Ostschwaben im schwäbischen Stammesherzogtum; S. 17: Aus: H. Kluge u.a., Südwestdeutschland um 1789, in: Putzger, Historischer Atlas; S. 55: Aus: Günther Bradler, Oberschwaben, in: Politische Kultur, hg. von Peter Blickle, Tübingen 1993, S. 93; S. 62: Aus: Elmar L. Kuhn / Peter Blickle: Der Bauernkrieg in Oberschwaben, Tübingen 2000, S. 156; S. 67: Aus: Gockelius, Ernestus: De sacri Romano:Germanici imperii circulo Sueviae [...]. Augsburg 1672, nach S. 60; S. 70: Aus: Franz Quarthal, Landstände und landständisches Steuerwesen in Schwäbisch-Österreich, Stuttgart 1980, Beilage; S. 82: Aus: Walter Grube: Vogteien, Ämter, Landkreise in Baden-Württemberg. Bd. 1. Stuttgart 1975, nach S. 104; S. 85: Aus: David Blackbourn, The political alignment, in: The Historical Journal 4 (1975), S. 829; S. 94: Aus: Regionalplanungsverband Oberschwaben (Hg.): Strukturatlas Oberschwaben, Wangen 1965-1970, Karte 10.01.; S. 104: Titelblatt Motzer 1978, 28; S. 146: Korporationsverwaltung der Stadt Luzern, Diebold-Schilling-Chronik Folio 36r (71); S. 157 und 158: Diözesanmuseum Rottenburg: Aufnahme: Eschenfelder, Rottenburg; S. 159 und 160: The Metropolitan Museum of Art, The Image Library, New York, Nr. 32.100.38 und 32.100.39; S. 162: Johnson Collection Philadelphia; S. 163 und 167: Franz X. Schmid; S. 165: Margarete Biechele, Ochsenhausen; S. 168 oben: Die Kunst- und Altertumsdenkmale im Königreich Württemberg, 21. und. 22. Lieferung Donaukreis, Stuttgart 1897, S. 121; S. 168 unten: Aus: Catalogue of a collection of paintings and some art objects, by W. R. Valentiner, Vol. III, Philadelphia 1914, S. 223; S. 170: Fürstl. Fürstenbergisches Archiv Donaueschingen: Aufnahme: R. Lamb, Radolfzell; S. 171-175: Fürstl. Fürstenbergisches Archiv Donaueschingen: Aufnahme: K. Gramer, Bietigheim-Bissingen; S. 176: Fürstl. Fürstenbergisches Archiv Donaueschingen; S. 187 und 188: Aufnahme: D. Blübaum, Friedrichshafen; S. 194 und 195: WLB Stuttgart Cod. mus. II 4°/8°/5, 7r und 68v; S. 204: Herzog Anton Ulrich-Museum, Hildesheim; S. 235: Museum Nordico, Linz; S. 313: Stadtarchiv Ravensburg; S. 314-326 Regierungspräsidium Tübingen, Referat 25: Denkmalpflege; S. 328: Aufnahme: M. Schagemann, Bad Waldsee; S. 330: Regierungspräsidium Tübingen, Referat 25: Denkmalpflege; S. 333: Stadtarchiv Ravensburg; S. 336: Kath. Pfarramt St. Gallus, Tettnang; S. 340-347 Regierungspräsidium Tübingen, Referat 25: Denkmalpflege; S. 354: Kath. Pfarramt St. Verena, Kehlen; S. 402 und 403: Stadtarchiv Ulm, C 10 Pläne 137, 143, 147.

Autoren und Mitarbeiter

Blübaum, Dirk, Dr., Leiter der Kunstabteilung des Zeppelin-Museums Friedrichshafen, Friedrichshafen
Eberl, Immo, Prof. Dr., Leiter des Stadtarchivs Ellwangen, Ellwangen/Jagst
Eitel, Peter, Dr., Leiter des Stadtarchivs Ravensburg a.D., Ravensburg
Fleischmann, Peter, Dr., Leiter des Staatsarchivs Augsburg, Augsburg
Gruber, Ewald, Dr., Studiendirektor i.R., Bad Saulgau
Haag, Norbert, Dr., Stv. Leiter des Archivs der Evangelischen Landeskirche in Württemberg, Stuttgart
Hauke, Marie-Kristin, Dr., Historikerin, Ulm
Hecklau, Svenja, M.A., Volontärin, Kultur- und Archivamt des Landkreises Ravensburg, Ravensburg
Hepach, Wolf-Dieter, Dr., Rektor des Kepler-Gymnasiums Ulm a. D., Blaustein
Klaiber, Ingrun, Doktorandin, Rammingen
Kleinschmidt, Harald, Prof. Dr., Lehrstuhl für Internationale Beziehungen, Universität Tsukuba, Tsukuba/Japan
Kruse, Norbert, Prof. Dr., Weingarten
Kuhn, Elmar L., Dr., Leiter des Kulturamtes des Bodenseekreises, Schloss Salem
Lang, Babette, Doktorandin, Stuttgart
Lang, Stefan, M.A., Doktorand, Staatsarchivreferendar, Stuttgart
Litz, Gudrun, Dr., Historikerin, Stadtarchiv Ulm, Ulm
Lutz, Alfred, Dr., Historiker, Ravensburg
Maier, Gregor, M.A., Fachbereichsleiter Kultur des Hochtaunuskreises, Bad Homburg
Schiersner, Dietmar, Prof. Dr., PH Weingarten, Weingarten
Schmauder, Andreas, Dr., Leiter des Stadtarchivs Ravensburg, Ravensburg
Schmid, Franz X., Dr., Pfarrer, Munderkingen
Siegele, Ulrich, Prof. Dr., Musikwissenschaftler, Schmitten
Sprenger, Kai-Michael, M.A., Leiter des Kultur- und Archivamtes des Landkreises Ravensburg, Ravensburg
Theile, Markus, Dipl.-Bibliothekar, Bibliothek der Universität der Bundeswehr, Neubiberg
Wettengel, Michael, Dr., Leiter des Stadtarchivs Ulm, Ulm
Wilts, Andreas, Dr., Leiter des Fürstl. Fürstenbergischen Archivs, Donaueschingen